Dictionnaire Topographique Des Environs De Paris, Jusqu'à 20 Lieues À La Ronde De Cette Capitale, ...

Charles Oudiette

DB-6

AD171/140.

DICTIONNAIRE

TOPOGRAPHIQUE

DES ENVIRONS DE PARIS.

Le dépôt de ce Dictionnaire est rue de l'Arbre-Sec, n° 47, au café de Malte, près la fontaine du coin de la rue Saint-Honoré, à Paris.

PRIX : 10 FRANCS.

NOTA. *Le prix de la Carte, séparée de l'ouvrage, n'est que d'un franc, pour les personnes qui désirent l'avoir en achetant le livre.*

DICTIONNAIRE

TOPOGRAPHIQUE

DES ENVIRONS DE PARIS,

JUSQU'A 20 LIEUES A LA RONDE DE CETTE CAPITALE,

Comprenant le département de la SEINE et celui de SEINE-ET-OISE en entier, avec partie de ceux de SEINE-ET-MARNE, de l'OISE, de l'EURE, d'EURE-ET-LOIR et du LOIRET;

ON Y TROUVE:

Une nouvelle Description de toutes les *Villes*, *Bourgs* et *Villages* renfermés dans l'espace de 16 lieues, les *Villes*, jusqu'à 20, leurs *population*, *production*, *industrie et commerce*; l'Indication du *Département*, de l'*Arrondissement* et du *Canton* dont ils dépendent; la Désignation des *Hameaux*, *Châteaux*, *Maisons de campagne*, *Monastères supprimés*, et autres lieux écartés; les *Manufactures*, *Fabriques et Établissemens* d'une utilité générale; la Distance eu *lieues moyennes* de chaque endroit à Paris; les *Routes* qui y conduisent, et les *Bureaux de poste* par où les lettres doivent être adressées; avec une Carte.

RÉDIGÉ PAR CHARLES OUDIETTE,

INGÉNIEUR-GÉOGRAPHE,

D'APRÈS L'APPROBATION DU GOUVERNEMENT.

SECONDE ÉDITION,

Revue, corrigée et considérablement augmentée.

A PARIS,

Chez l'AUTEUR, rue des Mauvais-Garçons, n° 4, faubourg Saint-Germain.

1817.

De l'Imprimerie d'HACQUART, rue Git-le-Cœur, n° 8.

AVIS

A MESSIEURS LES SOUSCRIPTEURS
A CE DICTIONNAIRE.

Messieurs,

J'ai annoncé en publiant cet ouvrage la première fois, qu'il n'en existait aucun à cette époque qui ait donné une description générale des *Villes*, *Bourgs* et *Villages*, dans l'espace de dix lieues à la ronde de cette capitale, avec l'indication des *Hameaux*, *Châteaux*, *Maisons de campagne* et autres lieux écartés qui font partie de ces diverses communes; qu'il était le seul qui contienne exactement ce que son titre annonce, et que n'étant ni la copie, ni la compilation d'aucun autre ouvrage en ce genre, il a fallu, pour le composer, parcourir moi-même les dix lieues qui formaient alors le cercle dans lequel je m'étais renfermé.

Comme c'est à vous, Messieurs, que je me suis adressé pour me procurer tous les matériaux nécessaires à mon travail, vous avez bien voulu me donner d'abord les renseignemens que je vous ai demandés pour la première édition; mais m'étant proposé d'en faire une seconde, et de m'étendre *jusqu'à vingt lieues à la ronde*, j'ai, pour parvenir plus facilement à mon but, supplié le Ministre de l'intérieur de vouloir bien inviter les autorités locales à me seconder dans cette entreprise. Alors Son Excellence, prenant en considération l'objet de ma demande, a adressé la lettre circulaire dont copie est jointe au programme que je vous ai laissé en souscrivant et que je crois devoir transcrire ici littéralement pour faire connaître au public par quel moyen j'ai pu atteindre à la confection de mon ouvrage.

Paris, le 29 juillet 1814.

LE MINISTRE DE L'INTÉRIEUR

A Messieurs les Préfets , Sous-Préfets *et* Maires *dans les départemens de la Seine, Seine-et-Oise, Seine-et-Marne , l'Oise, Eure-et-Loir et Loiret.*

Messieurs , *le sieur Oudiette ,* Ingénieur-Géographe , se propose de publier une seconde édition de son *Dictionnaire topographique des environs de Paris.* Pour donner à cette édition toute la perfection dont elle est susceptible , il a besoin de renseignemens sur la population, l'industrie et le commerce des villes ou villages qu'il doit décrire.

L'ouvrage de *M. Oudiette,* ayant un but utile, je ne puis que vous autoriser, Messieurs, à lui faire donner tous les renseignememens dont la publication vous paraîtra sans inconvénient.

PAR ORDRE DE SON EXCELLENCE,

Le Directeur de correspondance, chef de la troisième division, chevalier de la Légion d'Honneur ,

Signé NEUVILLE.

Les renseignemens demandés viennent donc non

seulement de vous, MESSIEURS, mais encore de Messieurs les Préfets, Sous-Préfets et Maires, dans le rayon de vingt lieues de Paris. Un grand nombre de Propriétaires de châteaux, maisons de campagne, manufactures et fabriques, dont la plupart d'entre vous font partie, s'étant fait un plaisir de favoriser mon travail, de la manière la plus obligeante, en me donnant des notices sur ce qui a rapport à la topographie, je dois observer que les erreurs ou omissions que j'ai pu faire, ne peuvent être attribuées qu'à la multitude des objets dont j'étais occupé dans mes longues et pénibles recherches, et que, si on trouve que je ne me sois pas assez étendu sur certains articles, ce n'est pas une négligence de ma part, mais le défaut de renseignemens que je n'ai pu avoir.

Le succès de mon entreprise n'étant dû qu'à vous, MESSIEURS, par la facilité que vous m'avez donné de subvenir aux dépenses que j'ai été obligé de faire, en parcourant toutes les contrées qui entrent dans ma description, je ne puis saisir une occasion plus favorable que celle de la publication de mon ouvrage, pour vous assurer de la plus respectueuse reconnaissance avec laquelle je ne cesserai d'être,

MESSIEURS,

Votre très-humble
et très-obéissant serviteur,
OUDIETTE.

Aucun exemplaire de ce Dictionnaire ne sera livré à MM. les Souscripteurs, ni à toute autre personne, sans que ma signature ne soit ici. *Oudiette*

DICTIONNAIRE

TOPOGRAPHIQUE

DES ENVIRONS DE PARIS.

wwwwwwwwwwwwwwwwwwwwwwwwwwwwwwwwwwwwww

ABB

ABBAYE-AUX-BOIS; (l') ancien monastère de filles de l'ordre de Saint-Benoît, actuellement simple maison de campagne, et une dépendance de la commune de Bièvres, canton de Palaiseau, arrondissement de Versailles, département de Seine-et-Oise, ci-devant province de l'Ile-de-France et diocèse de Paris.

Les religieuses de ce monastère furent transférées dans celui de l'abbaye du Val-de-Grâce que la reine Anne d'Autriche, mère de Louis XIV, avait fait bâtir exprès.

Cette vertueuse et pieuse princesse s'y retirait quelquefois pour trouver au pied de la croix, une paix et un bonheur qu'elle ne rencontrait pas toujours sur le trône.

Cette maison située dans la vallée de Bièvres, est à 3 lieues et demie au S. O. de Paris, par l'une des routes de Chevreuse. (Poste aux lettres de Palaiseau.)

ABBECOURT, ci-devant

ABB

abbaye d'hommes de l'ordre de Prémontré, l'une des dépendances de la commune d'Orgeval, canton de Poissy, arrondissement de Versailles, département de Seine-et-Oise, elle était du diocèse de Chartres. Sa fondation date de 1180. Saint-Thomas, archevêque de Cantorbéry, y séjourna quelque tems pendant son exil en France.

L'église de ce monastère a été démolie : la maison abbatiale et les autres bâtimens encore existans, représentent dans leur ensemble un vaste et beau château. A l'entrée de la première porte est une fontaine d'eau minérale en réputation depuis l'analyse qu'en a faite l'un des médecins de Louis XVI. Le jardin est traversé par un beau canal qui passe au milieu d'une allée d'arbres en berceau, formant une promenade agréable.

Ce domaine appartient actuellement à M. Lewal. Il est dans un vallon entouré de collines couvertes de bois, à une lieue et demie vers l'O. de Poissy et 6 lieues à l'O. de Paris, où l'on arrive par la route désignée à la fin de l'article d'*Orgeval*. *V.* ORGEVAL. (Poste aux lettres de Poissy.)

ABBECOURT, village, département de l'Oise, arrondissement de Beauvais, canton de Noailles, ci-devant province de l'Ile-de-France, et diocèse de Beauvais. Sa population et celle du hameau de *Mattancourt*, est d'environ 350 habitans.

La plus grande partie de son terroir est en terres labourables; la plus petite en bois.

Ce village est à une lieue au N. O. de Noailles, et 2 un quart vers le S. E. de Beauvais; sa distance de Paris est de 14 lieues au Nord par Noailles et la grande route de Beauvais. (Poste aux lettres de Noailles.)

ABBEVILLE, village, département de Seine-et-Oise, arrondissement d'Etampes, canton de Méréville, ci-devant province de l'Ile de France, dans la Beauce, et diocèse de Sens. Sa population et celle des hameaux de *Fontette*, de *Bois-Chambault*, des fermes de l'*Orme*, de l'*Hôpital* et de *Quincampoix*, ancien fief, est de 320 habitans.

Le terroir est en labour, une partie est en prairies et en bois. Sur un ruisseau, près d'un étang, se trouve un moulin. Le village d'Abbeville est dans une

vallée étroite, sur le rû de *Climont*, à 1 lieue trois quarts au N. E. de Méréville, et 2 et demi au S. d'Etampes; sa distance de Paris est de 14 lieues et demie, vers le S., par Etampes et la grande route d'Orléans. (Poste aux lettres d'Etampes.)

ABLEIGES, village, département de Seine-et-Oise, arrondissement de Pontoise, canton de Marines, ci-devant province de l'Ile de France, dans le Vexin, et diocèse de Rouen. Sa population, dont la la ferme, ancien fief de *Bouart*, fait partie, est d'environ 200 habitans

Les ravages de la révolution, qui s'étendaient plus particulièrement sur les habitations les plus considérables et les plus belles, n'ont point épargné le château jadis situé dans cette commune, et remarquable par sa construction et ses dépendances; il n'en reste plus que le parc. Ce château appartenait alors à M. de Maupeou, chancelier de France.

Les principales productions du terroir sont en grains, une partie est en prairies et en bois. Le village d'Ableiges est situé dans une vallée sur la petite rivière de *Viosne*, qui fait tourner trois moulins, à 1 lieue un quart au S. de Marines; sa distance de Paris est de 9 lieues et demie au N. O. par Pontoise et la grande route de Rouen. (Poste aux lettres de Pontoise.)

ABLIS, petite ville du département de Seine-et-Oise, arrondissement de Rambouillet, canton de Dourdan (Sud), ci-devant province de l'Ile de France, dans le Hurepoix, et diocèse de Chartres. Sa population est d'environ 900 habitans en y comprenant les hameaux de *Mainguerin*, *Menainville*, partie de celui de *Labbé* et plusieurs fermes écartées connues sous diverses dénominations.

Le terroir de cette commune produit principalement des grains; une partie se compose de prairies et de bois. La ville d'Ablis est sur l'ancienne route de Paris à Chartres, à 2 lieues au N. E. d'Auneau, et 3 à l'O. de Dourdan; sa distance de Paris est de 13 lieues et demie au S. O. par cette route. (Poste aux lettres de Dourdan.)

ABLON, village, département de Seine et Oise, arrondissement de Corbeil, canton de Longjumeau, ci-devant province de l'Ile de France, et diocèse de Paris, situé sur la rive gauche de la *Seine*, que l'on passe sur un bac.

C'était autrefois une succursale de la paroisse d'Athis. On y voit plusieurs maisons de campagne, dont la plus remarquable est celle dite *le Château*. Le temple de Protestans qui s'y trouvait anciennement

fut transféré à Charenton, puis détruit après la révocation de l'édit de Nantes, en 1685. *Voy.* CHARENTON.

De très-vastes caves servent d'entrepôts aux marchands de vins de Paris et des environs, qui y arrivent de la Bourgogne, du Mâconnais et du Languedoc par la Seine.

Les principales productions du terroir de cette commune sont en grains : une petite partie est en vignes. Le village d'Ablon est à 2 lieues au N. E. de Longjumeau; sa distance de Paris est de 5 lieues et demie au S., par une route qui passe à Choisy. (Poste aux lettres de la banlieue de Paris.)

ABONDANT, village, département d'Eure et Loir, arrondissement de Dreux, canton d'Anet, ci-devant province de l'Ile de France, dans le pays Chartrain, et diocèse de Chartres. Sa population est d'environ 1200 habitans, y compris les hameaux de *Brissard*, *la Sabotière*, *les Maisons Moutiers*, *les Loges*, *Chaigniers-les-Grais*, *les Vieilles Ventes*, et autres habitations écartées.

A l'extrémité du village est un château, dont M. le marquis de Sourches de Tourzel, grand prévôt de France, est propriétaire : et qui appartenait à M. le marquis de Sourches de Tourzel, son aïeul. qui possédait la même charge. Le parc de 100 arpens, enclos de murs, est régulièrement distribué. On y remarque de très-beaux arbres de haute futaie, qui forment de superbes allées contiguës à la forêt de Dreux, au milieu de laquelle se trouve un pavillon où aboutissent dix routes de chasse. La terre d'Abondant est une ancienne châtellenie.

Le terroir de cette commune est en labour, vignes et bois. On en tire de l'argile pour les manufactures de porcelaines: il s'y trouve des tuileries et poteries de terre.

Le village d'Abondant est à 2 lieues au N. E. de Dreux, et 2 au S. d'Anet; sa distance de Paris est de 15 lieues et demie à l'O., par Houdan et la grande route de Brest. (Poste aux lettres de Dreux.)

ACHÈRES, village, département de Seine et Oise, arrondissement de Versailles, canton de Saint-Germain-en-Laye, ci-devant province de l'Ile de France, et diocèse de Chartres. Sa population est d'environ 400 habitans. Les principales productions de son terroir sont en grains.

Ce village est situé entre la forêt de Saint-Germain et la rive gauche de la *Seine*, à 1 lieue au N. de Poissy, et 1 trois quarts au N. de Saint-Germain; sa distance de Paris est de 5 lieues trois quarts au N.O, par Saint-Germain et la grande route. (Poste aux lettres de Poissy.)

ACHÈRES, village, département de Seine - et - Marne, arrondissement de Fontainebleau, canton de la Chapelle-la-Reine, ci-devant province de l'Ile-de-France, dans le Gâtinais et diocèse de Sens. Sa population et celle du hameau de *Mun*, qui en dépend, est d'environ 700 habitans.

A l'extrémité de ce village, existent les restes d'un château et un parc qui ont appartenu à M. d'Argouges. Madame la princesse de Talmond en est actuellement propriétaire.

Les productions principales du terroir de cette commune sont partie en grains, partie en vignes et bois; la forêt de Fontainebleau y est contiguë. Le village d'Achères est à une lieue au N. de la Chapelle, et 3 au S. O. de Fontainebleau; sa distance de Paris est de 17 lieues, au S. par Fontainebleau et la grande route de Lyon. (Poste aux lettres de Fontainebleau).

ACOSTA, château. *Voyez* AUBERGENVILLE.

ACY, bourg, département de l'Oise, arrondissement de Senlis, canton de Betz, ci-devant province de l'Ile de France, dans le Valois, et diocèse de Meaux. Sa population est d'environ 700 habitans. C'était, avant la révolution, le siége d'une prévôté royale qui ressortissait du bailliage de Crèpy.

[annotation manuscrite: + a l'endroit où est la chapelle il y a une abbaye que Charlemagne]

du St
de d'Acy

La terre d'Acy est une ancienne seigneurie ; le château et le parc à l'extrémité de la commune, appartiennent à la famille Cadeau d'Acy. Il se tient dans ce bourg, situé dans une vallée, sur le ruisseau de *Gergogne*, deux foires par an; la première le premier jeudi de mai, et la seconde le premier jeudi d'octobre. Le marché est le jeudi de chaque semaine sous une halle. Chaque année, le 12 juillet, il se fait un pélerinage à une chapelle dite *de Saint-Prix*.

Les principales productions du terroir sont en grains, une partie en bois. Le ruisseau de *Gergogne* fait tourner un moulin. Le bourg d'Acy est à une lieue et demie au S. de Betz, et 3 vers le S. E. de Nanteuil-le-Haudouin ; sa distance de Paris est de 14 lieues au N. E., par Nanteuil et la grande route de Soissons (Poste aux lettres de May-en-Mulcien.)

ADAINVILLE, village, département de Seine-et-Oise, arrondissement de Mantes, canton de Houdan, ci-devant province de l'Ile de France, dans la Beauce, et diocèse de Chartres ; il forme, avec les hameaux des *hautes et basses Jaunières*, et les maisons isolées dites *les Sergentières*, *le Mesle*, *Fréville*, *la Noue*, *le Coudray* et *le Breuil*; une commune d'environ 400 habitans.

Son terroir est en labour, prairies, bois, bruyères et ronces. Ce village est à 2 lieues au S. de Houdan ; et distant de Paris de 12 lieues et demie à l'O., par Montfort-L'Amaury et la grande route de Brest. On peut y aller également par Rambouillet et la route de Nantes. (Poste aux lettres de Houdan.)

AGEUX (LES), village, département de l'Oise, arrondissement de Clermont-Oise, canton de Liancourt, ci-devant province de l'Ile de France, et diocèse de Beauvais. C'était autrefois une dépendance de la paroisse de *Brenouille*; il forme actuellement, avec une partie du hameau de *Longueau*, situé sur la route de Paris en Flandre, une population d'environ 250 habitans.

Il n'existe plus maintenant de l'ancien château des Ageux que deux pavillons et une des portes. L'auberge de la *Maison Blanche* est à l'extrémité orientale de ce village, sur la route de Flandre.

Les grains sont la principale production de son terroir. On y cultive aussi le chanvre ; une partie est en prairies et bois. Le village des Ageux est à trois quarts de lieue au N. de Pont-Sainte-Maxence; sa distance de Paris est de 13 lieues trois quarts vers le N., par Pont - Sainte - Maxence et la route de Flandre. (Poste aux lettres de Pont-Sainte-Maxence.)

AGNEAUX (les), château. *Voyez* Ozouer-la-Ferrière.

AGNETS, village situé à mi-côté près Clermont, département de l'Oise, arrondissement et canton de Clermont-Oise, ci-devant province de l'Ile de France, et diocèse de Beauvais. Cette commune, qui renferme aussi les hameaux du *Fay*, du *Bas-Clermont*, de *Sous-les Noyers*, de *la Croix-Picard*, *Bethencourtel*, *Boulincourt*, *Gicourt*, *la Rue de l'Empire*, *Broquier*, *la Chaussée de Ramecourt*, *Ronquerolles*, et la ferme de *Saint-Remy-l'Abbaye*, a une population de 14 à 1500 habitans.

L'église est d'une ancienne et belle architecture. Cinq maisons de campagne y sont remarquables; la première, dont M. Levasseur d'Armainville est propriétaire, jouit d'une vue pittoresque des plus agréables; la seconde, à l'entrée du village, appartient à M. le comte de Guébriant. Le bois contigu, qui en dépend, est bien percé.

La troisième est située au Fay, et communique par une chaussée à la ville de Clermont; elle fait partie des propriétés de M. du Fay.

La quatrième, sise au hameau du Bas-Clermont, est à M. Chauchat.

Enfin M. Joly est propriétaire de la cinquième, au hameau de Bethencourtel.

Le terroir de cette commune est en terres de labour, en prairies, en vignes et en bois. Les sources d'eau-vive y sont abondantes et multipliées. On y rencontre des carrières de pierres dures, des fours à chaux et des tuileries. On en extrait de la tourbe.

La petite rivière de *Brèche*, qui passe au hameau de Ronquerolles, fait tourner quatre moulins à farines, et deux moulins à foulons.

Le village d'Agnets est à un quart de lieue vers le N. O. de Clermont; sa distance de Paris est de 14 lieues un quart au N. par Clermont et la grande route d'Amiens. (Poste aux lettres de Clermont-Oise.)

AIGREMONT, village, département de Seine et Oise arrondissement de Versailles canton de Saint-Germain-en-Laye, ci-devant province de l'Ile de France et diocèse de Chartres. Sa population est d'environ 160 habitans. La majeure partie de son terroir est en bois et châteigneraies; le surplus en labour.

Ce village est à trois quarts de lieue au S. de Poissy, 1 lieue un quart à l'O. de Saint-Germain-en-Laye; sa distance de Paris est de 5 lieues un quart à l'O. par Saint-Germain et la grande route. (Poste aux lettres de Poissy.)

AINCOURT, village, département de Seine et Oise, arrondissement de Mantes, canton de Magny, ci-devant province de l'Ile de France, dans le Vexin et diocèse de Rouen. Sa population est d'environ 370 habitans, y compris le hameau de *Lesseville* : la belle ferme de *Brunelle,* dont M. Islinger, maire du lieu, est propriétaire, qui en font également partie.

Le terroir de cette commune est en labour et en bois. Le village d'Aincourt est près de la route de Magny à Mantes, à 2 lieues un quart au S. de Magny, et 2 un quart au N. de Mantes; sa distance de Paris est de 13 lieues vers le S. O., par Pontoise et la grande route de Rouen. On peut prendre également par Meulan la route de Caen. (Poste aux lettres de Magny.)

AIRION, village, département de l'Oise, arrondissement et canton de Clermont - Oise, ci-devant province de l'Ile de France, et diocèse de Beauvais. Sa population est d'environ 200 habitans; la maison de *Bélair* sur la grande route d'Amiens, et d'autres maisons isolées, dites de *Crécy*, en font aussi partie.

Ce village est dans une vallée à côté de la route d'Amiens, il est divisé en deux parties par la petite rivière d'*Arret*, qui fait tourner deux moulins et un troisième tenant à l'une des maisons de Crécy.

Le terroir de cette commune est partie en labour, partie en prairies. Le village d'Airion est à 1 lieue un quart au N. de Clermont; sa distance de Paris est de 15 lieues au N. par la route d'Amiens. (Poste aux lettres de Clermont-Oise.)

ALFORT, hameau situé au confluent de la Marne et de la Seine, dans les dépendances de la commune de Maisons, canton de Charenton, arrondissement de Sceaux, département de la Seine. Il est traversé par la grande route de Lyon et de Troyes, à Paris.

Ce lieu est célèbre par l'Ecole vétérinaire, dite *Ecole Royale d'Economie rurale,* fondée par Bourgelat en 1766. L'anatomie, la botanique, la pharmacie, la matière médicale, l'étude des maladies tant internes qu'externes des animaux, de leur traitement, des soins qu'on doit donner à leur éducation, etc., font l'objet d'autant de cours que l'on y professe.

Cet établissement sous la surveillance du ministre de l'intérieur, est dirigé par M. Girard. Une bibliothèque spéciale de zoologie domestique, et un cabinet d'anatomie comparée, un autre de pathologie, y sont ouverts tous les jours au public. De vastes hôpitaux reçoivent des animaux malades; des forges, un laboratoire de chimie, une pharmacie, un jardin botanique : s'y font remarquer : un beau troupeau de mérinos pour le croisement des races et l'amélioration des laines y est entretenu avec les plus grand soin. Un amphithéâtre est destiné aux leçons des différentes parties de l'art vétérinaire et de l'économie rurale.

Alfort, séparé de Charenton par la *Marne* que l'on passe sur un pont, est à une demi-lieue de Maisons, et 2 lieues au S. E. de Paris, où l'on arrive par la grande route désignée ci-dessus. (Relais de poste aux chevaux. Le bureau de la poste aux lettres est à Charenton.)

ALLAINVILLE , village, département de Seine-et-Oise, arrondissement de Rambouillet, canton de Dourdan (Sud), ci-devant province de l'Ile de France, dans le Hurepoix et diocèse de Chartres. Il forme avec l'ancienne paroisse de *Hattonville*, le hameau d'*Obeville*, les fermes d'*Erainville*, *Souplainville* et *Gros-Lieu*, une commune d'environ 350 habitans.

Erainville renferme une maison de campagne. Le château d'Obeville a été détruit. Il ne reste plus de celui de Gros-Lieu que la ferme et une tuilerie.

Les grains forment la principale production du terroir, dont une partie est en bois. Le village d'Allainville est à 2 lieues trois quarts au S. O. de Dourdan et 2 à l'E. d'Auneau; sa distance de Paris est de 13 lieues trois quarts vers le S. O.,

par Dourdan, et une chaussée juignant l'ancienne route de Chartres. (Poste aux lettres de Dourdan.)

ALLONNE , village, département de l'Oise, arrondissement et canton de Beauvais (Sud Est), ci-devant province de l'Ile de France, et diocèse de Beauvais. Il contient, avec les hameaux de *Bongenoult*, *Voisinlieu*, *Villers-sur-Thère* et les maisons isolées dites le petit *Bruneval*, une population d'environ 1300 habitans. A l'extrémité occidentale du hameau de Bongenoult est un château dont M. Decanecaude, maire du lieu, est propriétaire.

Le village d'Allonne est contigu à la grande route de Paris à Beauvais, et cette route traverse le hameau de Voisinlieu attenant au faubourg St.-Jacques de cette dernière ville. Il se trouve, dans ce hameau, 1° un très-beau lavoir et un magasin de laines de toutes espèces appartenant à M. Thouret, négociant. Ce lavoir est sur la rivière du *Therain*, ainsi que trois moulins, dont deux à foulons et un à tan; 2° une tannerie dont M. Leuiller-Fournier est propriétaire.

La même rivière du Therain fait tourner, en outre, cinq moulins à farines qui font partie de la commune; un moulin à huile et un à tan au hameau de Villers-sur-Thère, où l'on voit la belle maison de campagne appartenant à M. de Nully-d'Hécourt, maire de la ville de Beauvais.

Il existait autrefois, près de Voisinlieu, une maison hospitalière, nommée Saint-Lazare, où l'on transportait les personnes de la ville attaquées de maladies épidémiques. Les bâtimens de cette maison avec ses dépendances, ont été convertis en ferme.

Le terroir de cette commune consiste en terres de labour, en vignes, en prairies et en bois. Le village d'Allonne est à trois quarts de lieue au S. de Beauvais, et 15 lieues un quart au N. de Paris, où l'on se rend par la grande route désignée ci-dessus. (Poste aux lettres de Beauvais.)

ALLUETS-LE-ROI (les), village, département de Seine-et-Oise, arrondissement de Versailles, canton de Poissy, ci-devant province de l'Ile de France, et diocèse de Chartres. Sa population est d'environ 500 habitans. Ses productions sont en grains et bois.

Ce village est près la forêt dite *des Alluets*, à 2 lieues à l'O. de Poissy : sa distance de Paris est de 7 lieues à l'O. par Orgeval et la petite route de Mantes. (Poste aux lettres de Maule.)

AMBESY (grand), hameau et maison de campagne. *Voyez* le Mesnil-Saint-Denis.

AMBLAINVILLE, village, département de l'Oise, arrondissement de Beauvais, canton de Méru, ci-devant province de l'Ile-de-France, dans le Vexin, et diocèse de Rouen. Sa population est de 8 à 900 habitans. Le château et le hameau de *Sandricourt* en sont une dépendance; plusieurs fermes et maisons isolées sous diverses dénominations, en font aussi partie.

La terre de Sandricourt dont M. le marquis de Chastenay était propriétaire, est un ancien marquisat.

Suivant le rapport des historiens du tems, il se tint en 1493 au château de Sandricourt un tournois brillant auquel assista toute la noblesse des environs.

Les productions du terroir de cette commune sont partie en grains, et partie en prairies artificielles : le ru de *Méru* y fait tourner plusieurs moulins.

Le village d'Amblainville est traversé par une nouvelle route de Pontoise à Beauvais par Méru, à une lieue au S. de Méru ; sa distance de Paris est de 10 lieues et demie vers le N. par Chambly, et la grande route de Beauvais. On peut suivre également cette nouvelle route et passer à Pontoise. (Poste aux lettres de Méru.)

AMBLAINVILLIERS, hameau et maisons de campagne. *Voyez* Verrieres.

AMBLEVILLE, village, département de Seine-et-Oise, arrondissement de Mantes, canton de Magny, ci-devant province de l'Ile de France, dans le Vexin, et diocèse de Rouen. Sa population est d'environ 500 habitans, y compris celle du hameau du *Vaulmion*.

La terre d'Ambleville est une ancienne seigneurie qui avait haute, moyenne et basse justice. M. Dupuis, marquis de Gerville, est propriétaire du château, dont le parc, traversé par le ruisseau de l'*Aubette*, est partie en culture et partie en prairies.

Le terroir de cette commune consiste en terres labourables en prairies et en bois. Le village d'Ambleville est dans une vallée à 1 lieue et demie à l'O. de Magny et 1 et demie vers le S. de Saint-Clair; sa distance de Paris est de 15 lieues et demie au N. O. par Magny et la route de Rouen. (Poste aux lettres de Magny.)

AMBOILE. *Voyez* ORMESSON.

AMENUCOURT dit BEAUREGARD, paroisse composée des hameaux de *Frocourt* dit *Saint-Leu*, *Roconval* (grand et petit), *du Mauverand*, et autres habitations formant une commune dans le département de Seine-et-Oise, arrondissement de Mantes, canton de Magny, ci-devant province de l'Ile de France, dans le Vexin, et diocèse de Rouen. Sa population est d'environ 300 habitans.

Le terroir de cette commune consiste en labour, prairies et bois. Ce village dont l'église est isolée, est à trois quarts de lieue au N. de la Roche-Guyon, et 2 lieues et demie au S. O. de Magny; sa distance de Paris est de 15 lieues et demi vers le N. O., par Limay, et la grande route de Caen. (Poste aux lettres de Bonnières.)

AMILLY, village, département de Seine-et-Marne, arrondissement de Coulommiers, canton de la Ferté-Gaucher, ci-devant province de l'Ile de France, dans la Brie, et diocèse de Meaux. En y comprenant les hameaux et fermes qui en dépendent, sa population est de 7 à 800 habitans.

Les hameaux principaux sont, *Beaufour*, *Fontenelles*, *Courcelles* et *les Bordes*. M. de la Martelière était jadis propriétaire du château et du parc. Une maison de campagne, dite *le Boschet*, est située dans un bois peu éloigné.

Le terroir se compose de terres labourables, de prairies et de bois; on y trouve aussi une tuilerie. Amilly est sur la petite rivière d'*Aubetin* qui fait tourner deux moulins, à 3 lieues et demie au S. O. de la Ferté-Gaucher, et 2 lieues au S. de Coulommiers; sa distance de Paris est de 16 lieues à l'E. par Coulommiers et la grande route qui passe à Lagny. (Poste aux lettres de Coulommiers).

ANDELU, village, département de Seine-et Oise, arrondissement et canton de Mantes, ci-devant province de l'Ile de France et diocèse de Chartres. Sa population est d'environ 140 habitans. C'était autrefois un hameau dépendant de l'une des paroisses de Maule. On y remarque une maison de campagne.

Les productions principales du terroir sont en grains. Le village d'Andelu est à trois quarts de lieue au S. de Maule, et 5 et demie au S. E. de Mantes; sa distance de Paris est de 9 lieues à l'O., par Montainville et la route de Maule. (Poste aux lettres de Maule.)

ANDEVILLE, village, département de l'Oise, arrondissement de Beauvais, canton de Méru, ci-devant province de l'Ile de France et diocèse de Beauvais. Sa population est de 6 à 700 habitans, avec celle du hameau d'*Angleterre* qui en fait partie.

La terre d'Andeville était une ancienne seigneurie avec haute, moyenne et basse justice. Le château appartient à M. le Porc d'Andeville. Les grains sont la production principale du terroir, les habitans s'occupent particulièrement de la fabrique de tabletterie, bijouterie, et de cornes en feuilles pour les lanternes.

Le village d'Andeville est à une lieue entre le N. et le N. E. de Méru; sa distance de Paris est de 12 lieues au N. par Méru Chambly et la grande route de Beauvais. (Poste aux lettres de Méru.)

ANDILLY, village, département de Seine-et-Oise, arrondissement de Pontoise, canton de Montmorency, ci-devant province de l'Ile de France, et diocèse de Paris. Sa population est d'environ 300 habitans.

Ce village, remarquable par des maisons de campagne qui ont des points de vue charmans, est situé sur une hauteur qui borde la vallée de Montmorency contiguë à la forêt de ce nom. Le château a été démoli.

Andilly et le village de *Margency* ne composaient autrefois qu'une seule paroisse; il en fut détaché sur la fin du seizième siècle pour en former une particulière.

La majeure partie du terroir d'Andilly est en vignes, et on y recueille beaucoup de fruits. Ce village est à trois quarts de lieue au N. O. de Montmorency; sa distance de Paris est de 4 lieues au N. par Saint-Denis. (Poste aux lettres de Montmorency.)

ANDREZELLES, village, département de Seine-et-

Marne , arrondissement de Melun , canton de Mormant , ci-devant province de l'Ile de France, dans la Brie, et diocèse de Paris. Sa population est d'environ 250 habitans, y compris le hameau de *Truisy* et plusieurs fermes isolées qui en font partie.

Andrezelles renferme un château dont madame Nouette-d'Andrezelles, est propriétaire. C'est le lieu de naissance du pape Martin IV, appelé auparavant *Simon de Brie.*

Les principales productions du terroir de cette commune sont en grains. Le village d'Andrezelles est dans une plaine à 1 lieue et demie à l'O. de Mormant; sa distance de Paris est de 10 lieues trois quarts au S. E. par Guignes et la grande route de Troyes. (Poste aux lettres de Guignes.)

ANDREZY, grand village du département de Seine-et-Oise, arrondissement de Versailles, canton de Poissy, ci-devant province de l'Ile de France et diocèse de Paris, n'a qu'une rue d'environ trois quarts de lieue de longueur. Sa population est d'environ 1000 habitans. C'était, avant la révolution, une baronie, le siège d'un bailliage et d'une prévôté. Sa situation, près le confluent de la *Seine* et de l'*Oise*, en rend le séjour très-agréable.

On y rencontre beaucoup de maisons de campagne. Une d'entr'elles a appartenu à madame la comtesse de Marsan , gouvernante des Enfans de France, qui y conduisait souvent ses augustes élèves. La maison seigneuriale, dont le Chapitre Notre-Dame de Paris était propriétaire, appartient aujourd'hui à M. Geoffroy , maire du lieu. La maison du *Fay* et celle de la *Fin de l'Oise* où il y a un bac, font partie de cette commune.

La majeure partie du terroir d'Andrezy est en vignes dont le vin est très-estimé. Ce village , sur la rive droite de la Seine où se trouvent plusieurs îles, est à 1 lieue et demie au N. de Poissy; sa distance de Paris est de 6 lieues et demie au N. O. par Poissy et la grande route qui passe à Saint-Germain-en-Laye. (Poste aux lettres de Poissy.)

ANET, bourg, département d'Eure - et - Loir, arrondissement de Dreux, chef-lieu de canton et siège d'une justice de paix, ci-devant province de l'Ile de France, dans le pays Chartrain et diocèse de Chartres. Sa population est d'environ 1500 habitans; c'est une ancienne châtellenie célèbre par un grand et magnifique château bâti pour Diane de Poitiers, duchesse de Valentinois et maîtresse de Henri II , sur l'emplacement de celui appelé Château du roi de Navarre : Philbert de Lorme , abbé commendataire de l'abbaye d'Ivry, en fut l'architecte. Charles V fit démolir le fort qui le défendait.

Au mois de février 1583, Charles de Lorraine, grand-veneur de France, frère de Diane de Poitiers, avait fait ériger la châtellenie d'Anet en principauté; mais une opposition survenue à l'enregistrement des lettres-patentes qui n'étaient pas revêtues de toutes les formalités requises, empêchèrent leur entérinement.

Le château d'Anet a été possédé successivement, depuis Diane de Poitiers, par madame la duchesse de Mercœur, M. le duc et madame la duchesse de Vendôme, le prince Louis-Joseph de Vendôme, leur fils; par mad. la princesse de Condé, M. le duc et madame la duchesse du Maine, M. le prince de Dombes et M. le comte d'Eu; dévolu ensuite à Louis XV, ce monarque en avait transmis la propriété à M. le duc de Penthièvre. Une aîle de ce magnifique château, l'ancienne chancellerie, les murs, la rotonde et deux pyramides de la chapelle ont seules résisté aux ravages de la révolution. Madame veuve De Monti en est aujourd'hui propriétaire.

On remarquait sur la principale porte du château un horloge qui représentait une chasse. Sept ou huit chiens semblaient poursuivre un cerf, et ce cerf, en bronze, marquait chaque heure en frappant le timbre de son pied droit.

Le bourg d'Anet est dans une vallée entre les rivières d'*Eure* et de *Vesgre*. Au bout du parc du château, sur un bras de la rivière d'Eure, se trouvait, en 1789, un couvent de cordeliers que fit construire le prince Charles de Lorraine; l'église seule a été détruite. L'Hôtel-Dieu, fondé par Diane de Poitiers, subsiste.

Près l'ancien couvent des cordeliers, on voit un moulin à tan d'une belle construction à mécanique, et un autre dans le parc, au même usage; deux moulins à farines se trouvent également à Anet, résidence d'une brigade de gendarmerie.

Les productions du terroir de cette commune sont, partie en grains, partie en vignes et en prairies. La forêt, percée d'une quantité prodigieuse de routes, contient environ 13,000 arpens.

Anet est à 3 lieues vers le N. de Dreux, à égale distance au N. O. de Houdan; sa distance de Paris est de 16 lieues à l'O. par Houdan et la grande route de Brest. On compte 17 lieues de poste. (Relais de poste aux chevaux. Le bureau de la poste aux lettres est à Dreux.)

ANGERVILLE, petite ville, située dans une plaine sur la grande route de Paris à Orléans, département de Seine et Oise, arrondissement d'Etampes, canton de Méréville, ci-devant province de l'Ile de France, dans le Hurepoix, et diocèse de Chartres. Sa population est d'environ 1600 habitans, en y comprenant les hameaux d'*Ouestreville*, de *Villeneuve*, les fermes de *Retreville*, *Guétreville* et l'auberge de *Bassonville*.

Il s'y tient deux foires par année; la première le 20 juillet, et la seconde le 4 novembre, le marché est le vendredi de chaque semaine; c'est la résidence d'une brigade de gendarmerie.

Il se fait à Angerville, un commerce assez important en grains et laine. On y trouve des fabricans de bas drapés. M. Louis Rousseau, propriétaire, y a fait construire une brasserie considérable; la bière qui en provient a la même qualité que la bière anglaise; elle est faite de la même manière. Il existe aussi une brasserie ordinaire à la ferme de Guétreville.

Les principales productions du terroir de cette commune sont la majeure partie en grains, et la plus petite est en bois. Près l'auberge de Bassonville est une fabrique à plâtre.

Angerville est à 1 lieue et demie à l'O. de Méréville, 4 vers le S. O. d'Etampes. Sa distance de Paris est de 16 lieues vers le S., où l'on se rend par la route d'Orléans. On compte 17 lieues de poste. (Bureau de poste aux lettres et relais de poste aux chevaux.)

ANGERVILLIERS, village, département de Seine et Oise, arrondissement de Rambouillet, canton de Dourdan (Nord) ci-devant province de l'Ile de France dans le Hurepoix, et diocèse de Chartres. Sa population est d'environ 300 habitans.

Ce village n'a plus rien de remarquable, que la jolie maison de campagne appartenant à M. de Catellan, président du canton. Le beau château, dont madame la duchesse de Beuvron était propriétaire, vient d'être démoli.

Le terroir de cette commune est en terres labourables, en vignes et bois : on y voit beaucoup de châtaigniers. Angervilliers est contigu à la route de Dourdan à Paris, à 2 lieues au N. de Dourdan, et 9 entre le S. et le S. O. de Paris, où l'on va par cette route qui joint près de Limours l'ancienne route de Chartres. (Poste aux lettres de Dourdan.)

ANGICOURT, village, département de l'Oise, arrondissement de Clermont-Oise, canton de Liancourt, ci-devant province de l'Ile de France, et diocèse de Beauvais. Sa population est d'environ 260 habitans, en y comprenant les hameaux *du Pont*, de *la Presle*, *du Fresne*, de *Trétocourt*, et de *Cafosse*.

La majeure partie du terroir de cette commune est en petite culture; on y recueille

beaucoup de guignes et de cerises. Le village d'Angicourt
est à 1 lieue au S. E de Liancourt, et 1 lieue et demie au
N. E. de Creil; sa distance de
Paris est de 12 lieues un quart
au N. par Creil, et la grande
route d'Amiens. (Poste aux lettres de Creil.)

ANGY, village, départe-
ment de l'Oise, arrondissement
de Clermont-Oise, canton de
Mouy, ci-devant province de
l'Ile de France et diocèse de
Beauvais; sa population en y
comprenant celle du hameau
d'*Egypte* et celle d'une partie
du hameau de *Moineau*, est
d'environ 500 habitans.

Il existe dans ces deux hameaux des fabriques d'étoffes
de laine, du nombre de celles
désignées à la description de
Mouy, *voyez* MOUY.

Le terroir de cette commune
est en labour, prairies et bois.
Le village d'Angy est à un
quart de lieue au N. de Mouy,
et 13 au N. de Paris, par la
même route que de Mouy à
Paris (Poste aux lettres de
Clermont-Oise.)

ANIERES. *Voyz* ASNIERES.

ANNET, village situé sur la
rive droite de *la Marne* que
l'on passe sur un bac; département de Seine-et-Marne,
arrondissement de Meaux, canton de Claye, ci-devant province de l'Ile de France dans
la Brie, diocèse de Meaux. Sa

population est de 900 à 1000
habitans.

Ce village est environné
de plusieurs maisons de campagne, parmi lesquelles on
distingue le *château d'Etry*,
appartenant à M. le lieutenant-général baron de Lery.
Celui du *Sazois*, à madame la
comtesse de Courcy, et la maison de M. Béjot, qui possède
un beau troupeau de mérinos.

Les productions du terroir
de cette commune sont partie
en grains, partie en vignes et en
prairies. On y trouve des carrières, des fours à plâtre, et
deux moulins sur la petite rivière de *Beuvronne*.

Le village d'Annet est à une
demi-lieue vers le S. E. de
Claye, et 7 lieues vers l'E. de
Paris, où l'on va par une
chaussée joignant la grande
route d'Allemagne. (Poste aux
lettres de Claye.)

ANSACQ, village, départe-
ment de l'Oise, arrondissement de Clermont-Oise, canton de Mouy, ci-devant province de l'Ile de France, et
diocèse de Beauvais. Sa population est d'environ 320 habitans, en y comprenant les hameaux du *Plessis-Billebaut*,
du Val, et de *Contrevoisin*.
L'ancien hâteau d'*Ansacq* qui
est hors du village, faisait autrefois partie des domaines du
prince de Conti.

Sur le terroir de cette commune, dont les principales productions sont en grains, est un

moulin que fait tourner un ruisseau. Ansacq est situé dans une vallée peu éloignée de la forêt de *Hez*, à 1 lieue au N. E. de Mouy ; sa distance de Paris est de 14 lieues au N. , par différens chemins joignant la grande route d'Amiens. (Poste aux lettres de Clermont-Oise.)

ANSERVILLE , village , département de l'Oise, arrondissement de Beauvais, canton de Méru, ci-devant province de l'Ile de France , et diocèse de Beauvais ; situé sur une éminence, n'a de remarquable que le château et le parc. Sa population est d'environ 300 habitans : son terroir est en terres labourables, en vignes et en bois. Les vins y sont renommés.

Le village d'Anserville est à 1 lieue un quart entre l'E. et le S. E. de Méru ; sa distance de Paris est de 10 lieues au N. par la grande route de Beauvais. (Poste aux lettres de Méru.)

ANTILLY, village , département de l'Oise, arrondissement de Senlis, canton de Betz, ci-devant province de l'Ile de France dans le Valois, et diocèse de Meaux, autrefois succursale de la paroisse de Betz. Le château a été détruit. Il n'existe plus que le parc avec une simple habitation. Sa population est d'environ 100 habitans, en y comprenant la ferme de *le Clairgie* et le moulin de *T'annest.*

Le terroir de cette commune est partie en labour, partie en bois : on y trouve plusieurs carrières de pierre de taille et autres, et des fours à chaux.

Le village d'Antilly est à une demi-lieue au S. E. de Betz, et 2 lieues et demie à l'O. de la Ferté-Milon; sa distance de Paris est de 14 lieues vers le N. E. par Betz, Nanteuil, le Haudouin et la grande route de Soissons. (Poste aux lettres de Crépy.)

ANTONY, village, département de la Seine , arrondissement et canton de Sceaux , ci-devant province de l'Ile de France , et diocèse de Paris. Sa population est d'environ 1,100 habitans : la partie, qui en est détachée et traversée par la grande route de Paris à Orléans , est nommée le *Pont d'Antony.*

Ce village renferme plusieurs maisons de campagne. M. Trudon y possède la manufacture royale de cire et de bougies à l'usage de la Cour et du public.

Le terroir de cette commune est en terres labourables , en prairies et en vignes. MM. Cazin et Chartier y sont propriétaires de carrières à plâtre d'une excellente qualité.

Le village d'Antony est à une demi-lieue au S. de Sceaux, sur la petite rivière de *Bièvres*, et distant de Paris de 2 lieues et demie au S., par la route d'Orléans. (Bureau de poste aux lettres.)

APREMONT, village connu par ses fabriques de boutons de soie, de poil de chèvre, de fil et autres matières, département de l'Oise, arrondissement de Senlis, canton de Creil, ci-devant province de l'Ile de France, diocèse de Beauvais. Sa population est d'environ 500 habitans.

Les productions agricoles de son terroir sont de peu de valeur. Il ne se trouve que des bois aux alentours de ce village situé à 1 lieue au S. E. de Creil. Sa distance de Paris est de 10 lieues au N. par Chantilly et la grande route d'Amiens. (Poste aux lettres de Senlis.)

ARBONNE, village, département de Seine-et-Marne, arrondissement et canton de Melun (Sud) ci-devant province de l'Ile de France et diocèse de Sens. Sa population est d'environ 130 habitans. La ferme de *Baudelu* en dépend.

La majeure partie du terroir de cette commune est en friches, le surplus est de peu de rapport en grains. Le village d'Arbonne est près la forêt de Fontainebleau, à 2 lieues vers l'E. de Milly, 4 vers le S. de Melun, et distant de 13 au S. de Paris, par Chailly et la grande route de Lyon. (Poste aux lettres de Milly.)

ARCIS, hameau et maison de campagne. *Voyez* CHAUMES.

ARCUEIL, village, formant, avec le hameau de *Cachant*, une commune considérable dans le département de la Seine, arrondissement de Sceaux, canton de Villejuif, ci-devant province de l'Ile de France et diocèse de Paris. Sa population est d'environ 1,200 habitans.

Ce village, situé dans une vallée, n'est séparé de Cachant que par un superbe acqueduc construit au 16e siècle par les ordres de la reine Marie de Médicis, sur les dessins de Jacques de Brosse, pour conduire à Paris par des voûtes souterraines, les eaux qui ont leurs sources au village de Rungis et aux environs.

Cet aqueduc, de la longueur de deux cents toises sur vingt-deux de hauteur, peut être comparé aux ouvrages des Romains; il est composé de vingt arcades, sous l'une desquelles passe la petite rivière de *Bièvres*, dont le cours se dirige par les Gobelins, et traverse le faubourg Saint-Marcel à Paris avant de se jeter dans la Seine, près l'hôpital de la Salpêtrière.

La terre d'Arcueil était une seigneurie dont le château n'a rien de remarquable, on y rencontre beaucoup de maisons de campages, parmi lesquelles se distinguent celles de M. le comte la Place et de M. le comte Bertholet, tous deux pairs de France. Il existe aussi un château à Cachant et plu-

2

sieurs maisons de campagne, dont les plus considérables sont celles appartenant à M. le baron de Mévolhon et à M. Arthau.

La principale culture du terroir de cette commune est en vignes: une partie des habitans est occupée à l'exploitation des carrières qui s'y trouvent, et une autre partie au blanchissage du linge.

Le village d'Arcueil est à trois quarts de lieue au N. O. de Villejuif, et à égale distance au S. des barrière de Paris, où l'on arrive par la grande route d'Orléans. (Poste aux lettres de la banlieue.)

ARCY. *V.* BOIS-D'ARCY.

ARDELU, village, département d'Eure et Loire, arrondissement de Chartres, canton d'Auneau, ci-devant généralité d'Orléans dans la Beauce et diocèse de Chartres. Sa population est d'environ 220 habitans. Les productions de son terroir sont en grains.

Ce village est à 4 lieues vers le S. E. d'Auneau et 2 lieues au N. O. d'Angerville; sa distance de Paris est de 16 lieues, vers le S. O. par Dourdan et une chaussée joignant l'ancienne route de Chartres.(Poste aux lettres d'Angerville.)

ARDENNES, ruines d'un vieux château. *Voyez* SAINT-HILAIRE.

ARETOIRE (l') château. *Voyez*. LES ESSARTS-LE-ROI.

ARGENTIÈRES, village, département de Seine et Marne, arrondissement de Melun, canton de Mormant; ci-devant province de l'Ile de France, et diocèse de Sens. Sa population est d'environ 200 habitans. Son terroir est en labour, en vignes et en bois.

Ce village est sur la petite rivière d'*Yerres*, à une lieue un quart vers le N. de Mormant, et trois quarts de lieue au S. E. de Chaumes; sa distance de Paris est de 11 lieues et demie au S. E. par Guignes et par la grande route de Troyes. (Poste aux lettres de Guignes.)

ARGENTEUIL, bourg considérable sur la rive droite de la *Seine* que l'on passe sur un bac, département de Seine-et-Oise, arrondissement de Versailles; chef-lieu de canton, et siége d'une justice de paix, ci-devant province de l'Ile de France et diocèse de Paris. Sa population est d'environ 4,800 habitans.

Sa situation est l'une des plus agréables des environs de Paris. C'était, dans l'ancien régime, le siége d'un baillage qui ressortissait nuement au parlement de Paris, quoique simple justice seigneuriale. Il s'y trouvait plusieurs communautés religieuses, savoir : un prieuré d'hommes de l'ordre de Saint-Benoît, un couvent d'Augustins, et un autre d'Ursulines. Ce dernier fut établi après la destruction d'un monastère de Bernardines, dont les revenus furent alors réunis à l'abbaye de *Panthemont* de Paris. Un hôpital fondé par saint François de Paule y subsiste encore.

Le prieuré était dans l'origine une abbaye de Bénédictines, où la fameuse Héloïse se retira vers l'an 1120. Elle en devint supérieure après y avoir pris le voile; mais, à cette époque, les religieuses furent obligées de sortir de ce couvent bien dégénéré de son ancienne régularité : il se forma, des débris de cette communauté, deux célèbres abbayes : celle de *Malnoue*, diocèse de Paris, et celle du *Paraclet*, diocèse de Troyes, dont Héloïse fut faite abbesse.

Le jeudi de l'Ascension, et les fêtes de la Pentecôte, Argenteuil est le rendez-vous de tous les villages environnans, même jusqu'à 10 lieues, à l'occasion du pélerinage dont la robe de N. S. est l'objet.

Il s'y tient un marché les lundi et vendredi de chaque semaine. C'est la résidence d'une brigade de gendarmerie.

On trouve sur son terroir, dont la plus grande partie est en vignes, quantité de carrières à plâtre, qui donnent lieu à un commerce considérable. Il s'enlève beaucoup de ces pierres que l'on trans-porte en bateaux dans divers départemens et en Angleterre. Les asperges et les figuiers donnent lieu à une culture d'un grand produit.

Avant la révolution, le château *du Marais*, situé entre ce bourg et Besons, faisait partie des domaines de l'abbaye de Saint-Denis, comme chef-lieu du prieuré d'Argenteuil. Il a été possédé par le comte de Mirabeau : en 1789, il y réunissait ceux qui voulaient réaliser la grande idée d'une monarchie constitutionnelle. Depuis cette époque, ce château est devenu la propriété de M. le duc Decrès, ex-ministre de la marine qui, par différens travaux, a rendu ce domaine l'un des plus remarquables de cette contrée par la distribution de ses jardins, ses eaux et ses plantations : le sol qui l'environne est fertile.

Le bourg d'Argenteuil est à 4 lieues et demie vers le N. E. de Versailles, et 2 et demie vers le N. O. de Paris, où l'on se rend par Asnières et Clichy-la-Garenne, ou par Colombes, Courbevoye et Neuilly. (Bureau de poste aux lettres et voitures publiques tous les jours pour Paris.)

ARGENLIEU, hameau et château, sur la grande route de Paris à Amiens. *Voyez* AVRECHY.

ARGEVILLE, hameau et château. *Voyez* BOIGNEVILLE.

ARMAINVILLIERS, château près Tournan. *Voyez* TOURNAN.

ARMANCOURT ou HARMANCOURT, village, département de l'Oise, arrondissement de Compiègne, canton d'Estrées-Saint-Denis, ci-devant province de l'Ile de France, et diocèse de Beauvais, dont la population est d'environ 320 habitans. Son terroir est en labour et vignes.

Ce village est sur la rive droite de l'Oise que l'on passe sur un bac, à une lieue trois-quarts au S. de Compiègne, et 3 lieues vers le S. E. d'Estrés, Saint-Denis ; sa distance de Paris est de 16 lieues et demie, vers le N. E., par la grande route de Compiègne. (Poste aux lettres de Compiègne.)

ARMENONVILLE, ou les GATINEAUX, village, département d'Eure et Loire, arrondissement de Chartres, canton de Maintenon, ci-devant généralité d'Orléans, dans la Beauce et diocèse de Chartres. Sa population est d'environ 270 habitans, avec les hameaux *des Gâtineaux* et celui du *Magasin*.

Le terroir de cette commune est en labour, prairies, vignes et aunaies. La rivière *de Voise* qui y passe fait tourner un moulin à farines à deux roues. Le village d'Armenonville est à 1 lieue au N. O. de Gallardon, 1 lieue et demie

au S. E. de Maintenon et 15 vers le S. O. de Paris, où l'on se rend par Epernon et la grande route de Nantes. (Poste aux lettres de Gallardon.)

ARMENTIÈRES, département de Seine et Marne, arrondissement de Meaux, canton de Lizy-sur-Ourq, ci-devant province de l'Ile de France et diocèse de Meaux ; ce village forme avec l'ancienne annexe d'Ile-les-Meldeuses, une commune de 5 à 600 habitans. La ferme *des Bruyères* y est comprise.

Les principales productions de son terroir sont partie en grains, partie en bois. Le village d'Armentières, situé sur la rive gauche de la *Marne*, est à 1 lieue et demie au S. de Lizy ; sa distance de Paris est de 12 lieues et demie entre l'E. et le N. E. par Trilport, et la grande route d'Allemagne. (Poste aux lettres de Lizy-sur-Ourcq.)

ARNOUVILLE, village, département de Seine et Oise, arrondissement de Pontoise, canton de Gonesse, ci-devant province de l'Ile de France et diocèse de Paris, d'une population d'environ 250 habitans.

La terre d'Arnouville fut érigée en comté en faveur de M. de Machault, ancien ministre d'Etat et garde des seaux de France. Le château est encore la propriété de M. le comte d'Arnouville, pair de France, et de M. l'évêque d'Amiens, ses fils. Le parc et les jardins sont d'une grande étendue, et les eaux très - abondantes. La grille du château est extrêmement riche et du meilleur goût. L'architecture de la chapelle, de l'orangerie et des écuries est remarquable. Il vient d'y être établi un bélier hydraulique, de l'invention de M. Montgolfier, par le moyen duquel les eaux d'un étang voisin sont conduites à l'orangerie.

Louis XVIII s'est arrêté dans ce château lors de sa seconde rentrée à Paris.

Le village d'Arnouville est bâti régulièrement. Les principales productions de son terroir sont en grains. Il est à une demi-lieue au S. O. de Gonesse et à 4 lieues au N. de Paris, où l'on va par la route de Gonesse. (Poste aux lettres de Gonesse.)

ARNOUVILLE, village, département de Seine et Oise, arrondissement et canton de Mantes, ci - devant province de l'Ile de France et diocèse de Chartres. Sa population est d'environ 600 habitans. Le château de *Binanville* et le hameau de *Saint - Léonard*, en font partie.

Son terroir est en labour, en vignes et en bois. Le village d'Arnouville est dans une plaine à 2 lieues au S. de Mantes; sa distance de Paris est de 11 lieues à l'O. par Maule et la route qui passe à Rocquencourt. (Poste aux lettres de Mantes.)

ARNOUVILLE, hameau et château. *Voyez.* GOMMERVILLE.

ARNY, maison de campagne. *V.* BRUYÈRES-LE-CHATEL.

ARPAJON, petite ville (nommée CHATRES avant 1721, époque à laquelle elle fut érigée en marquisat), département de Seine-et-Oise, arrondissement de Corbeil, chef-lieu de canton, siège d'une justice-de-paix, et résidence d'une brigade de gendarmerie, ci-devant province de l'Ile de France, dans le Hurepoix, et diocèse de Paris. Elle était alors le siége d'un baillage et d'une prévôté. Sa population est d'environ 2300 habitans.

Il se tient à Arpajon, le vendredi de chaque semaine, un marché considérable, particulièrement en veaux, porcs, volailles, beurre et légumes; et par année, trois foires; la première, le jeudi-saint, la seconde, le premier mai, et la troisième, le 24 août.

Cette ville est traversée par la grande route de Paris à Orléans, dans une vallée agréable, sur la rivière d'*Orge* à laquelle se réunit celle de *la Remarde*, qui font tourner deux moulins. Cette dernière traverse le jardin entouré d'un canal, d'une maison agréablement située sur cette même route, c'est l'ancien fief de *Marivas* qui, avec le château, démoli pendant la révolution, faisait partie des domaines de M. le maréchal de Mouchy.

Arpajon renferme deux pensions ou maisons d'éducation, l'une de jeunes gens, et l'autre de jeunes demoiselles. Cette dernière est dirigée par les dames de la Congrégation de Corbeil. L'hôtel-Dieu qui subsiste est une ancienne fondation. Les promenades qui entourent la ville sont très-agréables et ornées d'arbres qui forment un très-beau couvert.

Les productions principales de son terroir sont en graines, partie est en prairies. Les petites rivières d'Orge et de Remarde désignées ci-dessus, font tourner plusieurs moulins.

La ville d'Arpajon est à 4 lieues à l'O. de Corbeil, et 6 lieues et demie entre le S. et le S. E. de Versailles ; sa distance de Paris est de 7 lieues et demie au S. par la route d'Orléans. On compte 8 lieues de poste. (Bureau de poste aux lettres, relais de poste aux chevaux, et voitures publiques tous les jours pour Paris.)

ARPENTY, belle ferme ancien fief. *Voyez* VAUHALLANT.

ARRANCOURT, village, département de Seine-et-Oise, arrondissement d'Etampes, canton de Méréville, ci-devant province de l'Ile de France, dans la Beauce, et diocèse de Sens. Sa population est d'environ 110 habitans, en y comprenant la ferme de Boisvilliers, celle de *Joannest*, et plusieurs autres habitations isolées.

Les productions du terroir de cette commune sont partie en grains et partie en bois. Le village d'Arrancourt est dans une vallée étroite, sur le ru de *Climont*, à 1 lieue et demie au N. E. de Méréville et 2 lieues et demie au S. d'Etampes ; sa distance de Paris est de 14 lieues et demie vers le S. par Etampes et la grande route d'Orléans. (Poste aux lettres d'Etampes.)

ARRONVILLE, village, département de Seine-et-Oise, arrondissement de Pontoise, canton de Marines, ci-devant province de l'Ile de France dans le Vexin, et diocèse de Rouen, forme une commune de 5 à 600 habitans avec les hameaux de *Margicourt, Herville, Saint-Lubin* et le château de *Balaincourt*.

Ce château, dont M. le comte de Balaincourt, maréchal des camps et armées du roi, était propriétaire, est remarquable par son architecture et ses décorations extérieures ; le parc, est traversé par la petite rivière du *Sausseron* qui y forme plusieurs pièces d'eau : il est fort étendu, bien distribué, et renferme de belles plantations. M. le maréchal, comte de Beurnonville, pair de France, auquel cette agréable habitation appartient actuellement, y a fait cons-

truire de magnifiques bergeries pour le superbe troupeau de mérinos, pure race,
dont il est possesseur.

Les principales productions
du terroir de cette commune
sont en grains, une petite partie est en bois; on y trouve
deux carrières de pierre de
moëlons, et deux moulins à
farines sur le Sausseron, l'un à
Margicourt, et l'autre entre le
château de Balaincourt et Mé-
nouville.

Le village d'Arronville est
situé dans une vallée, sur la
petite rivière du Sausseron, à
2 lieues et demie vers le N. E.
de Marines, 4 au N. de Pontoise et 11 au N. O. de Paris,
où l'on va par la nouvelle route
de Beauvais à Pontoise, et de
Pontoise, par la grande route
de Rouen. (Poste aux lettres de
Méru, département de l'Oise.)

ARSY, village, départe-
ment de l'Oise, arrondissement de Compiègne, canton
d'Estrées Saint-Denis, ci-devant province de l'Ile de France
et diocèse de Beauvais. Sa population est d'environ 700 habitans. Les maisons isolées de
Fondelairon et celle dite *la
Bacotte* en dépendent; dans
cette dernière est établie une
manufacture de vitriol et autres
produits chimiques.

Ce village n'a qu'une seule
rue; il est situé dans une
plaine: le château, autrefois
l'une des propriétés de M. le
marquis de Gouy d'Arsy, a

été démoli à l'époque de la
révolution.

Les principales productions
du terroir de cette commune
sont en grains, une partie est
en vignes, en bois et prairies. Le
village d'Arsy est à 1 lieue au
S. E. d'Estrées Saint-Denis,
et 3 au S. O. de Compiègne;
sa distance de Paris est de
16 lieues et demie vers le N. E.
par la route de Flandre. (Poste
aux lettres de Compiègne.)

ARTHIES, village, département de Seine et Oise, arrondissement de Mantes, canton
de Magny, ci-devant province
de l'Ile de France, dans le
Vexin et diocèse de Rouen.
Sa population est d'environ
270 habitans. C'était une ancienne baronie, on y voit encore les restes d'un vieux château qui paraît avoir été fortifié.

Le terroir de cette com-
mune est en labour et en bois;
il y a deux tuileries. Le village
d'Arthies est à 1 lieue trois
quarts au S. de Magny; sa distance de Paris est de 13 lieues
au S. O. par la grande route de
Rouen. (Poste aux lettres de
Magny.)

ARTHIEUL, commune,
composée de deux hameaux,
l'un nommé *le grand Arthieul*,
et l'autre *le petit Arthieul* dans
le canton de Magny, arrondissement de Mantes, département
de Seine et Oise, ci-devant province de l'Ile de France, dans

le Vexin, et diocèse de Rouen. Sa population est d'environ 200 habitans. Il s'y trouve un château et deux moulins; le premier sur le ruisseau de l'*Aubette*, et le second sur un autre ruisseau.

Ces deux hameaux faisaient autrefois partie de la commune de Magny. Leur terroir est partie en labour et partie en bois. Ils sont à une demi-lieue à l'E. de Magny. Leur distance de Paris est la même que celle de Magny à Paris, par la route de Rouen. (Poste aux lettres de Magny.)

ASNIÈRES-sur-Oise, village, département de Seine et Oise, arrondissement de Pontoise, canton de Luzarches, ci-devant province de l'Ile de France et diocèse de Beauvais. Sa population est de 7 à 800 habitans avec le hameaux de *Baillon*. L'ancienne abbaye de *Royaumont* fait également partie de cette commune. *Voyez.* ROYAUMONT.

On remarque à l'extrémité orientale de ce village, situé près la rive gauche de l'Oise, un château bâti à mi-côte, nommé *Touteville*, dont madame la comtesse de Kercado est propriétaire. Les points de vue en sont admirables, et s'étendent fort loin. Les jardins et le parc offrent des promenades charmantes, à l'agrément desquelles ajoute leur contiguité à la forêt de *Carenelle*. Deux autres maisons de campagne,

l'une dite *le château de la Reine-Blanche*, et l'autre nommée la *Caumerie* en font également partie, leur site est très-agréable.

Le hameau de Baillon, entouré de bois, à trois quarts de lieue d'Asnières, se fait distinguer par un château d'une construction simple, entouré de fossés remplis d'eaux vives, qui y arrivent par un superbe canal de trois cents toises de longueur sur sept de largeur. Ce château est à M. le maréchal duc de Conégliano.

Au même hameau, existe une maison de campagne qui appartient actuellement à M. de Lapresle, c'était autrefois un Prieuré séculier.

La majeure partie des habitans de Baillon fabrique des cordes à puits. Le terroir de la commune d'Asnières est en terres labourables, en vignes et en bois. Les fruits y sont abondans. Le village est à 1 lieue un quart au N. O. de Luzarches, et 7 trois quarts au N. de Paris en passant par la route de Viarmes, joignant auprès de Moisselles la grande route de Beauvais. (Poste aux lettres de Luzarches, des voitures publiques à Viarmes partent tous les jours pour Paris.)

ASNIÈRES-sur-Seine, village, département de la Seine, arrondissement de Saint-Denis, canton de Nanterre, ci-devant province de l'Ile de France et diocèse de Paris. Sa population est d'environ 300 habitans.

Sa situation est une des plus belles des bords de la *Seine*, que l'on passe sur un bac. Le château, construit à la romaine, appartenait autrefois à M. le comte d'Argenson, ministre, secrétaire d'État. Le parc, contenant 50 arpens, renferme une belle futaie et offre de très-belles promenades, particulièrement sur le bord de la Seine qui en fait la limite dans sa plus grande longueur, et d'où les points de vue sont infiniment agréables.

Plusieurs belles maisons de campagne, parmi lesquelles on distingue celle de M. de Prony, membre de l'Académie royale des sciences, sont situées dans le village, dont la place publique est planté d'arbres en quinconce.

Les productions de ce terroir sont de toute nature et de peu de valeur. Asnières est à 1 lieue trois quarts au N. E. de Nanterre et 1 et demie au N. O. de Paris, en suivant le chemin de Clichy-la-Garenne. (Poste aux lettres d'Argenteuil, département de Seine-et-Oise.)

ASSY. *Voyez* ACY.

ATHIS, village, département de Seine-et-Oise, arrondissement de Corbeil, canton de Longjumeau, ci-devant province de l'Ile de France, et diocèse de Paris. Sa population est d'environ 420 habitans; le château de *Chaiges*, en fait partie.

Ce village est situé sur l'une des hauteurs qui bordent la rive gauche de la *Seine*, près de l'endroit où la petite rivière d'*Orge* s'y réunit.

Le château, qui appartient à M. de Serre, est bien bâti. Les jardins en sont très-beaux. On y arrive par une superbe avenue.

A la maison de campagne dont madame la duchesse de Châtillon, et précédemment M. le duc de Rohan-Chabot étaient propriétaires, est contigu un parc, remarquable par son agréable disposition, et surtout par la plus belle futaie qu'il y ait dans les environs de Paris. M. le duc de Roquelaure a passé les dernières années de sa vie dans cette belle habitation appartenant actuellement à M. le baron de Crussol.

Les productions du terroir de cette commune sont en partie en grains, partie en vignes. On y rencontre un moulin que fait tourner la rivière d'Orge.

Le village d'Athis est à 1 lieue et demie au N. E. de Longjumeau; sa distance de Paris est de 4 lieues au S., par une chaussée joignant la grande route de Fontainebleau. (Poste aux lettres de Fromenteau.)

ATTAINVILLE, village, département de Seine-et-Oise, arrondissement de Pontoise, canton d'Ecouen, ci-devant province de l'Ile de France, et diocèse de Paris. Sa population est d'environ 340 habitans. Tout son terroir est en labour.

Ce village est à 1 lieue un quart vers le N. E. d'Ecouen; et distant de 5 lieues et demie au N. de Paris par Moisselles, et la grande route de Beauvais. (Poste aux lettres d'Ecouen.)

ATTILY, ancienne paroisse réunie à la commune de Ferroles. Il y reste encore quelques vestiges du château. *Voy.* FERROLES.

AUBEPIERRE, village, département de Seine et Marne, arrondissement de Melun, canton de Mormant, ci-devant province de l'Ile de France, dans la Brie et diocèse de Sens. Sa population est d'environ 300 habitans avec les hameaux de *Grandville*, *Bonfruit*, et plusieurs fermes écartées.

Les principales productions du terroir de cette commune sont en grains. Le village d'Aubepierre et à trois quarts de lieue vers le N. de Mormant; sa distance de Paris est de 11 lieues et demie au S. E. par Guignes et la grande route de Troyes. (Poste aux lettres de Mormant.)

AUBERGENVILLE, village, département de Seine et Oise, arrondissement de Versailles, canton de Meulan, ci-devant province de l'Ile de France, et diocèse de Chartres. Sa population est d'environ 450

habitans, y compris le hameau de *Vaux*, celui de *Guéland*, et plusieurs maisons sous diverses dénominations, et isolées.

Le château d'*Acosta*, appartenant à M. le comte de Castellane, pair de France, est remarquable par sa position à mi-côte à l'une des extrémités de ce village, et par la vue très-variée qui s'étend sur les villes de Meulan, de Mantes, et sur quantité de villages et châteaux situés sur les bords de la *Seine* et sur les côteaux environnans. Les jardins et le parc sont beaux, grands, bien soignés et remplis de sources d'eau vive.

Deux maisons de campagne ci-devant fiefs, l'une dite *la Garenne*, et l'autre *Montgarde*, se rencontrent dans les dépendances de cette commune et dans l'intérieur du village, est une troisième nommée la *Maison des Juifs*.

Les principales productions du terroir de cette commune sont en grains; une partie est en vignes. Les fruits y sont abondans, et particulièrement les cerises aussi estimées que celles de la vallée de Montmorency.

Le village d'Aubergenville est situé au bas d'une colline près la petite route de Mantes à Paris, à 1 lieue et demie vers le S. de Meulan; sa distance de Paris est de 8 lieues trois quarts à l'O., par cette petite route qui passe à Saint-

Germain-en-Laye. (Poste aux lettres de Meulan.)

AUBERVILLIERS, ou NOTRE - DAME - DES - VERTUS, village considérable, départe-met de la Seine, arrondissement et canton de Saint - Denis, ci-devant province de l'Ile de France, et diocèse de Paris. Sa population est d'environ 1,800 habitans. Il renferme plusieurs maisons de campagne.

Le nom de *Notre-Dame-des-Vertus* tire son origine d'une image miraculeuse de la Sainte Vierge, qui jadis y était en grande vénération, et le but d'un pélerinage qui s'y fait tous les ans, le second mardi de mai. Mais l'affluence du peuple qui s'y porte est beaucoup moins grande, et l'usage s'en perd insensiblement. Les Oratoriens y avaient une communauté.

La culture des légumes de toute espèce est dans la plus grande activité sur le terroir de cette commune, et forme son principal produit. Tous les jours elle en approvisionne les marchés de Paris.

Le village d'Aubervilliers est dans une plaine, dite *la plaine Saint - Denis*, à trois quarts de lieue au S.E. de Saint-Denis, et 1 lieue et demie au N. de Paris. (Poste aux lettres de la banlieue de Paris.)

AUBIGNY, village, département de Seine-et-Marne, arrondissement et canton de Melun, (Nord), ci - devant province de l'Ile de France, dans la Brie, et diocèse de Sens. Sa population est d'environ 120 habitans. Le superbe château appartenant à M. de Savigny, a été démoli.

Les principales productions de son terroir sont en grains, le village d'Aubigny est à 1 lieue et demie au N. de Melun; sa distance de Paris est de 9 lieues vers le S. E. par Lieusaint et la grande route de Lyon. (Poste aux lettres de Melun.)

AUBIN, hameau et maison de campagne, sur la rivière d'*Essonnes. V.* ITTEVILLE.

AUDEVILLE, village, département du Loiret, arrondissement de Pithiviers, canton de Malesherbes, ci-devant généralité d'Orléans, dans le Gâtinais, et diocèse de Sens. Sa population est d'environ 270 habitans, avec les fermes d'*Emerville* et de *Carbouville* qui en dépendent.

Le château, précédé d'une belle avant-cour, appartient à M. Lancelot de la Taille. Le parc est clos de murs.

Toutes les productions du terroir de cette commune sont en grains. Le village d'Audeville est à 3 lieues à l'O. de Malesherbes, et 3 au N. de Pithiviers; sa distance de Paris est de 16 lieues et demie au S., par Etampes, et la grande route d'Orléans. (Poste aux lettres de Pithiviers.)

AUFFARGIS ou FARGIS, village, département de Seine-et-Oise, arrondissement et canton de Rambouillet, ci-devant province de l'Ile de France dans le Hurepoix, et diocèse de Chartres, forme une commune d'environ 500 habitans, dont font partie les hameaux de *Villequoy*, *Saint-Benoît*, les *Hogues*, plusieurs fermes et quantité de maisons isolées, sous diverses dénominations.

L'ancienne abbatiale de *Vaux de Cernay*, se distingue de ces maisons isolées par sa construction et ses dépendances. Le monastère était sur la paroisse de Cernay-la-Ville. *V.* CERNAY-LA-VILLE. Les principales productions de son terroir, sont en grains et en bois.

Le village d'Auffargis est dans une vallée à 1 lieue trois quarts au N. E. de Rambouillet; sa distance de Paris est de 8 lieues trois quarts, vers le S. O., par Coignères et la grande route de Chartres. (Poste aux lettres de Rambouillet.)

AUFFREVILLE, village, département de Seine-et-Oise, arrondissement et canton de Mantes, ci-devant province de l'Ile de France et diocèse de Chartres, forme avec celui de *Brassueil*, une commune de 240 habitans. Son terroir est en labour, vignes, et une petite partie en bois; le ru de *Vau-*

couleur y fait tourner six moulins à farines et un à tan.

Le village d'Auffreville est à une lieue au S. de Mantes; sa distance de Paris est de 11 lieues vers l'O., par la petite route de Mantes, qui passe à Saint-Germain-en-Laye. (Poste aux lettres de Mantes.)

AUGER-ST.-VINCENT, village, département de l'Oise, arrondissement de Senlis, canton de Crépy, ci-devant province de l'Ile de France, dans le Valois, et diocèse de Senlis, forme une commune d'environ 300 habitans, en y comprenant l'ancienne succursale de *Saint-Mard*, autrefois annexe de la paroisse de *Fresnoy-le-Luat*, le hameau de *Villeneuve*, et celui de *Chaumont*.

La maison *du Parc*, fait partie de cette commune; c'était avant la révolution une abbaye de religieuses de l'ordre de Citeaux, nommée alors *le Parc-aux-Dames*. L'église et une partie des bâtimens qui la composaient ont été démolis; il n'en reste actuellement que l'abbatiale, une ferme et un moulin. Dans l'enclos est une grande pièce d'eau à la suite de laquelle est le moulin; cette pièce d'eau est alimentée par plusieurs sources. Les propriétaires, MM. Aubé, frères, y ont fait de belles plantations.

Le terroir de cette commune est en labour, une petite partie est en bois. Le village d'Auger est à 1 lieue et demie vers l'O. de Crêpy; sa distance de Paris est de 13 lieues au N. E. par Nanteuil - le - Haudouin, et la grande route de Soissons. (Poste aux lettres de Crêpy.)

AULNAY. *Voyez* AUNAY.

AULNAY - LES - BONDY, village, département de Seine et Oise, arrondissement de Pontoise, canton de Gonesse, ci-devant province de l'Ile de France, et diocèse de Paris. Sa population est de 5 à 600 habitans. La ferme de *Savigny*, les maisons isolées dites *Nuneville*, et le *Moulin Neuf* en font partie.

La terre d'Aulnay est un ancien marquisat. M. le comte de Tessé, et auparavant M. le président de Gourgues étaient propriétaires du château, dont le parc parfaitement dessiné, renferme une très-belle collection d'arbres exotiques de toutes les hauteurs. Trois maisons de campagne se trouvent dans cette commune.

Les principales productions de son terroir sont en grains. Le village d'Aulnay est situé dans une plaine, près la forêt de Bondy, à 1 lieue et demie au S. E de Gonesse; sa distance de Paris est de 3 lieues et demie au N. E. par Pantin. (Poste aux lettres du Bourget.)

AULNOY, village, département de Seine et Marne, arrondissement et canton de Coulommiers, ci-devant province de l'Ile de France, dans la Brie, et diocèse de Meaux; sa population est d'environ 340 habitans en y comprenant les hameaux de *Villers*, *la Roche*, *le Fourchaud*, *le Fayet*, *le Bas - Menil*, la ferme du *Haut-Menil*, et autres maisons isolées sous diverses dénominations.

Ce village est dans une situation agréable, sur une colline; il s'y trouve un château de forme antique flanqué de quatre tours, entouré de fossés, et jouissant d'une vue trèsétendue. Sur le haut de cette colline est une source qui alimente une fontaine publique restaurée par les soins de M. le baron Gautier de Charnacé, alors maire du lieu, et propriétaire de cette terre.

Le château *du Rû*, appartenant à M. Pagin, maire actuel, est au bas de la colline; ce château auquel le *Ru-de-Rognon*, a fait donner le nom de *Rû*, est entouré de fossés remplis d'eaux vives; le parc est clos de murs et traversé par ce ru, qui, à peu de distance, fait tourner un moulin à farines.

Au hameau de Villers, est une assez jolie maison de campagne avec un petit parc; on remarque à la Roche une source qui ne tarit jamais, même dans les plus grandes sécheresses; elle donne sans interruption la quantité d'eau suffisante pour faire tourner le moulin qui en est peu éloigné.

Les principales productions du terroir d'Aulnoy sont en grains, et partie en bois, en prairies et en vignes. Les prairies arrosées par le rù de Rognon sont plantées de grands arbres qui forment de belles promenades.

Le village d'Aulnoy est à trois quarts de lieue au N. de Coulommiers, et 14 lieues trois quarts à l'E. de Paris par Coulommiers, et la grande route qui passe à Lagny. (Poste aux lettres de Coulommiers.)

AUMONT, village, département de l'Oise, arrondissement et canton de Senlis, ci-devant province de l'Ile de France, et diocèse de Senlis. Sa population est d'environ 23o habitans. Le château n'a rien de remarquable.

Ce village est situé au pied d'une montagne; on en tire du sable d'une couleur bleuâtre, qui, mis en fusion avec la soude d'Alicante, sert à la manufacture de glaces de *Saint-Gobin*; on le charge dans des bateaux à Creil, pour le conduire à cette destination.

Aumont est entouré de bois, à 1 lieue au N. O. de Senlis; sa distance de Paris est de 11 lieues au N. , par Senlis et la grande route de Flandres. (Poste aux lettres de Senlis.)

AUNAY, village, département de Seine-et-Oise, arrondissement de Versailles, canton de Meulan, ci-devant province de l'Ile de France, et diocèse de Chartres. Sa population est d'environ 4oo habitans, y compris le hameau du *Val d'Aunay*, et plusieurs maisons écartées.

Ce village, dans l'ancien régime, était une annexe de la paroisse d'Epone; son terroir est en labour, vignes et prairies; on y recueille beaucoup de fruits. Il est situé dans une vallée sur la petite rivière de *Maudre*, à une demi-lieue au N. de Maule, et 2 lieues et demie vers le S. O. de Meulan; sa distance de Paris, est de 9 lieues et demi à l'O. par Maule, et la route qui passe à Roquencourt. (Poste aux lettres de Mantes.)

AUNAY, hameau et maison de campagne. *Voyez* Chatenay-sous-Bagneux.

AUNAY-sous-Auneau, village, département d'Eure-et-Loir, arrondissement de Chartres, canton d'Auneau, ci-devant généralité d'Orléans, dans la Beauce, et diocèse de Chartres. Sa population est d'environ 1ooo habitans, en y comprenant celle des hameaux de *Bretonvilliers*, *Hélu*, et les fermes de *Cheneville* et *Malassis*; une maison nommée *Grammont* se distingue des autres par sa construction.

Le terroir de cette commune est en labour, en prairies,

en vignes et en bois : on y recueille beaucoup de fruits ; une petite rivière à laquelle le village donne son nom y fait tourner un moulin à farines. Ce village est à trois quarts de lieue au S. d'Auneau ; sa distance de Paris est de 16 lieues vers le S. O., par Dourdan et une chaussée joignant l'ancienne route de Chartres. On peut suivre également le chemin par Ablis. (Poste aux lettres de Gallardon.)

AUNEAU, bourg, département d'Eure-et-Loir, arrondissement de Chartres, chef-lieu de canton siége d'une justice de paix, et résidence d'une brigade de gendarmerie, ci-devant généralité d'Orléans, dans la Beauce et diocèse de Chartres. Sa population est d'environ 1,400 habitans, y compris les hameaux de *Boisgasson*, *Equilmont*, *Cossonville* et *des Rochers*.

La terre d'Auneau est une ancienne baronie et châtellenie. L'église paroissiale, dite de *Saint-Remy*, est à la distance d'un demi-quart de lieue du bourg. Près de cette église se trouve une communauté de 30 religieuses, nommées filles de la Providence.

Le château d'Auneau, jadis forteresse entourée de fossés, est détruit en partie. Il a soutenu un siége sous le règne de Henri III. Les Reitres y furent surpris et défaits au nombre d'environ 2,000, par les troupes sous le commandement du duc de Guise.

Il ne reste plus de ce château qu'une simple habitation occupée par le propriétaire, M. le marquis de Crenay, maréchal-de-camp. On remarque, à l'entrée, une tour, de la plus solide construction, qui domine tous les alentours. Le parc, d'une très-grande étendue, renferme beaucoup de bois.

Il se tient à Auneau un marché tous les vendredis, consistant principalement en grains, et deux foires par année ; la première le 27 septembre, et la seconde le 2 novembre. Il s'y fait une vente considérable de moutons.

Depuis un tems immémorial, il existe à Auneau un pélerinage connu sous le nom de *Saint-Maur*, qui attire une affluence considérable de monde, et n'a été interrompu que pendant les deux années de la terreur. On y remarque une fontaine, aux eaux de laquelle est attribuée la vertu de guérir de la goutte. Ce pélerinage commence le 25 juin de chaque année et se continue tous les vendredis et dimanches, jusqu'à l'ouverture de la moisson.

Le terroir de cette commune est en labour, en vignes, en prairies et en bois, la petite rivière *d'Aunay* fait tourner un moulin. Le bourg d'Auneau est à 2 lieues vers le S. O. d'Ablis et 5 à l'E. de Chartres ;

sa distance de Paris est de 16 lieues au S. O. par Dourdan, et une chaussée joignant l'ancienne route de Chartres. On peut suivre également le chemin d'Ablis et l'ancienne route de Chartres. (Poste aux lettres de Gallardon.)

AUNEUIL, bourg, département de l'Oise, arrondissement de Beauvais, chef-lieu de canton et siége d'une justice de paix, ci-devant province de l'Ile de France et diocèse de Beauvais. Sa population et celle des hameaux de *la Neuville-sous-Auneuil*, *Friancourt*, *Sinaucourt*, *Grumesnil* et *Tierfontaine*, ainsi que plusieurs fermes et habitations écartées, est de 1,300 habitans.

On voit à Auneuil un ancien château, jadis forteresse. Une tour, remarquable par sa construction et son élévation, a été détruite.

Les sources, dans ces lieux, sont tellement abondantes, que celle près de l'église fait tourner un moulin à une distance de 150 toises. Une autre au hameau de Friancourt fait aussi tourner 3 moulins, l'un à 50 toises au dessous, et les deux autres au hameau de Sinaucourt.

Le terroir de cette commune est en labour, en prairies, en pâturages et en bois; le bourg d'Auneuil est à 2 lieues au S. O. de Beauvais; sa distance de Paris est de 16 lieues vers le N. par différens chemins

joignant la nouvelle route de Beauvais à Pontoise qui passe à Méru, et de Méru, par Chambly et la grande route de Beauvais. (Poste aux lettres de Beauvais.)

AUNOY, château. *Voyez* CHAMPEAUX.

AUTEUIL, village, département de Seine-et-Oise, arrondissement de Rambouillet, canton de Montfort-l'Amaury, ci-devant province de l'Ile de France, et diocèse de Chartres. Sa population est de 5 à 600 habitans. C'est un ancien comté.

Les productions de son terroir sont partie en grains, partie est en vignes: les vins blancs qui en proviennent sont assez estimés: il s'y trouve beaucoup d'arbres à fruits.

Le village d'Auteuil est à 1 lieue trois quarts au N. de Montfort; sa distance de Paris est de 9 lieues et demie à l'O., par les Bordes-Pont-Chartrain, et la grande route de Brest. (Poste aux lettres de Montfort-l'Amaury.)

AUTEUIL, village, département de l'Oise, arrondissement de Beauvais, canton d'Auneuil, ci-devant province de l'Ile de France et diocèse de Beauvais. Sa population est d'environ 370 habitans, y compris les hameaux de *Saint-Quentin*, du *Val de l'eau*, partie de celui de *Malassise*, et les maisons isolées dites *la Forêt* qui en dépendent.

Cette terre fut érigée en comté, il y a plus de deux cents ans, par MM. de Combauld-d'Auteuil, qui ont fait planter en ormes la grande place publique du village; elle appartient aujourd'hui à M. le comte d'Auteuil, l'un de leurs descendans. Le château qu'il habite est une des dépendances de la commune de Berneuil. *Voyez* Berneuil.

Les principales productions du terroir d'Auteuil sont en grains et partie en bois. Ce village est à 2 lieues entre l'E. et le S. E. d'Auneuil, et deux et demie au S. de Beauvais; sa distance de Paris est de 14 lieues et demie vers le N. par la nouvelle route de Beauvais à Pontoise, qui passe à Méru, et de Méru par Chambly et la grande route de Beauvais. (Poste aux lettres de Beauvais.)

AUTEUIL-le-Plessis, village, département de l'Oise, arrondissement de Senlis, canton de Betz, ci-devant province de l'Ile de France dans le Valois, et diocèse de Soissons. Sa population est d'environ 500 habitans, avec *le Plessis* qui y est adjacent, et le hameau de *Bellemont*, plus éloigné. Le château appartenait à M. le marquis de Juigné.

Le terroir de cette commune est en labour, en prairies et en bois. Près le moulin, dit *le moulin d'Auteuil*, est une fontaine d'eau minérale. Le village d'Auteuil est à 1 lieue un quart à l'O. de la Ferté-Milon, 2 à l'E. de Betz; sa distance de Paris est de 16 lieues et demie vers le N. E. par Levignen et la grande route de Soissons. (Poste aux lettres de la Ferté-Milon.)

AUTEUIL-les-Paris, beau village, département de la Seine, arrondissement de Saint-Denis, canton de Neuilly-sur-Seine, ci-devant province de l'Ile de France et diocèse de Paris. Sa population est d'environ 1,000 habitans, y compris ses dépendances, qui sont le hameau du *Point-du-Jour*, les maisons de campagne isolées de *Billancourt* et *l'île de Sèvres*.

La situation d'Auteuil sur une éminence entre le bois de Boulogne et la grande route de Paris à Saint-Cloud et Versailles, qui borde la Seine, est infiniment agréable: on y voit de fort jolies maisons de campagne, dont quelques-unes ont été habitées par les hommes de lettres les plus célèbres des deux derniers siècles, tels que Boileau-Despréaux, Molière, Lafontaine, Helvétius, Condorcet et autres savans.

Au devant de l'église, et sur l'emplacement de l'ancien cimetière où furent enterrés le chancelier d'Aguesseau, (Henri-François) l'un des plus grands hommes de la magistrature, mort à Paris le 9 février 1751, et son épouse Anne Lefevre d'Ormesson, est une pyramide érigée en leur mémoire. Ce monument, renversé pendant la révolution, a été relevé à l'instant où le vandalisme a cessé.

L'île de Sèvres, formée par la Seine, renferme une tannerie considérable que son propriétaire, M. Armand Seguin a fait construire. Elle est en outre remarquable par de superbes plantations. Cette île est traversée à son extrémité septentrionale par le pont qui ne doit plus subsister lorsque celui commencé un peu plus bas sera achevé.

Près cet ancien pont, sur la rive droite de la Seine, dans l'une des maisons de Billancourt, est une brasserie des mieux montées.

Le terroir de cette commune est en labour et en vignes. Le bois de Boulogne s'y étend eu partie. Le village d'Auteuil est à 1 lieue au S. de Neuilly, et peu éloigné des barrières de Paris. (l'oste aux lettres de la banlieue.)

AUTEVERNE, village, département de l'Eure, arrondissement des Andelys, canton de Gisors, ci-devant province de Normandie, dans le Vexin, et diocèse de Rouen. Sa population est d'environ 260 habitans.

Le château de *Boisdénemets,* appartenant à M. le marquis de Boisdénemets, en est une dépendance, le parc, de la contenance de 175 arpens, divisé en deux parties, borde la grande route de Paris à Rouen. Il est enclos de superbes murs, bâtis en colonnes de briques et cailloux, ces murs forment une enceinte de près d'une lieue et demie. Elle renferme de très-beaux bois de haute futaie et taillis; un conduit en pierres de taille, que M. le marquis de Boisdénemets, père, lieutenant-général des armées du Roi, a fait construire, amène au château de belles eaux vives, provenant d'une source située sur la côte du village.

On y remarque une ferme, autrefois une forteresse bâtie par les Anglais, dans la guerre de Guillaume-le-Conquérant; elle servit à défendre la ligne de la rive droite de la rivière d'*Epte.*

Les principales productions du terroir de cette commune sont en grains. Le village d'Auteverne est à trois quarts de lieue vers l'O. de St.-Clair, et 3 lieues au S. O. de Gisors; sa distance de Paris est de 17 lieues trois quarts au N. O., par la grande route de Rouen. (Poste aux lettres du Tillier.)

AUTOMNE, hameau et maison de campagne, ancien fief seigneurial. *V.* Chambry.

AUTHON, village, département de Seine-et-Oise, arrondissement de Rambouillet, canton de Dourdan (Sud), ci-devant province de l'Ile de France, dans le Hurepois et diocèse de Chartres. Sa population est d'environ 700 habitans, en y comprenant le hameau *du Plessis-Saint-Benoît*, qui en fait partie.

Ce village, dont le château a été démoli en 1813, est près la chaussée qui conduit d'Angerville à Dourdan.

La maison de campagne et la ferme de *Hérouville*, qui en est une dépendance, appartient à M. Bazouin.

Son terroir est en labour, une partie est en bois. Le village d'Authon est à 2 lieues vers le S. de Dourdan, et 4 à l'O. d'Etampes; sa distance de Paris est de 15 lieues et demie entre le S. et le S. O., par Dourdan et une chaussée joignant l'ancienne route de Chartres. (Poste aux lettres de Dourdan.)

AUTOUILLET, village, département de Seine-et-Oise, arrondissement de Rambouillet, canton de Montfort-l'Amaury, ci-devant province de l'Ile de France et diocèse de Chartres. Sa population est d'environ 240 habitans, y compris plusieurs maisons isolées qui en font partie; le château appartenant à M. le comte de Bouthillier, préfet du département du Bas-Rhin, est remarquable par son site agréable, ses points de vue, ses jardins et ses fontaines, dont les eaux remplis-

sent en tout tems les fossés qui entourent cette belle habitation.

Les principales productions du terroir de cette commune sont en grains, une partie est en vignes.

Le village d'Autouillet est à 1 lieue trois quarts au N. de Montfort; sa distance de Paris est de 9 lieues trois quarts à l'O. par les Bordes-Pont-Chartrain et la grande route de Brest. (Poste aux lettres de Montfort-l'Amaury.)

AUVERNAUX, village, département de Seine-et-Oise, arrondissement et canton de Corbeil, ci-devant province de l'Ile de France et diocèse de Sens. Sa population est d'environ 180 habitans. Le château de *Portes* est dans ses dépendances. L'ordre de Malte y possédait autrefois une commanderie.

Les productions principales du terroir de cette commune sont en grains, partie est en bois. Le village d'Auvernaux est à 2 lieues et demie au S. de Corbeil; sa distance de Paris est de 9 lieues et demie au S. par la grande route de Fontainebleau. (Poste aux lettres de Ponthierry.)

AUVERS, hameau et château. *Voyez* Noisy-sur-Ecole.

AUVERS et Butry, grand village, département de Seine-et-Oise, arrondissement et canton de Pontoise, ci-devant

— On démolit en ce moment à Authouillet, près de la Croix-Saint-Leufroy, dans la vallée d'Eure, les derniers restes du fameux château de la Roche-Guyon, chef-lieu d'une baronnie qui appartint au maréchal de la Force. Ce château était l'un des plus beaux châteaux de la Renaissance dans le département de l'Eure.   (*Courrier de l'Eure, d'Evreux.*)

province de l'Ile de France dans le Vexin, et diocèse de Rouen. Sa population est d'environ 1700 habitans, en y comprenant ses dépendances qui sont les hameaux de *Butry*, du *Val-Hermey* et le *Moulin du Roi*.

Ce village est situé sur la pente d'une colline qui borde la rivière d'Oise : l'une de ses rues a plus d'une lieue de longueur et les maisons détachées les unes des autres. Les deux châteaux, dont l'un est nommé *le Petit Château*, qui appartiennent à madame Chéron-Lery, n'ont de remarquable que la beauté de leur position. Le sol de leurs dépendances est très-fertile et en plein rapport.

Les principales productions du terroir de cette commune sont en grains et en chanvre : une partie est en prairies. On y trouve des carrières de pierre de taille, moellons et grès.

Le village d'Auvers, sur la rive droite de l'*Oise*, que l'on passe sur un bac à *Méry*, est à 1 lieue et demie au N. E. de Pontoise, et distant de 6 trois quarts vers le N. O. de Paris, par une chaussée qui passe à Saint-Leu-Taverny, et aboutit à la route de Rouen près Saint-Denis. (Poste aux lettres de Pontoise.)

AUVERS et SAINT-GEORGES, village, département de Seine et Oise, arrondissement d'Etampes, canton de la Ferté-Alais, ci-devant province de l'Ile de France, et diocèse de Sens. Sa population est d'environ 900 habitans : les hameaux de *Janville*, *Gillevoisin*, *Chagrenon*, partie de celui de *Menil-Racoin* ; plusieurs fermes et maisons isolées, sous diverses dénominations y sont compris.

Avant la révolution ce village renfermait deux paroisses, *Notre-Dame* et *St.-Georges*, dont la première subsiste encore. Le beau château de Gravelle et le parc de 160 arpens clos de murs, et bordé d'un côté par la rivière de *Juine*, appartiennent à M. le comte Perregaux. Les jardins et les eaux qui y forment un superbe canal sont admirables

Le château de *Gillevoisin* avec le parc qui en dépend, et dont M. le baron Duchesne de Gillevoisin, ancien conseiller au Parlement, est propriétaire, avait appartenu à M. Amyot, précepteur de Henri III, et par le président Brisson qui fut pendu pendant la Ligue.

Tout le terroir de cette commune est en terres labourables et en bois. Le village d'Auvers et Saint-Georges est sur la rivière de Juine, désignée cidessus, qui y fait tourner plusieurs moulins à une demi-lieue à l'E. d'Etrechy et 2 lieues et demie à l'O. de la Ferté-Alais ; sa distance de Paris est de 10 lieues au S. par la grande route d'Orléans. (Poste aux lettres d'Etrechy.)

AUVILLERS, village, département de l'Oise, arrondissement de Clermont - Oise, canton de Mouy, ci - devant province de l'Ile de France et diocèse de Beauvais. Sa population est d'environ 100 habitans y compris le hameau de *Lierval.*

Le château appartenant à M. Soucanye de Landevoisin, ancien colonel de cavalerie, est d'une construction, partie ancienne, partie moderne. La façade du nord est flanquée de deux tourelles, et celle du midi de deux pavillons. Le parc est enclos de murs.

Le terroir de cette commune est en labour, une petite partie est en vignes et en bois. Le village d'Auvillers est à l'extrémité d'une plaine à trois quarts de lieue vers le S.O. de Clermont, et 1 lieue trois quarts au N. E. de Mouy; sa distance de Paris est de 13 lieues et demie au N. par la grande route d'Amiens. (Poste aux lettres de Clermont-Oise.)

AVENY, village, département de l'Eure, arrondissement des Andelys, canton d'Ecos, ci-devant province de Normandie, dans le Vexin et diocèse de Rouen, ne forme avec le village de Dampmeny qu'une seule commune. *Voyez* DAMPMÉNIL.

A l'une des extrémités d'Aveny est un château remarquable, dont dépend un joli parc; Madame la marquise de Fayet

en est propriétaire. Ce village est sur la rivière d'*Epte* à 1 lieue au S. de Saint-Clair, et 1 un quart vers l'E. d'Ecos; sa distance de Paris est de 16 lieues au N. O. par la grande route de Rouen. (Poste aux lettres du Tillier.)

AVERNES, village, département de Seine et Oise, arrondissement de Pontoise, canton de Marines, ci - devant province de l'Ile de France dans le Vexin, et diocèse de Rouen. Sa population est d'environ 530 habitans, y compris le hameau de *Feularde*, où se trouve une tuilerie.

Madame la princesse de Tingry est propriétaire de la terre d'Avernes, ancien marquisat, et autrefois le siége d'une haute, moyenne et basse justice. Le parc attenant le château est d'une étendue de 40 arpens.

Dans le village est une maison de campagne que possédait M. de Montenol décédé maire du lieu. Deux sœurs dites Saint-Lazare, y sont établies pour l'assistance des malades et l'éducation des jeunes filles.

Les principales productions du terroir de cette commune sont en grains; une partie est en bois. On y trouve une carrière de pierre de taille et moellons, et deux sources d'eau vive, (l'une très - abondante, nommée *La Doye*, et l'autre *la Pereuse*), forment ensemble un ruisseau qui fait tourner deux moulins de cette même commune, et plusieurs autres jusqu'à Meulan, où ce ruisseau se jette dans la *Seine*.

Le village d'Avernes est à 2 lieues et demie vers le S. O. de Marines ; sa distance de Paris est de 11 lieues au N. O. par la grande route de Rouen. (Poste aux lettres de Meulan.)

AVILLY, hameau et belle blanchisserie de toiles. *Voyez* Saint - Léonard.

AVON, village, département de Seine et Marne, arrondissement et canton de Fontainebleau, ci-devant province de l'Ile de France, dans le Gatinais, et diocèse de Sens, cette paroisse est si ancienne, que primitivement Fontainebleau était de son ressort, elle forme actuellement avec les hameaux *du Monceau*, de *la Cave Cognard*, *des haut et bas Changy*, et *des Basses Loges*, une population d'environ 900 habitans. Avant la révolution les carmes avaient un couvent aux Basses-Loges.

Le terroir de cette commune produit beaucoup de légumes entre la ville et la forêt de Fontainebleau. Le village d'Avon est près de cette même ville à 14 lieues, entre le S. et le S. E. de Paris par Fontainebleau, et la même route que de Fontainebleau à Paris. (Poste aux lettres de Fontainebleau.)

AVRAINVILLE, village, situé dans une plaine, département de Seine et Oise, arrondissement de Corbeil, canton d'Arpajon, ci-devant province de l'Ile de France dans le Hurepoix, et diocèse de Paris. Sa population est d'environ 400 habitans; une ferme dite la *Grange au Prieur* en fait partie.

Les jardins de la maison de campagne dont M. Bourgeois de Vrignel est propriétaire, sont remarquables par divers genres de plantations et par des mouvemens de terre faits pour se ménager des points de vue agréables.

La majeure partie du terroir de cette commune est en labour. Le village d'Avrainville est à 1 lieue au S. d'Arpajon, et distant de 8 lieues et demie au S. de Paris par Arpajon, et la grande route d'Orléans. (Poste aux lettres d'Arpajon.)

AVRECHY, village, département de l'Oise, arrondissement et canton de Clermont-Oise, ci-devant province de l'Ile de France et diocèse de Beauvais. Sa population est d'environ 400 habitans en y comprenant les hameaux de *Bisancourt*, *du Mé*, *des Garignons* et d'*Argenlieu*. Ce dernier est traversé par la grande route de Paris à Amiens.

Avant la révolution, Argenlieu était une vicomté, dont le château a été presque entièrement démoli. Il n'en reste plus qu'une aile, dont M. Place est actuellement propriétaire, ainsi que des jardins et du parc, qui forment encore une assez belle habitation.

Le terroir de cette commune est en labour, en prairies et en bois ; on y trouve des carrières de pierres blanches et un four à chaux, auquel sont réunies des fabriques de tuiles, de briques et de carreaux.

Le village d'Avrechy est dans une vallée où passe la petite rivière d'*Arret*, qui fait tourner deux moulins, à 2 lieues au N. de Clermont, et 2 au S. de Saint - Just ; sa distance de Paris est de 16 lieues au N. par la grande route d'Amiens, désignée ci-dessus. (Poste aux lettres de Clermont-Oise.)

AVREGNY, village, département de l'Oise, arrondissement et canton de Clermont-Oise, ci - devant province de l'Ile de France et diocèse de Beauvais. Sa population est d'environ 230 habitans ; les productions de son terroir sont en grains, une partie qui est en bois, est nommée *le bois d'Avregny*.

Ce village est à 3 lieues à l'E. de Clermont et 2 et demie au N. de Pont Sainte - Maxence ; sa distance de Paris est de 15 lieues et demie au N. par Pont-Sainte-Maxence et la route de Flandre. (Poste aux lettres de Pont Sainte-Maxence.)

AVRON, château démoli en grande partie. *V.* NEUILLY-SUR-MARNE.

B.

BACHIVILLIERS, village, département de l'Oise, arrondissement de Beauvais, canton de Chaumont-Oise, ci-devant province de l'Ile-de-France, dans le Vexin, et diocèse de Rouen. Sa population est d'environ 300 habitans.

M. Borel de Bretizel, chevalier, conseiller à la Cour de Cassation, est propriétaire de cette terre, ancienne seigneurie, dont le château a été reconstruit nouvellement. Le parc est contigu à un bois qui en est une dépendance.

Les principales productions du terroir de cette commune sont en grains ; une partie est en bois : on y trouve une tuilerie, un four à chaux, et du sable pour la construction des bâtimens.

Le village de Bachivilliers est à 1 lieue et demie vers le N. E. de Chaumont et distant de Paris de 14 et demie au N. O. par Hénonville et une chaussée joignant la route de Gisors qui passe à Pontoise. (Poste aux lettres de Chaumont-Oise).

BACOTTE (LA), manufacture de vitriol. *Voyez* ANSY.

BADONVILLE , château. *Voyez* BROUÉ.

BAGATELLE , joli pavillon. *Voyez* NEUILLY-SUR-SEINE.

BAGNEUX, village, département de la Seine, arrondissement et canton de Sceaux, ci-devant province de l'Ile-de-France, et diocèse de Paris. Sa population est d'environ 600 habitans.

Ce village est situé sur une éminence. Cette position et plusieurs jolies maisons de campagne en rendent le séjour fort agréable. Parmi ces maisons l'on distingue celles de M. le comte d'Hauterive, conseiller d'Etat, celle qui a appartenu à M. le chevalier Bailly, et celle de M. Cordier. Plusieurs autres habitations sont également remarquables par leur antiquité : il y existe une maison d'éducation très-distinguée pour les jeunes gens, et dirigée par M. Légal.

Le terroir est partie en terres labourables et partie en vignes. Le vin y est assez estimé. Il renferme des carrières de pierre de liais et de roche, et une de pierre à plâtre.

Le village de Bagneux est à trois quarts de lieue au N. de Sceaux, et 1 lieue et demie au S. de Paris. (Poste aux lettres de la banlieue de Paris.)

BAGNOLET, village, département de la Seine, arrondissement de Saint-Denis, canton de Pantin, ci-devant province de l'Ile-de-France, et diocèse de Paris. Sa population est d'environ 1,100 habitans. On y rencontre beaucoup de maisons de campagne. M. le duc d'Orléans y possédait autrefois un château.

Les productions agricoles de cette commune sont à peu près comme celles de Montreuil. *Voyez* MONTREUIL. On y trouve des carrières à plâtre et moellons d'une excellente qualité. La majeure partie des habitans est occupée à l'agriculture.

Le village de Bagnolet est à une demi-lieue au S. de Pantin, et à égale distance à l'E. de Paris. (Poste aux lettres de la banlieue.)

BAILLEAU, village, département d'Eure-et-Loir, arrondissement de Chartres, canton de Maintenon, ci-devant généralité d'Orléans, dans la Beauce, et diocèse de Chartres. Sa population est d'environ 600 habitans, avec les hameaux de *Pont*, *Baillolet*, *Harléville*, et la ferme *des Bordes*, qui sont dans ses dépendances. Le château n'est plus qu'une ferme.

Le terroir de cette commune est en labour, prairies, vignes, bois et aunaies; on y trouve deux tuileries. Le village de Bailleau est à 3 quarts de lieue vers le N. O. de Gallardon, et 1 lieue trois quarts vers le S. E. de Maintenon; sa distance de Paris est de 15 lieues vers le S. O., par Epernon et la grande route de Nantes; on peut prendre également l'ancienne route de Chartres par Ablis. (Poste aux lettres de Gallardon.)

BAILLET, village, département de Seine-et-Oise, arrondissement de Pontoise, canton d'Ecouen, ci-devant province de l'Ile de France, et diocèse de Paris. Sa population est d'environ 200 habitans, y compris le hameau de *Fayel*.

On y remarque deux châteaux, l'un appartenant à M Maugard, et l'autre à M. Bourdillon, maire du lieu.

Les principales productions du terroir sont en grains et fruits; il contient deux carrières de pierre à plâtre.

Le village de Baillet est proche la forêt de l'Ile-Adam, à 1 lieue trois quarts au N. O. d'Ecouen, et distant de 6 lieues au N. de Paris, par Moisselles et la grande route de Beauvais. (Poste aux lettres d'Ecouen.)

BAILLEUL-LE-SOC, village, département de l'Oise, arrondissement et canton de Clermont-Oise, ci-devant province de l'Ile de France, et diocèse de Beauvais. Sa population est d'environ 750 habitans, y compris le hameau d'*Airaines* et les fermes de *Saint - Jullien*, *Ereuse*, et *Eloge - le - Bois*. L'ancienne maison seigneuriale d'Airaines appartient à madame de Belleval-de-Franclieu.

Les principales productions du terroir sont en grains; une petite partie est en bois.

Le village de Bailleul-le-Soc est à 3 lieues et demie vers l'E. de Clermont, et 5 et demie au N. de Pont - Sainte-Maxence; sa distance de Paris est de 16 lieues et demie vers le Nord par la route de Flandre. (Poste aux lettres de Pont-Sainte-Maxence.)

BAILLEUL - sur - Thérain, village, département de l'Oise, arrondissement de Beauvais, canton de Nivillé, ci-devant province de l'Ile de France et diocèse de Beauvais. Sa population est de 7 à 800 habitans avec le hameau du *Petit-Froidmond*, la ferme de *Cagneux* et celle de *la Vieille Abbaye*. Le château appartient aux héritiers de M. Gaudechard.

Le terroir de cette commune est partie en labour et en prairies; une petite partie est en bois. La rivière *du Thérain* y fait tourner deux moulins. Le village de Bailleul est sur cette rivière, à 3 lieues au S. E. de Beauvais, et distant de 14 et demie au N. de Paris, par Noailles et la grande route de Beauvais. (Poste aux lettres de Noailles.)

BAILLEVAL, village, département de l'Oise, arrondissement de Clermont-Oise, canton de Liancourt, ci-devant province de l'Ile de France et diocèse de Beauvais. Sa population est d'environ 400 habitans; les hameaux de *Sènecourt*, *Cugneux* et *Louveaucourt* en font partie. Ce dernier renferme une maison de campagne dont les alentours sont très-agréables.

Le terroir de cette commune est en petite culture de grains, de chanvre et de haricots de première qualité; une partie est en prairies, en vignes et en bois, beaucoup d'arbres à fruits. La petite rivière de *Brèche* fait tourner un moulin.

Le village de Bailleval est proche Béthencourt à trois quarts de lieue au N. de Liancourt, et 1 lieue au S. E. de Clermont; sa distance de Paris est de 13 lieues et demie au N. par Laigneville et la grande route d'Amiens. (Poste aux lettres de Clermont-Oise.)

BAILLOLET, ancien château. *Voyez* BAILLEAU.

BAILLON, château et maison de campagne. *V.* ASNIÈRES-SUR-OISE.

BAILLY, ancien fief. *Voy.* SAINT-PIERRE-LES-NEMOURS.

BAILLY, village, département de Seine-et-Oise, arrondissement de Versailles, canton de Marly-le-Roi, ci-devant province de l'Ile de France, et diocèse de Chartres. Sa population est d'environ 500 habitans, y compris deux fermes et deux moulins à eau sous diverses dénominations.

Le château appartient à M. de Boucheman, officier de la chambre du Roi; et parmi plusieurs maisons de campagne, on dis-tingue celles de M. le comte de Bréant, et de M. Delong.

Le terroir de cette commune est en terres labourables; une partie est en bois.

Le village de Bailly est joignant la forêt de Marly, sur la route de Maule à Paris, à une demi-lieue au S.de Marly, et 4 lieues et demie à l'O. de Paris, par cette route (Poste aux lettres de Versailles.)

BAILLY-CARROIS, village, département de Seine-et-Marne, arrondissement de Melun, canton de Mormant, ci-devant province de l'Ile de France, dans la Brie, et diocèse de Sens. Il forme une commune d'environ 200 habitans, avec l'ancienne paroisse de Carrois, les hameaux de *Courmignoust*, *des Loges*, *du Périchoy*, *de la Picardie*, et plusieurs fermes isolées. Il existe un château près Carrois.

Les principales productions de son terroir sont en grains. Le village de Bailly joint la grande rou e de Paris à Troyes, à l'embranchement de celle de Nangis à Rozay, à trois quarts de lieues vers le N. de Nangis, et 2 lieues vers le S. E. de Mormant; sa distance de Paris est de 14 lieues vers le S. E. par la route de Troyes. (Poste aux lettres de Nangis.)

BAILLY-ROMAINVIL-LIERS, village, département de Seine-et-Marne, arrondissement de Meaux, canton de

Crecy, ci-devant province de l'Ile de France dans la Brie, et diocèse de Meaux. Sa population est d'environ 3oo habitans, avec le hameau de *Romainvilliers* et les maisons isolées, dites le *Poncelet*.

Le château de Bailly et le parc qui en dépend appartient à M. de Courteilles. Il fut habité par le célèbre marin de Tourville.

Le terroir est en terres labourables, en prairies et en bois. Le village de Bailly est à 2 lieues à l'O. de Crecy, et distant de 7 trois quarts à l'E. de Paris, par Jossigny, Ferrières, et une route qui passe à Croissy. (Poste aux lettres de Crecy.)

BALAGNY-sur-Aunette, village, département de l'Oise, arroudissement et canton de Senlis, ci-devant province de l'Ile de France, et diocèse de Senlis. Sa population est d'environ 11o habitans. Son terroir est en labour et prairies. Le ruisseau d'*Aunette* y fait tourner un moulin.

Ce village est à une lieue au N. O. de Senlis, et 11 entre le N et le N. E. de Paris par Senlis et la route de Flandre. (Poste aux lettres de Senlis.)

BALAGNY - sur - Therain, village, département de l'Oise, arroudissement de Senlis, canton de Neuilly-en-Thel, ci-devant province de l'Ile de France et diocèse de Beauvais. Sa population est d'environ 5oo

habitans, avec le hameau de *Perelle*.

Le château de Balagny, appartenant à madame de Vérigny, est dans le milieu du village, près l'église; sa construction est ancienne, et la vue s'étend sur une belle prairie bordée par la rivière du *Thérain*. Dans le parc, au milieu d'une belle futaye, est une chapelle de la plus haute antiquité, sous l'invocation de Sainte Maure et de Sainte Brigitte.

Le terroir de cette commune est en terres labourables, prairies et bois. Il y a un moulin à deux roues sur la rivière du Thérain désignée ci-dessus.

Le village de Balagny est proche cette rivière, à 2 lieues et demie au N. de Neuilly-en-Thel, et distant de 12 lieues et demie au N. de Paris, par Beaumont et la grande route de Beauvais. (Poste aux lettres de Creil.)

BALAINCOURT, château, *Voyez* Arronville.

BALANCOURT, village, département de Seine-et-Oise, arrondissement et canton de Corbeil, ci-devant province de l'Ile de France, et diocèse de Sens. Sa population est d'environ 700 habitans, y compris le hameau du *Saussay* et les maisons isolées dite *la Chapelle Paleau*.

La terre du Saussay possédée depuis plus de trois cents

ans par les ancêtres de M. le général comte de Canclaux, pair de France, est encore aujourd'hui sa propriété. Elle est devenue plus considérable par la réunion qu'il y a faite, au moment de la révolution, de la commanderie de Malte qui portait le même nom. Le château entouré de fossés pleins d'une eau vive, est distribué en plusieurs canaux. Il est très-agréable, ainsi que le parc.

Le terroir de cette commune est en terres labourables, vignes et prairies.

Balancourt est sur la route de Corbeil à la Ferté-Alais, à 1 lieue un quart au N. E. de cette dernière ville, et 5 au S. O. de Corbeil; sa distance de Paris est de 9 lieues un quart au S., par une route qui, après avoir traversé Fontenay, se continue par Menecy et Lisses, et va joindre celle de Fontainebleau. (Poste aux lettres de la Ferté-Alais.)

BALIZY, hameau et ancienne commanderie de l'ordre de Malte. *Voyez* LONGJUMEAU.

BALLAINVILLIERS, village, département de Seine-et-Oise, arrondissement de Corbeil; canton de Longjumeau, ci-devant province de l'Ile de France, et diocèse de Paris. Sa population est d'environ 440 habitans, en y comprenant le château du *Plessis-Saint-Père*, appartenant à

madame de Montessuy, ainsi que partie des hameaux de la *Grange aux Cercles* et *Villebouzin*. Ce dernier hameau renferme un autre château dans la partie de Longpont. *Voyez* LONGPONT.

La terre de Ballainvilliers, est une ancienne baronie. Le seul pavillon qui subsiste encore de l'ancien château, appartient à M. d'Espagnat, maire du lieu.

Les principales productions de son terroir sont en grains; une partie est en vignes.

Le village de Ballainvilliers est à une demi-lieue au S. de Longjumeau, peu éloigné de la route d'Orléans; sa distance de Paris est de 5 lieues au S., par cette route. (Poste aux lettres de Longjumeau.)

BANDEVILLE, hameau et château. *Voyez* SAINT-CYR-EN HUREPOIX.

BANNOST, village, département de Seine et Marne, arrondissement de Provins, canton de Nangis, ci-devant province de l'Ile de France dans la Brie et diocèse de Meaux. Sa population est d'environ 400 habitans, en y comprenant les hameaux *des Essarts*, *du Pressou*, *de Rubentard*, *des Conquilliers*, *du Courtil-des-Champs*, et autres, l'ancien fief *du Buat* et plusieurs fermes écartées.

Les principales productions de son terroir sont en grains.

On y trouve une tuilerie et un four à chaux. Le village de Bannost est à 5 lieues vers le N. E. de Nangis et 4 vers le N.O. de Provins; sa distance de Paris est de 15 lieues entre l'E. et le S. E. par Rozay, et la route qui passe à Tournan. (Poste aux lettres de Provins.)

BANTELU, village, département de Seine et Oise, arrondissement de Mantes, canton de Magny, ci-devant province de l'Ile de France dans le Vexin, et diocèse de Rouen. Sa population est d'environ 200 habitans.

Le château *du Plessis-le-Veneur*, qui communique par une belle avenue à la grande route de Paris à Rouen, en fait partie ainsi qu'une ferme et un enclos de 80 arpens, attenant, appartenant à M. de Favières, ancien conseiller au Parlement de Paris.

Le terroir de cette commune est tout en labour, le village de Bantelu est à 1 lieue vers le S. E. de Magny ; sa distance de Paris est de 13 lieues au N. O. par la grande route de Rouen. (Poste aux lettres de Magny.)

BARBEAUX, ancienne abbaye d'hommes de l'ordre de Cîteaux, sur la rive droite de la *Seine. V.* FONTAINE-LE-PORT.

BARBERY, village, département de l'Oise, arrondissement et canton de Senlis, ci-devant province de l'Ile de France et diocèse de Senlis. Sa population est d'environ 200 habitans. La ferme de *Saint-Nicolas*, et le moulin *Thierry*, situé sur le ruisseau d'*Aunette*, en font partie.

Les principales productions du terroir sont en grains. Le village de Barbery est dans une plaine à 1 lieue un quart vers le N. E. de Senlis; sa distance de Paris est de 11 lieues un quart entre le N. et le N. E. par la route de Crépy, et celle de Flandre qui passe à Senlis. (Poste aux lettres de Senlis.)

BARCY, village, département de Seine-et-Marne, arrondissement de Meaux, canton de Lizy-sur-Ourcq, ci-devant province de l'Ile de France dans le Mucien, et diocèse de Meaux. Sa population est d'environ 300 habitans, avec une partie du hameau de *Pringy*, et la ferme de *Saint-Gobert*, où il y a une chapelle.

Le terroir de cette commune est en terres labourables. Le village de Barcy est à 2 lieues et demie à l'O. de Lizy; sa distance de Paris est de 10 lieues au N. E. par Monthion, Claye et la grande route d'Allemagne. (Poste aux lettres de Meaux.)

BARDEL, hameau et château. *Voyez.* VICQ.

BARGNY, village, département de l'Oise, arrondissement

ment de Senlis, canton de Betz, ci-devant province de l'Ile-de-France, dans le Valois, et diocèse de Meaux. Sa population est d'environ 200 habitans. Les productions principales de son terroir sont en grains. On y trouve les pépinières appartenant à M. Pottier.

Ce village est à une demi-lieue au N. de Betz, 2 lieues entre l'E. et le S. E. de Crêpy, et 14 et demie vers le N. E. de Paris par la grande route de Soissons. (Poste aux lettres de Crêpy.)

BARON, village, traversé par la petite rivière de *Nonette*, département de l'Oise, arrondissement de Senlis, canton de Nanteuil-le-Haudouin, ci-devant province de l'Ile-de-France, et diocèse de Senlis. Sa population est de 6 à 700 habitans. L'ancien fief de *Beaulieu*, et la ferme dite de *Saint-Germain* en forment une dépendance.

L'ancien château, à mi-côte, est environné de belles plantations, que M. le comte de Montguyon, propriétaire, a fait faire. Une belle avenue conduit au bois d'Ermenonville, qui n'en est pas éloigné.

Beaulieu, à une demi-lieue au nord du village de Baron, se fait remarquer par sa situation sur une éminence, d'où l'on jouit de la plus belle vue. La maison d'habitation, à laquelle tient une ferme, est fort agréable. Ce domaine appar-

tient à M. Charlier, maire de Baron.

Le terroir de cette commune est en labour; une partie est en bois. Le village de Baron est à 1 lieue et demie au N. O. de Nanteuil, et distant de Paris de 11 et demie vers le N. E, par Fontaine-les-Corps-Nuds, et une chaussée joignant la route de Flandre. (Poste aux lettres de Nanteuil - le - Haudouin.)

BARRE (LA), hameau et maisons de campagne dans la vallée de Montmorency. *Voy.* DEUIL.

BARRE (LA), maison de campagne, ancien fief. *Voyez* SENLISSE.

BARRE-FERROLES (LA), maison de campagne. *Voyez* FERROLES.

BARRE (LA), château. *Voy.* LA FERTÉ-SOUS-JOUARRE.

BASSES - LOGES (LES), ancien couvent de Récollets. *Voyez* AVON.

BASSEVELLE (grand et petit), village, département de Seine et Marne, arrondissement de Meaux, canton de la Ferté - sous - Jouarre, ci-devant province de l'Ile de France, dans la Brie, et diocèse de Meaux. Sa population est d'environ 350 habitans, avec le hameau du *Petit-Vil-*

liers, plusieurs fermes, et autres habitations écartées.

Le terroir de cette commune est en terres labourables, en prairies et en bois. Le village de Bassevelle est dans une plaine près la route de Paris, à Montmirail, à 3 lieues vers l'E. de la Ferté; sa distance de Paris est de 17 lieues et demie à l'E. par cette route, qui joint près la Ferté, la grande route d'Allemagne. (Poste aux lettres de la Ferté-sous-Jouarre.)

BASVILLE, château. *Voy.* Saint - Chéron - Mont - Couronne.

BAUBIGNY, village, département de la Seine, arrondissement de Saint - Denis, canton de Pantin, ci-devant province de l'Ile de France, et diocèse de Paris. Sa population est d'environ 260 habitans. Le château a été détruit.

Les principales productions du terroir de cette commune sont en grains. Le village de Baubigny est peu éloigné de la grande route d'Allemagne et du canal de l'*Ourcq*, dans une plaine, à une demi-lieue au N. E. de Pantin, et 1 lieue trois quarts au N. E. de Paris. (Poste aux lettres de Bondy.)

BAULNE, petit village, département de Seine-et-Oise, arrondissement d'Etampes, canton de la Ferté-Alais, ci-devant province de l'Ile de France, dans le Hurepoix, et diocèse

de Sens. Il réunit environ 250 habitans avec le hameau de *Boigny* et plusieurs maisons écartées. La rivière d'*Essonne* fait tourner les deux moulins *du Gué* : près de l'un est une filature hydraulique de coton pour chaine-continue, appartenant à M. Deltuf. La finesse et la qualité de ses filés la font considérer comme une des plus parfaites en ce genre.

Le terroir de cette commune est peu fertile; il y a beaucoup de bois.

Le village de Baulne est sur cette rivière d'Essonne, à une demi-lieue au N. de la Ferté-Alais, sur la route de cette ville à Corbeil ; sa distance de Paris est de 10 lieues au S. par cette route, joignant celle de Fontainebleau. (Poste aux lettres de la Ferté-Alais.)

BAUTEIL, village, département de Seine-et-Marne, arrondissement et canton de Coulommiers, ci-devant province de l'Ile de France dans la Brie, et diocèse de Meaux. Il forme, avec les hameaux *des Bordes, de la Forêt*, les fermes et autres habitations isolées, une commune d'environ 500 habitans.

Parmi ces habitations écartées, la maison de campagne dite de *Maillard*, dont M. Pinon, maire du lieu, est propriétaire, se fait distinguer.

Les principales productions du terroir sont en grains.

Le village de Bauteuil est à

1 lieue et demie au S. de Coulommiers, et distant de 15 et demie à l'E. de Paris par Coulommiers et la grande route qui passe à Lagny. (Poste aux lettres de Coulommiers.)

BAZAINVILLE. *Voyez* BAZINVILLE.

BAZEMONT, village, département de Seine-et-Oise, arrondissement de Versailles, canton de Meulan, ci-devant province de l'Ile de France, et diocèse de Chartres. Sa population est d'environ 300 habitans, y compris différentes maisons isolées, connues sous diverses dénominations.

Ce village, situé sur une éminence proche la forêt *des Alluets*, n'est remarquable que par un château, dont madame de Chalendray est propriétaire.

Les principales productions de son terroir sont en grains; une partie est en vignes.

Le village de Bazemont est à une demi-lieue au N. E. de Maule, et 2 lieues et demie au S. de Meulan; sa distance de Paris est de 9 lieues à l'O., par les Alluets et la petite route de Mantes joignant, à Saint-Germain-en-Laye, la grande route. (Poste aux lettres de Meulan.)

BAZICOURT ou BAZINCOURT, village, département de l'Oise, arrondissement de Clermont-Oise, canton de Liancourt, ci-devant province de l'Ile de France, et diocèse de Beauvais. Sa population est d'environ 200 habitans; son terroir est en labour, en prairies, chenevières et en bois; on y trouve une source qui fait tourner un moulin placé à environ 500 toises plus loin, et qui alimente plusieurs mares à rouir le chanvre.

Le village de Bazicourt est à 1 lieue un quart au N. de Pont-Sainte-Maxence, et à 3 lieues à l'E. de Liancourt; sa distance de Paris est de 14 lieues 1 quart vers le N., par la route de Flandre. (Poste aux lettres de Pont-Sainte-Maxence.)

BAZINVILLE ou BAZAINVILLE, village, département de Seine-et-Oise, arrondissement de Mantes, canton de Houdan, ci-devant province de l'Ile de France et diocèse de Chartres. Sa population est d'environ 500 habitans.

L'ancien prieuré, qui n'est plus qu'une simple habitation, se distingue des autres par sa construction et ses alentours.

Les hameaux faisant partie de cette commune sont *le Breuil, Guignonville, la Vallée des Fosses, Bon-Avis,* la ferme *du Franc-Moreau,* et le moulin de *Giboudet* sur un ruisseau; les productions de son terroir sont partie en grains, et partie en bois et en bruyères.

Le village de Bazinville est à 1 lieue 1 quart à l'E. de Houdan; sa distance de Paris est de 12 lieues à l'O. par la route de Brest, près de laquelle il est situé. (Poste aux lettres de Houdan.)

BAZOCHES, village, département de Seine et Oise, arrondissement de Rambouillet, canton de Montfort-l'Amaury, ci-devant province de l'Ile de France, dans le Hurepoix, et diocèse de Chartres, forme une commune d'environ 400 habitans, avec les hameaux de *Houjarray*, *Pinsonnière*, et une maison isolée, dite *le Cheval Mort*.

Les principales productions de son terroir sont en grains; une partie est en prairies, en vignes et en bois. Il y a deux moulins à eau.

Le village de Bazoches est à trois quarts de lieue à l'E. de Montfort, et distant de 8 lieues et demie à l'O. de Paris, par les Bordes-Pont-Chartrain et la grande route de Brest. (Poste aux lettres de Montfort-l'Amaury.)

BEAUBOURG. *Voyez* Croissy-Beaubourg.

BEAUCHAMP, maison de campagne. *Voyez* Saint-Leu-Taverny.

BEAUDEMONT, village, département de l'Eure, arrondissement des Andelys, canton d'Ecos, ci-devant province de Normandie, dans le Vexin, et diocèse de Rouen. Sa population est d'environ 120 habitans, en y comprenant le hameau de la *Villeneuve*, et les maisons isolées du *Petit Beaudemont*.

Cette terre est une ancienne baronie. On y voit sur une hauteur les restes considérables de fortifications et d'une carrière, dont les pierres ont servi à la construction de l'abbaye *du Trésor*.

Le terroir de cette commune est en labour, en bois, en vignes et en prairies. Le village de Beaudemont est près la rivière d'*Epte*, à 1 lieue au S. E. d'Ecos, et 3 vers le N. E. de Vernon; sa distance de Paris est de 16 lieues et demie vers le N. O. par Magny et la grande route de Rouen. (Poste aux lettres de Vernon.)

BEAULIEU, château. *Voyez* Neauflette.

BEAULIEU, château. *Voyez* Pecy.

BEAULIEU, maison de campagne, *Voyez* Baron.

BEAUMARCHAIS, maison de campagne. *Voyez* Les Chapelles.

BEAUMONT-LES-NONAINS, village, département de l'Oise, arrondissement de Beauvais, canton d'Auneuil, ci-devant province de l'Ile de France et diocèse de Rouen.

Sa population est d'environ 450 habitans, en y comprenant les hameaux de *Jouy-la-Grange*, *Chantoiseau* et la ci-devant abbaye de *Marcheroux* de l'ordre de prémontré, ce n'est plus qu'une ferme, le couvent a été détruit.

Les productions principales de son terroir sont en grains, une petite partie est en bois. Le village de Beaumont est à une lieue un quart au S. d'Auneuil et 3 vers le S. de Beauvais; sa distance de Paris est de 14 lieues et demie entre le N. et le N. O. par Méru, Chambly, et la grande route de Beauvais. (Poste aux lettres de Beauvais.)

BEAUMONT – sur – Oise, petite ville, département de Seine - et - Oise, arrondissement de Pontoise, canton de l'Ile-Adam, résidence d'une brigade de gendarmerie, ci-devant province de l'Ile - de - France et diocèse de Beauvais. Sa population est d'environ 2000 habitans.

Elle est dans une belle situation sur l'une des côtes qui bordent la rive gauche de l'*Oise*; la grande route de Paris à Beauvais la traverse. De toutes les communautés religieuses qui y existaient, telles que la Collégiale, le Prieuré, un couvent de Minimes, et l'Hôtel-Dieu, fondé depuis très-longtems, ce dernier seul subsiste. C'était, dans l'ancien régime un Comté-Prairie, et le

siége d'un baillge royal et d'une maîtrise particulière des eaux et forêts.

Au milieu de la place est une fontaine abondante qui fournit l'eau à une grande partie des habitans. Plus loin se font remarquer les ruines d'un ancien château fort.

Il se fait à Beaumont un commerce de farines, beaucoup plus considérable avant la révolution. Il s'y tient cinq foires par année : la première le jeudi après le 15 janvier; la seconde, le jeudi de la mi-carême; la troisième, le jeudi avant l'Ascension; la quatrième, le jeudi après la Saint-Pierre; et la cinquième, le jeudi après la Saint-André. Il y a trois marchés par semaine: les mardi, jeudi et samedi; celui du jeudi consiste principalement en grains.

Les principales productions des alentours de cette ville sont en grains. Elle est à 1 lieue et demie au N. E. de l'Ile-Adam, et distante de 7 et demie au N. de Paris, par la grande route de Beauvais. On compte 8 lieues de poste. (Bureau de poste aux lettres, relais de poste aux chevaux, et voitures publiques tous les jours pour Paris.)

BEAUPLAN, ancien fief. *V.* Saint-Remy-les-Chevreuse.

BEAUREGARD. *Voyez* Saint-Jean-de-Beauregard.

BEAUREGARD, belle

maison de campagne. *Voyez* LA CELLE SAINT-CLOUD.

BEAUREGARD, maison de campagne, ancien fief. *Voyez* VAUX.

BEAUREGARD, maison de campagne. *Voyez* MILLON-LA-CHAPELLE.

BEAUREPAIRE, village, département de l'Oise, arrondissement de Senlis, canton de Pont-Sainte-Maxence, ci-devant province de l'Ile de France et diocèse de Beauvais. Sa population est d'environ 120 habitans, avec les hameaux de *la Croix-Rouge* et celui d'*Heumont*.

Madame veuve de Curnieu, née de la Grange, est propriétaire du château flanqué de tours, et du parc qui renferme de belles sources et borde la rivière d'*Oise*.

Le terroir est en labour, en prairies et en bois; on y cultive aussi le chanvre. Le village de Beaurepaire est à 1 lieue à l'O. de Pont-Sainte-Maxence, et distant de 14 au N. de Paris par Pont-Sainte-Maxence et la grande route de Flandre. (Poste aux lettres de Pont-Sainte-Maxence.)

BEAUREPAIRE, château. *Voyez* LISSES.

BEAUREPAIRE, maison de campagne. *Voyez* VERNON.

BEAUSSERÉ, petit village, département de l'Oise, arrondissement de Beauvais, canton de Chaumont-Oise, ci-devant province de l'île de France, dans le Vexin, et diocèse de Rouen. Sa population n'est que d'environ 50 habitans, avec le hameau de *Moriaumont*, qui en dépend.

Ce village est dans une vallée, sur la rivière d'*Epte*. On voit encore un vieux château en ruine.

Le terroir est en labour et prairies. Il est à 1 lieue et demie vers le N. O. de Gisors, et 3 à l'O. de Chaumont; sa distance de Paris est de 16 lieues au N. O. par la route de Gisors. (Poste aux lettres de Gisors, département de l'Eure.)

BEAUVAIS, ville considérable, chef-lieu du département de l'Oise, de l'arrondissement et de deux cantons, l'un dit du *Nord-Est*; l'autre du *Sud-Ouest*, ci-devant province de l'Ile de France, et ancienne capitale du Beauvoisis, ayant eu un évêché suffragant de Rheims. Sa population est d'environ 13,500 habitans.

C'est le siège de la préfecture, de la sous-préfecture, d'une cour d'assises, d'une cour prévôtale, d'un tribunal de première instance du ressort de la cour royale d'Amiens; d'un tribunal de commerce et de deux justices de paix.

La direction du domaine, celles des contributions directes et des contributions indirectes, la conservation générale des hypothèques y sont également établies; d'une chambre consultative des manufactures et arts. Le siège de l'évêché est actuellement à Amiens. C'est aussi la résidence de l'Inspecteur des eaux et forêts de la conservation d'Amiens; d'un chef d'escadron, d'un capitaine et d'un lieutenant de la gendarmerie, commandant de la partie de la compagnie de l'Oise qui y est casernée.

L'évêque de Beauvais était l'un des six pairs ecclésiastiques de France, trois ducs et trois comtes, et le premier de ceux-ci. La cathédrale, commencée l'an 1391, n'a point été achevée. Le chœur de ce grand et majestueux édifice est d'une légèreté et d'une hardiesse qui commandent l'admiration; il est regardé comme l'un des chefs-d'œuvre de notre architecture. La construction de l'hôtel-de-ville mérite aussi d'être remarquée.

Avant la révolution, cette ville avait cinq collégiales, douze paroisses, dont il n'existe plus que celle de Saint-Pierre, ancienne cathédrale, et celle de Saint-Etienne; deux succursales sont dans les faubourgs. Il existait en outre deux abbayes d'hommes: l'une de l'ordre de Saint-Benoît, sous le titre de Saint-Lucien, dans la paroisse de Notre-Dame du Thil, près de son enceinte; et l'autre de chanoines réguliers de la congrégation de France, sous le titre de Saint-Quentin, dans le faubourg de ce nom.

Les dominicains, les cordeliers, les minimes, les capucins, les ursulines, les barettes et les sœurs grises, dites de Saint-François, y avaient chacun leur couvent.

L'hôtel-Dieu, qui contient quatre-vingts lits pour les malades, existe encore; il était autrefois desservi par des chanoinesses régulières de l'ordre de Saint-Augustin. Il a été fondé par la munificence des habitans de la ville, ainsi que le bureau des pauvres, autre établissement de charité, qui peut recevoir jusqu'à quatre cents indigens de l'un et de l'autre sexe.

Beauvais était aussi, dans l'ancien régime, le siége d'un bailliage, d'un présidial, d'une chambre prévôtale, d'une élection, d'un grenier à sel et d'une juridiction consulaire; c'était en outre la résidence d'un des subdélégués de l'intendance de Paris.

L'héroisme des femmes de Beauvais à rendu cette ville à jamais célèbre dans les fastes de notre histoire. En 1472, Charles-le-Téméraire, duc de Bourgogne, la tenait assiégée avec une armée de 80,000 hommes, et voulut la prendre d'assaut.

Jeanne Lainé, surnommée *Hachette*, à la tête des autres femmes, se réunit à la garnison et défendit une partie des remparts; elle tua de sa propre main un soldat ennemi qui s'avançait pour y planter son drapeau.

Pour éterniser la mémoire de ce beau trait de valeur, ce drapeau, que l'on voit encore à l'hôtel-de-ville, est porté par de jeunes filles à la procession qui a lieu, chaque année, le jour de Sainte-Angadrème, patronne de la ville. Les femmes ont le pas sur les hommes à cette procession, instituée par lettres-patentes de Louis XI, du 9 août 1472, et confirmée par tous nos Rois à leur avènement à la couronne. Supprimée en 1794, elle est rétablie depuis 1806.

La rivière *du Thérain* baigne une partie des remparts de Beauvais, circule dans son intérieur, et y forme diverses branches et canaux favorables à l'exploitation de plusieurs fabriques et manufactures, qui vont être rappelées ici succinctement.

La manufacture de tapisseries, à l'instar des Gobelins, les tentures exceptées, établie par Colbert en 1664, y tient le premier rang; et celle de tapis, le second. Elle rivalise avec celles de Chaillot et d'Aubusson. On y travaille en point de Hongrie et en point d'une nouvelle invention, qui joint à la solidité une ressemblance parfaite aux tapis veloutés les plus recherchés.

Les autres manufactures et fabriques consistent en draps de différentes espèces, revê-

ches, sommières, tricots, espagnolettes, ratines, molletons, vestipolines et flanelles; en toiles peintes, en blanchisseries et en tanneries.

Les draps qui se fabriquent dans Beauvais et ses environs, reçoivent tous les apprêts dans cette ville, également renommée pour ses teintures. On y donne aussi le dernier apprêt aux belles toiles de Bulles, appellées mi-hollande.

Dans la manufacture établie et possédée par M. Maurice-Loignon, au faubourg de Saint-Quentin, on fabrique des draps, des tricots et des flanelles propres à l'habillement des troupes; elle contient aussi toutes les filatures nécessaires à la confection de ces étoffes. Cet établissement fournit à la ville de Beauvais une nouvelle branche d'industrie.

Une autre manufacture, établie dans la ci-devant abbaye de Saint-Quentin, faubourg de ce nom, appartient à madame veuve Sallé. Cette fabrique réunit une filature de coton, le tissage, la blanchisserie et l'impression. (Toiles peintes.)

Au même faubourg sont aussi les manufactures de toiles peintes de M. Radel-Sallé, et de M. Gohier-Roger qui réunit la blanchisserie à son établissement.

MM. Rancon et compagnie, sont propriétaires d'une filature de coton pour les tricots et cadis, qu'ils font fabriquer pour l'habillement des troupes.

Enfin, au faubourg Saint-Jacques, M. Rival-Baron possède une blanchisserie.

Le village de *Saint-Just-des-Marais*, près le faubourg Saint-Quentin, renferme une manufacture de toiles peintes, à M. Baron, neveu, et deux blanchisseries, l'une à M. Michel-des-Mazières; l'autre à M. Marceron. *Voyez* SAINT-JUST-DES-MARAIS.

Dans le village de *N. D. du Thil* près des remparts, est aussi une manufacture de toiles peintes appartenant à M. Giroud. *Voyez.* N. D. DU THIL.

Au hameau de *Voisin-Lieu*, attenant le faubourg Saint-Jacques, se trouvent un beau lavoir et un magasin de laines de toute espèce, appartenant à M. Thouret, et à peu de distance, une belle tannerie à M. Leullier - Fournier. Ces deux établissemens font partie de la commune d'*Allonne*. *Voyez* ALLONNE.

Les teinturiers les plus renommés, sont : MM. Caron Auxcousteaux, Leleu, Varé, Tampé, Tourillon et Lebrun-Oudaille; et les tanneurs principaux MM. Caron, le Gendre, Danse, Anselin, Danse-Duvier, Leullier-Queux, Demorlaine et Mourette.

Le samedi de chaque semaine il se tient à Beauvais un marché considérable en grains, denrées et marchandises de toute espèce. Le commerce principal de celui du premier samedi de chaque mois, nommé le Marché franc, est en bestiaux de toutes les sortes.

Dans le ci-devant couvent des Ursulines, sont placés la bibliothèque publique et un grand collège où les jeunes gens suivent un cours d'études complet. Il est sous la direction de M. Dubois, auteur d'une traduction en vers latins de *l'Homme des Champs* de Delille.

Les jeunes gens qui se destinent à l'état ecclésiastique, sont reçus dans un petit séminaire établi dans la partie des bâtimens encore existans du couvent des Dominicains. Outre les cours du collège, ils suivent au séminaire ceux de Théologie.

La ville de Beauvais est de la plus haute antiquité. Les Commentaires de César en font mention. Elle s'honore la patrie de plusieurs grands hommes, entr'autres, Folcoie, poëte du onzième siècle; Pierre Ramus, auteur, au seizième siècle, d'une Grammaire française; Gilles d'Aurigny, auteur du Poëme intitulé : *le Tuteur d'Amour*; Claude Binet, ami de Ronsard; l'abbé Dubos; Vaillant, célèbre médailliste; Loisel, fameux jurisconsulte; Louis Patin, comparé à Rabelais; Pierre Restaut, né en 1696; et René Binet, ancien recteur de l'université de Paris, auteur d'une traduction complète d'Horace et de Virgile, et mort à Paris, le 2 novembre 1812.

Les remparts ont été chan-
gés en belles promenades qui
entourent la ville fermée par
un canal d'eau vive. La rivière
du Therain et le ruisseau de
l'Avalon qui s'y réunit, font
tourner plusieurs moulins à
farines, deux à tan, un à huile,
et un autre à frise pour les
étoffes. Le dernier de ces
moulins est remarquable par
une addition à son mécanisme,
au moyen de laquelle il réunit
l'avantage de piler en même
tems le ciment pour la maçonnerie. Ce mécanisme perfectionné est de l'invention de
M. Leleu-Baleux, son propriétaire.

Les principales productions
des environs qui renferment
aussi beaucoup d'arbres à cidre, sont en grains.

Beauvais est à 6 lieues vers
l'O. de Clermont-Oise, 12
vers le S. d'Amiens, 6 au N.
E. de Gisors, et 16 vers le N.
de Paris par la grande route.
On compte 17 lieues de poste.
(Bureau de poste aux lettres,
relais de poste aux chevaux,
et voitures publiques tous les
jours pour Paris.)

BEAUVAIS, ancien fief,
Voyez VALPUISEAUX.

BEAUVERGER, maison de
campagne, ancien fief. *Voyez*
CHEVRY-COSSIGNY.

BEAUVOIR, village, dé-
partement de Seine-et-Marne,
arrondissement de Melun,
canton de Mormant, ci-de-
vant province de l'Ile de France dans la Brie, et diocèse de
Sens. Sa population est d'environ 320 habitans.

Le château, entouré de fossés remplis d'eau, précédé de
plusieurs cours et d'une belle
avenue qui aboutit à l'ancien
chemin des Romains, est dans
une position très-agréable. Le
parc d'environ 60 arpens, est
très-bien planté, et fermé de
murs à hauteur d'appui, ce qui
lui ménage de tous les côtés
des points de vue variés : M.
Péan de Saint-Gilles en est
propriétaire.

Les principales productions
du terroir sont en grains; une
partie est en bois. Le village de
Beauvoir est à 1 lieue et demie
au N. O. de Mormant; sa distance de Paris est de 10 lieues
3 quarts au S. E., par la grande
route de Troyes. (Poste aux
lettres de Guignes.)

BECHEVILLE, château.
Voyez LES MUREAUX.

BECONCELLES. *Voyez*
ORGERUS.

BÉHOUST, village, dépar-
tement de Seine-et-Oise, arrondissement de Rambouillet,
canton de Montfort-l'Amaury,
ci-devant province de l'Ile de
France, et diocèse de Chartres.
Sa population est d'environ 320
habitans, y compris le hameau
de *Saint-Hilaire* et plusieurs
maisons isolées, notamment
celles de *Heurteloup.*

Les héritiers de M. Dasse sont propriétaires du joli château bâti à la moderne et du parc qui y sont situés.

Les principales productions du terroir de cette commune sont en grains et en bois.

Le village de Béhoust est à 2 lieues au N. O. de Montfort ; sa distance de Paris est de 11 lieues à l'O. par Milmont ou Garancières et la grande route de Brest. (Poste aux lettres de la Queue.)

BEINE. *Voyez* Beyne.

BEL-AIR, maison de campagne. *Voyez* Bièvres.

BELAY (le), village, département de Seine-et-Oise, arrondissement de Pontoise, canton de Marines, ci-devant province de l'Ile de France, dans le Vexin et diocèse de Rouen. Sa population est d'environ 200 habitans. Les principales productions de son terroir sont en grains, une petite partie est en bois.

Ce village est à une lieue et demie à l'O. de Marines, et 2 à l'E. de Magny ; sa distance de Paris est de 12 lieues au N. O. par la route de Gisors. On peut prendre également la route de Rouen. (Poste aux lettres de Magny.)

BELLE-ASSISE, château. *Voyez* Jossigny.

BELÉBAT, château. *Voyez* Courdimanche.

BELLEBAT, maison de campagne *Voyez* Marcoussis.

BELLE-ÉGLISE, village, département de l'Oise, arrondissement de Senlis, canton de Neuilly-en-Thel, ci-devant province de l'Ile de France, et diocèse de Beauvais. Sa population est d'environ 340 habitans, y compris les hameaux de *Gandicourt, Landrimont Montagny-Prouvaires*, et le château de *Saint-Just*, qui appartenait à l'ordre de Malte.

Le terroir de Belle-Église est en terres labourables, en prairies et en bois, le ruisseau dit le *Ru de Méru* fait tourner deux moulins. Ce village est à 1 lieue et demie au S. O. de Neuilly-en-Thel, et distant de 10 lieues au N. de Paris, par Chambly et la grande route de Beauvais. (Poste aux lettres de Chambly.)

BELLE-ÉPINE, auberge sur la route de Fontainebleau, à côté de laquelle est casernée une brigade de gendarmerie. *Voyez* Thiais.

BELLEFONTAINE, village, département de Seine-et-Oise, arrondissement de Pontoise, canton de Luzarches, ci-devant province de l'Ile de France, et diocèse de Paris. Sa population est d'environ 270 habitans.

La terre de Bellefontaine est une ancienne seigneurie, il y a un château. Ses productions sont en grains; une partie est praires.

Ce village est dans une vallée à trois quarts de lieue à l'E. de Luzarches, et distant de 6 lieues et demie au N. de Paris, par différens chemins joignant la grande route d'Amiens. (Poste aux lettres de Luzarches.)

BELLE-FONTAINE, maison de campagne. *V.* Samois.

BELLE - ILE , maison de campagne et ferme. *V.* Vaires.

BELLE-JAMES , château. *Voyez* Marcoussis.

BELLEVILLE, village situé sur une montagne hors des barrières de Paris, département de la Seine, arrondissement de Saint-Denis, canton de Pantin, ci-devant province de l'Ile de France, et diocèse de Paris. Sa population est d'environ 1,600 habitans.

Dans l'ancien régime, cette paroisse était une annexe de l'église de Saint-Méry de Paris. Les Pénitens du tiers-ordre de Saint-François y avaient un couvent. On comptait dix-sept seigneurs. C'est la résidence d'une brigade de gendarmerie.

Le *Ménil - Montant* et *la Courtille*, qui forment deux hameaux, l'un à côté de Belleville, et l'autre au bas vers Paris, font partie de ce village; sa position sur le côteau qu'environnent les Prés-Saint-Gervais, ajoutent à l'agrément des maisons de campagne qui s'y trouvent. Aussi , pendant les beaux jours de l'été, est-il le rendez-vous d'un grand nombre d'habitans de Paris, attirés par les guinguettes, les jardins vraiment séduisans et les bals publics qui s'y rencontrent presque à chaque pas.

Plusieurs maisons d'éducation y sont établies; notamment celles de jeunes gens, dirigées par M. Jolibois, chef de l'institution de l'Université, et M. Deneufchâtel; deux autres, de demoiselles, sont tenues par mesdames Aubin et Delaunay.

Le terroir de cette commune est peu fertile en grains; une partie est en vignes. Il y a principalement au Ménil-Montant , des carrières de pierre à plâtre.

Le village de Belleville est à peu de distance de Paris. La Courtille tient aux barrières. (Poste aux lettres de la banlieue.)

BELLEVILLE, maison de campagne, ancien fief. *Voyez* Gometz-la-Ville.

BELLEVUE, ancien château royal. *Voyez* Meudon.

BELLEVUE, domaine. *Voyez* Chauconin.

BELLEVUE, château , *Voyez* Tigeaux.

BELLOU, château et ferme.
Voyez BOUTIGNY.

BELLOY-EN-FRANCE, village, département de Seine-et-Oise, arrondissement de Pontoise, canton de Luzarches, ci-devant province de l'Ile de France, et diocèse de Paris. Sa population est d'environ 800 habitans. Une filature de coton est établie dans le château.

Tout le terroir de cette commune est en terres labourables. Le village de Belloy est à 1 lieue au S. O. de Luzarches, à côté de la chaussée de Viarmes, et distant de 6 lieues et demie au N. de Paris, par cette chaussée, joignant, auprès de Moisselles, la grande route de Beauvais. (Poste aux lettres de Luzarches.)

BENNECOURT, village, département de Seine-et-Oise, arrondissement de Mantes, canton de Bonnières, ci-devant province de l'Ile de France, dans le Vexin, et diocèse de Rouen. Sa population est d'environ 1,000 habitans, en y comprenant les hameaux de *Gloton* et *Tripleval*.

La principale culture du terroir est en vignes, dont le vin est estimé. Le village de Bennecourt, sur la rive droite de la *Seine*, n'est séparé de Bonnières que par cette rivière et quelques îles, garnies de saules et en prairies. Il est à 1 lieue trois quarts au S. de la Roche-Guyon, et 2 lieues et demie au S. E. de Vernon; sa distance de Paris est de 15 lieues et demie entre l'O. et le N. O. par Bonnières et la grande route de Caen. (Poste aux lettres de Bonnières.)

BERCHERES, ancienne paroisse. *Voyez* PONTAULT.

BERCHERES-SUR-VESGRE, village, département d'Eure-et-Loir, arrondissement de Dreux, canton d'Anet, ci-devant province de l'Ile de France, et diocèse de Chartres. Sa population est d'environ 430 habitans.

La terre de Berchères est une ancienne seigneurie; elle a été possédée par M. le marquis de Colbert. Le château de *Herse*, dans une situation agréable, à côté du village, et d'une construction moderne, appartient actuellement à M. Cardon. Le parc traversé par la petite rivière de *Vesgre*, contient 100 arpens et renferme de belles plantations d'arbres et d'arbustes étrangers. Ce parc est contigu à un bois bien percé qui fait partie de cette propriété.

Le terroir de cette commune est en labour, en vignes et en bois, une petite partie est en prairies, la rivière de Vesgre fait tourner un moulin à farines.

Le village de Berchères est dans une vallée à 2 lieues vers l'E. d'Anet, et 1 lieue trois-quarts vers le N. E. de Houdan; sa distance de Paris est de 14 lieues trois-quarts par Houdan et la grande route de Brest. (Poste aux lettres de Houdan.)

BERCY, village entre la grande route de Paris à Lyon, et la rive droite de la *Seine*, département de la Seine, arrondissement de Sceaux, canton de Charenton, ci-devant province de l'Ile de France, et diocèse de Paris. Sa population est d'environ 1,200 habitans que composent diverses parties connues sous les noms de *Grand-Bercy*, *Petit-Bercy*, *la Rapée*, *la Grande-Pinte*, *la Vallée de Fecamp* et *le Ponceau*.

Le grand et le petit château ont été bâtis sur les dessins de Mansard ; le parc environné de beaux jardins, d'avenues magnifiques, et bordé, le long de la Seine, par une longue terrasse, contient plus de 500 arpens ; le pavillon au bout de la terrasse, offre les plus beaux points de vue. Cette belle propriété appartient aujourd'hui à M. le comte de Nicolay; elle a été possédée pendant 500 ans, de père en fils, par MM. de Malon de Bercy, jusqu'à la mort de M. Charles de Malon de Bercy, dernier rejeton de cette famille, décédé le 3 mars 1809.

Au Petit-Bercy est une autre maison, dite le Petit-Château, avec un parc d'environ 40 arpens.

Il se fait à Bercy un commerce important en vins, eaux-de-vie et vinaigres pour l'approvisionnement de Paris. Le port de Bercy et celui de la Rapée reçoivent les vins, eaux-de-vie et vinaigres venant de la haute et basse Bourgogne, du Mâconnais, de la Champagne, l'Orléanais, la Touraine, l'Anjou et le Languedoc, qui arrivent par les deux rivières de la Seine et de la Marne, dont le confluent est à peu de distance. Une raffinerie de sucre est établie à Bercy.

Les magasins les plus considérables, tant à Bercy, qu'à la Rapée, sont celui nommé le grand entrepôt de la Grille, qui a un enclos de 30 arpens, fermé de murs, tenu par M. Thory, et ceux de messieurs Cabanis, Chagot, Gallois, Guillermin, Lemaignan, Le Vaux (madame), Libert frères, Renet fils, Richard et compagnie, Rigaux, Queton, Tricot et Valelion.

Il existe, en outre, au port de la Rapée, un entrepôt de toutes sortes de bois de charpente, charronnage, planches, voliges, etc.

Les principales productions du terroir de cette commune sont en légumes et fruits ; le village de Bercy est à trois quarts de lieue au N. O. de Charenton, et peu éloigné des barrières de Paris. (Poste aux lettres de la banlieue.)

BERGERIES (les), ancien château. *Voyez* Draveil.

BERGERIES (les), château. *Voyez* Chartrettes.

BERGETTE (la), maison de campagne. *Voyez* la Ferté-Sous-Jouarre.

BERNAY, village, département de Seine-et-Marne, arrondissement de Coulommiers, canton de Rozay, ci-devant province de l'Ile de France, dans la Brie, et diocèse de Sens. Sa population est d'environ 500 habitans, avec le hameau de *Segrets*, où il y avait un prieuré, et celui de Pontpierre, qui en font partie.

Il existe à Bernay un château, avec un parc, sur la rivière d'*Yerres*, dont M. le comte Crillon est propriétaire; et, près Rozay, est une maison de campagne, ancien fief de *Villenavotte*, appartenant à M. Mellier.

Le terroir de cette commune est en terres labourables, en prairies, en vignes et en bois. Le village de Bernay est sur la rivière d'Yerres, qui y fait tourner deux moulins, à un quart de lieue au S. O. de Rozay; sa distance de Paris est de 11 lieues vers le S. E. par la même route que de Rozay à Paris. (Poste aux lettres de Rozay.)

BERNES, village, département de Seine et Oise, arrondissement de Pontoise, canton de l'Ile-Adam, ci-devant province de l'Ile de France, et diocèse de Beauvais. Sa population est d'environ 220 habitans.

Tout le terroir de cette commune est en terres labourables. Le village de Bernes est dans une plaine à une demi-lieue au N. de Beaumont, 2 lieues au N. E. de l'Ile-Adam, et 8 au N. de Paris, par Beaumont et la grande route de Beauvais. (Poste aux lettres de Beaumont-sur-Oise.)

BERNEUIL, village, département de l'Oise, arrondissement de Beauvais, canton d'Auneuil, ci-devant province de l'Ile de France, et diocèse de Beauvais. Il forme avec les hameaux de *Vaux*, des *Viverots*, des *Niards*, et plusieurs autres habitations isolées, une population d'environ 700 habitans. Les châteaux de *Bizancourt* et d'*Auteuil* en font partie. Ce dernier appartient à M. Combauld, comte d'Auteuil. *Voyez* Auteuil.

Le terroir de Berneuil est en labour, en prairies et en bois. Il y a deux moulins à farines sur un ruisseau, qui a sa source près l'église. Ce village est à 1 lieue et demie vers le S. E. d'Auneuil, et 2 au S. de Beauvais; sa distance de Paris est de 14 lieues et demie entre le N. et le N. O. par différens chemins joignant la nouvelle route de Beauvais à Pontoise, qui passe à Méru et de Méru par Chambly et la grande route de Beauvais. (Poste aux lettres de Beauvais.)

BERNY, relais de poste aux chevaux, sur la grande route de Paris à Orléans, près de laquelle il y avait un superbe château qui a été démoli. *Voyez* FRESNES-LES-RUNGIS.

BERTHECOURT, village, département de l'Oise, arrondissement de Beauvais, canton de Noailles, ci-devant province de l'Ile de France, et diocèse de Beauvais. Sa population est d'environ 430 habitans avec les hameaux de *Parisis-Fontaine* et *Longueil*.

Le château de Berthecourt appartient à M. Renault-de-Berthecourt, maire du lieu, et celui de Parisis-Fontaine à madame de Maupeou.

Le terroir de cette commune est en labour, en prairies et en bois. Le ruisseau du *Sillet* fait tourner deux moulins. Le village de Berthecourt est à 1 lieue au N. E. de Noailles, 3 au S. E. de Beauvais, et 14 vers le N. de Paris, par Noailles et la grande route de Beauvais. (Poste aux lettres de Noailles.)

BERTHENONVILLE, village, département de l'Eure, arrondissement des Andelys, canton d'Ecos, ci-devant province de Normandie, dans le Vexin, et diocèse de Rouen. Sa population est d'environ 150 habitans. M. de Boulongne

y possède une maison autrefois seigneuriale.

Le terroir de cette commune est en labour, prairies et petite partie en bois. Le village de Berthenonville est proche la rivière d'*Epte*, qui fait tourner un moulin à farines à trois quarts de lieue au S. de Saint-Clair, 1 lieue un quart au N. E. d'Ecos, et 16 et demie au N. O. de Paris par la grande route de Rouen. (Poste aux lettres du Tillier.)

BERTICHÈRES, château et ferme. *Voyez* CHAUMONT-OISE.

BERTRAND-FOSSE, ancien château. *Voyez* PLAILLY.

BERVILLE, village, département de Seine et Oise, arrondissement de Pontoise, canton de Marines, ci devant province de l'Ile de France, dans le Vexin, et diocèse de Rouen. Sa population est d'environ 300 habitans. Une ferme, nommée *le Coudray*, en fait partie.

Le terroir de cette commune est presque tout en terres labourables. Le village est situé dans une vallée, sur la petite rivière du *Sausseron*, à 2 lieues au N. E. de Marines ; sa distance de Paris est de 11 lieues au N. O. par l'ancienne route de Beauvais à Pontoise, et de Pontoise par la grande route de Rouen. (Poste aux lettres de Méru, département de l'Oise.)

BERVILLE, château. *Voy.* LA GÉNEVRAIE.

BESMONT, petit village, département de l'Oise, arrondissement de Senlis, canton de Crêpy, ci-devant province de l'Ile de France dans le Valois, et diocèse de Senlis. Sa population n'est que d'environ 70 habitans. Deux maisons, situées dans le hameau *d'Auberval*, en font partie, quoique ce hameau appartienne à la commune de Bonneuil.

Le terroir de Besmont est en labour et en étangs. Ce village est à une lieue trois quarts au N. E. de Crêpy; sa distance de Paris est de 15 lieues trois quarts au N. E. par Crêpy et la chaussée, joignant, à Nanteuil, le Haudouin la grande route de Soissons. (Poste aux lettres de Crêpy.)

BESONS, village, département de Seine-et-Oise, arrondissement de Versailles, canton d'Argenteuil, ci-devant province de l'Ile-de-France, et diocèse de Paris, est situé sur la rive droite de la *Seine*; on la passe sur un pont nouvellement construit. Sa population est d'environ 400 habitans.

M. le maréchal de Besons y a fait bâtir un château qui subsiste. M. le lieutenant-général, comte de Sughy, en est actuellement propriétaire. Le parc, aboutissant au pont, est fermé par une superbe grille.

Un peu plus loin est une maison de campagne appartenant à M. Taboureau, chevalier de Saint-Louis. Le parc, dessiné par Lenôtre, est embelli par plusieurs bassins, où des eaux jaillissantes sont conduites, ainsi que dans l'intérieur de la maison, au moyen du mécanisme d'un moulin à vent.

Il se tient à Besons, le jour de la Saint-Fiacre, quand cette fête tombe le dimanche, ou le dimanche suivant, quand elle se trouve dans la semaine, une foire qui dure trois jours : son local, sur un gazon ombragé de belles plantations en ormes, donne lieu à un rassemblement considérable de monde, pour la danse, les jeux et la vente de comestibles de toute espèce.

Une grande partie du terroir de cette commune est en vignes; on y cultive beaucoup d'asperges. Le village de Besons est à une demi-lieue au S. O. d'Argenteuil, et 2 lieues et demie au N. O. de Paris. (Poste aux lettres d'Argenteuil.)

BESSANCOURT, village, département de Seine-et-Oise, arrondissement de Pontoise, canton de Montmorency, ci-devant province de l'Ile-de-France, et diocèse de Paris. Sa population est d'environ 800 habitans.

Cet endroit est situé à l'extrémité occidentale de la forêt de Montmorency. On y voit un château, dont M. Torris, maire du lieu, est propriétaire;

et quelques maisons de campagne. La culture de son terroir consiste principalement en vignes. Les fruits y sont abondans. On y exploite plusieurs carrières à plâtre.

Le village de Bessancourt est à 2 lieues au N. E. de Montmorency, et 5 et demie au N. de Paris, par la route de Saint-Leu-Taverny. (Poste aux lettres de Pontoise.)

BESSY, château. *Voyez* Tigeaux.

BETHANCOURT, village, département de l'Oise, arrondissement de Senlis, canton de Crêpy, ci-devant province de l'Ile-de-France dans le Valois, et diocèse de Senlis. Sa population est d'environ 160 habitans ; son terroir est en labour, une petite partie est en prairies et en vignes.

Ce village est sur la pente d'une colline, proche la petite rivière *d'Autonne,* qui y fait tourner un moulin, à une lieue et demie au N. de Crêpy, et 15 et demie au N. E. de Paris, par Crêpy et la chaussée, joignant à Nanteuil-le-Haudouin, la grande route de Soissons.(Poste aux lettres de Crêpy.)

BETHANCOURT, village, département de l'Oise, arrondissement de Clermont-Oise, canton de Liancourt, ci-devant province de l'Ile-de-France, et diocèse de Beauvais. Sa population est d'environ 200 habitans : c'était, avant la révolution, une dépendance de la paroisse de *Bailleval.* Trois maisons se distinguent des autres par leur construction et leurs accessoires.

Son terroir, en labour, est environné de bois ; on y rencontre beaucoup d'arbres à fruits, particulièrement des guigniers et cerisiers.

Le village de Bethancourt est proche Bailleval, à trois quarts de lieue au N. de Liancourt, et une lieue au S. E. de Clermont ; sa distance de Paris est de 13 lieues trois quarts au N., par Laigneville et la grande route d'Amiens. (Poste aux lettres de Clermont-Oise.)

BETHANCOURTEL, maison de campagne. V. Agnets.

BETHEMONT, village, département de Seine-et-Oise, arrondissement de Pontoise, canton de Montmorency, ci-devant province de l'Ile-de-France, et diocèse de Paris. Sa population est d'environ 230 habitans. Les principales productions de son terroir sont en grains.

Ce village est joignant la forêt de Montmorency, à 2 lieues au N. de Montmorency ; sa distance de Paris est de 5 lieues et demie au N., par cette forêt et la route de Saint-Leu-Taverny. (Poste aux lettres de Montmorency.)

BETHISY-SAINT-MAR-

TIN, village, département de l'Oise, arrondissement de Senlis, canton de Crépy, ci-devant province de l'Ile-de-France, et diocèse de Soissons. Sa population est d'environ 800 habitans, y compris le hameau *du Plessis-Chatelain*, la ferme de *Sainte-Luce* et celle de *Puisière*.

La majeure partie des habitans de cette commune sont vanniers et tisserands. Les principales productions de son terroir sont en grains.

Le village de Béthisy-Saint-Martin est traversé par la petite rivière *d'Autonne*, qui fait tourner deux moulins, l'un à farines, et l'autre à huile. Il est contigu au village de Béthisy-Saint-Pierre, à une lieue et demie à l'E. de Verberie, et 2 et demie au N. O. de Crépy; sa distance de Paris est de 15 lieues vers le N. E., par Néry et la chaussée Brunehaut, qui joint à Senlis la grande route de Flandre. (Poste aux lettres de Verberie.)

BÉTHISY-SAINT-PIERRE, village, département de l'Oise, arrondissement de Senlis, canton de Crépy, ci-devant province de l'Ile-de-France, et diocèse de Soissons. Sa population est d'environ 1,200 habitans. La ferme du *Hazoy*, ancien fief, à l'entrée de la forêt de Compiègne, en fait partie.

Au centre du village se trouve le château de *la Douie*, ci-devant fief, et un parc, dont

madame Dehemant est propriétaire; il est situé sur la montagne, au pied de laquelle on voit les restes d'une ancienne forteresse, nommée *le Pâté du Roi Jean*; un peu plus loin est l'église paroissiale, remarquable par une tour élevée, construite en pierre, et d'une architecture gothique.

Les habitans s'occupent particulièrement de la culture du chanvre, à laquelle ils ne se bornent pas. Comme les eaux de la petite rivière *d'Autonne* ont la propriété de blanchir le chanvre qu'ils y font rouir, ils s'en procurent d'ailleurs une grande quantité, qu'ils savent particulièrement affiner et rendre de première qualité. Ils en retirent une filasse, dont ils font un commerce assez considérable.

Les autres productions du terroir de cette commune sont en grains, une partie est en prairies et en bois; il y a plusieurs moulins à grains et à huile.

Le village de Béthisy-Saint-Pierre tient à celui de Béthisy-Saint-Martin, sur la petite rivière d'Autonne, désignée ci-dessus, et peu éloigné de la forêt de Compiègne, à une lieue et demie à l'E. de Verberie, et 2 et demie au N. E. de Crépy; sa distance de Paris est de 15 lieues vers le N. E., par Néry et la chaussée Brunehaut, qui joint à Senlis la grande route de Flandre. (Poste aux lettres de Verberie.)

BETZ, village, département de l'Oise, arrondissement de Senlis, chef-lieu de canton et siége d'une justice de paix, ci-devant province de l'Île de France, dans le Valois, et diocèse de Meaux. Sa population est d'environ 350 habitans, la ferme *du bois Milon* et un moulin à l'écart, sur un ruisseau, en font partie.

Ce village est situé dans une vallée. On y admirait, avant la révolution, le château beaucoup mieux entretenu qu'il ne l'est aujourd'hui ; l'élégance de sa construction en pierre de taille, sa distribution et ses alentours garnis de gazons avec des eaux vives et de belles plantations, y réunissaient à un beau site tout ce que l'opulence et les arts avaient pu y créer.

La cour principale est fermée de basses-cours à différens usages, les potagers et vergers, sont contigus. Le parc de 120 arpens est distribué en prairies vastes et fertiles, en bois taillis et en futaie. Une rivière fait différentes chutes et se terminent par une cataracte à travers des rochers.

On y remarque, en outre, un temple à l'amitié, construit en pierre, d'une architecture élégante et richement décoré à l'intérieur, un hermitage et une ruine représentant les restes d'un vieux château flanqué d'une tour fort élevée, dans laquelle se trouvent divers appartemens et se termine par une plate-forme, d'où l'on découvre tous les alentours du château.

On y voit aussi un monument dont la vue pénètre de respect, à raison des idées religieuses et sublimes qu'il est fait pour inspirer. Dans un grand espace, au milieu d'un bois planté d'arbres verds de la plus belle venue, sont les tombeaux des chevaliers Thibault, Roger et autres, propriétaires de cette terre. Ces tombeaux de la plus belle exécution, ont été mutilés pendant les ravages de la révolution. Cette charmante habitation appartenait à madame la princesse de Monaco.

Les principales productions du terroir sont en grains, une partie est en bois. Le village de Betz est à 2 lieues et demie vers le S. de Crêpy et 7 lieues vers l'E. de Senlis ; sa distance de Paris est de 13 lieues et demie au N. E. par Nanteuil-le-Haudouin, et la grande route de Soissons. (Poste aux lettres de Crêpy.)

BEURON, château. *Voyez* PERDREAUVILLE.

BÉVILLIERS, château. *Voyez*. BRETEUIL.

BEYNE ou BEINE, village, département de Seine-et-Oise, arrondissement de Rambouillet, canton de Monfort - l'Amaury, ci-devant province de l'Ile de France, et diocèse de

Chartres. Sa population est de 1,000 à 1,100 habitans avec les hameaux de la *Pissotte*, *la Couperie*, *la Maladrerie*, et plusieurs maisons et moulins isolées, qui ont diverses dénominations.

Il ne reste plus que des vestiges de l'ancien château de Beyne. Le terroir est en terres labourables, vignes et bois.

Le village de Beyne est dans une vallée, sur la petite rivière de *Mandre*, à 2 lieues et demie au N. E. de Montfort, et 8 à l'O. de Paris, par un chemin de traverse conduisant à la grande route de Brest. (Poste aux lettres de Neaufle le Château.)

BICÊTRE, ancien château, d'une très - vaste étendue en bâtimens, de la commune de Gentilly, canton de Villejuif, arrondissement de Sceaux, département de la Seine.

Ce lieu, généralement connu, sert d'hospice aux vieillards indigens et aux personnes aliénées ; de prison et de maison de force aux libertins, aux vagabonds, et aux condamnés à la réclusion, à la détention ; c'est aussi le dépôt pour les condamnés aux travaux forcés, jusqu'au moment de leur conduite dans les divers bagnes : le nombre des détenus est très-considérable. Il renferme aussi un hôpital de vénériens.

Le puits, d'une ingénieuse invention, qui a seize pieds de diamètre dans œuvre, et cent soixante - onze pieds de profondeur, au moyen de deux sceaux contenant chacun un muid, est mis en mouvement par des détenus, l'eau est amenée à un réservoir, de soixante - trois pieds carrés, contenant quatre mille muids et conduite par des tuyaux dans les différens endroits de cette maison.

On est redevable au génie supérieur de M. Boffrand, premier ingénieur des ponts et chaussées, de cet ouvrage inestimable.

Pour se faire une idée juste de Bicêtre, voici ce que M. Dulaure en dit dans un paragraphe de la description qu'il en a faite :

« Le nom de ce château rappelle l'infamie et le crime. On éprouve un sentiment de peine en pensant que la plupart des vices et des misères de l'espèce humaine sont entassés dans un même endroit et semblent souiller l'air pur des campagnes, au milieu desquelles ce lieu d'ignominie paraît étranger. »

Bicêtre est à une demie-lieue au S. des barrières de Paris, proche la grande route de Fontainebleau. (Poste aux lettres de la banlieue.)

BICÊTRE, (LE PETIT) maisons isolées dans l'une desquelles est casernée une brigade de gendarmerie, à l'embranchement de plusieurs routes. *V.* CLAMART-SOUS-MEUDON.

BIÈVRES, village, département de Seine et Oise, arrondissement de Versailles, canton de Palaiseau, ci-devant province de l'Ile de France, et diocèse de Paris. Sa population est de 1,000 à 1,100 habitans, en y comprenant les hameaux des *Roches* et de *Vauboyen*, les maisons de campagne de *Monteclain*, de *Bel-Air*, de l'*Abbaye-aux-Bois*, du *Val-Profond*, et d'autres habitations isolées connues sous diverses dénominations.

Le château appartient à M. le le comte de Vaulgrennand. On rencontre aussi à Bièvres plusieurs maisons de campagne, parmi lesquelles on distingue celle de M. Dodun-de-Neuvry, maire du lieu, nommée autrefois le *Castel des Damoiseaux*. M. Try, président du tribunal de première instance de Paris, et membre de la chambre des députés, en possède une remarquable par sa position et son élégante simplicité; enfin, celle de M. Allain, dans laquelle se trouve une fontaine d'eau ferrugineuse. La maison de campagne de Bel-Air, à M. de Plancy, est sur une éminence. De sa superbe terrasse, la vue s'étend fort loin, et embrasse tout à la fois une partie des vallées de Bièvres, de Jouy et de Palaiseau.

La maison de M. Boursier, dite l'*ancien fief de Menillet*, d'une antique construction, en pierres de grès, et celle de M. Bertin, où il y a un joli jardin à l'anglaise, sont situées au hameau des Roches.

Près de l'Abbaye-aux-Bois, maison de campagne décrite à la première page de ce dictionnaire, existe encore une autre maison de campagne. *V.* L'ABBAYE-AUX-BOIS.

M. Dollfus-Gontard possède à Bièvres une manufacture de toiles peintes, à l'instar de celle de Jouy. Il s'y tient deux foires par an; la première le 11 juin, et la seconde le 6 décembre.

Le terroir est en labour, en prairies et en bois.

Le village de Bièvres est dans une vallée, sur la petite rivière du même nom, qui fait tourner deux moulins, et sur l'une des routes de Chevreuse à Paris, à 1 lieue 1 quart au N. O. de Palaiseau, et 3 et demie de Paris par cette route. (Poste aux lettres de Palaiseau.)

BILLY, maison de campagne. *Voyez* SAINT-VRAIN.

BINANVILLE , château. *Voyez* ARNOUVILLE.

BIONVAL, ancien prieuré. *Voyez* LE VALCOURBON.

BISSEAUX, château. *Voy.* OZOUER-LE-REPOS.

BIZANCOURT , château. *Voyez* BERNEUIL.

BIZY, château. *Voyez* VER-NON.

BLAMÉCOURT, hameau, dans le canton de Magny, arrondissement de Mantes, département de Seine et Oise, ci-devant province de l'Ile de France, dans le Vexin, et diocèse de Rouen. Sa population est d'environ 150 habitans. Les productions de son terroir sont en grains.

Ce hameau fait partie de la paroisse de Magny, dont il n'est éloigné que d'un quart de lieue. Il forme une commune particulière; sa distance de Paris est la même que de Magny à Paris. (Poste aux lettres de Magny.)

BLANC-MÉNIL, petit village, département de Seine et Oise, arrondissement de Pontoise, canton de Gonesse, ci-devant province de l'Ile de France, et diocèse de Paris. Sa population n'est que d'environ 60 habitans, y compris les maisons isolées, dites *le Coudray*.

La terre de Blanc-Ménil est une ancienne seigneurie qui a appartenue à M. Guillaume-de-Lamoignon, président à mortier au parlement de Paris; il en portait le nom. Le château a été démoli.

Les productions du terroir de cette commune sont en grains. Le village de Blanc-Ménil est à 1 lieue au S. de Gonesse, et 3 au N. E. de Paris,

par le Bourget, et la grande route de *Flandre*. (Poste aux lettres de Bourget.)

BLANDY, bourg, département de Seine et Marne, arrondissement de Melun, canton du Châtelet, ci-devant province de l'Ile de France, dans la Brie, et diocèse de Sens. Sa population est de 7 à 800 habitans, dont fait partie le hameau des *Vallées*, celui des *Brandins*, deux fermes isolées, deux moulins à eau et une tuilerie.

Au milieu du bourg existent encore les restes d'un ancien château fort, consistant en cinq tours inégales, avec des murs de clôture qui ont 9 à 10 pieds d'épaisseur, et des fossés de 60 pieds de largeur. Sur les ruines du principal corps de bâtiment on a construit des granges. La plus grosse de ces tours renfermait une partie des principaux appartemens, et la salle dite *des Gardes*, avec la cuisine, qui subsistent encore, servent aujourd'hui de logement au fermier. Au pied de cette grosse tour se trouve l'entrée d'un souterrain, dit *la Cave Barrois*, qui a une issue à 1 demi-lieue dans le côteau du côté de Melun.

L'antiquité de ce château se perd dans la nuit des tems; la terre de Blandy est passée successivement à Guillaume de Melun, à Jean, vicomte de Melun, comte de Tancarville; ensuite dans la famille des princes de Condé et de Carignan. Elle a été aussi possédée par Jacqueline de Rohan, marquise de Rothelin, mère de François d'Orléans, dernière femme de Louis de Bourbon, premier prince de Condé, qui y mourut, et fut enterré dans un caveau sous la lampe de la chapelle. Le cercueil de plomb qui le renfermait, a été enlevé lors de la révolution.

Les seigneurs de Blandy, successeurs de la marquise de Rothelin, sont : Charles de Bourbon - Condé, comte de Soissons, qui y mourut également le 1ᵉʳ novembre 1612 ; Marie d'Orléans, veuve de Henri de Savoie, princesse souveraine de Neuchâtel, duchesse de Nemours, etc.; Louis Henri, légitimé de Bourbon, prince de Neufchâtel. Cette terre fut érigée en duché-pairie en faveur du maréchal de Villars, qui fit découvrir les tours et démolir le principal corps du château. M. le duc de Villars, fils du maréchal, l'ayant vendue à M. le duc de Praslin, ministre et secrétaire d'état en 1764. M. le duc de Choiseul-Praslin en est actuellement propriétaire.

L'église de Blandy, suivant la tradition du pays, a servi de temple aux protestans; elle est grande, et l'une des plus belles des environs à cette époque. L'église de Saint-Martin, actuellement supprimée, était celle des catholiques.

On rencontre en ce lieu plu-sieurs maisons de campagne et des sources d'eau vive, avec un beau lavoir. Un hospice très-ancien y est desservi par deux sœurs de la Charité ; l'une d'elles s'occupe du traitement des malades à domicile, et l'autre de l'éducation des jeunes filles.

Les 21 et 22 septembre de chaque année, la foire la plus considérable du département, tant en bestiaux qu'en toute espèce de marchandises, se tient à Blandy; une autre moins importante a lieu le 24 février. Avant la révolution il y avait un marché franc le jeudi de chaque semaine, supprimé, pendant la révolution, par la difficulté de le faire cadrer avec le calendrier républicain sans nuire aux autres marchés des environs.

Les productions de son terroir sont variées ; les principales sont en grains, une petite partie est en vignes et en bois.

Le bourg de Blandy est à 1 lieue et demie au N. du Châtelet, 2 et demie vers l'E. de Melun ; sa distance de Paris est de 12 lieues et demie au S. E. par Melun et la grande route de Lyon. On peut y aller également par Brie, Comte-Robert et la route de Troyes. (Poste aux lettres du Châtelet.)

BLANDY-EN-BEAUCE, village, département de Seine et Oise, arrondissement d'E-tampes, canton de Méréville, ci-devant généralité d'Orléans, dans la Beauce, et diocèse de Sens. Sa population est d'environ 200 habitans. Toutes les productions de son terroir sont en grains.

Ce village est à 3 lieues à l'E. de Méréville, et à 3 lieues et demie entre le S. et le S. E. d'Etampes; sa distance de Paris est de 15 lieues et demie au S. par Etampes et la grande route d'Orléans. (Poste aux lettres d'Etampes.)

BLARU, village, département de Seine et Oise, arrondissement de Mantes, canton de Bonnières, ci-devant province de l'île de France, et diocèse d'Evreux. Il forme, avec les hameaux, fermes et autres habitations isolées, une commune d'environ 800 habitans.

Les principaux de ces hameaux sont *Maulu*, *les Métréaux*, *les Bons Soins*, *le Buisson*, *le But*, et *le Chêne Godon*, en partie. On distingue, parmi les habitations écartées, *la Mare Grimour* et une maison de campagne avec une ferme.

La terre de Blaru est un ancien marquisat, avec titre de châtellenie, possédée depuis près de 500 ans par les ancêtres de M. le marquis de Tilly-Blaru, maréchal-de-camp. C'était autrefois le siége d'une haute, moyenne et basse justice. Le château a été démoli, quelques bâtimens exceptés; ils forment aujourd'hui une

habitation. Un étang voisin fournit l'eau à un ru, qui fait tourner quatre moulins à farines.

Les principales productions du terroir sont en grains; une partie est en bois. Le village de Blaru est à 1 lieue au S. de Vernon, 2 à l'O. de Bonnières, à égale distance vers le N. E. de Pacy-sur-Eure, et 17 entre l'O. et le N. O. de Paris par la grande route de Caen. (Poste aux lettres de Vernon, Eure.)

BLÉMUR, hameau et château. *Voyez* Piscop.

BLEURY, village, département d'Eure-et-Loire, arrondissement de Chartres, canton de Maintenon, ci-devant généralité d'Orléans, dans la Beauce, et diocèse de Chartres. Sa population est de 5 à 600 habitans, y compris les hameaux du *Gué de Bleury de Bouville*, partie de celui du *Gué de Longroy*, sur l'ancienne route de Paris à Chartres, la ferme et le moulin de *Montaigu*.

Le terroir est en labour, en vignes, en prairies et en aunaies. Le village de Bleury est à une lieue vers l'E. de Gallardon, et 3 lieues trois quarts au S. E. de Maintenon; sa distance de Paris est de 14 lieues et demie au S. O., par l'ancienne route de Chartres. (Poste aux lettres de Gallardon.)

BLIGNY, maison de campagne. *Voyez* BRIIS - SOUS-FORGES.

BLINCOURT, village , département de l'Oise, arrondissement de Senlis, canton de Creil, ci-devant province de l'Ile de France , et diocèse de Beauvais. Sa population est d'environ 600 habitans, y compris le hameau de *Bouque-val.*

Le terroir est en terres labourables et en vignes. On y trouve des carrières.

Le village de Blincourt est à 2 lieues au S. O. de Creil ; sa distance de Paris est de 9 lieues et demie au N., par Précy , Viarmes, et une chaussée joignant, près Moiselles, la grande route de Beauvais. (Poste aux lettres de Chantilly.)

BLINCOURT, village , département de l'Oise, arrondissement et canton de Clermont-Oise , ci-devant province de l'Ile de France et diocèse de Beauvais. Sa population est d'environ 130 habitans; les productions de son terroir sont toutes en grains.

Ce village, situé sur la route de Paris en Flandres, est à 4 lieues à l'E. de Clermont , et 2 et demie au N. de Pont-Sainte-Maxence ; sa distance de Paris est de 15 lieues et demie par cette route de Flandre. (Poste aux lettres de Pont-Sainte-Maxence.)

BLUCHE, château. *Voyez* MONTFORT-LAMAURY.

BOCQUET , ferme, ancien fief. *Voyez* LE MEUX.

BOIGNEVILLE, village , département de Seine - et - Oise, arrondissement d'Etampes, canton de Milly, ci-devant généralité d'Orléans, dans la Beauce, et diocèse de Sens. Sa population est d'environ 400 habitans , avec les hameaux *de Touvault, d'Argeville, de Prinraux*, et les fermes *de Saint-Val* et des *Crenaux.*

Mesdames du Monceaux possèdent le château d'Argeville, ancien fief seigneurial, dans une vallée , sur la rivière d'Essonne , où est un moulin.

Le terroir de cette commune est en labour, en chenevières et en prairies. Le village de Boigneville est à 2 lieues et demie vers le S. O. de Milly, et 1 lieue et demie vers le N. de Malesherbes ; sa distance de Paris est de 14 lieues et demie au S. , par la Ferté-Alais , Arpajon et la grande route d'Orléans. (Poste aux lettres de Milly.)

BOIGNEVILLE, ancien château. *Voyez* YERMENONVILLE.

BOINVILLE , village , département de Seine-et-Oise , arrondissement et canton de Mantes , ci-devant province de l'Ile de France, et diocèse de Chartres. Sa population est d'environ 300 habitans; plusieurs maisons isolées, sous diverses dénominations, en font partie.

Les productions du terroir sont en grains; une partie est en vignes et en bois. Ce village est à 1 lieue et demie au S. E. de Mantes; sa distance de Paris est de 10 lieues et demie à l'O., par Maule, et la route qui passe à Rocquencourt. (Poste aux lettres de Mantes.)

BOINVILLE, château. *Voyez* CHALO-SAINT-MARS.

BOINVILLE-LE-GAILLARD, village, département de Seine-et-Oise, arrondissement de Rambouillet, canton de Dourdan (Sud), ci-devant province de l'Ile de France, dans le Hurepoix, et diocèse de Chartres. Sa population est d'environ 300 habitans avec les hameaux *du Breau-sans-Nappe*, *Bretonville* et la ferme de *Villeroy*.

Le château, situé au Breau-sans-Nappe, est d'une ancienne construction, flanqué de quatre tours et entouré de fossés secs, madame de Saint-Denis-Trousset en est propriétaire. Les jardins sont distribués à l'anglaise ainsi qu'une partie du parc contenant environ 80 arpens, planté en bois et percé de belles routes. Il existait aussi un château à Villeroy.

Les productions du terroir sont en grains. Le village de Boinville est à 1 lieue vers le S. E. d'Ablis, 1 et demie vers l'O. de Dourdan, et 13 lieues et demie au S. O. de Paris par Dourdan, et une chaussée joignant l'ancienne route de Chartres. (Poste aux lettres de Dourdan.)

BOINVILLIERS, village, département de Seine-et-Oise, arrondissement et canton de Mantes, ci-devant province de l'Ile de France et diocèse de Chartres. Sa population est d'environ 300 habitans. Les maisons isolées des *Binots* en font partie.

Le terroir de cette commune est en labour et en bois, partie en vignes. Le village de Boinvilliers est à 2 lieues un quart vers le S. de Mantes; sa distance de Paris est de 12 lieues et demie vers l'O. par la petite route de Mantes qui joint au près de Saint-Germain-en-Laye, la grande route de Caen : on peut prendre également par Maule et la chaussée qui passe à Saint-Nom-la-Bretèche. (Poste aux lettres de Mantes.)

BOIS-BOUDRAN, château. *Voyez* FONTENAILLES.

BOIS-D'ARCY, village, département de Seine-et-Oise, arrondissement et canton de Versailles (section de l'ouest), ci-devant province de l'Ile de France, et diocèse de Paris.

Sa population est d'environ 3oo habitans, y compris le hameau dit *la Tremblée*.

Les productions de son terroir sont de peu de valeur.

Ce village est situé entre des bois et des étangs, près d'une route de communication de Versailles à Pont-Chartrain, à 1 lieue et demie à l'O. de Versailles, et distant de 5 et demie à l'O. de Paris par Versailles. (Poste aux lettres de Versailles.)

BOIS-DE-LIHUS, ancien fief et relais de poste aux chevaux sur la grande route de Flandre. *Voyez* MOYRILLERS.

BOISDENEMETS, château. *Voyez* AUTEVERNE.

BOIS-GARNIER, château. *Voyez* PECY.

BOISGELOU, hameau et maison de campagne. *Voyez* GISORS.

BOIS - HERPIN, village, département de Seine - et - Oise, arrondissement d'Etampes, canton de Méréville, ci-devant province de l'Ile de France, dans la Beauce, et diocèse de Sens. Sa population est d'environ 1oo habitans.

Le château et la terre de Bois-Herpin, autrefois seigneurie, appartiennent à madame veuve de Grand-Maison.

Le terroir est tout en labour, le village de Bois-Herpin est

à 3 lieues au N. E. de Méréville, et 2 et demie au S. E. d'Etampes; sa distance de Paris est de 14 lieues et demie au S. par Etampes et la grande route d'Orléans. (Poste aux lettres d'Etampes,)

BOIS-JOLI, ancien couvent de Récollets, actuellement château. *Voyez* TRIE-LE-CHATEAU.

BOIS-LE-ROI, village, département de Seine-et-Marne, arrondissement et canton de Fontainebleau, ci-devant province de l'Ile de France, dans le Gatinais, et diocèse de Sens. Sa population est de 8 à 9oo habitans, en y comprenant les hameaux de *Sermaise*, *la Cave*, et *Brolle*.

On remarque à Sermaise deux maisons de campagne, dans une agréable situation : leurs jardins bordent la rive gauche de la Seine, vis-à-vis Chartrette : l'une de ces maisons appartient à M. le baron Béchaud, et l'autre à M. Tornezy; et sur la même rive, au hameau de la Cave, il se trouve un port considérable pour l'exportation des bois et des grès que l'on tire de la forêt de Fontainebleau.

Les productions du terroir sont en grains; une partie est en vignes. La forêt environne le village de Bois-le-Roi; il est bordé au N. par la Seine, à 2 lieues au N. de Fontainebleau, et 2 au S. de Melun;

sa distance dé Paris est de 12 lieues entre le S. et le S. E. par la grande route de Lyon. (Poste aux lettres de Melun.)

BOIS-LE-VICOMTE, château. *Voyez* MITRY.

BOIS-LOUIS, maison de campagne. *Voyez* LE CHATE-LET.

BOIS-PRÉAUX, château. *Voyez* RUEIL.

BOIS-ROBERT et LABROSSE, hameaux, dans le département de Seine-et-Oise, arrondissement et canton de Mantes, ci-devant province de l'Ile de France et diocèse de Chartres, formant ensemble une commune d'environ 270 habitans, Le moulin dit *des Fontaines* en fait partie.

Le terroir de cette commune est en labour et en vigues. Le hameau de Bois-Robert est à une lieue et demie au S. de Mantes ; sa distance de Paris est de 11 lieues vers l'O. par la petite route de Mantes qui passe à Saint - Germain - en-Laye. (Poste aux lettres de Mantes.)

BOISEMONT, village, département de Seine-et-Oise, arrondissement et canton de Pontoise, ci-devant province de l'Ile de France, et diocèse de Rouen. Sa population est d'environ 180 habitans. Le

château n'a rien de remarquable.

Les principales productions du terroir sont partie en grains, partie en bois. Le village de Boisemont est à 2 lieues au S. O. de Pontoise, et distant de 9 et demie au N. O. de Paris, par Poissy et la grande route qui passe à Saint-Germain - en - Laye. (Poste aux lettres de Poissy.)

BOISSET, village, département de Seine-et-Oise, arrondissement de Mantes, canton de Houdan ; ci - devant province de l'Ile de France, et diocèse de Chartres. Sa population est d'environ 260 habitans, avec la ferme de la *Grenouillère*, et plusieurs autres maisons isolées.

Le terroir est en labour et bois ; le ru de *Vaucouleur* y prend sa source. Le village de Boisset est à 2 lieues au N. de Houdan ; sa distance de Paris est de 14 lieues à l'O. par Prunay et une chaussée qui passe à Thoiry, et Neaufle-le-Vieux, ensuite la grande route de Brest. (Poste aux lettres de Houdan.)

BOISSETTE, village, département de Seine et Marne, arrondissement et canton de Melun, ci-devant province de l'Ile de France, et diocèse de Sens. Sa population est d'environ 180 habitans.

Il n'y a de remarquable qu'un pavillon situé à l'extrémité orientale de ce village avantageusement situé au bas d'une colline sur la rive droite de la *Seine ;* ce pavillon offre une des vues les plus agréables et les plus étendues. On y voit quelques maisons de campagne. Une manufacture de lacets y est établie, elle existait auparavant à Saint-Port.

Le terroir de Boissette est presque tout cultivé en vignes. Ce village est à 1 lieue vers le S. O. de Melun ; sa distance de Paris est de 10 et demie au S. E. par la grande route de Fontainebleau. On peut y aller également par Melun et la grande route de Lyon. (Poste aux lettres de Melun.)

BOISSIÈRE (LA), village, départ. de l'Oise, arrondissement et canton de Rambouillet, ci-devant province de l'Ile de France et diocèse de Chartres. Il forme avec les hameaux de *la Basse Boissière du Passoir, de l'Abyme* et quantité d'autres habitations écartées, une commune d'environ 500 habitans.

Le château situé dans le hameau de Basse-Boissière, appartient à M. le baron Legras.

Les productions du terroir sont en grains, mais de peu de valeur, la majeure partie est en bois et en bruyères. Le village de la Boissière est à 2 lieues vers l'E. de Nogent-le-Roi, 3 vers l'O. de Rambouillet ; sa distance de Paris est de 13 et demie entre l'O. et le S. O. par Rambouillet et la grande

route de Nantes. (Poste aux lettres de Rambouillet.)

BOISSIÈRE, (LA) petit village, département de Seine-et-Marne, arrondissement et canton de Coulommiers, ci-devant province de l'Ile de France dans la Brie, et diocèse de Meaux. Sa population n'est que d'environ 70 habitans en y comprenant le hameau de *la Bosserote.*

Les productions de ce terroir sont en grains, une partie est en bois et en étangs. Le village de la Boissière est à 2 lieues au S. de Coulommiers, et 2 et demie vers le N. E. de Rozay ; sa distance de Paris est de 13 lieues et demie vers l'É. par Rozay et la route qui passe à Tournan. (Poste aux lettres de Coulommiers.)

BOISSIÈRE (LA), village, département de l'Oise, arrondissement de Beauvais, canton de Noailles, ci - devant province de l'Ile de France et diocèse de Beauvais. Sa population est d'environ 800 habitans, avec les hameaux de *Crèvecœur* et *Parfondeval.*

Cette commune est connue par ses fabriques de tabletteries et de cornes à lanternes. Les productions de son terroir sont en grains, une partie est en bois, le *Ru de Méru* prend sa source proche le hameau *de* Crèvecœur. Le village de la Boissière est à 1 lieue et demie vers le S. E. de Noailles ; sa distance de Paris est de 12 lieues et demie vers le N. par la grande route de Beauvais. (Poste aux lettres de Meru.)

BOISSIÈRE (LA), maison de campagne. *Voyez* SAINT-VRAIN.

BOISSISE-LA-BERTRAND, village, département de Seine-et-Marne, arrondissement et canton de Melun, ci-devant province de l'Ile de France, et diocèse de Sens. Sa population est d'environ 300 habitans, y compris les hameaux de *Beaulieu* et *Larrey*.

Le village et ces deux hameaux situés au bas d'une colline, sur la rive droite de la *Seine*, sont regardés comme un séjour des plus agréables. La rivière est bordée par plusieurs maisons de campagne, parmi lesquelles on distingue celles de M. Horry et de M. Laisné.

A l'extrémité occidentale du hameau de Beaulieu, madame Ferroussat est propriétaire d'une maison séparée par un simple mur du parc de Sainte-Assise. Cette maison jouit d'une vue très-étendue ; des sources d'eau vive communiquent dans l'intérieur et dans les basses-cours.

M. Henry, ex-maire de Boissise, possède au milieu du même hameau une maison remarquable par sa construction et qui tient à un enclos de 20 arpens, planté de bosquets et de vignes formant an-

phithéâtre sur la rivière, et couronné par des bâtimens d'exploitations d'une très-grande étendue. Au centre de l'enclos s'élève un pavillon d'une forme pittoresque, qui offrent les plus beaux points de vue.

La majeure partie du terroir de cette commune est en vignes. Le village est à 1 lieue et demie à l'O. de Melun ; sa distance de Paris est de 10 lieues au S. E. par la grande route de Fontainebleau. (Poste aux lettres de Melun.)

BOISSISE-LE-ROI, village, département de Seine-et-Marne, arrondissement et canton de Melun, ci-devant province de l'Ile de France, et diocèse de Sens. Sa population est d'environ 270 habitans.

On voit sur la pente d'une colline qui borde la rive gauche de la Seine, un château dont mademoiselle de Beausse est propriétaire, le parc est bien distribué, à côté se trouve un vallon qui renferme de très-belles sources d'eau vive ; au bas, la rivière forme une île, qui fait partie de cette propriété.

Le terroir de cette commune est en terres labourables, en prés, en vignes et bois. Le village de Boissise-le-Roi est à une lieue et demie à l'O. de Melun ; sa distance de Paris est de 10 lieues au S. E., par la grande route de Fontainebleau. (Poste aux lettres de Melun.)

BOISSY, ancienne paroisse. *Voyez* FRESNOY-LES-GOMBRIES.

BOISSY, maison de campagne. *Voyez* SAINT-LEU-TAVERNY.

BOISSY, ancien château. *Voyez* FORFERY.

BOISSY, château et hameau faisant partie de la commune de Saint-Laurent-la-Gastine, qui est à une demi-lieue dans le canton de Nogent-le-Roi, arrondissement de Dreux, département d'Eure-et-Loire.

La terre de Boissy était autrefois seigneuriale, avec haute, moyenne et basse justice. Le château dont MM. de Chambrun sont propriétaires de père en fils, depuis un certain nombre d'années, est situé à l'extrémité d'une vaste plaine entièrement cultivée : il communique à l'église de Saint-Laurent par une longue avenue. Le parterre, le jardin potager avec un fruitier forment un enclos entouré de murs qui communique à un parc. L'avenue principale est terminée par un jeu de paume entouré d'arbres et à proximité d'un bois taillis, percé par des allées fermées par des barrières. *Voyez* SAINT-LAURENT-LA-GATINE.

Boissy est à une lieue et demie au N. de Nogent, et 3 vers le S. de Houdan ; sa distance de Paris est de 16 lieues à l'O., par Houdan et la grande route de Brest. (Poste aux lettres de Houdan.)

BOISSY-AUX-CAILLES, village, département de Seine-et-Marne, arrondissement de Fontainebleau, canton de la Chapelle-la-Reine, ci-devant province de l'Ile de France dans le Gatinais, et diocèce de Sens. Sa population est d'environ 340 habitans, avec les hameaux de *Marlinval* et *Mainbervilliers*.

Les productions du terroir sont peu importantes en grains, une petite partie est en bois. Le village de Boissy est dans un fond, entouré de rochers, à une lieue à l'O. de la Chapelle ; sa distance de Paris est de 18 lieues au S., par Fontainebleau et la grande route de Lyon. (Poste aux lettres de Malesherbes.)

BOISSY-L'AILLERIE, village, département de Seine-et-Oise, arrondissement et canton de Pontoise, ci-devant province de l'Ile-de-France dans le Vexin, et diocèse de Rouen. Sa population est d'environ 460 habitans. Les principales productions de son terroir sont en grains ; il renferme plusieurs carrières.

Ce village est situé dans une vallée, sur la petite rivière de *Viosne*, qui fait tourner deux moulins, à une lieue et demie au N. O. de Pontoise, et distant de 8 et demie au N. O. de Paris, par Pontoise et la grande route de Rouen. (Poste aux lettres de Pontoise.)

BOISSY-LA-RIVIÈRE, village, département de Seine-et-Oise, arrondissement d'E-tampes, canton de Méréville, ci-devant province de l'Ile-de-France dans la Beauce, et diocèse de Sens. Sa population est d'environ 300 habitans, avec les hameaux de *Minas* et de *Bierville*, une partie de celui du *Mesnil-Gérault*, et plusieurs autres habitations écartées.

Il existe dans ce village un château, et au Mesnil-Gérault une grande ferme ci-devant fief. Les principales productions du terroir sont en grains, une partie est en prairies. La rivière de *Juine* fait tourner deux moulins à farines.

Le village de Boissy est à 2 lieues vers le N. E. de Méréville, et une et demie au S. d'Etampes; sa distance de Paris est de 13 lieues et demie vers le S., par Etampes et la grande route d'Orléans. (Poste aux lettres d'Etampes.)

BOISSY-LE-BOIS, village, département de l'Oise, arrondissement de Beauvais, canton de Chaumont-Oise, ci-devant province de l'Ile de France dans le Vexin, et diocèse de Rouen. Sa population est d'environ 220 habitans. Le château et le parc appartiennent à madame veuve Michel de Goussainville.

Le terroir est en labour et bois. Le village de Boissy est à une lieue vers le N. E. de Chaumont; sa distance de Paris est de 14 lieues au N. O., par Hénonville et une chaussée joignant la route de Gisors, qui passe à Pontoise. (Poste aux lettres de Chaumont Oise.)

BOISSY-LE-CHATEL, village, département de Seine-et-Marne, arrondissement et canton de Coulommiers, ci-devant province de l'Ile de France dans la Brie, et diocèse de Meaux. Il forme une commune d'environ 900 habitans, avec les hameaux de *Fontenelle, des Brosses, des Granges, Sepense, Champ Auger, Champ Breton*, plusieurs fermes et autres habitations isolées.

Autrefois M. de Caumartin, intendant de Flandre, était propriétaire d'un château fortifié, dont il ne reste plus qu'une grosse tour, une moyenne, les débris d'une chapelle, et deux autres bâtimens qui faisaient partie de l'habitation principale, entourés de larges et profonds fossés. M. Villette, propriétaire actuel, a fait réparer les deux tours et les autres bâtimens existans. Ils sont environnés d'un jardin à l'anglaise, dans lequel serpente une petite rivière alimentée par une source dont les èaux coulent dans la partie des fossés qui n'a pas été comblée.

Le terroir est en terre labourables, vignes et bois. Deux moulins sont établis l'un sur le *Grand-Morin*, et l'autre sur le *Ru des Avenelles*.

Le village de Boissy est à 1 lieue à l'E. de Coulommiers, et 2 vers l'O. de Rebais; sa distance de Paris est de 15 lieues à l'E., par Coulommiers et la grande route qui passe à Lagny. (Poste aux lettres de Coulommiers.)

BOISSY - LE - CUTÉ, village, autrefois annexe de la paroisse de *Cerny*, département de Seine-et-Oise, arrondissement d'Etampes, canton de la Ferté-Alais; ci-devant province de l'Ile de France, dans le Hurepoix, et diocèse de Sens. Sa population est d'environ 300 habitans. Les principales productions de son terroir sont en grains.

Ce village est à 1 lieue un quart à l'O. de la Ferté-Alais; sa distance de Paris est de 10 lieues et demie au S. par différens chemins de traverse joignant la grande route d'Orléans. (Poste aux lettres de la Ferté-Alais.)

BOISSY-LE-SEC, village, département de Seine-et-Oise, arrondissement et canton d'Etampes, ci-devant province de l'Ile de France, dans le Hurepoix, et diocèse de Chartres. Sa population est d'environ 800 habitans, en y comprenant les hameaux du *Rottoir* et de *Venant*.

La terre de Boissy - le - Sec était autrefois une seigneurie avec haute, moyenne et basse justice; le château flanqué de tourelles, a été bâti par Jean de Paviot, chevalier Banneret, en 1339, et possédé tant par lui que par ses descendans jusqu'au commencement du 18° siècle. Réparé et embelli depuis quelques années, il est devenu l'un des séjours les plus agréables des environs d'Etampes. Une partie du parc planté en jardins paysagistes, offrent des promenades fort agréables.

En 1802, M. Bourgeon, propriétaire actuel, a fait construire une citerne que sa solidité met à l'abri des injures du tems. Elle est remarquable par sa largeur, sa profondeur, et contient une quantité considérable d'eau, conduite, à l'aide d'une pompe, dans un réservoir d'où elle est amenée, par divers tuyaux, tant dans l'intérieur de l'habitation que dans les potagers, où elle forme une fontaine, et suffit aux besoins. Cette citerne est très-précieuse, parce que la haute plaine de Boissy, éloignée des rivières, ne renferme aucune source d'eau vive, mais seulement des mares et des puits de plus de 200 pieds de profondeur, presque toujours à sec à la fin de l'été.

Les principales productions du terroir sont en grains, une petite partie est en bois et en vignes, le village de Boissy est à 1 lieue trois quarts vers le N. O. d'Etampes, à égale distance vers le S. E. de Dourdan, et 12 vers le S. de Paris par différens chemins joignant la grande route d'Orléans. (Poste aux lettres d'Etampes.)

BOISSY - MAUVOISIN , village, département de Seine-et - Oise, arrondissement de Mantes, canton de Bonnières, ci-devant province de l'Ile de France, et diocèse de Chartres. Sa population est de 6 à 700 habitans, en y comprenant les hameaux de *la Belle - Côte*, en partie, *du Poirier - Godart*, *de la Folie-Pannier*, *la Fontaine-aux-Abeys*, *Blairy*, partie de *Hallot*, et les maisons isolées de *la Vallée aux peines*.

Son terroir est en labour, partie en vignes. A Blairy est un moulin sur un ruisseau. Le village de Boissy est à 2 lieues au S. de Bonnières, 2 et demi vers l'O. de Mantes ; sa distance de Paris est de 14 lieues et demie vers l'O. par Mantes et la grande route de Caen. (Poste aux lettres de Mantes.)

BOISSY-SAINT-LÉGER, village situé sur la grande route de Paris à Troyes , département de Seine et Oise , arrondissement de Corbeil , chef-lieu de canton et résidence d'une brigade de gendarmerie, siége d'une justice de paix, ci-devant province de l'Ile de France, et diocèse de Paris. Sa population est d'environ

500 habitans, dont fait partie le château de *Gros-Bois* , appartenant à madame la maréchale Berthier.

Ce château consiste en trois corps de logis , auxquels on arrive par de superbes avenues. Les jardins, le parc contiennent environ 1,700 arpens , le tout clos de murs et bordé en partie par la grande route. Cette terre a été successivement le domaine de plusieurs familles illustres.

La belle construction et l'agréable position du château de *Piples* , sur une éminence , le rendent très-remarquable. La vue y embrasse une partie du cours de la *Marne* et de la *Seine* jusqu'à Paris, que l'on y découvre à l'extrémité d'une vaste plaine. Les jardins, parterres, bosquets et bois, qui forment un parc de 140 arpens, y sont de toute beauté. Le propriétaire actuel, M. Charles Schulmeister de-Meynau, y a établi une brasserie considérable; la bière qui en provient est très-estimée.

Plusieurs maisons dans le village sont assez remarquables. Le terroir est presque tout en terres labourables. Boissy - Saint - Léger est à 4 lieues au N. de Corbeil, et 7 à l'E. de Versailles; sa distance de Paris est de 4 lieues au S. E. par la route de Troyes, désignée ci - dessus. (Bureau de poste aux lettres et relais de poste aux chevaux à Gros-Bois.)

BOISSY - SANS - AVOIR, village, département de Seine et Oise, arrondissement de Rambouillet, canton de Montfort l'Amaury, ci-devant province de l'Ile de France, et diocèse de Chartres. Sa population est d'environ 500 habitans, y compris plusieurs fermes et autres maisons isolées. Les productions de son terroir sont en grains; une partie est en vignes.

Ce village est à 1 lieue un quart au N. de Montfort; sa distance de Paris est de 9 lieues et demie à l'O. par la grande route de Brest. (Poste aux lettres de Montfort-l'Amaury.)

BOISSY-sous-Saint-Yon, village, département de Seine-et-Oise, arrondissement de Rambouillet, canton de Dourdan (nord), ci-devant province de l'Ile de France, dans le Hurepoix, et diocèse de Paris. Sa population est d'environ 800 habitans, y compris plusieurs maisons écartées.

Ce village, pavé en grès, est peu éloigné de la grande route d'Orléans à Paris. Il renferme plusieurs belles maisons de campagne. Les productions de son terroir sont en grains, une partie en bois. On y trouve des carrières de pierre de grès; on en tire une grande quantité pour l'entretien des routes de cette contrée.

Le village de Boissy est à 3 lieues et demie à l'E. de Dourdan, et distant de 8 trois

quarts au S. de Paris, par une chaussée joignant la grande route d'Orléans. (Poste aux lettres d'Arpajon.)

BOITRON, maison de campagne. *Voyez* Chatres.

BOMBON, village, département de Seine-et-Marne, arrondissement de Melun, canton de Mormant, ci-devant province de l'Ile de France, dans la Brie, et diocèse de Sens. Sa population est d'environ 600 habitans. L'ancien château de *Montjay*, et plusieurs fermes écartées sous diverses dénominations, en font partie.

La terre de Bombon était anciennement un comté. Elle appartient à M. Geoffroy de Montjay. Le château, entouré de fossés, est très-considérable. Le parc contient 80 arpens.

Le terroir de cette commune est en terres labourables, prairies, vignes et bois. Le village de Bombon est à 1 lieue vers le S. de Mormant; sa distance de Paris est de 12 lieues au S. E., par différens chemins joignant la grande route de Troyes. (Poste aux lettres de Mormant.)

BONCOURT, village, département d'Eure-et-Loir, arrondissement de Dreux, canton d'Anet, ci-devant province de l'Ile de France, dans le pays Chartrain et diocèse de Char-

6

tres. Sa population est d'environ 340 habitans. Son terroir est en labour, en vignes et en bois. On y trouve un four à chaux.

Boncourt est situé dans une vallée, où la rivière de *Vesgre* fait tourner un moulin à farines, à 1 lieue et demie au S. E. d'Anet, et deux lieues et demie au N. O. de Houdan; sa distance de Paris est de 15 lieues et demie à l'O., par Houdan et la grande route de Brest (Poste aux lettres d'Anet.)

BONDOUFLE, village, département de Seine-et-Oise, arrondissement et canton de Corbeil, ci-devant province de l'Ile de France, et diocèse de Paris. Sa population est d'environ 180 habitans. Toutes les productions de son terroir sont en grains.

Ce village est à 2 lieues à l'O. de Corbeil, et distant de 7 au S. de Paris, par Fleury-Mérogis, et une route qui joint celle de Fontainebleau. (Poste aux lettres de Corbeil.)

BONDY, village, département de la Seine, arrondissement de Saint-Denis, canton de Pantin, ci-devant province de l'Ile de France, et diocèse de Paris. Sa population est d'environ 600 habitans. Le château du *Raincy*, qui en faisait autrefois partie, est actuellement de *Livry*. *Voyez* LIVRY.

Cette commune, résidence d'une brigade de gendarmerie,

est traversée en partie par la grande route de Paris en Allemagne, et peu éloignée de la forêt qui porte son nom, dans une plaine. A son extrémité occidentale sont un assez beau château et un parc, dont M. le Gouès est propriétaire. Plusieurs maisons de campagne sont dans le village, à côté duquel passe le canal de l'Ourcq.

Les principales productions du terroir sont en grains. M. Fremin, maître de poste et maire du lieu, y entretient un beau troupeau de mérinos.

Le village de Bondy est à 1 lieue un quart à l'E. de Pantin, et 2 et demie à l'E. de Paris, par la route d'Allemagne. On compte 3 lieues de Poste. (Bureau de poste aux lettres et relai de poste aux chevaux.)

BONGENOULT, château. *Voyez* ALLONNE.

BONNELLES, village situé sur l'ancienne route de Paris à Chartres, arrondissement de Rambouillet, canton de Dourdan (nord), ci-devant province de l'Ile de France, dans le Hurepoix, et diocèse de Chartres. Sa population est d'environ 550 habitans, y compris le château de *Bissy*, le domaine dit le *Grand Clos*, quelques fermes et habitations isolées sous diverses dénominations, avec deux moulins à eau.

Avant la révolution, il existait à Bonnelles un château appartenant à M. le duc d'Uzès, dont il ne reste plus que deux pavillons. M. le duc de Crussol, son petit-fils, s'est rendu acquéreur d'un de ces pavillons et du parc. Le second de ces pavillons a été également vendu avec une partie des jardins potagers, à M. Chipon, maire du lieu, qui en est toujours propriétaire.

Le château de Bissy, entouré de fossés d'eau vive, avec des ponts-levis, appartient aux héritiers de madame de Bruix, veuve du vice-amiral de ce nom.

Les principales productions du terroir de cette commune sont en grains, une partie est en prairies et en bois.

Le village de Bonnelles, bien situé et bien bâti, en rend le séjour agréable; il est à 2 lieues et demie au N. de Dourdan, et 9 au S. O. de Paris, par l'ancienne route de Chartres, désignée ci-dessus. (Poste aux lettres de Limours.)

BONNES. *Voyez* CHAMARANDE.

BONNEUIL, village, département de l'Oise, arrondissement de Senlis, canton de Crêpy, ci-devant province de l'Ile de France, dans le Valois, et diocèse de Soisons. Sa population est de 6 à 700 habitans, avec les hameaux d'*Auberval, des Butes, du Voisin*, et la ferme de la *Grange-au-Mont.*

L'abbaye de *Lieu-Restauré,*

de l'ordre de Prémontré; à trois-quarts de lieue au S. de ce village, est détruite.

Le château, ci-devant seigneurial, dont M. du Boulei-de-Bonneuil est propriétaire, était autrefois le siége d'une haute, moyenne et basse justice.

Le terroir est en labour; une petite partie est en bois. La petite rivière d'*Autonne* fait tourner deux moulins, l'un à Auberval, et l'autre à Lieu-Restauré. On trouve à Auberval un étang renommé par la qualité du poisson.

Le village de Bonneuil est dans une vallée profonde, près de la forêt de Villers-Cotterets, à 2 lieues et demie au N. E. de Crêpy, 2 vers l'O. de Villers-Cotterets; sa distance de Paris est de 16 lieues et demie au N. E., par la grande route de Soissons, que l'on peut joindre à Lévignen ou à Nanteuil-le-Haudoin. (Poste aux lettres de Crêpy.)

BONNEUIL-EN-FRANCE, village, département de Seine-et-Oise, arrondissement de Pontoise, canton de Gonesse, ci-devant province de l'Ile de France, et diocèse de Paris. Sa population est d'environ 430 habitans. Le château, autrefois seigneurial, n'a rien de remarquable.

Le terroir est en terres labourables et prairies artificielles. La culture du colza, ainsi que des légumes, y est très-avantageuse. C'est le seul endroit des environs de Paris où l'on s'occupe de la culture du colza. On en tire de la tourbe.

Le village de Bonneuil, est sur la petite rivière de *Crou*, qui fait tourner deux moulins à une demi-lieue au S. O. de Gonesse, et 3 lieues et demie au N. E. de Paris, par la route de Gonesse. (Poste aux lettres de Gonesse.)

BONNEUIL - sur - Marne, village, département de la Seine, arrondissement de Sceaux, canton de Charenton, ci-devant province de l'Ile de France, et diocèse de Paris. Sa population est d'environ 250 habitans.

Sa situation est près de la grande route de Paris à Troyes, et peu éloignée de la *Marne*, dans un endroit où une partie des eaux de cette rivière forme un ruisseau, nommé le *Morbras*.

C'était anciennement un domaine où les rois de France, de la première et de la seconde race, avaient une habitation devenue le chef-lieu de la seigneurie de Bonneuil, dont M. le lieutenant général comte de Musnier de la Converserie est propriétaire. Le parc de 76 arpens, est distribué très-habilement, et a des points de vue très agréables ; il est fermé en partie de murs et en partie par le Morbras, ruisseau désigné ci-dessus, qui, avec la Marne, forme une île et

baigne aussi les murs du Château.

Il existe en outre à Bonneuil, une belle maison de campagne nommée *le Ranoy*, avec un parc de 60 arpens, appartenant à M. Personne-Desbrières. On remarque sur le terroir de cette commune, qui est partie en labour et partie en prairies, de belles plantations sur les routes et chemins vicinaux, faites par les soins de ces deux propriétaires. M. le comte de Musnier y possède un troupeau considérable de mérinos de pure race, et un moulin sur la Marne.

Le village de Bonneuil est à 1 lieue et demie au S. E. de Charenton, et 3 au S. E. de Paris, par la route de Troyes. (Poste aux lettres de Boissy-Saint-Léger, département de Seine-et-Oise.)

BONNIÈRES, village, département de Seine-et-Oise, arrondissement de Mantes, chef - lieu de canton, siége d'une justice de paix et résidence d'une brigade de gendarmerie, ci-devant province de l'Ile de France et diocèse de Chartres. Sa population est d'environ 700 habitans, avec l'ancienne paroisse *du Mesnil-Renard*, les hameaux *des Guinets*, *de Morvant*, *de la Boissière* et deux maisons isolées.

Ce village est traversé par la grande route de Paris à Caen, près de l'embranchement de celle de Rouen par Vernon, sur la rive gauche de la *Seine*.

Le terroir est en labour, en vignes, en prairies et bois. Le village de Bonnières est à 3 lieues vers l'O. de Mantes, et 3 au S. E. de Vernon ; sa distance de Paris est de 15 lieues entre l'O. et le N. O., par la route de Caen. On compte 18 lieues de poste. (Bureau de poste aux lettres et relais de poste aux chevaux.)

BONS - HOMMES (les), ancien couvent de Picpus. *V.* Maffliers.

BORAN, village, département de l'Oise, arrondissement de Senlis, canton de Neuilly - en - Thel, ci-devant province de l'Ile de France, et diocèse de Beauvais. Sa population est d'environ 800 habitans. Le hameau de *Morency* et le ci-devant couvent de *Saint - Martin des Nonnettes*, presqu'entièrement détruit, en font partie.

Ce village est dans une belle situation, sur la rive droite de *l'Oise*, que l'on passe sur un bac. Il y existe un château et plusieurs maisons de campagne. Le château est ancien et flanqué de quatre tours, avec un parc. La propriétaire, madame de Sancy, y entretient un troupeau de mérinos de pure race.

Les principales productions du terroir de Boran, sont en grains. Ce village est à 2 lieues et demie au S. E. de Neuilly

en Thel et 1 et demie au N. E. de Beanmont ; sa distance de Paris est de 8 lieues et demie au N. par Viarmes, et une chaussée qui joint près Moiselles, la grande route de Beauvais. (Poste aux lettres de Beaumont-sur-Oise, département de Seine-et-Oise.).

BOBDE-LE-VICOMTE (la), ancien château. *Voyez* Chatillon-la-Borde.

BORDEAU - DE - VIGNY (le), hameau et relais de poste aux chevaux, sur la grande route de Rouen. *Voyez* Vigny.

BORDEAUX, hameau et maison de campagne. *Voyez* Villevaudé.

BORDES (les), hameau considérable. *Voy.* La Celle-les-Bordes.

BORDES (les), hameau et relais de poste aux chevaux, sur la grande route de Brest. *Voyez* Jouars - Pont - Chartrain.

BORDES - BRASSEUSES (les), hameau et maison de campagne. *Voyez* Saint-Fargeau.

BORDES-D'ANDY (les), hameau et maison de campagne. *Voyez* Crisenoy.

BORDETTE (LA), ancien
fief. *Voyez* SAINTE-AUDE.

BOREST, village, départe-
tement de l'Oise, arrondissement de Senlis, canton de
Nanteuil - le - Haudouin, ci-
devant province de l'Ile de
France, et diocèse de Senlis.
Sa population est d'environ
200 habitans.

Les grains font les productions principales de son terroir, dans lequel la forêt d'Ermenonville entre en partie.
On y trouve des carrières de
pierre de liais et autres.

Ce village, près duquel on
voit une source d'eau vive et
abondante, est situé sur la petite rivière de *Nonette*, à 2
lieues et demie à l'O. de Nanteuil ; sa distance de Paris est
de 10 lieues et demie au N. E,
par une chaussée qui joint la
grande route de Flandre. (Poste aux lettres de Senlis.)

BORNEL, village, dépar-
tement de l'Oise, arrondissement de Beauvais, canton de
Méru, ci-devant province de
l'Ile de France, et diocèse de
Beauvais. Sa population est
d'environ 600 habitans, y compris les hameaux de *Courcelles*, *Hamecourt*, *Menillet* et
Montagny-la-Poterie.

A Menillet existe une maison de campagne, autrefois seigneuriale, dont M. Malherbe,
ancien lieutenant particulier
des eaux et forêts de France,
est propriétaire.

Le terroir de cette com-
mune est en terres labourables
et prairies. Le village de Bornel est à 1 lieue au S E. de
Méru, sur un ruisseau dit le
Ru de Méru, qui fait tourner
quatre moulins, à 1 lieue au
S. E. de Méru ; sa distance de
Paris est de 9 lieues et demie
au N. par Chambly et la grande
route de Beauvais. (Poste aux
lettres de Chambly.)

BOSCHET, maison de cam-
pagne. *Voyez* AMILLY.

BOSC-ROGER, village, dé-
partement de l'Eure, arrondissement des Andelys, canton d'Ecos, ci-devant province
de Normandie dans le Vexin,
et diocèse de Rouen. Sa population est d'environ 130 habitans. Son terroir est en labour
et bois.

Ce village est à 1 lieue vers
le S. d'Ecos, 2 et demie entre
l'E. et le N. E. de Vernon ;
sa distance de Paris est de 17
lieues et demie vers le N. O.
par Magny et la grande route
de Rouen. (Poste aux lettres
de Vernon.)

BOSSE (LA), bourg, dé-
partement de l'Oise, arrondissement de Beauvais, canton
du Coudray-Saint-Germer, ci-
devant province de l'Ile de
France dans le Vexin et diocèse de Rouen. Sa population
est d'environ 1,000 habitans,
en y comprenant les hameaux
des Plards, *les grand et petit*

Moncornet, de la Mare rouge, la Mare Carenée, la Vallée Glinchant, la ferme de *Beaulieue* et le moulin de *la Bosse.* Au petit Moncornet est une maison remarquable par sa construction.

Avant la révolution, la terre de la Bosse était une baronie. Il s'y tient un marché le mercredi de chaque semaine, et une foire le 30 novembre de chaque année. La fabrication de la dentelle est la principale occupation des femmes.

Le terroir, dont les bois forment la majeure partie, est en labour : on y trouve un four à chaux. La Bosse est dans un fond où se trouve une source. Le ruisseau qu'elle forme fait tourner le moulin. L'église paroissiale est à l'extrémité orientale du bourg, situé à 2 lieues vers le S. du Coudray-Saint-Germer, 2 et demie au N. de Chaumont - Oise, et 3 au N. E. de Gisors ; sa distance de Paris est de 16 lieues et demie vers le N. O. par Chaumont et la chaussée joignant la route de Gisors. (Poste aux lettres de Chaumont-Oise.)

BOSSIÈRE (la), maison de campagne. *Voyez* Saint-Nom-de-Lévy.

BOUAFLE (haut et bas), village, département de Seine-et - Oise , arrondissement de Versailles , canton de Meulan , ci - devant province de l'Ile de France , et diocèse de Chartres. Sa population est de 11 a 1200 habitans. La majeure partie de son terroir est en vignes et bois.

Ce village est à 1 lieue un quart au S. de Meulan. La fête, qui a lieu chaque année le 25 juin, y attire beaucoup de monde ; sa distance de Paris est de 8 lieues à l'O. par la petite route de Mantes qui passe à St.-Germain-en-Laye. (Poste aux lettres de Meulan.)

BOUART, ancien fief. *V.* Ableiges.

BOUBIERS, village , département de l'Oise , arrondissement de Beauvais, canton de Chaumont-Oise, ci-devant province de l'Ile de France dans le Vexin, et diocèse de Rouen. Sa population est d'environ 330 habitans avec le hameau *du Fayel,* traversé par la route de Gisors à Paris.

La terre de Boubiers, était ci - devant seigneuriale , avec haute, moyenne et basse justice. Le château a été converti en ferme, appartenant à M. Robert de Lierville, ancien conseiller au parlement de Paris.

Les principales productions du terroir sont en grains. Le village de Boubiers est proche la chaussée qui communique de Chaumont à la route de Gisors à Paris, à 1 lieue au S. de Chaumont, et 13 au N. de Paris par cette route. (Poste aux lettres de Chaumont-Oise.)

BOUCHET (LE), simple maison de campagne, restes d'un beau château qui a été démoli. *Voyez* VER-LE-PETIT.

BOUCONVILLIERS, village, département de l'Oise, arrondissement de Beauvais, canton de Chaumont-Oise, ci-devant province de l'Ile de France dans le Vexin, et diocèse de Rouen. Sa population est d'environ 200 habitans.

La terre de Bouconvilliers, châtellenie avant la révolution, avait haute, moyenne et basse justice. M. Descourtils de Balleu est propriétaire du château et du parc.

Le terroir est en labour, et une petite partie est en bois et prairies. Le village de Bouconvilliers est près la route de Gisors à Paris, à 2 lieues un quart vers le S. de Chaumont, et 11 trois quarts au N. O. de Paris, par cette route de Gisors. (Poste aux lettres de Chaumont-Oise.)

BOUFFEMONT, village, département de Seine-et-Oise, arrondissement de Pontoise, canton d'Ecouen, ci-devant province de l'Ile de France, et diocèse de Paris. Sa population est d'environ 330 habitans. Une maison de campagne, dans l'ancien régime, était seigneuriale ainsi que le ci-devant prieuré de *Sainte-Radégonde* dans la forêt de Montmorency. Il y avait haute, moyenne et basse justice, qui relevait du prieuré de Saint-Martin-des-Champs.

Les principales productions du terroir sont en grains et fruits. Le village de Bouffemont est à 1 lieue et demie au N. O. d'Ecouen, et 5 un quart au N. de Paris, par Daumont et la grande route de Beauvais. (Poste aux lettres de Montmorency.)

BOUGIVAL, village, département de Seine-et-Oise, arrondissement de Versailles, canton de Marly-le-Roy, ci-devant province de l'Ile de France, et diocèse de Paris. Sa population est d'environ 300 habitans, y compris les hameaux de *Saint-Michel* et de *la Chaussée*, où il existe un château dont le parc est contigu au château *de la Jonchère* qui, ainsi que la *Machine de Marly*, fait partie de cette commune.

L'antique château de la Chaussée est situé sur la rive gauche de *la Seine*, et sur la grande route de Paris à Saint-Germain-en-Laye. Il a été habité par Gabrielle d'Estrée. C'était autrefois le chef-lieu de la terre et seigneurie de Bougival, et le siége d'une haute, moyenne et basse justice. Le parc, contenant environ 200 arpens, distribué à la manière anglaise, offre, dans plusieurs de ses parties, des points de vue infiniment agréables; il renferme 2 fours à chaux et une carrière. Madame la marquise Demesme d'Aveau en est propriétaire.

Le château de la Jonchère, situé sur une hauteur, appartient à M. Tébaud. Il consiste en un corps de logis et deux pavillons à chaque côté. Les jardins potagers et fruitiers présentent les plus jolis aspects.

La Machine de Marly, dont Rennequin Sualem, mort à Bougival, le 29 juillet 1708, à 64 ans, et inhumé dans l'église de cette paroisse, est le seul inventeur, est construite au bas d'une montagne sur un des bras de la Seine.

Cet ouvrage, l'une des conceptions les plus hardies, est un vrai chef-d'œuvre. Il fut exécuté sous le règne et par les les ordres de Louis XIV, pour faire conduire les eaux de la Seine dans le château et la ville de Versailles. Ces eaux s'élèvent à plus de 500 pieds, et y sont conduites par un aqueduc de 330 toises de longueur, ayant 36 arcades en plein ceintre. Les plus élevées ont jusqu'à 75 pieds sous clef.

La majeure partie du terroir de cette commune est en vignes; les fruits y sont assez abondans. On y trouve des carrières de pierre et des fours à chaux, l'on en tire aussi le blanc, connu sous le nom de Blanc d'Espagne, à l'usage des peintres en bâtimens et des vitriers.

Le village de Bougival est proche la grande route de

Paris à Saint-Germain-en-Laye, bordant la rive gauche de la Seine, à 1 lieue à l'E. de Marly, et 3 un quart à l'O. de Paris par cette route. (Poste aux lettres de Saint-Germain-en-Laye.)

BOUILLANCY, commune composée des hameaux *du Plessis*, *de Gueux* et *du Pressoir*, dans le département de l'Oise, arrondissement de Senlis et diocèse de Meaux. Sa population est d'environ 500 habitans. Il ne reste plus de l'ancien château, qu'une simple habitation et une ferme.

Le terroir est en labour, une partie est en prairies; il s'y trouve une tuilerie. Le centre de cette commune est à une demi-lieue au N. E. d'Acy, une lieue un quart au S. de Betz, 2 et demie vers le S. E. de Nanteuil-le-Haudouin, et 13 et demie vers le N. E de Paris par Nanteuil-le-Haudouin, et la grande route de Soissons. (Poste aux lettres de May-en-Multien.)

BOUILLANT, village, département de l'Oise, arrondissement de Senlis, canton de Crépy, ci-devant province de l'Ile de France, dans le Valois, et diocèse de Senlis. Il forme une commune d'environ 350 habitans, avec l'ancienne paroisse de *Saint-Germain*, les hameaux des *Grand et Petit Meremont* et celui de *Géresme*, où se trouve située une maison de campagne, autrefois un prieuré.

Les principales productions du terroir sont en grains; une petite partie est en prairies. Le village de Bouillant est à un quart de lieue à l'E. de Crépy, proche la route de Villers-Cotterets, et 14 un quart au N. E. de Paris, par Crépy et la chaussée qui, à Nanteuil-le-Haudouin, aboutit à la grande route de Soissons. (Poste aux lettres de Crépy.)

BOULAINE, maison de campagne et ferme. *V.* MÉAU.

BOULAINS, village, département de Seine-et-Marne, arrondissement de Melun, canton du Châtelet, ci-devant province de l'Ile de France dans la Brie, et diocèse de Sens. Il forme, avec les hameaux *d'Echou*, *la Rue des Bois*, *les Poujets*, *la Royaumerie*, *les Mazures*, *la Guyarderie*, et plusieurs fermes écartées, une commune d'environ 470 habitans. Le hameau d'Echou renferme les restes d'un ancien château.

Les principales productions du terroir de cette commune sont en grains; une partie est en bois. Le village de Boulains est à 3 lieues vers le S. E. du Châtelet, 2 lieues au N. de Montreau-Saint Yonne, et 15 et demie au S. E. de Paris, par le Châtelet et la grande route de Lyon. (Poste aux lettres du Châtelet.)

BOULAIS (LE), château. *Voyez* CHATRES.

BOULAYE (LA), château. *Voyez* CLOS-FONTAINE.

BOULEAUX (LES), pavillon. *Voyez* FONTENAILLES.

BOULEMONT, château et ferme. *Voyez* HERBEVILLE.

BOULLARE, village, département de l'Oise, arrondissement de Senlis, canton de Betz, ci-devant province de l'Ile de France, et diocèse de Meaux. Sa population est d'environ 220 habitans. Toutes les productions de son terroir sont en grains.

Ce village est à 1 lieue un quart au S. E. de Betz, 2 lieues et demie vers le S. O. de la Ferté-Milon; sa distance de Paris est de 15 lieues vers le N. E. par Nanteuil-le-Haudouin et la grande route de Soissons. (Poste aux lettres de May-en-Mulcien.)

BOULLÉAUME (LE), hameau et château. *Voyez* LIERVILLE.

BOULEURS, village, département de Seine-et-Marne, arrondissement de Meaux, canton de Crécy, ci-devant province de l'Ile de France, dans la Brie, et diocèse de Meaux. Sa population est d'environ 800 habitans, y compris plusieurs hameaux; son terroir est en terres labourables et vignes.

Ce village est à trois quarts de lieue au N. de Crécy, et 10 lieues un quart à l'E. de Paris, par la route de Coulommiers. (Poste aux lettres de Crécy.)

BOULOGNE, beau et grand village, département de la Seine, arrondissement de St.-Denis, canton de Neuilly, ci-devant province de l'Ile de France, et diocèse de Paris. Sa population est d'environ 2,500 habitans.

Il est dans une agréable situation, entre le bois qui porte le même nom, et la *Seine*, près Saint-Cloud. On y voit beaucoup de maisons de campagne. *Long-Champ*, ci-devant abbaye de religieuses de l'ordre de Citeaux, en fait partie : ce monastère, dont l'église et les bâtimens claustraux, ont été démolis, fut fondé par Elisabeth de France, sœur de saint Louis, l'an 1261. Le Roi, Philippe-le-Long, y mourut en 1321, à l'âge de vingt-huit ans, dans la sixième année de son règne. Chaque année, les mercredi, jeudi et vendredi de la semaine sainte, il se faisait à l'Abbaye de Long-Champ un pélerinage dont l'objet était une espèce de concert spirituel où se faisaient entendre, dans les leçons chantées *aux ténèbres*, les voix les plus mélodieuses. Des désordres survenus dans l'église provoquèrent sa fermeture.

Long-champ ne fut donc plus que le but d'une promenade où le luxe des équipages, des parures et les modes nouvelles attiraient presque toute la population de Paris. Cette promenade est encore fréquentée aujourd'hui pendant les trois jours de la semaine sainte, mais le même luxe ne s'y fait plus remarquer, et la mode ne prend plus cette époque pour fixer plus particulièrement les regards.

Le bois de Boulogne tient au village; son étendue et sa proximité de Paris, le font préférer à tout autre pour les parties de plaisir.

La majeure partie des habitans de cette commune s'occupe au blanchissage du linge; on trouve sur la grande route de Paris à Versailles, une fabrique de cire à cacheter. Plus loin, près le pont de Sèvres, MM. Colas, frères, tiennent une maison de commerce considérable, en bois de sciage, en fer et en charbon de terre.

Le terroir de Boulogne comprend, outre une partie du bois, des terres labourables et vignes. Ce village est à 1 lieue un quart au S. de Neuilly, et distant d'une lieue trois quarts à l'O. de Paris, par Auteuil et Passy. (Poste aux lettres de la banlieue de Paris.)

BOUQUEVAL, village, département de Seine-et-Oise, arrondissement de Pontoise, canton d'Ecouen , ci-devant province de l'Ile de France , et diocèse de Paris. Sa population est d'environ 180 habitans. Le château était autrefois seigneurial.

Les principales productions de son terroir sont en grains. Ce village est à trois quarts de lieue au N. E. d'Ecouen, et 5 un quart au N. de Paris, par Villiers-le-Bel et la grande route d'Amiens. (Poste aux lettres d'Ecouen.)

BOUQUY, ancien prieuré. *Voyez* Jaulx.

BOURAY, village, département de Seine - et - Oise , arrondissement d'Etampes , canton de la Ferté-Alais, ci-devant province de l'Ile de France , dans le Hurepoix , et diocèse de Sens. Sa population est de 5 à 600 habitans, y compris le hameau de *Menil*, celui de *Boinveau le petit*, et autres maisons écartées, sous diverses dénominations.

Près de ce village, situé sur la route d'Arpajon à la Ferté-Alais , et sur la petite rivière de *Juine*, existe un château, nommé *Frémigny*, dont l'architecture , la position , les points de vue pittoresques et les dépendances sont très-remarquables. M. le comte de Sémonville, pair de France et grand référendaire, en est propriétaire.

A côté du hameau de Ménil est celui du *Menil-Voisin*,

bâti au commencement du dix-septième siècle. Ce château est entouré de fossés secs. Le parc, contenant plus de quatre cents arpens enclos de murs, est traversé , dans toute sa longueur , par la petite rivière de Juine, qui fournit les eaux à deux belles pièces, à plusieurs autres bassins et canaux.

On voit à l'une des extrémités de ce parc, un pavillon, nommé *la Chartreuse* , qui réunit un jardin potager et une basse-cour. On voit aussi en face de la grille du château, l'antique tour de *Pocancy*, située sur une éminence. C'est une dépendance de la terre de Ménil-Voisin. Cette propriété appartient à M. le comte de Rougé.

Les principales productions du terroir de cette commune sont en grains et légumes; une partie est en prairies et bois. Il s'y trouve beaucoup de roches de pierre de grès.

Le village de Bouray est à 1 lieue et demie au N. de la Ferté-Alais ; sa distance de Paris est de 9 lieues et demie au S. E. par Arpajon, et la grande route d'Orléans. (Poste aux lettres d'Arpajon.)

BOURDONNÉ, village, département de Seine-et-Oise, arrondissement de Mantes, canton de Houdan , ci-devant province de l'Ile de France, et diocèse de Chartres. Sa population est d'environ 450 habitans, avec les hameaux de

*Launay, des Hayes, du Hal-
lier, de Chaude-Joute, d'Her-
meret* et *de Recoin.* La terre
de Bourdonné était une ancienne seigneurie, avec haute,
moyenne et basse justice. Le
château, entouré de fossés
remplis d'eau vive, dont les
jardins sont agréablement distribués, en potager, par-
terre et bosquets, appartient à
M. le baron de Narcillac.

Le terroir est en labour, en
prairies et en bois, le village
de Bourdonné est sur la rivière de *Vesgre,* qui fait tourner un moulin à farines, à 1
lieue et demie vers le S. E. de
Houdan, et 3 à l'O. de Montfort-l'Amaury; sa distance de
Paris est de 12 lieues et demie
à l'O. par la grande route de
Brest. (Poste aux lettres de
Houdan.)

BOURG-LA-REINE (LE),
bourg, département de la
Seine, arrondissement et canton de Sceaux, ci-devant province de l'Ile de France, et
diocèse de Paris. Sa population est d'environ 800 habitans.

Ce bourg, situé dans une
vallée, est traversé par la
grande route de Paris à Orléans, près la petite rivière
de *Bièvres.* On y voit quelques maisons de campagne,
l'une d'elle est remarquable
tant par l'étendue de ses bâtimens que de ses dépendances
territoriales. Henry IV la fit
bâtir, on y conserve encore la

chambre qu'il occupait, telle
qu'elle était dans ce tems-là.
C'est dans cette maison qu'a
eu lieu l'entrevue entre Louis
XV et l'Infante d'Espagne,
lors de leur mariage projeté.
Une pension de jeunes demoiselles y est établie, et dirigée
par M. et madame de Saint-
Cyr, qui sont propriétaires de
cette habitation et de ses dépendances.

Il existe, au Bourg-la-Reine,
d'autres pensions, dont deux
de jeunes gens, et une de demoiselles.

La première est tenue par
M. Aubouin. C'est une institution de l'Université. La seconde est sous la direction de
M. Gallois; et la troisième
sous celle de mesdames God-
mer et la Fortelle. Les jardins
et les promenades de la maison qui appartient à M. Au-
boin sont très-étendus.

On trouve, dans le Bourg-
la-Reine, une manufacture de
faïence, très-accréditée. Il s'y
tient, le lundi de chaque semaine, un marché considé-
rable de bestiaux, dit vulgairement le *Marché de Sceaux.*
Les principaux produits du
terroir de cette commune sont
en grains, une partie est en vignes.

Le Bourg-la-Reine est à
un quart de lieue au N. E.
de Sceaux, et distant de 2
lieues au S. de Paris, par la
grande route d'Orléans désignée ci-dessus. (Bureau de poste
aux lettres.)

BOURGET (LE), village, département de la Seine, arrondissement de Saint-Denis, canton de Pantin, ci-devant province de l'Ile de France, et diocèse de Paris. Sa population est d'environ 450 habitans. C'était, dans l'ancien régime, une annexe de la paroisse de Dugny.

Ce village, résidence d'une brigade de gendarmerie, est traversé par la grande route de Paris en Flandre. M. Bureau, administrateur général des messageries royales, possède une jolie maison de campagne, et M. Musnier, maître de poste et maire du lieu, un troupeau de mérinos depuis 1790.

Le Bourget est à 1 lieue et demie au N. de Pantin, et distant de 2 et demie au N. E. de Paris, par la route de Flandre; on compte 3 lieues de poste. (Bureau de poste aux lettres et relais de poste aux chevaux.)

BOURGUIGNON, maison de campagne. *Voy.* Fontains.

BOURNEVILLE, château et hameau sur la route de Meaux, dans les dépendances de la commune, et à une demi-lieue de Marolles-sur Ourcq, canton de Betz, arrondissement de Senlis, département de l'Oise.

La terre de Bourneville est un ancien marquisat. La façade du château bâti en pierre de taille, est élégante. L'eau y arrive d'une demi-lieue, et est distribuée, dans l'intérieur et dans les alentours par un aqueduc souterrain. Le parc forme un jardin remarquable sur tout par des arbres toujours verds.

Du château, l'on découvre d'immenses plantations faites dans des prairies arrosées par le canal de l'Ourcq, qui y serpente. M. De Frenilly, propriétaire de ce domaine, y entretient un troupeau considérable de Mérinos, l'un des plus anciens de France. Son origine remonte à l'année 1776, époque à laquelle M. Trudaine, intendant du commerce, importa d'Espagne en France, les premiers merinos, ce qui a procuré, aux divers troupeaux, dans un cercle de plus de dix lieues, une amélioration sensible par les croisemens, et a rendue cette contrée une des plus riches du royaume, en *métis. Voyez* Marolles-sur-Ourcq.

Bourneville est à 1 lieue vers le S. O. de la Ferté-Milon; sa distance de Paris est de 17 lieues au N. E. par la route désignée ci-dessus, joignant à Meaux celle d'Allemagne. (Poste aux lettres de la Ferté-Milon.)

BOURON, village, département de Seine - et - Marne, arrondissement de Fontainebleau, canton de Nemours, civant province de l'Ile de France dans le Gatinais, et diocèse de Sens. Sa population est d'environ 1,000 habitans, avec le hameau de *Marlotte*.

Ce village est à l'une des extrémités méridionales de la forêt de Fontainebleau, près l'une des grandes routes de Paris à Lyon; on y voit un château appartenant à M. le marquis de Montgon, maire du lieu; il forme un corps de bâtiment, flanqué de deux pavillons. Les fossés qui l'entourent sont remplis d'eau vive, ainsi qu'une belle pièce dans les jardins.

Le parc qui contient 60 arpens, a, sur cette route, une entrée fermée par une grille.

Le terroir de cette commune est en terres labourables, prairies et bois, les chasselas y sont renommés ainsi que les légumes farineux. Le village de Bouron est à 2 lieues au N. de Nesmours, 2 au S. de Fontainebleau, et 16 entre le S. et le S. E. de Paris, par la route de Lyon. (Poste aux lettres de Fontainebleau.)

BOURSONNE, village, département de l'Oise, arrondissement de Senlis, canton de Betz, ci-devant province de l'Ile de France, dans le Valois, et diocèse de Soissons. Sa population est d'environ 400 habitans. C'était autrefois une annexe de la paroisse d'Ivors.

La terre de Boursonne, ci-devant seigneuriale, était le siége d'une haute, moyenne et basse justice. Le village a trois rues qui aboutissent au château, dont M. Capendu de Boursonne a été propriétaire.

Le terroir de cette commune est entouré presqu'entièrement par la forêt de Retz. Ses productions principales sont en grains. Le village est à 2 lieues vers le N. E. de Betz, 1 lieue et demie vers le N. O. de la Ferté-Milon; sa distance de Paris est de 16 lieues au N. E. par Gondreville et la grande route de Soissons. (Poste aux lettres de Villers-Cotterets ou la Ferté-Milon.)

BOURY, village, département de l'Oise, arrondissement de Beauvais, canton de Chaumont - Oise, ci - devant province de l'Ile de France, dans le Vexin, et diocèse de Rouen. Sa population est d'environ 400 habitans, avec les hameaux de *Montbines* et *Chesnedhuy*.

La terre de Boury est un ancien marquisat, siége, avant la révolution, d'une haute, moyenne et basse justice. On y voit un château d'une construction moderne, élevé sur les dessins de Jules Hardouin Mansard. Le jardin renferme un canal de 130 toises de longueur, un petit parc, séparé par une rue, dépend de cette propriété; les sources y sont abondantes. Sur l'emplacement de la ferme était l'ancien château dont il existe encore une tour qui a soutenu un siége. Ce domaine appartient à M. Aubourg, marquis de Boury.

Le terroir de cette commune est en labour, une partie en bois et en prairies. On y cultive aussi le chanvre. Un ruisseau y fait tourner un moulin. Le village de Boury est à 1 lieue et demie vers le S. O. de Gisors, et 3 lieues vers l'O. de Chaumont; sa distance de Paris est de 15 lieues et demie au N. O. par la route de Gisors. (Poste aux lettres de Gisors, département de l'Eure.)

BOUSSY-Saint-Antoine, village, département de Seine-et-Oise, arrondissement de Corbeil, canton de Boissy-Saint-Léger, ci-devant province de l'Ile de France, et diocèse de Paris. Sa population est d'environ 240 habitans.

Ce village, situé dans une vallée sur la petite rivière d'Yerres, renferme une maison de campagne, dont M. Biétrix est propriétaire. Le parc contient de belles sources d'eau vive qui forment une petite rivière et un beau canal, et sont aussi distribuées dans les potagers et dans la principale habitation. ·

Une autre maison, autrefois seigneuriale, et située sur une éminence, appartenait à l'abbaye Saint-Antoine de Paris. Le terroir de cette commune est en terres labourables et vignes.

Le village de Boussy est à une lieue et demie au S. de Boissy-Saint-Léger, et distant de 5 et demie au S. E. de Paris, par la grande route de Troyes. (Poste aux lettres de Brie-Comte-Robert.)

BOUT-du-Bois (le), hameau et reste d'un ancien château fortifié. Voyez Mont-Javoul.

BOUTENCOURT, village, département de l'Oise, arrondissement de Beauvais, canton de Chaumont-Oise, ci-devant province de l'Ile-de-France, dans le Vexin, et diocèse de Rouen. Sa population est d'environ 330 habitans, avec le hameau de Pommereux.

Ce village est situé dans une vallée; deux maisons se distinguent des autres par leur construction et leurs dépendances. Le ruisseau de l'Aunette fait tourner un moulin.

Le terroir de cette commune est en labour, une petite partie en bois. Boutencourt est à une lieue et demie au N. de Chaumont et 15 et demie au N. O. de Paris, par Chaumont et la chaussée joignant la route de Gisors. (Poste aux lettres de Chaumont-Oise.)

BOUTERVILLIERS, village, département de Seine-et-Oise, arrondissement et canton d'Etampes, ci-devant province de l'Ile de France dans le Hurepoix, et diocèse de Chartres. Sa population est d'environ 200 habitans. Les productions de son terroir sont en grains, une partie est en bois; on y trouve plusieurs fours à chaux.

Ce village est à 2 lieues vers l'O. d'Etampes et 2 un quart vers le S. de Dourdan; sa distance de Paris est de 13 lieues vers le S., par différens chemins joignant la grande route d'Orléans. (Poste aux lettres d'Etampes.)

BOUTIGNY, village, département de Seine-et-Marne, arrondissement de Meaux, canton de Crécy, ci-devant province de l'Ile de France dans la Brie, et diocèse de Meaux. Sa population est d'environ 700 habitans, y compris le hameau de *Magny-Saint-Loup.*

La fête de Saint-Leu, le 1er septembre, est l'occasion d'un pélerinage à Magny, dont le château appartient à M. Choart, maire du lieu. M. le baron Paultre de la Motte y possède un autre château entouré de fossés remplis d'eau vive, anciennement fortifié, et une ferme nommée *Bellou.*

Le terroir de cette commune est en terres labourables : une partie est en vignes; il est traversé par le chemin de Meaux à Coulommiers. M. Choart s'est occupé depuis plusieurs années à y faire une chaussée,

qui, continuée par Sancy, abrégera beaucoup l'espace qui se trouve en passant par Crécy.

Le village de Boutigny est à une lieue trois quarts au N. de Crécy; sa distance de Paris est de 11 lieues et demie à l'E. par Meaux et la grande route d'Allemagne. (Poste aux lettres de Crécy.)

BOUTIGNY, village, département de Seine-et-Oise, arrondissement d'Etampes, canton de la Ferté-Alais, ci-devant province de l'Ile-de-France dans le Hurepoix, et diocèse de Sens. Sa population est d'environ 300 habitans, avec les hameaux de *Jarcy, des Audigers, du Pressoir, de Marchais* et d*e Pas-Loup.* Au hameau de Marchais est l'ancien fief de ce nom, siège, avant la révolution, d'une haute, moyenne et basse justice.

La plus grande partie des maisons qui composent cette commune sont séparées les une des autres par des enclos et jardins. Son terroir est en labour, en prairies et en bois : une petite partie est en vignes. Il y a beaucoup de rochers. La rivière *d'Essonnes* fait tourner deux moulins à farines.

Le village de Boutigny est à une lieue et demie au S. de Laferté-Alais, une trois quarts vers le N. O. de Milly ; sa distance de Paris est de 12 lieues au S., par Laferté-Alais, Ar-

pajon et la grande route d'Orléans. (Poste aux lettres de
Milly.)

BOUTIGNY, village, dé-
partement d'Eure-et-Loir, arrondissement de Dreux, canton
de Nogent-le-Roi, ci-devant
province de l'Ile de France
dans le pays Chartrain, et
diocèse de Chartres. Sa population est d'environ 600 habitans, avec les hameaux de *Bouchemont*, *Beauterne*, *des
Joncs*, *d'Allemand*, *de la
Musse*, en partie, *de Cloches*, et les fermes *de Saussay*,
ancien fief, *Buchelay*, et autres habitations isolées. M. de
Chaulnes est propriétaire d'un
château situé au hameau de
Cloches.

Les principales productions
du terroir de cette commune
sont en grains, une petite partie est en bois et prairies. Le
village de Boutigny est à une
lieue et demie au S. de Houdan, et 3 au N. de Nogent-le-
Roi; sa distance de Paris est
de 14 lieues à l'O., par différens chemins joignant la
grande route de Brest. (Poste
aux lettres de Houdan.)

BOUVILLE, dit LE MOU-
TIER, ou VILLIERS-EN-BEAUCE,
village, département de Seine-
et-Oise, arrondissement et
canton d'Etampes, ci-devant
province de l'Ile de France
dans la Beauce, et diocèse de
Sens. Sa population est d'environ 600 habitans, avec *le*

Mesnil-Racoin, ancienne
annexe, le château *de Farcheville*, ancienne baronie,
et autres maisons isolées. M. le
comte de Balivière est propriétaire du château de l'arche-
ville.

Le terroir de cette com-
mune est en labour et bois.
Le village de Bouville est à 2
lieues et demie à l'E. d'Etampes, et 2 vers le S.O. de la Ferté-
Alais; sa distance de Paris
est de 15 lieues au S., par différens chemins joignant à Arpajon la grande route d'Orléans. (Poste aux lettres d'E-
tampes.)

BOVES (LES), château, près
le village de Magny. *Voyez*
MAGNY-EN-VEXIN.

BRACHEUX, village situé
près de la route de Beauvais à
Clermont, département de
l'Oise, arrondissement et canton de Beauvais (Nord-Ouest),
ci-devant province de l'Ile de
France et diocèse de Beauvais.
Sa population est d'environ
180 habitans.

La ci-devant maison sei-
gneuriale n'est plus qu'une
simple habitation. Les productions de son terroir sont en
grains, une partie est en vignes.
Un *ru* fait tourner un moulin.
Ce village est à une demi-lieue
à l'E de Beauvais; sa distance
de Paris est de 16 lieues vers
le N., par la grande route de
Beauvais. (Poste aux lettres de
Beauvais.)

BRASSEUSE, village, département de l'Oise, arrondissement de Senlis, canton de Pont-Sainte-Maxence, ci-devant province de l'Ile de France et diocèse de Senlis. Sa population est d'environ 100 habitans, la ferme *des Champs* en dépend.

La terre de Brasseuse avait, avant la révolution, le titre de baronie, avec haute, moyenne et basse justice. Le château appartient à madame Lebeuf-de-Brasseuse, née Boissy-d'Anglas.

Les principales productions du terroir de cette commune sont en grains, une partie est en bois. Le village de Brasseuse est près la grande route de Paris à Compiègne à 2 lieues au S. E. de Pont-Sainte-Maxence, et 2 et demie au N. E. de Senlis; sa distance de Paris est de 12 lieues et demie au N., par la route de Compiègne. (Poste aux lettres de Senlis.)

BRAY, village, département de l'Oise, arrondissement de Senlis, canton de Pont-Sainte-Maxence, ci-devant province de l'Ile de France et diocèse de Senlis. Sa population est d'environ 100 habitans. Avant la révolution, les chanoines réguliers de l'ordre de saint Augustin y possédaient un prieuré.

Les productions du terroir de cette commune sont en grains, une petite partie est en prairies. Le ruisseau d'Au-*nette* y a sa source. Le village de Bray est à 2 lieues vers le N. E. de Senlis, et à trois quarts vers le S. E. de Pont-Sainte-Maxence; sa distance de Paris est de 12 lieues au N., par la chaussée Brunehaut, Senlis et la route de Flandre. (Poste aux lettres de Senlis.)

BRAY-SOUS-BEAUDEMONT, village, département de Seine-et-Oise, arrondissement de Mantes, canton de Magny, ci-devant province de l'Ile de France dans le Vexin, et diocèse de Rouen. Sa population est d'environ 150 habitans. La maison nommée *le Pont*, ancien fief, appartient à M. de Brossard de Raineval; une autre maison sert de retraite aux religieuses Bénédictines de *Villarceau*, qui composaient le prieuré de ce nom.

Le village de Bray est sur la rivière *d'Epte*. Le château *du Lu*, dont M Glaisot, avocat, à Paris, est propriétaire, est situé sur la même rivière et en fait partie, ainsi que le moulin *du Pont*, sur le ruisseau de *l'Aubette*.

Le terroir de cette commune est en labour, prairies et bois. Le village de Bray est à 2 lieues à l'O. de Magny, et une lieue et demie au S. de Saint-Clair; sa distance de Paris est de 16 lieues au N. O. par Magny et la grande route de Rouen. (Poste aux lettres de Magny.)

BRÉANCON, village, département de Seine-et-Oise, arrondissement de Pontoise, canton de Marines, ci-devant province de l'Ile de France dans le Vexin, et diocèse de Rouen. Sa population est d'environ 350 habitans, y compris le hameau, dit *le Rosnel*, et autres habitations isolées, sous diverses dénominations.

Les principales productions du terroir de cette commune sont en grains, une partie est en bois. Le village de Bréancon est à trois quarts de lieue à l'E. de Marines; sa distance de Paris est de 9 lieues trois quarts au N. O., par la route de Gisors. (Poste aux lettres de Pontoise.)

BRÉANCOURT ou BRI-ONANCOURT, village, département de Seine-et-Oise, arrondissement de Pontoise, canton de Marines, ci-devant province de l'Ile de France dans le Vexin, et diocèse de Rouen. Sa population est d'environ 110 habitans. Les productions de son terroir sont en grains, une partie est en prairies et bois.

Ce village est dans une vallée, sur la petite rivière de *Viosne*, qui fait tourner un moulin, à une demi-lieue à l'O. de Marines, et 10 et demie au N. O. de Paris, par Marines, et la route de Gisors. (Poste aux lettres de Pontoise.)

BRÉAU, village, départe-ment de Seine-et-Marne, arrondissement de Melun, canton du Châtelet, ci-devant province de l'Ile de France dans la Brie, et diocèse de Sens. Sa population est d'environ 170 habitans. Avant la révolution, il existait un couvent de Pénitens du tiers-ordre de saint François.

La terre de Bréau avait le titre de baronie. L'ancien château, appartenant à madame veuve Gareau, est nouvellement reconstruit : le parc, qui contient environ 50 arpens, est très-bien planté et distribué.

Le terroir de cette commune est en terres labourables, prairies et en bois. Le village de Bonneuil est à 2 lieues au N. O. du Châtelet; sa distance de Paris est de 12 lieues et demie, par différens chemins joignant la grande route de Troyes. (Poste aux lettres de Mormant.)

BRÉAU-SANS-NAPPE (LE), hameau et château. *V.* BOINVILLE-LE-GAILLARD.

BRÉCHAMPS (HAUT ET BAS), village, département d'Eure-et-Loir, arrondissement de Dreux, canton de Nogent-le-Roi, dans le pays Chartrain, et diocèse de Chartres. Sa population est d'environ 330 habitans, en y comprenant une partie du hameau de *Rufin* et deux maisons de celui de *Mormoulins*.

Le terroir de cette commune est en labour, en prairies et en bois, une partie est en vignes. Il existe deux moulins à farines, l'un sur la rivière d'*Eure*, et l'autre sur un ruisseau. Le village de Bréchamps est à trois quarts de lieue au N. de Nogent, et 2 lieues trois quarts au N. de Maintenon ; sa distance de Paris est de 15 lieues et demie vers l'O., par différens chemins qui aboutissent à la grande route de Nantes. (Poste aux lettres de Maintenon.)

BRÉGY, village, département de l'Oise, arrondissement de Senlis, canton de Betz, ci-devant province de l'Ile de France et diocèse de Meaux. Sa population est de 5 à 600 habitans. Des deux paroisses qui y existaient avant la révolution, il ne reste plus que celle de Saint-Pierre. L'église de Saint-Germain a été démolie.

Les principales productions du terroir de cette commune sont en grains. Le village de Brégy est à 2 lieues et demie vers le S. O. de Betz, et 2 vers le S. E. de Nanteuil-le-Haudouin ; sa distance de Paris est de 11 lieues et demie vers le N. E., par différens chemins qui aboutissent à la grande route de Soissons. (Poste aux lettres de Nanteuil-le-Haudouin.)

BRENOUILLE, village, département de l'Oise, arrondissement de Clermont Oise, canton de Liancourt, ci-devant province de l'Ile de France et diocèse de Beauvais. Sa population est d'environ 260 habitans. C'était autrefois une mairie royale. Le château n'existe plus.

Son terroir est en labour et prairies. Le village de Brenouille est sur la rive droite de *l'Oise*, à une lieue et demie vers l'E. de Liancourt, et une un quart à l'O. de Pont-Sainte-Maxence ; sa distance de Paris est de 14 lieues un quart au N., par Pont-Sainte-Maxence et la route de Flandre. (Poste aux lettres de Pont-Sainte-Maxence.)

BRESLE, grand village, département de l'Oise, arrondissement de Beauvais, canton de Nivillé, ci-devant province de l'Ile de France et diocèse de Beauvais. Sa population est de 14 à 1500 habitans.

La terre de Bresle avait le titre de Châtellenie. Le château, en partie démoli, était la maison de campagne des évêques de Beauvais. Une brigade de gendarmerie y est en résidence et est casernée dans le bâtiment restant du château. Le parc contenait environ cent arpens : sa distribution et les embellissement l'avaient rendu un des séjours les plus agréables de ce département, comme un des objets le plus digne de fixer les regards.

Le terroir est en labour, en prairies, quelques parties sont en bois. Il y existe deux tuileries, briquetteries et des tourbières : une partie des habitans est occupée à en extraire la tourbe. Tous les jardins sont potagers et en plein rapport.

Le village de Bresle est traversé par la route de Beauvais à Clermont, proche la forêt de *Hez*, à 3 lieues à l'E. de Beauvais, et 3 entre l'O. et le N. O. de Clermont ; sa distance de Paris est de 15 lieues et demie au N. de Paris, par Noailles et la grande route de Beauvais. (Poste aux lettres de Beauvais.)

BRESSONVILLIERS, ancien fief. *Voyez* LEUDEVILLE.

BRESSOY (LE), château. *Voyez* MORMANT.

BRETÈCHE (LA), hameau considérable, avec un château. *Voyez* SAINT - NOM - LA - BRETÈCHE.

BRETENCOURT, ancienne forteresse. *Voyez* SAINT-MARTIN-DE-BRETENCOURT.

BRÉTEUIL, ci-devant BEVILLIERS, château. *Voy*. CHOISEL.

BRETIGNY, village, département de Seine-et-Oise, arrondissement de Corbeil, canton d'Arpajon, ci-devant province de l'Ile de France,

dans le Hurepoix, et diocèse de Paris. Il forme une commune de 900 à 1,000 habitans, avec les hameaux de *Rosières*, *Cossigny*, *la Garde*, *le Ménil*, le moulin *Carouges*, et quantité d'autres maisons isolées, sous diverses dénominations.

L'ancien château n'est plus actuellement qu'une ferme, avec un parc. Avant la révolution, Brétigny avait deux paroisses, l'une dite de *Saint-Philbert*, est supprimée et détruite ; l'autre dite de *Saint-Pierre*, est la paroisse actuelle.

Plusieurs maisons de campagne, ci-devant fief, existent tant au hameau de *Rosières* qu'à celui de *la Garde* : celles nommées *la Fontaine*, *le Pavillon* et *les Cochets*, font également partie de cette commune, dont les productions principales du terroir sont en grains.

Le village de Brétigny est à une lieue un quart au N. E. d'Arpajon ; sa distance de Paris est de 6 lieues et demie au S., par Longpont et la grande route d'Orléans. (Poste aux lettres de Linas.)

BRÉTONNIÈRE (LA), maison de campagne. *V*. CHAILLY-EN-BRIE.

BREUIL. *Voyez* BRUEIL.

BREUIL (LE), village, département de Seine-et-Oise, arrondissement et canton de Mantes, ci-devant province de l'Ile de France et diocèse de Chartres. Sa population est d'environ 300 habitans. Son terroir est en labour, et vignes, une partie est en bois.

Ce village est à une lieue et demie au S. de Mantes; sa distance de Paris est de 11 lieues entre l'O. et le N. O., par la petite route de Mantes, qui traverse Ecquevilly et joint à St.-Germain-en-Laye la grande route de Caen (Poste aux lettres de Mantes.)

BREUIL (LE), château. *Voyez* GARANCIÈRES.

BREUIL (LE), hameau et maison de campagne dite de *Vaucluse. V.* ÉPINAY-SUR-ORGE.

BREUIL-LE-SEC, village, département de l'Oise, arrondissement et canton de Clermont-Oise, ci-devant province de l'Ile de France et diocèse de Beauvais. Sa population est d'environ 600 habitans, y compris les hameaux de *Crépin*, *d'Autreville*, la ferme de *Cercamp* et le moulin de *Baille-Libelle*; ce moulin est à farines et à huile, sur la petite rivière de *Brèche*.

Le terroir de cette commune est en petite culture, une partie est en prairies, en vignes et en bois : on y trouve beaucoup d'arbres à fruits rouges. Le village de Breuil-le-Sec est à trois quarts de lieue à l'E. de Clermont; sa distance de Paris

est de 14 lieues au N., par la grande route d'Amiens. (Poste aux lettres de Clermont-Oise.)

BREUIL-LE-VERT, village, département de l'Oise, arrondissement et canton de Clermont-Oise, ci-devant province de l'Ile de France et diocèse de Beauvais. Sa population est d'environ 800 habitans, en y comprenant les hameaux de *Liencourt*, *Roteleu* et *Canettecourt*. Cette terre, autrefois vicomté, à appartenu à M. le prince de Condé. Le château n'est plus actuellement qu'une ferme. Près l'église est une maison remarquable par sa construction en pierres de taille.

Une autre maison, dite *des Finets*, près la ville de Clermont, renferme de beaux jardins : elle appartient à M. de Cormeilles, avocat.

Il existe au hameau de Roteleu un beau château, ci-devant fief, avec un grand parc. La fille de M. le comte de Pradine possède aujourd'hui cette propriété, qui se dégrade journellement.

En 1300 Canettecourt était une ville et une mairie royale. Le château appartient à M. Porchon de Bonval, maire du lieu, qui l'a fait bâtir sur les ruines du vieux château, dit *le Fort l'attaque*. Les jardins, dessinés dans le genre chinois, sont fort bien entretenus.

Le terroir de cette commune est en petite culture,

toutes les productions ordinaires s'y trouvent, ainsi qu'un très-grand nombre d'arbres à fruits de toute espèce : les haricots y sont renommés. On y cultive également des chardons pour l'apprêt des draps. L'extraction de la tourbe y occupe les habitans.

Le village de Breuil-le-Vert est sur la petite rivière de *Brèche*, à trois quarts de lieue au S. E. de Clermont, et distant de 13 lieues et demie au N. de Paris, par la grande route d'Amiens. (Poste aux lettres de Clermont-Oise.)

BREUILLET, village, département de Seine-et-Oise, et arrondissement de Rambouillet, canton de Dourdan (Nord), ci-devant province de l'Ile de France, dans le Hurepoix, et diocèse de Chartres. Sa population, en y comprenant quantité de hameaux et maisons écartées, sous diverses dénominations, est d'environ 700 habitans.

Parmi ces hameaux se trouve celui *du Colombier*, sur la petite rivière de *Remarde*, où il existe une jolie maison de campagne nouvellement construite et entourée de larges fossés remplis d'eau-vive. Les jardins et le parc bien distribués, renferment quantité d'arbres et arbustes étrangers, avec une belle pièce d'eau. M.Stevenin en est propriétaire, c'était autrefois un fief.

La majeure partie du terroir de cette commune est en vignes. Il y a un moulin à deux roues, sur un ruisseau qui se réunit à la petite rivière d'*Orge*.

Le village de Breuillet est à 3 lieues à l'E. de Dourdan, et distant de 8 lieues et demie au S. de Paris, par Bruyères-le-Châtel, et une chaussée joignant la grande route d'Orléans, entre Linas et Arpajon. (Poste aux lettres d'Arpajon.)

BREUX, village, département de Seine-et-Oise, arrondissement de Rambouillet, canton de Dourdan (Nord), ci-devant province de l'Ile de France, dans le Hurepoix, et diocèse de Chartres. Sa population est d'environ 800 habitans, y compris les hameaux de *Jouy*, *Brétigny*, *Rimoron*, et autres maisons isolées, sous diverses dénominations.

Rimoron comprend une maison de campagne et une fabrique de tuiles, de briques et de carreaux.

Les productions du terroir de cette commune sont en grains, une partie est en vignes, prairies et bois.

Le village de Breux est à 3 lieues à l'E. de Dourdan, et distant de 9 un quart au S. de Paris, par Bruyères-le-Châtel et une chaussée joignant la grande route d'Orléans, entre Linas et Arpajon. (Poste aux lettres d'Arpajon.)

BRÉVAL, village, département de Seine-et-Oise, arrondissement de Mantes, canton de Bonnières, ci-devant province de l'Ile de France, et diocèse de Chartres. Sa population est de 5 à 600 habitans, avec les hameaux et beaucoup d'habitations isolées qui en font partie.

La terre de Bréval appartient à madame la princesse de Tingry. C'est une ancienne châtellenie; le château fortifié fut démoli par les ordres de Charles V.

Le terroir de cette commune est en labour et bois. Le village de Bréval est à 2 lieues et demie vers le S. de Bonnières, et 3 lieues et demie vers l'O. de Mantes; sa distance de Paris est de 13 lieues et demie vers l'O. par Mantes et la grande route de Caen. (Poste aux lettres de Mantes.)

BREVANNE, village, faisant partie de la commune de Limeil, canton de Boissy-Saint-Léger, arrondissement de Corbeil, département de Seine-et-Oise; il y existe un château et beaucoup de maisons de campagne environnées de bois. *Voyez* LIMEIL.

M. le baron de Varanges, maire du lieu, est propriétaire du château qui se fait remarquer par l'élégance et la solidité de son architecture, la beauté de ses avenues et de ses développemens, l'étendue et la magnificence de ses dépendances. Il est environné de vastes fossés dont les eaux proviennent de sources abondantes qui répandent encore le luxe de leurs eaux dans les jardins et sont recueillis dans des bassins dont la grandeur égale la variété. L'orangerie, par le choix, le nombre et la beauté des arbres ajoute aussi à l'agrément du château.

Le parc, les bosquets et les plantations de tout genre ont été exécutés sur les dessins de Le Nôtre; quelques allées, par leur étendue, offrent un aspect aussi noble qu'imposant, à cause des voûtes qu'elles forment. Les bois de cette superbe terre sont renommés par les jolis bals champêtres d'été, et qui réunissent les habitans des châteaux et des maisons de campagne des environs.

Madame de Sévigné venait souvent à Brevanne : elle aimait singulièrement cet endroit, et y passait une partie de l'été chez madame de Coulanges dont la maison existe encore et appartient aujourd'hui à madame de Beauregard. M. de Sèze, premier président de la cour de cassation, M. le chevalier Minier, conseiller à la même cour, et M. Codant y ont aussi de belles maisons, avec de jolis jardins et autres accessoires.

Le village de Brevanne est entre Limeil et Boissy-Saint-Léger, à 4 lieues au S. E. de Paris, par la grande route de Troyes. (Poste aux lettres de Boissy-Saint-Léger.)

BREVIAIRE-SAINT-JEAN (LA), village, *Voyez* COMPIÈGNE.

BRÉVIAIRES (LES), village, département de Seine-et-Oise, arrondissement et canton de Rambouillet, ci-devant province de l'Ile de France, dans le Hurepoix, et diocèse de Chartres. Sa population est d'environ 400 habitans, y compris le hameau dit *la Grange-du-Bois*, les fermes de *la Malmaison*, *de Corbec*, et plusieurs maisons isolées sous diverses dénominations.

Le pavillon et les alentours de la ferme de la Malmaison se font principalement remarquer. Le propriétaire entretient un troupeau de mérinos de pure race.

Le terroir de cette commune est en terres labourables. Il renferme une partie des étangs dits de *Saint-Hubert*, et il y a beaucoup de bois qui dépendent de la forêt de Rambouillet.

Le village des Bréviaires est à 2 lieues au N. de Rambouillet ; sa distance de Paris est de 9 lieues et demie au S. O., par un chemin de traverse joignant la grande route de Chartres. (Poste aux lettres de Rambouillet.)

BRICHANTEAU, château. *Voyez* COULOMBS.

BRICHE (LA), petit village, ancienne paroisse du diocèse de Chartres, qui fait partie de la commune et à une demi-lieue de Souzy, canton et arrondissement d'Etampes, département de Seine-et-Oise.

Le château est situé sur le sommet d'une montagne, et environné de bois et de rochers. Ses points de vue pittoresques en font un séjour infiniment agréable. M. de Saint-Pol en est propriétaire.

L'ancien château des *Emondants* était dans les dépendances de cette paroisse. Il fait aussi partie de la commune de Souzy. *Voyez* SOUZY-LA-BRICHE.

Le village de la Briche est à 2 lieues vers le S. d'Arpajon, et 3 au N. d'Etampes ; sa distance de Paris est de 9 lieues et demie, au S. par Arpajon et la grande route d'Orléans. (Poste aux lettres d'Arpajon.)

BRICHE (LA), hameau, château et port sur la rive droite de la Seine, *Voyez* SAINT-DENIS et ÉPINAY-SUR-SEINE.

BRIE-COMTE-ROBERT ou BRIE-SUR-YERRES, petite ville dans une plaine, traversée en partie par la grande route de Paris à Troyes, département de Seine-et-Marne, arrondissement de Melun, chef-lieu de canton, siège d'une justice de paix et résidence d'une brigade de gendarmerie, ci-devant province de l'Ile de France, dans la Brie, et diocèse de Paris. Sa population est d'environ 2,500 habitans.

C'était, dans l'ancien régime, le siége d'un baillage royal, d'une châtellenie et d'un grenier à sel : deux communautés religieuses, dont l'une était de Minimes, et l'autre de filles dites de la Croix s'y trouvaient également. L'Hôtel-Dieu fondé en 1208, par Robert, fils de France, comte de Brie, subsiste encore; l'église paroissiale, d'une belle structure, a été bâtie par les Seign., et depuis augmentée par la reine Jeanne d'Évreux.

On voit en cette ville une grosse tour qui faisait partie d'un château tombé en ruine, entouré de fossés remplis d'eau provenant de sources.

Il se tient à Brie, trois foires par année : la première, le deuxième lundi de juillet, la seconde, le 28 octobre, et la troisième, le 30 novembre. Deux marchés y ont lieu le lundi et le vendredi de chaque semaine; celui du lundi est considérable en grains, et celui du vendredi en toutes sortes de denrées. M. Belin y est propriétaire d'une tannerie et d'une corroierie.

Son terroir est très-fertile. On y trouve cinq fours à chaux, et trois fabriques de tuiles, briques et carreaux. La ville de Brie est à 4 lieues au N. de Melun; sa distance de Paris est de 6 lieues au S. E. par la route de Troyes désignée ci-dessus. (Bureau de poste aux lettres, relai de poste aux chevaux, et voitures publiques tous les jours pour Paris.)

BRIE-sur-MARNE ou BRY, village, département de la Seine, arrondissement de Sceaux, canton de Charenton, ci-devant province de l'Ile de France, et diocèse de Paris. Sa population est d'environ 400 habitans.

Cet endroit est situé au bas et sur la pente d'une colline qui borde la rive gauche de la *Marne*, que l'on passe sur un bac. Le beau château, dont la construction fut commencée en 1759, par M. de Silhouette, ancien ministre d'Etat, a été terminée par M. de Laage, ancien fermier général, son neveu et son héritier. La position, les points de vue et ses dépendances considérables, en font un séjour vraiment admirable. Brie renferme aussi quelques maisons de campagne.

Le terroir est en terres labourables, en vignes et en prairies. Le village est à 2 lieues à l'E. de Charenton, et distant de 5 lieues à l'E. de Paris, par une route qui passe à Nogent et Vincennes. (Poste aux lettres de la banlieue de Paris.)

BRIÈRES-LES-SCELLÉS, village, département de Seine-et-Oise, arrondissement et canton d'Étampes, ci-devant province de l'Ile de France, dans le Hurepoix, et diocèse de Chartres. Sa population est d'environ 300 habitans, avec la ferme *des Poislés*. L'ancien château a été occupé par Henri IV, dans le tems des guerres.

Les principales productions de son terroir sont en grains : les navets y sont renommés. Ce village est à trois quarts de lieue vers le N. O. d'Étampes; sa distance de Paris est de 11 lieues et demie vers le S. par la grande route d'Orléans. (Poste aux lettres d'Étampes.)

BRIGNANCOURT. *Voyez* BRÉANCOURT.

BRIIS-SOUS-FORGES, village, département de Seine-et-Oise, arrondissement de Rambouillet, canton de Limours, ci-devant province de l'Ile de France, dans le Hurepoix, et diocèse de Paris. Sa population est d'environ 700 habitans, y compris les hameaux de *Launay-Marechaux, Chantecoq, le Coudray,* le château ou maison de campagne de *Bligny;* une autre maison de campagne et ferme nommée *Frileuse,* et trois moulins sous diverses dénominations.

Ce village était autrefois fermé de murs et de portes; il ne reste de l'ancien château, où *Anne de Boulen* avait été élevée jusqu'à l'âge de quinze ans, qu'un donjon et une tour formant un demi-cercle. La seule maison qui, par sa construction, se distingue des autres, se nomme *le Pavillon*.

Le terroir est en terres labourables, vignes et bois. Le village de Briis est à 1 lieue au S. E. de Limours, sur la route de cette ville à Arpajon, et distant de 7 et demie au S. O. de Paris, par l'ancienne route de Chartres. (Poste aux lettres de Limours.)

BRIMBORION, maison de campagne sur la rive gauche de la *Seine. Voyez* SÈVRES.

BRINCHES, ancien fief. *Voyez* VILLE-MAREUIL.

BRIQUETERIE (LA), maison de campagne. *Voyez* RIS.

BROSSE (LA), hameau et maison de campagne. *Voyez* HÉRICY.

BROSSE (LA), hameau, *Voyez* BOIS-ROBERT.

BROSSE (LA), château. *Voyez* SAINT-OUEN.

BROU, autrefois VILLENEUVE-AUX-ANES, et ensuite VILLENEUVE-AUX-AULNES, village, département de Seine-et-Marne, arrondissement de Meaux, canton de Lagny, ci-devant province de l'Ile de France, et diocèse de Paris,

Sa population est d'environ 160 habitans.

Ce village fut nommé *Villeneuve aux ânes*, parce que les Trinitaires, qui y possédaient un couvent nommé *Villeneuve*, faisaient, dans le treizième siècle, un commerce considérable d'ânes, et s'en servaient pour leur monture.

Une maison de garde, dans l'emplacement du *Château de Forêt* qui a été démoli, appartient à M. Paul de Brou, ainsi que les bois des alentours. Les productions principales du terroir sont en grains. Le village de Brou est à 1 lieue et demie à l'O. de Lagny; sa distance de Paris est de 5 lieues à l'E. par la route de Coulommiers. (Poste aux lettres de Lagny.)

BROUÉ, village, département d'Eure-et-Loir, arrondissement de Dreux, canton d'Anet, ci-devant province de l'Ile de France, dans le pays Chartrain, et diocèse de Chartres. Sa population est de 5 à 600 habitans, avec les hameaux de *Marolles*, *Becheray*, le château de *Badonville* et l'ancien château d'*Orvilliers*, actuellement simple ferme.

Le hameau de Marolles, situé sur la grande route de Paris à Brest, est considérable, on y trouve un relais de poste aux chevaux.

Le château et le parc de Badonville, appartenant à M. de Senarmont, est environné de belles avenues. Une ferme y est attenante.

Les principales productions du terroir sont en grains, une très-petite partie est en bois. Le village de Broué est à 2 lieues au S. O. de Houdan, et 3 vers le S. d'Anet; sa distance de Paris est de 15 lieues à l'O. par Houdan et la grande route de Brest. (Poste aux lettres de Houdan.)

BROUY, village, département de Seine-et-Oise, arrondissement d'Étampes, canton de Milly, ci-devant généralité d'Orléans dans la Beauce, et diocèse de Sens. Sa population est d'environ 200 habitans avec le hameau de *Fenneville*.

Tout le terroir est en labour. Le village de Brouy est à 4 lieues au S. O. de Milly, et 2 et demie vers l'O. de Malesherbes; sa distance de Paris est de 16 lieues au S. par Étampes et la grande route d'Orléans. (Poste aux lettres d'Etampes.)

BRUEIL, village, département de Seine-et-Oise, arrondissement de Mantes, canton de Limay, ci-devant province de l'Ile de France, dans le Vexin, et diocèse de Rouen. Sa population est d'environ 280 habitans.

Mademoiselle du Pille est propriétaire de l'ancien château, et M. d'Avaux, d'une maison de campagne située dans le village.

Les principales productions de son terroir sont en grains; une partie est en bois.

Brueil est avantageusement situé dans une vallée sur le ruisseau dit *de Montiens*, qui fait tourner quatre moulins; à 2 lieues au N. E. de Limay et de Mantes; sa distance de Paris est de 10 lieues et demie au N. O. par Meulan, et la grande route de Caen. (Poste aux lettres de Mantes.)

BRUNEHAULT, château. *Voyez* MORIGNY.

BRUNELLE, belle ferme. *Voyez* AINCOURT.

BRUNOY, village, département de Seine-et-Oise, arrondissement de Corbeil, canton de Boissy-Saint-Léger, ci-devant province de l'Ile de France, et diocèse de Paris. Sa population est d'environ 1,000 habitans, y compris le hameau *des Bausserons*.

La terre de Brunoy avait, avant la révolution, le titre de duché-pairie. Le superbe château dont M. Paris de Montmartel, et ensuite MONSIEUR, aujourd'hui roi de France, ont été propriétaires. Tout ce que l'art et la richesse peuvent réunir de plus précieux avait été employé à la construction et à l'ornement de ce magnifique château. Les jardins, les bosquets, les terrasses, les jets

d'eau, les cascades et les canaux ornés de vases et de statues de marbre; un parc d'une étendue immense et dans la plus agréable situation, assignait un des premiers rangs à cette propriété, parmi les plus belles existantes en France.

Il ne reste actuellement à Brunoy que quelques maisons de campagne, dont la principale est celle de M. le comte de Chaumont, gouverneur des écoles militaires. Le parc qui contient 100 arpens, aura bientôt le double d'étendue, d'après les projets du propriétaire.

Les jardins d'une autre maison appartenant à M. Talma, sont très-bien distribués et traversés par la rivière d'*Yerres*.

Les principales productions du terroir sont en grains; une partie est en prairies et bois.

Le village de Brunoy est situé dans une vallée sur cette petite rivière, à 1 lieue et demie au S. de Boissy-Saint-Léger; sa distance de Paris est de 5 lieues et demie au. S. E. par une chaussée qui joint la grande route de Lyon. (Poste aux lettres de Villeneuve-St.-Georges.)

BRUYÈRE (LA), village, département de l'Oise, arrondissement de Clermont, canton de Liancourt, ci-devant province de l'Ile de France, et diocèse de Beauvais. Sa population est d'environ 250 habitans.

Près de la moitié de son terroir est en bois, le surplus est en petite culture et prairies. Les petits pois sont les premiers qui se transportent à Beauvais et Amiens. Il y a beaucoup de guigniers et cerisiers.

Le village de la Bruyère est à 1 lieue un quart vers le N. E. de Liancourt, et 2 lieues au S. E. de Clermont ; sa distance de Paris est de 13 lieues et demie au N. par Liancourt et la grande route d'Amiens. (Poste aux lettres de Clermont-Oise.)

BRUYÈRES, village, département de Seine-et-Oise, arrondissement de Pontoise, canton de l'Isle Adam, ci-devant province de l'Ile de France, et diocèse de Beauvais. Sa population est d'environ 250 habitans.

Il existait, avant la révolution, un très-beau château qui a été détruit. M. le chancelier Maupeou en était le propriétaire.

Tout le terroir est en terres labourables. Le village de Bruyères est dans une plaine, proche la rive droite de l'*Oise*, que l'on passe sur un bac, à trois quarts de lieue au N. E. de Beaumont, et 2 lieues un quart au N. E. de l'Isle-Adam ; sa distance de Paris est de 8 lieues un quart au N. par Beaumont et la route de Beauvais. (Poste aux lettres de Beaumont.)

BRUYÈRES (HAUTES), ci-devant monastère de filles de l'ordre de Fontevrault. *Voyez* SAINT-REMY-L'HONORÉ.

BRUYÈRES-LE-CHATEL. village, département de Seine-et-Oise, arrondissement de Corbeil, canton d'Arpajon, ci-devant province de l'Ile de France, dans le Hurepoix, et diocèse de Paris. Sa population est d'environ 700 habitans, avec les hameaux de *Verville*, *Arpenty*, la maison de campagne *d'Arny*, et autres habitations isolées, la ferme de *la Forêt*, *le Moulin brûlé*, et celui de *Tremerolles*.

A l'extrémité de ce village, vers Arpajon, est un château fort, flanqué de tours et entouré de fossés secs, dont l'origine remonte jusqu'au septième siècle. Il a été habité par le baron de Neufchelles, le duc de Béthune, le chevalier de Mairat, le maréchal de Castries et le duc de Brancas.

En face de l'entrée de ce château est une belle maison, ancien fief, dit des *Moines Blancs*, dont madame veuve Geoffroy-d'Assy est propriétaire. Sa situation lui procure une vue pittoresque et très-agréable. Ce village renferme en outre quelques autres maisons de campagne, dont la principale est celle de M. Carré, maire du lieu.

La majeure partie du terroir est en bois, le surplus est en labour.

Le village de Bruyères-le-

Châtel est à 1 lieue à l'O. d'Arpajon ; sa distance de Paris est de 8 lieues au S., par une route pavée, joignant celle d'Orléans. (Poste aux lettres d'Arpajon.)

BRY. *Voyez* Brie - sur - Marne.

BU , bourg, département d'Eure - et - Loir, arrondissement de Dreux, canton d'Anet, ci - devant province de l'Ile de France, dans le pays Chartrain, et diocèse de Chartres. Sa population est d'environ 150 habitans, en y comprenant le hameau *de Saint-Antoine*, où se trouve une chapelle, et ceux nommés *les Vignes*, *les Toutains*, *les Duveaux*, *les Noblets*, et *les Roberts*, avec plusieurs fermes écartées.

Il ne reste plus d'un château fort qu'une vieille tour et quelques vestiges de fortifications; la terre de Bu est un ancien comté. Dans ce bourg, jadis ville, se tient un marché les dimanche et mardi de chaque semaine.

Les principales productions du terroir sont en grains, une partie est en vignes et bois. Il y existe une tuilerie; le bourg de Bu est dans une plaine, à 2 lieues entre le S. et le S. E. d'Anet, et 2 vers l'O. de Houdan; sa distance de Paris est de 15 lieues à l'O. par Houdan et la grande route de Brest. (Poste aux lettres de Houdan.)

BUAT , ferme, ancien fief. *Voyez* Bannost.

BUC , village, département de Seine-et-Oise, arrondissement et canton de Versailles , ci-devant province de l'Ile de France, et diocèse de Paris. Sa population est d'environ 500 habitans.

Il renferme plusieurs maisons de campagne, parmi lesquelles on distingue celle dite *la Guerinière*, appartenant à madame veuve Soubart, et celle de M. Guerin.

Le superbe aqueduc de dix-neuf arcades qui se voit à Buc, a été construit pour la conduite à Versailles des eaux provenant des étangs de Saclé, du Trou-Salé et de Saint-Hubert, proche Rambouillet.

Les principales productions du terroir sont en grains et bois, il y a quelques prairies.

Le village de Buc est dans une vallée, sur la petite rivière de *Biévres*, qui fait tourner deux moulins, à trois quarts de lieue au S. de Versailles , et 4 lieues trois quarts au S. O. de Paris, par Versailles (Poste aux lettres de Versailles.)

BUCHELAY , village, département de Seine-et-Oise, arrondissement et canton de Mantes, ci-devant province de l'Ile de France , et diocèse de Chartres. Sa population est d'environ 450 habitans; son terroir est en labour et vignes. Une petite partie est en bois.

Ce village est à 1 lieue vers le S. O. de Mantes ; sa distance de Paris est de 13 lieues entre le N. et le N. O. par Mantes et ensuite la grande route de Caen. (Poste aux lettres de Mantes.)

BUHY, village, département de Seine-et-Oise, arrondissement de Mantes, canton de Magny, ci-devant province de l'Ile de France, dans le Vexin, et diocèse de Rouen. Sa population est d'environ 300 habitans avec le hameau *du Buchet.*

M. le duc de Caylus, pair de France, est propriétaire du château et d'un grand parc bien boisé, dont une partie est distribuée à l'anglaise ; la grande route de Paris à Rouen passe à côté. Ce château, bâti avec beaucoup de soin par le fameux Duplessis Morney, appelé le Pape des huguenots, était orné dans ses frises, d'armes et d'une quantité de chiffres et de devises en l'honneur de l'immortel Henri IV. Pendant le règne de la terreur, tous ces ornemens ont été effacés ou brisés.

Les productions du terroir sont en grains, une partie est en prairies et bois.

Le village de Buhy est à demi-lieue vers le S. E. de Saint-Clair, et 2 lieues vers le N. O. de Magny ; sa distance de Paris est à 16 lieues au N. O. par la route de Rouen. (Poste aux lettres de Magny.)

BUISSON (LE), château. *Voyez* LÉSIGNY.

BUISSON (LE), château. *Voyez* CHAMPCUEIL.

BUISSON (LE), maison de campagne. *Voyez* CHAILLY-EN-BRIE.

BULLES, village, anciennement ville, département de l'Oise, arrondissement et canton de Clermont - Oise, ci-devant province de l'Ile de France, et diocèse de Beauvais. Sa population est d'environ 1,000 habitans, y compris les hameaux de *l'Orteil, Monceaux*, les maisons isolées de *Forderaine, la Chapelle* et le moulin de *Sainte-Fontaine.* La filature du lin est une des principales occupations des habitans, et les toiles dites mi-hollande qui s'y fabriquent sont très-estimées. Il s'y tient tous les ans une foire le jour du vendredi saint, et un marché le vendredi de chaque semaine.

Le terroir est en labour et prairies, une partie est en bois. Le village de Bulles est dans une vallée, sur la petite rivière de *Brèche*, qui fait tourner un moulin à farines et un à huile, à 3 lieues au N. O. de Clermont, et 2 et demie au S. E. de Saint-Just ; sa distance de Paris est de 17 lieues au N., par Clermont et la grande route d'Amiens. (Poste aux lettres de Clermont-Oise.)

BULLION, village, département de Seine-et-Marne, arrondissement de Rambouillet, canton de Dourdan (Nord), ci-devant province de l'Ile de France, dans le Hurepoix, et diocèse de Chartres. Il compose une commune de 7 à 800 habitans, avec les hameaux de *Moutier*, *Longchêne*, *des Carnaux*, *des Valentins* et *de Ronqueux* où l'on trouve un ancien fief. La ferme de l'*Erable*, plusieurs moulins et autres habitations isolées, sous diverses dénominations, en font également partie.

Le terroir est en terres labourables, prairies et beaucoup de bois. Il y existe une tuilerie nommée *Guédane*.

Le village de Bullion est à 2 lieues et demie au N. de Dourdan; sa distance de Paris, est de 9 lieues un quart au S. O. par Bonnelles et l'ancienne route de Chartres. (Poste aux lettres de Limours.)

BUNO, village, département de Seine-et-Oise, arrondissement d'Etampes, canton de Milly, ci-devant province de l'Ile de France, dans le Gatinais, et diocèse de Sens. Il forme, avec l'ancienne paroisse de *Bonnevaux*, les hameaux de *Chantambre*, *Mézières* et la ferme de *la Brosse*, une commune d'environ 570 habitans.

Il y existe trois anciens fiefs, dont les maisons par leur construction et leurs dépendances se font distinguer des autres.

Le terroir est en labour, chenevières, prairies et bois. La rivière d'*Essonnes* y fait tourner trois moulins à grains.

Le village de Buno est à 2 lieues au S. O. de Milly, et 2 au N. de Malesherbes; sa distance de Paris est de 14 lieues au S., par la Ferté-Alais, Arpajon et la grande route d'Orléans. (Poste aux lettres de Milly.)

BURE, hameau et maison de campagne. *Voyez* Morainvilliers.

BURES, village, département de Seine-et-Oise, arrondissement de Versailles, canton de Palaiseau, ci-devant province de l'Ile de France, et diocèse de Paris. Sa population est d'environ 350 habitans, avec les hameaux des *Grand et Petit Ménil*, *Montjay*, *la Guyonnerie*, et plusieurs habitations isolées, sous diverses dénominations.

La terre de Bures est une ancienne seigneurie. Les principaux fiefs qui en dépendaient étaient les Grand et Petit Ménil, et Montjay. Elle a appartenu au cardinal de Meudon, qui la donna à sa nièce, la duchesse d'Etampes, maîtresse de François Ier. Ce château n'est plus qu'une ferme appartenant à M. le Paige, chevalier de Saint-Louis.

Le château du Grand-Ménil,

dont feu M. Fauchard de Grand-Mènil, un des premiers acteurs du Théâtre Français, était propriétaire, réunit des jardins remarquables par leur distributions les bosquets et les pièces d'eau qui y ont leurs sources. On y voit un charme d'environ 200 ans, entre les branches duquel est un salon de verdure, où l'on pourrait placer une table de 20 couverts, avec l'espace nécessaire pour le service.

Le château de Montjay est ancien; il est situé sur une éminence qui offre une vue des plus pittoresques. L'habitation en est très-agréable, et appartient à M. Bochart de Saron.

Parmi les autres habitations écartées est la maison de campagne du *Petit Launay*, dont M. Puissant est propriétaire. Cette maison est située sur l'ancienne route de Paris à Chartres.

Le terroir est en terres labourables, prairies et bois. Le village de Bures est dans une vallée, sur la petite rivière d'*Yvette*, qui fait tourner deux moulins, et sur l'une des routes de Chevreuse à Paris, à une lieue et demie au S. O. de Palaiseau; sa distance de Paris est de 6 lieues au S. O., par cette route qui joint l'ancienne route de Chartres près Orsay. (Poste aux lettres de Palaiseau.)

BURY, village, département de l'Oise, arrondissement de Clermont-Oise, canton de Mouy, ci-devant province de l'Île de France et diocèse de Beauvais. Sa population est d'environ 1,200 habitans, en y comprenant les hameaux de *Mérard*, *Boissicour*, *Brivois*, *Saint-Claude*, et partie de celui *de Moineau*.

Son terroir est en labour, prairies et bois. Sur un bras de la rivière *du Thérain* sont deux moulins, dont l'un nommé le *Fossé l'Evêque*. Ce terroir renferme aussi des carrières de pierres dures et de pierre de taille. Le village de Bury est sur la rivière du Thérain, à une demi-lieue vers l'E de Mouy; sa distance de Paris est de 13 lieues au N., par différens chemins joignant la route de Beauvais; on peut prendre aussi par Précy-sur-Oise, Viarmes et la chaussée qui aboutit près Moisselles à la même route de Beauvais. (Poste aux lettres de Clermont-Oise.)

BURY, maison de campagne, ancien fief. *Voy.* MARGENCY.

BUS (LE), village, département de l'Eure, arrondissement des Andelys, canton d'Ecos, ci-devant province de Normandie dans le Vexin, et diocèse de Rouen. Sa population est d'environ 270 habitans, avec le hameau de *Saint-Remy*.

Une abbaye de religieuses

de l'ordre de Cîteaux, dite *du Trésor*, existait dans cette commune avant la révolution. Elle a été détruite; et les bâtimens restant composent une ferme dont dépend un grand enclos dans lequel se trouvent une belle pièce d'eau et un moulin à farines.

Le terroir est en labour, prairies et bois. Le village du Bus est à une demi-lieue vers le S. d'Ecos, et 2 lieues et demie au N. E. de Vernon; sa distance de Paris est de 17 lieues et demie vers le N. O., par Magny et la grande route de Rouen. (Poste aux lettres de Vernon.)

BUSSIÈRES, village, département de Seine-et-Marne, arrondissement de Meaux, canton de la Ferté sous-Jouarre, ci-devant province de l'Ile de France dans la Brie, et diocèse de Meaux. Sa population est d'environ 370 habitans, avec les hameaux de *Bois-Martin*, *Fontaine d'Ain*, *des Moulins*, *de Charosse* et *de Busserolles*; l'ancien fief de *Séricourt* en fait aussi partie.

Le terroir est en terres labourables, en vignes et en bois. Un *ru* fait tourner un moulin au hameau des Moulins. Le village de Bussières est sur la route de Paris à Montmirail, à 2 lieues vers l'E. de la Ferté; sa distance de Paris est de 16 lieues et demie à l'E., par cette route qui joint, près la Ferté, la grande route d'Allemagne.

(Poste aux lettres de la Ferté-sous-Jouarre.)

BUSSY - SAINT - GEORGES, village, département de Seine-et-Marne, arrondissement de Meaux, canton de Lagny, ci-devant province de l'Ile de France, et diocèse de Paris. Sa population est d'environ 550 habitans, y compris la ferme du *Génitoire*, ci-devant château, et deux autres fermes, l'une nommée *Violaine*, et l'autre, *la Jonchère*.

Les principales productions du terroir sont en grains, une partie est en bois. Le village de Bussy-Saint-Georges est à une lieue au S. de Lagny, et distant de 6 à l'E. de Paris, par une route qui passe à Brie-sur-Marne et Vincennes. (Poste aux lettres de Lagny.)

BUSSY-SAINT-MARTIN, village, département de Seine-et-Marne, arrondissement de Meaux, canton de Lagny, ci-devant province de l'Ile de France, et diocèse de Paris. Sa population est d'environ 200 habitans, avec le hameau et le château de *Rentilly*.

Le château de Rentilly est situé à mi-côte, dans une position riante; il jouit d'une vue aussi agréable qu'étendue, sur la vallée de la Marne. Il a été reconstruit dans le goût le plus moderne à l'italienne, par feu M. de Thomé, ancien maréchal-de-camp. Le parc, régulièrement planté, contient environ 100 arpens et de beaux bois de haute futaie.

Dans les dépendances de ce château est la ferme, dite de *Saint-Germain-des-Noyers*, seul reste d'un village, anciennement considérable, qui avait encore une paroisse à l'époque de la révolution : elle fut supprimée.

Les productions du terroir de cette commune sont en grains et bois. Le village de Bussy-Saint-Martin est près celui de Bussy-Saint-Georges, à trois quarts de lieue au S. de Lagny, et distant de 6 lieues à l'E. de Paris, par une route qui passe à Brie-sur-Marne et Vincennes. (Poste aux lettres de Lagny.)

BUTARD (LE), maison de rendez-vous de chasse. *Voyez* LA CELLE-LES-SAINT-CLOUD.

BUTHIERS, village, département de Seine-et-Marne, arrondissement de Fontainebleau, canton de la Chapelle-la-Reine, ci-devant province de l'Ile de France, dans le Gatinais, et diocèse de Sens. Sa population est d'environ 200 habitans, avec les hameaux d'*Auxy* et de *Ronceveaux*.

Les productions du terroir sont en grains et chanvre, une partie est en prairies. Le village de Buthiers est sur une côte que borde la petite rivière d'*Essonnes*, près Malesherbes, à 2 lieues et demie vers l'O. de la Chapelle ; sa distance de Pa-

ris est de 19 lieues et demie au S., par Fontainebleau et la grande route de Lyon. (Poste aux lettres de Malesherbes.)

BUTTE (LA), ancien fief. *Voyez* GUILLERVAL.

BUY, ancienne annexe. *Voyez* MORIENVAL.

BUZAGNY, ancien fief. *Voyez* OSNY.

BUZANVAL, château. *Voyez* RUEIL.

BYCK, château. *Voyez* THOMERY.

C.

CACHANT, hameau et belles maisons de campagne. *Voyez* ARCUEIL.

CAILLOUET, ci-devant couvent de Trinitaires. *Voyez* CHAUMONT-OISE.

CAMALDULES (LES), ancien couvent. *Voyez* YERRES.

CAMBRONNE, village, département de l'Oise, arrondissement de Clermont-Oise, canton de Mouy, ci-devant province de l'Ile de France, et diocèse de Beauvais. Sa population est de 5 à 600 habitans en y comprenant les hameaux d'*Ars*, de *Vaux*, *Despoilleux* et *des Carrières*.

Ce village est sur une éminence ; la construction du

clocher de l'église est remarquable ; il est en pierres et forme une pyramide octogone avec une flèche fort élevée, qui se voit de très-loin.

Madame Villain-Moisnel-de-Vaux, est propriétaire à Vaux, d'une maison de campagne et d'un parc où se trouvent trois bassins, dont deux ont des jets d'eau.

Le terroir de cette commune est en labour, une petite partie est en bois et vignes, les fruits y sont abondans.

Le village de Cambronne est à 1 lieue un quart à l'E. de Mouy, 1 un quart au S. de Clermont; sa distance de Paris est de 13 lieues et demie au N. par la grande route d'Amiens. (Poste aux lettres de Clermont-Oise.)

CANETTECOURT, hameau et château. *Voy.* Breuil-le-Vert.

CANLY, village, département de l'Oise, arrondissement de Compiègne, canton d'Estrées - Saint - Denis, ci-devant province de l'Ile de France, et diocèse de Beauvais. Sa population est de 6 à 700 habitans. La ferme *de Villarceau* est dans ses dépendances.

Les principales productions du terroir sont en grains, une partie est en bois; on y trouve une tuilerie. Ce village est à 2 lieues au S. E. d'Estrées-Saint-Denis, et 2 et demie au S. O. de Compiègne; sa distance de

Paris est de 16 lieues vers le N. E. par la route de Flandre. (Poste aux lettres de Compiègne.)

CAPPY, château. *Voyez* Saint-Vaast-de-Longmont.

CARNETIN, village, département de Seine-et-Marne, arrondissement de Meaux, canton de Claye, ci-devant province de l'Ile de France, dans la Brie, et diocèse de Meaux. Sa population est d'environ 240 habitans.

Il est situé sur une éminence près la rive droite de la Marne. Le château appartient à M. Versial.

La plus grande partie du terroir est en vignes. On y trouve des carrières et fours à plâtre. Ce village est à 1 lieue un quart au S. de Claye, et distant de 6 et demie à l'E. de Paris, par Pomponne et la route de Coulommiers. (Poste aux lettres de Lagny.)

CARRIERES-LES-POISSY, village, département de Seine-et-Oise, arrondissement de Versailles, canton de Poissy, ci-devant province de l'Ile de France, et diocèse de Rouen. Sa population est d'environ 450 habitans. Il y a plusieurs maisons de campagne et quelques habitations isolées.

Le château nommé *Champ-Fleuri*, situé sur la rive droite de la *Seine*, appartient à madame la comtesse de Boisgelin.

Le parc, enclos de murs, contient environ 100 arpens : les points de vue en sont très-beaux.

La partie principale du terroir est en vignes. Ce village est à une demi-lieue au N. E. de Poissy, et 5 lieues trois quarts à l'O. de Paris, par Poissy, et la grande route qui passe à Saint - Germain - en - Laye. (Poste aux lettres de Poissy.)

CARRIÈRES-SAINT-DE-NIS, village, département de Seine-et-Oise, arrondissement de Versailles, canton d'Argenteuil, ci-devant province de l'Ile de France, et diocèse de Paris. Sa population est d'environ 900 habitans. C'était, dans l'ancien régime, une annexe de la paroisse de *Houilles.* reste de château

Ce village est situé sur la pente de l'une des collines qui bordent la rive droite de la *Seine.* Son nom lui vient des *carrières* de pierre à bâtir que l'on en extrait. On y voit plusieurs maisons de campagne. La principale culture du terroir est en vignes.

Carrières est à 1 lieue et demie au S. O. d'Argenteuil, et distant de 3 et demie au N. O. de Paris, par Châtou, et la grande route, qui passe à Nanterre. (Poste aux lettres de Châtou.)

CARROIS , ancienne paroisse et château. *V.* BAILLY-CARROIS.

CASSAN , jolie maison de campagne. *Voyez* L'ILE-ADAM.

CASSEAUX (LES), hameau et maison de campagne. *Voyez* VILLEBON.

CATENOY, village, département de l'Oise, arrondissement de Clermont-Oise, canton de Liancourt , ci-devant province de l'Ile de France, et diocèse de Beauvais. Sa population est de 6 à 700 habitans , en y comprenant les hameaux de *Visigneux* et de *Villers* qui y tiennent, et ceux de *Luchy* et *Courcelles.*

Le hameau de Courcelles est dans une fort belle situation, au pied d'une montagne, et communique à Liancourt par une chaussée; on y voit trois maisons, que leur construction et leurs accessoires font principalement remarquer , sur-tout celle dont M. le comte Gaétan de la Rochefoucauld est propriétaire.

Les principales productions du terroir sont en grains, une petite partie est en bois. Les pois de primeur qui se transportent particulièrement à Beauvais, Breteuil, Montdidier et Compiègne, forme un objet particulier de culture.

Le village de Catenoy est à 1 lieue et demie vers le N. E. de Liancourt, 1 lieue trois quarts à l'E. de Clermont, et distant de 14 et demie au N. de Paris , par Liancourt et la grande route d'Amiens. (Poste aux lettres de Clermont.)

CAUFFRY, village, département de l'Oise, arrondissement de Clermont-Oise, canton de Liancourt, ci-devant province de l'Ile de France, et diocèse de Beauvais. Sa population est d'environ 320 habitans avec le hameau de *Souteraine.*

Les productions du terroir sont en grains, une partie est en prairies et vignes. La petite rivière de *Brèche* y fait tourner deux moulins à farines à deux roues; l'un de ces moulins est occupé pour l'approvisionnement de Paris.

Le village de Cauffry est près de la grande route de Paris à Amiens, à une demi-lieue au S. O. de Liancourt, et 1 lieue trois quarts au N. de Creil; sa distance de Paris est de 11 lieues et demie au N. par cette route d'Amiens. (Poste aux lettres de Creil.)

CAUVIGNY, village, département de l'Oise, arrondissement de Beauvais, canton de Noailles, ci-devant province de l'Ile de France, et diocèse de Beauvais. Il forme, avec les hameaux de *Fayel, Bonvillers, Fercourt* et *Château rouge,* une population d'environ 1,000 habitans.

M. l'abbé Dufayel est propriétaire de l'ancienne maison seigneuriale du Fayel, où il se trouve encore une autre maison de campagne.

Les principales productions du terroir sont en grains. Le village de Cauvigny est à 1 lieue un quart au S. E. de Noailles, et 1 lieue un quart au S. O. de Mouy; sa distance de Paris est de 12 lieues trois quarts au N., par un chemin qui aboutit à la route de Beauvais. (Poste aux lettres de Noailles.)

CELLE (LA), village, département de Seine-et-Marne, arrondissement et canton de Coulommiers, ci-devant province de l'Ile de France, dans la Brie, et diocèse de Meaux. Sa population est d'environ 1,200 habitans, en y comprenant beaucoup de hameaux, dont les principaux sont : *la Villeneuve, Courty en partie* et *Courbon.*

Ce village est sur la pente d'une colline, au bas de laquelle coule *le Grand Morin.* On y voit les ruines de l'église et des bâtimens d'un monastère qui existait avant la révolution. Une communauté de Missionnaires avait succédée aux Bénédictins anglais qui y avaient été originairement établis.

Le terroir est en terres labourables, vignes et prairies. Le Morin y fait tourner deux moulins. La Celle est à 2 lieues à l'O. de Coulommiers; sa distance de Paris est de 12 lieues et demie à l'E. par la route de Coulommiers. (Poste aux lettres de Faremoutier.)

CELLE - LES - BORDES (LA), village, département de Seine-et-Oise, arrondissement de Rambouillet, canton de

Dourdan (Nord), ci-devant province de l'Ile de France, dans le Hurepoix, et diocèse de Paris. Les hameaux *des Bordes*, le plus considérable, *de la Villeneuve*, *du Maupas*, et plusieurs fermes et maisons isolées forment, avec ce village, une commune d'environ 700 habitans.

Le château de la Celle, dont madame d'Aloigny est propriétaire, a été bâti dans l'emplacement d'une ancienne cellule de saint Germain, d'où dérive le nom de *la Celle*. Au hameau des Bordes, est un autre vieux château, appartenant à M. Calès, maire du lieu.

Le terroir est en terres labourables, prairies et bois. M. Calès et le fermier d'une ferme dite *Champ-Houdry*, y entretiennent, chacun un troupeau de mérinos, de pure race; celui du fermier est très-nombreux.

Le village de la Celle-les-Bordes est situé dans une vallée proche la forêt des Ivelines, à 3 lieues au N. de Dourdan; sa distance de Paris est de 9 lieues et demie au S. O. par Bonnelles et l'ancienne route de Chartres. (Poste aux lettres de Rambouillet.)

CELLE-LES-St.-CLOUD (LA), village, département de Seine-et-Oise, arrondissement de Versailles, canton de Marly-le-Roi, ci-devant province de l'Ile de France, et diocèse de Paris. Sa population est d'environ 450 habitans, en y comprenant le hameau des *Gressets*, *le Rendez-vous des Chasses* dit *le Butard*, la belle maison de *Beauregard*, et autres habitations isolées sous diverses dénominations.

Ce village tire son origine et son nom de *Saint-Clodoalde* ou *Saint-Cloud*. Ce saint avait établi son ermitage et sa cellule au lieu même où est aujourd'hui l'église. On disait alors: *Cella sancti Clodoaldi*, qu'on a traduit par *la Celle-Saint-Cloud*.

On y voit un château dont les constructions successives ont encore été augmentées par les soins de M. le duc de la Rochefoucauld, sous Louis XIV, et par les ordres de madame de Pompadour, sous Louis XV. M. Morel de Vindé, pair de France, qui en est actuellement propriétaire, y possède un superbe troupeau de mérinos, dont tous les sujets ont été fournis par ceux de Rambouillet et de Malmaison.

Le terroir de cette commune est en petite culture; une partie est en vignes et en bois. Il abonde en fruits de toute espèce, et il y a beaucoup de châtaigniers.

Le village de la Celle est à 1 lieue au S. E. de Marly, trois quarts de lieue au N. de Versailles, et distant de 3 lieues et demie à l'O. de Paris, par la route de Saint-Germain-en-Laye. (Poste aux lettres de

Versailles ou de Saint-Germain-en-Laye.)

CELLE - SOUS - MORET (LA), village, département de Seine-et-Marne, arrondissement de Fontainebleau, canton de Moret, ci-devant province de l'Ile de France, dans la Brie, et diocèse de Sens. Sa population est d'environ 250 habitans, en y comprenant le hameau de *la Turelle* et le château de *Graville*.

Le village de la Celle est sur la rive droite de la *Seine*. Le château de Graville, très-ancien et entouré de bois, a été habité par Henri IV, lorsqu'il appartenait à mademoiselle de Balzac d'Antraigues. On y voit encore, dans l'une des chambres que ce monarque occupait, les débris de son lit et quelques vieux meubles à son usage. La fontaine qu'on y voit se nomme la Fontaine de Henri IV.

M. le marquis d'Orvilliers, pair de France, propriétaire de ce château, a fait construire deux ailes qui servent de bergeries au superbe troupeau de mérinos de pure race qu'il possède.

Le terroir de cette commune est en terres labourables, prairies, vignes et bois. Le village de la Celle est à une demi-lieue au N. de Moret, et 2 lieues et demie à l'E. de Fontainebleau; sa distance de Paris est de 16 lieues entre le S. et le S. E., par Fontaine-

bleau et la route de Lyon. (Poste aux lettres de Moret.)

CELY, village, département de Seine-et-Marne, arrondissement de Melun, canton de Melun (Sud), ci-devant province de l'Ile de France, dans le Gatinais, et diocèse de Sens. Sa population est d'environ 500 habitans. Il a une demi-lieue de longueur et ne forme qu'une seule rue sur une petite rivière.

La terre de Cely avait le titre de comté, le château qu'a fait bâtir Jacques Cœur, en 1,400, est possédé depuis long-tems par la famille de M. le comte Eon de Cély, père de la propriétaire actuelle, madame la comtesse d'Astorg.

Ce château, remarquable par sa construction, est situé au milieu d'une vallée agréable. Les jardins et parc contenant environ 200 arpens enclos de murs, renferment des eaux très-limpides qui y entretiennent une fraîcheur et une verdure continuelle. On y voit une belle collection de plantes rares et d'arbres précieux.

Les principales productions du terroir sont en grains, une partie est en vignes; les cerises y sont très-estimées. Le village de Cely est à 3 lieues et demie vers le S. O. de Melun, et 3 et demie vers le N. O. de Fontainebleau; sa distance de Paris est de 11 lieues et demie par différens chemins joignant la grande route de Lyon. (Poste aux lettres de Ponthierry.)

CERÇAY, hameau et château. *Voyez* VILLECRESNE.

CERFROID, ci-devant chef-lieu de l'ordre des Trinitaires. *Voyez* MONTIGNY-L'ALLIER.

CERGY ou SERGY, village, département de Seine-et-Oise, arrondissement et canton de Pontoise, ci-devant province de l'Ile de France, dans le Vexin, et diocèse de Rouen. Sa population est d'environ 1,000 habitans, avec les hameaux de *Ham*, *Gency* et le *Marais de Sergy*; *les Clos-Billes*, maison de campagne, ci-devant fief, est située dans ce dernier hameau, près Vauréal.

Le terroir de cette commune est en terres labourables et en vignes. Le village de Cergy est sur la rive droite de *l'Oise*, que l'on passe sur un bac, à trois quarts de lieue à l'O. de Pontoise, et 7 trois quarts au N. O. de Paris par Pontoise et la grande route de Rouen. (Poste aux lettres de Pontoise.)

CERNAY, château, commanderie de l'ordre de Malte et maisons de campagne. *V.* ERMONT.

CERNAY - LA - VILLE, ou Sernay

village, département de Seine-et-Oise, arrondissement de Rambouillet, canton de Chevreuse, ci-devant province de l'Ile de France, dans le Hurepoix, et diocèse de Paris. Il forme une commune d'environ 500 habitans, avec les hameaux de *Vaux de Cernay*, *de la Galonnerie*, plusieurs fermes, moulins et autres habitations isolées. M. Deshayes est propriétaire du château.

Avant la révolution, il existait au Vaux de Cernay une abbaye d'hommes de l'ordre de Cîteaux. L'église et une partie des bâtimens ont été démolis : l'abbatiale, actuellement maison de campagne, fait partie de la commune d'Auffargis. *V.* AUFFARGIS.

Les principales productions du terroir sont en grains, une partie est en prairies. M. Chevallier, maire du lieu, y possède un beau troupeau de mérinos.

Le village de Cernay est à 1 lieue au S. O. de Chevreuse et 8 et demie au S. O. de Paris, par Chevreuse et l'une ou l'autre des routes indiquées à l'article de Chevreuse. (Poste aux lettres de Chevreuse.)

CERNY, village, département de Seine-et-Oise, arrondissement d'Etampes, canton de la Ferté-Alais, ci-devant province de l'Ile de France, et diocèse de Sens. Il forme une commune d'environ 800 habitans avec les hameaux de *Mont-Miraux*, *le Pont de Villiers*, *Orgemont*, *le château de Villiers*, *l'ancienne abbaye de religieuses de l'ordre de Citeaux du même nom*, l'ancien fief de *Presle*, celui de *Tanqueux*, et autres habitations isolées.

Le village de *Boissy-le-Cuté* était une annexe de cette paroisse. M. de Mirebeau possède à Cerny l'ancienne maison seigneuriale. Le château de Villiers était, avant, la révolution, une ancienne châtellenie, possédée depuis près de cinq siècles par les ancêtres de M. le comte Georges de Selves, propriétaire actuel. Il a été habité antérieurement par la reine Alix de Champagne, et a soutenu plusieurs siéges.

Le ci-devant fief de Presle est une maison de campagne dont la situation, près la petite rivière d'*Essonnes*, est très-agréable : elle appartient à l'ex-ministre Carnot. Le château de Tanqueux n'est plus qu'une ferme.

Les principales productions du terroir sont en grains; il y a beaucoup de bois; on y rencontre quantité de roches de grès.

Le village de Cerny est à une demi-lieue à l'O. de la Ferté-Alais, et 11 lieues au S. de Paris, par Arpajon et la grande route d'Orléans. (Poste aux lettres de la Ferté-Alais.)

CESSON, village, dépar-tement de Seine-et-Marne, arrondissement et canton de Melun, ci-devant province de l'Ile de France dans la Brie, et diocèse de Sens. Sa population est d'environ 360 habitans, y compris les hameaux de *Saint-Leu* et *Vernaux*.

Presque tout le terroir de cette commune est en terres labourables, une petite partie est en bois. On y trouve deux fabriques de tuiles, briques et carreaux très-estimés.

Le village de Cesson est à une lieue et demie au N. O. de Melun; sa distance de Paris est de 8 lieues trois quarts au S. E., par la grande route de Lyon. (Poste aux lettres de Melun.)

CHAALIS, ci-devant ab-baye d'hommes de l'ordre de Citeaux, dans les dépendances de la commune, et à une demi-lieue de Fontaine-les-Corps-Nuds, canton de Nan-teuil-le-Haudouin, arrondis-sement de Senlis, département de l'Oise, ci-devant diocèse de Senlis.

L'église et une partie des bâtimens du monastère, ont été démolis : l'élégance et le luxe de ceux qui faisaient partie du cloître, les ont fait conserver. M. Paris, propriétaire actuel, en fait un des plus beaux châ-teaux de cette contrée. D'autres bâtimens accessoires, et le ré-tablissement d'une chapelle, où le culte s'exerce volontairement par les ecclésiastiques des environs, ajoutent à l'agrément de cette habitation.

On remarque à l'entrée de la première cour un superbe moulin à deux roues, construit par les soins du même propriétaire, ainsi que les belles et nombreuses plantations exécutées par ses ordres dans l'étendue de ce domaine, en grande partie couvert de canaux, d'étangs et de bois. Il a fait en outre dessécher les marais des alentours par l'ouverture d'une nouvelle rivière.

Chaalis est dans une vallée, entre Ermenonville et Fontaine-les-Corps-Nuds, à 2 lieues au S. E. de Senlis; sa distance de Paris est de 10 lieues au N. E., par une chaussée joignant la grande route de Flandre. (Poste aux lettres de Senlis.)

CHAIGNES, village, département de l'Eure, arrondissement d'Evreux, canton de Pacy-sur-Eure, ci-devant province de l'Ile de France, et diocèse d'Evreux. Sa population est d'environ 140 habitans, y compris le hameau des Fereys et autres habitations isolées.

M. Jouanne de Saint-Accard, maire du lieu, est propriétaire d'une maison située à l'extrémité de ce village, et remarquable par sa construction et ses dépendances.

Les productions du terroir sont en grains. Chaignes est

peu éloigné de la grande route de Paris à Caen, à une lieue à l'E. de Pacy; sa distance de Paris est de 17 lieues entre l'O. et le N. O., par cette route de Caen. (Poste aux lettres de Pacy-sur-Eure.)

CHAIGNOLLES, petit village, département de l'Eure, arrondissement d'Evreux, canton de Pacy-sur-Eure, ci-devant province de l'Ile de France, et diocèse d'Evreux. Sa population n'est que d'environ 70 habitans. L'auberge, dite de Chaignolles, sur la grande route de Paris à Caen, en fait partie.

Le terroir de cette commune est tout en labour. Le village de Chaignolles est peu éloigné de cette route de Caen, à une lieue un quart à l'E. de Pacy; sa distance de Paris est de 17 lieues entre l'O. et le N. O., par cette même route. (Poste aux lettres de Pacy-sur-Eure.)

CHAILLY-en-Bière, village, département de Seine-et-Marne, arrondissement et canton de Melun (Sud), ci-devant province de l'Ile de France, et diocèse de Sens. Sa population est d'environ 800 habitans, avec les hameaux de Barbison et du Fay. Une brigade de gendarmerie y est en résidence.

Ce village, situé à l'extrémité d'une plaine, près de la forêt de Fontainebleau, est traversé par l'une des grandes routes de Paris à Lyon, Le château et le parc, précédés d'une belle avenue, appartiennent à mesdemoiselles Coste de Champeron.

Le terroir est en labour, une partie est en prairies artificielles, et il y a beaucoup de bois. Le village de Chailly est à 2 lieues un quart au N. O. de Fontainebleau, et 11 trois quarts entre le S. et le S. E. de Paris, par la grande route de Lyon. (Relais de poste aux chevaux; le bureau de la poste aux lettres est à Ponthierry.)

CHAILLY - en - Brie, village, département de Seine-et-Marne, arrondissement et canton de Coulommiers, ci-devant province de l'Ile de France, dans la Brie, et diocèse de Meaux. Sa population est d'environ 700 habitans, en y comprenant les hameaux de *Challois*, *du Martroy*, *de la Brétonnière*, *du Buisson*, et autres, avec plusieurs fermes et habitations à l'écart.

Ce village est traversé par la route de Coulommiers à Sézanne. L'ancien fief de *Voisin* appartient à M^e veuve Granet. Le domaine de la Brétonnière renferme une maison de campagne et un jardin à l'anglaise planté d'arbres d'ornement et d'un bel effet.

Des sources abondantes alimentent des jets d'eau, et une rivière qui serpente au travers de fabriques nombreuses, de kiosques, grottes, ponts, etc.;

un potager et un verger tiennent à ce jardin; tout l'ensemble est terminé par un parc de 200 arpens.

La situation de cette terre, à mi-côte, offre des sites variés et des vues pittoresques qui ajoutent à l'agrément de ce séjour. M. le chevalier Géoffroy-Saint-Hilaire, membre de l'institut, est propriétaire. Une autre maison de campagne fait partie du hameau du Buisson.

Le terroir de cette commune est en terres labourables, vignes, bois et étangs. Deux moulins, se trouvent sur le *Morin*. Le village de Chailly est à une lieue vers le S. E. de Coulommiers, et 15 à l'E de Paris, par Coulommiers et la grande route qui passe à Lagny. (Poste aux lettres de Coulommiers.)

CHAIR-AUX-GENS (la), hameau et manufacture de Bufles. *V.* Jouy-sur-Morin.

CHÁLENDOS, château. *Voyez* Saint-Siméon.

CHALENDRAY, hameau et maison de campagne sur l'une des routes de Paris à Lyon. *Voyez* Montgéron.

CHALIFERT, village, département de Seine-et-Marne, arrondissement de Meaux, canton de Lagny, ci-devant province de l'Ile de France dans la Brie, et diocèse de Meaux. Sa population est d'environ 500 habitans. M. Labour,

maire du lieu, est propriétaire du château situé sur l'une
des collines qui bordent la
rive gauche de la *Marne*.

Le terroir de cette commune
est en terres labourables, une
partie est en vignes et bois; l'on
y recueille beaucoup de fruits.

Le village de Chalifert est
proche la route de Coulommiers à Paris, à une lieue un
quart à l'E. de Lagny, et 7
trois quarts à l'E. de Paris, par
cette route. (Poste aux lettres
de Lagny.)

CHALO - SAINT - MARS ,
village, département de Seine-
et-Oise, arrondissement et canton d'Etampes, ci-devant province de l'Ile de France, dans
le Hurepoix, et diocèse de
Chartres. Il forme une population de 1,000 à 1,100 habitans, avec quantité de hameaux, parmi lesquels se trouvent d'anciens fiefs, fermes,
et autres habitations séparées
les unes des autres, sous diverses dénominations.

Les principaux de ces ha-
meaux sont : *le Tronchet*,
Longuetoise, *Boinville*, *Ob-
terre*, *Lavoie-Neuve*, *Beaumont*, *les Veaux*, *la Giton-
nière* et *le Sablon*.

M. le vicomte de Prunelé est
propriétaire du château de
Chalo - Saint - Mars ; celui de
Longuetoise appartient à M. He-
nin de Longuetoise , maire
de la commune ; et celui de
Boinville, à M. Bourgine père.
La construction moderne et la

situation du château de Boinville, entouré de belles plantations, en font un séjour très-
agréable.

Le terroir de cette commune
est en labour, prairies et bois;
on y cultive beaucoup de chanvres, et on y trouve deux tuileries et deux fours à chaux;
sept moulins à farines sur les
petites rivières de *l'Ouette* et
de *Chalouette*, servent en partie à l'approvisionnement de
Paris.

Le village de Chalo-Saint-
Mars est dans une vallée, à une
lieue et demie à l'O. d'Etampes et 13 et demie vers le S. de
Paris, par Etampes et la grande
route d'Orléans. (Poste aux
lettres d'Etampes.)

CHALOTERIE (la), mai-
son de campagne. *V*. CHATRES.

CHALOU-LA-REINE, vil-
lage, département de Seine-
et-Oise, arrondissement d'E-
tampes, canton de Méréville,
ci-devant province de l'Ile de
France, dans le Hurepoix, et
diocèse de Chartres. Il forme,
avec l'ancienne paroisse de
Moulineux et la ferme de
Clicheny, une commune d'environ 400 habitans.

Le terroir de cette commune
est en labour, petite partie en
prairies. Une source y remplit
un étang près duquel il se
trouve deux moulins à farines.
Le village de Chalou est à 2
lieues vers le N. O. de Méréville, et 2 et demie au S. O.

d'Etampes ; sa distance de Paris est de 15 lieues vers le S., par Etampes et la grande route d'Orléans. (Poste aux lettres d'Angerville.)

CHAMANT, village, département de l'Oise, arrondissement et canton de Senlis, ci-devant province de l'Ile de France, et diocèse de Senlis. Sa population est d'environ 340 habitans. Le château du *Plessis* et plusieurs maisons isolées entre la grande route de Paris à Compiègne, et la forêt d'*Hallatte* en font partie.

Ce château est entouré de belles et nombreuses plantations, que le propriétaire Lucien Bonaparte y a fait faire.

Les principales productions du terroir de cette commune sont en grains. Le ruisseau d'*Aunette* fait tourner un moulin.

Le village de Chamant est à une demi-lieue au N. E. de Senlis, et 10 lieues et demie au N. de Paris, par la grande route de Flandre. (Poste aux lettres de Senlis.)

CHAMARANDE, autrefois BONNES, village, département de Seine-et-Oise, arrondissement d'Etampes, canton de la Ferté-Alais, ci-devant province de l'Ile de France dans le Hurepoix, et diocèse de Sens. Sa population est d'environ 260 habitans, y compris quelques fermes et maisons isolées.

Le château, entouré de

fossés remplis d'eau vive, et un parc très-grand et fort beau, appartiennent à M. le marquis de Talaru, pair de France.

Les principales productions du terroir sont en grains, une partie est en prairies et bois. On y trouve une fabrique de tuiles, briques et carreaux.

Le village de Chamarande est proche la petite rivière de *Juine*, à 3 lieues à l'O. de la Ferté-Alais ; sa distance de Paris est de 9 lieues et demie au S., par la grande route d'Orléans. (Poste aux lettres d'Etréchy.)

CHAMBERGOT, hameau et château. *Voyez* NOISY-SUR-ECOLE.

CHAMBLY, petite ville, département de l'Oise, arrondissement de Senlis, canton de Neuilly-en-Thel, ci-devant province de l'Ile de France, et diocèse de Beauvais. Sa population est de 13 à 1,400 habitans, y compris les hameaux du *Ménil-Saint-Martin* et d'*Amblaincourt*, qui en font partie, ainsi que les châteaux *des Vosseaux* et *du Petit-Musc*, dont M. Duclas est propriétaire.

Cette petite ville, située à l'extrémité d'une plaine, est traversée par la grande route de Paris à Beauvais, et par la petite rivière dite le *Ru de Méru*, qui y fait tourner huit moulins à farines pour l'approvisionnement de Paris. C'était, dans l'ancien régime, le siége d'une châtellenie et d'un bailliage royal : il y a beaucoup de maisons de campagne. Une manufacture de tresses et lacets de soie, tresses d'or et d'argent, cordons et gances, y a été créée par son propriétaire, M. Dominique Bona. Les soies y sont ouvrées en tout genre.

Il se tient à Chambly deux foires par an, la première, le premier lundi de carême, et la seconde, le lundi après la Notre-Dame de septembre. Les marchés, qui ne consistent qu'en légumes, ont lieu les lundi, mercredi et samedi de chaque semaine.

Les principales productions du terroir sont en grains : on y trouve une tuilerie. Chambly est à une lieue au N. O. de Beaumont, et une et demie vers le S. de Neuilly-en-Thel; sa distance de Paris est de 8 lieues et demie par la route de Beauvais. (Bureau de poste aux lettres.)

CHAMBORS, village, département de l'Oise, arrondissement de Beauvais, canton de Chaumont-Oise, ci-devant province de l'Ile de France, dans le Vexin, et diocèse de Rouen. Sa population est d'environ 260 habitans. Il y avait anciennement un château divisé en plusieurs parties.

Son terroir est en labour, une partie en prairies et en bois; un ruisseau y fait tourner un moulin. Le village de Chambors est à une lieue au S. E. de Gisors, et une un quart à l'O. de Chaumont; sa distance de Paris est de 14 lieues et demie, par la route de Gisors, qui passe à Pontoise. (Poste aux lettres de Gisors, département de l'Eure.)

CHAMBORS (PETIT LE), hameau et maison de campagne sur la route de Paris à Orléans. *Voy.* CHATENAY-LES-BAGNEUX.

CHAMBOURCY, village, qui ne forme qu'une seule rue, département de Seine-et-Oise, arrondissement de Versailles, canton de Saint-Germain-en-Laye, ci-devant province de l'Ile de France, et diocèse de Chartres. Sa population est de 7 à 800 habitans, avec le hameau joignant, dit *la Bretonnière*, celui de *Montaigu*, qui en est séparé, et d'autres maisons écartées.

Ce village est situé à mi-côte, près la petite route de Mantes à Paris, et peu éloigné de la forêt de Saint-Germain. M. de Clédat est propriétaire du château et d'un parc, ainsi que de l'ancien fief des *Fournielles*.

L'ancienne abbaye de *Joyenval*, simple prieuré d'hommes de l'ordre de Prémontré, lors de sa suppression, faisait partie de cette commune. Il ne reste plus que quelques bâtimens du monastère et une ferme.

Le domaine de *Retz*, dit *le Désert*, contigu à la forêt de Marly, est l'une des habitations écartées du village : il renferme, dans une enceinte de 80 arpens, une tour tronquée d'une solidité à toute épreuve, dont la distribution très-singulière a été faite, vers l'an 1780, par M. Demonville. On y voit un pavillon chinois, diverses fabriques et de belles eaux.

Le terroir est en terres labourables, vignes et prairies artificielles. On y recueille beaucoup de fruits et de châtaignes.

Le village de Chambourcy est à une demi-lieue au S. de Poissy, une lieue à l'O. de Saint-Germain, et distant de 5 à l'O. de Paris, par Saint-Germain et la grande route. (Poste aux lettres de Poissy.)

CHAMBRE - FONTAINE , ci-devant abbaye d'hommes de l'ordre de Prémontré. *Voyez* Cuisy.

CHAMBRY, village, département de Seine - et - Marne, arrondissement et canton de Meaux, ci-devant province de l'Ile de France, et diocèse de Meaux. Sa population est d'environ 800 habitans ; les hameaux de *Mansigny* et d'*Automne*, avec la ferme de *Dampléger*, en font partie, ainsi que la maison de campagne d'Automne, ancien fief seigneurial, dont madame Decan est propriétaire.

Son terroir est en terres labourables, une petite partie est en vignes. Ce village est à une lieue au N. de Meaux, et 11 à l'E. de Paris, par Meaux et la grande route d'Allemagne. (Poste aux lettres de Meaux.)

CHAMICY , ancienne annexe. *Voyez* Russy.

CHAMIGNY, village sur la rive droite de la *Marne*, département de Seine-et-Marne, arrondissement de Meaux, canton de la Ferté-sous-Jouarre, ci-devant province de l'Ile de France, dans la Brie, et diocèse de Meaux. Sa population est d'environ 900 habitans, en y comprenant les hameaux de *Tanqueux*, *Vaux - Rouget*, *Sabarois*, *Beanval* en partie, plusieurs fermes et autres habitations écartées.

M. Courtin, comte d'Ussy, est propriétaire du château de Tanqueux, dont le site est l'un des plus beaux de cette contrée. Le parc, clos de murs et de la contenance d'environ 50 arpens, est bordé par la Marne. Il renferme une très-joli jardin à l'anglaise, dans lequel serpente une rivière formée de sources qui s'y trouvent.

Quelques fabriques artistement placées produisent un effet pittoresque, qui ajoute à l'agrément de ce séjour.

Le château du *Saussoy*, à

un quart de lieue du village, est aussi dans une belle position, sur la même rive droite de la Marne. On y arrive par une route plantée d'ormes, en traversant le paysage le plus riant. La maison d'habitation est, entre cour et jardin, au pied d'un côteau, qui la met à l'abri des vents du nord et lui donne, dans l'hiver, la température des pays méridionaux ; une garenne est au dessus, et offre les plus beaux points de vue sur la vallée, et une île formée par la rivière, font partie de ce domaine, dont M. le chevalier Malatret est propriétaire.

Le château de *Rouge-Bourse*, près la grande route de Paris en Allemagne, fait partie de la même commune.

L'ancien fief de *la Gode*, actuellement simple maison de campagne, est situé dans le hameau de Vaux.

Le terroir de Chamigny est en terres labourables, en vignes et en bois, une petite partie est en prairies. Ce village est à trois quarts de lieue vers le Nord de la Ferté, et 13 lieues un quart à l'E. de Paris, par la Ferté et la grande route d'Allemagne. (Poste aux lettres de la Ferté-sous-Jouarre.)

CHAMOUX, hameau et maison de campagne. *Voyez* SAINTE-AUDE.

CHAMPAGNE, village, département de Seine-et-Oise,
arrondissement de Pontoise, canton de l'Ile-Adam, ci-devant province de l'Ile de France, et diocèse de Beauvais. Sa population est de 6 à 700 habitans, y compris le hameaux de *Vaux*. Deux maisons de campagne s'y remarquent, l'une, ci-devant seigneuriale, appartenant à M. le baron de Perthuis, et l'autre, connue sous le nom de fief de *Montigny-le-Roi*. Il en existe une troisième au hameau de Vaux.

Le terroir est en labour, en vignes et en bois. On y trouve des carrières de pierre de taille et moellons. Le village est à trois quarts de lieue au N. de l'Ile-Adam, et 8 lieues un quart au N. de Paris par l'Ile-Adam, et une chaussée joignant la grande route de Beauvais. (Poste aux lettres de Beaumont.)

CHAMPAGNE, village, département de Seine-et-Marne, arrondissement de Fontainebleau, canton de Moret, ci-devant province de l'Ile de France, dans la Brie, et diocèse de Sens. Sa population est d'environ 480 habitans. La principale culture de son terroir est en vignes. Il est entouré de bois.

Ce village est sur la rive droite de *la Seine*, où il se trouve un port, à trois quarts de lieues au N. de Moret ; sa distance de Paris est de 15 lieues trois quarts entre le S.

et le S. E., par Fontainebleau et la grande route de Lyon. (Poste aux lettres de Moret.)

CHAMPAGNE, village, département d'Eure-et-Loir, arrondissement de Dreux, canton d'Anet, ci-devant province de l'Ile de France dans le pays Chartrain, et diocèse de Chartres. Sa population est d'environ 120 habitans. Toutes les productions de son terroir sont en grains.

Ce village est à une lieue au S. O. de Houdan, et 3 et demie vers le S. E. d'Anet; sa distance de Paris est de 14 lieues à l'O., par Houdan et la grande route de Brest. (Poste aux lettres de Houdan.)

CHAMPCEUIL, village, département de Seine-et-Oise, arrondissement et canton de Corbeil, ci-devant province de l'Ile de France, et diocèse de Sens. Il forme une commune de 6 à 700 habitans, avec les hameaux de *Beauvais, Loudeville* et le château *du Buisson,* qui appartient à madame de Rives. Plusieurs fermes et maisons isolées en font également partie.

M. de Mande possède, à Champceuil, une belle maison de campagne ; ses dépendances sont peu étendues.

Le terroir est en labour et en bois. Ce village est à 2 lieues et demie au S. de Corbeil; sa distance de Paris est de 9 lieues et demie, au S. par la route de Fontainebleau. (Poste aux lettres de Corbeil.)

CHAMPDEUIL , village , département de Seine-et-Marne, arrondissement de Melun, canton de Mormant, ci-devant province de l'Ile de France, dans la Brie , et diocèse de Sens. Sa population est d'environ 160 habitans , et sa situation dans une plaine. Les principales productions de son terroir sont en grains.

Ce village est à 5 lieues à l'O. de Mormant; sa distance de Paris est de 9 lieues et demie au S. E, par différens chemins joignant la route de Troyes. (Poste aux lettres de Guignes.)

CHAMPEAUX, bourg, département de Seine-et-Marne, arrondissement de Melun, canton de Mormant, ci-devant province de l'Ile de France, dans la Brie , et diocèse de Paris. Sa population est d'environ 460 habitans, y compris plusieurs fermes et autres habitations écartées.

Ce bourg , anciennement petite ville, renfermait une collégiale, qui, depuis la révolution, ne subsiste plus. L'église est remarquable par une belle tour carrée, et la délicatesse de son architecture. Les maisons de MM. Dufour et Villetard se font distinguer des autres par leur construction et leurs accessoires. Il se tient à Champeaux un marché le vendredi de chaque semaine, qui n'est pas bien considérable.

A un quart de lieue au S. de ce bourg est situé le château d'*Aunoy*, bâti il y a environ 80 ans, qui fait également partie de la commune. Il est à remarquer que dans sa construction, en mansarde, il n'est entré d'autres bois que ceux employés aux combles, portes et croisées; les gros murs et escaliers sont bâtis en grès, et les appartemens ceintrés en fer.

Le célèbre Gerbier a possédé cette terre, qu'il a embellie, et dans laquelle il a fait des dépenses considérables. Les potagers et les jardins anglais sont très-bien distribués. Le parc est entouré de murs et de fossés; il renferme des prairies, des vignes et des bois. Une source, sortant d'une grotte, alimente plusieurs pièces d'eau. Une belle avenue, de quatre rangées d'arbres, devant le château, aboutit à un bois de 80 arpens, bien percés. Madame de Lucenay est actuellement propriétaire de ce domaine.

Le terroir est en terres labourables et bois. On y trouve des carrières de pierre de mollière, et une fontaine, dite *Varvanne*, où l'eau est si abondante, qu'à 30 pieds de sa source elle fait tourner un moulin, et ensuite quatre autres dans l'espace d'une demi-lieue; deux de ces moulins sont sur la commune de Blandy. Le village de Champeaux

est à une lieue trois quarts vers le S. O. de Mormant, et 3 au N. E. de Melun; sa distance de Paris est de 12 lieues au S. E., par Andrezelles et une chaussée joignant la grande route de Troyes. (Poste aux lettres de Mormant.)

CHAMP-GUEFFIER (le), château. *Voyez* LA CHAPELLE-IGER.

CHAMPIGNOL, maison de campagne sur le bord de la *Marne. Voyez* SAINT - MAUR-LES-FOSSÉS.

CHAMPIGNY, village, département dè la Seine, arrondissement de Sceaux, canton de Charenton, ci-devant province de l'Ile de France, et diocèse de Paris. Sa population est d'environ 1,200 habitans, y compris différentes maisons isolées, sous diverses dénominations, parmi lesquelles se fait remarquer le domaine du *Tremblay*, dont M. Gillet est propriétaire. Le château a été détruit.

Ce village est traversé par la route de Rozay à Paris, près la rive gauche de la *Marne*. C'est la résidence d'une brigade de gendarmerie. On y voit plusieurs maisons de campagne. Le château de *Cneilly*, environné de bois, est dans ses dépendances; les jardins et le parc sont d'une grande étendue. Madame Hocquart, veuve de M. le Président de ce nom, à la ci-devant Cour des Aidés, en est propriétaire.

Les principales productions du terroir de cette commune sont en grains, une partie est en vignes et prairies; on y cultive beaucoup de pois. Il s'y trouve des carrières de pierre de diverses espèces, et des fours à chaux.

Le village de Champigny est à une lieue et demie à l'E. de Charenton, et distant de 3 à l'E. de Paris, par la route de Rozay, désignée ci-dessus, qui passe à Vincennes. (Poste aux lettres de la banlieue.)

CHAMPIGNY, ancienne paroisse. *Voyez* MORIGNY.

CHAMPIGNY, ancienne paroisse. *Voyez* CRISENOY.

CHAMPLAN, village, département de Seine-et-Oise; arrondissement de Corbeil, canton de Longjumeau, ci-devant province de l'Ile de France, et diocèse de Paris. Sa population est d'environ 500 habitans. Plusieurs maisons de campagne le rendent remarquable. Les principales productions de son terroir sont en grains.

Ce village est à une demi-lieue au N. E. de Longjumeau, près la rivière d'*Yvette* et distant de 4 un quart au S. de Paris, par une chaussée joignant la grande route d'Orléans. (Poste aux lettres de Longjumeau.)

CHAMPLATREUX, village, département de Seine-et-Oise, arrondissement de Pontoise, canton de Luzarches, ci-devant province de l'Ile de France, et diocèse de Paris, forme, avec la ci-devant paroisse d'*Epinay*, la ferme de *Trianon*, et quelques maisons isolées, une commune d'environ 150 habitans.

Ce village est sur la grande route de Paris à Amiens, et renferme l'un des plus beaux châteaux des environs de Paris, dont M. le comte Molé de Champlatreux, pair de France, petit-fils de M. le premier Président de ce nom au parlement de Paris, est propriétaire. La situation de ce château est sur une éminence; ses points de vue, son architecture, ses jardins, et tout ce qui fait l'ornement d'une grande habitation, sont également admirables.

Les principales productions du terroir de cette commune sont en grains, une petite partie est en bois. On y trouve des carrières et fours à plâtre.

Champlatreux est à trois quarts de lieue au S. de Luzarches, et distant de 5 lieues trois quarts au N. de Paris, par la route d'Amiens, désignée ci-dessus. (Poste aux lettres de Luzarches.)

CHAMP-MOTTEUX, village, département de Seine-et—Oise, arrondissement d'Etampes, canton de Milly, ci-devant province de l'Ile de

France, dans la Beauce , et diocèse de Sens. Sa population est d'environ 300 habitans. Le château de *Vignay*, situé à une demi-lieue, en fait partie.

Le chancelier de l'Hôpital a possédé la terre de Vignay. Il y est décédé, et son tombeau est placé dans une des chapelles de l'église paroissiale. C'était avant la révolution une baronie et le siége d'un baillage qui ressortissait nuement au parlement de Paris.

Le château est considérable et a été remis à neuf en 1786. Il renferme une chapelle ; et on y remarque une belle citerne. Le parc, de 60 arpens enclos de murs , est planté en grande partie en bois , et traversé en tous sens par de belles routes. M. le marquis de Bizement, membre de la Chambre des Députés , est propriétaire de ce château, ainsi que de celui de Gironville, qui en est éloigné de trois quarts de lieue. *Voyez.* GIRONVILLE.

Le terroir est en labour, une petite partie est en bois et en vignes. On y soigne beaucoup de mouches à miel, dont le produit est très-avantageux et le miel très-beau. Le village de Champ - Motteux est à 3 lieues vers le S. O. de Milly, et 2 vers le N. O. de Malesherbes ; sa distance de Paris est de 15 lieues et demie au S. E. par la grande route d'Orléans. On peut s'y rendre également par le chemin de la Ferté-

Alais. (Poste aux lettres de Malesherbes.)

CHAMPOTRAU , château. *Voyez* VAUDOY.

CHAMP - ROND , château sur les confins d'une plaine immense faisant partie de la commune de Saint - Hilaire, canton et arrondissement d'Etampes, département de Seine-et-Oise ; deux parcs tiennent à cette habitation , dont la vue est infiniment agréable par son étendue et sa variété.

Dans le plus grand de ces deux parcs, se trouvent les végétaux et plantes de pleine terre des quatre parties du monde, ainsi que des allées de cèdres du Liban, de sapins de Mélèzes , de pins , de cyprès , de chênes verts , de hêtres , etc.

Cette multitude d'arbres verds, dont la plupart sont résineux, y répand, particulièrement dans le printemps, une odeur forte et balsamique, qui ajoute encore à la salubrité de l'air. Aussi l'hiver ne s'y apperçoit guères que dans le tems des fortes neiges ou des longues gelées. Abrité des vents froids par sa position, on y voit des fleurs durant toute l'année. Ce parc fourmille, particulièrement dans le printems, d'un très-grand nombre d'oiseaux, dont quelques-uns de passage.

Ce domaine , appartenant à M. de Brun des Beaumes , chevalier de Saint-Louis, ancien major de cavalerie. Il est à 1 lieue et demie à l'O. d'Etampes, et 13 et demie vers le S. de Paris par Etampes et la grande route d'Orléans. (Poste aux lettres d'Etampes.)

CHAMP-ROSAY, hameau et maisons de campagne. *Voy.* DRAVEIL.

CHAMP-ROSE, vestiges d'un ancien château. *Voyez* LES CHAPELLES.

CHAMPSERU, village, département d'Eure-et-Loir, arrondissement de Chartres, canton d'Auneau, ci-devant généralité d'Orléans dans la Beauce, et diocèse de Chartres. Sa population est d'environ 300 habitans, avec les hameaux de *Loinville*, *Champ-Garnier* et *Pampole*.

Toutes les productions du terroir sont en grains. Ce village est à 1 lieue vers le S. de Gallardon et 2 un quart au N. O. d'Auneau; sa distance de Paris est de 16 lieues et demie au S. O. par l'ancienne route de Chartres. (Poste aux lettres de Gallardon.)

CHAMPS-SUR-MARNE, village, département de Seine-et-Marne, arrondissement de Meaux, canton de Lagny, ci-devant province de l'Ile de France, et diocèse de Paris. Sa population est d'environ 320 habitans.

A l'extrémité de ce village, situé sur l'une des collines qui bordent la *Marne*, est un beau château régulièrement bâti, dont les points de vue sont très-agréables. Les jardins et les parcs ne sont plus ce qu'ils étaient avant la révolution, une grande partie a été mise en culture. Ce domaine, appartient à M. le duc de Lévis, pair de France.

Le terroir est en terres labourables, vignes, prairies et bois. Champs est à 1 lieue trois quarts à l'O. de Lagny, et distant de 5 à l'E. de Paris, par Gournay, où l'on passe la Marne sur un bac, et la route de Coulommiers. (Poste aux lettres de Lagny.)

CHANGY, village, département de Seine - et - Marne, arrondissement de Meaux, canton de la Ferté-sous-Jouarre, ci-devant province de l'Ile de France, dans la Brie, et diocèse de Meaux. Sa population est d'environ 230 habitans. Son terroir est en labour et en vignes, une partie est en bois.

Le village de Changy est proche la rive droite de la Marne, que l'on passe sur un bac, à 2 lieues un quart à l'O. de la Ferté; sa distance de Paris est de 12 lieues un quart à l'E. par la grande route d'Allemagne. (Poste aux lettres de la Ferté-sous-Jouarre.)

CHANTELOUP, village,

département de Seine-et-Oise , arrondissement de Versailles , canton de Poissy, ci-devant province de l'Ile de France, et diocèse de Rouen. Sa population est d'environ 900 habitans. La majeure partie de son terroir est en vignes. On y trouve trois carrières et trois fours à plâtre.

Ce village, situé à mi-côte, est à 1 lieue un quart au N. de Poissy, et 6 et demie au N. O. de Paris, par Poissy, et la grande route qui passe à Saint-Germain-en-Laye. (Poste aux lettres de Poissy.)

CHANTELOUP, petit village, département de Seine-et-Marne , arrondissement de Meaux, canton de Lagny, ci-devant province de l'Ile de France, et diocèse de Paris. Sa population n'est que d'environ 80 habitans. Les productions de son terroir sont en grains et en bois ; on y rencontre un moulin sur un ruisseau.

Ce village est à trois quarts de lieue au S. E. de Lagny, et 7 lieues un quart à l'E. de Paris, par Lagny, et la grande route de Coulommiers. (Poste aux lettres de Lagny.)

CHANTELOUP, château. *Voyez* SAINT-GERMAIN-LES-ARPAJON.

CHANTE-MERLE, maison de campagne. *Voyez* MAISON-CELLES.

CHANTILLY, bourg traversé à son extrémité occidentale par la grande route de Paris à Amiens, département de l'Oise, arrondissement de Senlis, canton de Creil, ci-devant province de l'Ile de France, et diocèse de Senlis. Sa population est d'environ 1,800 habitans. C'est la résidence d'une brigade de gendarmerie.

M. le prince de Condé possède à Chantilly un vaste domaine. C'était, avant la révolution, une des plus belles habitations de la France, et même de l'Europe.

Tous les chefs-d'œuvre de la peinture, de la sculpture, de l'architecture, s'y trouvaient réunis. L'abondance des eaux, la belle disposition des jardins, la multitude des fabriques, l'île d'amour, l'orangerie, la galerie des cerfs, la faisanderie, le manège, les chenils, les écuries, enfin tous les genres de beautés renfermés dans un parc très-étendu, auquel aboutissait une immense forêt, en faisait un séjour enchanteur, y attiraient les voyageurs de tous les pays, et excitaient leur juste admiration ; mais ce qui en était encore plus digne, était l'urbanité et la politesse avec laquelle on recevait, par l'ordre du prince, tous ceux que la curiosité, l'amour des arts et le plaisir amenaient dans ce beau lieu.

Le château a été démoli, et

de tous les objets détaillés ci-dessus, la hache révolution-naire n'a épargné que le *Petit Château*, le château d'*Enghien* et les écuries, dont l'architecture hardie est un chef-d'œuvre. Aucun bâtiment de ce genre ne saurait être comparé à ce dernier édifice.

Le prince, dans le mois d'octobre 1816, aux approches de l'hiver, a ordonné des travaux considérables : 200 ouvriers y sont employés tous les jours, dans la seule intention de venir au secours des indigens.

Ce domaine, avant d'appartenir à la maison de Condé, avait été possédé par la maison d'Orgemont ; puis a passé à celle de Montmorency ; il faisait partie du duché de ce nom, qui fut donné par Louis XIII à madame la princesse de Condé, sœur de Henri de Montmorency.

En face des écuries est une pelouse assez vaste. Dans le bas du pays, sur le canal dit *le Mans*, formé par la rivière de *Nonette*, est une machine hydraulique, à l'aide de laquelle se remplit un réservoir placé au centre de cette pelouse. Ces eaux se répartissent tant dans les établissemens publics que dans les maisons particulières.

Chantilly renferme un hospice, dans lequel sont admis les vieillards, les enfans et les malades : on le doit à la bienfaisance de la maison de Condé, qui l'a fondé. L'administration

en a été rendue à M. le prince de Condé : neuf sœurs de la Charité le desservent.

L'industrie et le commerce de Chantilly consistent en diverses manufactures ; savoir : une manufacture de porcelaine, établie il y a près d'un siècle, à l'instar de celle de Sèvres, sous la protection de la maison de Condé. MM Chalot et Toussaint - Bougon en sont actuellement propriétaires.

Une filature de coton, tissage, blanchisserie et impression de toile sont établis, depuis 1807, dans l'ancien parc. L'habitation est extrêmement agréable et par le site et par les prairies environnantes, entrecoupées de canaux toujours remplis d'eau vive. Elle fait partie de la commune de *Saint-Maximin*.

Une manufacture de cardes pour les filatures de coton, laines, etc., est également établie à Chantilly par M. Metcalfe ; c'est la seule en France de ce genre, relativement à la qualité et à la beauté des produits.

Il s'y fabrique aussi des dentelles et des blondes estimées. MM. Moreau-de-Chantilly et Vandessel en tiennent des dépôts à Paris.

Il y a marché toutes les semaines, les mercredi, vendredi et dimanche.

Le bourg de Chantilly est à une lieue trois quarts au S. de Creil ; sa distance de Paris est de 9 lieues au N., par la route d'Amiens, désignée ci-dessus ; on compte 9 lieues et demie de poste. (Bureau de poste aux lettres, relais de poste aux chevaux et voitures publiques tous les jours pour Paris.)

CHANTOISEAU, maison de campagne. *V*. THOMERY.

CHAPELLE - D'AUNAIN-VILLE (LA), village, département d'Eure-et-Loir, arrondissement de Chartres, canton d'Auneau, ci-devant généralité d'Orléans, dans la Beauce, et diocèse de Chartres. Sa population est d'environ 330 habitans, avec les hameaux d'*Aunainville* et de *Dillonvilliers*.

Les productions du terroir de cette commune sont en grains, une petite partie est en bois. Le village de la Chapelle est à une lieue un quart entre le S. et le S. E. d'Auneau, et deux et demie au S. d'Ablis ; sa distance de Paris est de 16 lieues et demie vers le S. O., par Dourdan et une chaussée joignant l'ancienne route de Chartres ; on peut prendre également le chemin par Ablis. (Poste aux lettres de Gallardon.)

CHAPELLE-EN-SERVAL (LA), village sur la grande route de Paris en Flandre, département de l'Oise, arrondissement et canton de Senlis, ci-devant province de l'Ile de France, et diocèse de Senlis. Sa population est de 5 à 600 habitans. M. le comte de Biron, pair de France, est propriétaire du château.

Les productions du terroir de cette commune sont de médiocre valeur, une partie est en bois. On y trouve un four à chaux.

Le village de la Chapelle est à 2 lieues au S. de Senlis, et distant de 8 au N. de Paris, par la route de Flandre, désignée ci-dessus. On compte 9 lieues de poste. (Relais de poste aux chevaux. Le bureau de la poste aux lettres est à Senlis.)

CHAPELLE - EN - VEXIN (LA), village traversé par la grande route de Paris à Rouen, département de Seine-et-Oise, arrondissement de Mantes, canton de Magny, ci-devant province de l'Ile de France, dans le Vexin, et diocèse de Rouen. Sa population est d'environ 186 habitans. On remarque à son entrée et à sa sortie de très-beaux parapets plantés en ormes des deux côtés.

Les productions de son terroir sont en grains. Ce village est à une lieue un quart vers le N. O. de Magny ; sa distance de Paris est de 15 lieues un quart au N. O., par la route de Rouen. (Poste aux lettres de Magny.)

CHAPELLE-FORAINVIL-LIERS (LA), village, département d'Eure-et-Loir, arrondissement et canton de Dreux, ci-devant province de l'Ile de France, dans le pays Chartrain, et diocèse de Chartres. Sa population est d'environ 200 habitans, y compris le hameau de *Mérangles*.

Le terroir de cette commune est en labour et en vignes, une petite partie est en bosquets. Le village de la Chapelle est à 2 lieues et demie vers l'E. de Dreux, et 2 un quart au S. O. de Houdan; sa distance de Paris est de 15 lieues un quart vers l'O., par la grande route de Brest. (Poste aux lettres de Dreux.)

CHAPELLE-GAUTHIER

(LA), village, autrefois nommé LA CHAPELLE-THIBOUST-DE-BERRY, département de Seine-et-Marne, arrondissement de Melun, canton du Châtelet, ci-devant province de l'Ile de France, dans la Brie, et diocèse de Paris. Sa population est d'environ 800 habitans, y compris le hameau de *Grandvilliers*, avec plusieurs fermes et maisons isolées, sous diverses dénominations.

Ce village était anciennement une ville, et avait le titre de comté. Il y existe des restes de fortifications et un château entouré de fossés, avec un parc de 40 arpens appartenant à M. le vicomte du Lau d'Allemans, maire du lieu. On voit proche la halle une belle fontaine d'eau vive.

A Grandvilliers, est un châ-

teau dont madame de Durfort, née Guyon, est propriétaire; ses dépendances joignent la forêt de Villefermoy.

Il se tient à la Chapelle-Gauthier une foire le lundi après la Saint-Martin. Le terroir de cette commune est en terres labourables, vignes et prairies. Le village est situé dans une vallée et traversé par une nouvelle route qui se fait, de Nangis à Melun, à 2 lieues vers le N. E. du Châtelet, et 2 à l'O. de Nangis; sa distance de Paris est de 15 lieues et demie au S. E., par Mormant et la grande route de Troyes. (Poste aux lettres de Mormant.)

CHAPELLE-IGER (LA),

village, département de Seine-et-Marne, arrondis. de Coulommiers, canton de Rozay, ci-devant province de l'Ile de France, dans la Brie, et diocèse de Meaux. Sa population est d'environ 200 habitans.

Le château du *Champ-Gueffier*, situé sur une éminence qui domine le village, en fait partie; de longues avenues plantées en arbres fruitiers et forestiers y conduisent. La ferme *du Plessis-Malet* se trouve également sur cette commune.

Les productions de son terroir sont en grains, une partie est en prairies artificielles et en vignes. Ce village est à une lieue vers le S. E. de Rozay, et 12 vers le S. E. de Paris, par

Rozay et la route qui passe à Tournan. (Poste aux lettres de Rozay.)

CHAPELLE - LA - REINE (LA), bourg, département de Seine-et-Marne, arrondissement de Fontainebleau, chef-lieu de canton, siége d'une justice de paix et résidence d'une brigade de gendarmerie, ci-devant province de l'Ile de France, dans le Gatinais, et diocèse de Sens. Sa population est d'environ 900 habitans, avec les hameaux de *Bessonville* et *Butteaux.*

Ce bourg, traversé par la route de Fontainebleau à Orléans, est sur une éminence, où il est à remarquer que l'on ne peut s'y procurer l'eau que par le moyen d'un seul puits, qui a 216 pieds de profondeur, et qu'il en est de même dans les hameaux de Bessonville et Butteaux.

Les principales productions du terroir de cette commune sont en grains, une partie est en vignes et en bois. Les vins provenant de Bessonville sont supérieurs aux autres contrées; les chasselas y sont particulièrement renommés. Le bourg de la Chapelle est à 3 lieues au S. E. de Fontainebleau; sa distance de Paris est de 17 lieues vers le S., par Fontainebleau et la grande route de Lyon. On compte 18 lieues et demie de poste. (Relais de poste aux chevaux. Le bureau de la poste

aux lettres est à Fontainebleau.)

CHAPELLE-MILLON. *V.* MILLON-LA-CHAPELLE.

CHAPELLE-RABDAIS (LA), village, département de Seine-et-Marne, arrondissement de Provins, canton de Nangis, ci-devant province de l'Ile de France, dans la Brie, et diocèse de Sens. Sa population est d'environ 450 habitans. Les hameaux des *Montils* et des *Frévent*, avec plusieurs fermes à l'écart en font partie.

Le domaine *des Moyeux*, avec une maison de campagne et un parc, dont M. le comte Charles de la Tour-Maubourg est propriétaire, sont également de cette commune.

Les principales productions de son terroir sont en grains, une partie est en bois. Ce village est à une lieue et demie vers le S. de Nangis, et 15 au S. E. de Paris, par différens chemins joignant la route de Lyon. (Poste aux lettres de Nangis.)

CHAPELLE - St. - DENIS (LA), village joignant les murs de Paris, sur la route de Saint-Denis, Rouen, Beauvais et Amiens, département de la Seine, arrondissement et canton de Saint-Denis, ci-devant province de l'Ile de France, et diocèse de Paris. Sa population est d'environ 1,500 habitans.

Le commerce en vins et eaux-de-vie qui s'y faisait avant les nouveaux réglemens établis dans cette partie, n'est plus si considérable.

Il s'y tient le mardi de chaque semaine un marché, qui consiste principalement en vaches laitières ; il y a une brigade de gendarmerie.

Les productions de son terroir sont en grains de toute espèce. Ce village est à une lieue et demie au S. de Saint-Denis (Poste aux lettres de la banlieue de Paris.)

CHAPELLE-St.-OUEN (LA), village, département de l'Eure, arrondissement de Andelys, canton d'Ecos, ci-devant province de Normandie, dans le Vexin, et diocèse de Rouen. Sa population est d'environ 150 habitans. Il ne forme qu'une rue principale. Son terroir est en labour et bois.

Ce village est à 2 lieues vers le S. d'Ecos, une lieue un quart à l'E. de Vernon ; sa distance de Paris est de 17 lieues entre l'O. et le N. O., par la route de Caen. (Poste aux lettres de Vernon.)

CHAPELLE-St.-PIERRE (LA), village, départ. de l'Oise, arrondissement de Beauvais, canton de Noailles, ci-devant province de l'Ile de France, et diocèse de Beauvais. Sa population est d'environ 230 habitans. Les productions de son terroir sont en grains.

Ce village est à une lieue trois quarts vers le S. de Noailles, et distant de 12 vers le N. de Paris, par la grande route de Beauvais. (Poste aux-lettres de Noailles.)

CHAPELLE-SUR-CRECY (LA), village, départ. de Seine-et-Marne, arrondissement de Meaux, canton de Crecy, ci-devant province de l'Ile de France, dans la Brie, et diocèse de Meaux. Sa population est d'environ 1,200 habitans, y compris ses dépendances, qui sont les hameaux de *Montbarbin*, *Férolle*, *Montgrollé*, *Montaudier*, *Libernon* et *Serbonne*.

Ce village est traversé par la route de Coulommiers à Paris On y voit un ancien château entouré de fossés remplis d'eau vive, qui, dans l'origine, était fortifié. Un petit château moderne qui en dépend, en est séparé par cette route ; les jardins, bordés d'un côté par la rivière du *Grand Morin*, et dessinés par Le Nôtre, s'étendaient jusqu'aux premières maisons de Crécy ; une machine hydraulique destinée à faire mouvoir les pièces d'eaux des parterres, a été transformée en moulin. Ces jardins et parterres ayant été détruits par l'effet de la révolution, les deux châteaux n'en forment pas moins le chef-lieu d'une terre considérable, où il y avait autrefois haute, moyenne et basse justice. M. le comte Edouard de Moustier, ancien ministre de France près des cours de Bade et de Wurtemberg, en est propriétaire.

Le terroir de cette commune est en terres labourables, vignes et bois. Le Morin y fait tourner cinq moulins à farines.

Le village de la Chapelle est proche la ville de Crecy, à 10 lieues et demie à l'E. de Paris, par la route de Coulommiers, désignée ci-dessus. (Poste aux lettres de Crecy.)

CHAPELLE -- VILLIERS (LA). *Voyez* VILLIERS - SUR - ORGE.

CHAPELLES (LES), village, département de Seine-et-Marne, arrondissement de Coulommiers, canton de Rozay, ci-devant province de l'Ile de France, dans la Brie, et diocèse de Paris. Sa population est d'environ 120 habitans, y compris plusieurs maisons isolées sous diverses dénominations, parmi lesquelles on distingue celle dite de *Beaumarchais*.

Il y avait autrefois un château nommé *Champ - Rose*, dont il reste des vestiges. Le terroir est en labour, une partie est en bois.

Ce village est à 2 lieues et demie au N. O. de Rozay, et distant de 9 à l'E. de Paris, par Tournan et la route de Rozay. (Poste aux lettres de Rozay.)

CHAPET, village, département de Seine - et - Oise, arrondissement de Versailles, canton de Meulan, ci-devant province de l'Ile de France, et diocèse de Chartres. Sa population est d'environ 400 habitans, avec le hameau de *Bresolles*.

Les productions de son terroir sont en grains, une partie est en vignes. Le ru, dit *le Piat*, y fait tourner trois moulins. Ce village est à une lieue au S. de Meulan; sa distance de Paris est de 7 lieues et demie à l'O., par la petite route de Mantes qui passe à Saint-Germain-en-Layes. (Poste aux lettres de Meulan.)

CHAPUIS, château. *Voyez* MACHAULT.

CHARENTON, bourg divisé en deux communes, l'une nommée *Charenton-le-Pont*, et l'autre *Charenton - Saint-Maurice*, département de la Seine, arrondissem. de Sceaux, chef - lieu de canton, siége d'une justice de paix, et résidence d'un lieutenant et d'une brigade de gendarmerie, ci-devant province de l'Ile de France, et diocèse de Paris.

Ce bourg est traversé par la grande route de Paris à Lyon et Troyes, proche le confluent de la *Seine* et de la *Marne*. On passe cette dernière rivière sur un pont, au bout duquel est le hameau d'*Alfort*, où sont l'école royale vétérinaire et la poste aux chevaux. *Voyez* ALFORT.

La population de Charenton-le-Pont est d'environ 1,200 habitans, y compris les *Carrières* et *Conflans* ou est l'église paroissiale. *Voyez* CONFLANS.

Celle de Charenton-St.-Maurice en compose environ 450. Deux maisons de campagne joignant le village de Saint-Maur, et deux autres dites de *Gravelle*, avec deux moulins à eau, en font partie : dans l'un de ces moulins se fabrique le vermicelle.

Ce bourg est agréablement situé; on y voit plusieurs maisons remarquables par leur position et leurs points de vue. Il en est une, nommée *le Pavillon de Gabrielle d'Estrée*, d'où les points de vue ne se terminent, de tous côtés, que par les hauteurs les plus éloignées, et une autre dite le *Séjour du Roi*, qui a appartenu au duc de Bourgogne, et ensuite à M. Dionis du Séjour. Un couvent de Carmes, qui existait aux carrières, est actuellement converti en une maison de campagne, en une manufacture d'apprêts de toiles, en vinaigrerie, en fabrique de sel de saturne et en magasins de vins considérables.

Charenton-Saint-Maurice, qui ne forme qu'une longue rue, est connu dans l'histoire par un temple nommé *le Valdoshe*, que les Protestans de Paris y avaient, qu'ils firent bâtir au commencement du XVIe siècle, pour l'exercice de leur culte; il pouvait contenir 14 à 15,000 personnes : mais immédiatement après la révocation de l'Edit de Nantes, en 1685, il fut abattu et détruit de fond en comble dans l'espace de cinq jours.

Ce temple était auparavant établi à *Ablon*, village dans le canton de Longjumeau; et seize ans après sa destruction, il fut construit, dans le même emplacement et sur ses ruines, un monastère de filles dites du *Saint-Sacrement*, où se pratiquait avant sa suppression une adoration perpétuelle, en expiation de ce qu'il avait été prêché en ce lieu une doctrine contraire à la foi catholique.

Sébastien Leblanc fonda à Charenton-Saint-Maurice une maison qui faisait partie des institutions dont les Frères de la Charité avaient primitivement la direction depuis 1641. Elle avait pour objet de recevoir, traiter et médicamenter les malades qui s'y présentaient. Ces frères y formèrent une pension pour les personnes attaquées de folie.

Cette maison, qui a toujours la même destination, est vaste, avec de belles dépendances sur la pente d'une colline au bas de laquelle coule *la Marne*; on y jouit d'un air salubre, l'enclos renferme des eaux vives et abondantes.

Elle est actuellement sous la surveillance du ministre de l'intérieur. Le Gouvernement, n'ayant rien changé à un établissement aussi utile, a, au contraire, pourvu à ce qui y manquait ; car, outre le local séparé pour les malades ordinaires de la commune et des environs, on peut y admettre un plus grand nombre d'insensés de l'un et de l'autre sexe, y en eut-il quatre cents.

On y est admis moyennant un prix de journée déterminé et basé sur la dépense qu'exigent le traitement et les dégradations que font les infortunés attaqués de démence. M. Roulhac du Maupas est directeur général de cette maison, où il se trouve un économe, des surveillans, un médecin, des chirurgiens et des élèves en chirurgie.

MM. Desvignes, père et fils, tiennent à Charenton - Saint-Maurice des magasins de vins qui peuvent contenir de 2,000 à 2,500 pièces, provenant tant de leur récolte que d'achats dans les vignobles de la Bourgogne. Il se fait le même commerce dans plusieurs autres maisons aux Carrières.

Les productions du terroir des deux communes de Charenton sont peu importantes de toute nature.

Ce bourg est à une lieue et demie au N. E. de Sceaux, et une et demie au S. de Paris, par la grande route désignée ci-dessus. On compte 2 lieues de poste. (Bureau de poste aux lettres.)

CHARENTONNEAU, château, ferme et moulin. Voyez MAISON-ALFORT.

CHARMENTRÉ, village dans une belle situation, sur la rive droite de *la Marne*, près le canal de *l'Ourcq*, département de Seine-et-Marne, arrondissement de Meaux, canton de Claye, ci-devant province de l'Ile de France, dans la Brie, et diocèse de Meaux. Sa population est d'environ 220 habitans.

Les productions principales de son terroir sont en grains. Il est à une lieue et demie à l'E. de Claye, et distant de 8 à l'E. de Paris, par la grande route d'Allemagne. (Poste aux lettres de Claye.)

CHARMONT, petit village, département de Seine-et-Oise, arrondissement de Mantes, canton de Magny, ci-devant province de l'Ile de France, dans le Vexin, et diocèse de Rouen. Sa population n'est que d'environ 50 habitans. Les productions de son terroir sont en grains.

Ce village est à une demi-lieue au S. de Magny ; sa distance de Paris est de 13 lieues et demie au N. O., par la grande route de Rouen. (Poste aux lettres de Magny.)

19

CHARNY, village, département de Seine-et-Marne, arrondissement de Meaux, canton de Claye, ci-devant province de l'Ile de France, dans la Brie, et diocèse de Meaux. Sa population est d'environ 480 habitans. La ci-devant commanderie de l'ordre de Malte, dite *Choisy-le-Temple*, en fait partie.

Les principales productions de son terroir sont en grains. Ce village est à une lieue et demie au N. E. de Claye, et distant de 8 à l'E. de Paris, par Claye et la grande route d'Allemagne. (Poste aux lettres de Claye.)

CHARONNE (GRAND ET PETIT), village, département de la Seine, arrondissement de Saint-Denis, canton de Pantin, ci-devant province de l'Ile de France, et diocèse de Paris. Sa population est d'environ 600 habitans. Parmi les maisons de campagne qui s'y trouvent, celle de M. le chevalier Champy est remarquable par ses jardins renfermant beaucoup de plantes étrangères et exotiques. Celle de M. Delafléchelle, dite *l'Ermitage*, faisant autrefois partie des domaines de M. le duc d'Orléans, était un rendez-vous de chasse de ce prince. Le château a été démoli.

La principale culture du terroir de cette commune est en vignes; il y a beaucoup d'arbres fruitiers, et on y trouve deux carrières de pierres à plâtres.

Le village de Charonne est proche des barrières, à l'E. de Paris. (Poste aux lettres de la banlieue.)

CHARS, village, département de Seine-et-Oise, arrondissement de Pontoise, canton de Marines, ci-devant province de l'Ile de France, dans le Vexin, et diocèse de Rouen. Sa population est d'environ 1,000 habitans, y compris le hameau de *Bercagny*, les maisons isolées, dites *le Bois-Franc* et le moulin de *Noisement*.

Il est situé dans une vallée sur la petite rivière de *Viosne*, et traversé par la route de Gisors à Paris, c'était anciennement une ville fortifiée; la terre avait autrefois le titre de baronie. On y voit un ancien château qui a appartenu à MM. de Créquy. L'église paroissiale est remarquable par une tour d'une belle architecture. Il y existe un hospice de 2,000 francs de revenu.

Les principales productions du terroir de cette commune sont en grains, une partie est en prairies et bois; il y a beaucoup de carrières. La petite rivière de Viosne fait tourner trois moulins y compris celui de Noisement. Le village de Chars est à 1 lieue au N, O. de Marines, et 11 au N. O. de Paris, par la route de Gisors, désignée ci-dessus, qui passe à Pontoise. (Relais de poste aux chevaux ; le bureau de la poste aux lettres est à Pontoise.)

CHARTAINVILLIERS, village, département d'Eure-et-Loire, arrondissement de Chartres, canton de Maintenon, ci-devant généralité d'Orléans, dans la Beauce, et diocèse de Chartres. Sa population est d'environ 5oo habitans. Les productions de son terroir sont en grains, une petite partie est divisée en prairies, vignes et bois. La rivière d'*Eure* fait tourner un moulin.

Ce village est proche la grande route de Nantes à Paris, à 1 lieue et demie vers le S. de Maintenon, et 2 et demie vers le N. E. de Chartres; sa distance de Paris est de 16 lieues et demie vers le S. O. par cette route de Nantes. (Poste aux lettres de Maintenon.)

CHARTRES, ancienne ville, chef-lieu du département d'Eure-et-Loir, ci-devant capitale de la Beauce, généralité d'Orléans, ancien duché-pairie, avec un évêché suffragant de Paris. Sa population est d'environ 13,000 habitans.

Elle est le siège de la préfecture de ce département, d'une cour d'assises, d'un tribunal de première instance, d'un tribunal de commerce, de deux justices de paix, et la résidence d'une lieutenance et de deux brigades de gendarmerie.

Sa situation est dans une vaste plaine sur la rivière d'*Eure*, et sur l'une des routes de Paris à Nantes et à Bordeaux. On y remarque la cathédrale, d'une architecture gothique, qui est un des plus beaux monumens de la France en ce genre. Le groupe de l'Assomption formant le maître-autel, est un chef-d'œuvre.

Outre le chapitre de la cathédrale, il existait, avant la révolution, une collégiale, deux séminaires et neuf paroisses, dont deux dans les faubourgs, une abbaye d'hommes de l'ordre de Saint-Benoît, une de chanoines réguliers de l'ordre de Saint-Augustin, un couvent de Cordeliers, un de Dominicains, un de Minimes et un de Capucins. Les communautés de religieuses étaient celle de l'abbaye de *Notre-Dame-de-Leau*, ordre de Cîteaux, des Carmélites, des Visitandines, des Dames de la Providence et de l'Union chrétienne.

L'hôtel-Dieu, pour les malades, subsiste, ainsi que l'hôpital général, où sont admis trente vieillards de chaque sexe, et tous les orphelins nés en légitime mariage de parens domiciliés à Chartres, et on y trouve une retraite pour les aveugles.

Un bailliage royal, présidial, un grenier à sel, une juridiction consulaire et une subdé-

légation de l'intendance d'Orléans existaient aussi en cette
ville.

Le principal objet d'industrie et commerce, y consiste
en grains. Il peut être considéré comme l'un des plus importans de la France. La fabrique de bonneterie à l'é-
guille y est recherchée. M. Ju-
teau est l'un des principaux fabricans dans cette partie. Il y
possède le plus ancien établissement en ce genre. Plusieurs
tanneries et mégisseries y sont
également en activité ; la rivière d'Eure y fait tourner 16
moulins à farines et un à tan.

Il s'y tient quatre foires par
année, la première le 11 mai,
qui dure dix jours ; la seconde,
le 25 août, un jour ; la troisième, le 8 septembre, huit
jours ; et la quatrième, le 30
novembre un jour. Une autre
foire qui a pour principal objet les laines, a lieu le samedi
après la Saint-Jean.

Toutes ces foires, excepté
celle du 8 septembre et celle
aux laines, abondent en bestiaux de toute espèce. Les marchés sont les mardi, jeudi et
samedi de chaque semaine, et
consistent principalement en
grains ; celui du samedi est le
plus considérable.

L'ancien couvent des Cor-
deliers renferme une très-belle
bibliothèque publique. Un collége, dont M. Brou de la Salle,
ancien chapelain du palais du
Luxembourg est principal, y
est établi.

La ville de Chartres est à
7 lieues vers le S. de Dreux,
et 16 au N. O. d'Orléans ; sa
distance de Paris est de 19
lieues au S. O. par la route de
Nantes désignée ci-dessus. On
compte 20 lieues et demie de
poste. (Bureau de poste aux
lettres, relais de poste aux chevaux, et voitures publiques
tous les jours pour Paris.)

CHARTRETTES, village,
département de Seine - et -
Marne, arrondissement de Melun, canton du Châtelet, ci-
devant province de l'Ile de
France, dans la Brie, et diocèse de Sens. Sa population
est d'environ 500 habitans, y
compris les hameaux *du Buisson* et *des Vallées*.

Ce village est dans une belle
situation, sur l'une des côtes
qui bordent la rive droite de
la *Seine*, le château des Bergeries, dont M. Laugier, baron de Chartrouse est propriétaire, en fait partie. Ainsi que
celui *du Pré*, appartenant à
M. Fiquet, ce dernier, que fit
bâtir Henri IV, pour Ga-
brielle d'Estrées, est entouré
d'eau vive ; le parc, qui contient 72 arpens, est très-bien
distribué.

Il y a, en outre, au hameau
du Buisson, un autre château
nommé *le Vivier*, à M. Mar-
rier de Boisdhyver ; son parc
renferme différentes pièces
d'eau et des bosquets agréables.

Une maison de campagne,

dans le village de Chartrettes, appartenant à M. Cadot, juge au tribunal de Fontainebleau, est également remarquable par sa belle situation et ses dépendances.

D'autres maisons embellissent encore cette commune, telle que celle de M. le général baron Millet, qui est d'une belle construction ; celle de M. de Singly, dite *Rouillon*, sur le bord de la Seine, où l'on remarque une belle terrasse, terminée par un quinconce, d'où la vue est admirable, et une autre au hameau des Vallées.

La majeure partie du terroir de Chartrettes, est en vignes, et le vin qui en provient est assez renommé. Ce village est à 1 lieue et demie au S. de Melun, et 11 et demie au S. de Paris par Melun et la grande route de Lyon. (Poste aux lettres de Melun.)

CHATEAUBLEAU, village, département de Seine-et-Marne, arrondissement de Provins, canton de Nangis, ci-devant province de l'Ile de France, dans la Brie, et diocèse de Sens. Sa population est d'environ 230 habitans. Les principales productions de son terroir sont en grains. Ce village est à 2 lieues au N. E. de Nangis; sa distance de Paris est de 16 lieues au S. E. par la grande route de Troyes. (Poste aux lettres de Nangis.)

CHATEAUFORT, village, département de Seine-et-Oise, arrondissement de Versailles, canton de Palaiseau, ci-devant province de l'Ile de France, et diocèse de Paris. Sa population est d'environ 500 habitans, y compris l'ancienne paroisse de *la Trinité*, et plusieurs maisons écartées, sous diverses dénominations.

Le nom de ce village, situé sur une éminence, lui vient d'une ancienne forteresse, de laquelle il reste encore une grosse tour et autres accessoires en ruines.

C'était, dans l'ancien régime, le siége d'une châtellenie et d'une prévôté. Il y avait deux paroisses, dont l'une était jadis un prieuré de l'ordre de Saint-Benoît.

Le château d'*Ors*, appartenant à M. Baguenault, celui de *la Geneste* à M. le chevalier de Gricourt, la maison de campagne dite *le Gavois*, et celle de la *Perruche*, font partie de cette commune. Son terroir est en terres labourables, prairies et bois; il y a deux moulins sur un ruisseau.

Il se tient à Châteaufort une foire par année, qui est considérable pour la filasse et la vente des porcs. Ce village est à 1 lieue au N. E. de Chevreuse, 2 et demie à l'O. de Palaiseau, et distant de 6 au S. O. de Paris, par différens chemins, qui conduisent à l'une des routes de Chevreuse; on y va aussi par la route de Versailles. (Poste aux lettres de Chevreuse.)

CHATEAU-FRAYÉ (le), château. *Voyez* Vigneux.

CHATEAU - GAILLARD, château. *Voyez* Maisons-Alfort.

CHATEAU - SUR - EPTE, village, département de l'Eure, arrondissement des Andelys, canton d'Ecos, ci-devant province de Normandie, dans le Vexin, et diocèse de Rouen. Sa population est d'environ 150 habitans, avec une partie du hameau *des Bordeaux-Saint-Clair*, traversé par la route de Paris à Rouen ; l'autre partie est de la commune de *Guerny*.

Ce village est situé sur une montagne, où l'on voit les restes d'une ancienne forteresse. Au bas de cette montagne se trouve la rivière d'*Epte*, qui fait tourner un moulin construit sur le pont où passe la route de Rouen. Son terroir est en labour, prairies et aunaies. Il est à une demie lieue vers le S. O. de Saint-Clair, et 1 et demie au N. E. d'Ecos ; sa distance de Paris est de 17 lieues au N. par Saint - Clair et la route de Rouen. (Poste aux lettres du Tillier.)

château landon. abbaye prieuré de l'ordre.

CHATELET (le), bourg, situé sur l'une des grandes routes de Paris à Lyon, département de Seine-et-Marne, arrondissment de Melun, chef-lieu de canton , siége d'une justice de paix et résidence d'une brigade de gendarmerie, ci-devant province de l'Ile de France , dans la Brie, et diocèse de Sens. Sa population est d'environ 1,100 habitans, y compris les hameaux de *Traveteau*, *Bouron*, *Saveteux* ; le domaine *du Bois-Louis*, et plusieurs fermes à l'écart qui en font partie.

Le domaine du Bois-Louis, est à une demi - lieue au N. O. du Châtelet. Il appartient à M. Labarre ; l'habitation principale est entourée de fossés remplis d'eau ; un parc d'environ 50 arpens en dépend.

Les productions du terroir de cette commune sont en grains, une partie est en vignes et en bois. Le bourg du Châtelet est à 2 lieues et demie vers le S. E. de Melun, et 4 au N. O. de Montereau-Faut-Yonne ; sa distance de Paris est de 12 lieues et demie par la route de Lyon. (Bureau de poste aux lettres.)

CHATENAY - COTTAINVILLE, village, département d'Eure - et - Loir, arrondissement de Chartres, canton d'Auneau, ci - devant généralité d'Orléans, dans la Beauce, et diocèse de Chartres. Sa population est d'environ 360 habitans, avec le hameau de *Besmeville* et la ferme de *Cottainville*.

La fabrication de bas de laine, dite vulgairement de bas drapés, occupe la majeure partie de ses habitans. Les productions de son terroir sont en grains, une partie est en bois. On y trouve une tuilerie et un four à chaux.

Le village de Châtenay est à 3 lieues et demie vers le S. E. d'Auneau, et 2 et demie au N. O. d'Angerville; sa distance de Paris est de 16 lieues et demie vers le S. O. par Dourdan, et une chaussée joignant l'ancienne route de Chartres. On peut prendre aussi le chemin par Étampes. (Poste aux lettres d'Angerville.)

CHATENAY-EN-FRANCE, petit village, département de Seine-et-Oise, arrondissement de Pontoise, canton d'Ecouen, ci-devant province de l'Ile de France, et diocèse de Paris. Sa population n'est que d'environ 90 habitans.

Il est situé sur une hauteur et n'est remarquable que par deux maisons de campagne, l'une, à M. Herelle, et l'autre, à M. des Isnard. Les productions de son terroir sont en grains.

Le village de Châtenay est à 1 lieue trois quarts au N. E. d'Ecouen, et 6 au N. de Paris, par le Mesnil-Aubry et la grande route d'Amiens. (Poste aux lettres de Louvres.)

CHATENAY-LES-BA-GNEUX, village, département de la Seine, arrondissement et canton de Sceaux, ci-devant province de l'Ile de France, et diocèse de Paris. Sa population est d'environ 600 habitans, y compris les hameaux d'*Aunay*, *de Malabry*, *du Petit-Chambord*, et les maisons isolées dites le *Petit-Châtenay*, le *Val-du-Loup* et le *Pavillon de Malabry*.

Beaucoup de maisons de campagne se trouvent à Châtenay, parmi lesquelles on distingue celle de madame la comtesse de Boignes, dans laquelle est né le célèbre Voltaire, et celui de M. Mouette, maire du lieu.

M. le comte Lenoir de la Roche, pair de France, M. le marquis de Château-Giron, et M. le vicomte de Châteaubriand, ambassadeur à la cour de Suède, ont chacun une de ces maisons de campagne, les deux premiers, à Aunay, et le troisisième, au Val-du-Loup. Il en existe une autre au Petit Chambors sur la grande route de Paris à Orléans.

Les productions du terroir de cette commune sont peu importantes en grains; il y a beaucoup de vignes et d'arbres à fruits.

Le village de Châtenay est à un quart de lieue au S. O. de Sceaux, et 2 lieues et demie au S. O. de Paris, par Sceaux, ou par une chaussée joignant la route d'Orléans. (Poste aux lettres d'Antony.)

CHATIGNONVILLE, village, département de Seine-et-Oise, arrondissement de Rambouillet, canton de Dourdan (Sud), ci-devant province de l'Ile de France, dans le Hurepoix, et diocèse de Chartres. Sa population est d'environ 170 habitans. Le château est en ruines avec un parc, dont M. Duris, maire du lieu, est propriétaire.

Toutes les productions du terroir de cette commune sont en grains. Le village de Châtignonville est à 2 lieues au S. O. de Dourdan, 2 au S. E. d'Ablis ; sa distance de Paris est de 13 lieues vers le S. O. par Dourdan et une chaussée joignant l'ancienne route de Chartres. (Poste aux lettres de Dourdan.)

CHATILLON-LA-BORDE, village, département de Seine-et-Marne, arrondissement de Melun, canton du Châtelet, ci-devant province de l'Ile de France, dans la Brie, et diocèse de Sens. Sa population est d'environ 170 habitans.

I aborde dit *la Borde-le-Vicomte*, est un hameau à une demi-lieue de Châtillon, où l'on voit les tours d'un ancien château entouré de fossés, que Gabrielle d'Estrées a habité.

Le terroir de cette commune est en terres labourables, une partie est en bois. Le village de Châtillon est sur la route qui se fait de Melun à Nangis, à 1 lieue au N. du Châtelet ; sa distance de Paris est de 12 lieues et demie au S. O. par Melun et la grande route de Lyon. (Poste aux lettres du Châtelet.)

CHATILLON-SOUS-BAGNEUX, village, département de la Seine, arrondissement et canton de Sceaux, ci-devant province de l'Ile de France, et diocèse de Paris. Sa population est d'environ 800 habitans, y compris le hameau dit le *Petit-Châtillon*.

La situation de ce village, sur une éminence, est l'une des plus belles des environs de Paris. L'air y est pur, sain, et les maisons de campagne jouissent d'une vue charmante.

Il y a, dans les dépendances de cette commune, une superbe glacière sur laquelle était bâtie une tour nommée *la Tour de Crouy*. Le terroir est en terres labourables et vignes ; les légumes sont très-estimés.

On y trouve beaucoup de carrières de pierre de liais et moellons, deux de pierre à plâtre et deux fours à chaux. L'une de ces carrières qui appartient à M. Barbeau, est remarquable par une galerie souterraine et rampante, jusqu'à la profondeur de 85 pieds. Cette galerie est d'une pente si douce, qu'une voiture attelée de trois chevaux peut y descendre et en tirer la pierre qu'elle fournit.

Une pension de jeunes gens,

dirigée de père en fils par M. Courtois, est établie depuis très-longtems à Châtillon. Ce village est, joignant la route de Chevreuse à Paris, à trois quarts de lieue au N. de Sceaux, et distant d'une lieue et demie au S. O. de Paris, par cette route. (Poste aux lettres de la banlieue.)

CHATOU, village, département de Seine-et-Oise, arrondissement de Versailles, canton de Saint-Germain-en-Laye, ci-devant province de l'Ile de France, et diocèse de Paris. Sa population est d'environ 900 habitans.

Ce village est agréablement situé sur la rive droite de la *Seine*, que l'on passe sur un pont. Il est traversé par l'une des routes de Paris à Saint-Germain. On y voit un château dont M. Travault est propriétaire, dans les dépendances duquel on remarque une longue terrasse qui borde la rivière, une grotte faite sur les desseins de Soufflot, et une belle pièce d'eau.

Parmi les maisons de campagne qui s'y trouvent, on distingue celle qui a appartenu à M. le Normand, et celle de M. Maine; cette dernière est situé sur le bord de la rivière.

On y remarque de beaux couverts et une terrasse de 300 toises de longueur.

Une autre maison nommée *la Faisanderie*, à l'entrée du bois dit *la Garenne du Ve-*

rinet, est également remarquable, tant par la simplicité de sa construction, qui représente un joli ermitage, que par un jardin qui renferme plusieurs arbres étrangers. Cette maison appartient à madame de Montleveaux. Le jour de l'Assomption, fête patronale de Châtou, il se tient, dans la Garenne du Verinet, une foire qui peut être comparée à celle des Loges, dans la forêt de Saint-Germain.

Les principales productions du terroir de cette commune sont en grains et légumes. M. Travault et madame de Montleveaux y entretiennent chacun un troupeau de pure race mérinos.

Le village de Chatou est à 1 lieue à l'E. de Saint-Germain, et distant de 3 lieues à l'O. de Paris, par Nanterre et Neuilly. (Bureau de poste aux lettres.)

CHATRES. *V*. ARPAJON.

CHATRES-EN-BRIE, village, département de Seine-et-Marne, arrondissement de Melun, canton de Tournan, ci-devant province de l'Ile de France, dans la Brie, et diocèse de Paris. Sa population est d'environ 200 habitans. Le château *du Boulais*, et trois maisons de campagne, dont la première est nommée *la Chaloterie*; la seconde, *Boitron*, et la troisième, *Coffry*, en font partie, ainsi que plusieurs autres habitations à l'écart.

Ce château du Boulais appartient à M. Cazin d'Honinctun; il se distingue de beaucoup d'autres par ses ornemens d'architecture moderne. De vastes fossés entourent la cour d'honneur. Le parc, enclos de murs, contient plus de cent vingt arpens; on y voit une grande avenue bordée par un étang, et des plantations considérables.

La plus remarquable des trois maisons de campagne est celle de la Chaloterie, dont M. de Savoye est propriétaire.

Le terroir de cette commune est en terres labourables; une partie est en bois. Le village de Châtres est à 1 lieue au S. E. de Tournan, et 8 et demie à l'O. de Paris, par Tournan, et la route de Rozay. (Poste aux lettres de Tournan.)

CHAUCONIN, village, département de Seine-et-Marne, arrondissement et canton de Meaux, ci-devant province de l'Ile de France, et diocèse de Meaux. Sa population est d'environ 200 habitans.

Le château du Martroy est à l'extrémité septentrionale de ce village, avec un parc divisé en deux parties, qui se communiquent entre elles par une grotte que l'on a pratiquée sur un chemin de traverse conduisant à Meaux. M. Camus du Martroy en est propriétaire. M. Bernier y possède une maison de campagne.

Le domaine de *Bellevue*, situé sur une hauteur près la ville de Meaux, fait partie de la commune de Chauconin. M. Mullot d'Orgemont, à qui il appartient, y a une maison d'habitation nouvellement construite, et remarquable tant par sa position à côté de la grande route d'Allemagne à Paris, que par une très-belle pépinière soignée par lui.

Les principales productions du terroir de cette commune sont en grains; un ruisseau y fait tourner un moulin. Le village de Chauconin est à une demi-lieue à l'O. de Meaux; sa distance de Paris est de 9 lieues et demie à l'E. par une chaussée joignant la grande route désignée ci-dessus. (Poste aux lettres de Meaux.)

CHAUFOUR, village, département de Seine-et-Oise, arrondissement et canton d'Etampes, ci-devant province de l'Ile de France, et diocèse de Sens. Sa population est d'environ 160 habitans, y compris le hameau de *Fontaine-Livau*. Il y avait autrefois une commanderie.

Les principales productions de son terroir sont en grains. Il est à 2 lieues au N. d'Etampes, et distant de 10 au S. de Paris, par un chemin joignant la grande route d'Orléans. (Poste aux lettres d'Etrechy.)

CHAUFOUR-EN-PINSERAIS, village, départ. de Seine-et-Oise, arrondissement de Mantes, canton de Bonnières, ci-devant province de l'Ile de France, et diocèse de Chartres. Sa population est d'environ 200 habitans. Les productions de son terroir sont en grains, une partie est en bois.

Ce village est près la grande route de Paris à Caen, à 2 lieues vers l'O. de Bonnières, et 1 trois quarts vers l'E. de Pacy-sur-Eure; sa distance de Paris est de 17 lieues entre l'O. et le N. O. par cette route de Caen. (Poste aux lettres de Pacy, département de l'Eure.)

CHAUFRY, village, département de Seine-et-Marne, arrondissem. de Coulommiers, canton de Rebais, ci-devant province de l'Ile de France, dans la Brie, et diocèse de Meaux; il forme, avec les hameaux de *la Brosse*, *des Corvelles*, *de Monthomet*, *des Limons*, *du Champ-la-Dame* et autres habitations écartées, une commune d'environ 450 habitans. Il y avait anciennement un château.

Le terroir de cette commune est en terres labourables, une partie est en vignes. Le village de Chauffry est sur le *Grand-Morin*, qui y fait tourner un moulin, à 1 lieue et demie vers le S. E. de Rebais; sa distance de Paris est de 16 lieues à l'E. par Coulommiers et la route qui passe à Lagny. (Poste aux lettres de Coulommiers.)

CHAUMES, petite ville, département de Seine-et-Marne, arrondissement de Melun, canton de Tournan, ci-devant province de l'Ile de France, dans la Brie, et diocèse de Sens. Sa population est d'environ 1,800 habitans, y compris les hameaux de *Maurevert*, *Arcis* et *Forét*; plusieurs fermes et autres maisons isolées sous diverses dénominations.

Il y avait dans cette ville, avant la révolution, une abbaye d'hommes de l'ordre de Saint-Benoît. Ses environs sont remarquables par plusieurs maisons de campagne, une au hameau de Maurevert, appartenant à M. Agasse; une à Arcis, à M. de la Mellerie, et une autre à Forét, à M. de Sevelinges. Il s'y tient une foire par année, le 19 octobre. Le marché est le mardi de chaque semaine.

Les principales productions du terroir de cette commune sont en grains; une partie est en prairies, en vignes et en bois. Un ruisseau y fait tourner trois moulins. Chaumes est située sur la petite rivière d'*Yerres* et sur la route de Meaux à Melun, à 2 lieues un quart au S. E. de Tournan; sa distance de Paris est de 10 lieues et demie au S. E. par cette route joignant à Guignes celle de Troyes. (Poste aux lettres de Guignes.)

CHAUMETTE, maison de

campagne. *Voyez* SAINT-LEU-TAVERNY.

CHAUMONT-OISE, petite ville, département de l'Oise, arrondissement de Beauvais, chef-lieu de canton siége, d'une justice de paix, et la résidence d'une brigade de gendarmerie, ci-devant province de l'Ile de France, dans le Vexin, généralité et diocèse de Rouen. Sa population est de 11 à 1,200 habitans, y compris ses dépendances qui sont : la ci-devant paroisse de *Laillerie* et celle de *Saint-Brice* (cette dernière ne consistait qu'en une ferme et un couvent de Trinitaires, nommé *Caillouet*), les hameaux des *Grand* et *Petit Rebetz*, et le château avec la ferme de *Bertichère*. Il y avait également un château au Grand Rebetz, qui était remarquable par sa construction et ses alentours. Ce dernier a été démoli.

La ville de Chaumont est traversée par la petite rivière de *Troesne*, elle avait, dans l'ancien régime, le titre de comté. Son nom lui vient d'un ancien château royal, nommé *Monchaud*, duquel on voit encore les ruines sur une montagne voisine, où il y avait aussi l'église de l'ancien prieuré de *Saint-Pierre*, et une chapelle dite de *Notre-Dame*.

Cette ville renfermait deux paroisses, un couvent de récollets et un de religieuses de l'ordre de Saint-François. De ces deux paroisses il n'en reste qu'une. C'était, avant la révolution, le siége d'un baillage royal et d'une élection.

Il s'y tient deux foires par année, la première le 12 mai, et la seconde le 6 décembre ; cette dernière est considérable pour la vente des chevaux et autres bestiaux. Le marché est le jeudi de chaque semaine. Une chapelle, dite de Saint-Eutrope, du côté de Bertichères, donne lieu à un pélerinage tous les ans, le 30 avril.

Les principales productions des environs de Chaumont sont en grains, une partie de son terroir est en prairies et en bois. On y trouve un four à chaux. La rivière de Troesne y fait tourner trois moulins à farines.

Le château de Bertichères est à une demi-lieue à l'Ouest de Chaumont. On ne connaît pas l'époque de sa fondation ; mais sa construction bizarre, le donjon qui est au centre, la tour antique formant l'angle saillant, démontrent qu'il est fort ancien. On sait qu'il a appartenu longtems aux comtes de Chaumont, ensuite aux ducs de Longueville, puis aux princes de Conti.

Ce château est dans une jolie situation ; la Troesne en borde les jardins ; une ferme est attenante, et une avenue conduit à la route de Gisors. M. du Pille en est actuellement propriétaire.

Chaumont est à 2 lieues à

l'E. de Gisors, 3 vers le N. de Magny, et 6 au S. O. de Beauvais; sa distance de Paris est de 14 lieues au N. O., par une chaussée joignant la route de Gisors, qui passe à Pontoise. (Bureau de poste aux lettres.)

CHAUMONTEL, village, département de Seine-et-Oise, arrondissement de Pontoise, canton de Luzarches, ci-devant province de l'Île de France, et diocèse de Paris. Sa population est d'environ 370 habitans. M. de Belair y est propriétaire du château entouré de fossés remplis d'eau vive.

Le terroir de cette commune est en terres labourables et bois. Le village, situé au bas d'une côte, est, joignant la grande route de Paris à Amiens, sur un ruisseau qui y fait tourner un moulin, à un quart de lieue au N. de Luzarches, et 6 lieues trois quarts au N. de Paris, par cette route. (Poste aux lettres de Luzarches.)

CHAUSSÉE-D'IVRY (LA), village, département d'Eure-et-Loir, arrondissement de Dreux, canton d'Anet, ci-devant province de l'Ile de France, et diocèse de Chartres; c'était, avant la révolution, une annexe de la paroisse de Nantilly, avec laquelle il forme une commune d'environ 500 habitans, en y comprenant les hameaux des Gatines-Rouges et celui de Gravelot.

Le terroir de cette commune est en labour, prairies, vignes et bois. Il y a deux moulins à grains, l'un sur la rivière de Vesgre, et l'autre sur un ruisseau. Le village de la Chaussée est à un quart de lieue à l'E. d'Ivry, et 1 lieue un quart vers le N. E. d'Anet; sa distance de Paris est de 16 lieues à l'O., par une chaussée qui passe à Thoiry et aboutit à la grande route de Brest. (Poste aux lettres d'Anet.)

CHAUSSY, village, département de Seine-et-Oise, arrondisement de Mantes, canton de Magny, ci-devant province de l'Île de France, dans le Vexin, et diocèse de Rouen. Sa population est d'environ 800 habitans, en y comprenant les hameaux de Villarceau, la Comtée, Haute Bourée, la ferme de la Bergerie, et autres habitations écartées, sous diverses dénominations.

Le hameau de Villarceau est remarquable par un château bâti à la moderne, avec un parc enclos de murs, d'environ 140 arpens.

Ce château, qui a appartenu à MM. de Mornay de-Villarceau, est situé à mi-côte, et a été habité par Ninon de Lenclos, sous le règne de Louis XIV. Le parc renferme beaucoup de sources d'eau vive et jaillissantes, qui alimentent une grande pièce à l'extrémité de laquelle est un moulin. M. Daumy, maire du lieu, est propriétaire de ce beau domaine

Il existait à Villarceau, avant la révolution, un prieuré de religieuses de l'ordre de Saint-Benoît, qui a été démoli en grande partie.

Le terroir de cette commune est en labour, en prairies et en bois, autrefois la plus grande partie était en vignes. Le village de Chaussy est à 2 lieues au S. O. de Magny, et une et demie vers le N. E. de la Roche-Guyon; sa distance de Paris est de 15 lieues et demie au N. O., par différens chemins joignant la grande route de Rouen. (Poste aux lettres de Magny.)

CHAUVENERIE, (LA) château. *V.* Ozouer-la-Ferrière.

CHAUVIGNY, ancien château et ferme. *Voyez* Luzarches.

CHAUVRY, village, département de Seine-et-Oise, arrondissement de Pontoise, canton de Montmorency, cidevant province de l'Ile de France, et diocèse de Paris. Sa population est d'environ 300 habitans. Il y avait un beau château appartenant à madame la comtesse de la Massaye, mais il a été démoli.

Le terroir de cette commune est en terres labourables, joignant la forêt de Montmorency. Le village est à 2 lieues au N. de Montmorency,

et 5 et demie au N. de Paris, par cette forêt, Saint-Prix et la route de Saint-Leu-Taverny qui passe à Saint-Denis; on peut s'y rendre aussi par la route de Beauvais. (Poste aux lettres de Montmorency.)

CHAVENAY, village, département de Seine-et-Oise, arrondissement de Versailles, canton de Marly-le-Roi, cidevant province de l'Ile de France, et diocèse de Chartres. Sa population est d'environ 400 habitans. Son terroir est en labour; on y trouve trois carrières de pierre de taille. Un ruisseau y fait tourner trois moulins à farines.

Ce village est à une lieue et demie à l'O. de Marly, et distant de 6 à l'O. de Paris, par la route de Maule. (Poste aux lettres de Versailles.)

CHAVENÇON, petit village, département de l'Oise, arrondissement de Beauvais, canton de Méru, ci-devant province de l'Ile de France, dans le Vexin, et diocèse de Rouen. Sa population n'est que d'environ 100 habitans. C'était, dans l'ancien régime, une dépendance de la paroisse de *Neuville-Bost.* L'ancien château appartient à M. le baron Roslin d'Ivry.

Le terroir de cette commune est en terres labourables, une partie est en bois. Chavençon est à 2 lieues et demie au S. E. de Méru; sa distance de Paris est de 11 lieues et demie au N. O., par Marines, et la route de Gisors, qui passe à Pontoise. (Poste aux lettres de Pontoise.)

CHAVILLE, village, département de Seine-et-Oise, arrondissement de Versailles, canton de Sèvres, ci-devant province de l'Ile de France, et diocèse de Paris. Sa population est d'environ 600 habitans.

. Cet endroit est environné de collines couvertes de bois et bocages, proche la grande route de Paris à Versailles. M. de Louvois, ministre, secrétaire d'état, avait fait bâtir à grands frais le château qui existait avant la révolution. Parmi les maisons de campagne il n'y a de remarquable que celle qui a appartenu à M. Fremin, maire du lieu, construite sur la grande route, dans le même genre que le château.

La majeure partie du terroir de cette commune étant en bois et bocages, les productions agricoles sont peu importantes. On y trouve des fours à chaux.

Le village de Chaville est à trois quarts de lieue au S. O. de Sèvres, et 2 lieues trois quarts au S. O. de Paris, par la route de Versailles. (Poste aux lettres de Sèvres.)

CHAVRES, ancienne annexe. *Voyez* VAUCIENNES.

CHELLES, bourg sur la route de Paris à Coulommiers, département de Seine-et-Marne, arrondissement de Meaux, canton de Lagny, ci-devant province de l'Ile de France, et diocèse de Paris. Sa population est de 12 à 1,300 habitans.

La ci-devant abbaye de Chelles, qui était de religieuses de Saint-Benoît, fondée au 7e siècle par Sainte-Bathilde, femme de Clovis II, et mère de Clotaire III, qui y furent enterrés, passait pour l'une des plus célèbres de la France. Le rang que son illustre fondatrice avait tenu dans le monde, et plus encore ses vertus et sa sainteté, donnèrent un grand éclat à ce monastère, et y attirèrent plusieurs filles de qualités éminentes, tant du royaume que des pays étrangers. Marie-Adélaïde d'Orléans, fille de M. le duc d'Orléans, régent sous la minorité de Louis XV, y prit l'habit de religieuse, et vécut l'espace de 26 ans dans cette retraite où elle mourut le 19 février 1743.

Avant la fondation de l'abbaye de Chelles, les monarques de France y avaient un palais. Le roi Chilpéric y fut assassiné l'an 584.

Les principales productions du terroir de cette commune sont en grains, une partie est en vignes et en prairies. Un moulin se trouve sur la *Marne*.

Le bourg de Chelles est à 2

lieues à l'O. de Lagny, et distant de 4 et demie à l'E. de Paris, par la route de Coulommiers. (Bureau de poste aux lettres.)

CHEMIN (LE), château. *Voyez* NEUFMOUTIER.

CHEMIN (LE), maison de campagne. *V.* MAISONCELLES.

CHÊNE-ROND (LE), maison de campagne. *Voyez* MARCOUSSIS.

CHENEVIÈRES , hameau et maison de campagne. *Voy.* JOUARS-PONT-CHARTRAIN.

CHENEVIÈRES , hameau et château démoli. *Voy.* CONFLANS SAINTE-HONORINE.

CHENEVIÈRES-EN-FRANCE, village, département de Seine-et-Oise, arrondissement de Pontoise, canton de Luzarches, ci-devant province de l'Ile de France, et diocèse de Paris. Sa population est d'environ 180 habitans. M. de Saint-Souplet est propriétaire du château dont le parc est parfaitement dessiné par M. de Launoy, architecte du gouvernement.

On fabrique dans ce village des dentelles noires et des dentelles blanches. Son terroir est tout en terres labourables. Il est à 3 quarts de lieues à l'E. de Louvres, et à 3 lieues au S. E. de Luzarches ; sa distance de

Paris est de 6 lieues 1 quart au N. E. par Roissy et la grande route de Soissons. (Poste aux lettres de Louvres.)

CHENEVIÈRES SUR-MARNE, village, département de Seine-et-Oise , arrondissement de Corbeil , canton de Boissy-Saint-Léger, ci-devant province de l'Ile de France, et diocèse de Paris. Sa population est de 5 à 600 habitans. Le château du *Plessis-Saint-Antoine*, qui était dans ses dépendances, a été détruit.

Ce village est sur l'un des côteaux qui bordent la rive gauche de la *Marne*. Plusieurs maisons de campagne y sont remarquables, tant par leur situation , leur construction, que par leurs points de vue admirables , et particulièrement celle nommée *des Retz*, dont M. le comte Vimar, pair de France, est propriétaire. Une seconde appartient à M. Thomas; une troisième, dite *le Château*, à M. Frenoir et une quatrième à M. de Marsilly, maire du lieu, qui y possède un beau troupeau de mérinos. Le jardin de cette dernière est bordé par une belle terrasse qui longe le chemin du bord de la Marne.

Les principales productions du terroir de cette commune sont en grains; une partie est en vignes.

Le village de Chenevières est à 1 lieue 1 quart au N. de Boissy-Saint-Léger, et distant de Paris de 3 et demie au S. E., par la route de Rozay. (Poste aux lettres de la banlieue de Paris.)

CHEPTAINVILLE, village, département de Seine-et-Oise, arrondissement de Corbeil, canton d'Arpajon, ci-devant province de l'Ile de France, dans le Hurepoix, et diocèse de Paris. Sa population est d'environ 600 habitans.

Le château appartient à M. Audrieu-de-Cheptainville, maire du lieu ; les plantations exécutées par ses ordres, tant dans le parc que sur des parties de routes et des chemins vicinaux sur le terroir de cette commune, sont très-belles.

A l'extrémité méridionale de ce terroir existait une montagne en friches. Au moyen des plantations que M. Audrieu y a fait faire, cette montagne, réunie aux bois des communes de *Torfou*, *Boissy-sous-Saint-Yon* et au parc du *Mesnil-Voisin*, forme une grande masse qui a l'aspect d'une forêt.

Les principales productions des alentours sont en grains ; les légumes y sont fort estimés, particulièrement les haricots et les lentilles. Le propriétaire du château y entretient un beau troupeau de mérinos.

Cheptainville est sur la route d'Arpajon à la Ferté-Alais, à 1 lieue au S. d'Arpajon, et 8 et demie au S. de Paris, par Arpajon et la grande route

d'Orléans. (Poste aux lettres d'Arpajon.)

CHÉRENCÉ, village, département de Seine-et-Oise, arrondissement de Mantes, canton de Magny, ci-devant province de l'Ile-de-France, dans le Vexin, et diocèse de Rouen. Sa population est d'environ 330 habitans avec les maisons isolées de *Bezu*.

Ce village est situé à l'extrémité d'une plaine, au dessus des collines qui bordent la Seine. Tout son terroir est en labour ; il est à 3 quarts de lieue vers l'E. de la Roche-Guyon, et 2 et demie vers le S. E. de Magny ; sa distance de Paris est de 15 lieues vers le S. O., par Limay et la grande route de Caen. (Poste aux lettres de Bonnières.)

CHERISY, village, traversé par la grande route de Paris à Brest, sur la pente d'une colline, département d'Eure-et-Loir, arrondissement et canton de Dreux, ci-devant province de l'Ile de France dans le pays Chartrain, et diocèse de Chartres. Sa population est d'environ 1000 habitans, en y comprenant les hameaux du *Petit-Cherisy*, d'*Aumaux*, de *Fermaincourt*, *Ruville*, et les maisons isolées de la *Mésangère*, dont l'une est un ancien fief.

Son terroir est en labour, vignes, prairies et bois. La rivière d'*Eure* fait tourner trois

11

moulins. Ce village est à 1 lieue vers l'E. de Dreux, et 4 vers l'O. de Houdan ; sa distance de Paris est de 17 lieues vers l'O., par la route de Brest, désignée ci-dessus. (Poste aux lettres de Dreux.)

CHESNAY (LE), village, département de Seine-et-Oise, arrondissement et canton de Versailles, ci-devant province de l'Ile de France, et diocèse de Paris. Sa population est d'environ 320 habitans, avec les hameaux du *Petit-Chesnay* et de *Saint-Antoine* ; ce dernier est contigu aux barrières de la ville de Versailles.

M. Caruel est propriétaire du château, avec un parc de 80 arpens enclos de murs. On y admire les jardins et les promenades qui entourent cette propriété vers Trianon et Versailles. Plusieurs maisons de campagnes, sous diverses dénominations, font également partie de cette commune.

Son terroir est en terres labourables, prairies et bois. Ce village est à 1 demi-lieue au N. de Versailles, près la route de Saint-Germain-en-Laye, et distant de 4 lieues à l'O. de Paris, par Saint-Cloud ou par Versailles. (Poste aux lettres de Versailles.)

CHESNAY (LE), maison de campagne et ferme. *Voyez* GAGNY.

CHESNAY-HAGUETS (LES), ancien fief, *Voy.* Ecos.

CHESNE (LE), château et ferme. *Voyez* SAINVILLE.

CHESSY, village, département de Seine-et-Marne, arrondissement de Meaux, canton de Lagny, ci-devant province de l'Ile de France, et diocèse de Paris. Sa population est d'environ 370 habitans. Le beau château qui existait avant la révolution a appartenu à MM. de Puységur ; il a été démoli en grande partie. La terre de Chessy avait le titre de comté.

Les productions du terroir sont en grains ; quelques contrées sont en vignes, et on y recueille beaucoup de fruits. MM. Chabanaux frères, propriétaires des restes du château, y possèdent un superbe troupeau de mérinos pure race.

Le village de Chessy est traversé par la route de Coulommiers à Paris, proche la rive gauche de la Marne, à 1 lieue à l'E. de Lagny, et 7 et demie à l'E. de Paris, par cette route. (Poste aux lettres de Lagny.)

CHEVANNES, village, département de Seine-et-Oise, arrondissement et canton de Corbeil, ci-devant province de l'Ile de France, et diocèse de Sens. Sa population est d'environ 360 habitans. Une maison de campagne est appelée *le Château* ; la ferme des *Massis* fait aussi partie de cette commune.

Les principales productions

du terroir sont en grains; une partie est en bois. Ce village est à 2 lieues 1 quart au S. de Corbeil, et 9 un quart au S. de Paris, par un chemin de traverse joignant la grande route de Fontainebleau. (Poste aux lettres de Corbeil.)

CHEVILLY-LA-RUE, village, département de la Seine, arrondissement de Sceaux, canton de Villejuif, ci-devant province de l'Ile de France, et diocèse de Paris. Sa population est d'environ 260 habitans.

Deux maisons de campagne appartenant, l'une avec un parc de 60 arpens, clos de murs, à M. Outrequin, et l'autre à M. Moinery; le hameau *de la Rue*, voisin du village de *Lay*, et la ferme de *la Saussaye*, ancienne abbaye de religieuses, font partie de cette commune. Cette dernière est sur la grande route de Fontainebleau.

La presque totalité du terroir est en terres labourables. Le village de Chevilly est à une demie-lieue au S. de Villejuif, dans une plaine, et distant de 2 lieues au S. de Paris, par la route de Fontainebleau. (Poste aux lettres du Bourg-la-Reine.)

CHEVINCOURT, château. *Voyez* SAINT-REMY-LES-CHEVREUSE.

CHEVREUSE, petite ville, département de Seine-et-Oise, arrondissement de Rambouillet, chef-lieu de canton, siége d'une justice de paix et résidence d'une brigade de gendarmerie, ci-devant province de l'Ile de France, dans le Hurepoix, et diocèse de Paris. Sa population est de 16 à 1,700 habitans, en y comprenant quelques petits hameaux ou maisons isolées, avec plusieurs fermes, sous diverses dénominations.

La terre de Chevreuse était anciennement une baronie, ensuite érigée en duché-pairie. Il ne reste que des vestiges du château de *la Madeleine*, situé sur une éminence qui domine la ville. Ce n'est plus qu'une simple habitation.

A peu de distance de Chevreuse, et sur une hauteur, sont les ruines du château de *Méridon*.

Dans cette ville les principaux objets d'industrie, sont les tanneries et les mégisseries. Le commerce de laines y est d'une assez grande importance. Quatre foires s'y tiennent chaque année : la première le 30 avril, la seconde le 22 juillet, la troisième le 14 septembre, et la quatrième le 12 novembre. Le marché est le samedi de chaque semaine.

Il existe à Chevreuse un hospice jouissant d'environ 7,000 francs de revenus, distribués à domicile aux indigens, et une fondation de quatre lits.

Le terroir est en grains et chanvre, en prairies et en bois. On y trouve une fabrique de tuiles, briques et carreaux.

Chevreuse est situé dans une vallée très-agréable, sur la petite rivière d'*Yvette*, qui y fait tourner un moulin à farines, à 3 lieues au S. O. de Versailles, et 4 et demie à l'E. de Rambouillet; sa distance de Paris est de 7 lieues au S. O., par Orsay et l'ancienne route de Chartres, ou par une autre route qui passe à Châtillon; on peut s'y rendre également par Versailles. (Bureau de poste aux lettres et voitures publiques de jour à autre pour Paris.)

CHEVREVILLE, village, département de l'Oise, arrondissement de Senlis, canton de Nanteuil-le-Haudouin, ci-devant province de l'Ile de France, et diocèse de Meaux. Sa population est d'environ 160 habitans. On y voit une maison plus apparente que les autres, à raison de sa construction et de ses dépendances; elle a appartenu à M. l'abbé Rosier, homme de lettres célèbre.

Les principales productions du terroir sont en grains. M. Lecourt, maire du lieu, possède un beau troupeau, dont moitié est de pure race mérinos, et l'autre moitié métis. Ce village est à une lieue vers le S. E. de Nanteuil; sa distance de Paris est de 11 lieues et demie vers le

N. E., par le Plessis-Belleville et la grande route de Soissons. (Poste aux lettres de Nanteuil-le-Haudouin.)

CHEVRIÈRES, village, département de l'Oise, arrondissement de Compiègne, canton d'Estrées Saint-Denis, ci-devant province de l'Ile de France, et diocèse de Beauvais. Sa population est d'environ 700 habitans. Le château *du Marais*, avec une ferme attenante dont M. d'Avène de Roberval est propriétaire, en font partie, ainsi que la ferme *du Quesnoy*.

Il s'y tient deux foires par année, la première, le 3 mai; et la seconde, le 28 octobre. Son terroir est en labour, prairies et bois. On y cultive beaucoup de chanvre.

Ce village est à 2 lieues et demie vers le S. d'Estrées St-Denis, et 2 au N. E. de Pont Sainte-Maxence; sa distance de Paris est de 14 lieues trois quarts vers le N., par la route de Flandre. (Poste aux lettres de Verberie.)

CHEVRU, village, département de Seine-et-Marne, arrondissement de Coulommiers, canton de la Ferté-Gaucher, ci-devant province de l'Ile de France, dans la Brie, et diocèse de Sens. Sa population est d'environ 450 habitans, en y comprenant les hameaux de *Courbon*, *Perthuis*, *Fauju*, *le Tremblay*, la mai-

son de campagne et la ferme
de *la Commanderie.* *Aette*

Son terroir est en labour,
une partie est en bois. Ce village est à 2 lieues vers le S.
O. de la Ferté-Gaucher; sa
distance de Paris est de 17
lieues à l'E. par Coulommiers
et la route qui passe à Lagny.
(Poste aux lettres de Coulommiers.)

CHEVRY-COSSIGNY, vil-
lage, département de Seine-
et-Marne, arrondissement de
Melun, canton de Brie-Comte-
Robert, ci - devant province
de l'Ile de France, dans la
Brie, et diocèse de Paris. Sa
population est d'environ 470
habitans. Cossigny est une ancienne paroisse réunie à cette
commune.

Le château de *Passy,* rétabli à neuf depuis peu de tems,
dont M. Selves est propriétaire, et les maisons de campagne de *Beauverger* et de *la
Marsaudière,* appartenant
toutes deux à M. Petit de la
Marsaudière, en font également partie.

Le terroir de Chevry-Cos-
signy est en terres labourables, prairies et bois. Le village de Chevry est sur la route
de Brie à Tournan, à 1 lieue
au N. de Brie; sa distance de
Paris est de 6 lieues et demie
au S. E. par la grande route
de Troyes. (Poste aux lettres
de Brie-Comte-Robert.)

CHILLY, village, départe-
ment de Seine-et-Oise, arrondissement de Corbeil, canton
de Longjumeau, ci - devant
province de l'Ile de France,
et diocèse de Paris. Sa population est d'environ 500 habitans. Le ci-devant prieuré de
Saint - Eloy et quelques maisons isolées sont dans ses dépendances.

Les rues de ce village sont
droites et pavées. Le château,
avant la révolution, l'un des
plus considérables des environs de Paris, par sa superbe
architecture et par ses décorations intérieures et extérieures, appartenait à madame la duchesse de Mazarin:
auparavant il avait toujours
été possédé par des familles
du premier rang.

Dans l'une des rues, et sur
le même alignement, se trouvent cinq belles maisons de
campagne parallèles.

Le ci - devant prieuré de
Saint-Eloy, de chanoines réguliers de l'ordre de Saint-
Augustin, est actuellement
une maison de campagne dont
madame de Lalive est propriétaire.

La majeure partie du ter-
roir de cette commune est en
terres labourables. Le village
de Chilly est à une demi-lieue au
N. E. de Longjumeau, et distant de 4 lieues au S. de Paris,
par la grande route d'Orléans.
(Poste aux lettres de Longjumeau.)

CHOISEL, petit village, département de Seine-et-Oise, arrondissement de Rambouillet, canton de Chevreuse, ci-devant province de l'Ile de France, dans le Hurepoix, et diocèse de Paris. Il forme, avec les hameaux *d'Herbouvilliers*, de *la Ferté*, plusieurs fermes et autres habitations isolées, une commune d'environ 400 habitans.

Le château de *Breteuil*, ci-devant *Bévilliers*, en fait également partie. C'était autrefois une terre seigneuriale, qui appartient aujourd'hui à M. le comte de Breteuil, préfet du département d'Eure-et-Loir.

Ce château est sur une éminence à l'extrémité d'une plaine, et entouré de larges et profonds fossés; une grande avenue fait face à la grille d'entrée. Le parc contient environ cent arpens clos de murs, et renferme de jolis bosquets au milieu desquels est une belle glacière, un jardin botanique bien soigné et une pépinière. Hors des murs de ce parc, on remarque une superbe châtaigneraie de plus de soixante arpens.

M. le comte de Breteuil a fait construire, dans le cimetière de cette commune, un caveau dans lequel sont déposés, par ses soins, les restes de M. le baron de Breteuil, son oncle, ancien ministre d'Etat, décédé à Paris, le 3 novembre 1807.

Les principales productions du terroir de Choisel, sont en grains; une partie est en bois.

Ce village est dans une vallée à une demi-lieue au S. de Chevreuse, et 7 et demie au S. O. de Paris, par Chevreuse et Versailles, ou par l'une des routes indiquées à la description de Chevreuse. *Voyez* CHEVREUSE. (Poste aux lettres de Chevreuse.)

CHOISY, village, département de l'Oise, arrondissement et canton de Clermont-Oise, ci-devant province de l'Ile de France, et diocèse de Beauvais. Sa population est d'environ 170 habitans; le hameau de *Frayère*, la ferme de *la Borde*, et celle de *Malvoisine* en font partie.

Les productions principales du terroir sont en grains. Ce village est près celui d'Avregny, à 3 lieues à l'E. de Clermont, et 2 et demie vers le N. de Pont Sainte-Maxence; sa distance de Paris est de 15 lieues et demie au N. par la route de Flandre. (Poste aux lettres de Pont Sainte-Maxence.)

CHOISY-EN-BRIE, village, département de Seine-et-Marne, arrondissement de Coulommiers, canton de la Ferté-Gaucher, ci-devant province de l'Ile de France, dans la Brie, et diocèse de Meaux. Sa population est de 12 à 1,300 habitans, en y comprenant les hameaux de *Chambonnois*, *la Frenoye , Coffery , la Bo-chetière* et autres.

Cet endroit était ancienne-ment une ville , on y voit des fossés et des vestiges d'anciens murs de clôture. Les religieux de l'ordre de Cluny y avaient un couvent dont les bâtimens subsistent encore. On y trouve des sources qui alimentent un ruisseau formant un demi cer-cle à l'entour des maisons.

Le terroir est en terres la-bourables, une partie est en bois et en bosquets. On y trouve une tuilerie. Le village de Choisy est à 1 lieue et demie au S. O. de la Ferté-Gaucher, et 3 lieues S. E. de Coulom-miers ; sa distance de Paris est de 17 lieues à l'E. par Cou-lommiers et la grande route qui passe à Lagny. (Poste aux lettres de la Ferté-Gaucher.)

CHOISY-LE-ROI, bourg, dé-partement de la Seine , arron-dissement de Sceaux, canton de Villejuif, ci-devant province de l'Ile de France , et diocèse de Paris. Sa population est de 12 à 1,500 habitans. C'était, dans l'ancien régime , le siége d'un bailliage qui ressortissait nuement au parlement de Pa-ris. C'est la résidence d'une brigade de gendarmerie.

Ce bourg est dans une très-agréable situation sur la rive gauche de la *Seine*, que l'on passe sur un pont nouvellement construit. Avant la révolution le château royal passait pour l'un des plus beaux des envi-rons de Paris. Louis XV avait une prédilection particulière pour ce séjour, et le fit em-bellir par les plus grands maî-tres tant en architecture qu'en sculpture et peinture. L'or-donnance et la disposition des jardins , décorés de grilles su-perbes et de statues, les cabi-nets de verdure, les bassins, les bosquets et la terrasse sur les bords de la Seine faisaient l'objet de l'admiration géné-rale. Le Roi, quand il n'était pas accompagné d'une nom-breuse suite, occupait le *petit château*, à côté duquel était une très-belle orangerie.

Ces châteaux ont été dé-truits pendant la révolution. Sur leur emplacement et celui des jardins, et autres dépen-dances , ont été construites plusieurs manufactures, sa-voir : une de faïence fine, façon anglaise ; une de savon, et une de produits chimiques. Une autre des mêmes produits est située dans la plaine de *Rose*, près de laquelle existe une fa-brique de maroquin.

On trouve à Choisy une maison de bains , ainsi que deux pensions, l'une de jeunes gens, l'autre de demoiselles. Deux autres pensions sont si-tuées à l'extrémité de ce bourg, mais font partie de la com-mune de Thiais.

La belle église de Choisy a été bâtie par les ordres de Louis XV. La première pierre en fut posée par M. Beaumont, archevêque de Paris , le 4 juillet 1748. Chaque jeudi de chaque semaine il y a marché.

Le bourg de Choisy est à 1 lieue au S. E. de Villejuif, et distant de 2 et demie au S. de Paris. (Poste aux lettres de la banlieue de Paris.)

CHOISY - LE - TEMPLE , ancienne commanderie de l'ordre de Malte. *Voyez* CHARNY.

CINQUEUX . village , département de l'Oise , arrondissement de Clermont-Oise , canton de Liancourt, ci-devant province de l'Ile de France , et diocèse de Beauvais. Sa population est de 8 à 900 habitans , en y comprenant la ferme de *Montviret.*

Les productions sont en grains, haricots, chanvre, guignes et cerises.

Le village de Cinqueux est entre deux montagnes, à 1 lieue 1 quart vers l'E. de Liancourt, et 2 au N. O. de Creil; sa distance de Paris est de 12 lieues 5 quarts au N. , par Creil et la grande route d'Amiens. (Poste aux lettres de Creil.)

CIRES-LES-MELLO , village, département de l'Oise , arrondissement de Senlis, canton de Neuilly-en-Thel , ci-devant province de l'Ile de France , et diocèse de Beauvais. Sa population est d'environ 1,200 habitans, y compris les hameaux de *Cagnères , Tillet, la Ville-Neuve* et la maison isolée dite *le Vivier.*

Le hameau de Tillet est remarquable par un château et un parc dont M. d'Yanville est propriétaire.

Ce village, situé dans une vallée, est traversé en partie par une branche de la rivière du *Therain*, et n'est séparé du bourg de Mello que par un ruisseau. Il renfermait avant la révolution un couvent de religieuses Cordelières. M. Hubert y possède une fabrique de bonneterie.

Le terroir de cette commune est en terres labourables, vignes, prairies et bois On y trouve plusieurs carrières, et deux moulins à farines sur le Therain.

Cires-les-Mello est à 2 lieues au N. O. de Neuilly-en-Thel , et 2 à l'O. de Creil; sa distance de Paris est de 11 lieues et demie au N., par Précy - sur-Oise, Viarmes et la route joignant auprès de Moisselles la grande route de Beauvais. (Poste aux lettres de Creil.)

CITRY , village, département de Seine-et-Marne, arrondissement de Meaux , canton de la Ferté-sous-Jouarre, ci-devant province de l'Ile de France , dans la Brie, et diocèse de Meaux. Sa population est d'environ 700 habitans, avec les hameaux de *Villaré*, du *Moulin à Vent*, et plusieurs maisons isolées sous diverses dénominations.

A l'extrémité occidentale de ce village sont un château et

un parc d'environ 60 arpens, enclos de murs, dont M. Fabre est propriétaire. Son terroir est en terres labourables, prés et vignes. On y trouve plusieurs carrières et fours à plâtre.

Le village de Citry est sur la rive gauche de *la Marne*, qui y fait tourner un moulin, à 2 lieues à l'E. de la Ferté, et 16 et demie à l'E. de Paris, par la Ferté et la grande route d'Allemagne. (Poste aux lettres de la Ferté-sous-Jouarre.)

CIVRY-LA-FORÈT, village, département de l'Oise, arrondissement de Mantes, canton de Houdan, ci-devant province de l'Ile de France, et diocèse de Chartres. Sa population est de 400 habitans et plus, avec les hameaux de *la Picotière*, *du Buisson*, de *Favière*, et autres habitations isolées.

Son terroir est en labour et bois. Il renferme une tuilerie et un moulin à grains, sur le ru de *Vaucouleur*. Ce village est à une lieue au S. de Dammartin, et 2 au N. de Houdan; sa distance de Paris est de 15 lieues un quart à l'O. par une chaussée qui passe à Thoiry et joint la grande route de Brest. (Poste aux lettres de Houdan.)

CLAIRE-FONTAINE, village, département de Seine-et-Oise, arrondissement de Rambouillet, canton de Dourdan (Sud), ci-devant province de l'Ile de France, dans le Hurepoix, et diocèse de Chartres. Sa population est d'environ 500 habitans, en y comprenant les hameaux du *Cabinet*, de la *Ménagerie*, des *Bruyères*, de la *Verrerie*, de la *Coudraye*, des *Fourmillons* et plusieurs autres maisons isolées sous diverses dénominations. L'abbaye de chanoines réguliers de l'ordre de Saint-Augustin qu'il renfermait n'existe plus.

Les productions de son terroir sont de peu d'importance en grains, mais il y a beaucoup de bois. Ce village est à 2 lieues trois quarts au N. O. de Dourdan, et 10 et demie au S. O. de Paris, par Bonnelles et l'ancienne route de Chartres. (Poste aux lettres de Rambouillet.)

CLAMART-SOUS-MEUDON, village, département de la Seine, arrondissement et canton de Sceaux, ci-devant province de l'Ile de France, et diocèse de Paris. Sa population est d'environ 900 habitans. Les maisons isolées, dites *le Petit-Bicêtre*, dans l'embranchement de plusieurs routes, en font partie : une de ces maisons est la résidence d'une brigade de gendarmerie.

Plusieurs maisons de campagne font partie de ce village. La principale culture du terroir est en vignes et arbustes. Il s'y trouve une belle pépinière, une carrière et des fours à plâtre. Dans la carrière, appartenant à M. Chatelier, on a la facilité de tirer la pierre jusqu'à la profondeur de plus de 100 pieds, avec une voiture attelée de 3 chevaux.

Le village de Clamart est contigu au parc de Meudon, à 2 lieues au S. O. de Paris, par l'une des routes de Chevreuse, qui passe à Châtillon. (Poste aux lettres de la banlieue de Paris.)

CLAYE, bourg, département de Seine-et-Marne, arrondissement de Meaux, chef-lieu de canton, siége d'une justice de paix, et résidence d'une brigade de gendarmerie, ci-devant province de l'Ile de France, dans la Brie, et diocèse de Meaux. Sa population est de 900 à 1,000 habitans. Le hameau de *Voisins* en fait partie.

Ce bourg est traversé par la grande route de Paris en Allemagne, et par la rivière de *Beuvronne* dans un autre sens. Le canal de l'*Ourcq* passe à son extrémité orientale, où sont les basses-cours d'un beau château démoli, qui appartenait à M. le duc de Polignac.

Il existe à Voisins une manufacture de toiles peintes et blanchisseries, dont M. Japuis est propriétaire. M. Hedoin, maître de poste à Claye, possède un beau troupeau de mérinos.

Le terroir est fertile en grains, comme le sont pres-

que tous les autres de ce canton. Il renferme plusieurs carrières en exploitation, des fours à chaux et à plâtre. La rivière de Beuvronne fait tourner trois moulins, dont deux ont été supprimés par la dérivation du canal.

Le bourg de Claye est à 3 lieues et demie à l'O. de Meaux (on compte 4 lieues de Poste); sa distance de Paris est de 6 lieues et demie à l'E., ou 7 lieues de poste, par la route d'Allemagne désignée ci-dessus. (Bureau de poste aux lettres, et relais de poste aux chevaux.)

CLAYES (les), village et château, département de Seine-et-Oise, arrondissement de Versailles, canton de Marly-le-Roi, ci-devant province de l'Ile de France, et diocèse de Chartres. Sa population est d'environ 300 habitans. M. de la Borne est propriétaire du château, autrefois seigneurial. Le parc renferme des eaux abondantes et bien distribuées.

Les principales productions du terroir sont en grains, une partie est en prairies et bois. Ce village est à 2 lieues un quart au S. O. de Marly, et distant de 6 lieues à l'O. de Paris, par Villepreux et la route de Maule qui passe à Rocquencourt. (Poste aux lettres de Versailles.)

CLERMONT-OISE, petite ville, département de l'Oise,

chef-lieu d'arrondissement et de canton, est le siége d'une sous-préfecture, d'un tribunal de première instance, d'une justice de paix, et la résidence d'un lieutenant et d'une brigade de gendarmerie, ci-devant province de l'Ile de France, généralité de Soissons, et diocèse de Beauvais. Sa population est d'environ 2,100 habitans.

Cette ville, avant la révolution, avait le titre de comté : elle est sur la pente d'une montagne, et traversée en partie par la grande route de Paris à Amiens. Au sommet de cette montagne, près l'église, est un vieux château tenu en apanage de la couronne de France, par Robert, comte de Clermont, l'un des fils de Saint-Louis. Il a appartenu à M. le Prince de Condé, et sert actuellement de maison de détention du département. Au bas de ce château est la promenade dite *le Chatellier*, qui offre une vue aussi agréable qu'étendue.

Dans l'ancien régime il y avait à Clermont une collégiale, un couvent de Mathurins et un d'Ursulines, et c'était le siége d'un baillage, d'une élection, d'un maîtrise particulière des eaux et forêts, d'un grenier à sel, et d'une prévôté de maréchaussée.

Le principal commerce en cette ville, est celui des fruits rouges, c'est-à-dire, *guignes* et *cerises*. Les habitans d'une grande partie des communes environnantes s'occupent de la fabrique de toiles, dites de bulles ou mi-hollande, qui forment également une branche de commerce avantageuse. Une blanchisserie de toiles, dont le nom est connu sous celui de *Blanc de Clermont*, n'est éloignée de cette ville que d'un quart de lieue. Elle fait partie de la commune de *Fitz-James. Voyez* FITZ-JAMES.

Il se tient à Clermont trois foires par années, la première, le mardi après la Chandeleur; la seconde, le 10 août; et la troisième, le 30 novembre. Le samedi de chaque semaine il y a marché assez fort en grains; mais le plus considérable, nommé *Marché franc*, est le dernier samedi de chaque mois.

On trouve à Clermont un collége dans l'emplacement du ci-devant couvent des Ursulines. La position en est très-agréable et en belle vue. M. Gentil, membre de l'université, en est le principal.

Les environs de cette ville se font remarquer non seulement par les productions du sol, mais encore par les châteaux et maisons de campagne, notamment près *d'Agnets*, de *Breuil-le-Vert* et de *Fitz-James. Voy.* AGNETS, BREUIL-LE-VERT et FITZ-JAMES. Elle est à 6 lieues vers l'E. de Beauvais, 5 vers le N. O. de Senlis; sa distance de Paris est de 14 lieues au N., par la grande route d'Amiens. On compte

15 lieues de poste. (Bureau de poste aux lettres, relais de poste au chevaux et voitures publiques tous les jours pour Paris.)

CLÉRY, village, département de Seine-et-Oise, arrondissement de Pontoise, canton de Marines, ci-devant province de l'Ile de France, dans le Vexin, et diocèse de Rouen. Sa population est d'environ 300 habitans. Le hameau *des Tavernes*, sur la grande route de Paris à Rouen, et celui *du Tillet* en font partie.

La terre de Cléry était autrefois seigneuriale. Le château, dont madame la vicomtesse de Brossard est usufruitière, appartient à MM. Ernest et Arsène de Brossard-de-Cléry, ses enfans.

Dans ce village est une autre maison, nommée *le Bâtiment*, que l'on distingue des autres par sa construction.

Les principales productions du terroir sont en grains, une petite partie est en bois. Les arbres à cidre y sont nombreux. Cléry est près la grande route de Rouen, sus-désignée, à une lieue au S. E. de Magny, 6 vers le N. O. de Pontoise, 13 au N. O. de Paris, par cette route. (Poste aux lettres de Magny.)

CLICHY - EN - LAUNOY, village, département de Seine-et-Oise, arrondissement de Pontoise, canton de Gonesse, ci-devant province de l'Ile de France, et diocèse de Paris. Sa population est d'environ 150 habitans. Il est situé sur une éminence, et entouré par la forêt de *Bondy*. Plusieurs maisons de campagne se font remarquer.

Le château, situé à mi-côte, a été reconstruit à neuf sur les dessins de M. Brogniart, architecte. Le parc, d'environ 40 arpens, clos de murs, est tenant à un autre parc qui joint la forêt de Bondy. M. de Barmont est propriétaire de ce domaine.

Dans ce premier parc est une grande pièce d'eau alimentée par diverses sources, dont l'une nommée *la Chapelle des Anges*, à l'entrée de la forêt, est connue depuis le 11e siècle. Ce château a été habité par Gabriel d'Estrée.

Les productions sont de peu de valeur. Le village de Clichy est près la grande route de Paris en Allemagne, et traversée par une chaussée qui communique de cette route à celle de Coulommiers, par Chelles, à 2 lieues trois quarts au S. E. de Gonesse, et distant de 3 et demie à l'E. de Paris, par cette route d'Allemagne. (Poste aux lettres de Livry.)

CLICHY-LA-GARENNE, village, département de la Seine, arrondissement de St.-Denis, canton de Neuilly-sur-Seine, ci-devant province de l'Ile de France, et diocèse de

Paris. Sa population est de 15 à 1,600 habitans, y compris le hameau de *Monceaux* contigu au boulevards de Paris, celui des *Batignolles*, et les habitations isolées de *Courcelles* et de *la Planchette*.

Ce village est situé dans une plaine entre la rive droite de la *Seine*, que l'on passe sur un bac à Asnières, et la route de Saint-Denis à Versailles, autrement dit *le Chemin de la Révolte*. Il renferme un château et plusieurs maisons de campagne fort agréables. Il s'est tenu dans ce château un concile, du règne du roi Dagobert, l'an 656, et le roi Jean y institua l'ordre de l'Etoile en 1351.

Saint Vincent de Paule était curé de cette paroisse en 1612. Il fit reconstruire l'église telle qu'elle subsiste aujourd'hui, et la pourvut de tous les objets nécessaires au culte.

On trouve à Clichy, 1°, une fabrique de céruse et de blanc de blomb, mine orange, minium, sel de saturne et bleu d'argent, dont M. Roard est propriétaire; 2° de sel ammoniac, et autres produits chimiques, appartenant à messieurs Pluvinet, frères, qui ont leur dépôt à Paris.

A l'une des extrémités de Monceaux, sont deux belles maisons de campagne, celle appelée *le Château*, et celle dont M. le baron de Breteuil a été propriétaire. Une aux Batignolles et deux autres à la

Planchette, se font également remarquer.

Les productions du terroir de Clichy sont médiocres de toute nature. Les habitans s'occupent plus particulièrement du blanchissage du linge que de l'agriculture. Ce village est à trois quarts de lieue au N. E. de Neuilly, et à égale distance des barrières de Paris. (Poste aux lettres de la banlieue.)

CLOCHES, hameau et château. *Voyez* BOUTIGNY.

CLOS-BILLES (LES), maison de campagne, ci-devant fief, dans le hameau du Marais de Cergy. *Voyez* CERGY.

CLOSFONTAINE, village, département de Seine et Marne, arrondissement de Melun, canton de Mormant, ci-devant province de l'Ile de France, dans la Brie, et diocèse de Sens. Sa population est d'environ 180 habitans. Le château et le parc de *la Boulaye*, dont M. le baron de Chenizot est propriétaire, ainsi que deux fermes isolées, en font partie. Cette terre étoit autrefois seigneuriale, avec haute, moyenne et basse justice.

Les productions principales du terroir de cette commune sont en grains. Le village de Closfontaine est à 2 lieues à l'E. de Mormant, 1 et demie au N. de Naugis; sa distance de Paris est de 14 lieues au S. E., par Mormant et la grande route de Troyes. (Poste aux lettres de Nangis.)

CLOTOMONT, ancien fief. *Voyez* CROISSY-BEAUBOURG.

CLOS-TOUTIN, maison de campagne. *Voy*. VAUCRESSON.

COCHEREL, village, département de Seine-et-Marne, arrondissement de Meaux, canton de Lizy-sur-Ourcq, ci-devant province de l'Ile de France, et diocèse de Meaux. Sa population est d'envirc 400 habitans, avec le hameau de *la Loge*, la ferme de *la Folie* et les *Plâtrières*.

Les productions de sou terroir sont en grains; une partie est en bois. Ce village est à 1 lieue et demie à l'E. de Lizy, et 14 et demie entre l'E. et le N. E. de Paris, par Lisy et la route de la Ferté-Milon, joignant à Meaux la grande route d'Allemagne. (Poste aux lettres de Lizy-sur-Ourcq.)

COCHETS (LES), ancien fief. *Voyez* BRÉTIGNY.

COFFRY, maison de campagne. *Voyez* CHATRES.

COIGNERES, village, département de Seine-et-Oise, arrondissement de Rambouillet, canton de Chevreuse, ci-devant province de l'Ilè de France, dans le Hurepoix, et diocèce de Chartres. Sa population est d'environ 400 habi-

tans, avec le hameau de *la Maison-Blanche* et les maisons isolées nommées *le Gibet* et *la Grosse-Haye*.

Les principales productions sont en grains et bois. Ce village est sur la grande route de Paris à Chartres, à 2 lieues 1 quart au N. O. de Chevreuse, et distant de 7 trois quarts à l'O. de Paris, par cette route. (Relais de poste aux chevaux. Le bureau de la poste aux lettres est à Trappes.)

COLLEGIEN, village, département de Seine-et-Marne, arrondissement de Meaux, canton de Lagny, ci-devant province de l'Ile de France, et diocèse de Paris. Sa population est d'environ 140 habitans. Le château de *Lamirault*, qui en faisait partie, a été démoli.

Le terroir est en labour; une partie est en bois. Ce village est à 1 lieue 1 quart au S. O. de Lagny; sa distance de Paris est de 5 lieues 3 quarts à l'E., par une route qui passe à Villiers - sur - Marne et au pont de Saint-Maur. (Poste aux lettres de Lagny.

COLLINANCE, ci-devant couvent de religieuses de l'ordre de Fontevrault. *V*. THURY.

COLOMBES, grand village, département de la Seine, arrondissement de Saint-Denis, canton de Nanterre, ci-devant province de l'Ile de France, et diocèse de Paris.

Sa population est d'environ 1,900 habitans. Le village de Courbevoye était autrefois une annexe de cette paroisse.

Henriette d'Angleterre, fille de Henri IV, est morte à Colombes, en 1669. Ce lieu renfermait, autrefois, deux châteaux, le *Grand Château* et le *Petit Château*. Le premier a été démoli ; le second, qui subsiste, est actuellement une belle maison de campagne, dont M. Leroy, agent de change, est propriétaire, et d'une superbe prairie distribuée en jardin anglais, qui en fait partie.

Trois places publiques, dans ce village, sont plantées d'arbres, par les soins de M. Bracquemard, notaire et maire. Les maisons qui ont appartenu à mademoiselle Dubois et à M. de Carondelet ; celle dite de *la Garenne*, avec un grand parc, et qui en est peu éloignée, se font remarquer. Le *Moulin Joli*, autre maison de campagne, était une des plus belles habitations de ces environs, sur la rive gauche de la *Seine*. Elle a été entièrement détruite.

On trouve, à Colombes, deux fabriques de colle forte. Les principales productions de son terroir sont en grains et légumes. Une partie est en vignes. Ce village est à une demi-lieue au S. d'Argenteuil, une lieue un quart au N. E. de Nanterre, et distant de 2 lieues au N. O. de Paris, par Courbevoye et

Neuilly. (Poste aux lettres de Neuilly.)

COLOMBIER (LE), jolie maison de campagne, ancien fief. *Voyez* BREUILLET.

COMBAULT, village, département de Seine-et-Marne, arrondissement de Melun, canton de Tournan, ci-devant province de l'Ile de France, dans la Brie, et diocèse de Paris. Sa population est d'environ 120 habitans. Plusieurs fermes et maisons isolées, sous diverses dénominations.

M. le maréchal duc de Dantzick est propriétaire du château et du parc. M. Lambin, maire de la commune, y possède aussi une maison de campagne.

Les principales productions du terroir sont en grains, une partie est en bois. Ce village est à 3 lieues au N. O. de Tournan, et distant de 4 et demie à l'O. de Paris, par une route qui se réunit à la Queue, à celle de Rozay. (Poste aux lettres de Lagny.)

COMBREUX, château. *Voyez* TOURNAN.

COMBS-LA-VILLE, village, département de Seine-et-Marne, arrondissement de Melun, canton de Brie-Comte-Robert, ci-devant province de l'Ile de France, et diocèse de Paris. Sa population est d'environ 500 habitans, y compris plusieurs maisons isolées sous diverses dénominations.

Sa situation, sur la pente d'une colline qui borde la petite rivière d'*Yerres*, est très-agréable. Il renferme deux maisons de campagne, l'une appartenant à M. de Céas, et l'autre à M. Duval. La position de ces maisons et les eaux qui y descendent en cascades de la colline, les font remarquer. Celle de M. de Céas, nommée *Munchy*, ancien fief, par la belle architecture et une élégance recherchée, est particulièrement digne de fixer l'attention, ainsi que l'île plantée en jardin anglais, à laquelle on arrive en passant la rivière sur un pont de bois d'une seule arche de soixante pieds d'ouverture.

La principale culture de terroir est en vignes, une partie est en bois. Le village de Combs la ville est à 1 lieue au S. O. de Brie; sa distance de Paris est de 6 lieues et demie au S. E., par un chemin joignant la grande route de Lyon. (Poste aux lettres de Brie-Comte-Robert.)

COMMANDERIE (LA), maison de campagne. *Voyez* CHEVRU.

COMMENY, village, département de Seine et Oise, arrondissement de Pontoise, canton de Marines, ci-devant province de l'Ile de France dans le Vexin, et diocèse de Rouen. Sa population est d'environ 330 habitans. Il y avait autrefois un château. Son terroir est tout en terres labourables.

Ce village est situé dans une plaine à 1 lieue trois quarts au S. O. de Marines; sa distance de Paris est de 11 lieues et demie au N. O. par la grande route de Rouen. (Poste aux lettres de Magny.)

COMMUNE (LA GRANDE), hameau et château. *Voyez* les ÉCRENNES.

COMPANS-LA-VILLE, village, département de Seine et Marne, arrondissement de Meaux, canton de Claye, ci-devant province de l'Ile de France, dans la Brie, et diocèse de Meaux. Sa population est d'environ 250 habitans. Les principales productions de son terroir sont en grains.

Ce village est sur la petite rivière de *Beuvronne*, qui y fait tourner deux moulins, à 1 lieue et demie au N. de Claye; sa distance de Paris est de 7 lieues au N. E., par une chaussée joignant, au Menil-Amelot, la grande route de Soissons. (Poste aux lettres de Claye.)

COMPIÈGNE, ancienne ville, département de l'Oise, chef-lieu d'arrondissement et de canton, ci-devant province de l'Ile de France, et diocèse de Soissons. Sa population est d'environ 7,000 habitans, avec plusieurs villages et hameaux ci-après désignés. C'est le siége d'une sous-préfecture d'un tribunal de première instance, et d'un tribunal de commerce, d'une justice de paix, et la résidence d'un lieutenant et d'une brigade de gendarmerie.

Cette ville, dans une agréable position, au dessous du confluent de deux rivières navigables, *l'Oise* et *l'Aisne*, est environnée de superbes promenades, et traversée par la route de Paris en Flandre, par Saint-Quentin : sa fondation est attribuée à Jules César, qui la fit fortifier d'une grosse tour; mais un magistrat de cette même ville la prétend beaucoup plus ancienne. Les rois de la première race y avaient leur palais : Clovis en a été possesseur ; Clotaire, son fils, y est décédé.

Nombre de conciles, de parlemens et d'états généraux y furent assemblés. Dans cette même ville, les monarques de France ont reçu les hommages des papes, des empereurs, des rois, reines et princes étrangers; et les ambassades les plus solennelles ont été admises à leur audience.

Les habitans de Compiègne ont, dans tous les tems, fait preuve d'une extrême bravoure; ont soutenu des siéges mémorables, et vengé la prise de la Pucelle d'Orléans, sur celui qui avait fait baisser la herse avant sa rentrée dans la ville, avec les habitans qui avaient

été avec elle repousser les assiégeans, qu'ils contraignirent de lever le siége. Ils sont aussi, plusieurs fois, venus au secours de villes voisines assiégées, et les ont délivrées de leurs ennemis.

A l'une des extrémités de la ville de Compiègne, est le palais que les rois de France ont toujours mis au nombre de leurs habitations de plaisance. Ce palais fut bâti sous le règne de Charles-le-Chauve, réédifié et agrandi par plusieurs de ses successeurs; reconstruit en partie par les ordres de Louis XV, et achevé par ceux de Louis XVI. Il ne reste plus à faire que la place d'armes.

Les péristyles et la salle des gardes sont justement admirés. Tous les appartemens, dont une superbe galerie, se communiquent de plain-pied. Les ameublemens, les décorations en peintures, sculptures et dorures sont d'un goût exquis. La façade en regard de la forêt est magnifique. Le jardin commencé sous les derniers règnes est achevé. On remarque au bas de la terrasse un berceau qui longe le parc intérieur et les belles allées qui communiquent au parc extérieur et à la forêt.

Une pompe à feu, élevée sur le bord de l'Oise, fournit toute l'eau nécessaire au service du palais; et, sur la rivière d'Aisne, on a construit récemment un pont de bois qui aboutit au Franc-Port, pour passer de la forêt de Compiègne à celle de Laigue. Ce pont procure un grand avantage aux communes situées au delà de cette rivière pour arriver à la ville.

Compiègne renfermait une collégiale, trois paroisses, dont celle Saint-Jacques et la succursale Saint-Antoine ont été seulement conservées. Les Dominicains, les Cordeliers, les Minimes et les Capucins y avaient chacun un couvent, ainsi que les religieuses de la Visitation, les religieuses Carmélites et celles de l'Hôtel-Dieu-Saint-Nicolas. Cet Hôtel-Dieu subsiste encore aujourd'hui; il est desservi par des Sœurs grises.

Les Jésuites, avant leur suppression, y possédaient aussi une maison. Un collége de plein exercice, doté en partie par le roi, où jadis l'instruction était gratuite, se trouve actuellement sous le régime de l'université. Deux écoles de charité, pour les deux sexes, y étaient également établies; les biens en ont été vendus depuis 1792.

Cette ville était le siége d'un bailliage royal, de la justice seigneuriale de l'abbaye de Saint-Corneille, d'une juridiction consulaire, et d'un grenier à sel; d'une élection, d'une subdélégation de l'intendance de Paris, de deux maîtrises particulières des eaux et forêts, l'une de Compiègne, l'autre de Laigue, d'une capitainerie des chasses et d'une juridiction, dite de l'exemption de Pierrefond.

Autrefois le commerce de Compiègne était très-considérable. Il y avait des manufactures en tous genres. Les guerres intérieures et civiles en ont éloigné la plus grande partie, ce qui a fait diminuer de beaucoup sa population. Des quatre grandes foires qui, avant 1792, se tenaient les trois premiers jours de chaque trimestre, il n'y en a plus qu'une les 15 de chaque mois, pour la vente des chevaux et bestiaux. Le marché est le samedi de chaque semaine. On y vend des grains de toute espèce, des chanvres et d'autres denrées.

Sur les bords de l'Oise sont un port pour l'arrivée et le départ des marchandises voiturées par eau, et un chantier pour la construction des bateaux destinés à naviguer sur l'Oise, l'Aine et la Seine. On y trouve une manufacture de corderie pour leurs agrès et pour les bâtimens de mer. On y trouve en outre des fabriques de tuiles, briques, carreaux et poteries de terre.

Le pont existant sur l'Oise, construit en 1730, en remplacement de celui que Saint-Louis avait fait bâtir un peu plus bas, est un des premiers qui fût fait avec cette hardiesse qu'attestent ses trois arches, celle du milieu à 12 toises entre les deux piles, les deux autres en ont chacune 11;

sur le milieu du parapet est une pyramide surmontée d'une boule de cuivre doré, sur laquelle était une croix de pareil métal ; sur ses deux panneaux, à sa base, se lisaient des inscriptions, qui en ont été arrachées pendant la révolution, ainsi que la boule et la croix.

Les dépendances de Compiègne sont la ci-devant paroisse de *Saint-Germain*, aujourd'hui nommée faubourg ; le hameau de *Royal-Lieu*, qui faisait partie de cette paroisse, et où se trouvait la célèbre abbaye de religieuses de l'ordre de Saint-Benoît, dont il ne reste plus que la maison abbatiale. La maison *du Vivier-Corax*, dans la forêt, en faisait également partie.

Toute la forêt fait partie de la commune de Compiègne. Différentes habitations isolées, telles que *la Croix du Saint-Signe*, les deux *Faisanderies*, *Saint-Corneille*, et autres, *la Motte-Blin*, sur le bord de la rivière *d'Aine*, et le moulin de *l'Ortille*, y sont enclavés, ainsi que deux villages, avec leurs dépendances : celui de *Vieux-Moulin*, comprenant les hameaux *du Vivier-Frère-Robert*, et de *Saint-Pierre en Châtres*, où il y avait un couvent de Célestins, et celui de *la Breviaire Saint-Jean*, comprenant *Saint-Jean*, proprement dit *la Breviaire Sainte-Perine*, *le Parquet*, *Laudelin* et la maison *de la Muette*.

Le lieu le plus digne d'attention dans cette forêt, est le carrefour du Puits-du-Roi, où aboutissent huit grandes routes.

La ville de Compiègne est à 8 lieues vers l'E. de Clermont-Oise, 14 à l'E. de Beauvais, 10 à l'O. de Soissons, et 8 vers le N. E. de Senlis ; sa distance de Paris est de 18 lieues vers le N. E. par la route de Flandre, désignée ci-dessus. On compte 19 lieues de poste. (Relais de poste aux chevaux, bureau de poste aux lettres et voitures publiques tous les jours pour Paris.)

COMTEVILLE, château. *Voyez* Dreux.

CONCHES, village, département de Seine et Marne, arrondissement de Meaux, canton de Lagny, ci-devant province de l'Île de France, et diocèse de Paris. Sa population est d'environ 160 habitans. *Le Fort du Bois*, maison de campagne, en fait partie.

Madame de Sabran y est propriétaire d'un ancien château, et madame Mathieu Chopin d'une autre maison de campagne.

Une grande partie du terroir est en vignes ; les fruits y sont abondans. Il y a peu de terres en labour.

Ce village est à trois quarts de lieue au S. de Lagny, et distant de 6 lieues et demie à l'E. de Paris, par une route qui passe à Brie-sur-Marne. (Poste aux lettres de Lagny.)

CONDÉ-EN-PINSERAIS, village, département de Seine et Oise, arrondissement de Mantes, canton de Houdan, ci-devant province de l'Ile de France, et diocèse de Chartres. Sa population est d'environ 340 habitans avec le hameau de *la Pillaiserie* et autres habitations écartées. On y trouve deux fabriques de poteries de terre et vases de jardins.

Son terroir, contigu à la forêt de Rambouillet, est en labour, une petite partie est en prairies et bois, avec beaucoup de bruyères. Ce village est sur la rivière de *Vesgre*, qui y fait tourner trois moulins à grains, à 1 lieue trois quarts vers le S. E. de Houdan, et 3 lieues vers l'O. de Montfort l'Amaury; sa distance de Paris est de 12 lieues et demie vers l'O., par la grande route de Brest. (Poste aux lettres de Houdan.)

CONDÉ-SAINTE-LI-BIAIRE, village, département de Seine-et-Marne, arrondissement de Meaux, canton de Crécy, ci-devant province de l'Ile de France, dans la Brie, et diocèse de Meaux. Sa population est d'environ 420 habitans, y compris quelques maisons écartées.

Ce village, avec un château, est situé entre la rivière du *Grand-Morin* et la *Marne*. Les productions de son terroir,

qui n'est pas fort étendu, sont peu importantes. Il est à 2 lieues au N. O. de Crécy; sa distance de Paris est de 8 lieues et demie à l'E., par la route de Coulommiers. (Poste aux lettres de Meaux.)

CONDECOURT, village, département de Seine-et-Oise, arrondissement de Pontoise, canton de Marines, ci-devant province de l'Ile de France, dans le Vexin, et diocèse de Rouen. Sa population est d'environ 360 habitans, en y comprenant le hameau de *Villette*, un château et deux moulins situés dans un vallon sur un ruisseau.

Ce château se fait remarquer par sa construction régulière et les bâtimens accessoires. Le parc, d'environ 80 arpens, clos de murs, est traversé par ce ruisseau qui alimente deux grandes pièces d'eau et quantité de canaux. M. le lieutenant-général, comte de Grouchy, en est propriétaire.

Les principales productions de ce terroir sont en grains, une partie est en prairie. Le village de Condecourt est à 2 lieues et demie au S. O. de Marines; sa distance de Paris est de 9 lieues et demie au N. O. par Pontoise et la grande route de Rouen. (Poste aux lettres de Meulan.)

CONFLANS, petit village, fait partie de la commune de

Charenton-le-Pont, chef-lieu du canton de ce nom, dans l'arrondissement de Sceaux, département de la Seine, et renferme l'église paroissiale, il doit son nom au confluent des deux rivières de *Seine* et de *Marne*, qui en est à peu de distance.

Le site et la vue de Conflans, placé sur une colline entre la Seine et la grande route de Paris à Lyon, est si agréable, qu'on n'y trouve que des maisons de campagne et le château, séjour ordinaire, pendant la belle saison, des archevêques de Paris, seigneurs du lieu, avant la révolution. A cette époque, il s'y trouvait aussi un couvent de Bénédictines.

Le village de Conflans est presque joignant les Carrières de Charenton, à 1 lieue un quart au S. E. de Paris. (Poste aux lettres de Charenton.)

CONFLANS-SAINTE-HO-NORINE, grand village, département de Seine-et-Oise, arrondissement de Versailles, canton de Poissy, ci-devant province de l'Ile de France, et diocèse de Paris. Sa population est d'environ 2,000 habitans, y compris le hameau de *Chenevières*.

Le confluent de l'Oise et de la Seine est proche de ce village, d'où le nom de *Conflans* tire son origine. A son extrémité occidentale est, dans une très-belle situation, un châ-teau dont madame la baronne de Moyria est propriétaire. Le parc, clos de murs, contient environ 70 arpens. Le château de Chenevières a été démoli.

Dans l'ancien régime, Conflans renfermait un prieuré dont le prieur, par un ancien privilége, était seigneur du lieu l'espace de quarante-huit heures seulement dans l'année, c'est-à-dire à compter de la veille de l'Ascension à midi, jusqu'au lendemain de cette fête à midi. Dans l'espace de ces quarante-huit heures, la châsse de Sainte-Honorine était exposée, et le jour de l'Ascension on faisait une procession solennelle dans la paroisse, en l'honneur de cette sainte. Un usage bisarre imposait à chaque cabaretier de ce lieu, dès que la châsse avait été remise à sa place ordinaire, l'obligation de porter au prieuré une pinte de vin, que l'on nommait la *Pinte aux Ribaux*; ceux qui y manquaient étaient, après le service funèbre célébré le lendemain de cette fête, condamnés à une amende. La procession a toujours lieu.

Sur une montagne près Conflans, sont les restes de deux anciennes forteresses. La plus grande partie du terroir de cette commune est en vignes; on y recueille beaucoup de fruits. Plusieurs carrières de pierre de taille et moellons, y sont d'un produit considérable, par la facilité que la proximité de la Seine donne pour l'exportation.

Le village de Conflans est sur la rive droite de cette rivière, que l'on passe sur un bac, à 1 lieue et demie au N. de Poissy; sa distance de Paris est de 5 lieues et demie au N. O. par différens chemins joignant la grande route de Rouen. (Poste aux lettres de Pontoise.)

CONGERVILLE, village, département de Seine-et-Oise, arrondissement d'Etampes, canton de Méréville, ci-devant province de l'Ile de France, dans le Hurepoix, et diocèse de Chartres. Sa population est d'environ 180 habitans. Il s'y trouve une grande ferme qui était autrefois maison seigneuriale.

Les productions du terroir de cette commune sont en grains; une petite partie est en bois. Le village de Congerville est à 2 lieues et demie au N. O. de Méréville, 3 au S. O. d'Etampes; sa distance de Paris est de 15 lieues vers le S., par Etampes et la grande route d'Orléans. (Poste aux lettres d'Angerville.)

CONGIS, village, département de Seine-et-Marne, arrondissement de Meaux, canton de Lizy-sur-Ourq, ci-devant province de l'Ile-de-France, dans la Brie, et diocèse de Meaux. Il forme, avec l'ancienne paroisse de *Villers*-

les-*Rigaux* et le hameau *du Gué-à-Tresmes*, une commune d'environ 900 habitans.

Le Gué-à-Tresmes, situé dans une vallée étroite sur la route de Meaux à la Ferté-Milon, est remarquable par un château que M. Delamyre-de-Mory a fait bâtir; le parc, de 90 arpens, est enclos en partie de murs, et fermé d'un côté par la petite rivière de *Thérouane*, qui, dans ce hameau, fait tourner plusieurs moulins.

Les principales productions du terroir de cette commune sont en grains; une partie est en vignes. Il s'y trouve plusieurs remises. Le village de Congis est peu éloigné de la rive droite de la *Marne*; le canal de l'*Ourcq* passe à côté. Il est à 1 lieue au S. O. de Lizy, et 2 et demie au N. E. de Meaux; sa distance de Paris est de 12 lieues et demie vers l'E., par la route de la Ferté-Milon, désignée ci-dessus, joignant à Meaux la grande route d'Allemagne. (Poste aux lettres de Lizy-sur-Ourcq.)

CORBEIL, petite et ancienne ville, chef-lieu d'arrondissement du département de Seine-et-Oise et chef-lieu de canton, ci-devant province de l'Ile de France, et diocèse de Paris. Sa population est de 3,500 à 4,000 habitans. C'est le siége de la sous-préfecture de l'arrondissement, d'un tribunal de première instance,

en 1307 le grand maître du temple fut informé à Corbeil par ordre du roi.

d'une justice de paix, et la résidence d'un lieutenant et d'une brigade de gendarmerie.

On y comptait, dans l'ancien régime, quatre paroisses, une collégiale, dite de *Saint-Spire*, et entre cette ville et Essonnes le prieuré de *Saint-Jean-en-l'Île*, commanderie de l'ordre de Malte, un prieuré de chanoines de l'ordre de S.-Augustin, un couvent de Récolets, et un de dames de la Congrégation. Des quatre paroisses une seule subsiste, ainsi que l'Hôtel-Dieu, qui est très-ancien. C'était le siége d'une prévôté royale, et de la juridiction d'un grenier à sel.

La ville et le ci-devant comté de Corbeil étaient anciennement l'apanage des reines de France, et plusieurs rois y ont fait leur résidence. Le cardinal Georges d'Amboise fut enfermé dans une grosse tour faisant partie d'un château qui ne subsiste plus.

Le commerce de cette ville consiste principalement en farines. Les moulins à eau y sont en grand nombre. Le magasin de farines destiné à l'approvisionnement de Paris est très-considérable. On y trouve trois tanneries. La rivière d'*Essonnes* s'y divise en plusieurs branches. Il s'y tient chaque année, le cinquième dimanche après Pâques, une foire. Le marché est le mardi et le vendredi de chaque semaine.

Corbeil renferme trois pensions, dont deux de jeunes gens et une de jeunes demoiselles.

La ville de Corbeil est sur la *Seine* qui la traverse. La rivière d'*Essonnes* s'y réunit. La grande route de Paris à Fontainebleau est à proximité. Elle est à 4 lieues au N. O. de Melun, et 9 au S. E. de Versailles; sa distance de Paris est de 7 lieues au S., par cette route de Fontainebleau. (Bureau de poste aux lettres et voitures publiques tous les jours pour Paris.)

CORBEILCERF, village, département de l'Oise, arrondissement de Beauvais, canton de Méru, ci-devant province de l'Ile de France, et diocèse de Beauvais. Sa population est d'environ 530 habitans. Le château, qui est ancien, ne représente actuellement qu'une ferme, dont M. le comte de Lubersac est propriétaire.

Les principales productions du terroir de cette commune sont en grains, une partie est en bois. Corbeilcerf est sur la route de Méru à Beauvais, à 1 lieue 1 quart vers le N. de Méru, et 12 trois quarts vers le N. de Paris, par Méru et Chambly, ensuite la grande route de Beauvais. (Poste aux lettres de Méru.)

CORBEVILLE, château. *Voyez* ORSAY.

CORBEVILLE, hameau et

château. *Voyez* SAINT-MAR-TIN-DES-CHAMPS.

CORBREUSE, village, département de Seine-et-Oise, arrondissement de Rambouillet, canton de Dourdan (Sud), ci-devant province de l'Ile de France, dans le Hurepoix, et diocèse de Chartres. Sa population est d'environ 460 habitans, y compris le hameau du *Plessis*, la ferme du *Trouvilliers* et celle de *Durand*.

Son terroir, qui borde d'un côté la forêt de Dourdan, est en labour, prairies et bois. Ce village est à 1 lieue 1 quart au S. O. de Dourdan, 2 vers l'E. d'Ablis; sa distance de Paris est de 12 lieues 1 quart vers le S. O., par Dourdan et une chaussée joignant l'ancienne route de Chartres. (Poste aux lettres de Dourdan.)

CORDOUX, hameau et ruines du château. *Voyez* COUR-PALAIS.

CORMEILLES-EN-PARISIS, grand village, département de Seine-et-Oise, arrondissement de Versailles, canton d'Argenteuil, ci-devant province de l'Ile de France, et diocèse de Paris. Sa population et de 13 à 1,400 habitans.

Sa situation est dans le centre d'une contrée montueuse. On y voit plusieurs maisons de campagne parmi lesquelles on distingue celle de M. Au-

bry, juge de paix du canton, celle de M. Laruaz, maire, et celle de M. Cottin.

La principale culture de son terroir est en vignes; on y recueille beaucoup de fruits, et il s'y trouve des carrières de pierre à plâtre et une tuilerie.

Le village de Cormeilles est à 1 lieue et demie au N. O. d'Argenteuil, et 4 au N. O. de Paris, par Argenteuil. On prend en voiture la grande route de Rouen. (Poste aux lettres de Franconville.)

CORMEILLES-EN-VEXIN, village, département de Seine-et-Oise, arrondissement de Pontoise, canton de Marines, ci-devant province de l'Ile de France, dans le Vexin, et diocèse de Rouen. Sa population est d'environ 800 habitans, y compris les hameaux de *Bazancourt*, *Cormiolle* et *Bretagne*.

Les principales productions du terroir sont en grains. Ce village est situé dans une plaine, sur la route de Gisors à Paris, à 1 lieue au S. E. de Marines; sa distance de Paris est de 9 lieues au N. O. par cette route, qui passe à Pontoise. (Poste aux lettres de Pontoise.)

COSSIGNY, petit village, réuni à la commune de Chevry. On y voit encore les ruines d'un ancien château. *Voy.* CHEVRY-COSSIGNY.

COSSONNERIE (LA)

maison de campagne. *Voyez* SAINTE-GENEVIÈVE-DES-BOIS.

COTEAUX (LES), charmante maison de campagne. *Voyez* SAINTS.

COUARDE (LA), château près la grande route de Paris à Brest. *Voyez* GALLUIS-LA-QUEUE.

COUBERON, village, département de Seine-et-Oise, arrondissement de Pontoise, canton de Gonesse, ci-devant province de l'Ile de France, et diocèse de Paris. Sa population est d'environ 300 habitans; une portion du hameau de *Montauban* en fait partie. Les productions de son terroir sont peu importantes; il y a beaucoup d'arbres à fruits. M. Velly, maire du lieu, y entretient un beau troupeau de mérinos.

Ce village est situé dans un fond et entouré de bois, à 3 lieues au S. E. de Gonesse, et distant de 4 lieues à l'E. de Paris, par la grande route d'Allemagne. (Poste aux lettres de Livry.)

COUBERT (HAUT ET BAS), village, département de Seine-et-Marne, arrondissement de Melun, canton de Brie-Comte-Robert, ci-devant province de l'Ile de France, dans la Brie, et diocèse de Paris. Sa population est d'environ 500 habitans.

La terre de Coubert, avant la révolution, avait le titre de comté. Le beau château que Samuel Bernard a fait bâtir, renferme une orangerie magnifique tant par le bâtiment que par la beauté des orangers. Le parc, clos de murs, a environ 600 arpens d'étendue, il se fait remarquer par de grandes allées couvertes, des bosquets, de belles pièces d'eau, des bois et un grand nombre de beaux arbres. Ce parc est très-bien percé pour la chasse, et est rempli de gibier, ainsi qu'une grande masse de bois qui l'entoure et qui fait partie de cette terre : ces bois touchent à ceux de la *Grange* et de la *Léchelle*.

L'avenue du château est contiguë à la grande route de Paris à Troyes. Ce domaine, l'un des plus beaux des environs de Paris, a appartenu à M. Joseph de Forestier.

Les productions du terroir sont en grains et bois. Le village de Coubert est à 1 lieue et demie à l'E. de Brie ; le Bas-Coubert est traversé par la route de Troyes désignée ci-dessus; sa distance de Paris est de 7 lieues et demie au S. E. par cette même route. (Poste aux lettres de Brie-Comte-Robert.)

COUBERTIN, château. *Voyez* SAINT-REMY-LES-CHEVREUSE.

COUDRAY (HAUT ET BAS)

(LE), village, département de Seine-et-Oise, arrondissement et canton de Corbeil, ci-devant province de l'Ile de France, et diocèse de Paris. Sa population est d'environ 280 habitans. Une partie du hameau du *Plessis-Chênet*, traversé par la grande route de Paris à Fontainebleau, se trouve dans ses dépendances; l'autre partie est de la commune de Monceaux.

Le château du Coudray, sur la rive gauche de la *Seine*, près cette route, appartient à M. le maréchal comte Jourdan. Sa situation, ses jardins et son parc sont fort agréables. Le Bas-Coudray et le Plessis-Chênet sont embellis par plusieurs maisons de campagne.

Le terroir de cette commune est en terres labourables, vignes et bois. Le village du Coudray est à 1 lieue un quart au S. de Corbeil, et 8 un quart au S. de Paris par la route de Fontainebleau. (Poste aux lettres de Corbeil.)

COUDRAY-BELLE-GUEULE (LE), village, département de l'Oise, arrondissement de Beauvais, canton de Noailles, ci-devant province de l'Ile de France, et diocèse de Beauvais. Sa population est d'environ 140 habitans. Les productions de son terroir sont en grains.

Ce village est à 1 lieue trois quarts vers le S. O. de Noailles, et 2 et demie au N. de

Méru; sa distance de Paris est de 13 lieues et demie vers le N. par Méru, Chambly et la grande route de Beauvais. (Poste aux lettres de Noailles.)

COUDRAY-MAISONCEL-LES, village, département du Loiret, arrondissement de Pithiviers, canton de Malesherbes, ci-devant généralité d'Orléans, dans le Gatinais, et diocèse de Sens. Sa population est d'environ 350 habitans, avec le hameau de *Maisoncelles*, où il existe un ancien château avec un parc, et celui des *Filets*.

Les principales productions du terroir sont en grains, le village de Coudray est près la route de Fontainebleau à Orléans, à 1 lieue au S. O. de Malesherbes, et 4 au N. E. de Pithiviers; sa distance de Paris est de 17 lieues au S. par Etampes et la grande route d'Orléans. (Poste aux lettres de Malesherbes.)

COUILLY, village, département de Seine-et-Marne, arrondissement de Meaux, canton de Crécy, ci-devant province de l'Ile de France, dans la Brie, et diocèse de Meaux. Sa population est d'environ 850 habitans, y compris plusieurs hameaux et autres maisons isolées sous diverses dénominations, qui sont dans ses dépendances.

Ce village, qui n'est séparé de celui de Saint-Germain que

par la rivière du *Grand Morin*, est traversé par la route de Coulommiers à Paris ; dans l'un des hameaux sur cette route, existait l'abbaye du *Pont-aux-Dames*, de religieuses de l'ordre de Cîteaux. Elle a été démolie.

Le terroir est en terres labourables et vignes. Le Morin y fait tourner plusieurs moulins. Le village de Couilly est dans une vallée à 1 lieue et demie au N. O. de Crécy ; sa distance est de 9 lieues à l'E. de Paris, par la route de Coulommiers. (Poste aux lettres de Crécy.)

COULOMBS, village, département de Seine-et-Marne, arrondissement de Meaux, canton de Lizy-sur-Ourcq, ci-devant province de l'Ile de France, et diocèse de Meaux. Sa population est d'environ 700 habitans, avec les hameaux de *Certigny* et *Crotigny*, les fermes de *la Grange - Coulombs*, *Heurtébise*, *les Marchais*, *Boyeuval* et le moulin de *Grandpré*.

Les principales productions de son terroir sont en grains. Il s'y trouve plusieurs *sources*, dont les eaux se communiquent par de belles fontaines, tant dans le village que dans les hameaux de Certigny et Crotigny.

Le village de Coulombs est à 2 lieues et demie vers le N. E. de Lizy, et 15 et demie entre l'E et le N. E. de Paris, par Lizy et la route de la Ferté-Milon, joignant à Meaux la grande route d'Allemagne. (Poste aux lettres de May-en-Mulcien.)

COULOMBS, village, département d'Eure-et-Loir, arrondissement de Dreux, canton de Nogent-le-Roi, ci-devant généralité d'Orléans, dans le pays Chartrain, et diocèse de Chartres. Sa population est d'environ 800 habitans, en y comprenant une partie du hameau de *Chandelles*, celui de *Rutz* et celui de *Brichanteau*, où est le château appartenant à M. le marquis Monthlin.

Il ne reste plus de l'abbaye d'hommes, de l'ordre de Saint-Benoît, qui y existait avant la révolution, que l'abbatiale, dont M. le marquis de Préaulx est actuellement propriétaire. On y trouve un hospice.

Le terroir est en labour, vignes, prairies, bois et aunaies. Le *Roulebois*, qui est un bras de la rivière d'*Eure*, fait tourner un moulin à deux roues. Deux autres moulins sont, l'un à Rutz, et l'autre à Brichanteau, sur un ruisseau. Coulombs est près de Nogent, à 2 lieues au N. de Maintenon, et 4 au S. E. de Dreux ; sa distance de Paris est de 15 lieues et demie entre l'O. et le S.O. par Rambouillet et la grande route de Nantes. (Poste aux lettres de Maintenon.)

COULOMME, village, département de Seine-et-Marne, arrondissement de Meaux, canton de Crécy, ci-devant province de l'Ile de France, et diocèse de Meaux, dans la Brie. Sa population est d'environ 480 habitans. Son terroir est en terres labourables et vignes.

Ce village est à une lieue au N. de Crécy, et 10 et demie à l'E. de Paris, par la route de Coulommiers. (Poste aux lettres de Crécy.)

COULOMMIERS, petite ville, chef-lieu d'arrondissement du département de Seine-et-Marne, et chef-lieu de canton, ci-devant province de l'Ile de France, dans la Brie, et diocèse de Meaux. Sa population est d'environ 3,600 habitans. Le hameau de *Montanglaust*, où sont un château et une tuilerie, ceux du *Theil* et du *Pont-Molin*, l'ancienne commanderie de *Maison-Neuve*, et la ferme de *l'Hôpital* en font partie.

Cette ville est le siége de la sous-préfecture de l'arrondissement, d'un tribunal de première instance, d'une justice de paix, et la résidence d'une brigade de gendarmerie. Elle est située dans une contrée agréable et fertile en grains, sur le *Grand Morin*, qui s'y divise en différentes branches et fait tourner plusieurs moulins. Il reste encore des vestiges d'un château, que Catherine de Gouzagues, duchesse douairière de Longueville, avait fait bâtir, mais que M. le duc de Chevreuse fit démolir en 1736.

Près de ce château était un couvent de Capucins, dont l'église subsiste encore; elle se fait remarquer par la délicatesse de son architecture. Les autres communautés religieuses, dans la ville, avant la révolution, étaient : un prieuré séculier, dit de Sainte-Foy, un couvent de Chanoinesses, de l'ordre de Saint-Augustin, un hôtel-dieu et un hôpital de la Charité. Ces deux derniers établissemens sont réunis aujourd'hui sous le nom d'hospice.

C'était, avant 1789, le siége d'un bailliage qui ressortissait nuement au parlement de Paris, d'une élection, d'une maîtrise particulière des eaux et forêts, et d'une subdélégation de l'intendance de Paris.

Le commerce, en cette ville, est considérable pour l'approvisionnement de Paris, principalement en grains et farines. Les fromages et les melons sont très-estimés. Les laines et les tanneries forment également l'objet d'un commerce d'un grande importance.

Ont lieu à Coulommiers, deux foires par années, la première, le 1er mai, et la seconde, le 9 octobre. Le marché se tient le mercredi de chaque semaine; il est très-fort : ceux des premiers mercredis de chaque mois, appelés

Marchés francs, peuvent se comparer à la foire du 9 octobre, plus intéressante que celle du 1er mai.

On trouve aussi dans cette ville des pensions ou maisons d'éducation pour les jeunes gens, dont la principale est autorisée par l'université. Madame Rogat en dirige une de jeunes demoiselles.

Coulommiers est à 4 lieues au S. de la Ferté-sous-Jouarre, et 12 au N. O. de Melun ; sa distance de Paris est de 14 lieues à l'E., par la grande route de Lagny (Bureau de poste aux lettres et voitures publiques tous les jours pour Paris.)

COUPVRAY, village, département de Seine-et-Marne, arrondissement de Meaux, canton de Lagny, ci-devant province de l'Ile de France, dans la Brie, et diocèse de Meaux. Sa population est d'environ 600 habitans. Avant la révolution les Trinitaires y avaient un couvent.

Le château est dans une belle situation, près la route de Paris à Coulommiers. Le parc est bien distribué et renferme de belles plantations. M. le marquis d'Orvilliers, pair de France, qui en est propriétaire, possède un beau troupeau de mérinos de pure race.

Le terroir de Coupvray est en labour et vignes. Ce village est à une lieue et demie

à l'E. de Lagny, et 8 à l'E. de Paris, par cette route. (Poste aux lettres de Lagny.)

COUR (LA), maison de campagne. *Voyez* SAINT-NOM-DE-LÉVY.

COURANCES, village, département de Seine-et-Oise, arrondissement d'Etampes, canton de Milly, ci-devant province de l'Ile de France, dans le Gatinais, et diocèse de Sens. Sa population est d'environ 330 habitans, y compris une maison de campagne dite *le Ruisseau*.

Le château de Courance, d'une contruction moderne, appartient à madame de Nicolay, née Potier, veuve de M. de Nicolay, premier président de l'ancienne cour des comptes. Il est flanqué de deux pavillons et entouré de fossés remplis d'eau vive. On y arrive par une grande avant-cour et une superbe avenue plantée d'ormes. La cour d'entrée est fermée d'une belle grille.

Le parc contient 180 arpens ; les sources y sont si abondantes qu'avec les eaux de la petite rivière d'*Ecole*, elles forment deux îles charmantes, et entretiennent vingt-cinq canaux de diverses longueurs et largeurs avec cinq bassins, environnés de jolis bosquets. On y voit de très-belles cascades.

Le terroir est en labour, prairies et bois. On y trouve un four à plâtre et une tuilerie. La petite rivière d'Ecole y fait tourner trois moulins à grains. Le village de Courance est à 1 lieue au N. de Milly, 6 à l'E. d'Etampes, et 4 à l'O de Fontainebleau; sa distance de Paris est de 12 lieues au S. par différens chemins joignant la grande route de Fontainebleau. (Poste aux lettres de Milly.)

COURBETON, château et manufacture de faïance noire bronzée. *Voyez* SAINT - GERMAIN-LAVAL.

COURBEVOYE , village , département de la Seine , arrondissement de Saint-Denis , canton de Nanterre , ci-devant province de l'Ile de France , et diocèse de Paris. Sa population est d'environ 1,300 habitans, y compris les hameaux dits *le Bas-Courbevoye* , *les Trois-Maisons* et *Becon*. Les Pénitens du tiers ordre de Saint-François y avaient un couvent.

Ce village est situé sur l'une des collines qui bordent la rive gauche de la *Seine*, proche Neuilly et la grande route de Paris à Saint-Germain-en-Laye. Les maisons de campagne les plus apparentes sont celles de M. le comte de Fontanes, pair de France, et celle dont M. Cremieux, banquier à Paris, a été propriétaire. La grande caserne, bâtie sous le règne de Louis XV, divisée en trois corps de logis, dans une

très-belle exposition, s'y fait principalement remarquer.

Une pension de jeunes demoiselles y est dirigée par les dames religieuses du couvent des filles de la Croix, qui, dans l'ancien régime , existait à Rueil.

Le terroir est en terres labourables et vignes. Le village de Courbevoye est à 1 lieue à l'E. de Nanterre , et distant d'une lieue 1 quart au N. O. de Paris. (Poste aux lettres de Neuilly.)

COURCELLES , village, département de l'Oise , arrondissement de Beauvais, canton de Chaumont-Oise , ci-devant province de l'Ile de France , dans le Vexin, et diocèse de Rouen. Sa population est d'environ 300 habitans. L'ancien moulin de *Hainval*, qui en fait partie, est actuellement une fabrique de chamoiserie.

Cet endroit renferme un ancien château avec un parc. Les productions de son terroir sont en grains; une partie en prairies et en bois. On y trouve un four à chaux. Courcelles est à 1 lieue vers le S. E. de Gisors, 2 lieues et demie à l'O. de Chaumont; sa distance de Paris est de 15 lieues et demie au N. O., par la route de Gisors , qui passe à Pontoise. (Poste aux lettres de Gisors, département de l'Eure.)

COURCELLES, hameau et château sur la grande route

de Paris à Beauvais. *Voyez* PRESLES.

COURCELLES, hameau et maison de campagne. *Voyez* GIF.

COURCELLES, hameau et maison de campagne. *Voyez* CATENAY.

COURCELLES-sur-VIOSNE, village, département de Seine-et-Oise, arrondissement de Pontoise, canton de Marines, ci-devant province de l'Ile de France, dans le Vexin, et diocèse de Rouen. Sa population est d'environ 150 habitans.

La terre de Courcelles était une seigneurie avec haute, moyenne et basse justice. Le château appartient à madame de Borie, veuve de M. le marquis de Giac. Le parc, d'environ 50 arpens, renferme de belles eaux.

Les principales productions du terroir sont en grains; une partie est en prairie. Une carrière y est en exploitation.

Le village de Courcelles est dans une vallée, sur la petite rivière de *Viosne*, qui fait tourner un moulin, près duquel se trouve un second dépendant de la commune de Montgeroult, à 1 lieue et demie au S. de Marines; sa distance de Paris est de 9 lieues au N. O. par la grande route de Rouen. (Poste aux lettres de Pontoise.)

COURCOURONNE, village, département de Seine-et-Oise, arrondissement et canton de Corbeil, ci-devant province de l'Ile de France, et diocèse de Paris. Sa population est d'environ 140 habitans. Les fermes du *Bois-Briard* et de *Saint-Guenaud* en font partie.

Les principales productions de son terroir sont en grains. Ce village est situé dans une plaine près une route aboutissant à celle de Paris à Fontainebleau, à 1 lieue 1 quart à l'O. de Corbeil, et distant de 6 et demie au S. de Paris, par cette route. (Poste aux lettres de Corbeil.)

COURDIMANCHE, village, département de Seine-et-Oise, arrondissement et canton de Pontoise, ci-devant province de l'Ile de France, dans le Vexin, et diocèse de Rouen. Sa population est d'environ 330 habitans, avec les maisons dites de *Mont-Rouge*. Les grains sont la principale production de son terroir; une petite partie est en bois.

Ce village est situé sur une éminence, d'où la vue s'étend fort loin de tous côtés, à 1 lieue et demie à l'O. de Pontoise; sa distance de Paris est de 8 lieues au N. O., par Poissy et la grande route qui passe à Saint-Germain-en-Laye. (Poste aux lettres de Pontoise.)

COURDIMANCHE, village, département de Seine-et-Oise, arrondissement d'Etampes, canton de Milly, ci-devant province de l'Ile de France, dans le Gatinais, et diocèse de Sens. Sa population est d'environ 120 habitans. Le château de *Belébat* et le parc, appartenant à M. le marquis de Rennepont, maréchal de camp, en fait partie.

Le terroir est en labour, prairies et bois. Le village de Courdimanche, sur la rivière d'*Essonnes*, est à 1 lieue à l'O. de Milly, 2 au S. de la Ferté-Alais, et 12 et demie au S. de Paris par la Ferté-Alais, Arpajon et la grande route d'Orléans (Poste aux lettres de Milly.)

COURGENT (Haut et Bas), village, département de Seine-et-Oise, arrondissement de Mantes, canton de Houdan, ci-devant province de l'Ile de France, et diocèse de Chartres. Sa population est d'environ 240 habitans. Son terroir est en labour, vignes, bois et prairies. Le ru de *Vauconleur* y fait tourner trois moulins à grains.

Ce village est à 3 quarts de lieue à l'E. de Dammartin, en Pinserais, 3 vers le N. de Houdan ; sa distance de Paris est de 12 lieues 1 quart à l'O., par Septeuil et une chaussée qui passe à Thoiry, ensuite la grande route de Brest. (Poste aux lettres de Mantes.)

COURGOUSSON, château. *Voyez* PECQUEUX.

COURNEUVE (LA), village, département de la Seine, arrondissement et canton de Saint-Denis, ci-devant province de l'Ile de France, et diocèse de Paris. Sa population est d'environ 500 habitans. Les principales productions de son terroir sont en grains.

Ce village est sur la petite rivière de *Crou*, à 1 demi-lieue à l'E. de Saint-Denis, et distant d'une lieue 3 quarts au N. de Paris par Aubervillers. (Poste aux lettres de Saint-Denis.)

COURPALAIS, village, département de Seine-et-Marne, arrondissement de Coulommiers, canton de Rozay, ci-devant province de l'Ile de France, dans la Brie, et diocèse de Sens. Sa population est d'environ 1,000 habitans, avec les hameaux du *Grand-Bréau*, *Fleury*, *Cordoux*, le château de *la Grange-Bleneau*, et plusieurs maisons isolées, sous diverses dénominations, qui en font partie. *V.* LA GRANGE-BLENEAU.

Avant la révolution Courpalais renfermait une collégiale de huit chanoines. Au hameau de Cordoux, on aperçoit encore les ruines du château.

Le terroir est en terres labourables et vignes. Le village de Courpalais est sur la route de Rozay à Nangis, à 1 lieue au S. de Rozay, et 12 vers le S. E. de Paris, par Rozay et la route qui passe à Tournan. (Poste aux lettres de Rozay.)

COURQUETAINE, village, département de Seine-et-Marne, arrondissement de Melun, canton de Tournan, ci-devant province de l'Ile de France, dans la Brie, et diocèse de Paris. Sa population est d'environ 200 habitans, y compris les hameaux de *Montgazon*, *Ville-Payen* et la ferme de *Malassise*. Il ne reste du beau château que deux pavillons avec un grand parc; le corps principal de l'édifice a été détruit.

Les principales productions du terroir sont en grains; une partie est en bois. Ce village est à 1 lieue et demie au S. de Tournan, et distant de 8 et demie au S. E. de Paris, par Coubert et la grande route de Troyes. (Posté aux lettres de Brie-Comte-Robert.)

COUR-ROLAND (LA), maison de campagne. *Voyez* JOUY-EN-JOSAS.

COURSON, petit village et château, formant avec *Launay*, *Monteloup* et la *Roncière*, une commune dans le département de Seine-et-Oise, arrondissement de Rambouillet, canton de Limours, ci-devant province de l'Ile de France, dans le Hurepoix, et diocèse de Paris. Sa population est d'environ 180 habitans.

La terre de Courson est un ancien comté, avec haute, moyenne et basse justice. Le château dont M. le comte Henri de Montesquiou est propriétaire, a été bâti du règne de Louis XIII, et augmenté par le chanchelier de Baville. Il est d'une belle apparence, les jardins potagers sont magnifiques, et le parc, qui a plus de cent arpens, est bien distribué.

Le terroir de Courson est en terres labourables, une partie est en vignes et en prairies. Ce village est à 1 lieue 3 quarts au S. E. de Limours; sa distance de Paris est de 8 lieues et demie au S. O., par Bruyères-le-Châtel et une chaussée joignant la grande route d'Orléans. (Poste aux lettres de Limours.)

COURTALIN, papeterie, une des plus considérables et des plus renommées de la France, dans l'enclave de la commune, et à 1 demi-lieue de *Pommeuse*, canton et arrondissement de Coulommiers, département de Seine-et-Marne.

Elle est située dans une belle vallée sur la rivière du *Grand-Morin*, près la petite ville de *Farmoutier*. Elle a été fondée en 1767, et possédée successivement par MM. Réveillon et de la Garde; depuis 1792, elle appartient à M. Odent, dont les fils soutiennent actuellement avec avantage la réputation de leurs prédécesseurs.

La trituration des chiffons se fait par le double procédé des maillets ou pilons, et des cylindres. On y fabrique toute espèce de papiers vélins et autres pour l'écriture, l'impression, la taille-douce et le dessin. C'est dans cette fabrique, et à dater du 7 juin 1792, que l'on a commencé à fabriquer en France les papiers vélins ou sans verjures, dont l'invention appartient aux Anglais. Le succès de cette tentative lui a mérité à cette époque le titre de *Manufacture royale*; elle s'est la première procurée une source artificielle, dite à *l'arteisienne*, où l'eau monte naturellement à 160 pieds sans le secours d'aucun art, et la seconde qui ait fait usage des cylindres à la hollandaise.

Cette manufacture est à 1 lieue et demie à l'O. de Coulommiers; sa distance de Paris est de 13 lieues à l'E., par la route de Coulommiers. (Poste aux lettres de Faremoutier.)

COURTAVENEL, château. *Voyez* VAUDOY.

COURTEUIL, village, département de l'Oise, arrondissement et canton de Senlis, ci-devant province de l'Ile de France, et diocèse de Senlis. Sa population est d'environ 260 habitans, en y compre-

nant le hameau de *Saint-Nicolas-d'Aci*. On a bâti sur l'emplacement du prieuré de l'ordre de Cluny, entièrement démoli, une maison de campagne. Un peu plus loin est une blanchisserie de toile.

On trouve aussi à Courteuil une maison de campagne avec un parc, que traverse la petite rivière de *Nonette*. Les productions du terroir sont en grains, une partie est en prairies et en bois. Ce village est entre Senlis et Chantilly, sur cette petite rivière, qui y fait tourner deux moulins, à une lieue à l'O. de Senlis; sa distance de Paris est de 9 lieues trois quarts au N., par Pontarmé et la grande route d'Amiens. (Poste aux lettres de Senlis.)

COURTHOMER, village, département de Seine-et-Marne, arrondissement de Melun, canton de Mormant, ci-devant province de l'Ile de France, dans la Brie, et diocèse de Sens. Sa population est d'environ 360 habitans. Les principales productions de son terroir sont en grains, une partie est en bois.

Ce village est à 1 lieue et demie au N. de Mormant, une un quart au S. O. de Rozay; sa distance de Paris est de 11 lieues vers le S. E., par Fontenay et la route de Rozay. (Poste aux lettres de Rozay.)

COURTRY, village, département de Seine-et-Marne, arrondissement de Meaux, canton de Claye, ci-devant province de l'Ile de France, et diocèse de Paris. Sa population est d'environ 330 habitans. La terre de Courtry est une ancienne seigneurie, avec haute, moyenne et basse justice. M. le marquis de Sainte-Fère en est propriétaire, de père en fils, depuis 1686, ainsi que du château.

Le terroir est en terre labourables, prairies, vignes, bois et arbres à fruits. On y trouve des carrières et fours à plâtre.

Le village de Courtry est à une lieue trois quarts à l'O. de Claye; sa distance de Paris est de 4 lieues et demie à l'E., par Livry et la grande route d'Allemagne. (Poste aux lettres de Livry, département de Seine-et-Oise.)

COURTRY-LES-GRANGES, village, département de Seine-et-Marne, arrondissement de Melun, canton du Châtelet, ci-devant province de l'Ile de France, dans la Brie, et diocèse de Sens. Sa population est d'environ 160 habitans. L'ancienne paroisse de *Milly*, la ferme d'*Ailly* et celle *des Granges* en font partie.

M. le duc de Choiseul-Pras-lin est propriétaire de l'ancien château, entouré de fossés. Une maison appartenant à M. Gailhon-Soulé, se fait distinguer des autres par sa construction et ses accessoires.

Le terroir est en terres labourables et bois. Le village, situé dans une plaine, est proche la nouvelle route de Melun à Nangis, à une lieue vers le N. O. du Châtelet, et une trois quarts à l'E. de Melun; sa distance de Paris est de 11 lieues trois quarts vers le S. O. par Melun et la grande route de Lyon. (Poste aux lettres du Châtelet, ou Melun.)

COUTENÇON, village, département de Seine-et-Marne, arrondissement de Provins, canton de Donnemarie, ci-devant province de l Ile de France, dans la Brie, et diocèse de Sens. Sa population est d'environ 180 habitans. On y trouve une maison de campagne. Son terroir est en labour, une petite partie est en bois.

Ce village est à 2 lieues et demie à l'O. de Donnemarie, et 2 au S. de Nangis; sa distance de Paris est de 16 lieues au S. E. par Nangis et la grande route de Troyes. (Poste aux lettres de Nangis.)

COUTEVROULT, village, département de Seine-et-Marne, arrondissement de Meaux, canton de Crécy, ci-devant province de l'Ile de France, dans la Brie, et diocèse de Meaux. Sa population est de 6 à 700 habitans, y compris quelques maisons qui font partie du hameau de *Dainville*, et plusieurs autres maisons isolées. Le château de *Montomer* et son parc, dont M. le chevalier de Courteilles est propriétaire, en fait également partie.

La terre de Coutevroult est une ancienne seigneurie. Le château et ses dépendances appartiennent à madame la marquise de Fonteuu.

Son terroir est en labour, en vignes, en prairies et en bois. On y trouve une tuilerie. Ce village est situé sur la route de Meaux à Melun, à une lieue à l'O. de Crécy; sa distance de Paris est de 9 lieues à l'E., par un chemin de traverse joignant la route de Coulommiers. (Poste aux lettres de Crécy.)

COUTURE, pavillon à la romaine, sur la route de Paris à Coulommiers. *Voyez* MOU-ROUX.

COYE, village, département de Seine-et-Oise, arrondissement de Senlis, canton de Creil, ci-devant province de l'Ile de France, et diocèse de Paris. Sa population est d'environ 700 habitans. Le château, dont M. Sagniel est propriétaire, renferme une filature et tissage de coton.

On fabrique dans cet endroit de la dentelle de toutes les sortes, et des cordes à puits. Les productions de son terroir sont de très-peu de valeur en grains, une partie est en prairies et étangs. On y trouve un four à

chaux et deux moulins sur un ruisseau.

Le village de Coye est entouré par la forêt de Chantilly et les bois d'Hérivaux, à une lieue un quart au S. de Chantilly, et 3 au S. de Creil; sa distance de Paris est de 8 lieues au N., par la grande route d'Amiens. (Poste aux lettres de Luzarches, ou Chantilly.)

CRACHES, village, département de Seine-et-Oise, arrondissement de Rambouillet, canton de Dourdan (Sud), ci-devant province de l'Ile de France, dans le Hurepoix, et diocèse de Chartres. Sa population est d'environ 190 habitans, une portion du hameau de *Labbé* en fait partie. Toutes les productions de son terroir son en grains.

Ce village est à une lieue vers le N. d'Ablis, et 3 et demie vers l'O. de Dourdan; sa distance de Paris est de 13 lieues et demie au S. O., par l'ancienne route de Chartres. (Poste aux lettres de Rambouillet.)

CRAMAYEL, château. *V.* MOISSY-CRAMAYEL.

CRAMOISY, village, département de l'Oise, arrondissement de Senlis, canton de Creil, ci-devant province de l'Ile de France, et diocèse de Beauvais. Sa population est d'environ 250 habitans.

La position de ce village est très-pittoresque sur la rivière *du Therain*, qui fait tourner deux moulins. L'ancien fief de *Sarrasin* est l'une des plus jolies campagnes de ce canton; l'enclos qui en fait partie est traversé par cette rivière. M. Paulmier, maire du lieu, en est propriétaire.

Il est un autre fief appelé *Sous-Rivière*, dans les dépendances de cette commune. Les productions du terroir sont partie en grains et partie en prairies.

Cramoisy est à une lieue à l'O. de Creil, et 10 et demie au N. de Paris, par Saint-Leu-Desserent, Précy, Viarmes, et une chaussée joignant, près Moisselles, la grande route de Beauvais. (*Poste aux lettres de Creil.*)

CRAVENT, village, département de Seine-et-Oise, arrondissement de Mantes, canton de Bonnières, ci-devant province de l'Ile de France, et diocèse de Chartres. Sa population est d'environ 260 habitans, avec les hameaux de *la Bourdonnerie-Longuemare*, *Valcontard* et les maisons isolées *des Carrières*.

Le château de Cravent est d'une construction moderne. Le propriétaire, M. Sengensse, chevalier de l'ordre royal de la Légion-d'Honneur, a fait faire des plantations très-nombreuses sur les chemins vicinaux et sur des terrains appartenant à la commune.

A Valcontard on voit encore les ruines d'un ancien château fort, avec une tour dont les murs ont 8 pieds d'épaisseur et 40 de hauteur. Le terroir de cette commune est en labour et bois. Le village est à 2 lieues au S. O. de Bonnières, et 2 entre l'E. et le S. E. de Pacy-sur-Eure; sa distance de Paris est de 16 lieues un quart entre le S. et le S. O., par Mantes et la grande route de Caen. (*Poste aux lettres de Bonnières.*)

CRECY, petite ville, département de Seine-et-Marne, arrondissement de Meaux, chef-lieu de canton, siége d'une justice de paix, et la résidence d'une brigade de gendarmerie, ci-devant province de l'Ile de France, dans la Brie, et diocèse de Meaux. Sa population est d'environ 1,100 habitans. Elle est située sur la route de Coulommiers à Paris, dans une vallée agréable, et sur la rivière *du Grand Morin*, qui y forme plusieurs branches.

Cette ville était autrefois fortifiée et flanquée de quatre-vingt-dix-neuf tours; il en reste encore quelques vestiges, ainsi que d'un ancien château des comtes de Champagne et de Brie. Avant la révolution on y comptait une collégiale, un couvent de Minimes, des Missionnaires, un prieuré de religieuses de l'ordre de Saint-Benoît, et d'autres religieuses non cloîtrées, dites *Miramio-nes*. Le revenu dont jouis-saient ces dernières, a été réuni à celui de l'hospice.

C'était aussi le siége d'un bailliage, d'une sénéchaussée, et d'une maîtrise particulière des eaux et forêts. On y trouve diverses tanneries et chamoi-series, et une manufacture de lacets est établie au ci-devant couvent des Minimes; le com-merce de laine y est avanta-geux.

Il s'y tient deux foires par année : la première, le pre-mier jeudi de mai, et la deuxième, qui est plus con-sidérable, le jour de Saint-Michel, 29 septembre. Les marchés sont le jeudi de cha-que semaine; ils abondent en denrées de toute espèce; celui du jeudi-saint, remis au len-demain vendredi, peut être comparé à une foire par l'af-fluence du monde.

La ville de Crecy, entourée en partie de vignes et de belles prairies, est à 3 lieues au S. de Meaux, et 10 au N. E. de Melun; sa distance de Paris est de 10 lieues et demie à l'E. par la route de Coulommiers. (Bureau de poste aux lettres et voitures publiques pour Paris.)

CRECY, hameau et châ-teau. *Voyez* SAINT-SULPICE.

CREGY, village, départe-ment de Seine-et-Marne, arrondissement et canton de Meaux, ci-devant province de l'Ile de France, et diocèse de Meaux. Sa population est d'en-viron 260 habitans, avec la maison de campagne de la *Tuilerie* et la ferme de *Chail-louet*.

Sa situation est l'une des plus belles des environs de Meaux. Le couvent des Car-mes-Déchaussés a été démoli. La maison de la Tuilerie, ap-partenant à M. Perrot, est si-tuée sur une éminence. C'est une des habitations les plus re-marquables de cette contrée, par sa construction, la distri-bution de ses jardins et les plantations. De cette maison l'on découvre toute la ville de Meaux, et la vue s'étend sur une plaine traversée par plusieurs grandes routes, la rivière de *Marne* et le canal de l'*Ourcq*.

Les grains sont la principale production de ce terroir, dont une partie est en vignes, et une autre en prairies. Cregy est à une demi-lieue au N. de Meaux, et 10 et demie à l'E. de Paris, par une chaussée joignant à Meaux la grande route d'Allemagne. (Poste aux lettres de Meaux.)

CREIL, petite ville, dé-partement de l'Oise, arron-dissement de Senlis, chef-lieu de canton, siége d'une justice de paix, et la résidence d'une brigade de gendarmerie, ci-devant province de l'Ile de France, et diocèse de Beau-vais. Sa population est d'environ 1,200 habitans. Le hameau de *Vaux*, qui renferme une maison de campagne, ancien fief du duché d'Enghien, et le ci - devant prieuré du *Plessis - la - Pommeraye* en font partie.

Cette ville est traversée par la route de Paris à Amiens sur la rive gauche de l'*Oise*, qui y forme une île, dans laquelle on voit les restes d'un ancien château bâti sous le règne de Charles VI, qui y fut enfermé pendant quelque tems pour cause de frénésie.

Il existait à Creil, dans l'ancien régime, une collégiale royale, une châtellenie et un grenier à sel. On y trouve aujourd'hui une manufacture de faïence fine, dite *terre de pipe anglaise*, la plus considérable que l'on connaisse en France; elle entretient plus de 400 ouvriers. Cet établissement, dont les produits sont très - estimés, appartient à M. de Saint - Cricq - Casaux, associé, pour son exploitation, à M. Bagnall, anglais d'origine, qui la dirige depuis près de 15 ans. Les bâtimens en sont très-vastes, et tiennent à un parc bordé par un bras de l'Oise.

Quantité de vases de terres de grès noires de toutes formes et façons, pour des déjeûners et vases de décors, y sont journellement fabriqués. Les fourneaux et usines qui ont servi, il y a 20 ans, à la fabrication des beaux cristaux recherchés par les amateurs de ce luxe, subsistent encore.

Les entrepôts de ce grand établissement sont à Paris, d'où se font les expéditions pour la France et les pays étrangers.

Il se tient à Creil une foire par an, le 2 novembre. Le marché est le vendredi de chaque semaine. Deux ports sont établis sur l'Oise pour le transport des bois provenans des forêts de *Hallate* et de *Hez*; un troisième est destiné à la vente des grains. M. Borel de Favencourt est propriétaire d'un entrepôt de charbon de terre.

Les productions du terroir de cette commune sont en grains, une partie est en prairies. M. de Saint-Cricq-Casaux y entretient un troupeau de mérinos de la plus belle race. On voit, aux alentours de la ville, des carrières de pierre dure, propres à la construction des plus beaux édifices. Des demeures souterraines, pratiquées dans l'intérieur de ces carrières, sont habitées sans frais de location par des familles pauvres.

La ville de Creil est à 2 lieues un quart au N. E. de Senlis; sa distance de Paris est de 10 lieues trois quarts au N. par la route d'Amiens. (Bureau de poste aux lettres et voitures publiques tous les jours pour Paris.)

CRÉPIÈRES, village, département de Seine-et-Oise , arrondissement de Versailles , canton de Poissy, ci-devant province de l'Ile de France , et diocèse de Chartres. Sa population est de 6 à 700 habitans , avec le hameau *des Flambertins.* Il renferme une maison de campagne , ancien fief, appartenant à M. le marquis de Crux.

Le château de *Wideville*, dont madame la duchesse d'Uzès est propriétaire , fait également partie de cette commune ; ce château est entouré de fossés remplis d'eau vive. Le parc contient 180 arpens.

Le terroir est en labour, une partie est en prairies et en bois; un ruisseau fait tourner deux moulins. Ce village, qui joint la route de Maule à Paris, est à 2 lieues et demie au S. O. de Poissy; sa distance de Paris est de 7 lieues et demie à l'O. par cette route, qui passe à Rocquencourt. (Poste aux lettres de Maule.)

CREPOIL , *village*, département de Seine - et - Marne, arrondissement de Meaux, canton de Lizy - sur - Ourcq, ci-devant province de l'Ile de France , et diocèse de Meaux. Sa population est d'environ 140 habitans ; les productions de son terroir sont en grains.

Ce village est à une lieue un quart à l'E. de Lizy, et 14 un quart entre l'E. et le N. E. de Paris, par Lisy et la route de la Ferté-Milon , joignant à Meaux la grande route d'Allemagne. (Poste aux lettres de Lizy-sur-Ourcq.)

CRÉPY , ancienne ville, département de l'Oise, arrondissement de Senlis, chef-lieu de canton , siége d'une justice de paix et la résidence d'une brigade de gendarmerie, ci-devant province de l'Ile de France , généralité de Soissons, capitale du duché de Valois, et diocèse de Senlis. Sa population est d'environ 2,200 habitans. L'ancien château ne présente plus que de vieilles murailles.

Cette ville renfermait, avant la révolution, deux collégiales, trois paroisses, un prieuré conventuel de l'Ordre de Cluny, sous le titre de Saint-Arnould, un couvent de Capucins et deux communautés de religieuses, l'une de l'Ordre de St.-Augustin, et l'autre d'Ursulines ; le couvent de Capucins était hors de la ville. Des trois paroisses, celle de Saint-Denis subsiste seule, le chœur de l'église est soutenu par deux colonnes de chacune deux pieds de diamètre; ces colonnes sont regardées comme un chef - d'œuvre d'architecture.

Crépy était le siége d'un bailliage royal, d'une élection et d'un grenier à sel. Il se fait en cette ville un grand commerce en grains; deux foires s'y tiennent chaque année , la première, le lundi de la seconde semaine de carême, et la deuxième le 3 novembre. Cette dernière est la plus considérable. On y vend notamment de grosses toiles de ménage, fabriquée dans les environs, ainsi que du fil commun, connu sous le nom de fil de Crêpy.

Tous les premiers mercredis de chaque mois, il y a un marché franc; les marchés ordinaires sont les mercredi, vendredi et samedi de chaque semaine. Le bled s'y vend les mercredi et samedi; ce dernier jour la vente est beaucoup plus forte. Dans le ci-devant couvent des Ursulines, est établie une manufacture de tissage de coton.

Dans l'emplacement du ci-devant prieuré de Saint-Arnould, est une pension de jeunes gens, dirigée par M. Molière du Mesnil, chef d'institution, membre de l'Université et bachelier ès-sciences et lettres. La situation en est agréable et en bon air.

La ville de Crêpy est à 5 lieues à l'E. de Senlis, et 5 au S. de Compiègne, sa distance de Paris est de 14 lieues au N. E. par une chaussée joignant Nanteuil-le-Haudouin la grande route de Soissons. (Bureau de poste aux lettres et voitures publiques pour Paris.)

CRETEIL, village, traversé par la grande route de Paris à Troyes, département de la Seine, arrondissement de Sceaux, canton de Charenton, ci-devant province de l'Ile de France, et diocèse de Paris. Sa population est d'environ 1,000 habitans, en y comprenant quelques habitations isolées sous diverses dénominations.

Parmi les maisons de campagne de Creteil, on remarque celle de M. le maréchal comte Sérurier, pair de France, celle nommée vulgairement *le Château*, appartenant à M. Durand, et celle de M. de Joly, avocat à la cour royale de Paris.

Les principales productions du terroir sont en grains. On y trouve des carrières de pierre de taille et de pierre à plâtre. Le village est proche la rive gauche de la *Marne*, sur laquelle sont un moulin et une filature de coton, à 3 quarts de lieue au S. E. de Charenton, et 2 un quart au S. E. de Paris, par la route de Troyes, désignée ci-dessus. (Poste aux lettres de Charenton.)

CREVECOEUR, village, département de Seine-et-Marne, arrondissement de Coulommiers, canton de Rosoy, ci-devant province de l'Ile de France, dans la Brie, et diocèse de Meaux. Sa population est d'environ 200 habitans. La ferme de *Beauregard*, dans l'emplacement d'un ancien château, en fait partie.

Son terroir, limitrophe à la forêt de Crecy, est en labour. Ce village est à 2 lieues au N. de Rozay ; sa distance de Paris est de 10 lieues à l'E., par Tournan et la route de Rozay. (Poste aux lettres de Rozay.)

CRISENOY , village , département de Seine-et-Marne, arrondissement de Melun, canton de Mormant, ci - devant province de l'Ile de France, dans la Brie , et diocèse de Sens. Sa population est d'environ 400 habitans, y compris l'ancienne paroisse de Champigny, le hameau des *Bordes d'Andy*, où il y a une maison de campagne , celui de *Vert-Saint-Père* , et la ferme de *Genouilly*. Madame veuve Gigault de Crisenoy est propriétaire du château.

Les principales productions du terroir sont en grains, une petite partie est en bois. Ce village est dans une plaine, à 2 lieues et demie à l'O. de Mormant; sa distance de Paris est de 10 lieues au S. E., par différens chemins de traverse qui joignent à Brie-sur-Yerres la grande route de Troyes. (Poste aux lettres de Guignes.)

CROISILLES, village , département d'Eure et Loir, arrondissement de Dreux, canton de Nogent-le-Roi, ci-devant province de l'Ile de France, dans le pays Chartrain, et diocèse de Chartres. Sa population est d'environ 330 habitans. Le terroir est en labour, une partie est en bois et en vi-

gnes ; le vin y est d'une bonne qualité.

Ce village est à 1 lieue 1 quart vers le N. de Nogent, et 3 et demie vers le S. O. de Houdan ; sa distance de Paris est de 16 lieues et demie vers l'O., par la grande route de Brest. (Poste aux lettres de Houdan.)

CROISSY-BEAUBOURG , village, département de Seine-et-Marne, arrondissement de Meaux, canton de Lagny, ci-devant province de l'Ile de France, et diocèse de Paris. C'était autrefois un marquisat. Sa population est d'environ 270 habitans, y compris celle de *Beaubourg*, qui , dans l'ancien régime, était une paroisse dont on avait formé une commune séparée.

Le château, dont M. Charlier, maire du lieu, est propriétaire , a pour accessoires deux parcs qui contiennent ensemble 13 à 1,400 arpens.

Beaubourg renferme un château qui a appartenu à M. le comte Treilhard, célèbre jurisconsulte. Le parc est très-bien planté. Le ci-devant fief de *Clotomont*, dont les mouvances étaient très-considérables, fait partie de ce domaine.

Les productions du terroir sont en grains en bois. Il y a près de Croissy un étang d'une grande étendue. Ce village est à 1 lieue 3 quarts au S. de Lagny, et distant de 5 un quart à l'E. de Paris, par une route qui passe au pont de Saint-Maur. (Poste aux lettres de Lagny.)

CROISSY-sur-Seine, village, département de Seine-et-Oise, arrondissement de Versailles, canton de Saint-Germain-en-Laye, ci-devant province de l'Ile de France, et diocèse de Paris. Sa population est d'environ 5oo habitans, y compris le hameau des *Gabillons*.

Ce village est dans une très-belle situation, sur la rive droite de *la Seine* : elle y forme une grande île, dite *l'Ile de la Loge*. On y voit un beau château, dont M. Lapeyrière est propriétaire, et quatre maisons de campagne, savoir : celle de M. le marquis Daligre, pair de France, construite dans un genre particulier d'architecture, qui la distingue des autres; celle de M. Cavaignac, celle de M. Bayle de Poussey et celle de madame de Bauldry, épouse de M. le vicomte de Larocheaymont. Le terroir est en terres de labour et prairies. La Garenne du Verinet en fait partie. Le propriétaire du château possède aussi le superbe troupeau de mérinos de pure race de M. Chanorier.

Le village de Croissy est à une lieue à l'E. de Saint-Germain, et distant de 3 à l'O. de Paris par Nanterre. (Poste aux lettres de Châtou.)

CROIX-EN-BRIE (la), bourg, département de Seine-et-Marne, arrondissement de Provins, canton de Nangis, ci-devant province de l'Ile de France, dans la Brie, et diocèse de Sens. Sa population est d'environ 7oo habitans, en y comprenant les hameaux de *Scean*, de *la Charmoye-Courmery*, *Brison*, plusieurs fermes et autres habitations à l'écart.

Ce bourg n'a qu'une seule rue principale. L'architecture de l'église est digne de remarque.

L'ancien château, flanqué de quatre tourelles, nommé *le Sossoy*, appartient à M. Glaizot. Le parc, de 9o arpens, est traversé par sept routes de chasse. L'ordre de Malte y possédait autrefois une commanderie.

Le terroir est en terres labourables, une partie est en prairies et en bois. Il s'y trouve un four à chaux. Le bourg de la Croix est à une lieue et demie au N. E. de Nangis; sa distance de Paris est de 15 lieues et demie au S. E., par la grande route de Troyes. (Poste aux lettres de Nangis.)

CROIX-FONTAINE, maisons de campagne sur la rive droite de *la Seine*. *Voy.* Saint-Port.

CROIX-SAINT-OUEN (la), village, département de l'Oise, arrondissement et canton de

Compiègne, ci-devant province de l'Ile de France, et diocèse de Soissons. Sa population est d'environ 1,000 habitans, en y comprenant les hameaux *du Bac-de-la-Croix*, où est un bac sur la rivière *d'Oise*, avec celui de *Mercière-aux-Bois*.

Ce village est traversé en partie par la grande route de Paris à Compiègne. Les productions sont de toute nature, mais de peu de valeur. Ce terroir est enclavé dans la forêt de Compiègne, et bordé par l'Oise. Une fabrique de vitriol et d'alun est établie au hameau du Bac-de-la-Croix.

La Croix-Saint-Ouen est à 2 lieues au S. de Compiègne, et 16 vers le N. E. de Paris, par la route de Compiègne. On compte 17 lieues de poste. (Relais de poste aux chevaux. Le bureau de la poste aux lettres est à Compiègne.)

CROSNE, village, département de Seine-et-Oise, arrondissement de Corbeil, canton de Boissy-Saint-Léger, ci-devant province de l'Ile de France, et diocèse de Paris. Sa population est d'environ 400 habitans.

Sa situation dans une vallée est très-agréable sur la petite rivière d'*Yerres*. Le beau château de M. le duc de Brancas a été démoli pendant la révolution.

Ce village est remarquable par beaucoup de maisons de campagne : dans l'une d'elles est né le célèbre Boileau-Despréaux, le premier novembre 1636.

Le terroir est en terres labourables, en prairies et en vignes. Crosne est à une lieue un quart au S. O. de Boissy-Saint-Léger, et distant de 4 et demie au S. E. de Paris, par Villeneuve-Saint-Georges et la grande route de Lyon. (Poste aux lettres de Villeneuve-St.-Georges.)

CROUY, village, département de l'Oise, arrondissement de Senlis, canton de Neuilly-en-Thel, ci-devant province de l'Ile de France, et diocèse de Beauvais. Sa population est d'environ 350 habitans. Il est connu par ses fabriques de boutons de soie.

Les productions de son terroir ne sont qu'en grains. Ce village est à une demi-lieue au S. E. de Neuilly-en-Thel, et distant de 9 lieues et demie au N. de Paris, par Beaumont et la grande route de Beauvais. (Poste aux lettres de Beaumont-sur-Oise.)

CROUY-sur-Ourcq, petite ville, département de Seine-et-Marne, arrondissement de Meaux, canton de Lizy-sur-Ourcq, ci-devant province de l'Ile de France, dans la Brie, et diocèse de Meaux. Sa population est d'environ 1100 habitans, y compris les hameaux de *Fussy, la Chaussée de Crouy* et *Froide-Fontaine*, où l'on voit les vestiges d'un vieux château.

Cette commune comprend en outre le domaine de *Gesvres-le-Duc*, qui renfermait, avant la révolution, un superbe château, ayant le titre de duché-pairie; il appartenait à M. le duc de Gesvres. On y trouvait aussi le couvent de *Notre-Dame-du-Chesne*, du tiers ordre de Saint-François, et une autre maison d'Oratoriens, appelée *Raroy*.

La petite ville de Crouy est environnée de bois, dans un joli vallon arrosé par la rivière d'*Ourcq*. On y voit, sur la place, une assez belle halle. Les objets principaux de commerce y consistent en grains, chanvres, bestiaux, volailles, beurre, œufs et fromages.

Il s'y tient trois foires par année, la première, le mardi de la mi-carême; la seconde, le 11 juin, et la troisième, le 21 septembre : cette dernière est la plus considérable. Le marché est le mardi de chaque semaine.

Ses alentours se font remarquer à cause de plusieurs maisons de campagne, et plus particulièrement de celle située à côté d'une grande et belle place, dite le *Champ de Foire*, ou *Champ-Pievert*. Cette maison mérite de fixer l'attention des voyageurs, par les diverses plantations que le propriétaire, M. Daguin de Champ-Pievert, y a fait faire.

Dans un autre endroit, M. Daguin de Beauval, maire du lieu, en possède une seconde, à peu de distance de laquelle il a établi une fontaine, dite *la Fontaine-de-Bellevue*, pour la commodité des habitans du pays : au dessus est un beau jardin dessiné à l'anglaise, appartenant au même propriétaire.

A l'extrémité occidentale de Crouy est la maison de Notre-Dame-du-Chesne, désignée ci-dessus, avec un bois portant le même nom. Dans l'ancien régime, et le jour de la Notre-Dame de septembre, c'était le but d'un pélerinage. L'ancien château de Crouy n'est qu'une ferme, avec une tour antique qui sert de prison. Un très-beau moulin à deux roues, est construit sur la rivière d'Ourcq; l'une de ses roues est sur la commune de Vaurinfroy.

Plus loin, sur cette rivière, était le château de Gesvres, dont il reste encore une habitation parmi d'autres bâtimens qui faisaient partie de ce superbe édifice. La beauté du site et la distribution des eaux s'y font toujours remarquer.

La ville de Crouy est à 2 lieues vers le N. de Lizy, 2 et demie vers le S. de la Ferté-Milon, et 5 et demie au N. E. de Meaux; sa distance de Paris est de 15 lieues et demie entre l'E. et le N. E., par la route de la Ferté-Milon, qui joint à Meaux la grande route d'Allemagne. (Poste aux lettres de May-en-Mulcien.)

CUILLY, château. *Voyez* CHAMPIGNY.

CUISY, village, département de Seine-et-Marne, arrondissement de Meaux, canton de Dammartin, ci-devant province de l'Ile de France, et diocèse de Meaux. Sa population est d'environ 200 habitans. La ci-devant abbaye de *Chambre-Fontaine*, qui était de l'ordre de Prémontré, est dans ses dépendances. L'église et les bâtimens du monastère ayant été démolis, d'autres bâtimens nommés l'*Abbatiale*, subsistent.

Son terroir est en terres labourables, en vignes et en bois. Ce village est situé dans une vallée, à 2 lieues au S. E. de Dammartin; sa distance de Paris est de 8 lieues et demie au N. E., par différens chemins de traverse joignant la route d'Allemagne ou celle de Soissons. (Poste aux lettres de Meaux.)

CUVERGNON, village, département de l'Oise, arrondissement de Senlis, canton de Betz, ci-devant province de l'Ile de France, dans le Valois, et diocèse de Meaux. Sa population est d'environ 300 habitans, avec les hameaux de *Grand-Champ*, *Villiers-les-Potées*, la ferme

de *la Tournelle*, et celle *du Plessis-sous-Cuvergnon.* La ferme de la Tournelle, ancienne maison seigneuriale, appartient actuellement à M. le chevalier Emon.

Les principales productions du terroir sont en grains et fruits. Il y a beaucoup d'enclos. Le village de Cuvergnon est à trois quarts de lieue au N. E. de Betz, et 2 lieues et demie à l'O. de la Ferté-Milou; sa distance de Paris est de 14 lieues vers le N. E., par différens chemins joignant la grande route de Soissons. (Poste aux lettres de Crépy.)

D.

DAGNY, village, département de Seine-et-Marne, arrondissement de Coulommiers, canton de la Ferté-Gaucher, ci-devant province de l'Ile de France, dans la Brie, et diocèse de Meaux. Il forme, avec les hameaux de *Bois-Eluis*, *Bois-Lambourg*, les fermes d'*Aubetin*, *Momeuse* et *Fontaine-Ramée*, une commune d'environ 200 habitans.

Les principales productions sont en grains, partie est en prairies. On y voit une épine qui fleurit dans le milieu de l'hiver; plus le froid est grand plus les fleurs en sont belles.

Le village de Dagny est à 3 lieues vers le S. O. de la Ferté-Gaucher; sa distance de Paris est de 17 lieues à l'E. par Coulommiers et la route qui passe à Lagny. (Poste aux lettres de Coulommiers.)

DAMEMARIE-LES-LYS, village, département de Seine-et-Marne, arrondissement et canton de Melun, ci-devant province de l'Ile de France, dans le Hurepoix, et diocèse de Sens. Sa population est d'environ 600 habitans, y compris les hameaux de *Farcy, du Lys, des Voves, des Vives-Eaux* et *Bel-Ombre*.

Ce village, sur la rive gauche de la Seine, est dans une fort belle situation. Farcy est un hameau près duquel est l'ancienne abbaye du Lys, de religieuses de l'ordre de Cîteaux, fondée par la reine Blanche, l'an 1240. Elle a été détruite en partie : les bâtimens restans forment aujourd'hui une maison de campagne, dont M. le comte de Latour-Maubourg, pair de France, est propriétaire. On y voit encore les ruines de l'église, et à peu de distance une autre maison de campagne.

Plus loin est le château de Bel-Ombre; il a appartenu à la reine, fondatrice de l'abbaye du Lys. M. de Malachelles maire du lieu, l'a possédé.

A Voves se trouvent deux maisons de campagne, dont l'une est nommée les *Vives-Eaux*. Le site de ces maisons et du château de Bel-Ombre est infiniment agréable. Les sources d'eau vive y sont très-abondantes.

Le terroir est en vignes et prairies artificielles. Le village de Damemarie est à une demi-lieue au S. O. de Melun, et 10 et demie au S. E. de Paris, par Melun et la grande route de Lyon. (Poste aux lettres de Melun.)

DAMMART ou **DAMPMART**, village, département de Seine-et-Marne, arrondissement de Meaux, canton de Lagny, ci-devant province de l'Ile de France, dans la Brie, et diocèse de Paris. Sa population est de 8 à 900 habitans.

La terre ci-devant seigneuriale de Dammart appartenait autrefois à M. le comte de Beaurecueil : elle a été divisée. Le château, qui est dans une très-belle exposition sur la rive droite de la *Marne*, appartient actuellement à madame Pinon, veuve de M. le Président à mortier, de ce nom, au ci-devant parlement de Paris.

La principale culture du terroir de cette commune est en vignes. On y recueille beaucoup de fruits de toute espèce.

Le village de Dammart est à 1 demi-lieue à l'E. de Lagny, et distant de 7 lieues à l'E. de Paris, par la route de Lagny. (Poste aux lettres de Lagny.)

DAMMARTIN, petite ville, département de Seine-et-Marne, arrondissement de Meaux, chef-lieu de canton, siége d'une justice de paix, et la résidence d'une brigade de gendarmerie, ci-devant province de l'Ile de France, et diocèse de Meaux. Sa population excède 2,000 habitans.

Cette ville, traversée par la grande route de Paris à Soissons, est placée en amphithéâtre sur une montagne, d'où les regards, sans être arrêtés, peuvent s'étendre, de tous les côtés, de 12 à 15 lieues. L'ancien château fort était connu dès le règne de Henri Ier. Les anciens comtes de Dammartin ont tenu le rang le plus distingué à la cour.

Ce château, dont l'origine se perd dans la nuit des temps, a été démantelé lors de la mort et de la confiscation des biens d'Anne de Montmorency, à qui il appartenait. Il fut ensuite rendu à la maison de Condé, qui l'a longtems possédé. Depuis un siècle les démolitions de cet ancien édifice ont servi à la construction d'une partie de la ville, qui s'en est rendue propriétaire; mais comme en dernier lieu il ne présentait plus qu'un amas de décombres, il a fait place, par les soins de M. Lavollée, maire, à des promenades magnifiques, qui font l'admiration des étrangers et les délices des habitans.

Dammartin était le chef-lieu d'un comté. C'était, dans l'ancien régime, le siége d'un bailliage et d'un présidial, dont les appels étaient portés au Châtelet de Paris. Il y avait une collégiale, sous l'invocation de Notre-Dame, et un hôpital qui, actuellement, est un hospice desservi par trois sœurs hospitalières.

Cette ville a une paroisse, et pour succursale l'ancienne collégiale, desservie par M. Lemire, l'un de ses chanoines, qui en a fait l'acquisition. Cette église est très-vénérée des habitans.

En 1697, M. le cardinal de Bissy y fonda un collége, qui fut doté par une demoiselle Portefin, avec l'obligation d'élever gratuitement six jeunes gens de la ville. Ce collége vient d'être récemment confirmé par l'université, avec tous ses titres, droits et prérogatives. Il a pour principal M. Pihet, déjà connu par les sujets distingués qu'il a formés. Des professeurs choisis assurent à ce collége une place honorable dans l'enseignement. D'anciennes religieuses y ont élevé une pension de jeunes demoiselles; l'éducation y est bien soignée.

Il se tient en cette ville quatre foires par année; la première, le lundi de la Passion; la seconde, le lundi de la Pentecôte; la troisième, le premier octobre, et la quatrième, le 6 décembre. Les marchés sont le lundi et le jeudi de chaque semaine. Le commerce de grains y est assez considérable. Le dernier jeudi de chaque mois on y expose des vins de toute qualité. On amène aux foires beaucoup de bestiaux. Celle du lundi de la Pentecôte compte jusqu'à trente mille moutons, et depuis quelques années on y vend des mérinos dont l'espèce se propage avec succès dans les environs. M. Dupille, propriétaire, cultivateur en cette ville, y possède un beau troupeau de pure race.

A l'une des extrémités de Dammartin, vers *Nanteuil-le-Haudouin*, est situé sur la pente de la montagne, le château dit *la Tuilerie*, dont la position est très-agréable. Le parc est bordé par la grande route de Soissons. M. le marquis de Fremeur, ancien officier aux gardes-françaises, en est propriétaire.

Le terroir de Dammartin est en terres labourables et vignes. On y trouve des carrières de pierre à plâtre La ville est à 4 lieues et demie au N. E. de Meaux, par une route de communication; sa distance de Paris est de 8 lieues au N. E., par la route de Soissons. On compte 9 lieues de Poste. (Bureau de poste aux lettres, relais de poste aux chevaux et voitures publiques, tous les jours, pour Paris.)

DAMMARTIN-EN-BRIE, village, département de Seine-et-Marne, arrondissement de Coulommiers, canton de Rozy, ci-devant province de l'Ile de France, et diocèse de Meaux. Sa population est d'environ 500 habitans.

Ce village est situé à mi-côte, près la rivière du *Grand-Morin*. L'ancien château appartient à M. Menjot, de Dammartin, maire du lieu, qui possède un beau troupeau de mérinos de pure race.

Le château *du Plessis Ste.-Avoye*, dont M. Despontis est propriétaire, fait partie de cette commune. Le terroir est en labour et prairies. Le Morin fait tourner deux moulins.

Le village de Dammartin est à 1 lieue un quart au S de Crécy, et 11 et demie à l'E. de Paris, par Crécy et la route de Coulommiers. (Poste aux lettres de Crécy.)

DAMMARTIN-EN-PINSERAIS, bourg, département de Seine-et-Oise, arrondissement de Mantes, canton de Houdan, ci-devant province de l'Ile de France, et diocèse de Chartres. Sa population est de 5 à 600 habitans; les fermes de *la Gressaye*, de *Garet* et les maisons dites *la Côte aux Amans* en font partie.

Il s'y tient deux foires par an, la première le jeudi de l'octave de la Fête-Dieu, et la seconde le 11 novembre. Le marché est le jeudi de chaque semaine.

Le terroir de cette commune est en labour, vignes et bois. Le bourg de Dammartin est à 3 lieues au N. de Houdan, 3 entre le S. et le S. O. de

Mantes ; sa distance de Paris est de 13 lieues à l'O. par Septeuil et une chaussée qui joint la grande route de Brest. (Poste aux lettres de Mantes.)

• DAMPIERRE, village, département de Seine-et-Oise, arrondissement de Rambouillet, canton de Chevreuse, ci-devant province de l'Ile de France, dans le Hurepoix, et diocèse de Paris. Sa population est de 5 à 600 habitans avec les hameaux de *Foucherolles*, *Mousseaux*, *Champromery*, et plusieurs habitations isolés qui en font partie.

M. le Duc de Luynes et de Chevreuse est propriétaire du château, précédé de deux cours, séparées par une balustrade et entouré de fossés remplis d'eau vive. C'est un des plus beaux des environs de Paris. Charles de Loraine, cardinal, archevêque de Reims, l'a fait bâtir, et M. le duc de Luynes augmenter et embellir d'après les dessins du célèbre Jules Hardoin Mansard. La construction en est régulière et majestueuse ; tout ce qui l'environne est également digne d'admiration.

L'orangerie, les serres chaudes, les grandes et petites pièces d'eau sous diverses formes, tels que canaux, bassins, fleuves, naïades, fontaines, jets d'eau et cascades, fixent particulièrement l'attention. Les labyrintes, les jardins à l'anglaise, les bosquets, les cabi-

nets de verdure, les charmilles, les avenues ombragées, les petites îles, enfin toutes les décorations qui entrent dans les jardins distribués avec autant d'art que de magnificence, y sont réunis. Le parc d'une étendue immense, est divisé en deux parties : l'une dite le *Grand parc*, et l'autre le *Petit parc* : ce dernier est traversé par la petite rivière d'*Yvette*.

Les principales productions du terroir de Dampierre sont en grains ; une partie est en prairies, en bois. Le village est situé dans une vallée, proche la petite rivière d'*Yvette*, qui y fait tourner un moulin, à 1 lieue à l'O. de Chevreuse, et 8 au S. O. de Paris, par Chevreuse, et par l'une ou l'autre des routes indiquées à la description de Chevreuse. *Voyez* CHEVREUSE. (Poste aux lettres de Trappes.)

DAMPMART. *Voyez* DAMMART.

DAMPMÉNIL, village, département de l'Eure, arrondissement des Andelys, canton d'Ecos, ci-devant province de Normandie, dans le Vexin, et diocèse de Rouen. Il forme avec le village d'*Aveny*, qui en est distant d'une demi-lieue, une seule commune, dont la population est d'environ 17 habitans. *Voyez* AVENY.

Le terroir de ces deux endroits réunis est en labour, prairie et petite partie en bois.

La rivière d'*Epte* qui le borde, fait tourner un moulin à grains. Le village de Dampmeuil est à trois quarts de lieue vers le N. E. d'Ecos et 1 lieue un quart vers le S. de Saint-Clair; sa distance de Paris est de 16 lieues et demie au N. O., par la grande route de Rouen. (Poste aux lettres du Tillier.)

DAMPON, hameau et maison de Campagne. *Voyez* Us.

DANGU, village, département de l'Eure, arrondissement des Andelys, canton de Gisors, ci-devant province de Normandie dans le Vexin, et diocèse de Rouen. Sa population est d'environ 500 habitans.

Il est situé sur la pente d'une colline, traversé par la route de Beauvais à Evreux et borné dans sa partie orientale par la rivière d'*Epte* que l'on passe sur un pont.

C'était avant la révolution une baronie; le village est dominé par le beau château qui appartient à M. le lieutenant-général comte de Lagrange. Ce château qui a été bâti dans le siècle dernier sur les fondemens d'un vieux château et d'anciennes tours dont l'antiquité remonte aux guerres de Normandie, a la forme d'un quart de cercle. Il est très-bien situé et entouré de jardins en paysage et d'un parc de 160 arpens qui renferme une belle pièce d'eau, une chapelle et des statues très-estimées des amateurs. Anciennement il faisait partie des domaines de la maison de Bourbon et de celle de Montmorency.

Le terroir est en terres labourables, en prairies et en bois; on y trouve une tuilerie et un four à chaux. La rivière d'Epte fait tourner un moulin. Ce village est à 1 lieue et demie au S. O. de Gisors et 4 au N. O. de Magny; sa distance de Paris est de 18 lieues au N. O. par Saint-Clair et la grande route de Rouen. (Poste aux lettres de Gisors.)

DANNEMARIE, village, département de Seine-et-Oise, arrondissement de Mantes, canton de Houdan, ci-devant province de l'Ile de France et diocèse de Chartres. Sa population est d'environ 100 habitans; la ferme de *la Bouillère* et celle de *Bollainville* en font partie.

Son terroir est en labour, une petite partie est en prairie; le ruisseau de l'*Opton* fait tourner un moulin à farines. Le village de Dannemarie est à une demi-lieue au S. de Houdan et distant de 13 lieues à l'O. de Paris par la grande route de Brest. (Poste aux lettres de Houdan.)

DANNEMOIS, village, département de Seine-et-Oise, arrondissement d'Étampes, canton de Milly, ci-devant province de l'Ile de France, dans le Gatinais, et diocèse de Sens. Sa population est d'environ 400 habitans. Son terroir est en terres labourables, prairies et en bois.

Ce village est sur la petite rivière d'*Ecole*, qui y fait tourner un moulin, à une lieue un quart au N. de Milly, et 4 à l'O. de Fontainebleau ; sa distance de Paris est de 12 lieues au S. ; par différens chemins joignant la grande route de Fontainebleau. (Poste aux lettres de Milly.)

DARVAULT, hameau et château. *Voyez* FROMONVILLE.

DAUMONT, village, département de Seine-et-Oise, arrondissement de Pontoise, canton d'Ecouen, ci-devant province de l'Ile de France, et diocèse de Paris. Sa population est d'environ 700 habitans, y compris le hameau de *Manines*, où se trouvait le château d'*Ombreval*, démoli pendant la révolution.

Ce village est contigu à la forêt de Montmorency, et renferme plusieurs maisons de campagne. Le château, précédemment habité par madame la comtesse de Lamassaye, appartient aujourd'hui à M. le général de Saint-Laurent.

Les principales productions du terroir sont en grains et fruits. Ce village est à une lieue à l'O. d'Ecouen, et distant de 4 et demie au N. de Paris., par la grande route de Beau-

vais. (Poste aux lettres de Montmorency.)

DAVRON, village, département de Seine-et-Oise, arrondissement de Versailles, canton de Poissy, ci-devant province de l'Ile de France, et diocèse de Chartres. Sa population est d'environ 200 habitans, y compris quelques maisons isolées, et un moulin à eau.

Madame de Jouty y possède une maison de campagne et un enclos qui renferme plusieurs sources abondantes, formant trois pièces d'eau. Le jardin est très-bien planté.

Les principales productions du terroir sont en grains. Le village de Davron est à 2 lieues et demie au S. O. de Poissy, et distant de 7 à l'O. de Paris, par la route de Maule. (Poste aux lettres de Versailles.)

DELINCOURT, village, département de l'Oise, arrondissement de Beauvais, canton de Chaumont-Oise, ci-devant province de l'Ile de France, dans le Vexin, et diocèse de Rouen. Sa population est d'environ 500 habitans.

Ce village est situé en partie sur la pente d'une montagne, et en partie dans une vallée. M. Martel, maire du lieu, y possède une maison de campagne. Le ruisseau *le Rouillon* fait tourner un moulin.

Le terroir est en labour et en prairies, une petite partie

en bois. Delincourt est à une lieue au S. O. de Chaumont; sa distance de Paris est de 14 lieues au N. O., par la route de Gisors. (Poste aux lettres de Chaumont-Oise.)

DÉLUGE (LE), village, département de l'Oise, arrondissement de Beauvais, canton de Noailles, ci-devant province de l'Ile de France, et diocèse de Beauvais. Sa population est d'environ 470 habitans.

Le nom de *Déluge*, que porte ce village, pourrait faire juger qu'il est sujet aux inondations; mais, par une contradiction fort singulière, l'on ne peut s'y procurer l'eau que de puits de la profondeur de plus de 200 pieds.

Trois maisons sont plus apparentes que les autres, à raison de leur construction ou de leurs accessoires. Une partie des habitans s'occupe à la fabrication d'éventails de bois, et de dominos.

Les principales productions du terroir sont partie en grains, partie en bois. Le village du Déluge est peu éloigné de la nouvelle route de Beauvais à Pontoise, à 2 lieues vers le S. O. de Noailles, et 2 lieues au N. de Méru; sa distance de Paris est de 13 lieues vers le N., par Méru, Chambly et la grande route de Beauvais. (Poste aux lettres de Méru.)

DÉLUGE (LE), ancienne commanderie de l'ordre de Malte. *Voyez* MARCOUSSIS.

DENNEMONT, hameau et château. *Voyez* FOLLAINVILLE.

DENONVILLE, village, département d'Eure-et-Loir, arrondissement de Chartres, canton d'Auneau, ci-devant généralité d'Orléans, dans la Beauce, et diocèse de Chartres. Sa population est d'environ 600 habitans, avec les hameaux de *Montvilliers* et d'*Adouville* qui en font partie. M. le marquis de Tholozan est propriétaire du château.

Les productions du terroir sont partie en grains et partie en bois. Le village de Denonville est à 2 lieues un quart au S. d'Auneau, et 3 et demie au S. d'Ablis; sa distance de Paris est de 16 lieues trois quarts vers le S. O., par Dourdan et une chaussée joignant l'ancienne route de Chartres. (Poste aux lettres d'Angerville.)

DEUIL, village, département de Seine-et-Oise, arrondissement de Pontoise, canton de Montmorency, ci-devant province de l'Ile de France, et diocèse de Paris. Sa population est de 1,000 à 1,100 habitans. Le hameau de *la Barre* et celui d'*Ormesson* en font partie.

Parmi les maisons de campagne qui se trouvent dans cette commune, celle de M. Minel, maire, est remarquable par ses beaux points de vue et la distribution de ses jardins ; et à la Barre on distingue des autres celle vulgairement nommée *le Château*, par les embellissemens que le propriétaire, M. le baron de la Bouillerie, a fait faire dans le parc, d'une contenance de plus de 30 arpens. Les eaux y sont très-belles, ce qui rend cette habitation l'une des plus agréables de la vallée de Montmorency. Le château d'Ormesson est de la commune d'Epinay. *Voyez* Epinay-sur-Seine.

La majeure partie du terroir de Deuil se cultive en vignes. Les fruits y sont abondans. Près l'étang de Montmorency est une fontaine d'eau minérale sulfureuse, dont la propriété a été reconnue, et l'usage approuvé par la Faculté de Médecine. On la vend sous le nom d'*Eau d'Enghien*. Ce village est à un quart de lieue au S. de Montmorency, et distant de 3 lieues un quart au N. de Paris, par Saint-Denis. (Poste aux lettres de Montmorency.)

DEUIL, maison de campagne. *Voyez* Gouvernes.

DHUISON, village, département de Seine-et-Oise, arrondissement d'Etampes, canton de la Ferté-Alais, ci-devant province de l'Ile de France, dans le Hurepoix, et diocèse de Sens. Sa population est d'environ 300 ha-

bitans, avec le hameau de *Longueville*, qui en dépend.

Le terroir est en labour, en prairies, en bois et rochers. Un ruisseau y fait tourner un moulin. Le village de Dhuison est sur la rivière d'*Essonnes*, à trois quarts de lieue au S. de la Ferté-Alais, et 3 lieues vers le N. O. de Milly ; sa distance de Paris est de 11 lieues trois quarts au S., par la Ferté-Alais, Arpajon et la grande route d'Orléans. (Poste aux lettres de la Ferté-Alais.)

DHUISY, village, département de Seine-et-Marne, arrondissement de Meaux, canton de Lizy-sur-Ourcq, ci-devant province de l'Ile de France, et diocèse de Meaux. Sa population est d'environ 450 habitans, avec le hameau de *Chambardy*. M. Dassy y possède une maison de campagne.

Le terroir est en terres labourables, et renferme aussi beaucoup de bois. Le village de Dhuisy est à 3 lieues à l'E. de Lizy, et 16 entre l'E. et le N. E. de Paris, par Lizy et la route de la Ferté-Milon joignant à Meaux la grande route d'Allemagne ; on peut prendre également cette route d'Allemagne entre Montreuil et la Ferté-sous-Jouarre (Poste aux lettres de Lizy sur-Ourcq, ou la Ferté-sous-Jouarre.)

DIEUDONNE, village, département de l'Oise, arrondissement de Senlis, canton de Neuilly-en-Thel, ci-devant province de l'Ile de France, et diocèse de Beauvais. Sa population est d'environ 500 habitans, y compris les hameaux de *la Fosse* et de *Montchavois*. M. de Vandeuil est propriétaire du château.

Les productions de son terroir sont partie en grains, partie en bois. Ce village est à trois quarts de lieue à l'O. de Neuilly-en-Thel ; sa distance de Paris est de 10 lieues et demie au N., par Puiseux et la grande route de Beauvais. (Poste aux lettres de Chambly.)

DOMMERVILLE, village, département d'Eure-et-Loir, arrondissement de Chartres, canton de Janville, ci-devant généralité d'Orléans, dans le Hurepoix, et diocèse de Chartres. Sa population est d'environ 250 habitans. La ferme, la tuilerie, et le four à chaux de *Jodainville* en font partie.

A l'une des extrémités de ce village est un château d'une construction moderne, avec deux ailes de bâtimens sur la cour d'entrée, fermée d'une belle grille et précédée d'une avant-cour. Les jardins et le parc sont distribués dans le genre anglais, et au dehors sont de superbes avenues. Dans l'un des bâtimens contigu au château, est un puits intarissable, à manége, dont l'eau est distribuée dans tout le rez-de-chaussée de la principale ha-

bitation. M. le vicomte de Ferrière-Sauvebœuf est propriétaire de ce domaine.

Les principales productions du terroir sont une partie en grains, et une autre est en bois. Le village de Dommerville est près Angerville, à 4 lieues entre le N. et le N. E. de Janville, et 4 vers le S. O. d'Etampes ; sa distance de Paris est de 16 lieues vers le S., par la grande route d'Orléans. (Poste aux lettres d'Angerville.)

DONNEMARIE, petite ville, département de Seine-et-Marne, arrondissement de Provins, chef-lieu de canton et siége d'une justice de paix, ci-devant province de l'Ile de France, dans la Brie, et diocèse de Sens. Sa population est d'environ 1,000 habitans, y compris les hameaux de *Lagourd*, en partie, *Laval* et les *Couloux*.

Une abbaye de l'ordre de Saint-Benoît existait anciennement en cette ville, où l'on voit encore un ancien château, que possédait le ci-devant chapitre de Saint-Martin-de-Tours.

Il s'y tient deux foires par an ; la première, le 25 février, et la seconde, le 19 octobre. Les marchés sont les lundi et vendredi de chaque semaine. Deux tanneries, une tuilerie et deux fours à chaux y sont établis.

Le terroir est en terres labourables, en vignes et en

prairies. La petite ville de Donnemarie est environnée de collines et traversée par une petite rivière qui fait tourner trois moulins; elle n'est séparée de Dontilly que par une autre petite rivière. Diverses routes lui donnent des communications avec Nangis, Provins, Bray et Montereau-Faut-Yonne; sa distance de Provins est de 3 lieues et demie vers le S. O., 3 lieues vers le S. E. de Nangis, et 17 au S. E. de Paris, par Nangis et la grande route de Troyes. (Bureau de poste aux lettres et voitures publiques, de jour à autre, pour Paris.)

DONTILLY, village contigu à la petite ville de Donnemarie, département de Seine-et-Marne, arrondissement de Provins, canton de Donnemarie, ci-devant province de l'Ile de France, dans la Brie, et diocèse de Sens. Sa population est d'environ 1,000 habitans, en y comprenant les hameaux du *Plessis-au-Chat*, *Champabon*, et une portion de celui de *Lagourd*.

Les principales productions du terroir sont partie en grains, et partie en vignes et en bois. Dontilly n'est séparé de Donnemarie que par une petite rivière qui fait tourner plusieurs moulins. *Voyez* l'article précédent DONNEMARIE.

DOUAVILLE, château. *V.* PARAY-LE-MOINEAU.

DOUE, village, département de Seine-et-Marne, arrondissement de Coulommiers, canton de Rebais, ci-devant province de l'Ile de France, dans la Brie, et diocèse de Meaux. Il forme, avec vingt hameaux et plusieurs fermes écartées, une population de 1,000 à 1,100 habitans. Les principaux de ces hameaux sont *le Taillis*, *Baillard*, *Melarchez*, *Saussois*, *Boisbaudry*, *les Neuillis*, *Mauroy*, *le Plessier*, *les Chaises* et *Croupet*.

Ce village avait autrefois une halle sous laquelle se tenait un marché chaque semaine; actuellement il ne s'y tient plus qu'une foire tous les ans, le 25 de novembre.

L'église de Doue est située sur une petite montagne, dite *la Garenne*; elle a appartenu aux Templiers. Sa forme et ses vitraux la font remarquer. Dans l'une de ses chapelles existait, avant la révolution, un mausolée érigé à la mémoire des ancêtres de M. le comte d'Harville, dernier propriétaire de ce nom, du château situé au pied de la montagne.

Ce château est vaste et d'une belle construction, faite depuis plus d'un siècle, sur la forme de la lettre H, lettre initiale du nom du propriétaire. Il était précédemment flanqué de tours et entouré de fossés.

Les longues avenues qui con-

duisent à la grille, les avant-
cours, les jardins et le parc de
plus de 120 arpens, avaient été
dessinés par Le Nôtre, et présentaient toutes les régularités;
mais depuis on a donné à cet
ensemble, en variant les sites,
tout ce qui pouvait rendre ce
lieu plus gai et plus salubre.

A des bosquets touffus ont
succédé de hautes futaies, puis
de vastes prairies, plantées
d'arbres fruitiers; elles servent
de pâture à des bestiaux de différentes espèces, notamment
à des poulains et jumens pou-
linières de diverses races. Cette
réunion d'animaux utiles ani-
ment ce tableau et ajoutent à
l'agrément de cette propriété.

Les principales productions
du terroir sont partie en grains,
partie est en bois. On y fabrique des fromages de Brie qui
sont assez recherchés. Il y a
un moulin à eau, et dans la
butte de la Garenne est une
carrière de pierre à chaux avec
un four.

Le village de Doue est à 1
lieue au N. O. de Rebais, 2 au
N. E. de Coulommiers, et 2 au
S. de la Ferté-sous-Jouarre;
sa distance de Paris est de 16
lieues à l'E., par Jouarre et la
grande route d'Allemagne. On
va encore de Doue à Paris par
Coulommiers et la grande route qui passe à Lagny. (Poste
aux lettres de Rebais ou la
Ferté-sous-Jouarre.)

DOURDAN, petite ville,
département de Seine-et-Oise,
arrondissement de Rambouillet, chef-lieu de canton, ci-
devant province de l'Ile de
France, capitale du Hurepoix,
et diocèse de Chartres. Sa population est d'environ 3,000
habitans, en y comprenant les
hameaux de *Grillon*, *Rouillon*, *Liphard*, *Montchavois*,
et autres habitations écartées,
parmi lesquelles se trouve une
maison de campagne, dite le
château de *Semond* et la tuilerie de *Potelet*.

Cette ville est le siége de
deux justices de paix, l'une
dite section du Nord, et l'autre section du Sud, d'un tribunal de commerce, et la résidence d'une brigade de gendarmerie.

Elle avait, avant la révolution, le titre de comté, et renfermait deux paroisses, Saint-
Germain et Saint-Pierre, une
communauté de filles, dite *de
l'instruction chrétienne*, et
un hôpital. C'était le siége
d'un bailliage, d'une élection
et d'une maîtrise particulière
des eaux et forêts, d'un grenier à sel et d'une subdélégation de l'intendance d'Orléans.
Le tout a été supprimé, à l'exception de la paroisse de Saint-
Germain et de l'hôpital. La
communauté de filles a été rétablie en 1808.

L'ancien château, bâti au
cinquième siècle, est composé
d'une très-grosse tour et de
huit autres, qui se joignent
l'une à l'autre par une cour-
tine flanquée de bastions, et

bordée de larges et profonds fossés.

C'est actuellement une maison de force, où sont renfermés les condamnés à une détention plus ou moins longue, en vertu des jugemens des tribunaux du département de Seine-et-Oise.

Une pension de jeunes gens est tenue en cette ville par M. Noailles. Une filature hydraulique et une blanchisserie de coton, sous la direction de M. Lombard, font partie d'une belle maison de Campagne à Grignon, sur la rivière d'*Orge*.

Il se tient à Dourdan trois foires par année; la première, le 23 février; la seconde, le 10 août, et la troisième, le lundi après le troisième dimanche de septembre : cette dernière dure trois jours. Le marché est le samedi de chaque semaine.

Le terroir est en labour, prairies et bois. La ville de Dourdan est près la forêt du même nom, dans une vallée, sur la rivière d'Orge, qui fait tourner quatre moulins à farines, à 4 lieues au S. E. de Rambouillet, 3 et demie au N. O. d'Etampes, et 10 au S. de Versailles; sa distance de Paris est de 11 lieues entre le S. et le S. O., par une chaussée joignant l'ancienne route de Chartres. On compte 12 lieues de poste. (Bureau de poste aux lettres, relais de poste aux chevaux, et voitures publiques tous les jours pour Paris.)

DOUTRE (la), maison de campagne. *Voyez* Ozouer-le-Vougis.

DOUY-LA-RAMÉE, village, département de Seine-et-Marne, arrondissement de Meaux, canton de Lizy-sur-Ourcq, ci-devant province de l'Ile de France, et diocèse de Meaux. Il forme, avec les hameaux de *la Ramée*, de *la Chaussée*, la maison de campagne de *la Mare*, la ferme de *Nongloire* et le moulin de *la Fontaine*, sur la petite rivière de *Thérouanne*, une commune d'environ 250 habitans. Le prieuré de religieuses nommé *la Fontaine-les-Nonains*, de l'ordre de Fontevrault, était dans les dépendances de cette paroisse.

Le terroir est en terres labourables, une partie est en prairies et bois. Le village de Douy est à 3 lieues au N. O. de Lizy; sa distance de Paris est de 12 lieues vers le N. E. par St.-Souplets, Dammartin et la grande route de Soissons. (Poste aux lettres de May-en-Mulcien.)

DRANCY (grand et petit), village, département de la Seine, arrondissement de St.-Denis, canton de Pantin, ci-devant province de l'Ile de France, et diocèse de Paris. Sa population est d'environ 260 habitans. Le *Petit Drancy* est une ferme. Le *Blanc-Ménil* était, dans l'ancien régime, un hameau qui dépendait de cette paroisse.

Le château de Drancy appartient à M. le comte de Béhagne. Parmi les maisons de campagne qui sont dans ce village, il en est une dont M. le marquis d'Anglade est propriétaire, et possesseur d'un beau troupeau de mérinos de pure race.

Le terroir produit principalement des grains. Drancy est situé dans une plaine entre la route d'Allemagne et celle de Flandre, à 1 lieue au N. E. de Pantin, et 2 et demie au N. E. de Paris, par l'une ou l'autre de ces deux routes. (Poste aux lettres du Bourget.)

DRAVEIL, village, département de Seine-et-Oise, arrondissement de Corbeil, canton de Boissy-Saint-Léger, ci-devant province de l'Ile de France, et diocèse de Paris. Sa population est d'environ 1200 habitans, en y comprenant les hameaux de *Champ-Rosay*, *Mainville*, *l'Hermitage* où il y avait autrefois un couvent. L'ancien château *des Bergeries* et la maison de campagne, ancien fief de *Monceaux*.

Le château de Draveil, dont M. Parker est propriétaire; la maison de campagne de *Villiers* et celle de *La Folie*, se font remarquer par leur construction et leurs dépendances.

Champ-Rosay, sur une petite éminence proche la rive droite de la *Seine*, renferme aussi plusieurs maisons de campagne. Les plus apparentes sont celle qui faisait partie des domaines de M. le duc de Bouillon, et celles de M. le baron Brierre de Surgy, président de la Cour des comptes, de madame Leroux, de M. Grel, et celle qui a appartenu à M. Pelletier de Chambure. Dans la maison de Monceaux, appartenant à M. le comte de Polignac, est une chapelle particulière, dans laquelle sont déposés les restes de MM. de Sully, père et fils, descendans en ligne directe du grand Sully, et de madame de Sully, née d'Espinay-St.-Leu.

Le terroir est en labour, prairies, vignes et bois; le village est près la rive droite de la Seine, à 2 lieues et demie S. O. de Boissy-Saint-Léger; sa distance de Paris est de 5 lieues un quart, par Villeneuve-Saint-Georges et la grande route de Lyon. (Poste aux lettres de Villeneuve-St.-Georges.)

DREUX, ancienne ville, chef-lieu d'arrondissement et de canton du département d'Eure-et-Loir, ci-devant province de l'Ile de France, et diocèse de Chartres. Sa population est de 5 à 6,000 habitans, en y comprenant les hameaux *des Fenots*, *des Hauts et Bas Buissons*, de *Flouville*, *Rieuville*, les maisons isolées *des Châtelets*, le château de *Comte-Ville* et les maisons de *Foulonval*.

Cette ville, située sur la rivière de *Blaise*, est traversée par la grande route de Paris à Brest ; elle est le siége de la sous-préfecture de cet arrondissement, d'un tribunal de première instance, d'un tribunal de commerce, d'une justice de paix et la résidence d'un lieutenant et d'une brigade de gendarmerie.

On y comptait, avant la révolution, une collégiale, deux paroisses et deux couvens, l'un de Capucins et l'autre de filles dites du St.-Sacrement, une maison d'Orphelines et un collége. L'hôpital subsiste : des deux paroisses, il ne reste que celle de Saint-Pierre. Madame la duchesse douairière d'Orléans a fait construire une chapelle sur les débris de l'église collégiale, lieu de la sépulture des princes et princesses des branches de Toulouse et du Maine.

C'était le siége d'un bailliage et d'un présidial, d'une élection, d'une maîtrise particulière des eaux et forêts, d'un grenier à sel et d'une subdélégation de l'intendance de Paris.

Il se faisait autrefois en cette ville un commerce assez considérable en bonneteries et étoffes propres à l'habillement des troupes. On y trouve plusieurs tanneries. A Foulonval est une filature de coton, dont M. Josse est propriétaire. La rivière de *Blaise* fait tourner quatre moulins à farines et deux à tan.

Il s'y tient trois foires par année ; la première, le lundi de la Pentecôte ; la deuxième, le 1er septembre, qui dure trois jours, et la troisième le 9 octobre. La vente des bestiaux fait le principal commerce de cette dernière.

Sur une hauteur sont les restes d'un château fort, qui était le chef-lieu d'un comté ; cette ville fut prise d'assaut par Henri IV, en 1593, après un siége pénible de quinze jours. Ses environs ont été plusieurs fois le théâtre de batailles sanglantes. Elle est à 7 lieues vers le N. de Chartres, et distant de 18 de Paris vers l'O. par la route de Brest, désignée ci-dessus. On compte 19 lieues et demie de poste. (Bureau de poste aux lettres, relais de poste aux chevaux et voitures publiques tous les jours pour Paris.)

DROCOURT, village, département de Seine-et-Oise, arrondissement de Mantes, canton de Limay, ci-devant province de l'Ile de France, dans le Vexin, et diocèse de Rouen. Sa population est d'environ 300 habitans. Les productions de son terroir sont partie en grains et partie en bois.

Ce village est sur la chaussée de Mantes à Magny, à 1 lieue trois quarts au N. de Limay et de Mantes, et 3 vers le N. O. de Meulan; sa distance de Paris est de 11 lieues et demie entre l'O. et le N. O. par Meulan et la grande route de Caen. (Poste aux lettres de Mantes.)

DROIZELLE, village, département de l'Oise, arrondissement de Senlis, canton de Nanteuil-le-Haudouin, ci-devant province de l'Ile de France, et diocèse de Senlis. Sa population est d'environ 170 habitans. Les principales productions de son terroir sont en grains, une partie est en prairies et en bois. La petite rivière de *Nonette* y fait tourner un moulin à deux roues.

Ce village est environné de beaux côteaux, à trois quarts de lieue vers le N. O. de Nanteuil, et 11 lieues trois quarts au N. E. de Paris, par Nanteuil et la grande route de Soissons. (Poste aux lettres de Nanteuil-le-Haudouin.)

DROUE, village, département d'Eure-et-Loir, arrondissement de Chartres, canton de Maintenon, ci-devant généralité d'Orléans, dans la Beance, et diocèse de Chartres. Sa population est d'environ 230 habitans, y compris le hameau du *Petit Droue*, un autre, dit *le Hameau*, et les maisons isolées *des Marmousets*.

Le terroir est en labour, une partie est en vignes. Il y a beaucoup de roches d'où l'on tire les pavés pour les routes.

M. Oudard, maire d'Epernon, y entretient un troupeau de mérinos. Un ruisseau y fait tourner deux moulins à farines.

Le village de Droue est à une demi-lieue au S. E. d'Epernon, et 2 lieues et demie à l'E. de Maintenon; sa distance de Paris est de 13 lieues au S. O., par la grande route de Nantes. (Poste aux lettres d'Epernon.)

DUCY, petit village, département de l'Oise, arrondissement de Senlis, canton de Nanteuil-le-Haudouin, ci-devant province de l'Ile de France, et diocèse de Senlis. Sa population n'est que d'environ 90 habitans. Les productions de son terroir sont en grains.

Ce village est à 2 lieues et demie vers le N. de Nanteuil, et 3 vers l'E. de Senlis; sa distance de Paris est de 12 lieues vers le N. E., par Fontaine-les-Corps-Nuds, et une chaussée qui joint la route de Flandre. (Poste aux lettres de Senlis.)

DUGNY, village, département de la Seine, arrondissement et canton de Saint-Denis, ci-devant province de l'Ile de France, et diocèse de Paris. Sa population est d'environ 340 habitans. *Le Bourget* était, dans l'ancien régime, une annexe de cette paroisse.

Plusieurs maisons de campagne, à Dugny, ont de fort belles dépendances. Dans l'une de ces maisons est une manufacture royale de bougies : M. Bertucat, maire du lieu, en est propriétaire.

Les productions principales de son terroir sont en grains. Ce village est situé sur la petite rivière de *Crou*, qui fait tourner trois moulins, à une lieue un quart au N. E. de Saint-Denis, et distant de 3 au N. E. de Paris, par le Bourget et la grande route de Flandre. (Poste aux lettres de Saint-Denis.)

DUISON. *Voyez* DHUISON.

DUVY, village, département de l'Oise, arrondissement de Senlis, canton de Crêpy, ci-devant province de l'Ile de France, dans le Valois, et diocèse de Senlis. Sa population est d'environ 180 habitans avec le hameau de *Bazoches* et les fermes de *Bouville*.

Treize moulins à farines, sur la petite rivière de *Sainte-Marie*, servent à l'approvisionnement de Paris : l'un d'eux, *le Moulin de la ville*, a deux roues.

Les principales productions du terroir sont en grains. On tire d'une ancienne carrière des pierres à bâtir. Le village de Duvy est dans une vallée, sur la route de Crêpy à Senlis, au bord d'un étang, à une demi-lieue vers l'O. de Crêpy, et 14 lieues et demie au N. E. de Paris, par Crêpy et la chaussée joignant à Nanteuil-le-Hou-

douin la grande route de Soissons. (Poste aux lettres de Crêpy.)

E.

EAUBONNE, village, département de Seine-et-Oise, arrondissement de Pontoise, canton de Montmorency, ci-devant province de l'Ile de France, et diocèse de Paris. Sa population est d'environ 260 habitans. Il renferme plusieurs maisons de campagne, parmi lesquelles celles de madame Goupy, de M. Gohier et de M. Descloseaux se font remarquer. Le château a été démoli.

Son terroir est en terres labourables et en vignes ; on y recueille beaucoup de fruits. Ce village est sur la route de Saint-Leu-Taverny à Paris, à 3 quarts de lieue à l'O. de Montmorency, et distant de 4 lieues au N. de Paris, par St.-Denis. (Poste aux lettres de Montmorency.)

EBLY, village, département de Seine-et-Marne, arrondissement de Meaux, canton de Crécy, ci-devant province de l'Ile de France, dans la Brie, et diocèse de Meaux. Sa population est d'environ 420 habitans. Les productions sont en grains, une partie est en vignes et en prairies.

Ce village est situé sur la rivière du *Grand Morin*, qui fait tourner un moulin à deux roues, à 2 lieues au N. O. de

Crécy, et distant de 8 et demie à l'E. de Paris, par Coupvray, et la route de Coulommiers. (Poste aux lettres de Crécy.)

ECHAMPEU, village, département de Seine-et-Marne, arrondissement de Meaux, canton de Lizy-sur-Ourcq, ci-devant province de l'Ile de France, et diocèse de Meaux. Sa population est d'environ 160 habitans. Son terroir est en labour et prairies.

Ce village est à une demi-lieue vers le N. de Lizy; sa distance de Paris est de 13 lieues et demie entre l'E. et le N. E., par la route de la Ferté-Milon, qui joint à Meaux la grande route d'Allemagne. (Poste aux lettres de Lizy-sur-Ourcq.)

ECHARCON, village, département de Seine-et-Oise, arrondissement et canton de Corbeil, ci-devant province de l'Ile de France, et diocèse de Paris. Sa population est d'environ 300 habitans. Le château appartient à madame Lenormand.

Le terroir est en terres labourables, prairies et vignes. Ce village est sur la pente d'une montagne, près la petite rivière d'*Essonnes*, qui fait tourner un moulin, à une lieue trois quarts au S. O. de Corbeil; sa distance de Paris est de 8 lieues au S., par Lisses et une chaussée qui joint la route de Fontainebleau. (Poste aux lettres de Corbeil.)

ECHOU, hameau et restes d'un ancien château. *Voyez* BOULAINS.

ECLIMONT, château. *Voy.* SAINT-SIMPHORIEN.

ECLUSE (L'), relais de poste aux chevaux, sur l'une des routes de Paris à Lyon. *Voyez* MACHAULT.

ECOS, bourg, département de l'Eure, arrondissement des Andelys, chef-lieu de canton et siége d'une justice de paix, ci-devant province de Normandie, dans le Vexin, et diocèse de Rouen. Sa population est d'environ 400 habitans, y compris le hameau de *Grimonval*, les fermes de *Thuy*, celle de *la Bourdonnière*, et l'ancien fief du *Chesnay-Haguets*.

La terre d'Ecos est une ancienne seigneurie. Le château appartient à M. le comte Louis Dambrugeac, maréchal-de-camp, commandant la première brigade de la garde royale.

Le terroir est en labour et en bois; on y trouve une tuilerie. Le bourg d'Ecos est à 4 lieues au S. E. des Andelys, 3 au N. E. de Vernon, et 17 et demie vers le N. O. de Paris, par Magny et la grande route de Rouen. (Poste aux lettres de Vernon.)

ECOUEN, bourg traversé par la grande route de Paris

à Amiens, sur la pente d'une colline, département de Seine-et-Oise, arrondissement de Pontoise, chef-lieu de canton, siége d'une justice de paix et résidence d'une brigade de gendarmerie, ci-devant province de l'Ile de France, et diocèse de Paris. Sa population est de 11 à 1,200 habitans.

A son extrémité occidentale, sur une éminence, est un château composé de quatre corps de bâtimens, et au milieu une grande cour pavée en compartimens.

Cet édifice, bâti sur le règne de François Ier, a fait partie des domaines de la maison de Montmorency, et par suite, de ceux de M. le prince de Condé, auquel il a été restitué; échappé, comme par miracle, à la destruction révolutionnaire, il n'en a pas moins souffert de la dévastation en tout genre : la plus grande partie des objets intéressans qu'il renfermait ont été brisés. Ce château, dont les désastres ont été réparés, présente toujours l'aspect le plus majestueux; son architecture, ornée de colonnes de la plus grande beauté, et ses alentours, sont dignes de fixer l'attention des étrangers.

Ecouen, dans l'ancien régime, était le siége d'une prévôté seigneuriale; il renferme quelques maisons de campagne assez agréables, particulièrement celle nommée *Adeline*, appartenant à M. le comte de Narbonne. On y trouve une

fabrique de dentelles de soie et une pension de jeunes gens, dirigée par M. Michel, chef d'institution en l'Université.

Les principales productions du terroir sont en grains et fruits, une partie est en bois.

Le bourg d'Ecouen est à 6 lieues à l'O. de Pontoise, et distant de 4 au N. de Paris, par la route d'Amiens. On compte 4 lieues et demie de poste. (Bureau de poste aux lettres, relais de poste aux chevaux et voitures publiques tous les jours pour Paris.)

ECQUEVILLY ou FRESNE, village, département de Seine-et-Oise, arrondissement de Versailles, canton de Meulan, ci-devant province de l'Ile de France, et diocèse de Chartres. Sa population est d'environ 550 habitans, y compris les fermes des *Rouilloires*, de *la Muette*, de *Romainville*, et deux moulins à eau. Le beau château qui existait avant la révolution a été démoli.

Les principales productions du terroir sont en grains et fruits, une partie est en vignes et en bois. Le village d'Ecquevilly est sur la petite route de Mantes à Paris, à une lieue et demie au S. de Meulan; sa distance de Paris est de 7 lieues et demie à l'O., par cette route, qui passe à Saint-Germain-en-Laye. (Poste aux lettres de Meulan.)

ECRENNES (LES), village,

département de Seine-et-Marne, arrondissement de Melun, canton du Châtelet, ci-devant province de l'Ile de France, dans la Brie, et diocèse de Sens. Sa population est d'environ 300 habitans, en y comprenant les hameaux dits *la Grande-Commune*, *Pierre-Gauthier*, plusieurs fermes et autres habitations isolées.

Le hameau de la Grande-Commune était anciennement nommé la *Commune aux Demoiselles*. M. le marquis de Mortagne est propriétaire du château.

Les principales productions du terroir des Ecrennes sont en grains. Ce village est à une lieue à l'E. du Châtelet, et 3 et demie au S. E. de Melun; sa distance de Paris est de 13 lieues et demie au S. E., par le Châtelet et la grande route de Lyon. (Poste aux lettres du Châtelet.)

ECROSNE, village, département d'Eure-et-Loir, arrondissement de Chartres, canton de Maintenon, ci-devant généralité d'Orléans, dans la Beauce, et diocèse de Chartres. Sa population est de 6 à 700 habitans, avec les hameaux d'*Ecrignolles*, *Giroudet*, *Jonvilliers*, où il y a un château à madame de Boutonvilliers, et autres habitations écartées.

Les productions du terroir de cette commune sont en grains, et une petite partie

est en bois. Le village d'Ecrosne est à une lieue vers le N. E. de Gallardon, et 2 et demie au S. E. de Maintenon; sa distance de Paris est de 14 lieues et demie, par Ablis et l'ancienne route de Chartres. (Poste aux lettres de Gallardon.)

EFFONDRÉ, hameau et port sur *la Seine*. *Voyez* THOMERY.

EGLY, village, département de Seine-et-Oise, arrondissement de Corbeil, canton d'Arpajon, ci-devant province de l'Ile de France, dans le Hurepoix, et diocèse de Paris. Sa population est d'environ 400 habitans, y compris les maisons isolées, dites de *Villelouvette*. C'était, avant la révolution, une annexe de la paroisse de *Boissy-sous-St.-Yon*.

M. de Gratigny y possède une maison de campagne, que les points de vue, la situation avantageuse, les jardins, le parc, clos de murs, bien distribués, rendent très-agréable.

A Villelouvette, une autre maison de campagne qui appartient à madame de Bessé, est également dans une belle position. Le parc, aussi clos de murs, a pour limites la rivière d'*Orge*, qui fait tourner un moulin.

Les principales productions du terroir sont en grains; une partie est en vignes et en belles prairies.

15

Le village d'Egly est à une demi-lieue au S. O. d'Arpajon, et 8 lieues au S. de Paris, par Arpajon, et la grande route d'Orléans. (Poste aux lettres d'Arpajon.)

EGREMONT. *Voyez* AIGREMONT.

EGREMONT , maison de campagne. *Voyez* MÉNÉ.

EGYPTE, fabrique d'étoffes de laine. *Voyez* ANGY et MOUY.

ELANCOURT, village, département de Seine-et-Oise, arrondissement de Rambouillet, canton de Chevreuse, ci-devant province de l'Ile de France, et diocèse de Chartres. Sa population est d'environ 320 habitans, en y comprenant les hameaux de *la Harmanderie, Launay-le-Mousseau,* plusieurs fermes, moulins et autres habitations isolées, sous diverses dénominations.

L'ordre de Malte y possédait une commanderie. Les principales productions de son terroir sont en grains. Ce village est dans une vallée, à 2 lieues et demie vers le N. de Chevreuse; sa distance de Paris est de 6 lieues trois quarts à l'O. par la grande route de Nantes. (Poste aux lettres de Trappes.)

EMANCÉ, village, département de Seine-et-Oise, arrondissement et canton de

Rambouillet, ci-devant généralité d'Orléans, dans la Beauce, et diocèse de Chartres. Il forme une commune d'environ 340 habitans, avec les hameaux de *Chaslin* (haut et bas), *Sauvage*, plusieurs fermes et autres habitations isolées, sous diverses dénominations, parmi lesquelles se trouve l'ancien château de *la Malmaison*, qui n'est plus qu'une ferme.

Le terroir est en labour, partie en prairies et en bois. Le village d'Emancé est à une lieue au S. E. d'Epernon, et 2 au S. O. de Rambouillet; sa distance de Paris est de 12 lieues et demie au S. O. par la grande route de Nantes. (Poste aux lettres d'Epernon, département d'Eure-et-Loir.)

EMERY ou EMERAINVILLE, village, département de Seine-et-Marne, arrondissement de Meaux, canton de Lagny, ci-devant province de l'Ile de France, dans la Brie, et diocèse de Paris. Sa population est d'environ 200 habitans. Dans le hameau de *Malnoue,* qui en fait partie, se trouvait, avant la révolution, une abbaye de religieuses de l'Ordre de Saint-Benoît.

M. le comte de la Rochefoucauld est propriétaire du château d'Emery : partie des bâtimens de la ci-devant abbaye de Malnoue, forment une maison de campagne près de laquelle est celle de M. Noel, maire de la commune de Champs.

Le terroir est en terres labourables et en vignes ; les fruits y sont assez abondans. Le village d'Emery est à 2 lieues et demie au S. E. de Lagny, et distant de 5 à l'E. de Paris, par une route qui passe au Pont-de-Saint-Maur. (Poste aux lettres de Lagny.)

EMÉVILLE, village, département de l'Oise, arrondissement de Senlis, canton de Crépy, ci-devant province de l'Ile de France, dans le Valois, et diocèse de Soissons. Sa population est d'environ 160 habitans. C'était autrefois une annexe de la paroisse de *Vez*.

Son terroir est en labour ; la forêt de Villers-Cotterets l'entoure en grande partie. Le village est à 1 lieue et demie au N. O. de Villers-Cotterets, et 3 vers le N. E. de Crépy ; sa distance de Paris est de 17 lieues au N. E., par la grande route de Soissons. (Poste aux lettres de Villers-Cotterets.)

EMONDANTS (les), ancien château. *V.* LA BRICHE.

ENANCOURT - LÉAGE, village, département de l'Oise, arrondissement de Beauvais, canton de Chaumont-Oise, ci-devant province de l'Ile de France, dans le Vexin, et diocèse de Rouen. Sa population est d'environ 140 habitans. Son terroir est en labour, prairies et bois. Le ruisseau de *l'Au-*

nette fait tourner quatre moulins. On y trouve une briqueterie et un four à chaux.

Ce village est dans une vallée, à 1 lieue 1 quart vers le N. O. de Chaumont, et 1 un quart au N. E. de Gisors ; sa distance de Paris est de 15 lieues 1 quart au N. O., par Chaumont et la chaussée joignant la route de Gisors. (Poste aux lettres de Gisors, département de l'Eure.)

ENANCOURT-LE-SEC, village, département de l'Oise, arrondis. de Beauvais, canton de Chaumont-Oise, ci-devant province de l'Ile de France, dans le Vexin, et diocèse de Rouen. Sa population est d'environ 120 habitans, y compris l'ancien fief de *Roncières*, consistant en une maison de campagne et une ferme attenante.

Ce domaine appartenait aux ascendans de M. Fauqueux de Roncières, chevalier de Saint-Louis, ancien gendarme de la garde du Roi, qui l'a vendu, en se réservant le droit de porter le nom de Roncières. MM. Lefèvre de Roncières en sont actuellement propriétaires.

Les principales productions du terroir sont en grains, une partie est en bois. On y trouve un four à chaux. Le village d'Enancourt-le-Sec est à lieue vers le N. de Chaumont, et 15 au N. O. de Paris, par Chaumont et la chaussée joignant la route de Gisors, qui passe à Pontoise. (Poste aux lettres de Chaumont-Oise.)

ENGHIEN. *Voyez* MONT-MORENCY.

ENNERY, village, département de Seine-et-Oise, arrondissement et canton de Pontoise, ci-devant province de l'Ile de France, dans le Vexin, et diocèse de Rouen. Sa population est d'environ 600 habitans. Le château et le parc ont appartenu à M. le comte Réal.

Les principales productions du terroir sont en grains; une partie est en vignes et bois. Il y a beaucoup d'arbres à fruits de toute espèce.

Le village d'Ennery est sur la nouvelle route de Pontoise à Beauvais, à 1 lieue au N. de Pontoise, et 8 au N. O. de Paris, par cette route joignant, à Pontoise, la grande route de Rouen. (Poste aux lettres de Pontoise.)

EPERNON, petite ville, située à mi-côte sur la grande route de Paris à Nantes, départ. d'Eure et Loir, arrondissement de Chartres, ci-devant généralité d'Orléans, dans la Beauce, et diocèse de Chartres. Sa population est d'environ 1,400 habitans. L'ancienne paroisse de *Houdreville*, qui n'était composée que du presbytère et de deux fermes, séparées l'une de l'autre en fait partie, ainsi que plusieurs au-tres habitations écartées sous diverses dénominations.

Cette ville est un ancien duché. On y voyait jadis un château fort. Des trois paroisses qu'il y avait avant la révolution il n'en existe plus qu'une. Il s'y tient cinq foires par année; la première, le dernier mardi de février; la deuxième, le mardi de Pâques; la troisième, le mardi de la Pentecôte; la quatrième, le dernier mardi d'octobre, et la cinquième, le 21 décembre. Le marché est le mardi de chaque semaine. On y trouve une tannerie et trois mégisseries.

Ses alentours sont en labour, en prairies, en vignes et en bois. Les légumes y sont très-abondans. La petite rivière de *Guesle*, et deux autres qui s'y réunissent, font tourner trois moulins à farines.

La ville d'Epernon est à 2 lieues à l'E. de Maintenon, et 2 au N. de Gallardon; sa distance de Paris est de 13 lieues vers le S. O., par la route de Nantes, désignée ci-dessus. On compte 14 lieues de poste. (Bureau de poste aux lettres et relai de poste aux chevaux.)

EPIAIS-LES-LOUVRES, village, département de Seine-et-Oise, arrondissement de Pontoise, canton de Luzarches, ci-devant province de l'Ile de France, et diocèse de Paris.

Sa population est d'environ 150 habitans. Toutes les

productions de son terroir sont en grains.

Ce village est dans une plaine, à 3 quarts de lieue à l'E. de Louvres, et 3 au S. E. de Luzarches ; sa distance de Paris est de 6 lieues au N. E., par Roissy et la grande route de Soissons. (Poste aux lettres de Louvres.)

EPIAIX, village, département de Seine-et-Oise, arrondissement de Pontoise, canton de Marines, ci-devant province de l'Ile de France, dans le Vexin, et diocèse de Rouen. Sa population est d'environ 500 habitans, y compris le hameau et le moulin de *Rhus*.

Les grains sont la principale production de son terroir, une petite partie est en bois et en prairies. Ce village est à 1 lieue et demie à l'E. de Marines ; sa distance de Paris est de 9 lieues 1 quart, au N. O., par la route de Gisors, qui passe à Pontoise. (Poste aux lettres de Pontoise.)

EPINAY - CHAMPLA-TREUX, petit village réuni à la commune de Champlatreux. *V.* CHAMPLATREUX.

EPINAY-SOUS-SENART, village, département de Seine-et-Oise, arrondissement de Corbeil, canton de Boissy-Saint-Léger, ci-devant province de l'Ile de France, et diocèse de Paris. Sa population est d'environ 250 habi-

tans. On y voit quelques maisons de campagne.

Le terroir de cette commune est en terres labourables, en vignes et en prairies. Le village d'Epinay est sur la petite rivière d'*Yerres*, à 1 lieue et demie au S. de Boissy-Saint-Léger, et distant de 6 au S. E. de Paris, par Brunoy et une chaussée joignant la grande route de Lyon. (Poste aux lettres de Brie - Comte-Robert, département de Seine-et-Marne.)

EPINAY-SUR-ORGE, village, département de Seine-et-Oise, arrondissement de Corbeil, canton de Longjumeau, ci-devant province de l'Ile de France, et diocèse de Paris. Sa population est de 6 à 700 habitans, en y comprenant les hameaux *du Breuil*, *de la Grange-du-Breuil* ; *de Petit - Vaux*, partie de *Villiers*, *Charentru*, et autres maisons isolées.

La terre d'Epinay est une ancienne seigneurie. M. le vicomte Chapt - de - Rastignac, maréchal-de-camp, est propriétaire du château. Le parc, en partie distribué dans le genre anglais, renferme dans le milieu une jolie maison de garde. Sa contenance est d'environ 100 arpens, clos de murs.

Au hameau de Breuil est une jolie maison de campagne nommée *Vaucluse*. Les jardins sont bien plantés. Il en existe une autre à Charentru, c'est l'ancien fief de *Sillery*.

Les principales productions du terroir de cette commune sont en grains, une partie est en prairies.

Le village d'Epinay est proche la petite rivière d'*Orge*, à 3 quarts de lieue au S. E. de Longjumeau, et 5 un quart au S. de Paris, par Longjumeau et la grande route d'Orléans. (Poste aux lettres de Longjumeau.)

EPINAY-sur-Seine , village, département de la Seine; arrondissement et canton de Saint-Denis, ci-devant province de l'Ile de France, et diocèse de Paris. Sa population est de 7 à 800 habitans avec partie du hameau de *la Briche*, le château d'*Ormesson*, et plusieurs maisons isolées, sous diverses dénominations. Le surplus de ce hameau fait partie de la commune de Saint Denis.

Ce village, situé sur la rive droite de la *Seine*, est traversé par la grande route de Paris à Rouen. On y voit beaucoup de maisons de campagne, parmi lesquelles se font remarquer celles de M. le comte de Lacépède, de M. Sommarive, de madame de Montmorency-Luxembourg , duchesse de Beaumont, de madame la marquise de Crosnier et de M. Perrin le jeune, cette dernière est sur le point le plus élevé. Sa position et la distribution de

ses jardins, dessiné par M. Berthault , architecte du Roi , la font particulièrement distinguer.

Le hameau de la Briche est sur le bord de la Seine, où est un port pour les vins de Bordeaux, eaux-de-vie, huiles et autres marchandises qui arrivent par cette rivière. Il est traversé, dans la partie qui est sur la commune de Saint-Denis, par la route de Rouen. L'ancien château a été habité par Gabrielle d'Estrées; dans le parc est une chapelle qu'elle a fait construire. Ce château, ainsi que celui d'Ormesson où est établie une filature et tissage de coton, appartiennent à M. de Sommariva.

Ce terroir ne présentait, en grande partie, que des terrains fangeux et marécageux, particulièrement près l'étang de *Coquenard*. M. de Sommariva s'en est rendu propriétaire, et a fait procéder sans délai au desséchement d'un tiers de l'étang, d'une étendue de 100 arpens, d'autres marécages, et lieux qui servaient de voierie. Par ce moyen , l'insalubrité constante de cette contrée est entièrement disparue. Sur les terrains desséchés, M. de Sommariva a fait faire de nombreuses plantations dont l'accroissement a été si rapide et si prodigieux , qu'au bout de six ans, quantité d'arbres s'élevaient déjà à plus de 30 pieds.

Les productions ordinaires

de ce terroir sont en grains ; une partie est en vignes et prairies. Le village d'Epinay est à une lieue au N. O. de Saint-Denis, et 3 au N. O. de Paris, par Saint-Denis. (Poste aux lettres de Saint-Denis.)

ÉPINE (l'), hameau et château. *Voyez* WARLUIS.

ÉPINEUSE, village, département de l'Oise, arrondissement et canton de Clermont-Oise, ci-devant province de l'Ile de France, et diocèse de Beauvais. Sa population est d'environ 270 habitans ; les productions de son terroir sont toutes en grains, excepté une partie en bois.

Ce village est à 2 lieues et demie à l'E. de Clermont, et 3 lieues vers le nord de Pont-Sainte-Maxence ; sa distance de Paris est de 16 lieues au N. par la route de Flandre. (Poste aux lettres de Clermont-Oise.)

EPLUCHES, château. *V.* SAINT-OUEN-L'AUMONE.

ÉPONE, village, département de Seine-et-Oise, arrondissement et canton de Mantes, ci-devant province de l'Ile de France, et diocèse de Chartres. Sa population est d'environ 1,000 habitans, y compris le hameau de *Vélanne*, les communes d'*Aunay*, *de la Falaise* et *de Nezel*,

étaient autrefois annexes de cette paroisse.

Ce village est sur la pente d'une colline, dans une situation agréable, peu éloigné de la rive gauche de la *Seine*, et à côté de la petite route de Mantes à Paris. Le château faisait partie des domaines de la maison de Créquy ; M. Besnier en est actuellement propriétaire. De vieux murs font présumer que c'était anciennement une ville. On y fabrique beaucoup de toiles. Les sources d'eau y sont abondantes, et particulièrement celle nommée *Saint-Béot*.

Les productions du terroir sont en grains et légumes ; une partie est en vignes et en prairies. On y trouve trois usines à plâtre, dont les pierres proviennent des carrières de Vaux et de Triel. La petite rivière de *Maudre* y fait tourner un moulin. Un champ nommé le *Trou aux Anglais*, rappelle une bataille mémorable qui s'est donnée en ce lieu.

Epône est à 2 lieues au S. E. de Mantes ; sa distance de Paris est de 9 lieues et demie à l'O. par la petite route de Mantes, qui passe à Saint-Germain-en-Laye. (Poste aux lettres de Mantes.)

ERAGNY, village, département de Seine-et-Oise, arrondissement et canton de Pontoise, ci-devant province de l'Ile de France, et diocèse de

[handwritten marginal notes:] or zen expultacre de rensed.
de femme au 1400
chap'e expultion de d'Eragny
en aver
de la
à Neuville
c est son le
premin

Paris. Sa population est d'environ 400 habitans. Le village de *Neuville*, qui en compose près de 600, y est réuni quoiqu'éloigné l'un de l'autre d'une demi-lieue.

La famille d'Alesso, seigneur d'Eragny, possédait le château dont une partie tombe en ruines. L'arrière petit-fils de la sœur de Saint-François de Paule était un d'Alesso, moins connu sous ce nom, que sous celui de *François*.

A Neuville, est un château dont M. le baron de Pully est propriétaire, le parc est remarquable par de belles plantations anciennes et modernes. Un jardin à l'anglaise, rempli d'arbustes les plus rares, renferme l'un des plus beaux cèdres du Liban qui soient en France.

La rivière d'*Oise* qui ferme ce parc d'un côté, est bordée d'une allée d'ormes de quatre rangs, de la longueur d'un quart de lieue, terminée par un pavillon en forme de temple.

La plus grande partie du terroir de cette commune est en vignes; on y recueille beaucoup de fruits, et on y trouve plusieurs carrières de pierre de taille et moellons.

Le village d'Eragny est à une demi-lieue au S. de Pontoise, et celui de Neuville à 1 lieue. Ils sont tous deux sur la rive gauche de l'Oise, que l'on passe sur un bac à Neuville. Leur distance de Paris

est de 6 lieues et demie au N. O. par un chemin de traverse joignant la grande route de Rouen. (Poste aux lettres de Pontoise.)

ERAGNY-sur-Epte, village, département de l'Oise, arrondissement de Beauvais, canton de Chaumont, ci-devant province de l'Ile de France, dans le Vexin, et diocèse de Rouen. Sa population est d'environ 300 habitans.

Le terroir de cette commune est en labour, prairies et bois. Le village d'Eragny est sur la route de Gisors à Gournay, à 1 lieue au N. de Gisors, et 16 et demie au N. O. de Paris par Gisors. (Poste aux lettres de Gisors, département de l'Eure.)

ERCUIS, village, département de l'Oise, arrondissement de Senlis, canton de Neuilly-en-Thel, ci-devant province de l'Ile de France, et diocèse de Beauvais. Sa population est de 6 à 700 habitans. Toutes les productions de son terroir sont en grains.

Ce village est à une demi-lieue au N. E. de Neuilly-en-Thel, et 10 lieues au N. de Paris, par Neuilly-en-Thel, Beaumont-sur-Oise, et la grande route de Beauvais. (Poste aux lettres de Beaumont-sur-Oise.)

ERMENONVILLE, village, département de l'Oise, arrondissement de Senlis, canton de Nanteuil-le-Haudouin, ci-devant province de l'Ile de France, et diocèse de Senlis. Sa population est d'environ 5oo habitans.

Ce lieu est connu par l'une des plus belles habitations des environs de Paris, qui n'était autrefois qu'un simple château dans un fond, entouré de bois, de rochers, de ronces et de bruyères. M. le marquis de Girardin n'a rien épargné pour rendre ce séjour délicieux.

Comme on ne peut changer ou ajouter que peu de chose à la description que M. Dulaure en a faite en 1787, il suffit d'en donner ici l'analyse la plus succincte, pour se former une idée de cette superbe propriété.

Le bon goût de M. de Girardin, dit M. Dulaure, a transformé ce désert affreux en un séjour enchanteur; c'est une nature embellie que l'art n'a point dégradée en la soumettant à ses formes tyranniques; il en a seulement développé les beautés, et par la combinaison ingénieuse des ouvrages d'architecture avec les plus riches ornemens des campagnes, il a produit dans un espace de cinq à six cents arpens, des paysages dignes de l'imagination brillante de *Poussin*.

Les mêmes eaux qui embellissent le parc, entourent le château qui se trouve placé entre deux magnifiques perspectives; et la partie des jardins, située au midi du château, offre dans la plus agréable disposition une vaste pièce d'eau irrégulière enrichie de quelques îles; des cascades, des groupes d'arbres placés au hasard dans des plaines de verdure, bordées de bois touffus, des fabriques que l'œil découvre de loin en loin: tout ces objets forment un contraste piquant et présentent devant le château un tableau que l'on ne peut assez admirer.

J.-J. Rousseau avait trouvé à Ermenonville la retraite champêtre et paisible qu'il avait tant désirée, mais il jouit bien peu de cette douce tranquillité; arrivé le 20 mai 1778, dans l'habitation qui lui avait été préparée, il mourut d'une apoplexie séreuse le 2 juillet suivant; une île dans le parc, dite l'*Ile des Peupliers*, est le lieu de sa sépulture; son tombeau a été construit à la place d'un pupitre en pierre qui servait auparavant à de petits concerts. On creusa une fosse sépulchrale, on la revêtit en maçonnerie, et l'on y plaça le cercueil, qui est en plomb recouvert d'une enveloppe de bois de chêne où sont ces mots: *Hic jacent ossa J.-J. Rousseau*.

La terre d'Ermenonville, qui appartient actuellement à MM. de Girardin fils, fut érigée en vicomté par Henri IV, en faveur de Dominique de

Vic , gouverneur de Calais. Il y avait alors haute , moyenne et basse justice.

La majeure partie du terroir faisant partie de ce domaine, les productions du reste sont de peu de valeur. Le village d'Ermenonville , qui est environné de bois, est à 1 lieue trois quarts au S. O. de Nanteuil; sa distance de Paris est de 9 lieues et demie au N. E. par une route qui joint celle de Flandre. (Poste aux lettres de Nanteuil - le-Haudouin.)

ERMONT , village , département de Seine-et-Oise , arrondissement de Pontoise , canton de Montmorency, ci-devant province de l'Ile de France, et diocèse de Paris. Sa population est d'environ 600 habitans. Le château de Cernay, appartenant à M. Cheronnet, et deux maisons de campagne y adjacentes , dont l'une était une commanderie de l'ordre de Malte, en font partie.

Plusieurs autres maisons de campagne se trouvent aussi à Ermont, les productions de son terroir sont en grains; une partie est en vignes, et on y recueille beaucoup de fruits. Ce village est à 1 lieue à l'O. de Montmorency, et distant de 4 et demie au N. de Paris par Saint-Denis. (Poste aux lettres de Franconville.)

ERQUERY , village , département de l'Oise , arron-

dissement et canton de Clermont - Oise, ci - devant province de l'Ile de France et diocèse de Beauvais. Sa population est d'environ 230 habitans. La ferme de *Villiers-sur-Erquery* en fait partie.

Les principales productions de son terroir sont en grains , une partie est en vignes et en bois. Ce village est à 1 lieue vers le N. de Clermont, et 15 au N. de Paris, par Clermont et la grande route d'Amiens. (Poste aux lettres de Clermont-Oise.)

ESCHES , village , département de l'Oise , arrondissement de Beauvais, canton de Méru , ci-devant province de l'Ile de France , et diocèse de Beauvais. Sa population est d'environ 400 habitans, y compris les hameaux d'*Herbonnières* , *Liécourt* , et *la Lande*.

La terre d'Esches était autrefois seigneuriale , le château appartient à M. Laurent. Les grains sont la principale production du terroir, une partie est en vignes et en bois.

Ce village est situé dans une vallée sur le *Ru de Méru*, à trois quarts de lieue au S. E. de Méru, et distant de 10 et demie au N. de Paris, par Chambly et la grande route de Beauvais. (Poste aux lettres de Méru.)

ESSARTS (les), commune composée de l'ancienne paroisse de Grand-Champ, du hameau de *Torchamps*, et de plusieurs fermes à l'écart, dans le département de Seine-et-Marne, arrondissement de Meaux, canton de Lizy-sur-Ourcq, ci-devant province de l'Ile de France, et diocèse de Meaux. Sa population est d'environ 150 habitans.

A Grand-Champ se trouvait anciennement un prieuré conventuel de Bénédictins.

Les principales productions du terroir de cette commune sont en grains. L'église de Grand-Champ est à 2 lieues vers le S. E. de Lisy, 1 lieue et demie au N. de la Ferté-sous-Jouarre. Sa distance de Paris est de 13 lieues entre l'E. et le S. E., par différens chemins joignant la grande route d'Allemagne. (Poste aux lettres de Lizy-sur-Ourcq.)

ESSARTS-LE-ROI (LES), village, département de Seine-et-Oise, arrondissement de Versailles, canton de Rambouillet, ci-devant province de l'Ile de France, dans le Hurepoix, et diocèse de Chartres. Sa population est d'environ 500 habitans en y comprenant le hameau de *Saint-Hubert*, en partie, le château de l'*Arétoire*, ci-devant fief, dans une situation fort agréable, dont M. Morel est propriétaire; le hameau nommé *la Tasse*, une autre maison de campagne et fermes dites de

Malassis, plusieurs autres fermes et habitations isolées, sous diverses dénominations.

Les principales productions de son terroir sont en grains et bois. Ce village est près la grande route de Paris à Nantes, à 2 lieues un quart au N. E. de Rambouillet; sa distance de Paris est de 8 et demie au S. O. par cette route. (Poste aux lettres de Rambouillet.)

ESSONNES, bourg, sur la rivière de ce nom, département de Seine-et-Oise, arrondissement et canton de Corbeil, ci-devant province de l'Ile de France, et diocèse de Paris. Sa population est de 16 à 1700 habitans, en y comprenant une partie du hameau du *Moulin-Galant* et plusieurs maisons isolées sous diverses dénominations.

Ce bourg, traversé par la grande route de Paris à Fontainebleau, est considérable; plusieurs manufactures et fabriques y sont établies:

La fabrique royale de poudre;

Une manufacture de toiles peintes à l'instar de celle de Jouy;

Une filature de coton, nommée *Chante-Merle*, avec ateliers de tissage, appartenant, ainsi que la manufacture de toiles peintes, à M. Oberkampf. On admire dans cette filature la superbe mécanique que fait mouvoir le bras de rivière sur laquelle elle est construite.

L'ancienne papeterie d'Essonnes, située dans *la vallée de Vaux*, est convertie en foulons et filatures de laines par mécaniques hydrauliques. M. Guillot (F. E.) en est propriétaire, ainsi que de plusieurs moulins à farines. On y rencontre des fours à chaux, dont le produit est d'une très-bonne qualité.

Le château de *Nagis*, près Corbeil, dont madame de Méronnat est propriétaire, fait aussi partie de cette commune, ainsi qu'une maison de campagne, ancien prieuré, et une autre, nommée *la Nacelle*, appartenant à M. Aumont.

Le terroir est en terres labourables, en prairies et en vignes.

Le bourg d'Essonnes est près Corbeil, à 4 lieues au N. O. de Melun; sa distance de Paris est de 7 lieues au S., par la route de Fontainebleau. On compte 7 lieues et demie de poste. (Relai de poste au chevaux. Le bureau de la poste aux lettres est à Corbeil. Voitures publiques, tous les jours, pour Paris.)

ESTOUCHES, village, département de Seine-et-Oise, arrondissement d'Etampes, canton de Méréville, ci-devant province de l'Ile de France, et diocèse de Sens. Sa population est d'environ 140 habitans, avec le hameau du *Petit-Villiers*. L'ancien château n'est plus qu'une ferme.

Toutes les productions de son terroir sont en grains. Ce village est à 1 lieue vers le S. E. de Méréville, et 2 et demie à l'O. d'Angerville ; sa distance de Paris est de 15 lieues et demie vers le S., par Etampes et la grande route d'Orléans. (Poste aux lettres d'Angerville.)

ESTRÉES-SAINT-DENIS, village, département de l'Oise, arrondissement de Compiègne, chef-lieu de canton, et siége d'une justice de paix, ci-devant province de l'Ile de France, et diocèse de Beauvais. Sa population est d'environ 1,000 à 1,100 habitans.

Toutes les productions de son terroir sont en grains. Les habitans s'occupent au tissage de la toile, qu'ils vont porter aux marchés de Compiègne et de Sainte-Maxence.

Ce village est sur la route de Paris en Flandre, à 3 lieues à l'O. de Compiègne et 11 à l'E. de Beauvais ; sa distance de Paris est de 16 lieues vers le N., par cette route de Flandre. (Poste aux lettres de Compiègne.)

ETAMPES, ancienne ville, chef-lieu d'arrondissement du département de Seine-et-Oise et de canton, ci-devant province de l'Ile de France, frontières de la Beauce, et diocèse de Sens. Sa population est de 8,000 habitans et plus, y compris plusieurs hameaux et autres habitations écartées, sous diverses dénominations. Elle est le siège de la sous-préfecture de cet arrondissement, d'un tribunal de première instance, d'une justice de paix, et la résidence d'un lieutenant et d'une brigade de gendarmerie.

Cette ville, ancien domaine de la couronne, avec titre de duché, est située dans une vallée sur les petites rivières de l'*Ouette* et de *Chalouette*, qui se réunissent plus bas à celle de *Juine*. Elle est traversée dans toute sa longueur par la grande route de Paris à Orléans. Elle fut reconnue par les fils de Clovis pour capitale d'un pays nommé *Stampenti*. De l'ancienne forteresse qui fut détruite sur la fin du règne de Henri IV, il ne reste que la tour de *Guinette*, composée de quatre demi-cercles, qui se présentent sur les quatre points cardinaux, et ont chacun 60 pieds; rapprochés les uns des autres, ils donnent un pourtour de 240 pieds, dont les murs en ont 12 d'épaisseur; cette tour est au nord-ouest du centre de la ville; la forteresse n'en était séparée que par des murs et doubles fossés.

Etampes, avant la révolution, renfermait deux collégiales sous l'invocation, l'une de Notre-Dame, et l'autre de Sainte-Croix; cinq paroisses, Notre-Dame, Saint-Bazile, Saint-Gilles, Saint-Martin et Saint-Pierre; des couvens de Barnabites, de Cordeliers, de Mathurins, de Capucins. Les communautés de religieuses étaient les dames de la Congrégation et les sœurs de l'Hôtel-Dieu; ces deux dernières communautés subsistent encore. Des cinq paroisses, celle de Saint-Pierre est supprimée. Le collège tenu autrefois par les Barnabites est actuellement sous la direction d'un Principal.

C'était le siège d'une prévôté, d'un bailliage royal, d'une élection, d'un grenier à sel et d'une subdélégation de l'intendance de Paris.

Le commerce en cette ville est considérable en grains et en farines, notamment pour l'approvisionnement de Paris. Les rivières désignées ci-dessus font tourner 50 moulins à farines et un à tan. On y trouve deux tanneries et plusieurs mégisseries. Le commerce de laines y est également d'une grande importance. Les petites rivières de *l'Ouette* et de *Chalouette*, réunies à la *Juine*, celle-ci prend le nom de *rivière d'Etampes*, près de *Morigny*; elles ne gèlent jamais, et, dans les plus grandes sécheresses, les eaux ne cessent d'y être aussi abondantes.

La Juine, jadis navigable, a cessé de l'être sur la fin du seizième siècle, lors de l'ouverture du canal d'Orléans; elle facilitait l'exportation des marchandises qui arrivaient de *la Loire* par Orléans pour être transportées par *la Seine* à Paris, ensuite dans les parties septentrionales et orientales de la France.

Il se tient à Etampes trois foires par année; la première, le 2 septembre; la seconde, qui dure 10 jours, le 29 du même mois, et la troisième, le 15 novembre. Le marché est le samedi de chaque semaine. Il est très-fort en grains.

François Ier y fit bâtir, pour Diane de Poitiers, un château dont il ne reste plus qu'une partie, dont M. de Bouraine, ex-sous-préfet de l'arrondissement, est propriétaire, dans laquelle on voit encore diverses sculptures, entr'autres celles du portail de l'ancienne chapelle, représentant la descente du Saint-Esprit sur les apôtres.

La ville est environnée de promenades plantées d'arbres de la plus belle venue, et à l'agrément desquelles ajoutent encore les eaux des rivières ci-dessus désignées.

A 1 demi-lieue à l'O. on trouve les vestiges d'une ancienne église, nommée *le Temple*, qui était jadis celle du couvent des Templiers, puis une commanderie de l'ordre de Malte.

Etampes est à 11 lieues au S. de Versailles, et distant de 12 au S. de Paris, par la route d'Orléans. On compte 13 lieues de poste. (Bureau de poste aux lettres, relais de poste aux che-

vaux, et voitures publiques, tous les jours, pour Paris.)

ETANG-DE-VERNOUILLET (L'), petit village, département de Seine-et-Marne, arrondissement de Melun, canton de Mormant, ci-devant province de l'Ile de France, dans la Brie, et diocèse de Paris. Sa population n'est que d'environ 60 habitans. Le château nommé *Vernouillet* est dans les dépendances de la commune de *Verneuil*. *Voy* VERNEUIL.

Les grains sont la principale production de ce terroir. Ce village est près de la grande route de Paris à Troyes, à 1 lieue et demie à l'O. de Mormant, et 10 et demie au S. E. de Paris, par cette route de Troyes. (Poste aux lettres de Guignes.)

ETANG-LA-VILLE (L'), village, département de Seine-et-Oise, arrondissement de Versailles, canton de Marly-le-Roi, ci-devant province de l'Ile de France, et diocèse de Paris. Sa population est d'environ 400 habitans.

La terre de l'Etang était autrefois seigneuriale, avec haute, moyenne et base justice. L'ancien château de M. le chancelier Seguier appartient actuellement à M. Blossier, huissier de la chambre du roi. Le parc, qui contient 40 arpens, renferme de belles eaux.

La maison de campagne de

Laubarderie, dont madame la duchesse de Richelieu était propriétaire, fait partie de cette commune, dont la principale culture est en vignes.

Le village de l'Etang est dans une vallée, et entouré de la forêt de Marly, à un quart de lieue à l'O. de Marly, et un quart à l'O. de Paris, par Marly et une chaussée joignant la route de Saint-Germain-en-Laye. (Poste aux lettres de Versailles.)

ETAVIGNY, village, département de l'Oise, arrondissement de Senlis, canton de Betz, ci-devant province de l'Ile de France, et diocèse de Meaux. Sa population est d'environ 250 habitans. Une ferme, dite de *Saint-Ouen*, en fait partie.

Les principales productions de son terroir sont en grains. Ce village est à une demi-lieue au N. E. d'Acy, une lieue un quart au S. de Betz, et 3 au S. O. de la Ferté-Milon; sa distance de Paris est de 14 lieue et demie vers le N. E., par différens chemins joignant la grande route de Soissons. (Poste aux lettres de May-en-Mulcien.)

ETIOLLE, village, département de Seine-et-Oise, arrondissement et canton de Corbeil, ci-devant province de l'Ile de France, et diocèse de Paris. Sa population est d'environ 350 habitans. Par sa situation entre la *Seine* et la forêt de *Senart*, il est très-agréable.

On y voit deux châteaux et quelques maisons de campagne.

Le premier de ces châteaux a appartenu autrefois à M. Lenormand, mari de madame de Pompadour; dans le second, habité par M. Sibuet, le célèbre Collardeau composait ses poésies.

Le terroir de cette commune est en terres labourables et vignes. Ce village est à une demi-lieue au N. de Corbeil, et distant de 6 lieues et demie au S. de Paris, par Villeneuve-Saint-Georges et la grande route de Lyon. (Poste aux lettres de Corbeil.)

ETOUY, village, département de l'Oise, arrondissement et canton de Clermont-Oise, ci-devant province de l'Ile de France, et diocèse de Beauvais. Sa population est de 8 à 900 habitans. La ferme de *Cochin* et celle de *la Motte* en font partie.

Son terroir est en labour, prairies et bois. La petite rivière de *Brèche* fait tourner deux moulins à grains et un à foulon. Ce village est à une lieue et demie au N. O. de Clermont, et 15 et demie au N. de Paris, par Clermont et la grande route d'Amiens. (Poste aux lettres de Clermont-Oise.)

ETRÉCHY, bourg sur la grande route de Paris à Orléans, département de Seine-et-Oise, arrondissement et canton d'Etampes, ci-devant province de l'Ile de France, dans le Hurepoix, et diocèse de Sens. Sa population est d'environ 900 habitans, y compris le hameau de *Vaucelas*, plusieurs fermes et autres maisons isolées, sous diverses dénominations. La rivière de *Juine* fait tourner un moulin.

Les principales productions de son terroir sont en grains, une partie est en bois. On en tire des pierres de grès pour le pavé des routes. Ce bourg est à une lieue trois quarts au N. d'Etampes (On compte 2 lieues de poste); sa distance de Paris est de 10 lieues un quart au S. ou 11 lieues de poste, par la route d'Orléans, désignée ci-dessus. (Bureau de poste aux lettres et relais de poste aux chevaux.)

ETREPILLY, village, département de Seine-et-Marne, arrondissement de Meaux, canton de Lizy-sur-Ourcq, ci-devant province de l'Ile de France, et diocèse de Meaux. Sa population est d'environ 700 habitans, avec le hameau de *Brunoy*, dont il n'est séparé que par la petite rivière de *Thérouane*, qui fait tourner un moulin. La ferme de *Mauny* en fait aussi partie. Les principales productions de son terroir sont en grains.

Ce village est à une lieue et demie à l'O. de Lizy, et 2 vers le N. de Meaux; sa distance de Paris est de 12 lieues entre l'E. et le N. E., par Meaux et la

grande route d'Allemagne. (Poste aux lettres de Meaux.)

FRESNE. *Voyez* ECQUE-VILLY.

EVE, village, département de l'Oise, arrondissement de Senlis, canton de Nanteuil-le-Haudouin, ci-devant province de l'Ile de France, et diocèse de Senlis. Sa population est d'environ 400 habitans, y compris le hameau d'*Orcheux*. L'ancien château a été démoli.

Les productions de son terroir sont en grains. Ce village est à 2 lieues au S. O. de Nanteuil, et distant de 9 lieues un quart au N. E. de Paris, par Dammartin et la grande route de Soissons. (Poste aux lettres de Dammartin.)

EVÊQUEMONT, village, département de Seine-et-Oise, arrondissement de Versailles, canton de Meulan, ci-devant province de l'Ile de France, dans le Vexin, et diocèse de Rouen. Sa population est d'environ 380 habitans.

La terre d'Evêquemont, autrefois seigneuriale, avait haute, moyenne et basse justice. Le village, placé à mi-côte sur l'une des montagnes qui bordent la rive droite de la *Seine*, se fait remarquer par sa situation et par le château dont madame la comtesse d'Adhémar est propriétaire. On voit dans ses dépendances de belles sources d'eau vive.

On remarque également la belle position d'un ancien prieuré, qui est maintenant une maison de campagne.

La principale culture du terroir est en vignes, une partie est en bois; les fruits y sont assez abondans. Le village d'Evêquemont est à trois quarts de lieue au N. E. de Meulan, et distant de 8 lieues au N. O. de Paris, par la grande route de Caen. (Poste aux lettres de Meulan.)

EVRY-LES-CHATEAUX,

village, département de Seine-et-Marne, arrondissement de Melun, canton de Brie-Comte-Robert, ci-devant province de l'Ile de France, dans la Brie, et diocèse de Paris. Sa population est d'environ 600 habitans, y compris le hameau de *Mardilly*, celui de *Trembleseau*, et quelques fermes isolées qui en font partie.

La terre d'Evry était autrefois seigneuriale. M. le marquis d'Evry est propriétaire du château très-ancien, flanqué de quatre tour. Les jardins potagers sont très-beaux, et les promenades du parc sont en partie ombragées par de superbes marronniers.

Les grains sont la principale production du terroir de cette commune, une partie est en vignes et en bois.

Evry est sur la rivière d'*Yerres*, et à proximité de la route de communication de Melun à Brie, à une lieue au S. de cette dernière ville, et 7 et demie au S. E. de Paris, par Brie et la grande route de Troyes. (Poste aux lettres de Brie-Comte-Robert.)

EVRY-sur-Seine, village,

département de Seine-et-Oise, arrondissement et canton de Corbeil, ci-devant province de l'Ile de France, et diocèse de Paris, forme une commune de 5 à 600 habitans, avec les hameaux de *Rouillon, Grand-Bourg, Bras-de-Fer*, et les châteaux ci-après désignés.

Ce village est dans une très-belle situation sur la rive gauche de la *Seine*. On y voit le superbe château de *Petit-Bourg*. C'était, avant la révolution, l'habitation des personnes du plus haut rang. M. le duc d'Antin, madame la présidente Chauvelin, M. le marquis de Poyanne, et, en dernier lieu, madame la duchesse de Bourbon, l'ont successivement possédé. Louis XIV y est venu plusieurs fois; et Louis XV, quand ce monarque prenait le plaisir de la chasse dans la forêt de Senart, le choisissait pour rendez-vous.

Ce château est d'une élégante construction; la vue s'y étend sur un très-beau paysage; les parterres, les jardins fruitiers et potagers, les pièces d'eau, les hautes futaies renfermées dans un parc de deux cents arpens, rendent cette habitation, bordée par la Seine, infiniment agréable. M. Perrin, aîné, en est actuellement propriétaire.

Trois autres châteaux, qui sont : *Beauvoir*, *la Grange-feu-Louis* et *Mousseaux* se font aussi remarquer par leur site et par leurs accessoires.

Le terroir est en terres labourables, une petite partie est en vignes. Le propriétaire du château du Petit-Bourg, et M. Révérend, ex-maire d'Evry, y entretiennent chacun un troupeau de mérinos. Ce village est à trois quarts de lieue au N. O. de Corbeil, et distant de 6 lieues un quart au S. de Paris, par la grande route de Fontainebleau. (Poste aux lettres de Corbeil.)

EZANVILLE, village, département de Seine-et-Oise, arrondissement de Pontoise, canton d'Ecouen, ci - devant province de l'Ile de France, et diocèse de Paris. Sa population est d'environ 200 habitans. Les principales productions de son terroir sont en grains.

Ce village est entre la grande route de Paris à Beauvais, et celle d'Amiens, à une demi-lieue au N. O. d'Ecouen, et ¼ lieue trois quarts au N. de Paris, par Ecouen et la route d'Amiens. (Poste aux lettres d'Ecouen.)

F.

FALAISE (LA), village, département de Seine-et-Oise,

arrondissement et canton de Mantes, ci-devant province de l'île de France, et diocèse de Chartres. Sa population est d'environ 300 habitans, en y comprenant les hameaux de *Bec-de-Geline*, *Tanqueuse*, et quelques maisons isolées. C'était, dans l'ancien régime, une annexe de la paroisse d'Epône.

Sur la pente d'une montagne est un château que sa situation agreste et ses points de vue pittoresques font remarquer. La distribution bizarre du parc, sur un terrain inégal, lui donne l'apparence d'un jardin anglais ; en parcourant ses différentes sinuosités, l'on rencontre des sources d'une eau claire et limpide formant des cascades charmantes entourées de verdures et d'agréables bosquets.

Dans l'enceinte de ce parc, sont des rochers, dont le plus escarpé est divisé en deux parties ; au milieu est un petit espace qui reçoit l'eau d'une source plus haute, et tombe avec une extrême rapidité. On y voit une grotte remplie de coquillages dont on s'est servi pour former deux effigies qui représentent *Zémire* et *Azor* ; c'est auprès de ce rocher que l'abbé Delille a composé son poème des Jardins. Cette propriété appartient à M. le comte d'Auberjon de Murinais.

M. le marquis de Tourny a institué à la Falaise une Rosière, à l'instar de celle de Salency,

Les principales productions de son terroir sont en grains, une petite partie est en vignes. Ce village est dans une vallée sur la petite rivière *de Maudre*, à 2 lieues et demie au S. E. de Mantes ; sa distance de Paris est de 9 lieues un quart à l'O. par la petite route de Mantes qui passe à Saint-Germain - en - Laye. (Poste aux lettres de Mantes.

FARCHEVILLE, château. *Voyez* BOUVILLE.

FAREMOUTIER, petite ville, département de Seine-et-Marne, arrondissement de Coulommiers, canton de Rozay, ci - devant province de l'Ile de France, dans la Brie, et diocèse de Meaux. Sa population est d'environ 1,100 habitans avec une partie du hameau *des Bordes*.

A l'une de ses extrémités était la célèbre abbaye royale de religieuses de l'ordre de Saint-Benoît, détruite pendant la révolution , à l'exception des bâtimens de l'abbatiale qui forment actuellement une habitation très-agréable, tant par sa situation , ses points de vue et la beauté de ses jardins.

Cette ville était le chef-lieu d'une châtellenie, avec haute, moyenne et basse justice, et le siége d'un baillage seigneurial. Il s'y tient une foire par année , le lundi Saint. Un pèlerinage , connu sous l'invocation de *Sainte-Fare*, y attire un concours considérable de monde le 10 mai. Le marché est le lundi de chaque semaine.

Les principales productions du terroir de cette commune sont en grains , une partie est en bois. On y trouve trois tuileries. Faremoutier est traversé par une route qui communique à celle de Coulommiers à Paris et à celle de Rozay à Paris, à 1 lieue et demie à l'O. de Coulommiers ; sa distance de Paris est de 13 lieues à l'E. par cette route de Coulommiers. (Bureau de poste aux lettres.)

FAURES (LES), château. *Voyez* PRUNAY-SOUS-ABLIS.

FAVERJEUX, village, département de Seine-et-Oise, arrondissement de Mantes, canton de Bonnières, ci-devant province de l'Ile de France, et diocèse de Chartres. Sa population est d'environ 130 habitans avec une petite partie du hameau *de Haussepied*, et les maisons isolées *des Blains*.

Le terroir est en labour, une petite partie est en bois et vignes. Ce village est à 2 lieues et demie vers le S. de Bonnières et 2 vers le S. O. de Mantes ; sa distance de Paris est de 15 lieues entre le S. et le S.O. par Mantes et la grande route de Caen. (Poste aux lettres de Mantes.)

FAVEROLLES, village,

département d'Eure-et-Loir, arrondissement de Dreux, canton de Nogent-le-Roi, dans le pays Chartrain, ci-devant province de l'Ile de France et diocèse de Chartres. Sa population est d'environ 500 habitans avec les hameaux de *Beaufour*, *du Mesnil*, *du Bouton*, *des Hayes*, et les fermes *de la Thibaudière* et *du Thillé*.

Le terroir est en labour, en prairies, en bois et aunaies. Le village de Faverolles est à 1 lieue et demie vers le N. E. de Nogent et 3 au S. de Houdan; sa distance de Paris est de 16 lieues vers l'O., par Houdan et la grande route de Brest. On s'y rend également par la route de Nantes. (poste aux lettres de Houdan.)

FAVIÈRES, village, département de Seine-et-Marne, arrondissement de Melun, ci-devant province de l'Ile de France dans la Brie, et diocèse de Paris. Sa population est de 6 à 700 habitans, avec le hameau dit *la Route*, plusieurs fermes et maisons isolées, parmi lesquelles on distingue celles de *Hermières*, qui était, avant la révolution, une abbaye d'hommes de l'ordre de Prémontré.

Le ci-devant prieuré de Saint-Omer, actuellement maison de campagne appartenant à M. Sereziat, fait partie de cette commune. Le site est très-pittoresque à cause des bois qui l'environnent. Le parc est arrosé par un ruisseau et deux sources dont les eaux, après avoir traversé les dépendances du château de Combreux, vont se perdre dans le gouffre de *Villegenard*. Ce ruisseau fait tourner deux moulins.

Les grains sont la principale production du terroir de Favières, il y a beaucoup de bois. Ce village est à trois quarts de lieue au N. de Tournan, et distant de 7 lieues et demie à l'E. de Paris par la route de Rozay. (Poste aux lettres de Tournan.)

FAY, village, département de l'Oise, arrondissement de Beauvais, canton de Chaumont-Oise, ci-devant province de l'Ile de France, dans le Vexin, et diocèse de Rouen. Sa population est d'environ 270 habitans.

La terre de Fay est une ancienne seigneurie avec haute, moyenne et basse justice. M. Latache, maire du lieu, est propriétaire du château.

Son terroir est en labour, en prairies et en bois, un ruisseau fait tourner un moulin. Ce village est à 1 lieue un quart au S. E. de Chaumont; sa distance de Paris est de 13 lieues et demie au N. O. par la route de Gisors qui passe à Pontoise. (Poste aux lettres de Chaumont-Oise.)

FAY (LE), maison de campagne et ferme. *Voyez* ANDRESY.

FAY (LE), maison de campagne. *Voyez* LES MOLIÈRES.

FAY (LE), maison de campagne. *Voyez* AGNETS.

FAYEL, village, département de l'Oise, arrondissement de Compiègne, canton d'Estrées-Saint Denis, ci-devant province de l'Ile de France et diocèse de Beauvais. Sa population est d'environ 250 habitans.

Madame la comtesse de Rouhault d'Hérisy y possède un château d'une origine très-ancienne. Il a été rebâti sur les dessins de Mansard. Une belle cour le précède ainsi qu'une belle avenue de quatre rangées d'arbres. Le parc contient environ 70 arpens.

Son terroir est en labour et en bois. Ce village est à 2 lieues vers le S. E. d'Estrées-Saint-Denis, et 2 et demie au S. O. de Compiègne; sa distance de Paris est de 16 lieues vers le N. E. par la route de Flandre. (Poste aux lettres de Compiègne.)

FAYEL (LE), hameau et maison de campagne. *Voyez* CAUVIGNY.

FEIGNEUX, village, département de l'Oise, arrondissement de Senlis, canton de Crêpy, ci-devant province de l'Ile de France, dans le Valois, et diocèse de Senlis. Sa population est d'environ 200 habitans. Les productions de son terroir sont en grains, une partie est en marais, les carrières que l'on y rencontre produisent de très-belles pierres de taille.

Le village de Feigneux est à 1 lieue un quart au N. E. de Crêpy; sa distance de Paris est de 15 lieues un quart au N. E. par Crêpy et la chaussée joignant à Nanteuil-le-Haudouin, la grande route de Soissons. (Poste aux lettres de Crêpy.)

FÉRICY, village, département de Seine-et-Marne, arrondissement de Melun, canton du Châtelet, ci-devant province de l'Ile de France, dans la Brie, et diocèse de Sens. Sa population est de 6 à 700 habitans.

Ce village est à l'extrémité d'une plaine, plusieurs maisons se font distinguer des autres par leurs construction et dépendances. Le château de *la Génerie*, appartenant à M. Thibault, avec une ferme attenant, font partie de la commune. Un ruisseau fait tourner deux moulins.

Son terroir est en terres labourables en vignes et en bois. Le vin qui en provient est d'une bonne qualité. Ce village est à 1 lieue un quart au S. du Châtelet, et 2 un quart au N. E. de Fontainebleau; sa dis-

l'église de fericy [illegible] a été renommée
et visitée avec grande dévotion par ceux du païs
des miracles que Dieu y opère [illegible] souvent en faveur
de sa sainte servante et notamment depuis deux ou trois.
[illegible]

tance de Paris est de 13 lieues trois quarts, par le Châtelet et la grande route de Lyon. (Poste aux lettres du Châtelet.)

FERRIÈRES, village, département de Seine-et-Marne, arrondissement de Meaux, canton de Lagny, ci-devant province de l'Ile de France, dans la Brie, et diocèse de Paris. Sa population est d'environ 350 habitans. L'ancien fief de *la Taffarette* en fait partie.

La terre de Ferrières est une ancienne seigneurie. Le château se fait remarquer par sa construction, un grand parc et autres dépendances.

Les grains forment son principal produit; une partie est en bois. Ce village est à 1 lieue et demie au S. de Lagny, et distant de 6 lieues un quart à l'E. de Paris, par une route qui passe au pont de Saint-Maur. (Poste aux lettres de Lagny.)

FERMETÉ (LA), village, département de Seine-et-Marne, arrondissement de Melun, canton de Mormant, ci-devant province de l'Ile de France, dans la Brie, et diocèse de Sens. Sa population est d'environ 200 habitans.

Les principales productions du terroir sont en grains. Ce village est à 1 lieue un quart au N. O. de Mormant, et 15 un quart au S. E. de Paris, par Mormant et la grande route de

Troyes. (Poste aux lettres de Mormant.)

FERROLLES, village, département de Seine-et-Marne, arrondissement de Melun, canton de Brie-Comte-Robert, ci-devant province de l'Ile de France, et diocèse de Paris, forme, avec l'ancienne paroisse *d'Attilly*, une commune de 200 habitans, en y comprenant le hameau *du Petit Romaine* et la maison de campagne *de Forcille*, dans laquelle s'assemblaient des Protestans du tems de la ligue.

M. le comte Lanjuinais, pair de France, est propriétaire du château nommé *la Barre Ferrolles*; le parc est traversé par un petit ruisseau qui se jette dans la rivière *d'Yerres*; là variété et les agrémens de sa culture le font remarquer. Les eaux y sont très-salubres.

Les productions du terroir sont en grains. Le village de Ferrolles est à 1 lieue au N. de Brie, et 6 un quart au S. E. de Paris par différens chemins joignant la grande route de Troyes. (Poste aux lettres de Brie-Comte-Robert.)

FERTÉ-ALAIS (LA), anciennement *la Ferté-Baudoin*, et ensuite *la Ferté-Aleps*, petite ville, département de Seine-et-Oise, arrondissement d'Etampes, chef-lieu de canton, siége d'une justice de paix et résidence d'une brigade de gendarmerie, ci-devant province de l'Ile de France, dans le Hurepoix, et diocèse de Sens. Sa population est d'environ 800 habitans.

Cette ville, anciennement fortifiée, est située dans une vallée sur la rivière d'*Essonnes*. Elle avait le titre de comté. On y voit encore des vestiges d'un château qui a servi de prison d'état. C'était, avant la révolution, le siége d'un bailliage royal.

Le clocher de l'église est bâti en pierre, et d'une haute antiquité. Il se tient à la Ferté deux foires par année; la première, le jeudi de la mi-carème, et la deuxième, le 25 septembre. Le marché est le samedi de chaque semaine.

Lors de la première entrée des puissances alliées en France, l'armée russe s'est emparée de la Ferté - Alais le 5 avril 1814. Une trève fut conclue chez M. Robert, maire de cette ville, et jusqu'à son expiration, les troupes sont restées à droite et à gauche de la rivière.

Les productions du terroir de cette commune sont de peu de valeur à cause de la modicité de son étendue. Les roches y sont multipliées, et le grès y est d'une excellente nature pour le pavé des routes. La Ferté-Alais est à 4 lieues au N. E. d'Etampes, et 4 un quart au S. O. de Corbeil; sa distance de Paris est de 10 lieues et demie au S., par la route de Corbeil, qui joint la grande route de Fontainebleau, ou par Arpajon et la route d'Orléans. (Bureau de poste aux lettres.)

FERTÉ-GAUCHER (LA), petite ville, département de Seine-et-Marne, arrondissement de Coulommiers, cheflieu de canton, siége d'une justice de paix, et résidence d'une brigade de gendarmerie, cidevant province de l'Ile de France, dans la Brie, et diocèse de Meaux. Sa population est d'environ 1,900 habitans. Les hameaux de *la Maison-Dieu*, *Montblaine*, *Montigny*, *le Buisson*, *la Frévillard* et autres habitations isolées, sous diverses dénominations, en font partie.

Cette ville est agréablement située dans une vallée étroite, sur la rivière du *Grand-Morin*, et traversée par la route de Sézanne à Paris. C'était, avant la révolution, le siége d'un bailliage seigneurial et d'une maîtrise particulière des eaux et forêts. Des religieuses y vivaient autrefois en communauté. L'Hôtel-Dieu a été aussi conservé.

Il se fait à la Ferté-Gaucher un commerce assez considérable en grains et en laines du pays. On y trouve plusieurs tanneries, mégisseries et fabriques de serges : dans ses environs quatre fours à chaux et trois tuileries. Le Grand-Morin fait tourner plusieurs moulins.

Il s'y tient deux foires par année ; la première, le premier mai, et la seconde, le 18 octobre. Le marché est le jeudi de chaque semaine.

Le hameau de Montblain renferme un château et un parc, ci-devant fief, dont M. Bodard, chevalier de Montblain, est propriétaire. Le site et les points de vue pittoresques en font un séjour très-agréable.

Le sol des alentours de la Ferté-Gaucher est en terres labourables, prairies, vignes et bois. Cette ville est à 4 lieues à l'E. de Coulommiers, et 5 au N. de Provins ; sa distance de Paris est de 18 lieues à l'E. par la route de Sézanne, qui passe à Coulommiers. (Bureau de poste aux lettres.)

FERTÉ-MILON (LA), petite ville , département de l'Aisne , arrondissement de Château-Thierry, canton de Neuilly-Saint-Front, résidence d'une brigade de gendarmerie, ci-devant province de l'Ile de France, dans le Valois, et diocèse de Soissons. Sa population est d'environ 1,900 habitans. Le hameau de *Mauloy* est dans ses dépendances.

Cette ville est traversée par la route de Meaux à Villers-Cotterets, et par la rivière d'*Ourcq*. On y remarquait autrefois un vieux château fort, qui soutint plusieurs siéges , entr'autres celui des Lorrains dans la guerre de la ligue. Henri IV le fit ensuite démanteler , avec les ducs de Lorraine, d'après l'intelligence dont fut soupçonné le comte de Milon , son propriétaire. Les descendans de ce duc firent alors construire le château neuf, dont M. le comte Dumas-de-Polart , maréchal-de-camp, est aujourd'hui propriétaire.

La rivière d'Ourcq baigne les prairies du parc ; les plus belles plantations , un jardin anglais, aussi élégant que pittoresque , offrent la perspective la plus variée. Du belvéder, situé au milieu du parc , on découvre sept villages, plusieurs routes, la forêt de Villers-Cotterets, la ferme du château , et les belles prairies des bords de l'Ourcq, dont les sinuosités gracieuses forment un coup d'œil charmant. La petite ville de la Ferté-Milon , vue du château, se dessine en amphithéâtre que vient couronner l'église et la flèche du clocher de la paroisse de Notre-Dame.

Les écluses pratiquées sur l'Ourcq rendent cette rivière navigable, et plusieurs ports servent à embarquer les bois exploités dans la belle forêt de Villers-Cotterets. Le parc, de 100 arpens, est clos de murs au nord et de fossés au sud. Les basses-cours ont été construites sur le modèle de celles des châteaux situés en Allemagne par les ordres de M. le comte Dumas-de-Polart. Ces cours, vastes, régulières et entourées d'arbres à double rang , ont un manége pour dresser les jeunes chevaux. Les terrasses sont belles. Les potagers, de cinq arpens, sont parfaitement entretenus et entourés de doubles canaux séparés entre eux par deux allées latérales, plantées d'un double rang d'arbres, et qui forment une promenade délicieuse.

Avant la révolution il y avait à la Ferté-Milon deux paroisses, et une troisième dans le prieuré conventuel de l'ordre de Cîteaux de l'abbaye de Longpont, un couvent de religieuses, dites de Cordelières, et un Hôtel-Dieu ; ce dernier établissement subsiste actuellement sous le nom d'Hospice. C'était le siége d'une prévôté, d'un bailliage, d'une châtellenie, et de la juridiction d'un grenier à sel.

Le commerce de grains, de bois et de charbon qui se fait à la Ferté-Milon, est facilité par les ports de la rivière d'Ourcq, d'où l'on transporte les denrées en ce genre pour l'approvisionnement de Paris. On y trouve deux tanneries. Il s'y tient quatre foires par année ; la première, le lundi de la mi-carême ; la deuxième, le 22 juillet ; la troisième, le premier octobre, et la quatrième, le 30 novembre. Le marché est le vendredi de chaque semaine.

Cette ville est le lieu de naissance du célèbre Jean Racine. Elle est à 2 lieues à l'O. de Neuilly-Saint-Front, 2 au S.

de Villers-Cotterets, proche la forêt du même nom, 6 au N. de Château-Thierry, et 18 au N. E. de Paris, par la route désignée ci-dessus de Villers-Cotterets à Meaux, et la grande route d'Allemagne. (Bureau de poste aux lettres.)

FERTÉ-SOUS-JOUARRE (LA), ville, département de Seine-et-Marne, arrondissement de Meaux, chef-lieu de canton, siége d'une justice de paix, et résidence d'une brigade de gendarmerie, ci-devant province de l'Ile de France, dans la Brie, et diocèse de Meaux. Sa population est d'environ 3,700 habitans, en y comprenant plusieurs hameaux, sous diverses dénominations, le château de *la Barre*, et deux maisons de campagne, ci-après désignées.

Cette ville est très-agréablement située dans une vallée, sur la grande route d'Allemagne à Paris, et traversée par la rivière de *Marne*, qui y forme une île. A son extrémité orientale est un pavillon autrefois maison seigneuriale, qui appartient à M. le duc de la Rochefoucauld.

Plus bas est une autre jólie maison, dite *le Château-de-l'Ile*, appartenant à M. Regnard-de-l'Ile, ex maire de la ville. Les jardins, quoique peu étendus, sont très-beaux et bien plantés.

Ce fut dans cette dernière maison que Louis XVI, Marie-

Antoinette d'Autriche, son épouse, le dauphin, sa sœur et madame Elizabeth s'arrêtèrent à leur retour de Varennes, le 24 juin 1791, et que M. Regnard eut l'honneur de les recevoir.

M. Regnard ne devait guères s'attendre que les hommages rendus par sa famille et par lui au monarque seraient la seule cause de son incarcération et de la mort de son épouse, qui, au moment de son arrestation, se précipita de désespoir dans la Marne, qui baigne les murs de sa maison.

Avant la révolution il y avait à la Ferté deux paroisses, l'une était le prieuré de Saint-Nicolas pour le château et les habitans de l'île, et l'autre pour le surplus de la ville et ses dépendances : cette dernière subsiste encore. Un couvent de filles, dites *Miramiones*, est actuellement un hospice.

Le commerce le plus considérable de cette ville est en meules à moulin, formées dans les carrières des alentours. Les pierres destinées à cet usage sont d'une excellente qualité, et généralement connues sous la raison de commerce de Léger, Gueuvin, Cardet, Bouchon et Compagnie, seuls propriétaires des carrières de *Tarterel*, commune de *Reuil*.

Il se tient à la Ferté quatre foires par an ; la première, le jeudi de la mi-carême ; la deuxième, le 24 juin ; la troisième, le 25 octobre, et la qua-

trième, le 6 décembre ; celle du 24 juin est très-considérable pour la vente des moutons. Les marchés sont les lundi et vendredi de chaque semaine.

A l'entrée du faubourg de Condets se trouve le château de *Lagny*, dont M. Regnard-de-Lagny est propriétaire. Le jardin, dessiné dans le genre anglais, longe une partie de la route d'Allemagne, dont il n'est séparé que par un large fossé.

Près de ce faubourg est une filature de coton et de laines, sur la rivière du *Petit-Morin*, qui a son embouchure dans la Marne, un peu plus bas. Le château de Venteuil, commune de *Jouarre*, est un peu plus haut. *Voyez* JOUARRE.

Le château de la Barre, appartenant à M. Mauge-Dubois-des-Entes, ancien conseiller à la cour des Aides, est flanqué de tourelles, et situé proche la rive droite de la Marne. Il offre une vue infiniment agréable qui s'étend sur toute la ville de la Ferté, sur le bourg de Jouarre et les villages environnans. On y découvre toute la plaine de la Barre, traversée par la Marne, et surmontée par la grande route d'Allemagne.

Deux maisons de campagne à l'extrémité au N. E. de la Ferté, sont également remarquables, l'une est nommée *la Bergette*, et l'autre la *Galaize* ; cette dernière a une belle pépinière d'arbres forestiers ; leur situation est charmante.

À peu de distance de là se trouve le château de *Tanqueux*, sur la commune de *Chamicy*. *Voyez* CHAMIGNY.

La ville de la Ferté est à 4 lieues et demie à l'E. de Meaux, et 4 au N. de Coulommiers; sa distance de Paris est de 14 lieues et demie à l'E., par la grande route d'Allemagne désignée. On compte 16 lieues de poste. (Bureau de poste aux lettres, relais de poste aux chevaux et voitures publiques, tous les jours, pour Paris.)

FEUCHEROLLES, village, département de Seine-et-Oise, arrondissement de Versailles, canton de Marly-le-Roi, ci-devant province de l'Ile de France, et diocèse de Chartres. Sa population est d'environ 300 habitans, y compris le hameau des *Beureries*, et quelques autres maisons à l'écart.

Les productions de son terroir sont en grains. Ce village est sur une éminence, à 2 lieues à l'O. de Marly, et distant de 6 et demie à l'O. de Paris, par la route de Maule. (Poste aux lettres de Versailles.)

FIN-DE-L'OISE (LA), maison et bac sur l'*Oise*. *Voyez* ANDREZY.

FINETS (LÈS), maison de campagne. *Voyez* BREUIL-LE-VERT.

FITZ-JAMES, village, département de l'Oise, arrondissement et canton de Clermont-Oise, ci-devant province de l'Ile de France, et diocèse de Beauvais. Sa population est d'environ 400 habitans. Il est divisé en deux parties, dont l'une est nommée le *Petit-Fitz-James*, où est l'église paroissiale, et l'autre le *Grand-Fitz-James*. La ferme du *Bois-St.-Jean* et celle de *Becquerel* en font partie.

Ce village est situé au pied de la montagne de Clermont. Le beau château qui existait avant la révolution a été démoli. Les bâtimens de la basse-cour sont les seuls conservés. Le parc, très-étendu, est borné d'un côté par la route de Paris à Amiens, et d'un autre par la petite rivière de *Brèche*. Le propriétaire, M. le duc de Fitz-James, pair de France, y entretient un beau troupeau de mérinos.

M. Guesnet, maire du lieu, est propriétaire d'une blanchisserie de toiles, que M. Guesnet, son père, a établie au Grand-Fitz-James, sur le ruisseau de *la Béronnelle* et la route de Clermont à Compiègne. Cette blanchisserie est l'une des plus belles du département, et d'autant plus intéressante à connaître, que ses eaux ont la propriété de conserver le grain et la qualité du linge.

Au Petit-Fitz-James, à côté de l'église, est une maison que

sa construction et ses accessoires font distinguer des autres.

Le terroir est en labour, prairies et bois. La rivière de Brèche y fait tourner trois moulins à grains, dont l'un est destiné à l'approvisionnement de Paris. On y trouve un four à briques et à tuiles d'une très-bonne qualité. Le village de Fitz-James est à un quart de lieue au N. E. de Clermont, et 14 lieues un quart au N. de Paris, par Clermont et la grande route d'Amiens, désignée ci-dessus. (Poste aux lettres de Clermont-Oise.)

FLACOURT, village, département de Seine-et-Oise, arrondissement et canton de Mantes, ci-devant province de l'Ile de France, et diocèse de Chartres. Sa population est d'environ 140 habitans; les maisons isolées des *Longschamps* et des *Mélines* en dépendent.

Son terroir est en labour, une petite partie est en bois. Ce village est à 2 lieues entre le S. et le S. O. de Mantes, et 4 à l'O. de Maule; sa distance de Paris est de 12 lieues et demie vers l'O., par la petite route de Mantes, qui passe à Saint-Germain-en-Laye. (Poste aux lettres de Mantes.)

FLAMBERMONT, hameau et château, près la route de Beauvais à Rouen. *Voy.* SAINT-MARTIN-LE-NŒUD.

FLEURINES, village, département de l'Oise, arrondissement de Senlis, canton de Pont-Sainte-Maxence, ci-devant province de l'Ile de France, et diocèse de Beauvais. Sa population est d'environ 5 à 600 habitans, y compris le hameau de *Saint Christophe*, situé sur une montagne à son extrémité orientale.

Ce village est enclavé dans la forêt d'*Hallate* et traversé par la grande route de Paris en Flandre. Il y avait anciennement à Saint-Christophe un prieuré, dont l'église subsiste encore, et qui était paroissiale avant la construction de celle de Fleurines.

A côté de cette ancienne église, où étaient les bâtimens du prieuré, est un château qui, par sa situation, offre la vue la plus étendue : elle domine de tous côtés, tant sur la forêt que sur les plaines et les vallons qui l'entourent; c'est un des points les plus élevés de la forêt, sur lequel une grande partie des routes ont leur direction. On voit à peu de distance de ce château, qui appartient à madame de Charton, une source d'eau vive intarissable; un peu plus loin est une maison bâtie sur l'emplacement d'un ancien palais des rois de la première race.

Fleurines est renommé par le nombre des tuileries qui occupent la majeure partie des habitans. Les productions du terroir sont de peu de valeur en grains, une partie est en prairies, arrosées par différentes sources. Ce village est à une lieue un quart au S. de Pont-Sainte-Maxence, une et demie au N. de Senlis, et 11 et demie vers le N. de Paris, par la route d'Allemagne, désignée ci-dessus. (Poste aux lettres de Pont-Sainte-Maxence.)

FLEURY, hameau et maison de campagne. *Voyez* MEUDON.

FLEURY-D'ARGOUGES, village, département de Seine-et-Marne, arrondissement et canton de Melun (Sud), ci-devant province de l'Ile de France, dans le Gatinais, et diocèse de Sens, forme, avec le hameau de *la Vallée*, et deux fermes isolées, uue population d'environ 450 habitans.

La terre de Fleury était ci-devant seigneuriale. Le château est vaste et d'une solide construction en pierres et en briques. Il est entouré de fossés remplis d'eau vive, qui séparent l'avant-cour de la cour intérieure.

Côme Closse, grand-maître des eaux et forêts, fit bâtir ce château sous le règne de Henri II, possédé depuis par le cardinal de Richelieu, qui y arrangea la journée des éperons; M. le comte d'Argouges l'a fait embellir et augmenter. Il fait, aujourd'hui, partie des

domaines de madame la princesse de Talmond.

Le parc, qui contient environ 300 arpens clos de murs, renferme un superbe canal de 400 toises de longueur sur 10 de largeur, à la tête duquel se trouve une source si abondante, que l'eau jaillit de terre en bouillonnant, à la hauteur d'un pied, sur un marbre placé au dessus de cette source.

Le terroir est en terres labourables, prairies, vignes et bois; on y trouve un four à plâtre. Le village de Fleury est à 3 lieues et demie vers le S. de Melun, 5 vers le N. O. de Fontainebleau; sa distance de Paris est de 12 lieues vers le S., par différens chemins joignant la grande route de Lyon. (Poste aux lettres de Ponthierry.)

FLEURY-MEROGIS, village, département de Seine-et-Oise, arrondissement de Corbeil, canton de Longjumeau, ci-devant province de l'Ile de France, et diocèse de Paris. Sa population est d'environ 200 habitans, avec les fermes et maisons isolées, dites le *Plessis-le-Comte*, qui formaient, dans l'ancien régime, une petite paroisse.

M. le comte Joly-de-Fleury, ancien procureur général au parlement de Paris, est propriétaire du château et d'un parc de 400 arpens. Au bout d'une allée qui y aboutit, est placé le télégraphe sur un tertre, d'où les points de vue sont d'une étendue immense. Un chemin ferré le long des murs du parc, communique de la route de Fontainebleau à celle d'Orléans.

Les principales productions du terroir de cette commune sont en grains, une partie est en bois. Le village est à 2 lieues au S. E. de Longjumeau, et distant de 6 au S. de Paris, par une chaussée qui joint la grande route de Fontainebleau. (Poste aux lettres de Fromenteau.)

FLEURY-SOUS-CHAUMONT, village, département de l'Oise, arrondissement de Beauvais, canton de Chaumont-Oise, ci-devant province de l'Ile de France, dans le Vexin et diocèse de Rouen. Sa population est d'environ 260 habitans, avec le hameau de *Neuvillette*.

Son terroir est en labour et prairies, une petite partie est en bois. Un ruisseau fait tourner deux moulins dans le village, et un autre à Neuvillette. Fleury est à une lieue 3 quarts vers le S. E. de Chaumont; sa distance de Paris est de 13 lieues et demie au N. O., par Hénonville et une chaussée joignant la route de Gisors, qui passe à Pontoise. (Poste aux lettres de Chaumont-Oise.)

FLEXANVILLE, village, département de Seine-et-Oise, arrondissement de Rambouil-

let, canton de Montfort-l'Amaury, ci-devant province de l'Ile de France, et diocèse de Chartres, forme une commune d'environ 400 habitans avec les hameaux de *Ferenville* et de *Thessay*, où il y a un moulin à eau.

Les principales productions de son terroir sont en grains, une partie est en vignes. Ce village est à 2 lieues un quart au N. O. de Montfort; sa distance de Paris est de 10 lieues trois quarts à l'O., par Nauffle-le-Vieux et la grande route de Brest. (Poste aux lettres de la Queue.)

FLINS, village, département de Seine-et-Oise, arrondissement de Versailles, canton de Meulan, ci-devant province de l'Ile de France, et diocèse de Chartres. Sa population est d'environ 1,000 habitans, y compris quelques maisons écartées.

Ce village est traversé par la petite route de Mantes à Paris. On y voit un château, dont M. Lenoir de Chantelou est propriétaire, près celui d'*Acosta*, commune d'*Aubergenville*; la belle position et les dépendances de ce château le font particulièrement remarquer. La vue est magnifique et s'étend au loin sur les rives de la *Seine* et sur les côteaux environnans. Le parc, d'une grande étendue, fixe l'attention des connaisseurs, par la distribution de ses bosquets; on y admire aussi une très-belle fontaine, ombragée par d'énormes marronniers d'Inde. Il est très-rare d'en trouver d'aussi anciens.

Sur la hauteur qui termine le jardin potager, est une grande pièce d'eau, qui sert à l'arrossement et fournit par des tuyaux à l'entretien des bassins placés devant le château.

Parmi les maisons isolées dans les dépendances de cette commune, on distingue celle de M. de Bellocq, nommée *Bois-Beaudin*; la situation sur la petite route de Mantes en est très-agréable. Le terroir de Flins est en terres labourables, en vignes et en bois. Ce village est à une lieue et demie au S. de Meulan; sa distance de Paris est de 8 lieues et demie à l'O., par cette petite route qui passe à Saint-Germain-en-Laye. (Poste aux lettres de Meulan.)

FLINS-NEUVE-ÉGLISE, village, département de Seine-et-Oise, arrondissement de Mantes, canton de Houdan, ci-devant province de l'Ile de France et diocèse de Chartres. Sa population est d'environ 100 habitans. Son terroir est en labour : une petite partie est en vignes.

Ce village est à trois quarts de lieue vers le S. O. de Dammartin, et 2 lieues trois quarts au N. de Houdan; sa distance de Paris est de 14 lieues à l'O.,

par Septeuil, et une chaussée qui passe à Thoiry, ensuite la grande route de Brest. (Poste aux lettres de Houdan.)

FOLIE (LA), fabrique de soude factice. *Voyez* NANTERRE.

FOLJUIF, hameau et maison de campagne. *V.* SAINT-PIERRE-LES-NEMOURS.

FOLLAINVILLE, village, département de Seine-et-Oise, arrondissement de Mantes, canton de Limay, ci-devant province de l'Ile de France, et diocèse de Rouen. Sa population est d'environ 700 habitans; en y comprenant le hameau de *Dennemont*.

Dans ce hameau est un château que sa belle position sur la rive droite de la Seine fait remarquer. Il appartient à M. le chevalier de Roissy, maréchal de camp.

Les productions du terroir sont en grains : une partie est en prairies et vignes; le vin y est renommé, et on y cultive les pois de primeur. Le village de Follainville est à 1 lieue vers le N. de Limay et de Mantes, et 13 entre l'O. et le N. O de Paris par Limay et la grande route de Caen. (Poste aux lettres de Mantes.)

FONTAINE - LES - NO-NAINS, ancien prieuré de religieuses de l'ordre de Fonte-

vrault. *Voyez* Douy-la-Ramée.

FONTAINE (la), maison de
campagne, ancien fief. *Voyez*
Brétigny.

FONTAINE - AUX - COS-
SONS (la), hameau et jolie
maison de campagne. *Voyez*
Vaugrigneuse.

FONTAINE-LA-RIVIÈRE,
village, département de Seine-
et-Oise, arrondissement d'É-
tampes, canton de Méréville,
ci-devant province de l'Ile de
France, dans la Beauce, et diocèse de Chartres. Sa population
est d'environ 140 habitans. On
y voit un château qui à appartenu à M. de Fautras.

Le terroir de cette commune
est en labour et prairies. Le
village de Fontaine est dans
une vallée étroite, sur le ru de
Climont, à 1 lieue et demie au
N. E. de Méréville, et 2 au S.
d'Étampes; sa distance de Paris est de 14 lieues vers le S.
par Étampes et la grande route
d'Orléans. (Poste aux lettres
d'Étampes.)

FONTAINE - LE - PORT,
village, département de Seine-
et-Marne, arrondissement de
Melun, canton du Châtelet, ci-
devant province de l'Ile de
France, dans la Brie, et diocèse de Sens. Sa population est
d'environ 250 habitans. La ci-
devant abbaye de *Barbeaux*,
les hameaux de *Massory*, de

la *Barre*, du *Goulet*, de la
Coudre, et la ferme de la
Grange-Saint-Martin, sont
dans ses dépendances.

L'abbaye de Barbeaux, de
religieux de l'ordre de Cîteaux,
fut fondée l'an 1147, par Louis
VII, dit le Jeune. L'église a été
démolie, mais les bâtimens du
monastère présentent encore
une vaste habitation précédée
de deux cours sur la rive droite
de la *Seine*, au pied d'une
montagne couronnée de bois,
près le port nommé *le Port
de Barbeaux*, d'où l'on trans-
porte quantité de bois pour l'approvisionnement de Paris.

La principale culture du
terroir de Fontaine-le-Port est
en vignes. Ce village est situé
sur la même rive de la Seine,
au pied des côtes, à trois quarts
de lieue au S. O. du Châtelet,
et 2 lieues et demie au S. E. de
Melun; sa distance de Paris
est de 12 et demie entre le S.
et le S. E. par différens chemins joignant à Melun, l'une
des grandes routes de Paris à
Lyon. (Poste aux lettres du
Châtelet).

FONTAINE-LES-CORPS-
NUDS, village, département
de l'Oise, arrondissement de
Senlis, canton de Nanteuil-le-
Haudouin, ci-devant province
de l'Ile de France et diocèse de
Senlis. Sa population est d'environ 250 habitans. L'ancienne
abbaye de *Chaalis*, qui était
de religieux de l'ordre de Cîteaux, s'y trouve compris, ainsi

que le hameau de *la Chapelle*, deux fermes isolées et deux moulins à eau. *Voyez* CHAALIS.

Dans ce village, dont la situation à mi-côte est très-agréable, M. le comte de Kellermann y possède un château; on y rencontre quelques maisons de campagne et de belles sources d'eau vive.

Les grains sont la principale production de son terroir: une partie est en bois. Ce même village aboutit à la petite rivière de *Nonette*, et est à 2 lieues au S. E. de Senlis, et 2 un quart à l'O. de Nanteuil; sa distance de Paris est de 10 lieues et demie au N. E., par une chaussée qui joint la grande route de Flandres. (Poste aux lettres de Senlis, et voiture publique de jour à autre pour Paris.)

FONTAINEBLEAU, ville, départem. de Seine-et-Marne, chef-lieu d'arrondissement et de canton, ci-devant province de l'Ile de France, dans le Gatinais, et diocèse de Sens. Sa population est de 8 à 9,000 habitans. C'est le siège de la sous-préfecture, d'un tribunal de première instance, d'une justice de paix et la résidence d'un lieutenant et d'une brigade de gendarmerie.

Avant la révolution la paroisse était desservie par une communauté de prêtres de la Mission. Il y avait une prévôté royale, un maîtrise particulière des eaux et forêts,

un tribunal de capitainerie royale et une subdélégation de l'intendance de Paris.

Dès les tems les plus reculés, nos Rois ont toujours aimé à habiter leur palais de Fontainebleau, restauré par François Ier, embelli et agrandi par Henri IV, qui y a dépensé 2 millions 400 mille francs.

Ce palais, célèbre par les naissances, les décès et le séjour des souverains et des princes les plus augustes de l'Europe, ne l'est pas moins par la série des grands évènemens dont il a été le théâtre.

En 1539, François Ier y reçut Charles-Quint qui allait à Gand, et, dans le même appartement qu'occupait ce prince, François II tint l'assemblée des notables au sujet de la conspiration d'Amboise, dont le plan était d'enlever le Roi, de changer l'état monarchique en république, de substituer la religion réformée à la religion catholique.

La description du palais de Fontainebleau serait ici superflue; il en existe de très-détaillées. Il suffira de faire remarquer que, malgré l'irrégularité de son architecture, ce palais n'en est pas moins digne d'admiration; il offre à l'œil des connaisseurs le style et la progression du goût des divers siècles qui se sont succédés. C'est une espèce de sanctuaire où tous les arts se sont plu à déposer leurs chefs-d'œuvre.

L'amour des souverains est

17

à Fontainebleau, plus que partout ailleurs, un besoin, il s'allie dans le cœur des habitans de cette ville, au sentiment, celui de la reconnaissance; en effet, l'époque de la présence de nos princes à Fontainebleau est celle où cette ville semble renaître et sortir de cette léthargie où elle est plongée tout le reste de l'année.

L'hôtel-de-ville est un ancien domaine de la couronne. Les deux hospices ont été conservés.

On reçoit dans le premier des enfans abandonnés ou indigens et des vieillards, et, dans le second, des malades. Ces deux établissemens sont dirigés par les sœurs de la Charité, sous la surveillance d'une commission administrative.

La direction du collége est confiée à M. Collin, ecclésiastique généralement estimé, et qui unit la douceur du caractère aux vertus et à l'instruction.

La principale occupation de la classe ouvrière, est l'exploitation des bois et l'extraction de pierres de grès des rochers dont la forêt est hérissée.

Deux manufactures, l'une de porcelaine et l'autre de faïence, existent à Fontainebleau, celle de porcelaine, connue sous les rapports les plus favorables, appartient à M. Baruch-Weil.

Il s'y tient deux foires par année, la première le lende-main de la Trinité, et la seconde le 26 novembre, elles durent chacune trois jours, elles sont renommées, particulièrement celle du mois de novembre, pour la vente des vins de Bourgogne, du pays et des environs; il s'y vend aussi des chevaux et bestiaux en assez grande quantité. Les marchés sont les lundi, mercredi et vendredi de chaque semaine: celui du vendredi est le plus considérable.

La ville, traversée par l'une des plus grandes routes de Paris à Lyon, est éclairée par 112 réverbères, depuis le premier octobre jusqu'au premier avril. L'abreuvoir, reconstruit en 1811, mais plus spacieux et plus commode qu'auparavant, mérite d'être remarqué.

En sortant de la ville par la barrière du Sud, est un obélisque d'un style antique, placé au milieu d'une patte d'oye; l'érection de ce monument est due à M. de Cheyssac, alors grand maître des eaux et forêts.

La forêt de Fontainebleau, de 32,877 arpens 28 perches, divisée en 176 triages, entoure la ville, elle est percée d'un grand nombre de routes dans lesquelles il en est une dite *la Route Ronde*, traversant toute la forêt dans son milieu, sur une largeur de 30 pieds et ouverte par ordre de Henri IV, pour faciliter le service des chasses.

Cette forêt, riche en arbres forestiers, dont toutes les es-

in la forêt de bière hermitage de st felix qui contem en 12 ²/₅ (noir)

Branchard. ruine

sences peuvent y atteindre le degré de leur plus grande perfection, ne l'est pas moins en plantes qui ne croissent que dans son enceinte. Dans l'opinion de quelques amateurs, plusieurs de ces plantes ne pouvaient être recueillies que dans les Alpes.

La rivière de *Seine* facilite le transport pour l'approvisionnement de Paris, de 6 à 7,000 cordes de bois provenant de cette même forêt, et d'environ 800 milliers de pavés.

La ville de Fontainebleau est à 4 lieues au S. de Melun, 4 au N. de Nemours, et 4 et demie. à l'O. de Montereau; sa distance de Paris est de 14 lieues entre le S. et le S. E., par la grande route de Lyon désignée ci-dessus; on prend également la même route par Melun; on compte par cette dernière 15 lieues de poste. (Bureau de poste aux lettres, relais de poste aux chevaux et voitures publiques tous les jours pour Paris.)

FONTAINS, village, département de Seine-et-Marne, arrondissement de Provins, canton de Nangis, ci-devant province de l'Ile de France, dans la Brie, et diocèse de Sens. Sa population est d'environ 200 habitans avec le hameau *des Granges*, partie de celui de *Rogenvilliers*, et plusieurs fermes écartées.

Le domaine de *Bourguignon* fait également partie de cette commune; il en est fait mention à la description de Nangis. *Voyez* Nangis.

Les principales productions du terroir de Fontains sont en grains. Ce village est à trois quarts de lieue au S. de Nangis, et 15 lieues trois quarts au S. E. de Paris, par Nangis et la grande route de Troyes. (Poste aux lettres de Nangis.)

FONTENAILLES, village sur la route de Nangis à Melun, département de Seine-et-Marne, arrondissement de Meulan, canton de Mormant, ci-devant province de l'Ile de France, dans la Brie, et diocèse de Sens. Sa population est de 5 à 600 habitans y compris le hameau *de Jarrier*, le pavillon *des Bouleaux*, la ferme et le moulin de *Ville-Fermoy*, plusieurs autres fermes et maisons écartées.

Le château de *Bois-Baudran*, dont M. Greffulhe est propriétaire, fait également partie de cette commune. C'était le chef-lieu de la seigneurie de Fontenailles. Le parc, clos de murs, contient 123 arpens. Il y a une tuilerie. Les principales productions de son terroir sont en grains, une partie est en prairies, vignes et bois.

Les eaux qui font tourner le moulin de Ville-Fermoy, proviennent des étangs qui sont au dessus, et vont se perdre dans un gouffre sous la roue.

Le village de Fontenailles est à 2 lieues au S. E. de Mormant , et 1 lieue à l'O. de Nangis ; sa distance de Paris est de 13 lieues au S. E. par Mormant et la grande route de Troyes. (Poste aux lettres de Nangis.)

FONTENAY-AUX-ROSES, village , département de la Seine , arrondissement et canton de Sceaux , ci-devant province de l'Ile de France , et diocèse de Paris. Sa population est d'environ 700 habitans.

Le surnom de ce village , situé à mi-côte , lui est donné à cause de la quantité de roses qui en proviennent. On y remarque les maisons de campagne de M. Delepiné , banquier , dont le jardin est très-agréable , de M. Jarjayes , lieutenant-général des armées du Roi , de M. Fournier , de M. Loppes et de M. Le Dru , maire du lieu.

La culture du terroir de Fontenay est en vignes, en rosiers , en fraisiers et en arbustes. Ce village est à un quart de lieue au N. de Sceaux et 2 lieues au S. O. de Paris, par Châtillon. (Poste aux lettres de la banlieue.)

FONTENAY - TREZIGNY, ancienne petite ville, département de Seine-et-Marne, arrondissement de Coulommiers, canton de Rozoy, ci-devant province de l'Ile de France, dans la Brie, et diocèse de Meaux. Sa population est de 1,000 à 1,100 habitans, y compris les hameaux d'Ecoublay , Visy , plusieurs fermes et autres maisons écartées.

Cette petite ville est située dans une plaine sur la route de Rozay à Paris , et près celle de Meaux à Melun. On y voit une très - belle fontaine près de l'église.

La terre de Fontenay est un ancien marquisat ; le château dont M. le marquis de Montagu est propriétaire, a été habité par Charles IX , et depuis par le duc d'Epernon, qui le fit réparer. Le parc , de 130 arpens , renferme des eaux si abondantes qu'elles font tourner un moulin à l'une de ses extrémités et deux autres plus loin.

Parmi les maisons isolées, se trouvent celle dite la Plumasserie , appartenant à M. Leclerc , celle nommée Jean-Grogne , à M. Guibourg, et celle du Vivier , où l'on voit encore les ruines d'un ancien château royal , bâti sous le règne de Philippe-le-Hardi. A côté de ce château était une collégiale , connue sous le nom de Nôtre-Dame du Vivier , qui fut réunie au chapitre de Vincennes.

Les principales productions du terroir sont en grains ; une partie est en bois. On y trouve une tuilerie.

Fontenay est à 1 lieue trois quarts à l'O. de Rozay , et 1 lieue au N. de Chaumes ; sa distance de Paris est de 9 lieues et demie au S. E. par la route de Rozay. (Bureau de poste aux lettres et relais de poste aux chevaux, pour communication de Meaux à Melun.)

FONTENAY-EN-FRANCE, village, département de Seine-et-Oise, arrondissement de Pontoise, canton d'Ecouen, ci-devant province de l'Ile de France, et diocèse de Paris. Sa population est de 6 à 700 habitans, c'était autrefois un marquisat.

Les grains sont la principale production du terroir. Ce village est situé entre la grande route de Paris en Flandre et celle d'Amiens, à 1 lieue à l'O. de Louvres, 1 et demie au N. E. d'Ecouen, et distant de 5 trois quarts au N. de Paris, par Villiers-le-Bel et la grande route d'Amiens. (Poste aux lettres de Louvres.)

FONTENAY-LE-FLEURY, village, département de Seine-et-Oise, arrondissement et canton de Versailles (section du Sud), ci-devant province de l'Ile de France, et diocèse de Paris. Sa population est d'environ 300 habitans, y compris plusieurs habitations à l'écart, sous diverses dénominations. On y rencontre quelques maisons de campagne.

Son terroir est en labour et bois. On y cultive beaucoup de légumes. Ce village est à 1 lieue un quart à l'O. de Ver-

sailles, et 5 un quart à l'O. de Paris, par Versailles. (Poste aux lettres de Versailles.)

FONTENAY-LE-VICOMTE, village, sur la route de Corbeil à la Ferté-Alais, près la rivière d'*Essonnes*, département de Seine-et-Oise, arrondissement et canton de Corbeil, ci-devant province de l'Ile de France, et diocèse de Paris. Sa population est d'environ 300 habitans.

La terre de Fontenay faisait autrefois partie des domaines des vicomtes de Corbeil. M. de la Prévalaye est actuellement propriétaire du château et du parc.

Ses productions sont en grains, une partie est en vignes et en prairies ; on en tire de la tourbe. Ce village est à 2 lieues et demie au S. O. de Corbeil, 1 trois quarts au N. E. de la Ferté-Alais ; sa distance de Paris est de 8 lieues trois quarts au S, par la route de Corbeil, désignée ci-dessus, qui joint la grande route de Fontainebleau. (Poste aux lettres de Corbeil.)

FONTENAY-LES-BRIIS, village, département de Seine-et-Oise, arrondissement de Rambouillet, canton de Limours, ci-devant province de l'Ile de France, dans le Hurepoix, et diocèse de Paris, forme une commune de 7 à 800 habitans, avec les hameaux de *Soucy*, *Arpenty*, *Verville*,

Bel-Air, et plusieurs maisons isolées.

Ce village est situé sur la route de Limours à Arpajon. M. le baron de Lespardat y possède le château, et plus loin est celui de Soucy, appartenant à M. Haudry-de-Soucy, président du canton.

Le terroir consiste en grande partie en bois, d'autres parties sont en labour et en prairies. Le village de Fontenay est à 1 lieue et demie au S. E. de Limours, et 1 et demie vers le N. E. d'Arpajon; sa distance de Paris est de 8 lieues au S. O. par l'ancienne route de Chartres. (Poste aux lettres de Limours.)

FONTENAY-MAUVOISIN, village, département de Seine-et-Oise, arrondissement de Mantes, canton de Bonnières, ci-devant province de l'Ile de France, et diocèse de Chartres. Sa population est d'environ 190. habitans. Son terroir est en labour : une petite partie en vignes et bois.

Ce village est à 2 lieues entre le S. et le S. E. de Bonnières, et 1 et demie au S.O. de Mantes; sa distance de Paris est de 13 lieues et demie entre le S. et le S. O., par Mantes et la grande route de Caen. (Poste aux lettres de Mantes.)

FONTENAY-SAINT-PÈRE, village, département de Seine-et-Oise, arrondissement de Mantes, canton de Limay, ci-

devant province de l'Ile de France, dans le Vexin, et diocèse de-Rouen. Sa population est d'environ 800 habitans, en y comprenant les hameaux du *Mesnil*, du *Moussel*, de *la Croix*, des *Grandes* et *petites Vallées*, des *Rues*, du *Saussay*, et plusieurs autres habitations écartées.

La terre de Fontenay est une ancienne seigneurie qui a été possédée par M. de Beaumont, intendant des finances. M. le Pelletier Rosambo, pair de France, est actuellement propriétaire du château situé au Mesnil, et d'un parc de cent arpens qui renferme une superbe pièce d'eau.

Les productions du terroir de cette commune sont en grains: une partie est en bois. Deux moulins à grains sont sur un ruisseau. Le village de Fontenay est près la chaussée de Mantes à Magny, à 1 lieue au N. de Limay et de Mantes, et 3 vers l'O. de Meulan; sa distance de Paris est de 11 lieues et demie entre l'O. et le N.O., par Meulan et la grande route de Caen. (Poste aux lettres de Mantes.)

FONTENAY-SUR-BOIS, village, départem. de la Seine, arrondissement de Sceaux, canton de Vincennes, ci-devant province de l'Ile de France, et diocèse de Paris. Sa population est d'environ 1,500 habitans.

La terre de Fontenay était

Dalayrac et sa femme inhumés à Fontenay sur bois dans leur jardin. transférés au cimetière en 1838. tombeau avec leur [...]

autrefois seigneuriale. Le château appartient à Mme Leguet. Le bois de Vincennes est contigu à ce village qui renferme plusieurs fontaines et différentes maisons de campagne, parmi lesquelles on distingue celle de M. le comte Barthélemy, pair de France. Dans ce bois on remarque une autre jolie maison : c'était, avant la révolution, un couvent de *Minimes*, d'abord habité par des religieux de l'ordre de Grammont, connus sous le nom de *Bonshommes*.

Le couvent a été démoli, à l'exception des bâtimens qui servoient de pied à terre aux Rois lorsqu'ils y venoient en dévotion. M. Frossard, propriétaire actuel, a fait de ce lieu solitaire un séjour délicieux, et par la nouvelle distribution de l'enclos, et par de nombreuses plantations.

Le terroir de Fontenay est en vignes et en terres labourables. Le bois de Vincennes y entre en grande partie : on y trouve 3 carrières et 4 fours à plâtre. Ce village est à une demi-lieue à l'E. de Vincennes, proche la route de Paris à Coulommiers, et 2 lieues à l'E. de Paris par Vincennes. (Poste aux lettres de la banlieue de Paris.)

FONTENELLE, château. *Voyez* JOSSIGNY.

FONTENELLES, commune qui n'est composée que de deux maisons isolées où il y avait autrefois une église, dans le département de Seine-et-Oise, arrondissement de Pontoise, canton de l'Ile Adam.

Sa population n'est que de 12 à 15 habitans. Son terroir est en labour, et sa distance de Paris est de 8 lieues et demie vers le N. O. par l'Ile Adam et la grande route de Beauvais. (Poste aux lettres de Pontoise.)

FORCILLE, maison de campagne et ferme. *Voyez* FERROLES.

FORÊT, hameau et maison de campagne. *Voyez* CHAUMES.

FORÊT, vestiges d'un ancien château. *Voy.* BROU.

FORÊT-LE-ROI (LA), village, département de Seine-et-Oise, arrondissement de Rambouillet, canton de Dourdan (Sud), ci-devant province de l'Ile de France, dans le Hurepoix, et diocèse de Chartres. Sa population est d'environ 400 habitans.

La terre de la Forêt-le-Roi est une ancienne baronie où il y avait haute, moyenne et basse justice. Le château, d'une ancienne construction, flanqué de deux pavillons, appartient à M. de la Boire : le parc est distribué en jardins à la manière anglaise.

Toutes ses productions sont en grains. Ce village est situé sur la chaussée de Dourdan, à

Etampes, à 1 lieue et demie au S. de Dourdan et 2 et demie au N. O. d'Etampes; sa distance de Paris est de 12 lieues et demie entre le S. et le S. O. par Dourdan et une chaussée joignant l'ancienne route de Chartres. (Poste aux lettres de Dourdan.)

FORÊT-SAINTE-CROIX (LA), village, département de Seine-et-Oise, arrondissement d'Etampes, canton de Méréville, ci-devant province de l'Ile de France, dans la Beauce, et diocèse de Chartres. Sa population est d'environ 200 habitans; son terroir est en labour: une petite partie est en vignes.

Ce village est à 3 lieues et demie au N. E. de Méréville, et 2 au S. E. d'Etampes; sa distance de Paris est de 14 lieues au S., par Etampes et la grande route d'Orléans. (Poste aux lettres d'Etampes.)

FORFERY, village, département de Seine-et-Marne, arrondissement de Meaux, canton de Dammartin, ci-devant province de l'Ile de France, et diocèse de Meaux. Sa population est d'environ 200 habitans.

A l'une des extrémités de ce village est l'ancien château de *Boissy*, flanqué de tours, qui fait partie des domaines de M. le marquis de Boissy-du-Coudray, pair de France.

Les grains sont la principale production du terroir de For-

fery, qui est à 2 lieues trois quarts à l'E. de Dammartin et 10 trois quarts au N. E. de Paris par Dammartin et la grande route de Soissons. (Poste aux lettres de Dammartin.)

FORGES, village, département de Seine-et-Oise, arrondissement de Rambouillet, canton de Limours, ci-devant province de l'Ile de France dans le Hurepoix, et diocèse de Paris, forme une commune de 7 à 800 habitans avec les hameaux du *Chardonnet*, de *Malassis*, *Ardillières*, *Bajolet*, *Bois d'Ardeau*, et une maison dite le *Pivot*.

La route de Limours à Arpajon, traverse ce village, où il y a un château avec un parc et deux maisons de campagne. Son terroir est en terres labourables, prairies et bois; il est à une demi-lieue au S. E. de Limours, et distant de 7 lieues trois quarts au S. O. de Paris, par l'ancienne route de Chartres. (Poste aux lettres de Limours.)

FORGES, village, département de Seine et Marne, arrondissement de Fontainebleau, canton de Montereau-Faut-Yonne, ci-devant province de l'Ile de France dans le Gatinais, et diocèse de Sens. Sa population est d'environ 250 habitans, y compris le hameau des *Courreaux*. La terre de Forges avait été érigée en baronie en faveur de M. Debonnaire, décédé procureur général au grand conseil, par lettres patentes du 31 mars 1757.

M. Debonnaire de Forges, son fils, intendant des finances au département des domaines, a fait reconstruire le château en 1778. Cette terre a été embellie par des plantations considérables et par la réunion de plusieurs autres propriétés, notamment celle des maison et parc de *Plat-Buisson*. A l'extrémité du parc de Forges sont des bois dépendant de cette terre, percés de routes très-agréables et bien entretenues. M. Debonnaire de Forges, aujourd'hui maire du lieu, fils et petit-fils des anciens possesseurs, en est propriétaire.

Le terroir de cette commune est en terres labourables : une partie est en vignes et bois. On y trouve un four à chaux. Le village de Forges est à 1 lieue au N. de Montereau, et distant de 16 au S. E. de Paris, par un chemin ferré qui aboutit à la route de Lyon. (Poste aux lettres de Montereau - Faut - Yonne.)

FORT-DU-BOIS (le), maison de campagne. *Voy.* Conches.

FORTELLE (la), château. *Voyez* Nesle-la-Gilberde.

FORTELLE (la petite), maison de campagne. *Voyez* Neufmoutier.

FOSSE - MARTIN, très-belle ferme. *Voyez* Rrez-fosse-Martin.

FOSSES, village, département de Seine-et-Oise, arrondissement de Pontoise canton de Luzarches, ci-devant province de l'Ile de France, et diocèse de Paris. Sa population est d'environ 200 habitans. M. Pélage y est propriétaire d'un petit château.

Le terroir est en terres labourables, une partie est en prairies. Ce village est dans une vallée à 1 lieue un quart à l'E. de Luzarches, et distant de 7 un quart au N. de Paris, par Marly-la-Ville et la grande route d'Amiens. (Poste aux lettres de Louvres.)

FOSSEUSE, village, département de l'Oise, arrondissement de Beauvais, canton de Méru, ci-devant province de l'Ile de France, et diocèse de Rouen. Sa population est d'environ 200 habitans.

La terre de Fosseuse était une ancienne baronie, érigée ensuite en marquisat, en faveur de M. Philippe de Thomé, conseiller au parlement de Paris, sous le nom de *marquisat de Thomé.* Elle appartient aujourd'hui, ainsi que le château, à M. le comte Florian de Kergorlay.

Ses productions sont en grains, une partie est en prairies et en bois. Le village de Fosseuse est dans une vallée sur le ru *de Méru*, qui fait tourner 2 moulins, à 1 lieue un quart au S. E. de Méru; sa distance de Paris est de 10 lieues au N. par Chambly et la route de Beauvais. (Poste aux lettres de Méru.)

FOUILLEUSE, village, département de l'Oise, arrondissement et canton de Clermont-Oise, ci-devant province de l'Ile-de-France, et diocèse de Beauvais. Sa population est d'environ 100 habitans. Les productions de son terroir sont toutes en grains.

Ce village est à 2 lieues et demie au N. E. de Clermont, et 4 vers le N. O. de Pont-Sainte-Maxence; sa distance de Paris est de 17 lieues au N. par la route de Flandre. (Poste aux lettres de Clermont-Oise.)

FOUJU, village, département de Seine-et-Marne, arrondissement de Melun, canton de Mormant, ci-devant province de l'Ile de France, dans la Brie, et diocèse de Paris. Sa population est d'environ 270 habitans. La ferme de *Villeblain* est dans ses dépendances.

Ce village est situé dans une plaine; toutes les productions de son terroir sont en grains. Il est à 2 lieues au S. O. de Mormant, et distant de 10 et demie au S. E. de Paris, par différens chemins joignant la grande route de Troyes. (Poste aux lettres de Guignes.)

FOULANGUE, village, département de l'Oise, arrondissement de Senlis, canton de Neuilly-en-Thel, ci-devant province de l'Ile de France, et diocèse de Beauvais; sa population est d'environ 200 habitans.

Les principales productions de son terroir sont en grains; une petite partie est en prairie, un ruisseau fait tourner un moulin à farines.

Le village de Foulangue est à 2 lieues au N. de Neuilly-en-Thel; sa distance de Paris est de 11 lieues et demie au N. par Viarmes et la route joignant près Moisselles, la grande route de Beauvais. (Poste aux lettres de Creil.)

FOULONVAL, filature de coton. *Voyez* DREUX.

FOURCHES, ancienne paroisse. *Voyez* LIMOGES.

FOURGES, village, département de l'Eure, arrondissement des Andelys, canton d'Ecos, ci-devant province de Normandie, et diocèse de Rouen. Sa population est d'environ 400 habitans. Un château, entouré d'eau, sur la rivière *d'Epte*, appartient à M. le marquis de Tilly-Blaru, maréchal de camp.

Son terroir est en labour,

vignes, prairies et bois. La rivière d'Epte y fait tourner un moulins à grains. Ce village est à 1 lieue un quart vers le N. E. de Vernon; sa distance de Paris est de 16 lieues et demie vers le N. O. par Magny et la grande route de Rouen. (Poste aux lettres de Vernon.)

FOURQUEUX, village, département de Seine-et-Oise, arrondissement de Versailles, canton de Saint-Germain-en-Laye, ci-devant province de l'Ile de France, et diocèse de Paris. Sa population est d'environ 430 habitans.

La terre de Fourqueux était autrefois seigneuriale avec haute, moyenne et basse justice. Le village situé à mi-côte, ne forme qu'une seule rue d'une demi-lieue de longueur, dans laquelle se trouve le château, d'une construction moderne. M. le comte de Balivière en est propriétaire. Le parc, distribué en partie dans le genre anglais, contient 130 arpens. Il est clos de murs et contigu à la forêt de Marly.

La principale culture du terroir de cette commune est en vignes. Le village est à une demi-lieue au S. O. de Saint-Germain, et distant de 4 lieues et demie à l'O. de Paris par Saint-Germain. (Poste aux lettres de Saint-Germain-en-Laye.)

FRANCONVILLE, bourg,

département de Seine-et-Oise, arrondissement de Pontoise, canton de Montmorency, ci-devant province de l'Ile de France, et diocèse de Paris. Sa population est d'environ 1,200 habitans.

Ce bourg, situé au bas d'une colline, est le lieu le plus agréble de la vallée de Montmorency. Il est traversé par la grande route de Paris à Rouen, et ne forme qu'une rue principale, c'est la résidence d'une brigade de gendarmerie.

Le château faisait partie des domaines de la maison de Montmorency. Les maisons de campagne les plus apparentes sont possédées par mesdemoiselles Velut de la Crosnière; M. Cadet de Vaux, membre de la société d'agriculture; M. Debure, père, et auparavant M. le comte de Tressan; M. le baron Hamelin, par les soins duquel a été formé un jardin chinois, très-agréable, où coule une petite rivière dont la source se trouve dans la propriété même ; enfin par M. le Comte, qui a la maison dite la *Maison rouge*, habitée jadis par MM. de Cassini, Cassa-Nova et le Comte d'Albon. Les jardins offrent des objets d'art et d'agrément, qui rappellent le souvenir d'hommes célèbres.

La principale culture du terroir est en vignes, et les fruits y sont abondans. Le bourg de Franconville est à une lieue et demie à l'O. de Montmorency, et distant de 4 et demie au N. O. de Paris, par la grande route de Rouen. On compte 5 lieues de poste. (Bureau de poste aux lettres, relais de poste aux chevaux et voitures publiques tous les jours pour Paris.)

FRANCONVILLE, château et ancien couvent de Picpus. *Voyez* SAINT - MARTIN - DU- TERTRE.

FRECUL, maison de cam- pagne. *Voyez* PERTHES.

FRÉMAINVILLE, village, département de Seine-et-Oise, arrondissement de Pontoise, canton de Marines, ci-devant province de l'Ile de France, dans le Vexin, et diocèse de Rouen. Sa population est d'en- viron 560 habitans. Une terme, dite *la Grue*, en fait partie.

La terre de Frémainville avait autrefois le titre de comté; M. Alfred de Maussion en est propriétaire. Les grains sont la principale production du terroir, une partie est en bois.

Ce village est à 2 lieues trois quarts au S. O. de Marines ; sa distance de Paris est de 10 lieues et demie au N. O., par la grande route de Caen. (Poste aux lettres de Meulan.)

FREMECOURT , village , département de Seine-et-Oise, arrondissement de Pontoise, canton de Marines, ci-devant province de l'Ile de France,

dans le Vexin, et diocèse de Rouen, situé près la route de Gisors à Paris. Sa population est d'environ 300 habitans, y compris le hameau de *Harti- mont*.

Les productions de son ter- roir sont en grains. Ce village est à trois quarts de lieue au S. E. de Marines, et distant de 9 lieues un quart au N. O. de Paris, par la route de Gi- sors, qui passe à Pontoise. (Poste aux lettres de Pontoise.)

FRÉMIGNY, château. *Voy.* BOURAY.

FRENEUSE, village, dé- partement de Seine-et-Oise, arrondissement de Mantes, canton de Bonnières, ci-de- vant province de l'Ile de Fran- ce, et diocèse de Chartres. Sa population est de 8 à 900 ha- bitans. Son terroir est en la- bour, vignes et bois.

Ce village est sur la rive gauche de *la Seine*, à trois quarts de lieue vers le N. de Bonnières ; sa distance de Pa- ris est de 15 lieues trois quarts entre l'O. et le N. O., par la grande route de Caen. (Poste aux lettres de Bonnières.)

FRÉPILLON, village, dé- partement de Seine-et-Oise, arrondissement de Pontoise, canton de Montmorency, ci- devant province de l'Ile de France, et diocèse de Paris. Sa population est d'environ 500 habitans.

Les principales productions de son terroir sont en grains ; on y trouve des carrières de pierre à plâtre. Ce village est à 5 lieues au N. O. de Montmorency, et 6 au N. de Paris, par la route de Saint-Leu-Taverny. (Poste aux lettres de Pontoise.)

FRESNE. *Voyez* Ecquevilly.

FRESNE (le), château et ferme. *Voyez* Villeconin.

FRESNEAU, village, département de l'Oise, arrondissement de Beauvais, canton de Méru, ci-devant province de l'Ile de France, et diocèse de Beauvais. Sa population est de 6 à 700 habitans, en y comprenant les hameaux de *Tirmont, Lormiteau, du Moncel* et la ferme de *Villette*.

Le château de *Montchevreuil*, situé sur une montagne près ce village, fait également partie de la commune. M. le marquis de Mornay en est propriétaire. Le parc, qui contient 550 arpens, est clos de murs et de fossés.

Le terroir de cette commune est en labour, en prairies et en bois. Un ruisseau fait tourner un moulin à côté de la Villette, et il y a une tuilerie.

Le village de Fresneau est dans une vallée, à 3 lieues au N. O. de Méru, et 14 vers le N. O. de Paris, par Hénonville et l'ancienne route de Beauvais à

Pontoise, et de Pontoise par la grande route de Rouen. (Poste aux lettres de Chaumont-Oise.)

FRESNES, village, département de Seine-et-Marne, arrondissement de Meaux, canton de Claye, ci-devant province de l'Ile de France, dans la Brie, et diocèse de Meaux. Sa population est d'environ 250 habitans.

M. Forget, secrétaire d'état, qui dressa le célèbre édit de Nantes en faveur des protestans sous Henri IV, avait fait construire, sous le règne précédent, le beau et grand château, augmenté depuis sous Louis XIV, par M. Dupuis-Guénégaud, qui, en 1661, partagea les disgrâces alors éprouvées par tous les amis et les protégés du surintendant des finances Fouquet.

On y remarque une très-belle chapelle, formant un pavillon qui fait partie du château. Cette chapelle, construite sur les dessins de Mansard, est le modèle de l'église du Val-de-Grâce, à Paris : l'une et l'autre passent pour des chefs-d'œuvre en ce genre.

C'est dans la terre de Fresnes, possédée par le chancelier d'Aguesseau, que, pendant deux honorables exils, cet illustre magistrat a composé une partie de ses ouvrages, entr'autres les instructions à ses enfans. Ses descendans ont toujours conservé cette propriété, dont M. le comte d'A-guesseau, pair de France, son petit-fils, est aujourd'hui possesseur.

Cette habitation très-agréable, est au milieu de vastes prairies, qui, du pied de ses murs, d'un côté se réunissent aux côteaux et villages voisins; de l'autre, par des détours heureusement ménagés et largement tracés, vont tantôt s'étendre sous des futaies magnifiques, tantôt se dérober derrière de grands et épais massifs de bois, et enfin se perdre dans un parc de quatrevingts arpens. De belles routes ferrées, adroitement jetées sur toute l'étendue des prairies et du parc, servent de promenade et facilitent l'exploitation.

Les grains sont la principale production du terroir, traversé par le canal de l'*Ourcq*. La rivière de *Beuvronne* fait tourner un moulin. Le village de Fresnes est peu éloigné de la *Marne*, à trois quarts de lieue à l'E. de Claye, et 7 lieues un quart à l'E. de Paris, par la grande route d'Allemagne; une chaussée y conduit en partant du château. (Poste aux lettres de Claye.)

FRESNES-L'EGUILLON, village, département de l'Oise, arrondissement de Beauvais, canton de Chaumont-Oise, ci-devant province de l'Ile de France, dans le Vexin, et diocèse de Beauvais. Sa population est d'environ 450 habitans, y compris le hameau d'*Heullecourt*. On y voit les restes d'un vieux château flanqué de deux tourelles, qui faisait partie des domaines de M. le prince de Conty.

Le terroir de cette commune est en labour, en prairies et en bois. On y trouve cinq moulins à eau, dont l'un, dit le moulin *du Vivier*, est à deux roues.

Le village de Fresnes est à 2 lieues à l'E. de Chaumont; sa distance de Paris est de 13 lieues et demie au N. O., par Hénouville et l'ancienne route de Beauvais à Pontoise, et de Pontoise par la grande route de Rouen. (Poste aux lettres de Chaumont-Oise.)

FRESNES-LES-RUNGIS, village, département de la Seine, arrondissement de Sceaux, canton de Villejuif, ci-devant province de l'Ile de France, et diocèse de Paris. Sa population est d'environ 330 habitans.

Le château de Berny, qui en faisait partie, a été démoli par suite de la révolution; il passait pour l'un des plus beaux des environs de Paris. Son architecture, ses jardins, ses fontaines et ses canaux étaient admirables. Il appartenait aux abbés de Saint-Germain-des-Prés de Paris. M. le comte de Clermont l'a occupé pendant très-longtems en cette qualité. Ce château était situé près la route de Paris à Orléans, où il y a plusieurs maisons dites de *Berny*, dans l'une desquelles est un relais de la poste aux chevaux.

Le village de Fresnes est sur la pente d'une colline. Les principales productions de son terroir sont en grains. On y trouve des carrières de pierre à plâtre. Il est à 1 lieue au S. de Villejuif et distant de 2 et demie au S. de Paris, par la route d'Orléans. (Poste aux lettres d'Antony.)

FRESNOY, château et parc. *Voyez* NEUILLY-EN-THEL.

FRESNOY-BOISSY. *Voy.* FRESNOY-LES-GOMBRIES.

FRESNOY-EN-THEL, village, département de l'Oise, arrondissement de Senlis, canton de Neuilly-en-Thel, ci-devant province de l'Ile de France, et diocèse de Beauvais, dont la population est d'environ 350 habitans. Les principales productions de son terroir son en grains.

Ce village est à trois quarts de lieue au S. de Neuilly, 1 lieue et demie au N. de Beaumont-sur-Oise, et 9 au N. de Paris par Beaumont et la route de Beauvais. (Poste aux lettres de Chambly.)

FRESNOY-LA-RIVIÈRE, village, département de l'Oise, arrondissement de Senlis, canton de Crêpy, ci-devant pro-

vince de l'Ile de France, dans le Valois, et diocèse de Senlis. Sa population est d'environ 400 habitans y compris le hameau *de Vathier-Voisin*.

Le terroir de cette commune est en labour, vignes et prairies. Le village de Fresnoy est dans une vallée sur la petite rivière *d'Autonne* qui y fait tourner deux moulins à grains, à 1 lieue et demie vers le N. de Crêpy, et 15 et demie au N. E. de Paris, par Crêpy et la chaussée joignant à Nanteuil-le-Haudouin la grande route de Soissons. (Poste aux lettres de Crêpy.)

FRESNOY (LE), ancien fief. *Voyez* SALINS.

FRESNOY-LE-GRAND, village, département de l'Oise, arrondissement de Compiègne, canton d'Estrées-Saint-Denis, ci-devant province de l'Ile de France, et diocèse de Beauvais. Sa population est de 12 à 1,300 habitans. Son terroir est en labour, une partie est en vignes et en bois.

Ce village est attenant la route de Compiègne à Clermont, à 1 lieue trois quarts au S. d'Estrées-Saint-Denis, et 2 et demie au N. de Pont-Sainte-Maxence; sa distance de Paris est de 15 lieues et demie vers le N. par la route de Flandre. (Poste aux lettres de Pont-Sainte-Maxence.)

FRESNOY - LES - GOM-

BRIES ou FRESNOY - BOISSY, village, département de l'Oise, arrondissement de Senlis, canton de Nanteuil-le-Haudouin, ci-devant province de l'Ile de France, et diocèse de Meaux. Sa population est d'environ 600 habitans, *Boissy* était une paroisse qui a été réunie à *Fresnoy* pour ne former qu'une seule et même commune.

Le château de Fresnoy, et la maison seigneuriale de Boissy n'existent plus. Le terroir de cette commune est en labour, une partie est en bois.

Le village de Fresnoy est à 1 lieue et demie à l'E. de Nanteuil et 2 au S. de Crépy; sa distance de Paris est de 12 lieues et demie au N. O. par la grande route de Soissons. (Poste aux lettres de Nanteuil-le-Haudouin.)

FRESNOY - LES - LUAT, village, département de l'Oise, arrondissement de Senlis, canton de Nanteuil-le-Haudouin, ci-devant province de l'Ile de France, et diocèse de Senlis. Sa population est d'environ 160 habitans. Les principales productions de son terroir sont en grains, une partie est en bois.

Ce village est à 2 lieues vers le N. de Nanteuil, et 2 vers l'O. de Crépy; sa distance de Paris est de 12 lieues et demie vers le N. O., par une chaussée qui joint la route de Flandre; l'on peut prendre également par Nanteuil et la grande route de Soissons. (Poste aux lettres de Crépy.)

FRETOY (GRAND-ET-PETIT), village, département de Seine-et-Marne, arrondissement de Provins, canton de Nangis, ci-devant province de l'Ile de France, dans la Brie, et diocèse de Sens. Sa population, avec le hameau *du Moncel*, et quelques maisons à l'écart, est d'environ 200 habitans.

Les principales productions de son terroir sont en grains. Ce village est à 5 lieues et demie vers le N. E. de Nangis, et 4 et demie vers le N. O. de Provins; sa distance de Paris est de 15 lieues entre l'E. et le S. E. par Rozay et la route qui passe à Tournans. (Poste aux lettres de Provins.)

FRETTE (LA), village, département de Seine-et-Oise, arrondissement de Versailles, canton d'Argenteuil, ci-devant province de l'Ile de France, et diocèse de Paris, dont la population est d'environ 400 habitans; c'était, dans l'ancien régime, une annexe de la paroisse de Montigny.

Les grains sont la principale production de son terroir. Les fruits y sont assez abondans, et particulièrement les figues.

Ce village est situé au pied d'une montagne, sur la rive droite de la *Seine*, où l'on dépose les pierres à plâtre pour y être embarquées, à 1 lieue et demie au N. O. d'Argenteuil, et 4 au N. O. de Paris par Besous et Neuilly. (Poste aux lettres de Franconville.)

FRILEUSE, maison de campagne. *Voyez* Briis-sous-Forges.)

FROCOURT, village, département de l'Oise, arrondissement de Beauvais, canton d'Auneuil, ci-devant province de l'Ile de France, et diocèse de Beauvais, est situé près la nouvelle route de Beauvais à Pontoise. Sa population est d'environ 230 habitans avec les hameaux *de Vessancourt* et les maisons isolées *de Boiscamp.*

Le château de Frocourt appartient à M. de Canouville. Le terroir produit principalement des grains, une partie est en prairies et en bois.

Ce village est à 1 lieue au S. de Beauvais, et distant de 15 lieues vers le N. de Paris, par la route désignée ci-dessus, qui passe à Méru, et de Méru par Chambly et la grande route de Beauvais. (Poste aux lettres de Beauvais.)

FROIDE-FONTAINE, vestiges d'un vieux château. *Voy.* Crouy-sur-Ourcq.

FROIDMONT, ancienne abbaye d'hommes de l'ordre de Cîteaux. *Voyez* Harmes.

FROMENTEAU, hameau et relais de poste aux chevaux, sur la grande route de Paris à Fontainebleau. *Voyez* Juvizy.

FROMONVILLE, village, département de Seine - et-Marne, arrondissement de Fontainebleau, canton de Nemours, ci-devant province de l'Ile de France, dans le Gatinais, et diocèse de Sens. Il forme une commune de 6 à 700 habitans, avec les hameaux de *Moncourt* et *Darvault,* le château *de Pleignes*, la ferme *de l'Erable* qui en dépend, celle *de Basse-Pleigne* et *le Moulin-Rouge.*

Le château de Fromonville est possédé par madame la maréchale duchesse de Richelieu, à titre d'usufruit. M. le comte de Rothe, son fils, en est le propriétaire foncier. Son parc est borné au N. O. par le canal de *Loing.*

Le château de Pleignes est entouré de fossés remplis d'eau vive alimentée par un étang situé à proximité, il se trouve attenant le jardin une carrière de terre à pipes servant aux manufactures de faïence blanche; il existe aussi un château au hameau de Darvault, appartenant à M. de Montainville.

Le terroir de cette commune est en terres labourables, prairies, vignes et bois. Le village de Fromonville est à trois quarts de lieues au N. de Nemours; sa distance de Paris est de 17 lieues entre le S. et le S. E., par l'une des grandes routes de Lyon qui passe à Fontainebleau. (Poste aux lettres de Nemours.)

FROMONT, maison de campagne. *Voyez* Ris.

FROUVILLE, village, département de Seine-et-Oise, arrondissement de Pontoise, canton de l'Ile Adam, ci-devant province de l'Ille de France, dans le Vexin, et diocèse de Rouen. Sa population est d'environ 450 habitans en y comprenant les hameaux *de Hodan*, *Messèlan*, où il y avait une commanderie de l'ordre de Malte; et les maisons isolées, dites de *Toussacq*.

La terre de Frouville appartient à M. Pinon, ancien président à mortier au parlement de Paris. On y remarque un beau château situé dans une vallée; une belle avenue, une garenne bien percée, un étang, une île, et une jolie fontaine en forme d'obélisque. Les lundis de Pâques et de la Pentecôte et à la Notre-Dame de septembre, il se tient dans l'avenue un pélerinage appelé *Bonne-Nouvelle*.

Les principales productions du terroir sont en grains; une partie est en prairies et en bois. On y trouve des carrières de pierre de taille.

Le village de Frouville est au bas d'une côte, sur un ruisseau qui fait tourner un mou-

lin, à 1 lieue trois quarts au N. O. de l'Ile-Adam, et 9 un quart au N. de Paris par l'Ile-Adam, et une route joignant celle de Beauvais. (Poste aux lettres de Pontoise.)

FUBLAINES, village, département de Seine-et-Marne, arrondissement et canton de Meaux, ci-devant province de l'Ille de France, dans la Brie, et diocèse de Meaux. Sa population est d'environ 400 habitans. Les productions de son terroir sont en grains; une partie est en vignes.

Ce village est à 1 lieue un quart au S. E. de Meaux, et 11 un quart à l'E. de Paris, par Meaux et la grande route d'Allemagne. (Poste aux lettres de Meaux.)

FULAINES, village, département de l'Oise, arrondissement de Senlis, canton de Betz, ci-devant province de l'Ile de France, et diocèse de Meaux. Sa population est d'environ 150 habitans. Son terroir est en labour, une partie est en friches. On y tire de la tourbe.

Ce village est sur la route de Meaux à la Ferté-Milon et sur la rivière *d'Ourcq*, proche Mareuil, à 1 lieue et demie vers le S. de la Ferté-Milon, et 2 et demie à l'E. de Betz; sa distance de Paris est de 16 lieues et demie par la route de Meaux, sus désignée, et de Meaux par la route d'Alle-

magne. (Poste aux lettres de
la Ferté-Milon.)

G.

GADANCOURT, village,
département de Seine-et-Oise,
arrondissement de Pontoise,
canton de Marines, ci-devant
province de l'Ile de France,
dans le Vexin, et diocèse de
Rouen. Sa population est d'environ 110 habitans. M. Roger
de Gouzangre, maire du lieu,
est propriétaire du château.

Les principales productions
du terroir sont en grains, une
petite partie est en bois. Ce village est à 2 lieues et demie au
S. O. de Marines; sa distance
de Paris est de 11 lieues et
demie au N. O., par la grande
route de Rouen. (Poste aux lettres de Meulan.)

GAGNY, village, dépar-
tement de Seine-et-Oise, arrondissement de Pontoise,
canton de Gonesse, ci-devant
province de l'Ile de France,
et diocèse de Paris. Sa population est d'environ 750 habitans, y compris ses dépendances, qui consistent en plusieurs
maisons de campagne et fermes
isolées, sous diverses dénominations, parmi lesquels on distingue le château dit *la Maison blanche*, dont M. Brode-
let, ancien secrétaire du roi,
est propriétaire, et le domaine
du Chesnay, à M. le baron
Roger, qui possède un troupeau nombreux de mérinos.

Ces deux habitations sont très-
agréablement situées.

Ce village renferme aussi
plusieurs autres maisons de
campagne, dont la plus remarquable est celle appartenant à M. le comte de Lau-
gier-Villars. Son terroir est en
terres labourables, une partie
est en vignes et en bois; il y a
beaucoup d'arbres fruitiers.

Gagny est à 3 lieues au S. E.
de Gonesse, près la forêt de
Bondy, et 3 et demie à l'E. de
Paris, par une route qui passe
à Montreuil. (Poste aux lettres
de Bondy.)

GAILLON, village, dépar-
tement de Seine-et-Oise, arrondissement de Versailles,
canton de Meulan, ci-devant
province de l'Ile de France,
dans le Vexin, et diocèse de
Rouen. Sa population est d'environ 350 habitans.

La terre de Gaillon était seigneuriale, avec haute, moyenne et basse justice. Le château,
qui appartient à M. de Vion,
comte de Gaillon, se fait
particulièrement remarquer
par un site agreste et des points
de vue pittoresques. On découvre, entre les montagnes qui
l'environnent, la ville de Meulan et divers villages plus ou
moins éloignés.

Le terroir consiste en terres
de labour et en bois. Gaillon est
dans une vallée, près le ruisseau de *Montiens*, qui fait
tourner trois moulins, à une
demi-lieue au N. O. de Meulan,

et 9 lieues au N. O. de Paris, par Meulan et la grande route de Caen. (Poste aux lettres de Meulan.)

GALAISE (la), maison de campagne. *Voyez* la Ferté-sous-Jouarre.

GALLANDRE, ferme, autrefois château. *Voyez* Réau.

GALLARDON, petite ville, département d'Eure-et-Loir, arrondiss. de Chartres, canton de Maintenon, ci-devant généralité d'Orléans dans la Beauce, et diocèse de Chartres. Sa population est d'environ 1,300 habitans, en y comprenant les hameaux de *Mesnil, Baglainval-Germonval, Courtepinte*, et autres habitations isolées.

Cette petite ville est située à mi-côte. L'église est grande: sa construction et l'élévation du chœur méritent de fixer l'attention. Des deux clochers, l'un est moins haut que l'autre. Un hospice pour les malades y est fondé.

Il ne reste d'un vieux château fort, détruit par le comte de Dunois au 14° siècle, qu'une vieille tour nommée *l'Epaule de mouton*.

Il se tient à Gallardon une foire le 21 septembre. Le marché, l'un des plus considérables du département, est le mercredi de chaque semaine : il consiste principalement en grains et légumes; on y amène quantité de veaux pour l'appro-

visionnement de Versailles et de Paris.

Le terroir est en labour, vignes, prairies et aunaies; les lentilles et les haricots y sont renommés. On y trouve un four à chaux. La rivière de *Voise* fait tourner le moulin de *Richemont*.

Gallardon est à 2 lieues et demie au S. E. de Maintenon, 2 et demie vers l'O. d'Ablis, et 4 à l'E. de Chartres; sa distance de Paris est de 16 lieues au S. O., par l'ancienne route de Chartres. (Bureau de poste aux lettres.)

GALLUIS - LA - QUEUE, village, département de Seine-et-Oise, arrondissement de Rambouillet, canton de Montfort-l'Amaury, ci-devant province de l'Ile de France, et diocèse de Chartres. Sa population est d'environ 1,000 habitans, en y comprenant *la Queue*, ancienne annexe de cette paroisse, et les châteaux *du Lieutel* et de *la Couarde*.

Madame veuve Chesnel de la Houssaye est propriétaire du château de Galluis, et M. Bastard, de la maison seigneuriale de la Queue. Cette maison, que madame la duchesse du Maine fit construire, a des points de vue très-étendus. Les eaux de sources d'eau vive que renferment les jardins sont si abondantes, qu'elles alimentent tout le pays. Le parc y est contigu. Un relais de poste aux chevaux, et un bureau de poste aux lettres se trouvent à la Queue.

Le château du Lieutel est remarquable par sa position, ses points de vue, et par un parc clos de murs, de la contenance de près de 50 arpens. Ce parc, bien planté, percé par des allées bordées de chênes et châtaigners de haute futaie, renferme une montagne, à mi-côte de laquelle est un grand canal dessiné à l'anglaise, et alimenté par des sources abondantes qui fournissent à des jets d'eau, au service du château, et remplissent les larges fossés qui l'entourent.

La partie basse du même parc est composée de belles prairies, où coule un ruisseau qui tombe dans une pièce d'eau, au milieu de laquelle est une île, avec de belles plantations. Cette propriété appartient à M. Clary.

A trois quarts de lieue plus loin est le château de la Couarde, près la route de Brest, à laquelle il communique par une avenue.

Le parc, contenant environ cent arpens clos de murs, a été planté sur les dessins et sous la direction de Lenôtre. M. Bouffé, propriétaire de ce domaine, y a fait les changemens qu'exigeaient les progrès de l'art, mais en y laissant subsister les plus belles parties du plan de ce célèbre architecte. On y remarque des allées à perte de vue.

Les principales productions du terroir de cette commune sont en grains, une partie est en vignes et en bois. Il y a une tuilerie.

Le village de Gallais est proche la grande route de Brest, à une demi-lieue au N. de Montfort; sa distance de Paris est de 9 lieues et demie à l'O. par cette route. (Poste aux lettres de la Queue.)

GAMBAIS, village, département de Seine-et-Oise, arrondissement de Mantes, canton de Houdan, ci-devant province de l'Ile de France, et diocèse de Chartres, forme une commune de 8 à 900 habitans, avec les hameaux de *Coupigny*, *la Guerinoterie-Gresillon*, *Perdreauville* et *Boulay*. L'église de *Saint-Agnan de Gambais* et le presbytère sont isolés. C'était anciennement une châtellenie; on y voit encore les ruines d'une ancienne forteresse.

Le château de *Neuville*, avec un parc, fait également partie de cette commune. *V.* NEUVILLE.

Le terroir contigu à la forêt de Rambouillet est en labour, prairies, bois, landes et étangs. Il y a deux moulins à farines sur la rivière de *Vesgre*. L'église de Saint-Agnan de Gambais est à une heue vers l'E. de Houdan; sa distance de Paris est de 12 lieues à l'O., par la grande route de Brest. (Poste aux lettres de Houdan.)

GAMBAISEUL , village , département de Seine-et-Oise, arrondissement et canton de Rambouillet, ci-devant province de l'Ile de France, et diocèse de Chartres. Sa population est d'environ 100 habitans. Son terroir est en labour et en bois.

Ce village est entouré par la forêt de Rambouillet, à une lieue un quart entre l'O. et le S. O. de Montfort-Lamaury, et 3 au N. de Rambouillet; sa distance de Paris est de 10 lieues et demie vers l'O., par Montfort et la grande route de Brest. (Poste aux lettres de Montfort-Lamaury.)

GARANCIÈRES , village , département de Seine-et-Oise, arrondissement de Rambouillet , canton de Montfort-l'Amaury, ci-devant province de l'Ile de France , et diocèse de Chartres. Sa population est d'environ 800 habitans, en y comprenant le hameau des *Perruches*, le château du *Moulinet*, appartenant à madame Millet; le château du *Breuil*, à M. le marquis de Preaulx, et plusieurs maisons isolées.

Le terroir de cette commune est en labour et vignes. Le village de Garancières est à une lieue et demie au N. O. de Montfort, et distant de 10 et demie à l'O. de Paris, par la Queue, et la grande route de Brest. (Poste aux lettres de la Queue.)

GARANCIÈRES , village , département d'Eure-et-Loir , arrondissement de Chartres , canton d'Auneau, ci-devant généralité d'Orléans, dans la Beauce, et diocèse de Chartres. Sa population est d'environ 500 habitans, avec le hameau de *Sermonville*. Les grains sont la principale production du terroir.

Ce village est à 3 lieues entre l'E. et le S. E. d'Auneau, et 3 vers le S. O. de Dourdan; sa distance de Paris est de 14 lieues et demie entre le S. et le S.O., par Dourdan, et une chaussée joignant l'ancienne route de Chartres. (Poste aux lettres de Dourdan.)

GARCHES, village, département de Seine-et-Oise, arrondissement de Versailles , canton de Sèvres, ci-devant province de l'Ile de France, et diocèse de Paris. Sa population est d'environ 650 habitans, avec le hameau de *la Villeneuve*, et la maison de campagne dite *le Petit-l'Etang*.

Ce village, situé près la route de Saint-Cloud à Versailles , est très-agréable , sur-tout dans la belle saison, à cause de la quantité de maisons de campagne que l'on y rencontre, ainsi qu'à la Villeneuve.

La principale culture du terroir de cette commune est en vignes. On y recueille beaucoup de fruits, et on y trouve une tuilerie. Garches est à une lieue au N. de Sèvres, et 2 et demie à l'O. de Paris, par St.-Cloud. (Poste aux lettres de Sèvres.)

GARDE (LA), hameau et maison de campagne. *Voyez* BRETIGNY.

GARENNE (LA), maison de campagne. *Voyez* COLOMBES.

GARENNE (LA), maison de campagne. *Voyez* AUBERGENVILLE.

GARGENVILLE, village, département de Seine-et-Oise, arrondissement de Versailles, canton de Limay, ci - devant province de l'Ile de France, et diocèse de Rouen, forme une commune d'environ 900 habitans, avec les hameaux d'*Haneucourt*, *Rangiport*, et autres maisons isolées, sous diverses dénominations.

Le château d'Haneucourt, près la grande route de Paris à Caen, est un des mieux situés des environs de Paris. L'orangerie est l'une des plus belles connues. Les jardins, plantés d'arbres rares, sont disposés de manière à ménager, sur la rive gauche de la *Seine*, des points de vue charmans, d'où l'on découvre quantité de villages, et plusieurs châteaux, tant dans la plaine que sur les côteaux environnans.

M. le baron de Saint-Aignan, propriétaire actuel de la terre d'Haneucourt, y a réuni celle de Guitrancourt, toutes deux seigneuriales dans l'ancien régime.

Au hameau de Rangiport, sur la rive droite de la Seine, est une assez belle maison de campagne. Le terroir de Gargenville est en terres labourables et vignes, une partie est en bois. Les petits pois de primeur y sont très-renommés. Il y a deux moulins à eau.

Ce village situé, comme Haneucourt, près la grande route de Paris à Caen, à une lieue et demie à l'E. de Limay et de Mantes, et 10 et demie à l'O. de Paris par cette route. (Poste aux lettres de Mantes.)

GARGES, village, département de Seine-et-Oise, arrondissement de Pontoise, canton de Gonesse, ci-devant province de l'Ile de France, et diocèse de Paris. Sa population est d'environ 600 habitans.

A l'une des extrémités de ce village est situé le château, dont M. Fruchard, négociant, est propriétaire. Le parc, traversé par la petite rivière de *Crou*, est clos de murs et contient 75 arpens. On y remarque de belles bergeries pour un troupeau de mérinos de pure race, appartenant aussi à M. Fruchard.

Garges, près la route de Gonesse à Paris, renferme en outre plusieurs jolies maisons de campagne. Les grains sont la principale production du terroir, une partie est en vignes et en bois. On y trouve des carrières de pierre à plâtre. La petite rivière de Crou fait tourner trois moulins.

Ce village est à trois quarts de lieue au S. O. de Gonesse, et 5 lieues un quart au N. de Paris, par la route désignée ci-dessus, qui passe à Saint-Denis. (Poste aux lettres de Gonesse.)

GARRE (LA), verrerie et fours à chaux, sur la rive gauche de la *Seine*, près l'une des barrières de Paris. *Voyez* IVRY-SUR-SEINE.

GAS, village, département d'Eure et Loir, arrondissement de Chartres, canton de Maintenon, ci - devant généralité d'Orléans, dans la Beauce, et diocèse de Chartres. Sa population est d'environ 500 habitans avec les hameaux de *Berchères*, *Moineaux* et *Marolles*.

Les productions principales de son terroir sont en grains : une partie est en bois. Ce village est à 1 lieue un quart vers le S. d'Epernon et 1 lieue trois quarts vers le S. E. de Maintenon ; sa distance de Paris est de 14 lieues un quart vers le S. O. par Épernon et la grande route de Nantes. (Poste aux lettres d'Epernon.)

GASNY, village, département de l'Eure, arrondissement des Andelys, canton d'Ecos, ci-devant province de Nor-

mandie, dans le Vexin, et diocèse de Rouen. Sa population est d'environ 1,000 habitans, en y comprenant le hameau du *Mesnil-Milon* et les maisons isolées de *Claireville*. La terre de Gasny est une ancienne baronie. C'est dans ce village que furent martyrisés saint Nicaise et ses compagnons, apôtres du Vexin ; ils avaient été inhumés dans une église détruite pendant la révolution.

Le terroir de cette commune est en labour, prairies, vignes et bois. Le village de Gasny est sur la rivière d'*Epte* qui fait tourner trois moulins , à une démi-lieue au N.O. de la Roche-Guyon, 2 lieues au S. d'Ecos et 2 à l'E. de Vernon ; sa distance de Paris est de 16 lieues et demie entre l'E. et le N. O. , par la route de Caen. (Poste aux lettres de Vernon.)

GASTINE (LA), château. *Voyez* VILLENEUVE-EN-CHEVRIE.

GASSICOURT, village, département de Seine-et-Oise , arrondissement et canton de Mantes, ci-devant province de l'Ile de France, et diocèse de Chartres. Sa population est d'environ 300 habitans.

Ce village est entre la grande route de Paris à Caen et la rive gauche de la Seine. L'île formée par cette rivière porte le même nom.

Son terroir est en labour et en vignes ; les légumes y sont

abondants. Ce village est à une demi-lieue au N. O. de Mantes et 12 lieues et demie entre l'O. et le N. O. de Paris par la route de Caen. (Poste aux lettres de Mantes.)

GASTINS, village, département de Seine-et-Marne, arrondissement de Provins, canton de Nangis, ci-devant province de l'Île de France, dans la Brie, et diocèse de Sens. Sa population est d'environ 440 habitans, avec plusieurs fermes à l'écart. Le château a été démoli.

Les principales productions de son terroir sont en grains : une partie est en bois. Madame de Marsilly y entretient un superbe troupeau de Mérinos. Le village de Gastins est à 2 lieues au N. de Nangis, et distant de 14 au S. E. de Paris, par Mormant et la grande route de Troyes. (Poste aux lettres de Nangis.)

GATINEAUX (LES). *Voyez* ARMENONVILLE.

GAUDREVILLE, village, département d'Eure-et-Loir, arrondissement de Chartres, canton de Janville, ci-devant généralité d'Orléans, dans le Hurepoix, et diocèse de Chartres. Sa population est d'environ 100 habitans. On y voit les restes d'une tour d'un ancien château fort.

Les productions de son terroir sont en grains. Ce village

est à 4 lieues et demie vers le N. de Janville, et 2 et demie vers le N. d'Angerville ; sa distance de Paris est de 15 lieues et demie entre le S. et le S. O. par Étampes et la grande route d'Orléans. (Poste aux lettres d'Angerville.)

GAZERAN, village, département de Seine-et-Oise, arrondissement et canton de Rambouillet, ci-devant généralité d'Orléans, dans la Beauce, et diocèse de Chartres. Il forme avec les hameaux du *Buisson*, du *Gâteau*, de l'*Essart* et autres habitations à l'écart, une commune de 6 à 700 habitans. On voit sur une hauteur, des ruines d'un ancien château.

Son terroir est en labour et en prairies : on y trouve un four à chaux nommé *Mont-Souris* et un ruisseau y fait tourner deux moulins. Ce village est près la grande route de Paris à Nantes, à trois quarts de lieue vers l'O. de Rambouillet, et 11 lieues un quart vers le S. O. de Paris, par Rambouillet et la grande route de Nantes. (Poste aux lettres de Rambouillet.)

GENAINVILLE, village, département de Seine-et-Oise, arrondissement de Mantes, canton de Magny, ci-devant province de l'Île de France, dans le Vexin, et diocèse de Rouen. Sa population est d'environ 400 habitans avec le hameau de *la Monnerie*, et la ferme de *la Bretèche*.

Le terroir de cette commune est en labour et prairies, une assez grande partie est en friches et bruyères. On y trouve une carrière et un four à chaux; un ruisseau fait tourner trois moulins.

Ce village est dans une vallée à 1 lieue vers le S. de Magny; sa distance de Paris est de 14 lieues et demie au N. O., par la grande route de Rouen. (Poste aux lettres de Magny.)

GENERIE (LA), château. *Voyez* FÉRICY.

GENEVILLIERS, village, département de la Seine, arrondissement de St - Denis, canton de Nanterre, ci-devant province de l'Ile de France, et diocèse de Paris. Sa population est de 1,000 à 1,100 habitans, y compris le hameau de *Villeneuve-la-Garenne*, où il se trouve deux maisons de campagne.

Ce village est situé dans une plaine. M. le maréchal de Richelieu y était autrefois propriétaire de la maison que M. le comte Portalis a occupée, appartenant aujourd'hui à M. Jordis Brentano. On y remarque un joli belvédère qui domine toute la plaine. Plusieurs autres maisons à Genevilliers sont également dignes de remarque.

Son terroir est en labour, on y cultive beaucoup de pois et de lentilles. Ce village est à 2 lieues au N. E. de Nanterre et à égale distance au N. de Paris, par Asnières et Clichy. (Poste aux lettres de Neuilly-sur-Seine.)

GÉNEVRAYE (LA), village, départem. de Seine-et-Marne, arrondissement de Fontainebleau, canton de Nemours, ci-devant province de l'Ile de France, dans le Gatinais, et diocèse de Sens. Sa population est d'environ 150 habitans, avec les hameaux *de Cugny* et *de Petit-Bois*; les châteaux de *la Tour* et *de Berville* en font également partie.

Le château de la Tour, dont M. Darcy, maire du lieu, est propriétaire, est entre la rivière de *Loing* qui communique ses eaux dans son parc, et le canal du même nom.

Un peu plus loin, en descendant, se trouve sur le bord de ce canal le château de Berville, appartenant à M. Zeltner; de belles plantations et une tuilerie considérable font partie de ce domaine. Dans la tuilerie l'on fabrique des tuiles de même nature que celles de Bourgogne; on se sert, pour les faire cuire, de la tourbe, dont l'extraction se fait dans la propriété même. Elles se transportent à Paris par le même canal. M. Zeltner possède aussi un troupeau nombreux de mérinos, pure race.

Les principales productions du terroir de cette commune

sont en grains, une partie est en prairies ; un *ru* fait tourner le moulin dit *Moulin Gratereau.*

Le village de la Génevraye est entre Nemours et Moret, à 2 lieues au N. E. de Nemours, et 2 au S. O. de Moret ; sa distance de Paris est de 17 lieues entre le S. et le S. E. par la grande route de Lyon qui passe à Fontainebleau. (Poste aux lettres de Moret.)

GENICOURT, village, département de Seine-et-Oise, arrondissement et canton de Pontoise, ci-devant province de l'Ile de France, et diocèse de Rouen. Sa population est d'environ 150 habitans ; tout son terroir est en labour.

Ce village, situé sur une hauteur près la route de Gisors à Paris, est à 1 lieue un quart au N. O. de Pontoise, et 8 un quart au N. O. de Paris, par cette route. (Poste aux lettres de Pontoise.)

GENITOIRE (le), belle ferme, ci-devant château. *V.* Bussy-Saint-Georges.

GENTILLY (Grand et Petit), village très-ancien, département de la Seine, arrondissement de Sceaux, canton de Villejuif, ci-devant province de l'Ile de France, et diocèse de Paris. Sa population est d'environ 1,600 habitans en y comprenant les hameaux *du Petit-Gentilly* et

de la Maison Blanche ; *Bicétre* qui fait aussi partie de cette commune en contient un plus grand nombre. *Voyez* Bicêtre.

Le Grand Gentilly est situé dans une vallée sur la rivière *de Bièvres* , dite *des Gobelins,* à peu de distance de la grande route de Paris à Fontainebleau. C'est une ancienne baronie qui avait haute, moyenne et basse justice. Le château et le parc appartenaient à madame la duchesse de Villeroy, qui en a traité directement avec M. le chevalier Hacquart. Ce parc renferme de belles eaux fournies par l'aqueduc d'Arcueil. Une fontaine, placée près la porte du château, fournit aux habitans l'eau nécessaire.

Plusieurs maisons de campagne rendent cet endroit assez agréable ; dans l'une nommée *Sainte-Barbe* , les jeunes gens de la maison d'éducation de même nom à Paris, vont prendre leurs récréations les jours de congé et dans quatre autres maisons sont des établissemens où les laines nationales sont lavées et triées à la manière espagnole.

Le Petit Gentilly, contigu aux barrières de Paris, n'est en général composé que de guinguettes. Il y existe une manufacture d'acides minéraux, et M. Durup-de-Baleine y est propriétaire d'une blanchisserie hollandaise considérable.

La Maison Blanche est un

hameau rempli d'auberges dans lequel se tient le samedi de chaque semaine un marché de vaches laitières et de porcs, sur la route de Fontainebleau.

Le terroir de cette commune est en labour et prairies. On y tire de l'argile ; la pierre provenant des carrières est très-estimée. Le Grand-Gentilly est à trois quarts de lieue au N. de Villejuif et une demi-lieue au S. des barrières de Paris. (Poste aux lettres de la banlieue par Bicétre.)

GERESME, hameau où il y avait autrefois une prieuré. Voyez BOUILLANT.

GERMAINVILLE, village, département d'Eure-et-Loir, arrondissement et canton de Dreux, ci-devant province de l'Ile de France, dans le pays Chartrain, et diocèse de Chartres. Sa population est d'environ 400 habitans.

Son terroir est en labour, vignes et une petite partie en bosquets. Il est à 2 lieues à l'E. de Dreux, à égale distance vers l'O. de Houdan et 15 vers l'O. de Paris par la grande route de Brest qui passe à Houdan. (Poste aux lettres de Dreux.)

GERMIGNY-L'ÉVÊQUE, village, département de Seine-et-Marne, arrondissement et canton de Meaux, ci-devant province de l'Ile de France, dans la Brie, et diocèse de Meaux. Sa population est d'environ 500 habitans ; une ferme nommée Rezelle est dans ses dépendances.

Sa situation est agréable sur la rive gauche de la Marne. Les évêques de Meaux, avant la révolution, y avaient leur maison de campagne, qui a été en grande partie démolie. Le célèbre Bossuet l'a habitée.

Ce village comprend, en outre, quatre maisons de campagne, dont deux appartiennent à M. le chevalier Ménager, membre de la Chambre des Députés ; une troisième à M. Ménager d'Orteuil, son frère, et la quatrième à M. Gueuvin.

Le terroir de cette commune est en terres labourables, vignes et bois. Le village de Germigny est à 1 lieue et demie vers le N. E. de Meaux, et 11 et demie entre l'E. et le S. E. de Paris par Meaux et la grande route d'Allemagne. (Poste aux lettres de Meaux.)

GERMIGNY-SOUS-COULOMBS, village, département de Seine-et-Marne, arrondissement de Meaux, canton de Lisy-sur-Ourcq, ci-devant province de l'Ile de France, et diocèse de Meaux. Sa population est d'environ 320 habitans. La ferme du haut Boulard, et le moulin du Bas Boulard en fait partie.

Les principales productions de son terroir sont en grains. Ce village est à 3 lieues vers l'E. de Lizy, et 16 entre l'E. et le N. E. de Paris par Lizy et la route de la Ferté-Milon, joignant à Meaux la grande route d'Allemagne. (Poste aux lettres de May-en-Mulcien.)

GEROCOURT, petit village, département de Seine-et-Oise, arrondisement et canton de Pontoise, ci-devant province de l'Ile de France, dans le Vexin, et diocèse de Rouen. Sa population n'est que d'environ 40 habitans. Les productions de son terroir sont en grains, une partie est en bois.

Ce village est à 1 lieue trois quarts au N. O. de Pontoise, et 8 trois quarts au N. O. de Paris par la route de Gisors qui passe à Pontoise. (Poste aux lettres de Pontoise.)

GESVRES-LE-DUC, beau château démoli. *Voyez* CROUY-SUR-OURCQ.

GESVRES - LE - CHAPI-TRE, village, département de Seine-et-Marne, arrondissement de Meaux, canton de Dammartin, ci - devant province de l'Ile de France, et diocèse de Meaux. Sa population est d'environ 110 habitans. Une ferme, dite *Fescheux*, est dans ses dépendances. Toutes les productions de son terroir sont en grains.

Ce village est à 3 lieues à l'E. de Dammartin, et 10 au N. E. de Paris par la route de Meaux à Dammartin, et de cette dernière ville par celle de Soissons. (Poste aux lettres de Dammartin.)

GIF, village, département de Seine-et-Oise, arrondissement de Versailles, canton de Palaiseau, ci-devant province de l'Ile de France, et diocèse de Paris. Sa population est d'environ 800 habitans, en y comprenant les hameaux de *Courcelles*, les *grand et petit Damiette*, *Moulons*, *la Feverie*, et autres habitations isolées.

M. Debonnaire, conseiller à la cour royale, est propriétaire du château qui a été commencé en 1756 et achevé en 1771.

Ce village, avant la révolution, renfermait une abbaye de religieuses de l'ordre de Saint-Benoît, fondée par Maurice de Sully, évêque de Paris, vers l'an 1140, et renommée par la régularité de son régime. Madame de Ségur en a été la dernière abbesse. Cette abbaye est détruite.

On voit, dans la prairie dite de *Coupières*, les ruines de l'ancien château qui appartenait, en 1500, à MM. de Gotelas.

Au hameau de Courcelles, est une belle maison de campagne appartenant à madame Vincent, qui entretient dans ses basses-cours de belles vaches suisses, dont le produit est converti en fromages, à l'imitation de ceux de Gruyè-res. La rhubarbe se cultive avec succès dans ses jardins.

Le terroir de cette com-mune est en terres laboura-bles et bois, une partie est en prairies.

Le village de Gif est dans une vallée, sur l'une des routes de Chevreuse à Paris : il est traversé par la petite rivière d'*Yvette*, qui fait tourner plu-sieurs moulins, à 2 lieues et demie à l'O. de Palaiseau, et 5 et demie au S. O. de Pa-ris par cette route qui passe à Bièvres ou par l'ancienne route de Chartres, joignant celle d'Orléans. (Poste aux lettres de Chevreuse.)

GILLES, village, départe-ment d'Eure-et-Loir, arron-dissement de Dreux, canton d'Anet, ci-devant province de l'Ile de France, dans le pays Chartrain, et diocèse de Char-tres. Sa population est d'en-viron 500 habitans, y com-pris les hameaux des *Roties*, de *Fumechon*, *du Bord des Prés*, et autres habitations à l'écart. Le château de *Launay* en fait aussi partie.

Le terroir de cette com-mune est en labour, prairies, vignes et bois ; un ruisseau fait tourner deux moulins à grains. Le village de Gilles est à 2 lieues vers le N. E. d'Anet, et 4 vers le S. E. de Pacy-sur-Eure ; sa distance de Paris est de 15 lieues à l'O. par différens chemins joignant une chaussée

qui passe à Thoiry et aboutit à la route de Brest. (Poste aux lettres de Pacy-sur-Eure.)

GILLOCOURT, village, dé-partement de l'Oise, arrondis-sement de Senlis, canton de Crépy, ci-devant province de l'Ile de France, dans le Valois, et diocèse de Soissons. Sa po-pulation est d'environ 500 ha-bitans avec les hameaux de *Bellival* et *Warru*.

La terre de Gillocourt était ci-devant seigneuriale avec haute, moyenne et basse jus-tice. M. de Monchy, président à la cour royale d'Amiens, est propriétaire du château. Ses productions sont en grains : une partie est en vignes et prairies. Un ruisseau fait tourner un moulin à huile.

Le village de Gillocourt est sur la pente d'une colline, proche la petite rivière d'*Au-tonne*, à 1 lieue trois quarts au N. de Crépy, et 15 trois quarts au N. E. de Paris, par Crépy et la chaussée joignant à Nanteuil-le-Haudouin la gran-de route de Soissons. (Poste aux lettres de Crépy.)

GIRAUDON, maison de campagne. *Voyez* SARCELLES.

GIREMONTIER, village, département de Seine - et - Marne, arrondissement et can-ton de Coulommiers, ci - de-vant province de l'Ile de France, dans la Brie, et dio-cèse de Meaux. Sa population est d'environ 200 habitans, en y comprenant les hameaux de *Corbeville*, *Francheville* et plusieurs fermes isolées.

Les principales productions de son terroir sont en grains. Ce village est à 1 lieue un quart au N. O. de Coulommiers, et distant de 13 à l'E. de Paris, par la grande route de Coulommiers. (Poste aux lettres de Coulommiers.)

GIRONVILLE, village, département de Seine - et - Oise, arrondissement d'Etampes, canton de Milly, ci - devant province de l'Ile de France, dans le Gatinais, et diocèse de Sens. Sa population est d'environ 300 habitans, avec les hameaux de *Gandvilliers*, *Moignanville* et la ferme de *Danjouan*. Une assez jolie maison de campagne se trouve à Moignanville.

La terre de Gironville est une ancienne seigneurie : le château se fait remarquer par sa construction moderne. Le parc, de 60 arpens, renferme de beaux bois et de belles prairies : il est traversé par la rivière d'*Essones*. Ce domaine appartient à M. le marquis de Bizemont , membre de la chambre des députés, également propriétaire du château de Vignay , commune de Champ - Motteux. *Voyez* CHAMP-MOTTEUX.

Le terroir de cette commune est en labour, prairies et bois : une petite partie est en chene-

vières : on y rencontre beaucoup de roches. La rivière d'Essones y fait tourner deux moulins à grains. Le village de Gironville est à 2 lieues entre l'O. et le S. O. de Milly, et 2 et demie au N. de Malesherbes ; sa distance de Paris est de 13 lieues et demie au S., par Laferté-Alais , Arpajon et la grande route d'Orléans. (Poste aux lettres de Milly.)

GISANCOURT , ancienne paroisse. *Voyez* GUERNY.

GISORS, ancienne ville , département de l'Eure, chef-lieu de canton, siége d'une justice de paix et résidence d'une brigade de gendarmerie, ci-devant province de Normandie, capitale du Vexin-Normand, et diocèse de Rouen. Sa population est d'environ 3,300 habitans. Le hameau de *Boisgelou* , l'ancien château de *Vaux*, qui est en ruines, avec un parc et une ferme attenant , en font partie.

Cette ville est située sur la rivière d'*Epte*, où se réunit celle de Troène, à l'embranchement des routes de Paris, Rouen, Alençon, Dieppe et Beauvais. On y voit une ancienne forteresse qui a soutenu plusieurs siéges.

Elle ne renferme qu'une seule paroisse. Il n'y en avait pas d'autres avant la révolution. Les ordres religieux , à cette époque , consistaient en un couvent de Trinitaires, un

Croix du ſ Champ entre tire en Gisors au lieu ou philippe auguste se henri roi d'angleterre se croiserent le 13 janvier 1188. une chapelle y fut élevée

de Récollets, un d'Annonciades, un de Carmélites et un d'Ursulines. L'Hôtel-Dieu qui subsiste sous le nom d'Hospice civil et militaire, était desservi, comme à présent, par des dames hospitalières de Saint-Thomas-de-Villeneuve.

C'était aussi, dans l'ancien régime, le siège d'un bailliage royal, qui ressortissait, au parlement de Rouen, d'une élection et d'un grenier à sel.

On remarque, dans cette ville, l'un des plus beaux établissemens connus, pour la filature des coton, tissage et impression. On espère que les travaux de cette intéressante manufacture, suspendus par des circonstances imprévues, reprendront bientôt toute leur activité. Les autres établissemens sont les tanneries; les femmes s'occupent particulièrement à faire des dentelles de fil et de soie.

Il s'y tient trois foires par année : la première, le lundi de la semaine sainte; la seconde, le lundi après le 24 août; et la troisième, le 18 octobre. Il y a deux marchés par semaine, le lundi et le vendredi. Celui du lundi est considérable, particulièrement en grains et en veaux, pour l'approvisionnement de Paris.

Le collège qui existait autrefois, ayant été supprimé, se trouve aujourd'hui rétabli, à la sollicitation de M. Fourmont-Tournay, maire de la ville, dans l'emplacement du ci-devant couvent des Carmélites.

Les promenades des alentours de Gisors, sont infiniment agréables; une forêt y est contigue. Le terroir est en labour et prairies, et de cinq moulins à eau; il y en a trois à grains, un à tan et un à foulon. Cette ville est à 6 lieues au S. O. de Beauvais, et 6 au N. E. des Andelys; sa distance de Paris est de 15 lieues et demie au N. O. par la route qui joint à Pontoise celle de Rouen. On compte 18 lieues de poste par Magny. (Bureau de poste aux lettres, relais de poste aux chevaux et voitures publiques tous les jours pour Paris.)

GIVERNY, village, département de l'Eure, arrondissement des Andelys, canton d'Ecos, ci-devant province de Normandie, dans le Vexin, et diocèse de Rouen. Sa population est d'environ 340 habitans.

Ce village ne forme qu'une rue principale d'environ une lieue de longueur sur la rive droite de la *Seine* où la petite rivière d'*Epte* se réunit. Presque toutes les maisons se trouvent détachées; on distingue celle de M. le chevalier de Lorme, maire de la ville de Vernon, par sa construction et ses dépendances.

Le terroir de cette commune est en labour et prairies, une partie est en vignes. La rivière d'*Epte* y fait tourner deux moulins.

Le centre du village de Giverny est à 2 lieues et demie vers le S. O. d'Ecos, et 1 lieue au S. E. de Vernon; sa distance de Paris est de 16 lieues et demie entre l'O. et le N. O. par Bonnières et la grande route de Caen. (Poste aux lettres de Vernon.)

GLAIGNES, village, département de l'Oise, arrondissement de Senlis, canton de Crépy, ci-devant province de l'Ile de France, dans le Valois, et diocèse de Senlis. Sa population est d'environ 290 habitans. On y voit un ancien château flanqué de tourelles.

A l'extrémité de ce village, situé dans une vallée sur la petite rivière de *Sainte-Marie*, sont établies deux papéteries; l'une, appartenant à M. Morel la Vénère, maire du lieu; et l'autre, à M. Morel, son frère. Il y a aussi sur cette rivière un moulin à farines.

Le terroir de cette commune est en labour, une petite partie est en bois et en prairies. Le village de Glaignes est à 1 lieue et demie entre le N. et le N. O. de Crépy; sa distance de Paris est de 15 lieues et demie au N. E. par Crépy et la chaussée joignant à Nanteuille-Haudouin la grande route de Soissons. (Poste aux lettres de Crépy.)

GLOISE, château. *Voyez* VAUDOY.

GODE (LA), maison de campagne. *Voyez* CHAMIGNY.

GOLLAINVILLE, village, département du Loiret, arrondissement de Pithiviers, canton de Malesherbes, ci-devant province de l'Ile de France, dans le Gatinais, et diocèse de Sens. Sa population est d'environ 200 habitans ; toutes les productions de son territoir sont en grains.

Ce village est à 1 lieue à l'O. de Malesherbes et 5 vers le N. E. de Pithiviers ; sa distance de Paris est de 16 lieues et demie au S. par Etampes et la grande route d'Orléans. (Poste aux lettres de Malhesherbes.)

GOMMECOURT, village, département de Seine-et-Oise, arrondissement de Mantes, canton de Bonnières, ci-devant province de l'Ile de France, dans le Vexin et diocèse de Rouen, forme, avec le hameau de *Clachaloze*, une commune de 7 à 800 habitans.

Ce village est entre les rivières d'*Epte* et de *Seine* le hameau de Clachaloze est sur la rive droite de cette dernière. La principale culture du terroir de cette commune est en vignes. Il y a peu de terres labourables et prairies.

La rivière d'Epte fait tourner deux moulins. Gommecourt est à trois quarts de lieue à l'O. de la Roche-Guyon, 1 lieue un quart au N. de Bonnières et 2 vers l'E. de Vernon; sa distance de Paris est de 16 lieues un quart entre l'O. et le N. O. par Bonnières et la grande route de Caen. (Poste aux lettres de Bonnières.)

GOMER-FONTAINE, ancienne abbaye de religieuses de l'ordre de Cîteaux. *Voyez* Trie-le-Chateau.

GOMMERVILLE, village, département d'Eure-et-Loire, arrondissement de Chartres, canton de Janville, ci-devant généralité d'Orléans, dans le Hurepoix, et diocèse de Chartres. Sa population est d'environ 500 habitans avec les hameaux d'*Arnouville* et *Bierville*.

Le château ainsi que le parc d'Arnouville appartiennent à M. Choppin-d'Arnouville, ancien conseiller au parlement de Paris.

Les principales productions du terroir de cette commune sont en grains, une partie est en bois; la majeure partie des habitans s'occupe à fabriquer des bas et chaussons de laine. Le village de Gommerville est à 1 lieue un quart au N. O. d'Angerville et 4 et demie vers le N. de Janville; sa distance de Paris est de 16 lieues et demie vers le S. (Poste aux lettres d'Angerville.)

GOMETZ - LA - VILLE,

village, département de Seine-et-Oise, arrondissement de Rambouillet, canton de Limours, ci-devant province de l'Ile de France, dans le Hurepoix, et diocèse de Paris. Sa population est d'environ 320 habitans, en y comprenant quelques hameaux ou habitations isolées sous diverses dénominations.

Font également partie de cette commune, le château ci-devant fief de *Belleville*, dont M. Devin, ancien président de la chambre des comptes, est propriétaire, et celui de *Ragonant*, appartenant à M. de Laborde, ancien conseiller à la cour des aides; ce dernier, autrefois siége d'une haute, moyenne et basse justice offre un aspect très-agréable.

Les principales productions du terroir sont en grains. Ce village est sur l'ancienne route de Paris à Chartres, à 1 lieue au N. E. de Limours, et 6 et demie au S. O. de Paris par cette route. (Poste aux lettres de Limours.)

GOMETZ-LE-CHATEL, ou Saint-Clair, est un village à un quart de lieue de Gometz-la-Ville, qui forme également une commune dans le même canton. Sa population est d'environ 450 habitans. On y trouve des vestiges de clôture qui font conjecturer que c'était anciennement une petite ville; l'église se fait remarquer par sa position pittoresque sur une montagne.

Les productions de son terroir sont les mêmes que Gometz-la-ville ; sa situation est aussi la même et sa distance de Paris est de 6 lieues un quart au S. O. (Poste aux lettres de Limours.)

GOMMIER (LE) usine pour la fabrication des canons de la manufacture de Versailles. *Voyez* VER-LE-PETIT.

GONDREVILLE , village, département de l'Oise , arrondissement de Senlis, canton de Betz , ci-devant province de l'Ile de France , et diocèse de Soissons. Sa population est d'environ 160 habitans. C'était autrefois une annèxe de la paroisse *d'Ormoy-le-Davien*.

M. de Maintenant de Lévremont est propriétaire du château de Gondreville, dont le terroir est presque tout en labour ; il y entretient un beau troupeau de mérinos. Ce village est contigu à la grande route de Paris à Soissons, près le bois de *Tillet* à 1 lieue et demie au N. de Betz , et 1 et demie au S. E. de Crêpy ; sa distance de Paris est de 14 lieues au N. E. par la route de Soissons. (Poste aux lettres de Crêpy.)

GONESSE , bourg, département de Seine-et-Oise, arrondissement de Pontoise , chef-lieu de canton et siége d'une justice de paix , ci-devant province de l'Ile de France , et diocèse de Paris. Sa population est d'environ 2,200 habitans.

Philippe-Auguste, roi de France, y est né le 21 août 1165. Ce monarque réunit à la couronne, la Normandie, l'Anjou, le Maine, la Touraine, le Berry, le Poitou, l'Auvergne, l'Artois et plusieurs autres comtés.

Ce bourg, dans l'ancien régime, était le siége d'une prévôté et d'une châtellenie. Des deux paroisses il n'en existe plus qu'une, ainsi que l'Hôtel-Dieu, d'ancienne fondation.

Il se faisait autrefois à Gonesse un commerce considérable en grains et farines ; la boulangerie y était dans la plus grande activité pour l'approvisionnement de Paris.

Il s'y tient deux foires par année, la première, le 2 février, et la seconde le 16 juillet ; et deux marchés par semaine, l'un le lundi, et l'autre le vendredi.

Les principales productions du terroir sont en grains. Gonesse est sur la petite rivière de *Crou*, qui fait tourner plusieurs moulins, à 7 lieues à l'E. de Pontoise, 7 au N. E. de Versailles, et distant de 4 au N. E. de Paris, par la route de Saint-Denis, ou par celle de Flandre. (Bureau de poste aux lettres , et voitures publiques tous les jours pour Paris.)

GOUPILLIÈRES, village, département de Seine-et-Oise, arrondissement de Rambouillet, canton de Montfort-l'Amaury, ci-devant province de l'Ile de France, et diocèse de Chartres. Sa population est d'environ 320 habitans. Il renferme trois maisons de campagne.

Son terroir est tout en terres labourables, à l'exception d'une partie qui est en bois. On y recueille beaucoup de fruits.

Ce village est à 3 lieues au N. de Montfort, et distant de 10 et demie à l'O. de Paris, par une chaussée qui passe à Thoiry et joint la grande route de Brest. (Poste aux lettres de Maule.)

GOURNAY, maison de campagne. Voyez VILLEJUIF.

GOURNAY-SUR-MARNE, village, département de Seine-et-Oise, arrondissement de Pontoise, canton de Gonesse, ci-devant province de l'Ile de France, et diocèse de Paris. Sa population est d'environ 150 habitans.

Ce village est dans une belle position, sur la rive gauche de la *Marne*, que l'on passe sur un bac. C'était, dans l'ancien régime, le siége d'une prévôté royale.

Un ancien prieuré forme actuellement une maison de campagne appartenant à M. Nast, maire du lieu, qui est aussi propriétaire de l'ancien château bâti en briques pour la nourrice de Louis XIV. Ce château renferme un lavoir de laines fines nouvellement établi.

La maison de M. le marquis de Chabrillan se fait remarquer par sa construction et ses accessoires.

Le terroir de cette commune est en terres labourables et prairies. Gournay est à 4 lieues au S. E. de Gonesse, et distant de 4 à l'E. de Paris, par la route de Coulommiers. (Poste aux lettres de la banlieue.)

GOUSSAINVILLE, village, département de Seine-et-Oise, arrondissement de Pontoise, canton de Gonesse, ci-devant province de l'Ile de France, et diocèse de Paris. Sa population est d'environ 700 habitans. La ferme de la *Granges des Noues* en fait partie.

La terre de Goussainville, ci-devant seigneuriale, avec titre de marquisat, et le château ont appartenu, depuis environ 300 ans, aux ancêtres de M. le comte de Nicolaï, propriétaire actuel.

On fabrique dans ce village des dentelles de fil, de soie. Les principales productions de son terroir sont en grains. Les eaux de deux belles sources suffisent pour faire tourner le moulin qui en est à peu de distance.

Goussainville est à 3 quarts

de lieue au N. de Gonesse,
et 4 trois quarts au N. de Paris,
par Gonesse et la route de St.-
Denis, ou par celle de Flandre. (Poste aux lettres de Gonesse.)

GOUSSAINVILLE, vil-
lage, département de l'Eure,
arrondissement de Dreux, canton d'Anet, ci-devant province
de l'Ile de France, dans le pays
Chartrain, et diocèse de Chartres. Sa population est d'environ
500 habitans, y compris les
hameaux de *la Forêt* et *d'Or-
val*.

Son terroir est en labour,
une partie est en vignes. Ce
village est sur la grande route
de Paris à Brest, à une lieue
vers l'O. de Houdan, et 3 vers
le S. E. d'Anet; sa distance de
Paris est de 14 lieues à l'O.,
par cette route de Brest. (Poste
aux lettres de Houdan.)

GOUSSONVILLE, village,
département de Seine-et-Oise,
arrondissement et canton de
Mantes, ci-devant province
de l'Ile de France, et diocèse
de Chartres. Sa population est
d'environ 200 habitans, y
compris le hameau de *la Vallée* et quelques habitations
isolées. M. le Vicomte de Seran
est propriétaire du château.

Presque tout le terroir de
cette commune est en terres
labourables, le surplus est en
bois. Le village est dans un
fond, à 2 lieues au S. E. de
Mantes, et 10 et demie à l'O.

de Paris, par Maule et la route
qui passe à Rocquencourt.
(Poste aux lettres de Mantes.)

GOUVERNES, village, département de Seine-et-Marne,
arrondissement de Meaux,
canton de Lagny, ci-devant
province de l'Ile de France,
dans la Brie, et diocèse de
Paris. Sa population est d'environ 400 habitans.

A l'extrémité orientale de
cet endroit, est une maison
de campagne dite de *Deuil*,
remarquable par ses jardins et
ses belles eaux. Elle appartient
à madame Doulcet.

La principale culture du terroir est en vignes; on y recueille beaucoup de fruits.
M. Chabanaux, maire du lieu,
y possède un beau troupeau de
mérinos.

Le village de Gouvernes est à
une demi-lieue au S. de Lagny,
et distant de 6 lieues un quart
à l'E. de Paris, par une route
qui passe à Gournay, et ensuite
la route de Coulommiers. (Poste aux lettres de Lagny.)

GOUVIEUX, village, département de l'Oise, arrondissement de Senlis, canton
de Creil, ci-devant province
de l'Ile de France, et diocèse
de Beauvais. Sa population est
d'environ 1,200 habitans, y
compris ses dépendances, qui
sont les hameaux dits *la chaussée de Gouvieux*, les *Carrières* et *Chaumont*.

Au dessus de ce dernier

hameau est l'emplacement du *camp de César*, sur une montagne qui borde l'*Oise*, à l'endroit où s'y joint la rivière de *Nonette*, qui fait tourner plusieurs moulins dans l'étendue de cette commune.

De deux de ces moulins, nommés *Toutes-Voyes*, il en est un à deux roues, remarquable tant par sa belle situation et la chute d'eau qui le fait mouvoir, que par ses bâtimens accessoires, dont une partie est occupée par un très-bel établissement de filature. Ils appartiennent à M. Collian, qui est aussi propriétaire d'un joli pavillon, dit *le Château*, dans le village connu sous le nom de fief de *Villargennes*.

Le terroir de Gouvieux est en terres labourables, prairies et bois. Il y a beaucoup d'arbres à fruits et plusieurs carrières. Ce village est à trois quarts de lieue à l'E. de Chantilly et 2 au S. de Creil; sa distance de Paris est de 8 lieues trois quarts au N., par Lamorlaye et la grande route d'Amiens. (Poste aux lettres de Chantilly.)

GOUZANGRÉ, village, département de Seine-et-Oise, arrondissement de Pontoise, canton de Marines, ci-devant province de l'Ile de France, dans le Vexin, et diocèse de Rouen, dont la population est d'environ 140 habitans.

Son terroir est tout en terres labourables. Ce village est si-

tué dans une plaine, à 1 lieue et demie au S. O. de Marines; sa distance de Paris est de 11 lieues au N. O. par la grande route de Rouen. (Poste aux lettres de Meulan.)

GRAIS. *Voyez* GRETZ.

GRAND CHAMP, ancienne abbaye de l'ordre de Prémontré, qui ne représente actuellement qu'une maison de campagne dans le département de Seine-et-Oise, arrondissement de Mantes, canton de Houdan, ci-devant province de l'Ile de France, et diocèse de Chartres; elle forme, avec le hameau *des Bouleaux*, les maisons *du Breuil* et la ferme *de Champeaux*, une petite commune d'environ 80 habitans. Son terroir est en labour et partie en bois. On y trouve une tuilerie.

La maison de Grand-Champ, dont M. le marquis d'Orvilliers est propriétaire, est à 2 lieues au S. de Houdan, et 15 entre l'O. et le S. O. de Paris, par Houdan et la grande route de Brest. On peut prendre également par Rambouillet et la route de Nantes. (Poste aux lettres de Houdan.)

GRAND-CHAMP, ancienne paroisse, *Voyez* les ESSARTS.

GRAND-CHAMP, maison de campagne. *Voyez* LE PECQ.

GRANDE-VILLE, maison de campagne, ancien fief. *V.* HARMES.

GRAND-L'ÉTANG, mai-
son de campagne. *Voyez*
Marnes.

GRAND-PUITS, village,
département de Seine-et-Marne, arrondissement de Melun,
canton de Mormant, ci-devant
province de l'Ile de France,
dans la Brie, et diocèse de Sens.
Sa population est d'environ
270 habitans, avec le hameau
des *Tripières* et plusieurs fermes écartées. On y voit quatre vieilles tours restant d'un
ancien château entouré de
fossés.

Les principales productions
de son terroir sont en grains.
Ce village est proche la grande
route de Paris à Troyes, à 1
lieue et demie vers l'E. de
Mormant, et 1 lieue un quart
au N. O. de Nangis; sa distance
de Paris est de 13 lieues et demie au S. E. par cette route de
Troyes. (Poste aux lettres de
Nangis.)

GRAND-VAUX, hameau
et maison de campagne. *Voy.*
Savigny-sur-Orge.

GRAND-VILLE, village,
département d'Eure-et-Loir,
arrondissement de Chartres,
canton de Janville, ci-devant
généralité d'Orléans, dans le
Hurepoix, et diocèse de Chartres. Sa population est d'environ 300 habitans. Une ferme,
dite vulgairement *le Château*,
était autrefois la maison seigneuriale.

La majeure partie des habitans de cette commune s'occupe à fabriquer des bas et
chaussons de laine. Les productions de son terroir sont en
grains. Ce village est à 1 lieue
et demie vers le N. d'Angerville, 5 vers le N. de Janville
et distant de 16 vers le S. de
Paris, par la grande route
d'Orléans. (Poste aux lettres
d'Angerville.)

GRANDVILLIERS, châ-
teau. *Voyez* la Chapelle-
Gauthier.

GRANGE (la), vieux châ-
teau. *Voyez* Villeconin.

GRANGE-BLÉNEAU (la),
château dans les dépendances
de la commune et à une demi-
lieue de Courpalais, canton
de Rozay, arrondissement de
Coulommiers, département de
Seine-et-Marne.

Ce château, qui appartient
aujourd'hui à M. le marquis
de la Fayette, est bâti en grès,
flanqué de cinq grosses tours.
Tout annonce à l'extérieur un
antique château fort, l'intérieur est arrangé à la moderne;
c'est une portion de l'héritage
de madame de Noailles d'A-
gen.

Les tours du nord, garnies
de lierre, et précédées de
groupes d'arbres verds, l'eau
qui baigne une partie du château, les saules pleureurs, peupliers et arbres toujours verds
qui y sont disséminés, lui

donnent de tous côtés un aspect très-pittoresque.

Les bâtimens de la ferme sont très-vastes et bien aérés; une ancienne église qui en fait actuellement partie, donne l'apparence d'un village à cette habitation isolée d'un quart de lieue de toute autre. Les coupures d'un parc formant un beau tableau, le vaste gazon parsemé de groupes d'arbres et servant de pâture à un beau troupeau de plus de 1,000 mérinos, produisent un effet admirable.

M. le marquis de la Fayette a formé à l'entour de son château un arrondissement de 700 arpens qu'il exploite lui-même: les bois, vignes, pâtures, vergers, eaux empoissonnées et terres labourables, composent ce qu'on appelle une ferme ornée. Les pièces de cette exploitation, divisées en un assolement régulier et sans jachères, sont entourées de fossés et de plus de 3,000 arbres à cidre.

Le château de la Grange est à une demi-lieue au S. de Rozay et 11 et demie au S. E. de Paris, par Rozay et la route qui passe à Tournan. (Poste aux lettres de Rozay.)

GRANGE-LE-ROI (LA), château. *Voyez* GRIZY-SUINES.

GRANGE - DU - MILIEU (LA), château. *Voyez* YEBRES.

GRANGES-LE-ROI (LES),
village, département de Seine-et-Oise, arrondissement de Rambouillet, canton de Dourdan (Sud), ci-devant province de l'Ile de France, dans le Hurepoix, et diocèse de Chartres. Sa population est d'environ 400 habitans. La tour de l'église de cette paroisse, d'une forme octogone, est fort élevée, la vue s'y étend très-loin et on y découvre les clochers de Chartres quand l'horizon est clair. Un pavillon restant de l'ancienne abbaye de l'*Ouie*, avec une ferme, se trouve dans ses dépendances ainsi qu'une autre ferme nommée *la Ville-Neuve*.

L'abbaye de l'Ouie était de religieuses de l'ordre de Saint-Benoît, et auparavant un monastère de l'ordre de Grammont ; madame du Portal, qui en était abbesse à l'époque de la révolution fut une des victimes de la terreur.

Les productions du terroir de cette commune sont en grains, une partie est en bois. Le village des Granges est à une demi-lieue au S. de Dourdan sur la chaussée de cette ville à Etampes, et 11 et demie entre le S. et le S. O. de Paris, par Dourdan et une chaussée joignant l'ancienne route de Chartres. (Poste aux lettres de Dourdan.)

GRANGE-MENANT (LA), château. *Voyez* VAUDOY.

GRAVILLE, château. *V.* LA CELLE-SOUS-MORET.

GREGY, village, département de Seine-et-Marne, arrondissement de Melun, canton de Brie-Comte-Robert, ci-devant province de l'Ile de France, et diocèse de Paris. Sa population est d'environ 130 habitans. M. Ferrand est propriétaire du château.

Les principales productions de son terroir sont en grains; une partie est en vignes. Ce village est sur la rivière d'*Yerres*, à une demi-lieue au S. de Brie, et 6 lieues et demie au S. E. de Paris, par Brie et la grande route de Troyes. (Poste aux lettres de Brie-Comte-Robert.)

GRESSEY, village, département de Seine-et-Oise, arrondissement de Mantes, canton de Houdan, ci-devant province de l'Ile de France, et diocèse de Chartres. Sa population est d'environ 330 habitans. La ferme de *Brunelle* qui est un ancien fief, et la maison isolée de *la Barre*, en font partie.

Son terroir est en labour, une petite partie en bois. Ce village est à 1 lieue un quart au N. de Houdan, et distant de 13 à l'O. de Paris par la grande route de Brest. (l'poste aux lettres de Houdan.)

GRESSY, petit village, département de Seine-et-Marne, arrondissement et canton de Claye, ci-devant province de l'Ile de France, et diocèse de Meaux. Sa population n'est que d'environ 60 habitans.

Madame la comtesse de Pons y avait fait construire un beau château, qui a été démoli presqu'entièrement; il ne reste plus d'autre maison de campagne à Gressy, que celle qui fut habitée par le célèbre Maquer, démonstrateur au Jardin du Roi à Paris.

Ce savant chimiste choisit cet heureux sol pour ses amusemens botaniques; il y acquit un terrain bordé par la petite rivière de *Beuvronne*; il se plut à y dessiner et planter d'arbres indigènes et exotiques, un jardin qu'il appelait son Elysée, où il fit serpenter les eaux de cette rivière dans de petit canaux. Ses plantations y sont admirables; une pièce d'eau est entourée de tilleuls et d'ormes. L'on y trouve une fontaine d'eau minérale ferrugineuse. Cette propriété appartient actuellement à M. Braise, docteur en médecine.

Le terroir de cette commune est en terres labourables et prairies. Le village de Gressy est sur la petite rivière de *Beuvronne*, désignée ci-dessus, qui fait tourner un moulin à une demi-lieue au N. de Claye, et distant de 6 et demie au N. E. de Paris, par la grande route d'Allemagne. (Poste aux lettres de Claye.)

GRETZ, village, situé sur la route de Rozay à Paris, département de Seine-et-Marne, arrondissement de Melun, canton de Tournan, ci - devant province de l'Ile de France, dans la Brie, et diocèse de Paris. Sa population est d'environ 450 habitans. On y voit quelques maisons de campagne.

Le château de Vignolles, avec un parc, est dans les dépendances de cette commune, dont les principales productions du terroir sont en grains et partie en bois. Un ruisseau fait tourner un moulin et on y trouve une tuilerie. Ce village est à une demi-lieue à l'O. de Tournan, et 7 lieues au S. E. de Paris, par la route de Rozay désignée ci-dessus. (Poste aux lettres de Tournan.)

GREZ, village, département de Seine- et - Marne, arrondissement de Fontainebleau, canton de Nemours, ci-devant province de l'Ile de France, dans le Gatinais, et diocèse de Sens. Sa population est de 5 à 600 habitans, avec le hameau de *Huley*, l'auberge de *la Maison Blanche*, sur la grande route de Paris à Lyon, et le *Moulin du Roi* sur la rivière de *Loing*.

Ce village, peu éloigné de la route de Lyon, était, selon la tradition des gens du pays, une ville. On y voit encore les restes d'un vieux château qui, dit-on, a été habité par la reine Blanche, et une maison distinguée des autres par

sa construction et ses accessoires. Il y en a aussi une dans le même genre, au hameau de Huley, et un moulin sur le Loing.

Le terroir est en terres labourables, en prairies, en vignes et en bois. Le village de Grez est à 1 lieue et demie au N. de Nemours, 2 et demie au S. de Fontainebleau, et 16 et demie entre le S. et le S. E. de Paris par la route de Lyon. (Poste aux lettres de Nemours.)

GRIGNON, beau château et très-grand parc. *V.* THIVERVAL.

GRIGNON, hameau et maisons de campagne. *Voyez* THIAIS.

GRIGNY, village, département de Seine-et-Oise, arrondissement de Corbeil, canton de Longjumeau, ci-devant province de l'Ile de France, et diocèse de Paris. Sa population est d'environ 400 habitans. Plusieurs maisons à l'écart, dite les *Porcherons*, en font partie.

Ce village est près la grande route de Paris à Fontainebleau, M. le comte de Joly de Fleury, ancien procureur général au parlement de Paris, est propriétaire du château.

L'antiquité de la maison de campagne, dite l'*Arbalète*, appartenant à M.Tercier, et la fontaine *de Henri IV* font printipalement remarquer cette habitation.

Le terroir de cette commune est en terres labourables ; une partie est en vignes. Le village de Grigny est à 2 lieues au S. E. de Longjumeaux, et 5 et demie au S. de Paris par la route de Fontainebleau désignée ci-dessus. (Poste aux lettres de Fromenteau.)

GRILLON, maison de campagne, filature, hydraulique et blanchisserie de coton. *V.* Dourdan.

GRISY-AUX-PLATRES, village, département de Seine-et-Oise, arrondissement de Pontoise, canton de Marines, ci-devant province de l'Ile de France, dans le Vexin, et diocèse de Rouen. Sa population est d'environ 500 habitans, y compris le hameau de *Berval.*

Une maison de campagne, nommée vulgairement le *Château de Butel,* appartenant à M. de la Nourais, fait également partie de cette commune, dont les grains sont la principale production du terroir. On y trouve des carrières et fours à plâtres.

Le village de Grisy est sur l'ancienne route de Pontoise à Beauvais, à 1 lieue un quart à l'E. de Marines ; sa distance de Paris est de 9 lieues et demie au N. O. par cette route et celle de Gisors qui passe à Pontoise. (Poste aux lettres de Pontoise.)

GRISY-SUINES, village, département de Seine-et-Marne, arrondissement de Melun, canton de Brie-Comte-Robert, ci-devant province de l'Ile de France, dans la Brie, et diocèse de Paris. Sa population est de 8 à 900 habitans, en y comprenant les hameaux de *Suines* et de *Cordou.*

Le château de *la Grange-le-Roi,* que François Ier fit bâtir, fait aussi partie de cette commune. Le principal corps de-logis et les six pavillons qui le composent, sont entourés de fossés remplis d'eau, avec ponts-levis. La terre, ancienne seigneurie, fut érigée en marquisat, en faveur du trisaïeul de M. le lieutenant général comte de la Grange, propriétaire actuel ; ce château environné de bois, qui en dépendent, communique par une belle avenue à la grande route de Paris à Troyes.

Le château de *Villemain,* qui est également une dépendance de la commune de Grisy, appartient à madame Dufour. Trois maisons de campagne embellissent le hameau de Suines, peu éloigné de la route de Troyes sus-désignée.

Le terroir de Grisy est en labour, partie en vignes et en bois. Il y a un moulin à eau. Ce village est à trois quarts de lieue à l'E. de Brie, et 7 lieues un quart au S. E. de Paris, par Brie, et la grande route de Troye. (Poste aux lettres de Brie-Comte-Robert.)

GROGNEUL , maison de campagne. *Voyez* Saint-Piat.

GROS-BOIS, hameau, château, et relais de poste aux chevaux , sur la grande route de Paris à Troyes. *Voyez* Boissy-Saint-Léger.

GROS-BOIS , maison de campagne et ferme. *Voyez* Souilly.

GROSLAY , village, département de Seine-et-Oise, arrondissement de Pontoise , canton de Montmorency, ci-devant province de l'Ile de France, et diocèse de Paris. Sa population est d'environ 1,000 habitans,

Ce village, situé sur la pente orientale de la montagne de Montmorency , renferme les maisons de campagne dont la position est remarquable. Le château n'existe plus. Il est renommé à cause de sa fabrique de dentelles.

La principale culture du terroir est en vignes , on y recueille beaucoup de fruits. Groslay est à un quart de lieue à l'E. de Montmorency, à 3 lieues et demie au N. de Paris , par une chaussée joignant la grande route de Beauvais. (Poste aux lettres de Montmorency.)

GROS-ROUVRES , commune composée de différens hameaux ; ferme et maisons isolées, avec une église paroissiale, département de Seine-et-Oise , arrondissement de Rambouillet, canton de Montfort l'Amaury , ci-devant province de l'Ile de France, et diocèse de Chartres. Sa population est d'environ 900 habitans.

Ces hameaux sont, savoir: *la Trocho , le Long des Bois, les Haizettes , le Buisson , Chene-Rogneux et la Surie ,* Le château de *Mormaire,* entouré de bois, en fait aussi partie. M. Petau en est propriétaire. On voit à Gros-Rouvres les ruines d'un autre château très-ancien.

Les principales productions du terroir de cette commune sont en grains et bois. On y trouve de la pierre de grès d'une nature rare par sa forme et sa beauté.

La paroisse de Gros-Rouvres est à trois quarts de lieues à l'O de Montfort, et 10 lieues à l'O. de Paris par Montfort. (Poste aux lettres de Montfort-l'Amaury.)

GROUSSEY , château. *Voyez* Montfort-l'Amaury.

GUAINVILLE , village , département d'Eure-et-Loire , arrondissement de Dreux , canton d'Anet, ci-devant province de l'Ile de France , dans le pays Chartrain , et diocèse de Chartres. Sa population est d'environ 700 habitans en y comprenant un certain nombre de hameaux et autres habitations écartées , sous diverses dénominations. On y voit les vestiges d'un ancien château qui existait sous le règne de Henri IV. Le château de *Primart*, dont M. Desmazis est propriétaire, fait également partie de cette commune. Sa position, sa construction et la distribution du parc, dans le genre anglais, le font remarquer.

Le terroir est en labour et bois, une petite partie est divisée en prairies et vignes. Un ruisseau y fait tourner trois moulins à farines. Le village de Guainville est à 2 lieues vers le N. E. d'Anet et à trois et demie vers le S.E. de Pacy-sur-Eure; sa distance de Paris est de 15 lieues et demie à l'O. par différens chemins joignant une chaussée qui passe à Thoiry et aboutit à la grande route de Brest. (Poste aux lettres de Pacy-sur-Eure.)

GUÉ (Moulin du). Fillature et tissage de coton. *Voyez* Baulne.

GUÉ A TRESME (le), hameau et château. *V.* Congis.

GUÉ DE LONGROY (le), hameau considérable situé dans une vallée, sur l'ancienne route de Paris à Chartres. Il fait partie des communes de Bleury, Ymeray et Saint-Chéron du Chemin. *Voyez* ces divers endroits.

GUERARD, village, dé-

partement de Seine-et-Marne, arrondissement et canton de Coulommiers, ci-devant province de l'Ile de France, dans la Brie et diocèse de Meaux. Il forme une commune d'environ 2,000 habitans, avec quantité de hameaux dont les principaux sont : *Rouilly-le-Haut*, *Rouilly - le - Bas*, le *Charnois*, *Montbrieux*, *Grand et Petit-Lud*, *Montherant*, *Genevray et Courtry*, en partie; plusieurs fermes se trouvent également dans ses dépendances.

Ce village est situé au pied d'une colline, dans un contour formé par la rivière du *Grand Morin*. On y voit à peu de distance, dans la vallée, un beau château dont M. le comte de Biencourt est propriétaire.

Le site de ce château est embelli par de vastes plantations. Le parc qui contient environ 200 arpens, fermé en grande partie par le Morin, a été dessiné à l'anglaise sur les plans de M. Delannoy, architecte. Les points de vue assez rapprochés sont très - variés. Des sources abondantes alimentent plusieurs pièces d'eau qui vont se jeter dans le Morin. Les hameaux sur les hauteurs offrent de fort beaux paysages. Le ci - devant monastère de *la Cellé*, actuellement en ruines, se découvre dans le vallon, sous un aspect très-pittoresque. *Voyez* la Celle.

Le terroir de cette commune

est en terres labourables et vignes. Le village de Guérard est à 1 lieue un quart au S. E. de Crécy, 2 un quart à l'O. de Coulommiers et 11 trois quarts à l'E. de Paris par la route de Coulommiers. (Poste aux lettres de Faremoutier.)

GUERMANTES, village, département de Seine-et-Marne, arrondissement de Meaux, canton de Lagny, ci-devant province de l'Ile de France, dans la Brie, et diocèse de Paris. Sa population est d'environ 200 habitans. C'était autrefois une annexe de la paroisse de *Bussy-Saint-Martin*.

Le château de Guermantes, occupé par M. le marquis de Tholozan, est sur une éminence d'où la vue est très-étendue, particulièrement sur tous les environs de la *Marne* dans cette contrée. Le parc, d'environ 200 arpens, clos de murs, renferme de belles plantations.

Les principales productions de son terroir sont en grains et fruits ; ce village est à trois quarts de lieue au S. de Lagny, et distant de 6 lieues un quart à l'E. de Paris, par une route qui passe à Gournay et ensuite la route de Coulommiers. (Poste aux lettres de Lagny.)

GUERNES, village, département de Seine-et-Oise, arrondissement de Mantes, canton de Limay, ci-devant province de l'Ile de France,

dans le Vexin, et diocèse de Rouen. Sa population est d'environ 430 habitans. La ferme de *Flicourt* en fait partie.

Son terroir est en labour, vignes et prairies. Le vin y est estimé. Ce village est sur la rive droite de la *Seine*, à 2 lieues vers l'O. de Limay et de Mantes, et 14 entre l'O et le N. O. de Paris par Limay et la grande route de Caen. (Poste aux lettres de Mantes.)

GUERNY, village, département de l'Eure, arrondissement des Andelys, canton de Gisors, ci-devant province de Normandie, dans le Vexin et diocèse de Rouen. Sa population est d'environ 260 habitans avec l'ancienne paroisse de *Gisancourt* qui y est réunie et partie du hameau *des Bordeaux - Saint - Clair*, sur la grande route de Paris à Rouen. L'autre partie de ce hameau est de la commune de Château-sur-Epte.

Ce village est dans une vallée agréable sur la rivière d'*Epte*.

M. Lempereur de Guerny, est propriétaire du château et du parc, bordé en partie par cette rivière, ainsi que d'une maison de campagne à proximité.

Le terroir est en labour, prairies et bois. On y cultive beaucoup de chanvre. La rivière d'Epte fait tourner un moulin aux Bordeaux. Le village de Guerny est à 2 lieues et

demie vers le S. O. de Gisors,
3 vers le N. O. de Magny ; sa
distance de Paris est de 17.
lieues au N. O. par Saint-Clair
et la grande route de Rouen.
(Poste aux lettres du Tillier.)

GUERVILLE, village, dé-
partement de Seine-et-Oise ,
arrondissement et canton de
Mantes , ci-devant province
de l'Ile de France et diocèse
de Chartres. Sa population est
de 8 à 9oo habitans en y comprenant la ci-devant annexe de
Senneville , les hameaux de
Fresnelle, la *Plaigne* et autres
habitations écartées.

Les productions de son terroir sont en grains, une partie
est en vignes, un ruisseau fait
tourner trois moulins. Ce village est à une lieue et demie
au S. de Mantes, et 10 trois
quarts entre l'O. et le S. O. de
Paris par la petite route de
Mantes qui passe à Saint-Germain - en - Laye. (Poste aux
lettres de Mantes.)

GUIBEVILLE, petit vil-
lage , département de Seine-
et-Oise , arrondissement de
Corbeil , canton d'Arpajon ,
ci-devant province de l'Ile de
France , dans le Hurepoix, et
diocèse de Paris. Sa population n'est que d'environ 9o habitans.

La terre de Guibeville, autrefois seigneuriale , était le
siège d'une haute , moyenne
et basse justice. On y voit un
château, avec un parc d'une

vaste étendue , dont M. Cottin est propriétaire.

Ses productions principales
sont en grains. Ce village est
à trois quarts de lieue au S. E.
d'Arpajon, et 8 lieues un quart
au S. de Paris par une chaussée joignant à Arpajon la
grande route d'Orléans. (Poste
aux lettres d'Arpajon.)

GUIGNES, village traversé
par la grande route de Paris à
Troyes et par celle de Melun
à Meaux , département de
Seine-et-Marne , arrondissement de Melun , canton de
Mormant, ci-devant province
de l'Ile de France , dans la
Brie, et diocèse de Sens. Sa
population est d'environ 8oo
habitans, avec les hameaux
de *Vitry* et du *Chesne*.

Ce village, situé dans une
plaine , est en général bien
bâti; une brigade de gendarmerie y est en résidence. Les
principales productions de son
terroir sont en grains, une partie est en bois. On y trouve
une fabrique de tuiles , briques et carreaux. Un ruisseau
fait tourner plusieurs moulins.

Guignes est à 2 lieues à l'O.
de Mormant, et 10 au S. E. de
Paris , par la route de Troyes,
désignée ci-dessus. (Bureau de
poste aux lettres , relais de
poste aux chevaux, et voitures
publiques tous les jours pour
Paris.)

GUIGNEVILLE, village ,

département de Seine-et-Oise, arrondissement d'Etampes, canton de la Ferté-Alais, ci-devant province de l'Ile de France, dans le Hurepoix, et diocèse de Sens, forme une commune d'environ 200 habitans, avec les hameaux de *Clercy*, *Jouy*, et les maisons isolées dites *les Rochettes*, avec une autre nommée *le Fourneau*, qui est un four à chaux.

M. le baron de Jumilhac, membre de la Chambre des Députés, est propriétaire du château et d'un superbe troupeau de mérinos provenant de Rambouillet, et dont l'origine remonte à 1788.

Le terroir de cette commune est en terres labourables, prairies et bois. Guigneville est sur la petite rivière d'*Essonnes*, près la Ferté-Alais, à 10 lieues et demie au S. de Paris, par la même route que de la Ferté-Alais à Paris. (Poste aux lettres de la Ferté-Alais.)

GUILLERVAL, village, département de Seine-et-Oise, arrondissement d'Etampes, canton de Méréville, ci-devant province de l'Ile de France, dans le Hurepoix, et diocèse de Chartres. Sa population est de 6 à 700 habitans, avec les hameaux de *Chamval*, *Garsanval*, *Pont-à-Chat*, *Mondesir* et la ferme de *Trapeau*; l'ancien fief de *la Butte* en fait également partie. Le hameau de Mondesir est sur la grande route de Paris à Orléans, où se trouve un relais de poste aux chevaux, et une maison de campagne.

La terre de Guillerval est une ancienne seigneurie. Le château et le parc, d'environ 30 arpens, appartiennent à M. le chevalier Astruc, commissaire des guerres.

Ses productions sont en grains et chanvre, une petite partie est en prairies et en bois. Ce village est à une lieue un quart au N. de Méréville, et 2 et demie au S. d'Etampes; sa distance de Paris est de 14 lieues et demie vers le S., par Etampes et la grande route d'Orléans. (Poste aux lettres d'Etampes.)

GUILLERVILLE, ancien fief et moulin. *Voyez* LINAS.

GUITRANCOURT, village, département de Seine-et-Oise, arrondissement de Mantes, canton de Limay, ci-devant province de l'Ile de France, et diocèse de Rouen. Sa population est d'environ 430 habitans. Plusieurs habitations à l'écart en font partie.

La terre de Guitrancourt, autrefois seigneuriale, renferme un château appartenant à M. d'Achery, ancien commissaire des guerres des Gardes-du-corps. Cette terre est actuellement réunie en grande partie à celle d'Haneucourt, près Gargenville, dont M. le baron de Saint - Aignan est propriétaire. *Voyez* GARGEN-VILLE.

La principale culture du terroir est en vignes. Ce village est à une lieue au N. E. de Limay et de Mantes, et 11 à l'O. de Paris, par la grande route de Caen. (Poste aux lettres de Mantes.)

GUYENCOURT, village, département de Seine-et-Oise, arrondissement et canton de Versailles, ci-devant province de l'Ile de France, et diocèse de Paris, forme une commune d'environ 600 habitans, avec les hameaux de *Bouviers*, *la Minière*, *Trou* et les maisons isolées de *Villaroy*.

Les principales productions du terroir sont en grains. La source de la petite rivière de *Bièvres* est près le hameau de Bouviers.

Guyencourt est à une lieue un quart au S. O. de Versailles, et 5 un quart au S. O. de Paris, par Versailles. (Poste aux lettres de Versailles.)

GUIRY, village, département de Seine-et-Oise, arrondissement de Pontoise, canton de Marines, ci - devant province de l'Ile de France, dans le Vexin, et diocèse de Rouen. Sa population est d'environ 150 habitans. La ferme du *Perchay en Vallée*, dit *le Cabin*, en fait partie.

La terre de Guiry était autrefois seigneuriale. Le château,

qui est ancien, appartient à M. le marquis de Guiry. Le parc, d'environ 160 arpens, renferme plusieurs carrières de pierre de taille.

Ses productions principales sont en grains Ce village est peu éloigné de la grande route de Paris à Rouen, dans une vallée, sur un ruisseau qui fait tourner un moulin, à 1 lieue trois quarts vers le S. E. de Magny, et 2 et demie vers l'O. de Marines ; sa distance de Paris est de 12 lieues et demie au N. O. par la route de Rouen. (Poste aux lettres de Magny.)

H.

HACQUEVILLE, maison de campagne. *Voyez* VILLEN-NES.

HADANCOURT - LE - HAUT - CLOCHER, village, département de l'Oise, arrondissement de Beauvais, canton de Chaumont-Oise, ci-devant province de l'Ile de France, dans le Vexin, et diocèse de Beauvais. Sa population est d'environ 300 habitans avec les hameaux de *Damval* et le *Ménil-Lancelevée*.

Le terroir est en labour et bois. Le village d'Hadancourt, surnommé le Haut-Clocher, à cause de la hauteur de son clocher, est à 1 lieue et demie au N. E. de Magny, 2 un quart au S. de Chaumont ; sa distance de Paris est de 12 lieues et demie au N. O. par Chars et la route de Gisors. (Poste aux lettres de Magny, département de Seine-et-Oise.)

HAINVAL, fabrique de chamoiseries. *Voyez* Courcelles.

HALLAINCOURT, château. *Voyez* Parnes.

HALLOT, château. *Voyez* Villiers-en-Dessœuvre.

HANCHES, village, département d'Eure-et-Loir, arrondissement de Chartres, canton de Maintenon, ci-devant généralité d'Orléans, dans la Beauce, et diocèse de Chartres. Sa population est d'environ 900 habitans, en y comprenant les hameaux de *Billardière*, *Savonnière*, *la Barre*, *le Patis*, *le Bois des Fourches*, plusieurs fermes et habitations écartées.

Ce village est à côté de la grande route de Nantes à Paris. On y remarque le château de *Morville*, dont M. le marquis de Guérivière est propriétaire. Le parc, de 40 arpens, est planté sur les dessins de Le Nôtre ; il renferme de très-belles eaux, distribuées en différens canaux et bassins alimentés par la petite rivière de *Guesle*.

Le terroir est en labour et vignes, une petite partie est en bois, et une autre petite partie en prairies. Le village de Hanches est à trois quarts

de lieue vers l'O. d'Epernon, et 1 lieue un quart à l'E. de Maintenon ; sa distance de Paris est de 13 lieues trois quarts vers le S. O., par la route de Nantes désignée ci-dessus. (Poste aux lettres d'Epernon.)

HANENCOURT, hameau et château. *Voyez* Gargenville.

HARAVILLIERS, village, département de Seine-et-Oise, arrondissement de Pontoise, canton de Marines, ci-devant province de l'Ile de France, dans le Vexin, et diocèse de Rouen, forme une commune d'environ 400 habitans avec les hameaux dits *le Ruel*, *le Quoniam*, *Connebaut* et autres habitations écartées, parmi lesquelles se trouvent des fabriques de tuiles, briques et carreaux.

Ce village est situé dans une plaine, sur l'ancienne route de Beauvais à Pontoise. Les productions de son terroir sont en grains : une partie est en bois. Il est à 1 lieue et demie au N. E. de Marines, et distant de 10 et demie au N. O. de Paris par cette route, et de Pontoise par la grande route de Rouen. (Poste aux lettres de Pontoise.)

HARDIVILLIERS, village, département de l'Oise, arrondissement de Beauvais, canton de Chaumont-Oise, ci-devant province de l'Ile de France, dans le Vexin, et diocèse de Rouen. Sa population est d'environ 170 habitans, avec le hameau *du Fayel.* Son terroir est en labour et en bois.

Ce village est à 1 lieue et demie au N. E. de Chaumont, et distant de 15 et demie au N. O. de Paris , par Chaumont et la chaussée joignant la route de Gisors. (Poste aux lettres de Chaumont-Oise.)

HARDRICOURT, village, département de Seine-et-Oise, arrondissement de Versailles, canton de Meulan , ci - devant province de l'Ile de France, et diocèse de Rouen. Sa population est d'environ 270 habitans. Sur une éminence est située une maison de campagne qui a l'apparence d'un château.

Son terroir est en labour et en vignes : une petite partie est en prairies. Ce village est dans un fond , à un quart de lieue à l'O. de Meulan et 8 trois quarts au N. O. de Paris, par Meulan et la grande route de Caen. (Poste aux lettres de Meulan.)

HARGEVILLE, village, département de Seine - et - Oise , arrondissement de Versailles , canton de Houdan, ci - devant province de l'Ile de France, et diocèse de Chartres. Sa population est d'environ 160 habitans , y compris le hameau de *Miherou.*

La terre d'Hargeville est une ancienne seigneurie. M. le comte du Fourc, comte d'Hargeville , garde-du-corps, che-

valier de la légion d'honneur, est propriétaire du château. Ses productions principales sont en grains : une partie est en bois. Ce village est à 3 lieues à l'E. de Houdan ; sa distance de Paris est de 10 lieues trois quarts vers l'O. , par une chaussée qui passe à Thoiry et joint la grande route de Brest. (Poste aux lettres de Maule.)

HARICOURT, village , département de l'Eure, arrondissement des Andelys , canton d'Ecos , ci - devant province de Normandie , dans le Vexin , et diocèse de Rouen. Sa population est d'environ 120 habitans. Tout son terroir est en labour.

Ce village est à 1 lieue et demie vers le S. d'Ecos , et 1 et demie vers l'E. de Vernon; sa distance de Paris est de 17 lieues et demie entre l'O. et le N. O. , par la route de Caen. (Poste aux lettres de Vernon.)

HARMANCOURT. *Voyez* ARMANCOURT.

HARMES ou HERMES , village, département de l'Oise, arrondissement de Beauvais , canton de Noailles , ci-devant province de l'Ile de France , et diocèse de Beauvais, forme une commune de 6 à 700 habitans , en y comprenant les hameaux *de Caillouel , Mèhecourt , Friencourt , Grandville , des Muillets , de Careville , et Marguerie.*

L'abbaye de *Froidmont* qui était de religieux de l'ordre de Citeaux, se trouvait sur la paroisse de Harmes ; il ne reste plus de ce monastère qui a été détruit, qu'une ferme et un moulin.

M. Auxcousteaux est propriétaire du château de Marguerie, et M. Serrait de l'ancien fief de Grand-ville.

Le village de Harmes est sur la rivière du *Therain*, sur laquelle est un beau pont, près de l'église et deux moulins, dont l'un à farines et l'autre à l'huile. Il y a aussi à Grand-ville un moulin à farines sur le ruisseau du *Sillet*. On remarque sur l'une des montagnes environnantes, un Calvaire qu'on aperçoit de très-loin.

Le terroir est en labour avec beaucoup de prairies et bois. Ce village est à 1 lieue un quart au N. E. de Noailles, et 4 au S. E. de Beauvais ; sa distance de Paris est de 14 lieues un quart au N. par une chaussée joignant la grande route de Beauvais. (Poste aux lettres de Noailles.)

HATTONVILLE, ancienne paroisse. *Voyez* ALLAINVILLE.

HAUT-TERTRE (LE), maison de Campagne. *Voy.* SAINT-LEU-TAVERNY.

HAUTE-BRUYÈRE, ancienne abbaye de religieuses de l'ordre de Fontevrault. *V.* SAINT-REMY-L'HONORÉ.

HAUTÉFEUILLE, village, département de Seine-et-Marne, arrondissement de Coulommiers, canton de Rozay, ci-devant province de l'Ile de France, dans la Brie, et diocèse de Meaux. Sa population est d'environ 200 habitans.

Il est situé entre la forêt *de Crécy* et celle nommée *le Buisson de Malvoisine*, le château *des Tournelles*, une de ses dépendances se fait remarquer par son antiquité. M. le comte Français de Nantes en est propriétaire.

Les productions du terroir sont en grains avec beaucoup de bois ; on y trouve trois fabriques de briques et carreaux. Hautefeuille est à 2 lieues et demie au N. de Rozay, et distant de 11 vers l'E. de Paris, par Tournan et la route de Rozay. (Poste aux lettres de Faremoutier.)

HAUTE-ILE, village, département de Seine-et-Oise, arrondissement de Mantes, canton de Magny, ci-devant province de l'Ile de France, dans le Vexin, et diocèse de Rouen. Il forme avec le hameau *de Chantemerle*, une commune d'environ 200 habitans.

Ce village est sur le penchant d'un long rang de rochers près *la Seine*, dans l'un desquels l'église est construite. Il ne reste plus qu'une petite partie de l'ancien château où Boileau venait souvent visiter son oncle Doujois, greffier en chef du Parlement de Paris.

Le terroir est en labour, vignes et prairies. Le village d'Haute-Ile est à une demi-lieue à l'E. de la Roche-Guyon, et 3 vers le S. E. de Magny; sa distance de Paris est de 15 lieues vers le S. O., par Limay et la grande route de Caen. (Poste aux lettres de Magny.)

HAUTE-MAISON (LA), village, département de Seine-et-Marne, arrondissement de Meaux, canton de Crecy, ci-devant province de l'Ile de France, dans la Brie, et diocèse de Meaux. Il forme, avec les hameaux de *la Grande-Rue*, *l'Epineuse*, *Maison-Rouge*, *la Loge-Artus*, plusieurs fermes et autres habitations à l'écart, une commune d'environ 270 habitans.

La terre de la Haute-Maison était anciennement le siége d'une haute, moyenne et basse justice. Dans un corps de logis séparé de la principale habitation, se trouve encore la salle d'audience et une prison.

Il y a 60 ans que sur les ruines de l'ancien château, il en a été commencé un autre plus simple et plus régulier. M. Bénard, chevalier de Moussignières, qui en est propriétaire actuel, s'occupe à le faire achever, et d'y ajouter des accessoires aussi utiles qu'agréables.

Il existe dans ce domaine, d'une étendue de terrain d'en-viron 500 arpens, tant en terres, bois et étangs, en une seule pièce, une fontaine pour laquelle, dans les siècles précédens avaient été faits des ouvrages à chaux et ciment pour en conserver les eaux. Les dégradations occasionnées par le tems et le défaut de réparations l'avaient fait abandonner depuis longtems; mais depuis peu le propriétaire l'a fait réparer et l'a destiné à l'usage des habitans; il a fait en outre des plantations considérables, particulièrement en pommiers à cidre qui ont parfaitement réussi et sont actuellement en plein rapport; presque tous les chemins sont plantés d'arbres de diverses espèces.

Les principales productions du terroir de cette commune sont en grains; les fromages y sont renommés. Le village de la Haute-Maison est à 1 lieue et demie vers le N. E. de Crecy; sa distance de Paris est de 12 lieues à l'E. par Crecy et la route de Coulommiers. (Poste aux lettres de Crecy.)

HAUTE-VILLE (LA), village, département de Seine-et-Oise, arrondissement de Mantes, canton de Houdan, ci-devant province de l'Ile de France, et diocèse de Chartres. Sa population est d'environ 230 habitans, avec le hameau de *l'Epinette*.

Son terroir est en labour, partie en bruyères et broussailles. Ce village est à 2 lieues un quart au S. de Houdan, et 4 entre l'O. et le S. O. de Montfort-Lamaury; sa distance de Paris est de 15 lieues un quart entre l'O. et le S. O. par Houdan et la grande route de Brest. (Poste aux lettres de Houdan.)

HAVELU, village, département d'Eure-et-Loir, arrondissement de Dreux, canton d'Anet, ci-devant province de l'Ile de France, dans le pays Chartrain, et diocèse de Chartres. Sa population est d'environ 120 habitans. M. d'Anglesqueville est propriétaire du château.

Son terroir est en labour et vignes, une petite partie est en bois. Ce village est à 1 lieue un quart à l'O. de Houdan, et 2 et demie vers le S. E. d'Anet; sa distance de Paris est de 14 lieues un quart à l'O. par Houdan et la grande route de Brest. (Poste aux lettres de Houdan.)

HAZEVILLE, maison de campagne. *Voyez* WY ou LE JOLI VILLAGE.

HAZOY (LE), ancien fief. *Voyez* BÉTHISY-SAINT-PIERRE.

HÉAUME (LE), village, département de Seine-et-Oise, arrondissement de Pontoise, canton de Marines, ci-devant province de l'Ilé de France, dans le Vexin, et diocèse de

Rouen. Sa population est d'environ 150 habitans. Les principales productions de son terroir sont en grains; une partie est en bois.

Ce village est à trois quarts de lieue au N. de Marines, et 10 trois quarts au N. O. de Paris, par Marines et la route de Gisors. (Poste aux lettres de Pontoise.)

HÉDOUVILLE, village, département de Seine-et-Oise, arrondissement de Pontoise, canton de l'Ile-Adam, ci-devant province de l'Ile de France, et diocèse de Beauvais. Sa population est d'environ 300 habitans. *La Tour du Lay*, autrefois prieuré de l'ordre de Malte, en fait partie.

Le terroir produit particulièrement des grains, une partie est en bois. Ce village est à 1 lieue et demie au N. E. de l'Ile-Adam, et 9 au N. de Paris, par l'Ile-Adam, et une route joignant celle de Beauvais. (Poste aux lettres de Chambly, département de l'Oise.)

HEILLES, village, département de l'Oise, arrondissement de Clermont-Oise, canton de Mouy, ci-devant province de l'Ile de France, et diocèse de Beauvais. Il forme, avec le hameau de *Monchy-la-Ville*, une commune d'environ 500 habitans. Le château de *Morainval*, ancien fief, appartenant à madame de Quemy de Morainval en fait partie.

Presque tout le terroir est en prairies et marais. Heilles est dans une vallée proche la rivière *du Thérain*, où il y a un moulin à farines, à deux roues, et un autre à foulon, à 1 lieue vers l'O. de Mouy; sa distance de Paris est de 14 lieues au N. par Noailles et la grande route de Beauvais. (Poste aux lettres de Noailles.)

HÉLOY (le), hameau et château. *Voyez* Saint-Clair-sur-Epte.

HENONVILLE, village, département de l'Oise, arrondissement de Beauvais, canton de Méru, ci-devant province de l'Ile de France, dans le Vexin, et diocèse de Rouen. Sa population est d'environ 400 habitans. M. le baron Roslin d'Yvry y est propriétaire d'un beau château et du parc.

Les principales productions du terroir de cette commune sont en grains, une partie est en vignes et bois. Hénonville est sur l'ancienne route de Beauvais à Pontoise, à 1 lieue et demie au S. E. de Méru; sa distance de Paris est de 11 lieues et demie au N. O, par cette route et de Pontoise par la grande route de Rouen. (Poste aux lettres de Méru.)

HERBAUVILLIERS, village, département de Seine-

et-Marne, arrondissement de Fontainebleau, canton de la Chapelle-la-Reine, ci-devant province de l'Ile de France, dans le Gatinais, et diocèse de Sens. Sa population est d'environ 100 habitans. Les productions de son terroir sont en grains.

Ce village est à 2 lieues vers le S. O. de la Chapelle, et distant de 19 au S. de Paris par Lachapelle, Fontainebleau et la grande route de Lyon. (Poste aux lettres de Malesherbes.)

HERBEVILLE, village, département de Seine-et-Oise, arrondissement de Versailles, canton de Meulan, ci-devant province de l'Ile de France, et diocèse de Chartres. Sa population est d'environ 170 habitans. Le château de *Boulemont*, avec un parc de 100 arpens clos de murs, et une ferme attenante, à M. le lieutenant-général baron Monnet, sont dans ses dépendances.

Son terroir est en labour une partie est en bois; il y a peu de vignes. Ce village est à trois quarts de lieue à l'E. de Maule, et 2 lieues et demie au S. de Meulan; sa distance de Paris est de 8 lieues et demie par la route de Maule qui passe à Rocquencourt. (Poste aux lettres de Maule.)

HERBLAY, village, département de Seine-et-Oise arrondissement de Versailles canton d'Argenteuil, ci-devant province de l'Ile de France, et diocèse de Paris. Sa population est d'environ 1,400 habitans, y compris le hameau *du Val*, qui est le long de la rive droite de la *Seine*.

Le château, autrefois seigneurial, est d'une ancienne construction; le parc, d'environ 30 arpens clos de murs, renferme de jolis bosquets et un petit bois distribué dans le genre anglais. M. Marceau, maire du lieu, en est propriétaire.

Sur l'emplacement d'un autre château, qui a été détruit, est une maison de campagne que M. Tempé a possédée. La position en est très-agreable, une longue terrasse de 50 toises de hauteur au dessus de la Seine lui donne une vue charmante.

La culture principale du terroir est en vignes; les fruits y sont abondans: on y trouve beaucoup de carrières de pierre à plâtre, qui sont d'un produit avantageux à raison du transport qui se fait de ces pierres dans des bateaux sur la Seine. A l'extrémité d'une île, sur cette rivière, est un moulin.

Le village d'Herblay est à 2 lieues au N. O. d'Argenteuil, et distant de 4 et demie au N. O. de Paris par Besons et Neuilly. (Poste aux lettres de Franconville.)

HÉRICY, village (anciennement petite ville fortifiée),

département de Seine-et-Marne, arrondissement de Melun, canton du Châtelet, ci-devant province de l'Ile de France, et diocèse de Sens. Sa population est d'environ 900 habitans, y compris les hameaux de *la Brosse, Fontaine-Roux,* le château de *Lépinard* et plusieurs fermes écartées.

Ce village est sur la rive droite de *la Seine*. C'était, anciennement, le siége d'un bailliage. L'antiquité et la grandeur de l'église la font remarquer. La construction et les accessoires de quelques maisons les rendent plus apparentes que toutes les autres. On admire, dans celle de madame Dainval, la belle terrasse longeant la Seine. Le jeudi de chaque semaine il y a marché.

Le pont, sur la rivière, a été construit par les romains, et détruit sous le règne de Louis XI, pour intercepter le passage des bourguignons, alors en guerre avec ce prince: il n'a plus que trois arches du côté d'Héricy, sur l'une desquelles est un moulin à farines.

Il existait au hameau de la Brosse un ancien château, sur les fondement duquel a été construit, avant la révolution, une maison de campagne appartenant actuellement à M. Chevrier, notaire; elle est sur une montagne, d'où la vue se porte très-loin. Il s'y trouve un bel enclos de vignes, dont le vin est de la première qualité du pays.

Le château de Lépinard, situé dans une plaine, à trois quarts de lieue d'Héricy, est d'une construction moderne; un parc en fait partie : il communique par une avenue au bois de *Champagne.* M. Mesange en est propriétaire.

Les productions du terroir de cette commune sont en grains, une partie est en vignes; le vin y est estimé. Le village d'Héricy est à une lieue et demie vers le S. du Châtelet, et une et demie au N. E. de Fontainebleau; sa distance de Paris est de 14 lieues entre le S. et le S. E., par Melun et la grande route de Lyon. (Poste aux lettres du Châtelet.)

HERIVAUX, ci-devant abbaye de Chanoines réguliers. *Voyez* LUZARCHES.

HERMERAY, village, département de Seine-et-Oise, arrondissement et canton de Rambouillet, ci-devant généralité d'Orléans, dans la Beauce, et diocèse de Chartres, forme, avec les hameaux de *l'Orme,* d'*Ablaincourt,* *Guyperreux,* *le Bois-Dieu,* et autres habitations écartées, une commune d'environ 700 habitans.

Son terroir est en labour, prairies et bois; un ruisseau y fait tourner trois moulins à farines. Ce village est à une lieue au N. d'Epernon, et 2

et demie à l'O. de Rambouillet; sa distance de Paris est de 13 lieues vers le S. O., par Rambouillet et la grande route de Nantes. (Poste aux lettres d'Epernon.)

HERMES. *Voyez* HARMES.

HERMIÈRES, ci-devant abbaye d'hommes de l'ordre de Prémontré. *Voyez* FAVIÈRES.

HERMITAGE (L'), maison de campagne. *Voyez* MONTMORENCY.

HERMITAGE (L'), maison de campagne. *Voyez* SANNOIS.

HEMITAGE (L'), hameau, près Pontoise, où il y avait un couvent de Trinitaires. *Voyez* PONTOISE.

HEROUVAL, ancienne maison seigneuriale. *Voyez* MONT-JAVOUL.

HÉROUVILLE, village, département de Seine-et-Oise, arrondissement de Pontoise, canton de l'Ile-Adam, ci-devant province de l'Ile de France, dans le Vexin, et diocèse de Rouen. Sa population est d'environ 320 habitans.

Ce village est situé dans une plaine, proche la route de Pontoise à Beauvais, par Méru. On y voit un château et un parc dont M. le marquis de Brisay, maire du lieu, est propriétaire.

Tout le terroir de cette commune est en terres labourables. Hérouville est à 1 lieue et demie à l'O. de l'Ile-Adam, et une et demie au N. de Pontoise; sa distance de Paris est de 8 lieues et demie au N. O., par Pontoise et la grande route de Rouen. (Poste aux lettres de Pontoise.)

HÉROUVILLE, maison de campagne. *Voyez* AUTHON.

HERSE (LA), *Voyez* BERCHÈRES-SUR-VESGRE.

HODAN, village, département de Seine-et-Oise, arrondissement de Mantes, canton de Magny, ci-devant province de l'Ile de France, dans le Vexin, et diocèse de Rouen, dont la population est d'environ 160 habitans. Son terroir est en labour, prairies et bois; le ruisseau de l'*Aubette* y fait tourner un moulin à grains.

Ce village est à une demi-lieue au S. O. de Magny, et distant de 14 au N. O. de Paris, par la grande route de Rouen. (Poste aux lettres de Magny.)

HODENC-L'ÉVÊQUE, village, département de l'Oise, arrondissement de Beauvais, canton de Noailles, ci-devant province de l'Ile de France, et diocèse de Beauvais. Sa population est d'environ 260 habitans. Son terroir est en labour, vignes et prairies, une petite partie est en bois.

Ce village est sur une éminence, à une lieue vers l'O. de Noailles; sa distance de Paris est de 13 lieues et demie au N. par Noailles et la grande route de Beauvais. (Poste aux lettres de Noailles.)

HONDAINVILLE, village, département de l'Oise, arrondissement de Clermont-Oise, canton de Mouy, ci-devant province de l'Ile de France, et diocèse de Beauvais. Sa population est d'environ 250 habitans, avec le hameau de *Buteaux*, la ferme des *Carrières* et une tuilerie.

M. Vialart de Saint-Mérys, père, avait fait construire, il y a trente ans, un beau château, qui a servi de prison pendant les fureurs de la révolution. M. Vialart de Saint-Morys, fils, qui est aujourd'hui propriétaire de la terre de Hondainville, l'a fait démolir; il occupe les basses-cours, bâties à la même époque. Le parc contient 100 arpens.

Le terroir de cette commune est en labour, prairies et bois. Hondainville est sur la rivière du *Therain*, qui fait tourner deux moulins, à trois quarts de lieues au N. O. de Mouy; sa distance de Paris est de 14 lieues et demie au N., par Noailles et la grande route de Beauvais. (Poste aux lettres de Noailles.)

HOUDAN, petite ville, département de Seine-et-Oise, arrondissement de Mantes, chef-lieu de canton, siége d'une justice de paix et résidence d'une brigade de gendarmerie, ci-devant province de l'Ile de France et diocèse de Chartres. Sa population est d'environ 1,800 habitans.

Cette ville est traversée par la grande route de Paris à Brest, sur la rivière de *Vesgre* où se réunit le ruisseau de l'*Opton*. C'est une ancienne baronie. On y remarque une tour élevée qui faisait jadis partie d'un château fort. Il y avait avant la révolution un couvent de religieuses de la Congrégation. L'hôpital subsiste.

Houdan était le siége d'une prévôté ducale. Il s'y tient cinq foires par année ; la première le mercredi des cendres, la seconde le 8 mai, la troisième le 26 juillet, la quatrième le 21 septembre et la cinquième le 11 novembre. Ces deux dernières durent chacune trois jours, elles sont considérables en chevaux et bestiaux de toute espèce. Le marché est le mercredi de chaque semaine. On y trouve quelques tanneries et mégisseries. Le commerce de laines du pays et autres y est assez avantageux.

Les productions du terroir de cette commune sont en grains, une partie est en prairie et en vignes. La rivière de Vesgre y fait tourner un moulin à farines et le ruisseau de l'Opton deux. La ville de Houdan est à 5 lieues au N. O. de Rambouillet, 6 vers le S. de Mantes, et 13 à l'O. de Paris, par la route de Brest, désignée ci-dessus. On compte 14 lieues et demie de poste. (Bureau de poste aux lettres, relais de poste aux chevaux et voitures publiques tous les jours pour Paris.)

HOUDANCOURT, village, département de l'Oise, arrondissement de Compiègne, canton d'Estrée-Saint-Denis, ci-devant province de l'Ile de France et diocèse de Beauvais. Sa population est d'environ 270 habitans avec la ferme *la Motte-Houdancourt*.

Le terroir de cette commune est en labour, prairies, pâturages et bois. Il y a un moulin à eau. Le village d'Houdancourt est à 1 lieue un quart au N. de Pont-Sainte-Maxence, 2 et demie au S. d'Estrées-Saint-Denis et 14 un quart vers le N. de Paris par la route de Flandres. (Poste aux lettres de Pont-Sainte-Maxence.)

HOUDREVILLE, ancienne paroisse. *Voyez* Epernon.

HOUILLES, village, département de Seine-et-Oise, arrondissement de Versailles, canton d'Argenteuil, ci-devant province de l'Ile de France, et diocèse de Paris. Sa population est d'environ 1,200 habitans. La commune de *Carrières - Saint - Denis* était, dans l'ancien régime, une annexe de cette paroisse. On y rencontre plusieurs maisons de campagne.

Son terroir est en terres labourables et vignes ; on y cultive beaucoup d'asperges et de petits pois, qui sont l'une de ses principales productions.

Ce village est à une lieue à l'O. d'Argenteuil, et distant de 3 au N. O. de Paris par Besons et Neuilly. (Poste aux lettres d'Argenteuil.)

HOUSSAYE (LA), village, département de Seine-et-Marne, arrondissement de Coulommiers, canton de Rozay, ci-devant province de l'Ile de France, dans la Brie, et diocèse de Meaux. Sa population est d'environ 600 habitans, y compris les hameaux de la *Housiette*, *Chantepie*, plusieurs fermes, et autres maisons isolées sous diverses dénominations.

Ce village est situé dans une plaine, proche la route de Meaux à Melun. On y voit un château d'une haute antiquité, avec un beau parc, dont feu M. le maréchal duc de Castiglione était propriétaire. M. de Senneville y possède une maison de campagne.

A un quart de lieue à l'O. de la Houssaye, il ne reste plus qu'une simple habitation de berger d'un autre ancien château, dit de *Jodelle*, où est né le poète de ce nom,

qui prenait le titre de seigneur de *Limodon*. Limodon, ci-devant fief, est actuellement une jolie petite maison de campagne appartenant à M. Bastides de Ganges.

Les principales productions du terroir de cette commune sont en grains, une partie est en bois. Le village de la Houssaye est à 2 lieues et demie au N. O. de Rozay ; sa distance de Paris est de 10 lieues à l'E. par une chaussée joignant à Tournant la route de Rozay. (Posté aux lettres de Rozay.)

HOUSSOYE(LA), village, traversé par la route de Beauvais à Rouen, département de l'Oise, arrondissement de Beauvais, canton d'Auneuil, ci-devant province de l'Ile de France et diocèse de Beauvais. Sa population est d'environ 320 habitans. C'est la résidence d'une brigade de gendarmerie.

A son extrémité occidentale est un château ci-devant seigneurial, dont M. Fouquier de la Houssoye, maire du lieu, est propriétaire. Les principales productions du terroir sont en grains, une partie en bois. On y trouve une briqueterie ; les femmes s'occupent particulièrement à la fabrication de la dentelle de soie.

Le village de la Houssaye est à trois lieues au S. O. de Beauvais, et 3 et demie au N. E. de Gisors ; sa distance de Paris est de 17 lieues entre le N. et le N. O. par Chaumont et la chaussée joignant la route de Gisors. (Relais de poste aux chevaux, le bureau de la Poste aux lettres est à Beauvais.)

HOUX, village département d'Eure-et-Loir, arrondissement de Chartres, canton de Maintenon, ci-devant généralité d'Orléans, dans la Beauce, et diocèse de Chartres. Sa population est d'environ 3oo habitans avec le hameau de *la Ville-Neuve* et une maison avec une chapelle, dite *Saint-Mamers*, où l'on va à un pélerinage tous les ans, le lundi de la Pentecôte. Il en est fait mention à la description de Maintenon. *Voyez* MAINTENON.

Le terroir est en labour, prairies, vignes et aunaies. La rivière de *Voise*, fait tourner un moulin à farines. Le village de Houx est dans une vallée, proche cette rivière, à trois quarts de lieue vers le S. E. de Maintenon, et 4 vers le N. E. de Chartres ; sa distance de Paris est de 15 lieues vers le S. O. par Epernon et la route de Nantes. (Poste aux lettres de Maintenon.)

HULEUX, hameau et château. *Voyez* NERY.

HULEY, hameau et maison de campagne. *Voyez* GREZ.

I.

IGNY, village, département de Seine-et-Oise, arrondissement de Versailles, canton de Palaiseau, ci-devant province de l'Ile de France, et diocèse de Paris. Sa population est d'environ 6oo habitans. La ferme de *Gommonvilliers* en fait partie. Une maison de campagne y est remarquable. Madame Benoist en est propriétaire.

Le terroir est en labour : les fruits y sont abondans. Une grande partie est en prairies et bois. Ce village est sur la petite rivière *de Bièvres*, qui fait tourner un moulin à trois quarts de lieues au N. de Palaiseau, et distant de 3 lieues trois quarts au S. O. de Paris, par Bièvres, et l'une des routes de Chevreuse à Paris, qui passe à Châtillon. (Poste aux lettres de Palaiseau.)

ILE-ADAM (L'), bourg, département de Seine-et-Oise, arrondissement de Pontoise, chef-lieu de canton et siége d'une justice de paix, ci-devant province de l'Ile de France et diocèse de Beauvais. Sa population est d'environ 1,3oo habitans avec le hameau de *Nogent*, qui y est contigu, et celui de *Stors*.

La situation de l'Ile Adam est l'une des plus belles de ce département, sur la rive gauche de *l'Oise*. Le superbe château, l'un des domaines de feu M. le prince de Conti, bâti dans une île que forme cette rivière, est l'un de ceux que les spéculateurs révolutionnaires ont fait disparaître, à l'exception de deux pavillons et des bâtimens dits de la conciergerie et du prieuré.

Une congrégation de prêtres, dite de *Saint-Joseph*, tenait un collège dans ce bourg. Il n'existe plus.

Au hameau de Stors, situé sur la pente d'une colline, au bord de la même rivière, est un château dont la vue pittoresque est un des plus grands agrémens. Le parc et les jardins sont remplis d'un nombre infini de plantes exotiques aussi rares que curieuses, les mieux choisies et les mieux cultivées. La dame de ce château réunit au goût le plus vif pour la botanique, des connaissances très-étendues dans cette science.

Dans l'un des jardins de la maison de campagne, dite de Cassan, adjacente à la forêt de l'île Adam, on remarque un pavillon chinois où l'eau tombe en cascade avec une extrême rapidité.

Le terroir de cette commune est en terres labourables et prairies. La forêt en fait partie. Le chanvre s'y cultive en différentes contrées. On y trouve de belles carrières et des moulins à eau.

L'Ile Adam est à 1 lieue un quart au S. O. de Beaumont, et 3 au N. E. de Pontoise ; sa distance de Paris est de 7 lieues et demie par une chaussée qui aboutit à la grande route de

Beauvais. (Poste aux lettres de Beaumont, et voitures publiques tous les jours pour Paris.)

ILE-LES-MELDEUSES, ci-devant annexe. *V.* ARMENTIÈRES.

ILE-LES-VILLENOY, village situé sur la rive droite de *la Marne* que l'on passe sur un bac, département de Seine-et-Marne, arrondissement de Meaux, canton de Claye, ci-devant province de l'Ile de France, dans la Brie, et diocèse de Meaux. Sa population est d'environ 220 habitans.

Son terroir est en terres labourables et en prairies. Ce village est à 2 lieues et demie au S. E. de Claye, et distant de 8 trois quarts à l'E. de Paris, par Coupvray, Chessy et la route de Coulommiers. (Poste aux lettres de Crecy.)

ILE-SAINT-DENIS (L'), village, département de la Seine, arrondissement et canton de Saint-Denis, ci-devant province de l'Ile de France, et diocèse de Paris. Sa population est d'environ 230 habitans.

Ce village est situé dans une île qui divise la Seine en deux branches ; il renfermoit anciennement une forteresse. On y voit plusieurs maisons de campagne dont le site est fort agréable. Presque tous les habitans sont occupés au blanchissage du linge.

L'Ile-saint-Denis est à peu de distance de la ville de Saint-Denis, à 2 lieues au N. de Paris. (Poste aux lettres de Saint-Denis.)

ISSOU, village, département de Seine-et-Oise, arrondissement de Mantes, canton de Limay, ci-devant province de l'Ile de France, et diocèse de Rouen. Sa population est d'environ 500 habitans.

Ce village est dans une belle situation à mi-côte, joignant la grande route de Paris à Caen, et peu éloigné de la *Seine*. Le château offre une vue des plus agréables sur une grande partie du cours de cette rivière, et quantité de villages et châteaux qui se trouvent sur ses bords, dans la plaine et sur les côteaux plus ou moins éloignés dans cette contrée. Le parc de cent vingt arpens, contient de belles sources et de belles plantations.

A la terre d'Issou, dont M. Martin d'Issou, maire du lieu, est propriétaire ainsi que du château, a été réuni le domaine *de Montalet*. Ces deux terres étaient autrefois seigneuriales et jouissaient de très-beaux droits utiles et honorifiques.

Le terroir de cette commune est en terres labourables, vignes et bois. Les petits pois de primeur y sont renommés.

Le village d'Issou est à 1

lieue à l'E. de Limay et de Mantes, et 11 à l'O. de Paris, par la route de Caen désignée ci-dessus. (Poste aux lettres de Mantes.)

ISSY, village, département de la Seine, arrondissement et canton de Sceaux, ci-devant province de l'Ile de France, et diocèse de Paris. Sa population est d'environ 1,100 habitans.

La situation de ce village sur la pente d'une colline peu éloignée de la rive gauche de la *Seine*, est infiniment agréable. Les maisons de campagne que l'on y trouve sont d'une belle construction, et les jardins remarquables tant par leur distribution que par l'abondance des eaux qui remplissent de superbes bassins et canaux; les points de vue y sont charmans. L'une de ces maisons, autrefois à feu M. le prince de Conti, peut être comparée aux plus belles des environs de Paris par l'air de grandeur et de noblesse de tout son ensemble.

Quatre autres maisons appartiennent : la première à M. Bourguin; la seconde à M. Richer, maire de la commune; la troisième à M. Pédelaborde; et la quatrième à M Papin; les points de vue de cette dernière, située sur la hauteur, sont admirables.

Le séminaire de Saint-Sulpice de Paris y possède aussi une maison; anciennement les

Bénédictines y avaient une abbaye.

Entre Issy et Vaugirard, se trouvent deux manufactures d'acides sulfuriques, l'un appartenant à madame du Hameau, et l'autre à M. Farjas, qui tient un magasin de vin en gros de première qualité. Plus loin, sur la rive gauche de la Seine, est une manufacture d'acides minéraux et produits chimiques, dits de *Javel* dont MM. Buffault, frères, sont propriétaires, près de là il s'en trouve une autre à peu près dans le même genre, mais qui est dans les dépendances de Vaugirard. *Voyez* VAU-GIRARD.

Les grains sont la principale production du terroir. Le village d'Issy est à 1 lieue et demie au N. de Sceaux, et trois quarts de lieue au S. O. des barrières de Paris. (Poste aux lettres de la baulieue.)

ITTEVILLE, village, département de Seine et-Oise, arrondissement d'Etampes, canton de la Ferté-Alais, ci-devant province de l'Ile de France, dans le Hurepoix, et diocèse de Sens. Sa population est de 7 à 800 habitans en y comprenant les hameaux d'*Aubin*, de *la Brière*, où il y a un moulin à eau, et les maisons isolées *des Murs*.

M. Sorbet est propriétaire d'une maison de campagne sur la hauteur de ce village qui offre les plus beaux points de vue, et M. Sanson, maire du lieu, possède aussi une maison de campagne à Aubin

Une filature hydraulique et tissage de coton, dite *le Moulin de l'Epine*, qui est très-considérable, fait également partie de cette commune. Les propriétaires, MM. Delaître et Noël, ont donné à cet établissement un tel degré de supériorité, que les ouvrages qui s'y fabriquent peuvent être comparés à ceux des fabriques anglaises par leur finesse et leur perfection. Le moulin est sur la petite rivière de *Juine*, commune de Saint-Vrain. *V.* SAINT-VRAIN.

Le terroir est en terres labourables, vignes, prairies et bois ; il produit beaucoup de légumes secs. Le village est à 1 lieue au N. de la Ferté-Alais ; sa distance de Paris est de 10 lieues au S. par Arpajon et la grande route d'Orléans. (Poste aux lettres de la Ferté-Alais.)

IVERNAUX. *Voyez* IVER-NAUX.

IVERNY, village, département de Seine-et-Marne, arrondissement de Meaux, canton de Claye, ci-devant province de l'Ile de France, dans la Brie, et diocèse de Meaux. Sa population est d'environ 380 habitans. Toutes les productions de son terroir sont en grains.

Ce village est à 2 lieues et demie au N. E. de Claye, et

8 et demie au N. E. de Paris, par Charny, Claye et la grande route d'Allemagne. (Poste aux lettres de Meaux.)

IVETTE. *Voyez* Yvette.

IVORS, village, département de l'Oise, arrondissement de Senlis, canton de Betz, ci-devant généralité et diocèse de Soissons, dans le Valois. Sa population est d'environ 350 habitans. Boursonne était une annexe de cette paroisse.

La terre d'Ivors est un ancien marquisat avec haute, moyenne et basse justice. Le château est flanqué de deux tours; deux pavillons en sont séparés dans la cour d'entrée qui communique à la basse-cour et au parc. M. le baron de Nicolay est propriétaire de ce domaine.

Il est à remarquer que le village situé dans un vallon, lors des grandes pluies d'orages, est rempli de sable qui encombrent la principale rue, au point qu'elle devient presque impraticable. Le terroir, entouré presque de tous côtés par la forêt de Villers-Cotterets n'a d'autres productions que le grain.

Le village d'Ivors est à 1 lieue et demie au N. E. de Betz, 2 au N. O. de la Ferté-Milon; sa distance de Paris est de 15 lieues et demie au N. E., par un chemin de traverse dans le bois joignant à Gondreville

la grande route de Soissons. (Poste aux lettres de la Ferté-Milon.)

IVRY-LE-TEMPLE, village, anciennement bourg, département de l'Oise, arrondissement de Beauvais, canton de Méru, ci-devant province de l'Ile de France, et diocèse de Rouen. Sa population est d'environ 400 habitans. La ferme de *Trégny* et celle de *Moulin*, où il y a un moulin sur un ruisseau, sont dans ses dépendances.

Il existait à Ivry, avant la révolution, une commanderie de l'ordre de Malte. Il s'y tient un petit marché le samedi de chaque semaine. Le terroir de cette commune est en labour, prairies, marais et bois.

Ce village est sur le grand chemin de Beaumont à Gisors, proche l'endroit où la petite rivière de *Troesne* tire son origine, à 2 lieues à l'O. de Méru; sa distance de Paris est de 12 lieues et demie vers le N. O. en passant par Hénonville et l'ancienne route de Beauvais à Pontoise, et de Pontoise, par la grande route de Rouen. (Poste aux lettres de Méru.)

IVRY-sur-Eure, bourg, département de l'Eure, arrondissement d'Evreux, canton de Saint-André de la Marche, ci-devant province de Normandie, et diocèse d'Evreux. Sa population est d'environ

800 habitans. La ferme de *la Malmaison* en fait partie.

Ce bourg, situé au pied d'une côte, était autrefois une baronie, avec haute, moyenne et basse justice. Il est divisé en deux parties inégales par la rivière d'*Eure*, qui y forme une île. Il y avait avant la révolution une abbaye d'hommes de l'ordre de Saint-Benoît. L'église, avec une partie du monastère ont été démolis. Dans les bâtimens restant est une filature de coton à mécanique, dirigée par M. de Vely.

Il se tient à Ivry trois foires par an, la première, le 24 juin, la deuxième, le 10 août, et la troisième le 29 septembre : celle du 24 juin est très-considérable à cause du commerce de vaches qui s'y fait. Le marché est le samedi de chaque semaine. Il y a beaucoup de tanneries.

Le terroir est en labour et prairies, une petite partie est en vignes. La rivière d'Eure y fait tourner trois moulins à grains et deux à tan.

La plaine d'Ivry est célèbre par la fameuse bataille gagnée par Henri IV sur le duc de Mayenne, en 1590. Une pyramide d'environ cinquante pieds de hauteur, entourée de grilles de fer, est regardée comme un monument immortel à la gloire du monarque.

Le bourg d'Ivry est à 3 lieues vers l'E. de Saint-André, et 4 entre le N. et N. E. de Dreux ; sa distance de Paris est de 16

lieues à l'O., par une chaussée qui passe à Thoiry et joint la grande route de Brest. (Poste aux lettres de Paçy-sur-Eure.)

IVRY-sur-Seine, village qui, avec *Saint-Frambourg*, forme une commune fort étendue dans le département de la Seine, arrondissement de Sceaux, canton de Villejuif, ci-devant province de l'Ile de France, et diocèse de Paris. Sa population est d'environ 1,000 habitans.

Le hameau nouvellement bâti dans la plaine, sous le nom d'*Austerlitz*, et les maisons de *la Garre*, sur la rive gauche de *la Seine*, font partie de cette commune. On trouve à la Garre une verrerie à bouteilles et verres à vitres, à côté de laquelle sont des fours à chaux d'un produit considérable, et à peu de distance, une manufacture d'eau-forte et de couperose.

Il y avait à Saint-Frambourg, contigu au village, avant la révolution, un château qui, divisé depuis en plusieurs parties, n'a plus rien de remarquable ; mais il existe à Ivry quantité de belles maisons de campagne.

Le terroir est partie en terres labourables, et partie en vignes ; les pâturages y sont abondans. Plusieurs carrières y sont en exploitation.

Le village d'Ivry est situé sur la pente de l'une des collines qui bordent la Seine sur sa rive gauche, à trois quarts de lieue au N. E. de Villejuif, et à égale distance au S. des barrières de Paris. (Poste aux lettres de la banlieue.)

J.

JABLINES, village sur la rive gauche de *la Marne*, département de Seine-et-Marne, arrondissement de Maux, canton de Lagny, ci-devant province de l'Ile de France, dans la Brie, et diocèse de Meaux. Sa population est d'environ 300 habitans, y compris le hameau de *Varennes* et la ferme de *Platry* qui en font partie.

Son terroir est en labour, une partie est en prairies. Il est à 2 lieues au N. E. de Lagny, et distant de 7 trois quarts à l'E. de Paris, par Annet, Claye et la route d'Allemagne. (Poste aux lettres de Lagny.)

JACQUEVILLE, village, département de Seine-et-Marne, arrondissement de Fontainebleau, canton de la Chapelle-la-Reine, ci-devant province de l'Ile de France, dans le Gatinais, et diocèse de Sens. Sa population est d'environ 100 habitans. Les productions de son terroir sont en grains, une petite partie est en bois.

Ce village est à une lieue au S. O. de la Chapelle, et 18 au S. de Paris, par la Chapelle-Fontainebleau et la grande route de Lyon (Poste aux lettres de Malesherbes.)

JAGNY, village, département de Seine-et-Oise, arrondissement de Pontoise, canton de Luzarches, ci-devant province de l'Ile de France, et diocèse de Paris, dont la population est d'environ 280 habitans.

Son terroir est en terres labourables, une partie est en bois. Ce village est à 3 quarts de lieue au S. de Luzarches, et distant de 6 lieues au N. de Paris, par Mareil et la grande route d'Amiens. (Poste aux lettres de Luzarches.)

JAIGNES, village, département de Seine-et-Marne, arrondissement de Meaux, canton de Lizy-sur-Ourcq, ci-devant province de l'Ile de France, et diocèse de Meaux. Sa population est d'environ 370 habitans.

Les principales productions de son terroir sont en grains. Ce village est à un quart de lieue de la rive droite de *la Marne*, qui y fait tourner un moulin, et une lieue vers le S. E. de Lizy; sa distance de Paris est de 13 lieues et demie, entre l'E. et le S. E., par Trilport et la grande route d'Allemagne. (Poste aux lettres de Lizy-sur-Ourcq.)

JAMBVILLE, village, département de Seine-et-Oise, arrondissement de Mantes, canton de Limay, ci-devant province de l'Ile de France, dans le Vexin, et diocèse de

Rouen. Sa population forme une commune d'environ 400 habitans, avec les hameaux du *Bout-des-Gillons*, *des Nocquets*, et autres habitations isolées. C'était autrefois une terre seigneuriale.

M. de Maussion, ci-devant intendant de Rouen, à qui le château et le parc ont appartenu, y a réuni à grands frais une grande quantité d'arbres rares; les points de vue en sont admirables. M. le baron Adolphe de Maussion, l'un de ses fils, en est actuellement propriétaire.

Les principales productions du terroir de cette commune sont en grains, une partie est en bois. Le village de Jambville est à 2 lieues trois quarts au N. E. de Limay et de Mantes; sa distance de Paris est de 10 lieues au N. O., par Meulan et la grande route de Caen. (Poste aux lettres de Meulan.)

JAMMERICOURT, village, département de l'Oise, arrondissement de Beauvais, canton de Chaumont-Oise, ci-devant province de l'Ile de France, dans le Vexin, et diocèse de Rouen. Sa population d'environ 150 habitans, avec le hameau d'*Hardencourt*. M. Hue de Bougy est propriétaire du château et du parc.

Son terroir est en labour: une petite partie est en bois. Ce village est à 1 lieue au N. de Chaumont et 15 au N. O. de Paris, par Chaumont et la chaussée joignant la route de Gisors. (Poste aux lettres de Chaumont-Oise.)

JANVILLIERS, hameau et château. *Voy.* Ecrosnes.

JANVRY, village, département de Seine-et-Oise, arrondissement de Rambouillet, canton de Limours, ci-devant province de l'Ile de France, dans le Hurepoix, et diocèse de Paris. Sa population est d'environ 350 habitans, en y comprenant les hameaux de *Muleron* et *la Brosse*. Le château appartient à M. Anjorrant, maire du lieu.

Ce village est situé dans une plaine. On y remarque un puits de trente-six toises de profondeur. On en tire l'eau au moyen d'une grande roue, dans laquelle se placent quatre ou cinq hommes pour faire monter le seau de la contenance d'un quarteau: on emploie un demi-quart d'heure pour le tirer du fond de ce puits.

Le terroir est tout en terres labourables. Janvry est à 1 lieue et demie à l'E. de Limours, et distant de 6 et demie au S. O. de Paris, par différens chemins joignant l'ancienne route de Chartres. (Poste aux lettres de Limours.)

JARCY, ci-devant abbaye de religieuses de l'ordre de Saint-Benoît. *V.* Varennes.

JARD (le), château, an-
ciennement abbaye d'hommes,
faisant partie de la commune
de *Voisenon*, canton et arrondissement de Melun, département de Seine-et-Marne : elle
était du diocèse de Sens.

Le roi Louis VII, dit le
Jeune, après avoir répudié la
fameuse Éléonore de Guyenne,
épousa en secondes noces Cons-
tance, fille d'Alphonse, roi de
Castille, dont il eut deux filles.
Cette princesse mourut en
1157. Louis VII, sans enfans
mâles, épousa en 1161 Alix
ou Adèle, fille de Thibaut le
Grand, comte de Champagne.

Ce monarque avait alors
plus de cinquante ans, et crai-
gnait de ne point laisser d'héritiers de sa couronne. Il faisait, ainsi qu'Alix, des vœux
ardens pour en obtenir. La
reine avait alors un palais ou
maison de plaisance en un lieu
appelé *le Jard*, agréablement
situé près de la ville de Melun.
Le roi y venait passer plusieurs
jours avec elle, et faisait de
fréquens pélerinages dans les
environs ; enfin, en 1164,
Alix accoucha d'un prince qui
fut nommé *Dieu-donné* et qui
fut depuis *Philippe-Auguste*.
En reconnaissance, ils fondè-
rent un monastère de chanoines réguliers de l'ordre de
Saint-Augustin, dont l'abbaye
de Saint-Victor de Paris fournit les premiers religieux.
Cette abbaye fut d'abord établie à *Passy*, près de Melun,
à peu de distance du Jard.

Après la mort du roi, la reine,
vivement affectée de cette
perte, abandonna le château
du Jard qui lui rappeloit de
trop pénibles souvenirs, et qui
resta désert jusqu'en 1199. A
cette époque, la reine-mère
se détermina à transférer dans
le palais du Jard les religieux
de Passy, qui s'étoient plusieurs
fois plaints de l'aridité et de la
stérilité du sol de leur premier
établissement qui fut érigé en
abbaye.

Le premier abbé fut Pierre
de Corbeil, savant distingué,
et depuis archevêque de Sens.

Pendant deux ou trois siècles, l'abbaye du Jard conti-
nua de recevoir des libéralités
tant de nos rois que des différens princes, et sur-tout des
vicomtes de Melun. Un grand
nombre de ces vicomtes et
plusieurs comtes de Tancarville y ont été enterrés. Cette
abbaye, devenue fort riche,
fut mise en commende dans
le courant du seizième siècle.

En 1791 elle a été vendue
à M. de Vergès, qui a rétabli
le château qui appartient maintenant à M. le baron Rouillé-
d'Orfeuil, ancien intendant de
Champagne. Un beau parc,
très-varié à raison de l'inéga-
lité du terrain, percé de routes
de chasse et rempli de rochers
pittoresques, un grand canal
alimenté par des sources d'eau
vive, traversant un parterre
planté avec goût par le nouveau propriétaire, contribuent
à faire distinguer cette habi-

tation comme une des plus agréables de la contrée.

Le château du Jard est à une lieue au N. de Melun, et distant de 9 et demie au S. E. de Paris, par la grande route de Lyon. (Poste aux lettres de Melun.)

JARDY, maison de campagne, ancien prieuré et ferme. *Voyez* VAUCRESSON.

chapelle

JAULX, village, département de l'Oise, arrondissement et canton de Compiègne, ci-devant province de l'Ile de France, et diocèse de Beauvais. Sa population est de 12 à 1300 habitans, en y comprenant les hameaux d'*Isaucourt*, du *Pré-Griset*, des *Tartres de Jaulx*, le ci-devant fief de *Varenval* et la ferme de *Bouguy*, où était autrefois un prieuré. La terre de Varenval étoit le siège d'une haute, moyenne et basse justice. M. Levesque de Varenval, maire de Jaulx, en est propriétaire.

Ses productions sont en grains, en prairies, en vignes et arbres fruitiers : une petite partie est en bois. Le village de Jaulx est très-allongé sur la rive droite de l'*Oise*; à chacune de ses extrémités septentrionale et méridionale se trouve un bac pour le passage de cette rivière. Il est à une lieue et demie au S. de Compiègne; sa distance de Paris est de 17 lieues vers le N. E., par la grande route de Com-

piègne. (Poste aux lettres de Compiègne.)

JAVEL, manufactures de produits chimiques. *V.* VAUGIRARD et ISSY.

JEAN-GROGNE, maison de campagne. *Voyez* FONTENAY-TREZIGNY.

JEUFOSSE, village, département de Seine-et-Oise, arrondissement de Mantes, canton de Bonnières, ci-devant province de l'Ile de France, et diocèse d'Evreux. Sa population est d'environ 330 habitans avec les hameaux de *la Haye de Branville*, *Notre-Dame-la-Mère* et autres habitations isolées.

Ce village est traversé par la route de Paris à Rouen par Vernon; sur la rive gauche de *la Seine*. Les productions de son terroir sont en grains : une partie est en bois. Il est à trois quarts de lieue à l'O. de Bonnières et 2 lieues un quart vers le S. E. de Vernon; sa distance de Paris est de 15 lieues trois quarts entre l'O. et le N. O., par Bonnières et la grande route de Caen. (Poste aux lettres de Bonnières.)

JEURE, château près la grande route de Paris à Orléans. *Voyez* MORIGNY.

JODELLE, autrefois château. *Voyez* LA HOUSSAYE.

JONCHÈRE (LA), château.
Voyez BOUGIVAL.

JONCHÈRE (LA), château.
Voyez LÉSIGNY.

JONQUIÈRES, village, département de l'Oise, arrondissement de Compiègne, canton d'Estrées-Saint-Denis, ci-devant province de l'Ile de France, et diocèse de Beauvais. Sa population est d'environ 700 habitans, avec les hameaux de *Monplaisir* et *la Rue-de-Pierre-Fonds*, qui sont dans ses dépendances.

Ce village est sur la route de Clermont à Compiègne. La terre était autrefois seigneuriale. M. Muyssart, maire du lieu, est propriétaire du château.

Ses produtions sont en grains, en vignes, en bois et en arbres fruitiers. Il s'y fait un commerce assez considérable en fruits rouges et autres. Un marché se tient tous les ans dans le tems de la récolte pour en faciliter l'exportation, particulièrement à Amiens.

Le village de Jonquières est à 1 lieue 3 quarts vers le S. E. d'Estrées-Saint-Denis, et 2 au S. O. de Compiègne; sa distance de Paris est de 16 lieues et demie vers le N. E. par la route de Flandre. (Poste aux lettres de Compiègne.)

JONVILLE, château. *Voy.* SAINT-FARGEAU.

JOSSIGNY, village, département de Seine-et-Marne, arrondissement de Meaux, canton de Lagny, ci-devant province de l'Ile de France, dans la Brie, et diocèse de Paris. Sa population est d'environ 500 habitans; le château de *Fontenelle*, celui de *Belle-Assise*, ci-devant fief, la ferme de *la Motte*, et deux autres, l'une nommée *Manny*, et l'autre les *Colinières*, en font partie.

Le château de Jossigny a été érigé en majorat de baronie en faveur de M. Le Conte-Desgraviers, aussi propriétaire de la ferme de *la Motte*, ancienne baronie, avec un beau château et un parc qui n'existent plus.

Le château de Fontenelles, ci-devant seigneurial, est entouré d'eau vive. Son nom lui vient de quantité de fontaines qui ont toutes leurs sources sur les terres qui composent ce domaine appartenant à M. Lorry de Fontenelles.

Le site du château de Belle-Assise, dont M. le comte de Vissec était propriétaire, est très-remarquable; c'est l'un des plus élevés de la Brie; la vue s'y étend très-loin. Ce château appartient actuellement à madame Fouschard.

Le terroir de cette commune est en terres labourables; une partie est en prairies et bois.

Jossigny est à 1 lieue 1 quart au S. de Lagny, et distant de 6 trois quarts à l'E. de Paris, par Croissy-Beaubourg et la route qui joint le pont de Saint-Maur. (Poste aux lettres de Lagny.)

JOUARRE, bourg, département de Seine-et-Marne, arrondissement de Meaux, canton de la Ferté-sous-Jouarre, ci-devant province de l'Ile de France, dans la Brie, et diocèse de Meaux. Il forme une commune d'environ 2,700 habitans, avec les hameaux de *Courcelles*, *Vanry*, *Romigny*, *les Corbiers*, et autres, beaucoup de fermes isolées, sous diverses dénominations. Les châteaux de *Venteuil* et de *Perreuse* en font également partie.

Ce bourg, où il y avait avant la révolution une célèbre abbaye de religieuses de l'ordre de Saint-Benoît, est dans une des situations les plus remarquables de ce département, sur une haute éminence, d'où la vue est unique à cause de la variété et la beauté du paysage. On découvre de ce point la ville entière de la Ferté, traversée par la *Marne*, avec une grande étendue de cette rivière, ainsi que nombre de villages, hameaux, châteaux et autres habitations, dans une superbe vallée dont les deux côtés sont couverts de vignes et couronnés de bois.

Il ne reste plus de l'abbaye de Jouarre, en partie démolie, que la tour de l'église et les bâtimens de l'abbatiale, actuellement maison de campagne, dont le site est infiniment agréable.

Dans l'ancien cimetière de la paroisse de Jouarre est une *chapelle* où se trouvent plusieurs tombeaux des anciennes abbesses, notamment celui de sainte Telchide et celui de sainte Ozanne, reine d'Ecosse.

Tous les ans, le mardi de la Pentecôte, il se fait une procession solennelle des chasses provenant de l'abbaye, et conservées par les habitans de la commune, ce qui donne lieu, ce jour-là, à une foire et à un rassemblement si considérable que l'on peut évaluer à 8 ou 10,000 le nombre de personnes qui s'y trouvent. De tems immémorial cette affluence de monde a toujours été la même.

Jouarre, dans l'ancien régime, était le siége d'un bailliage seigneurial et d'une châtellenie. L'Hôtel-Dieu encore subsistant sous le nom *d'hospice*, est desservi par trois sœurs de la Charité; deux d'entr'elles sont chargées du soin des malades, et l'autre de l'éducation de jeunes filles.

Le château de Venteuil, dont il est fait mention ci-dessus, appartient à M. de Caulière, maire de Jouarre. On y arrive par une belle avenue plantée de quatre rangées de tilleul, qui communique à la route de Jouarre à la Ferté. On y jouit de la même vue qu'à Jouarre.

Le terroir est en terres labourables, prairies, vignes et

bois. Ce bourg est à 1 demi-lieue au S. de la Ferté, et 15 à l'E. de Paris, par une route qui vient aboutir à celle d'Allemagne. (Poste aux lettres de la Ferté-sous-Jouarre.)

JOUARS - PONT - CHARTRAIN, commune composée de plusieurs hameaux, où il y a une paroisse dite de *Jouars*, département de Seine-et-Oise, arrondissement de Versailles, canton de Chevreuse, ci-devant province de l'Ile de France, et diocèse de Chartres. Sa population est d'environ 1,400 habitans.

Ces hameaux sont : *les Bordes*, *Chenevières*, *les Mousseaux*, *Ergal*, *la Dauberie*, *la Richarderie*, *le Moulin-Neuf*, *la Piqueterie*, *Château-Vilaine*, plusieurs autres habitations isolées, et moulins à eau sous diverses dénominations.

Pont-Chartrain est un superbe château que M. le comte de Pont-Chartrain, chancelier de France, fit bâtir. Il a appartenu ensuite à M. le comte de Maurepas, ministre et secrétaire d'Etat, puis à M. le duc de Brissac, gouverneur de Paris. Mademoiselle des Tilliers en est aujourd'hui propriétaire.

Ce château est situé près la grande route de Paris à Brest, dans une large vallée, et environné de petits ruisseaux qui circulent dans un jardin à l'anglaise, entourant tout l'édifice et faisant environ le tiers d'un parc, d'une vaste étendue. Les eaux y sont admirables.

La petite rivière de *Maudre* borde la majeure partie de ce parc, et communique ses eaux dans l'intérieur par différentes branches qu'elle y forme. On y voit de magnifiques bosquets plantés d'arbres, d'arbrisseaux et de plantes étrangères, qui répandent dans la saison l'odeur la plus suave.

En 1813, M. des Tilliers, propriétaire alors de ce château, a fait ériger auprès de l'église un monument sépulchral en l'honneur de madame son épouse. Ce monument, d'une forme gothique à l'intérieur, est entouré d'une masse de peupliers d'une hauteur considérable et qui présente un aspect imposant. Ce monument a été construit d'après les dessins de M. Lalos, architecte.

Le hameau de Chenevières renferme deux maisons appartenant l'une à M. Rabilly, et l'autre à M. Gatteaux. Celui des Bordes est traversé par la route sus-désignée de Paris à Brest. C'est la résidence d'une brigade de gendarmerie. Il y a un relais de poste aux chevaux.

Le terroir de cette commune est en labour, une partie en prairies et en bois. La paroisse de Jouars est à 3 lieues et demie au N. O. de Chevreuse par la grande route de Brest. (Poste aux lettres de Neaufle-le-Château.)

JOUY-L'ABBAYE, ci-devant abbaye d'hommes de l'ordre de Citeaux, dans les dépendances de la commune de Chenoise, canton de Nangis, arrondissement de Provins, département de Seine-et-Marne, ci-devant province de l'Ile de France, dans la Brie, et diocèse de Sens. Elle fut fondée l'an 1124, par Thibauld-le-Grand, comte de Champagne et de Brie.

Il n'existe plus de cette abbaye que des fragmens de bâtimens dont une partie forme actuellement une maison de campagne. Un jardin attenant, des eaux vives et de nombreuses plantations dans un vaste enclos, à l'entrée de la forêt qui porte le nom de cet ancien monastère, donnent à cette habitation un aspect agréable et pittoresque.

Ce domaine, appartenant actuellement à M. Chevrier, est à 1 lieue et demie vers l'E. de Jouy-le-Châtel, et 4 au N. E. de Nangis; sa distance de Paris est de 16 lieues entre l'E. et le S. E., par Rozay et la route qui passe à Tournan. (Poste aux lettres de Provins.)

JOUY-EN-JOSAS, village, département de Seine-et-Oise, arrondissement et canton de Versailles, ci-devant province de l'Ile de France, et diocèse de Paris. Sa population est d'environ 1,500 habitans, avec les hameaux *des Mets*, *Saint-Marc*. La maison de campa-

gne de la *Cour-Roland*, plusieurs fermes, et autres habitations écartées.

Ce village est dans une vallée agréable, sur la petite rivière de *Bièvres*, qui fait tourner trois moulins. On y voit un très-beau château bâti à la moderne, avec un parc d'environ 300 arpens, clos de murs, dont M. Armand Séguin est propriétaire.

Jouy est généralement connu par l'une des plus considérables manufactures de toiles peintes du royaume, appartenant à M. Oberkampf, possesseur d'une autre qui peut lui être comparée à *Essonnes*, près Corbeil. *Voyez* **Essonnes.**

Plusieurs maisons de campagne embellissent ce lieu; deux entr'autres attenant le village se font remarquer tant par leur site que par les jardins et parcs qui en font partie. Madame veuve Oberkampf est propriétaire de l'une; l'autre, appelée le moulin *du Rat*, appartient à M. le marquis de l'Aubespine. Cette dernière est située au pied d'une montagne qui forme plusieurs terrasses par lesquelles on communique de plein-pied au premier et au second étage. Le parc de 40 arpens clos de murs, est traversé par la rivière de Bièvres qui fait tourner le moulin qui a donné le nom à cette habitation. Les sources d'eau vive y sont très-abondantes.

La Cour Roland était autrefois un franc-aleu, la maison appartenant à madame Sémonin, n'a rien de remarquable. Le parc, contenant environ 75 arpens, est distribué à l'anglaise avec de belles plantations qui réunissent l'utile à l'agréable.

Les productions du terroir de cette commune sont variées en terres labourables, prairies et bois. Le village de Jouy est à 1 lieue un quart au S. E. de Versailles, et distant de 4 au S. O. de Paris, par une route qui passe à Châtillon. (Poste aux lettres de Versailles.)

JOUY-LE-CHATEL,

bourg, département de Seine-et-Marne, arrondissement de Provins, canton de Nangis, ci-devant province de l'Ile de France, dans la Brie, et diocèse de Meaux. Sa population est d'environ 1,200 habitans, en y comprenant les hameaux *du Petit-Paris*, *de Fontaine-Pepin*, *du Corbier*, *de Bois-le-Comte*, *du Montieux* et autres, avec plusieurs fermes isolées.

C'était anciennement une ville ; à l'une de ses extrémités est un donjon ruiné en partie, qui tient à l'ancien château de *Vigneaux*, entouré de fossés, avec un parc et des plantations qui en forment les avenues. La propriétaire, madame de Reghat, possède aussi au hameau du Petit-Paris un autre château moderne, précédé d'une cour plantée de

beaux marronniers. Le parc, clos de murs, n'est pas très-grand.

Il se tient à Jouy un marché le mardi de chaque semaine. Les principales productions de son terroir sont en grains. La petite rivière d'*Yerres* y a sa source à une fontaine dite la *Fontaine-Chaude*, près le hameau de Corbier. Ce bourg est à 4 lieues vers le N. de Nangis, et 3 à l'E. de Rozay ; sa distance de Paris est de 14 lieues vers le S. E., par Rozay et la route qui passe à Tournan. (Poste aux lettres de Nangis.)

JOUY-LE-COMTE, vil-

lage, département de Seine-et-Oise, arrondissement de Pontoise, canton de l'Ile-Adam, ci-devant province de l'Ile de France, et diocèse de Beauvais ; il forme une commune d'environ 600 habitans avec les hameaux de *Bournonville*, *de Parmin*, près l'Ile-Adam, et les maisons isolées d'*Orgivaux*.

Les principales productions de son terroir sont en grains, chanvres, légumes et fruits ; une partie est en bois ; un ruisseau fait tourner deux moulins, un troisième est sur la petite rivière *du Sausseron*.

Ce village est dans une vallée sur la rive droite de l'*Oise*, à une demi-lieue au N. de l'Ile-Adam, et 8 au N. de Paris, par l'Ile-Adam et une route joignant celle de Beauvais. (Poste aux lettrès de Beaumont-sur-Oise.)

JOUY-LE-MOUTIER, village, département de Seine-et-Oise, arrondissement et canton de Pontoise, ci-devant province de l'Ile de France, et diocèse de Paris. Il forme une commune d'environ 800 habitans, avec les hameaux de *Jouy-la-Fontaine*, *Vincourt*, *Glatigny* en grande partie, *Ecancourt* et la ferme de *la Siault*.

Ces divers endroits renferment plusieurs maisons de campagne, qui se font remarquer tant par leur situation dans une belle vallée que par leurs accessoires. La principale culture du terroir est en vignes, une partie est en terres labourables, et les fruits y sont assez aboudans.

Jouy-le-Moutier est sur la rive droite de *l'Oise*, que l'on passe sur un bac au hameau de *Vincourt*, en face du village de Neuville, à une lieue et demie au S. O. de Pontoise, et 7 au N. O. de Paris, par Neuville et un chemin qui joint la grande route de Rouen. (Poste aux lettres de Pontoise.)

JOUY-MAUVOISIN, village, département de Seine-et-Oise, arrondissement de Mantes, canton de Bonnières, ci-devant province de l'Ile de France, et diocèse de Chartres. Sa population est d'environ 200 habitans. Les productions du terroir sont en grains; une partie est en vignes.

Ce village est à une lieue trois quarts entre le S. et le S. E. de Bonnières, une un quart au S. O. de Mantes; sa distance de Paris est de 13 lieues et demie entre l'O. et le N. O., par Mantes et la grande route de Caen. (Poste aux lettres de Mantes.)

JOUY-SOUS-THEL, village, département de l'Oise, arondissement de Beauvais, canton d'Auneuil, ci-devant province de l'Ile de France, et diocèse de Rouen. Sa population est d'environ 800 habitans, avec le hameau de *Horgnes*, qui en fait partie. Madame la marquise de Lubersac est propriétaire du château.

Les principales productions de son terroir sont en grains, une partie est en bois. Les femmes s'y occupent à la fabrication de dentelles de soie.

Le village de Jouy est à une lieue et demie au S. d'Auneuil, et 2 lieues au N. E. de Chaumont; sa distance de Paris est de 16 lieues entre le N. et le N. O., par Chaumont et la chaussée joignant la route de Gisors. (Poste aux lettres de Chaumont-Oise.)

JOUY-sur-Morin, bourg, département de Seine-et-Marne, arrondissement de Coulommiers, canton de la Ferté-Gaucher, ci-devant province de l'Ile de France , dans la Brie , et diocèse de Meaux. Sa population est d'environ 1,700 habitans, en y comprenant les hameaux de *la Chairaux-Gens, Montigny, Jariel, Pinnebart, Voigny, Beauchien , le Hardroy, Laval ,* la papéterie *du Marais*, et plusieurs autres habitations isolées.

La papéterie du Marais, qui est très-considérable, appartenant à madame Delaitre, occupe une partie de ses habitans, ainsi que deux manufactures de buffle ou chamoiserie, dont l'une, dans le bourg, est à M. Vidal, et l'autre, à la Chair aux-Gens, à MM. Recy, frères. On y trouve aussi deux usines à huile , et quatre moulins à farines. Ces divers établissemens sont tous sur la rivière du *Grand-Morin*.

Le terroir de cette commune est en labour, en prairies , en vignes et en bois. Le bourg de Jouy est à trois quarts de lieue vers l'O. de la Ferté-Gaucher, et une et demie vers le S. de Rebais; sa distance de Paris est de 17 lieues et demie à l'E., par Coulommiers et la route qui passe à Lagny. (Poste aux lettres de la Ferté-Gaucher.)

JOYENVAL, ancienne abbaye de l'ordre de Prémontré. *Voyez* Chambourcy.

JUILLY, village, département de Seine-et-Marne, arrondissement de Meaux, canton de Dammartin, ci-devant province de l'Ile de France, et diocèse de Meaux. Sa population est d'environ 450 habitans.

Ce lieu est célèbre par le collége, dont l'existence remonte à près de deux cents ans; il a toujours été renommé pour les études solides, le maintien de l'ordre et des bons principes, ainsi que par le zèle des professeurs et l'émulation des élèves. C'était autrefois une abbaye de chanoines réguliers de l'Ordre de Saint-Augustin , dont les revenus furent réunis, en 1638, à ceux de la maison des Oratoriens de Paris, rue Saint-Honoré. L'école qui s'y forma en peu de tems, reçut presqu'aussitôt, de la munificence de Louis XIII , le titre d'*Académie royale*.

Cet établissement est du petit nombre de ceux qui ont résisté au torrent de la révolution. Un chef d'institution, secondé par des ex-Oratoriens et autres membres d'anciens corps enseignant, le dirige aujourd'hui.

Le local n'offre rien d'apparent, mais agréable et singulièrement approprié à sa destination. Un parc de trente arpens, bien planté, contribue, avec la bonté de l'air et des eaux , à rendre ce lieu très-salubre; aussi la jeunesse qui l'habite y jouit d'une santé parfaite.

Les principales productions du terroir de cette commune sont en grains, une petite partie est en bois. Les chemins vicinaux y sont garnis d'arbres fruitiers, et les sources d'eau sont très-abondantes.

Le village et le collège de Juilly sont dans une petite vallée, à une lieue un quart au S. de Dammartin, et 3 à l'O. de Meaux; sa distance de Paris est de 8 lieues au N. E., par une chaussée qui joint au Me-nil-Amelot la grande route de Soissons. (Poste aux lettres de Dammartin, et voiture publique tous les jours pour Paris.)

JUMÉAUVILLE, village, département de Seine-et-Oise, arrondissement et canton de Mantes, ci-devant province de l'Ile de France, et diocèse de Chartres. Sa population est d'environ 380 habitans. Les productions de son terroir ne sont qu'en grains.

Ce village est dans un fond, à 2 lieues et demie au S. E. de Mantes, et distant de 10 lieues à l'O. de Paris par Maule et la route qui passe à Rocquencourt. (Poste aux lettres de Maule.)

JUVISY, village, département de Seine-et-Oise, arrondissement de Corbeil, canton de Longjumeau, ci-devant province de l'Ile de France, et diocèse de Paris. Sa population est d'environ 350 habitans, y compris une partie du

hameau de *Fromenteau*, l'autre partie est sur la commune de *Savigny-sur-Orge*.

La grande route de Paris à Fontainebleau traversait autrefois ce village, mais ce n'était pas sans peine, à cause de la rapidité de la montagne sur la pente de laquelle il est situé. Le projet conçu en 1727, de rendre cette route plus praticable, a été exécuté, elle est dirigée depuis cette époque par Fromenteau. On y remarque deux ponts l'un sur l'autre, construits dans la vallée où passe la petite rivière d'*Orge*. Ces ponts, avant la révolution, étaient ornés de trophées et de fontaines, dont on voit encore les restes.

M. de Monttessuy est propriétaire du château et d'un parc fort étendu, qui renferme de belles terrasses et de beaux jardins. On y voit des sources d'eau magnifiques qui alimentent un grand canal à la hauteur de cent pieds au dessus de la rivière d'Orge, qui traverse le parc.

Les principales productions du terroir de cette commune sont en grains; une partie est en vignes et prairies. Le village de Juvisy est proche la grande route désignée ci-dessus de Paris à Fontainebleau, à 1 lieu et demie à l'E. de Longjumeau, et 4 et demie au S. de Paris par cette route. (Il y a un bureau de poste aux lettres à Fromenteau, et un relais de poste aux chevaux.)

JUZIERS, commune com-
posée de plusieurs hameaux
avec une paroisse, département de Seine-et-Oise, arrondissement de Mantes, canton
de Limay, ci-devant province
de l'Ile de France, et diocèse
de Rouen. Sa population est
d'environ 1,000 habitans.

Ces hameaux sont *Jusiers-
la-Ville*, *Juziers-le-Bourg*,
Juziers-la-Rivière, *Apremont* en partie, *Hautmont*,
le Ménil, *le Marais*, *Able-
mont*, *la Chartre* et *la Ferme
des Granges*; l'autre partie
d'Apremont est dans les dépendances de Mezy.

Ces divers lieux sont dans
une belle situation sur la pente
et au bas de la colline qui
borde la grande route de Paris
à Caen, et la rive droite de la
Seine dans cette contrée. On
remarque sur cette route deux
maisons de campagne : l'une
à Juziers-le-Bourg, autrefois
seigneuriale, appartenant à
M. Carié de Saint-Clément,
maire du lieu, et l'autre à
Juziers-la-Ville, nommée la
Sergenterie, ci-devant fief,
à madame Bonnel; plus loin,
au hameau de Ménil, il en
existe une autre à M. Audin.
Ces trois maisons ont une vue
très-agréable.

Le terroir de cette com-
mune est en terres labourables,
en vignes et en bois. Les petits
pois de primeur y sont estimés.
La paroisse de Juziers est à 1
lieue à l'O. de Meulan, et 2
et demie à l'E. de Limay et de

Mantes ; sa distance de Paris
est de 9 lieues et demie au N.
O. par la route de Caen désignée ci-dessus. (Poste aux
lettres de Meulan.)

L.

LABBEVILLE, village, dé-
partement de Seine-et-Oise,
arrondissement de Pontoise,
canton de l'Ile-Adam, ci-
devant province de l'Ile de
France, dans le Vexin, et
diocèse de Rouen. Sa population est d'environ 350 habitans, y compris les hameaux
d'*Ambières* et les maisons isolées de *Brecourt* et *la Chapelle*; le château n'a rien de
remarquable.

Les principales productions
de son terroir sont en grains.
On y rencontre deux carrières
de pierre de taille.

Le village de Labbeville est
dans une vallée, sur la petite
rivière de *Sausseron*, qui fait
tourner un moulin à deux
roues, et un autre à Brecourt,
à 1 lieue et demie au N. O. de
l'Ile-Adam et 9 au N. O. de Paris, par l'Ile-Adam, et la route
joignant celle de Beauvais.
(Poste aux lettres de Pontoise.)

LACY. *Voyez* Lassy.

LADY, village, départe-
ment de Seine-et-Marne, arrondissement de Melun, canton de Mormant, ci-devant
province de l'Ile de France,
dans la Brie, et diocèse de

Sens. Sa population est d'environ 200 habitans. Les principales productions de son terroir sont en grains.

Ce village est à trois quarts de lieue au S. de Mormant, et 12 lieues trois quarts au S. E. de Paris, par Mormant et la grande route de Troyes. (Poste aux lettres de Mormant.)

LAGNY, petite et ancienne ville, département de Seine-et-Marne, arrondissement de Meaux, chef-lieu de canton et siége d'une justice de paix, et la résidence d'une brigade de gendarmerie, ci-devant province de l'Ile de France, dans la Brie, et diocèse de Paris. Sa population est d'environ 2,000 habitans.

La situation de cette ville est l'une des plus agréables des bords de la *Marne*; elle est traversée par la route de Paris à Coulommiers, et renfermait, avant la révolution, trois paroisse, une abbaye d'hommes de l'ordre de St.-Benoît, dite de *St.-Pierre*, et l'ancien couvent de religieuses Bénédictines qui avait été réuni à l'abbaye de *Malnoue*. L'Hôtel-Dieu, sous le nom d'*Hospice*, est destiné aux gens âgés et aux enfans nés dans la ville. Il y a, en outre, une administration de charité.

L'abbé de Saint-Pierre, seigneur de cette ville, prenait le titre de comte de Lagny. C'était le siége d'une châtellenie, d'un gouvernement particulier et de la juridiction d'un grenier à sel.

Cette ville, à plusieurs époques, théâtre de la guerre, fut prise, pillée et brûlée par les Anglais en 1358. Un capitaine nommé Lacrique, homme cruel, à qui la garde de l'abbaye avait été confiée, ne fit qu'ajouter à ses malheurs, en tyrannisant les religieux de toute manière et en mettant leur patience à toute épreuve.

Peu de tems après, ce même homme, voyant la résignation des religieux aux mauvais traitemens dont il les accablait, changea de dispositions à leur égard, et voulut enfin réparer les torts que les Anglais avaient faits dans cette maison. Il fit jeter les fondemens d'une nouvelle église, dont une partie fut finie avant sa mort, et achevée depuis telle qu'on la voit encore aujourd'hui.

En 1544, les habitans de Lagny se révoltèrent : le maréchal de Lorges, chargé, à cette époque, de soumettre les rebelles, assiégea la ville et la prit d'assaut, et devint le théâtre de toutes sortes d'excès, de violences et de brigandages. Le capitaine Montevrain fit piller l'église de l'abbaye, enlever les châsses et brûler les reliques qu'elles renfermaient. Tant d'horreurs et de crimes ne pouvaient rester impunis, aussi Montevrain fut-il arrêté par ordre du roi, décapité à Paris, en place de grève, et sa tête,

transportée à Lagny, fut longtems exposée sur la place publique.

Toutes ces guerres détrui-
sirent les manufactures renommées de cette ville où le
commerce était très-considérable. Il ne consiste plus aujourd'hui qu'en grains et fromages de Brie. Il s'y tient deux
foires par année, la première,
le 3 février, et la seconde, le
premier dimanche de juillet ;
cette dernière dure deux jours.
Le marché est le vendredi de
chaque semaine.

On remarque à Lagny une
belle fontaine, dont la source
est très-abondante ; elle fournit l'eau à une grande partie
des habitans.

On trouve, à l'une des extrémités de cette ville, sur
une éminence, une jolie maison où est établie une pension
de jeunes gens, dirigée par
M. Lecourt, chef d'institution
de l'Université.

La ville de Lagny est située
sur la rive gauche de la Marne.
On la passe sur un pont, où
deux moulins sont établis ; elle
est entourée de vignobles et de
belles prairies, à 4 lieues et
demie au S. O. de Meaux, et
distant de Paris de 6 lieues et
demie par la route de Coulommiers désignée ci-dessus.
(Bureau de poste aux lettres,
et voitures publiques qui vont
à Paris et en reviennent le
même jour.)

LAGNY-LE-SEC, village,
département de l'Oise, arrondissement et canton de Nanteuil-le-Haudouin, ci-devant
province de l'Ile de France,
et diocèse de Meaux. Sa population est d'environ 600 habitans, y compris quelques maisons isolées, dites *Chante-
Merle* et autres, sous diverses
dénominations.

Ce village, contigu à la
grande route de Paris à Soissons, renferme deux maisons
de campagne, dont l'une, ci-
devant fief, nommée *Longperier*, appartient à M. Prévost
de Longperier, ancien audi-
teur des comptes, et l'autre à
M. de Peyre, ancien maréchal-
de-camp. L'ordre de Malte y
avait une commanderie.

Les principales productions
du terroir sont en grains. Le
village de Lagny est à une lieue
trois quarts au S. O. de Nanteuil, et 9 un quart vers le
N. E. de Paris, par la route de
Soissons, désignée ci-dessus.
(Poste aux lettres de Dammartin, département de Seine-
et-Marne.)

LAHY. *Voyez* Lay.

LAIGNEVILLE, village
traversé par la route de Paris
à Amiens, et sur la petite rivière de *Brèche*, département
de l'Oise, arrondissement de
Clermont - Oise, canton de
Liancourt, ci-devant province
de l'Ile de France, et diocèse
de Beauvais. Sa population est
de 6 à 700 habitans. Le ha-

meau de *Sailleville* en fait partie.

Ce village est au pied d'une montagne sur laquelle se trouve l'église paroissiale, qui est isolée. L'ordre de Malte y avait une commanderie qui appartient actuellement à M. Penotet. Une belle source d'eau vive alimente les canaux qui entourent le jardin.

Le terroir est en labour, prairies et vignes, une petite partie est en bois, et on y tire de la tourbe. La rivière de Brèche y fait tourner quatre moulins pour la provision de Paris; deux de ces moulins sont à deux roues chaque.

Le village de Laigneville se trouve sur cette rivière, qui, à peu de distance au dessous, se divise en deux branches, dont l'une se jette dans l'*Oise*, au dessous de Villers-St.-Paul, et l'autre dans la même rivière près Creil. Il est à une lieue un quart au S. de Liancourt, et trois quarts de lieue au N. de Creil; sa distance de Paris est de 11 lieues et demie au N., par la route d'Amiens. On compte 12 lieues et demie de poste. (Relais de poste aux chevaux. Le bureau de la poste aux lettres est à Creil.)

LAILLERIE, ancienne paroisse. *Voyez* CHAUMONT-OISE.

LAINVILLE, village, département de Seine-et-Oise, arrondissement de Mantes, canton de Limay, ci-devant province de l'Ile de France, dans le Vexin, et diocèse de Rouen. Sa population est d'environ 370 habitans, y compris quelques hameaux ou maisons isolées, sous diverses dénominations.

Le château en ruines qu'on y voit appartenait à M. le baron de Crussol. Les principales productions du terroir sont en grains, une grande partie est en bois.

Le village de Lainville est situé à mi-côte, à 2 lieues et demie au N. E. de Limay et de Mantes, et 11 au N. O. de Paris, par Meulan et la grande route de Caen. (Poste aux lettres de Meulan.)

LAMECOURT, village, département de l'Oise, arrondissement et canton de Clermont-Oise, ci-devant province de l'Ile de France, et diocèse de Beauvais. Sa population est d'environ 170 habitans. Son terroir est en labour; un quart ou environ de son étendue est en friche, une petite partie est en vignes et bois.

Ce village est à une lieue trois quarts vers le N. E. de Clermont, et 15 trois quarts au N. de Paris, par Clermont et la grande route d'Amiens. (Poste aux lettres de Chaumont-Oise.)

LAMORLAYE, village, département de l'Oise, arrondissement de Senlis, canton de Creil, ci-devant province de l'Ile de France, et diocèse de Beauvais. Sa population est d'environ 400 habitans.

Ce village est dans une vallée entre Luzarches et Chantilly, sur la grande route de Paris à Amiens. On y voit un ancien château d'une construction gothique et flanqué de tours, appartenant à M. Seroux de Bienville ; le parc est traversé par une petite rivière qui ajoute à l'agrément de sa position.

Le village de Lamorlaye est entouré de prairies et de bois, à 3 lieues au S. de Creil, et 7 trois quarts au N. de Paris, par la route d'Amiens. (Poste aux lettres de Chantilly ou Luzarches.)

LANLUET-SAINTE-JAMMES, commune composée du hameau de *Sainte-Jammes* et d'une partie du village de *Feucherolles*, département de Seine-et-Oise, arrondissement de Versailles, canton de Marly-le-Roi, ci-devant province de l'Ile de France, et diocèse de Chartres. Sa population est d'environ 330 habitans. Les productions de son terroir sont en grains.

Cette commune est à 2 lieues à l'O. de Marly, et 6 et demie à l'O. de Paris, par la route de Maule, qui passe à Rocquencourt. (Poste aux lettres de Versailles.)

LARDIÈRES, village, département de l'Oise, arrondissement de Beauvais, canton de Méru, ci-devant province de l'Ile de France, et diocèse de Beauvais. Sa population est d'environ 200 habitans. C'était, avant la révolution, une succursale de la paroisse de *Méru*.

Les production du terroir de cette commune sont en grains. Le *ru de Méru* y tire son origine, près le hameau de *Crèvecœur*, commune de *la Boissière*. Le village de Lardières est à une demi-lieue au N. de Méru, et 11 lieues et demie vers le N. de Paris, par Méru, Chambly et la grande route de Beauvais. (Poste aux lettres de Méru.)

LARDY, village, département de Seine-et-Oise, arrondissement d'Etampes, canton de la Ferté-Alais, ci-devant province de l'Ile de France, dans le Hurepoix, et diocèse de Paris. Sa population est d'environ 500 habitans, y compris les maisons isolées, dites des *Cochets*, la ferme de *la Honville* et celle de *Pancerot*. Il y avait, près la ferme de la Honville, un château qui a été démoli.

Une manufacture de lacets, établie à Lardy, est une des plus considérables de la France. Madame veuve Chambry en est propriétaire.

La majeure partie du terroir est en terres labourables, une autre partie est en vignes et en bois. Il s'y trouve beaucoup de rochers de pierre de grès.

Le village de Lardy est sur la petite rivière de *Juine*, qui fait tourner quatre moulins, dont deux sont à la manufacture susdésignée, à une lieue trois quarts au N. O. de la Ferté-Alais, et distant de 9 au S. de Paris, par Arpajon et la grande route d'Orléans. (Poste aux lettres de la Ferté-Alais.)

LASCANE, château. *Voy.* Saint-Ouen-Marché-Froid.

LASSY ou LACY, village, département de Seine-et-Oise, arrondissement de Pontoise, canton de Luzarches, ci-devant province de l'Ile de France, et diocèse de Paris. Sa population est d'environ 180 habitans. Son terroir est en labour et prairies.

Ce village est situé dans une vallée, à 1 demi-lieue au S. E. de Luzarches, et distant de 6 lieues 1 quart, au N. de Paris, par la grande route d'Amiens. (Poste aux lettres de Luzarches.)

LATTAINVILLE, petit village, département de l'Oise, arrondissement de Beauvais, canton de Chaumont-Oise, ci-devant province de l'Ile de France, dans le Vexin, et diocèse de Rouen. Sa population n'est que d'environ 90 habitans. Un ancien château fort, entièrement ruiné, situé sur

une montagne, s'aperçoit de très-loin.

Le terroir est en labour. Le village de Lattainville est à 1 lieue 1 quart au S. O. de Chaumont, et 1 un quart au S. E. de Gisors; sa distance de Paris est de 14 lieues au N. O., par la route de Gisors. (Poste aux lettres de Gisors, département de l'Eure.)

LAUBARDERIE, maison de campagne. *Voyez* l'Etang-la-Ville.

LAUNAY, maison de campagne. *Voy.* Villemomble.

LAUNAY, maison de campagne. *Voyez* Orsay.

LAUNAY, château. *Voyez* Gilles.

LAUNAY, petit château. *Voyez* Mittainville.

LAUNAY (le petit), maison de campagne. *V.* Bures.

LAVERSINE, village, département de l'Oise, arrondissement de Beauvais, canton de Nivillé, ci-devant province de l'Ile de France, et diocèse de Beauvais. Sa population est d'environ 800 habitans.

Cet endroit est à côté de la route de Beauvais à Clermont. Il y avait, avant la révolution, deux paroisses, l'une dite de *Saint-Germain*, et l'autre de

Saint-Martin; cette dernière subsiste.

Le terroir est en labour, une partie est en vignes et en prairies. Il y a un moulin à eau. Le village de Laversine est à 2 lieues à l'E. de Beauvais, et 16 au N. de Paris, par différens chemins joignant la grande route de Beauvais. (Poste aux lettres de Beauvais.)

LAY on LAHY, village, département de la Seine, arrondissement de Sceaux, canton de Villejuif, ci-devant province de l'Ile de France, et diocèse de Paris. Sa population est d'environ 330 habitans.

Ce village, à mi-côte, proche la petite rivière de *Bièvres* et le Bourg-la-Reine, est dans une belle situation. Il renferme un château et plusieurs maisons de campagne. Les productions de son terroir sont en grains, une partie est en vignes. Lay est à trois quarts de lieue au S. O. de Villejuif, et 2 lieues un quart au S. de Paris, par le Bourg-la-Reine et la grande route d'Orléans. (Poste aux lettres du Bourg-la-Reine.)

LAYS (LES), village, département de Seine-et-Oise, arrondissement de Rambouillet, canton de Chevreuse, ci-devant province de l'Ile de France, dans le Hurepoix, et diocèse de Paris. Sa population est d'environ 320 habitans, y compris les hameaux de *la rue*

Verte des Baudoins, et autres maisons isolées.

Son terroir est en labour et bois. Ce village est dans une plaine, à 2 lieues à l'O. de Chevreuse, et distant de 8 et demie au S. O. de Paris, par Coignères et la grande route de Chartres. (Poste aux lettres de Trappes.)

LÉPINARD, château. *Voy.* HÉRICY.

LESCHES, village, département de Seine-et-Marne, arrondissement de Meaux, canton de Lagny, ci-devant province de l'Ile de France, dans la Brie, et diocèse de Meaux. Sa population est d'environ 230 habitans.

Le château appartient à madame de Sainte-John, et l'ancien fief de *Montigny*, ci-devant maison seigneuriale, à M. le baron Dennié, intendant général de la maison militaire du roi.

Le terroir de cette commune est en terres labourables, prairies et vignes. Une petite partie est en bois.

Le village de Lesches est à une lieue trois quarts au N. E. de Lagny, et 8 un quart à l'E. de Paris, par la route de Coulommiers. (Poste aux lettres de Lagny.)

LÉSIGNY, village, département de Seine-et-Marne, arrondissement de Melun, canton de Brie-Comte-Robert, ci-devant province de l'Ile de France, et diocèse de Paris. Sa population est d'environ 300 habitans.

Le château de Lésigny était jadis le chef-lieu d'une seigneurie très-étendue : on y voyait deux énormes tours, une longue galerie, des salles de justice, une chapelle, et d'autres bâtimens qui ne subsistent plus. Il ne consiste actuellement qu'en un seul corps-de-logis, remarquable par son antique et noble architecture : il est entouré de larges fossés remplis d'eau vive: sa position est charmante, entre une grande avant-cour et un parc de deux cents arpens, coupé par des pièces d'eau, des bois et de beaux mouvemens de terre.

Ce château, que le maréchal d'*Ancre* fit bâtir, a appartenu à madame la vicomtesse de Brosse. M. le comte de Redern en est aujourd'hui possesseur, ainsi que de celui du Buisson.

Trois autres châteaux font aussi partie de cette commune. M. le duc de Cadore est propriétaire du premier, nommé *Villarceau*; celui de *Romaine* appartient à madame Boscary, et celui de *la Jonchère*, à MM. Geslin et de Vanteaux. La maison de campagne, dite *la Maison-Blanche*, se trouve également dans les dépendances de Lésigny ainsi que la ferme d'*Yvernaux*, où il y avait une abbaye d'hommes de l'ordre de Saint-Augustin, qui

a été supprimée en 1784. Presque tous les bâtimens qui composaient ce monastère ont été démolis quelque tems après.

Ce château, nommé *Sous-Carrières*, a été également démoli. Son emplacement et le parc ont été réunis au domaine du Buisson.

Le terroir de Lésigny est en terres labourables en prairies et en bois. Ce village est à 1 lieue un quart au N. de Brie, et cinq trois quarts au S. E. de Paris par un chemin de traverse, joignant au château de Piples, une chaussée conduisant à la grande route de Troyes. (Poste aux lettres de Brie-Comte-Robert.)

LESTHUIN, village, département d'Eure-et-Loir, arrondissement de Chartres, canton d'Auneau, ci-devant généralité d'Orléans, dans la Beauce, et diocèse de Chartres. Sa population est d'environ 300 habitans avec le hameau *de Noir-Epinay* qui en dépend.

Les productions de son terroir sont en grains, une petite partie est en bois. Le village de Lesthuin est à 3 lieues vers le S. E. d'Auneau, à égale distance au N. O. d'Angerville, et 16 vers le S. O. de Paris, par Dourdan et une chaussée joignant l'ancienne route de Chartres. (Poste aux lettres d'Angerville.)

LEUDEVILLE, village, département de Seine-et-Oise,

arrondissement de Corbeil, canton d'Arpajon, ci-devant province de l'Ile de France, dans le Hurepoix, et diocèse de Paris. Sa population est d'environ 370 habitans. Une ferme dite de *Bressonvilliers*, ancien fief, en fait partie.

M. Petit de Leudeville, ancien président de la cour des aides, est propriétaire du château et de cette ferme.

Les principales productions de son terroir sont en grains, une petite partie est en vignes et en bois. Ce village est à 1 lieue et demie au S. E. d'Arpajon, et 9 et demie au S. de Paris, par Arpajon et la grande route d'Orléans. (Poste aux lettres d'Arpajon.)

LEUVILLE, village, département de Seine-et-Oise, arrondissement de Corbeil, canton d'Arpajon, ci-devant province de l'Ile de France, dans le Hurepoix, et diocèse de Paris. Sa population est d'environ 1,000 habitans. Le moulin *du Petit-Paris* et celui *d'Aulnay* en font partie.

Ce village est situé sur la pente d'une colline, entre la grande route de Paris à Orléans, et la rivière *d'Orge*; la terre avait le titre de marquisat. Il ne reste du château que quelques bâtimens.

Ses productions sont en grains, une partie est en vignes, prairies et bois. Leuville est à trois quarts de lieue au N. d'Arpajon; sa distance de Paris est

de 6 lieues trois quarts au S., par Linas et la route d'Orléans. (Poste aux lettres d'Arpajon.)

LEVY. *Voyez* SAINT-NOM-DE-LEVY.

LEVAINVILLE, village, département d'Eure-et-Loir, arrondissement de Chartres, canton d'Auneau, ci-devant généralité d'Orléans, dans la Beauce, et diocèse de Chartres. Sa population est de 5 à 600 habitans, avec le hameau de *Grenet*, et autres habitations à l'écart. Le château a été démoli.

Le terroir est en labour, prairies et vignes. La rivière *de Voise* fait tourner deux moulins à grains. Ce village est à 1 lieue vers le N. O. d'Auneau, peu éloigné du gué de Longroy, et 1 lieue et demie vers le S. E. de Gallardon; sa distance de Paris est de 15 lieues et demie au S. O. par l'ancienne route de Chartres. (Poste aux lettres de Gallardon.)

LEVEMONT, petit village, département de l'Oise, arrondissement de Beauvais, canton de Chaumont-Oise, ci-devant province de l'Ile de France, dans le Vexin, et diocèse de Rouen. Sa population n'est que d'environ 90 habitans. Son terroir est en labour. On y fait beaucoup de cidre.

Ce village, situé sur une montagne, est à 1 lieue et demie au N. E. de Magny, et 2 au S. de Chaumont; sa distance de Paris est de 15 lieues au N.

O., par la route de Gisors. (Poste aux lettres de Magny, département de Seine-et-Oise.)

LEVIGNEN, village traversé par la grande route de Paris à Soissons, département de l'Oise, arrondissement de Senlis, canton de Betz, ci-devant province de l'Ile de France, dans le Valois, et diocèse de Meaux. Sa population est d'environ 400 habitans; la ferme de *la Folie*, près le bois de *Tillet*, en fait partie. Il reste des vestiges d'un vieux château.

Les principales productions de son terroir sont en grains. Ce village est à 1 lieue et demie vers le S. de Crêpy, et 1 et demie vers le N. de Betz; sa distance de Paris est de 13 lieues et demie au N. E., par la route de Soissons. On compte 15 lieues de poste. (Relais de poste aux chevaux; le bureau de la poste aux lettres est à Crêpy.)

LIANCOURT, bourg, département de l'Oise, arrondissement de Clermont-Oise; chef-lieu de canton et siége d'une justice de paix, ci-devant province de l'Ile de France, et diocèse de Beauvais. Sa population est de 12 à 1,300 habitans, et y comprenant une partie du hameau *de Mognevillette*.

Ce bourg est situé dans une vallée des plus agréables, du département, la terre de Liancourt avait le titre de marqui-

sat. Le château, bâti sous le règne de Louis XIII, n'existe plus, les jardins renfermaient des eaux admirables. Le terrain du parc est aujourd'hui converti en une très-belle ferme.

M. le duc de la Rochefoucauld-Liancourt, propriétaire de ce château, en a fait démolir une partie pour établir dans le surplus une filature de coton, une fabrique de calicots et une fabrique de cardes pour coton et laines. Cet établissement est devenu si considérable, qu'il procure à un très-grand nombre d'ouvriers des villages circonvoisins, l'avantage d'y être occupés et de répandre une grande aisance dans ce pays, où les habitans sont très-laborieux. Les produits de ces diverses fabriques sont estimés et recherchés.

Il y a en outre, à l'extrémité orientale de Liancourt, une fabrique de faïence établie par M. le Comte François de la Rochefoucauld, et cédée depuis à M. Gabry qui la fait actuellement valoir. On y voit de belles plantations formant des promenades très-agréables.

Les ancêtres de M. le duc de la Rochefoucauld ont fondé en 1645, dans ce bourg, un hospice dirigé par des sœurs de la Charité de Nevers; il est l'asile de vingt-quatre vieillards des deux sexes, et fournit des secours à domicile à dix-neuf communes environnantes.

Il se tient à Liancourt trois

foires par année, la première le mercredi de la passion, la seconde le 4 juillet, et la troisième le 12 novembre, cette dernière, qui est la plus considérable, dure deux jours. Le marché toujours très-fort, particulièrement l'hiver, est le mercredi de chaque semaine. Il s'y vend une grande quantité de porcs, beaucoup de fruits et de légumes, sur tout des .haricots. On n'y amène que peu de grains de toute espèce.

Il existe à Liancourt des fabriques de sabots dont on enlève le produit, non seulement pour les pays voisins, mais encore pour Paris.

Le terroir est en petite culture et les propriétés y sont très-divisées, un partie est en prairies et en bois. On y recueille beaucoup de fruits, tels que cerises, guignes et autres à noyau. Il est traversé par la rivière de *Brèche* et un ruisseau nommé *Beronnelle*.

Le bourg de Liancourt est peu éloigné de la grande route de Paris à Amiens, à 1 lieue et demie vers le S. de Clermont; sa distance de Paris est de 12 lieues et demie au N. par cette route d'Amiens. (Poste aux lettres de Clermont-Oise.)

LIANCOURT-EN-VEXIN, village, département de l'Oise, arrondissement de Beauvais, canton de Chaumont-Oise, ci-devant province de l'Ile de France, dans le Vexin, et

diocèse de Rouen. Il forme une commune de 5 à 600 habitans avec la ci-devant paroisse de *Saint-Pierre*, les hameaux *de Vaux*, *des Groux*, *du Vivier* et les maisons isolées de *Launay*.

Ce village est sur la pente d'une montagne où se trouve un ancien château avec un parc. Les productions de son terroir sont en grains, une partie est en bois, la petite rivière de *Troesne* fait tourner un moulin. Liancourt est à 1 lieue vers le N. E. de Chaumont, et distant de 13 et demie au N. O. de Paris par la route de Gisors. (Poste aux lettres de Chaumont-Oise.)

LIERVILLE, village, département de l'Oise, arrondissement de Beauvais, canton de Chaumont-Oise, ci-devant province de l'Ile de France, dans le Vexin, et diocèse de Rouen. Sa population est d'environ 200 habitans en y comprenant les hameaux *du Boulléaume* et *du Bois-Guillaume* qui en dépendent.

La terre de Lierville, avant la révolution, était une seigneurie avec haute, moyenne et basse justice. Au Boulléaume sont un château et un parc de 40 arpens, dont M. Robert de Lierville, ancien conseiller au parlement de Paris, est propriétaire.

Les productions principales du terroir sont en grains, une partie est en prairies et en bois. Le village de Lierville est à côté de la route de Paris à Gisors, à 2 lieues au S. de Chaumont, et 12 au N. O. de Paris par cette route. (Poste aux lettres de Chaumont-Oise.)

LIEU-RESTAURE, ci-devant abbaye d'hommes de l'ordre de Prémontré. *Voyez* Bonneuil.

LIEUSAINT, village traversé par la grande route de Paris à Lyon, département de Seine-et-Marne, arrondissement de Melun, canton de Brie-Comte-Robert, ci-devant province de l'Ile de France, et diocèse de Paris. Sa population est d'environ 500 habitans. C'est la résidence d'une brigade de gendarmerie. Plusieurs fermes isolées sont dans ses dépendances. Celle de *Vilpesque*, autrefois château, était un *rendez-vous* de chasse que les rois de France y avaient conservé en mémoire de la fameuse partie de chasse de Henri IV.

A l'extrémité de ce village, est une superbe pépinière d'environ 50 arpens, dont MM. Alfroy, fils et neveu, fournisseurs des parcs et jardins des maisons royales, sont propriétaires.

Le terroir est en terres labourables et bois. Ce village est à 1 lieue trois quarts au S. de Brie, et distant de 7 au S. E. de Paris, par la route de Lyon, désignée ci-dessus. On

compte 8 lieues de poste. (Bureau de poste aux lettres et relais de poste aux chevaux.)

LIEUTEL (le), château. *Voyez* Galluis-la-Queue.

LIMAY, bourg, département de Seine-et-Oise, arrondissement de Mantes, cheflieu de canton et siége d'une justice de paix, ci-devant province de l'Ile de France, et diocèse de Chartres. Sa population est de 13 à 1400 habitans.

Ce bourg, situé au pied d'une montagne, sur la grande route de Paris à Caen, n'est séparé de la ville de Mantes que par la *Seine*, que l'on passe sur deux ponts à cause d'une île que cette rivière y forme. Les Célestins et les Capucins y avaient un couvent. Celui des Célestins, avec un grand enclos, a été converti en une belle maison de campagne. Le couvent des Capucins est détruit.

Plus loin est l'ermitage de *saint Sauveur*, dont la chapelle avec une petite habitation sont taillées dans le roc. Tous les ans, le deuxième dimanche de carême et le 6 août, il s'y fait un pélerinage; le concours du monde, qui est très-considérable, se réunit pour les jeux et les danses dans une maison de campagne dite le *Mousset*.

Près d'une petite ferme dite la *Carelée*, existe un roc où se trouve une source si abondante qu'au moyen des tuyaux de fer et de fonte que l'on a pratiqués jusque sur les ponts désignés ci-dessus. Cette source alimente non seulement les fontaines de la ville de Mantes, mais encore porte ses eaux par des conduits dans la plupart des maisons.

La culture principale du terroir est en vignes : le vin y est d'une bonne qualité. Il y a beaucoup de jardins potagers. Le commerce de légumes et de petits-pois de primeur y est assez avantageux. On y trouve une carrière en exploitation.

Le bourg de Limay, près de Mantes, est à la même distance de Paris et par la même route. *Voyez* MANTES. (Poste aux lettres de Mantes.)

LIMEIL-BREVANNE, village, département de Seine-et-Oise, arrondissement de Corbeil, canton de Boissy-Saint-Léger, ci-devant province de l'Ile de France, et diocèse de Paris. Sa population est d'environ 400 habitans. Brevanne en fait partie. *V.* BREVANNE.

La situation de Limeil, contigu au village de Valenton, est très-agréable. Il y a plusieurs maisons de campagne.

Le terroir produit principalement des grains. Limeil est à trois quarts de lieue à l'O. de Boissy-Saint-Léger et distant de trois lieues trois quarts au S. E. de Paris, par Valenton et une chaussée joignant la grande route de Lyon. (Poste

aux lettres de Villeneuve-Saint-Georges.)

LIMETZ, village, département de Seine-et-Oise, arrondissement de Mantes, canton de Bonnières, ci-devant province de l'Ile de France, dans le Vexin, et diocèse de Rouen. Sa population est d'environ 800 habitans avec le hameau de *Villez*.

Ce village est entre la rivière d'*Epte* et *la Seine*, et le hameau de Villez sur la rive droite de cette rivière. Le terroir est en labour, prairies, vignes et bois. La rivière d'Epte fait tourner deux moulins à farines.

Le village de Limetz est à 1 lieue vers le N. O. de Bonnières et 2 au S. E. de Vernon ; sa distance de Paris est de 16 lieues entre l'O. et le N. O., par Bonnières et la grande route de Caen. (Poste aux lettres de Bonnières.)

LIMODON, maison de campagne. *Voyez* LA HOUSSAYE.

LIMOGES, village, département de Seine-et-Marne, arrondissement de Melun, canton de Brie-comte-Robert, ci-devant province de l'Ile de France, dans la Brie, et diocèse de Paris. Sa population est d'environ 200 habitans. L'ancienne paroisse de *Fourches*, où il y a un château, et le château de *Mauny*, en font partie.

Les grains sont toute la production du terroir. Limoges
est à 1 lieue trois quarts au S.
de Brie, et 7 trois quarts au
S. E de Paris, par la route de
Melun à Brie, joignant, à cette
dernière ville, la grande route
de Troyes. (Poste aux lettres
de Brie-comte-Robert.)

LIMON, hameau et maison
de campagne. *Voyez* VAUHAL-
LANT.

LIMOURS, petite ville, département de Seine-et-Oise,
arrondissement de Rambouillet, chef-lieu de canton et siége
d'une justice de paix, ci-devant
province de l'Ile de France,
dans le Hurepoix, et diocèse
de Paris. Sa population est
d'environ 800 habitans, en y
comprenant les hameaux de
Roussigny, *Chaumusson*, *le
Cormier*, trois fermes et plusieurs autres maisons isolées
sous diverses dénominations.
La terre de Limours est un
ancien comté faisant, avant
1766, partie des domaines de
la couronne. Le château dont
Mad. la comtesse de Brionne
est devenue propriétaire, fut
rétabli, par ses ordres, avec
une grande magnificence. Les
parterres, les jardins et les bosquets étaient admirés ; mais
tout ayant été détruit par suite
de la révolution, cette charmante habitation et les murs
du parc de la contenance de
1500 arpens, ne présentent
plus que des ruines. On re-

marque néanmoins dans ce
parc une belle ferme à l'anglaise que cette dame y a fait
bâtir.
Les religieux du tiers-ordre
de Saint-François avaient à
Limours un couvent ; démoli
pendant la révolution, les matériaux ont servi à la construction d'une fort belle maison de
campagne dont madame Chau-
vin est propriétaire.
Cette maison et celle de M. de
Vergès, maire de Limours,
sont les seules dignes de quelque remarque dans cette petite
ville : toutes deux ont de grandes dépendances territoriales.
Il s'y tient deux foires par
année : la première le dernier
jeudi d'avril, et la seconde le
premier jeudi de septembre.
Le marché, qui est assez considérable, est le jeudi de chaque semaine. On y trouve une
manufacture de terre bronzée.
Les principales productions
du terroir sont en grains ; une
partie est en prairies et en
bois.
Limours est dans une vallée,
près l'ancienne route de Paris
à Chartres, à 4 lieues à l'E. de
Rambouillet, et 5 et demie au
S. de Versailles ; sa distance
de Paris est de 7 lieues et demie au S. O. par cette route.
(Bureau de poste aux lettres.)

LINAS, autrefois LINOIS,
bourg traversé par la grande
route de Paris à Orléans, dans
une vallée, département de
Seine-et-Oise, arrondissement

de Corbeil, canton d'Arpajon, ci-devant province de l'Ile de France, dans le Hurepoix, et diocèse de Paris. Sa population est de 11 à 1,200 habitans, y compris le hameau de *Mauvinet*, l'ancien fief et moulin de *Guillerville*, l'auberge et le four à plâtre nommés le *Jubilé*, et le moulin de l'*Etang*.

Le château de *la Roue*, appartenant à M. de Laideguive, ancien conseiller à la cour des aides, fait aussi partie de cette commune, qui renferme plusieurs maisons de campagne. Il y avait dans l'ancien régime une collégiale.

Le terroir se divise en terres à grains, en vignes, en prairies et en bois. On y recueille beaucoup de légumes secs.

Linas est contigu à la petite ville de Mont-Lhéry, à une lieue un quart au N. d'Arpajon, et 6 un quart au S. de Paris, par la route d'Orléans. (Bureau de poste aux lettres.)

LIS (LE). *Voyez* LE LYS.

LISSES, village, département de Seine-et-Oise, arrondissement et canton de Corbeil, ci-devant province de l'Ile de France, et diocèse de Paris. Sa population est d'environ 500 habitans, y compris ses dépendances, dans lesquelles se trouvent les châteaux de *Beaurepaire*, *Montaugé*, plusieurs fermes et autres habitations isolées, sous diverses dénominations.

Le château de Beaurepaire, appartenant à M. de Montaran, est entouré de fossés secs; la distribution de ses jardins et ses belles plantations, tant intérieures qu'extérieures, se font remarquer.

Le terroir est en terres labourables, une partie est en vignes et en bois.

Le village de Lisses, situé dans une plaine, à une lieue au S. O. de Corbeil, et 7 au S. de Paris, est traversé par une chaussée joignant la grande route de Fontainebleau. (Poste aux lettres de Corbeil.)

LISSY, village, département de Seine-et-Marne, arrondissement de Melun, canton de Brie-Comte-Robert, ci-devant province de l'Ile de France, dans la Brie, et diocèse de Paris. Sa population est d'environ 140 habitans; le hameau *du Bois-Gauthier* est dans ses dépendances.

Le château de Lissy, autrefois seigneurial, renferme une tourelle qui a soutenu plusieurs siéges. M. Pajault, avocat à la cour de cassation, en est propriétaire.

Les grains sont la principale production du terroir. Ce village est dans une plaine, à 2 lieues un quart au S. E. de Brie, et 8 et demie au S. E. de Paris, par la route de communication de Melun à Brie, joignant, à cette dernière ville, la grande route de Troyes. (Poste aux lettres de Brie-sur-Yerres.)

LITZ, village, département de l'Oise, arrondissement et canton de Clermont-Oise, ci-devant province de l'Ile de France, et diocèse de Beauvais. Sa population est d'environ 350 habitans.

L'ancien prieuré de *Wareville*, de religieuses de l'ordre de Fontevrault, en fait partie. Le principal bâtiment de ce monastère a été converti en une belle ferme. Les enclos sont d'une vaste étendue, et la petite rivière de *Brèche*, qui fait tourner deux moulins, y alimente un bel étang.

Les productions du terroir de cette commune sont en grains, une partie est en prairies. Il y a une tuilerie. Ce village est à 2 lieues au N. O. de Clermont, peu éloigné de la route de cette ville à Beauvais, et distant de 16 au N. de Paris, par cette route, qui joint à Clermont celle d'Amiens. (Poste aux lettres de Clermont-Oise.)

LIVERDY, village, département de Seine-et-Marne, arrondissement de Melun, canton de Tournan, ci-devant province de l'Ile de France, dans la Brie, et diocèse de Paris. Sa population est d'environ 460 habitans, y compris le hameau de *Retal*, le château *du Monceau*, plusieurs fermes et maisons isolées.

Madame la princesse de Rohan-Rochefort est actuellement propriétaire du château de Liverdy, qui a appartenu à M. le comte de Saint-Denis. Le parc est borné par un grand étang, très-abondant en poisson et en gibier d'eau de toute espèce. On voit, sur les bords de cet étang et dans des petites îles qu'il renferme, de belles plantations à l'anglaise, qui forment un ensemble très-pittoresque.

Le château du Monceau appartient à M. Gavet, maire de la commune. Le parc, planté partie en bois, enveloppe une vallée pittoresque, au centre de laquelle est une pièce d'eau assez considérable. Les bois de cette terre, auxquels a été réunie la forêt de Villegenard, ajoutent beaucoup à l'agrément de cette habitation, par leur proximité du parc, leur étendue et leur belle distribution.

Le terroir de cette commune est en terres labourables, vignes, bois et étangs ; il y a une tuilerie. On y remarque comme un fait curieux, plusieurs gouffres qui absorbent, sans qu'on connaisse leur issue ni leur direction, les eaux qui descendent des fontaines voisines et qui se perdent sans retour sous les roues des moulins établis sur leur passage.

Liverdy est à une lieue au S. de Tournan, et 8 et demie au S. E. de Paris, par Tournan et la route de Rozay. (Poste aux lettres de Tournan.)

LIVILLIERS, village, département de Seine-et-Oise, arrondissement de Pontoise, canton de l'Ile-Adam, ci-devant province de l'Ile de France, dans le Vexin, et diocèse de Rouen. Sa population est d'environ 270 habitans. Toutes les productions de son terroir sont en grains.

Ce village est à une lieue et demie au N. de Pontoise, et 2 à l'O. de l'Ile-Adam; sa distance de Paris est de 8 lieues et demie au N. O., par Pontoise et la grande route de Rouen. (Poste aux lettres de Pontoise.)

LIVRY, village, contigu au bois de même nom, département de Seine-et-Marne, arrondissement et canton de Melun (Nord), ci-devant province de l'Ile de France, et diocèse de Sens. Sa population est d'environ 330 habitans.

La terre de Livry était autrefois seigneuriale. Le château, appartenant à M. le chevalier de Valette, maire du lieu, est dans une position charmante, sur la pente d'un côteau qui borde la rive droite de la *Seine*; un grand et petit parc forment partie de ce domaine, qui consiste particulièrement en bois, terres labourables et prairies. Le terroir ren-

ferme en outre beaucoup de vignes.

Ce village est à une lieue au S. de Melun, et 11 entre le S. et le S. E. de Paris, par Melun et la grande route de Lyon. (Poste aux lettres de Melun.)

LIVRY-EN-LAUNOY, village traversé par la grande route de Paris en Allemagne, département de Seine-et-Oise, arrondissement de Pontoise, canton de Gonesse, ci-devant province de l'Ile de France, et diocèse de Paris. Sa population est d'environ 900 habitans. Le château du *Raincy* en fait partie. C'est la résidence d'une brigade de gendarmerie.

La terre de Livry avait, avant la révolution, le titre de marquisat. Le château, dont M. le comte Charles de Damas, pair de France, est propriétaire, était autrefois fortifié. C'est dans ce château que *Monsieur*, frère du Roi, a couché le 11 avril 1814, veille de son entrée à Paris. Deux maisons de campagne s'y font remarquer.

A un quart de lieue vers le S. existait une abbaye de Chanoines réguliers de la congrégation de France, dite *L'abbaye de Livry*. Elle a été habitée quelque tems par madame de Sévigné, si connue en Europe par ses lettres. C'est actuellement une maison de campagne appartenant à M. le comte Robert de Dillon, chevalier grand-croix de l'ordre du Lion palatin, mairé du lieu.

Le château du Raincy, qui communique à la route d'Allemagne par une superbe avenue de peupliers, est situé dans la forêt de Bondy, et appartient à M. le duc d'Orléans. Ce qui reste du bâtiment, dont une grande partie a été démolie, offre toujours un bel aspect. Les jardins et le parc, qui contiennent près de 600 arpens, sont des premiers qui, en France, ont été distribués dans le genre anglais. Tout l'ensemble en est admirable. C'était, avant la révolution, un des plus beaux séjours des environs de Paris.

La culture principale du terroir est en vignes. Il y a beaucoup de bois et d'arbres à fruits. Livry est à 2 lieues et demie au S. E. de Gonesse, et distant de 3 et demie à l'E. de Paris, par la route d'Allemagne. (Bureau de poste aux lettres.)

LIZY-sur-Ourcq, petite ville, département de Seine-et-Marne, arrondissement de Meaux, chef-lieu de canton, et siége d'une justice de paix et la résidence d'une brigade de gendarmerie, ci-devant province de l'Ile de France, et diocèse de Meaux. Sa population est d'environ 1,200 habitans.

Madame la comtesse d'Harville est propriétaire d'une assez jolie maison de campa-gne, nommée vulgairement le Château, avec un parc. Les protestans y avaient anciennement un temple.

Il se fait à Lizy un commerce considérable en grains et farines. Le marché, qui s'y tient le vendredi de chaque semaine, est très-fort à cause du rassemblement des cultivateurs des alentours, qui inspirent la plus grande confiance, et sur la montre de leurs grains en trouvent le débit le plus facile et le plus prompt. M. Gauthier y possède un moulin à huile.

Le terroir est en labour et prairies. Cette ville est située dans une vallée, sur la rivière d'Ourcq, qui fait tourner six moulins. Le canal de dérivation passe à côté, et la Marne n'en est pas éloignée.

Lizy est à 3 lieues au N. O. de Meaux, et 3 au N. de la Ferté-sous-Jouarre; sa distance de Paris est de 13 lieues entre l'E. et le N. E., par la route de la Ferté-Milon, qui joint à Meaux la grande route d'Allemagne. (Bureau de poste aux lettres.)

LOCONVILLE, village, département de l'Oise, arrondissement de Beauvais, canton de Chaumont-Oise, ci-devant province de l'Ile de France, dans le Vexin, et diocèse de Rouen. Sa population est d'environ 150 habitans. La ferme de Gagny en fait partie.

Les productions du terroir

sont en grains, une petite partie est en prairies et en bois. Le village de Loconville est à trois quarts de lieue à l'E. de Chaumont, et distant de 14 au N. O. de Paris, par la route de Gisors. (Poste aux lettres de Chaumont-Oise.)

LOGES (les), village, département de Seine-et-Oise, arrondissement et canton de Versailles, ci-devant province de l'Ile de France, et diocèse de Paris. Sa population est d'environ 300 habitans, y compris ses dépendances, qui sont les maisons à l'écart, dites *le Petit Jouy*, la ferme *des Loges* et celle de *l'Hôpital*.

Ce village est situé sur une éminence. Parmi quelques maisons de campagne, est le ci-devant fief *des Renards*, dont M. Couturier, maire du lieu, est propriétaire ; cette maison, anciennement bâtie, se fait remarquer par ses points de vue pittoresques, et par la distribution de ses jardins, où il y a une belle orangerie, un petit bois très-agréable, une pièce d'eau et plusieurs sources.

Sur l'une de ces sources, on voit une pompe qui se trouve à cent soixante pieds du rez-de-chaussée de la maison, par le moyen de laquelle l'eau se distribue par des tuyaux de plomb, tant dans l'intérieur de l'habitation, que dans la basse-cour et le jardin potager.

Son terroir est en terres labourables, prairies et bois. Ce village est à trois quarts de lieue au S. de Versailles, et distant de 4 lieues au S. O. de Paris, par l'une des routes de Chevreuse, qui passe à Châtillon. (Poste aux lettres de Versailles.)

LOGES (les), ancien couvent d'Augustins. *Voy.* SAINT-GERMAIN-EN-LAYE.

LOGNES, village, département de Seine-et-Marne, arrondissement de Meaux, canton de Lagny, ci-devant province de l'Ile de France, et diocèse de Paris. Sa population est d'environ 110 habitans. On y voit une maison de campagne dans une belle position. Toutes les productions du terroir sont en grains.

Ce village est à une lieue et demie au S. O. de Lagny, et 5 un quart à l'E. de Paris, par une route qui passe au Pont de Saint-Maur. (Poste aux lettres de Chelles.)

LOMMOYE, village, département de Seine-et-Oise, arrondissement de Mantes, canton de Bonnières, ci-devant province de l'Ile de France, et diocèse de Chartres. Sa population est d'environ 500 habitans, avec les hameaux et maisons isolées. Les principaux de ces hameaux sont : *le Mesnil-Guyon* et *la Tuilerie*. Il y a un château dont M. Desmazis est propriétaire.

Le terroir de cette commune est en labour et bois. Le village de Lommoye est à 1 lieue trois quarts au S. O. de Bonnières, 3 trois quarts à l'O. de Mantes, et 15 trois quarts entre le S. et le S. O. de Paris, par la grande route de Caen. (Poste aux lettres de Bonnières.)

LONGCHAMP, ancienne abbaye de religieuses de l'ordre de Citeaux. *Voyez* Bou-LOGNE.

LONGJUMEAU, bourg, département de Seine-et-Oise, arrondissement de Corbeil, chef-lieu de canton et siége d'une justice de paix, et la résidence d'une brigade de gendarmerie, ci-devant province de l'Ile de France, et diocèse de Paris. Sa population est d'environ 2,000 habitans, avec le hameau de *Balizy*, où il y avait une commanderie de l'ordre de Malte, et celui de *Gravigny*. L'ancien prieuré de *Saint-Eloi*, contigu à ce bourg, est sur la commune de Chilly. *Voyez* CHILLY.

Longjumeau est dans une vallée sur la petite rivière d'*Yvette*, et traversé par la grande route de Paris à Orléans. M. Baune y a formé une manufacture d'apprêt de laine mérinos et autres. Cet établissement est des plus avantageux, à cause de sa situation, de l'étendue de ses bâtimens et des eaux de l'Yvette, qui traversent une grande prairie

faisant partie de cette propriété.

Il existe aussi à Longjumeau une belle tannerie appartenant à M. Salleron, neveu. Il s'y tient quatre foires par an; la première, le mercredi de la semaine sainte; la deuxième, le 24 juin; la troisième, le 29 septembre; et la quatrième, le 21 décembre. Le marché est le mercredi de chaque semaine.

Les principales productions du terroir de cette commune sont en grains, une partie est en prairies. Ce Bourg est à 4 lieues et demie au N. O. de Corbeil, 4 et demie au S. E. de Versailles, et distant de 4 et demie au S. de Paris, par la route d'Orléans désignée ci-dessus; on compte 5 lieues de poste. (Bureau de poste aux lettres et relais de poste aux chevaux.)

LONGNES, village, département de Seine-et-Oise, arrondissement de Mantes, canton de Houdan, ci-devant province de l'Ile de France, et diocèse de Chartres. Sa population est de 900 habitans, et plus avec les hameaux des *Grand* et *Petit Heurte-Loup*, de *Mirebel-la-Fontenelle*, du *Petit Tertre* et d'*Entre-les-Bois*.

Les productions du terroir sont en grains, une petite partie est en bois et vignes. Le village de Longnes est à trois quarts de lieue au N. O. de Dammartin-en-Pinserais, 3 et demie au N. de Houdan, et 3 vers le S. O. de Mantes ; sa distance de Paris est de 14 lieues vers le S. O. par une chaussée qui passe à Thoiry et joint la grande route de Brest. (Poste aux lettres de Mantes.)

LONGPERRIER, village, département de Seine-et-Marne, arrondissement de Meaux, canton de Dammartin, ci-devant province de l'Ile de France, et diocèse de Meaux. Sa population est de 5 à 600 habitans.

Une grande partie de son terroir est en enclos et vergers plantés de beaucoup d'arbres à fruits. Le reste est en terres labourables et en vignes. M. Brunard, maire de la commune, y possède un beau troupeau de mérinos.

Ce village est près la grande route de Paris à Soissons, à une demi-lieue à l'O. de Dammartin, et distant de 7 lieues et demie au N. O. de Paris, par cette route. (Poste aux lettres de Dammartin.)

LONGPONT, village, département de Seine-et-Oise, arrondissement de Corbeil, canton de Longjumeau, ci-devant province de l'Ile de France, dans le Hurepoix, et diocèse de Paris. Il forme une commune d'environ 600 habitans, en y comprenant les hameaux du *Ménil*, *Guypereux*, *Villebouzin* en partie, quel-

ques maisons isolées, de *la Grange-aux-Cercles*, sur la grande route de Paris à Orléans, et plusieurs moulins.

Le château de *Lormois*, dont M. le duc de Maillé, pair de France, est propriétaire, fait partie de Longpont. Sa position, sur une petite éminence, lui donne des points de vue les plus pittoresques et les plus variés. Ses jardins et parc, d'une grande étendue et traversé par la rivière *d'Orge*, sont très agréables ; la distribution des eaux, des sentiers tortueux, tracés dans une grande prairie où se trouvent de belles plantations et des groupes d'arbres forment un paysage charmant. M. le duc a formé dans cette propriété un superbe établissement de mérinos de pure race.

Il y avait dans ce village, avant la révolution, un prieuré conventuel de l'ordre de Cluny ; l'église qui subsiste était la paroisse du lieu, comme elle l'est encore, non seulement pour cette commune, mais aussi pour celle de *Villiers-sur-Orge*, qui était, dans l'ancien régime, une annexe qui en dépendait.

Une partie du cloître de ce monastère ayant été démolie, une autre partie restante qui est d'une élégante construction et qui a plutôt l'aspect d'un beau château que celui d'une habitation de moines, a été réservée, et forme actuellement une belle maison de campagne à M. Bouglé, qui s'en est rendu acquéreur.

Le hameau *du Ménil* est remarquable par une autre maison de campagne à M. Guilbert, ancien médecin des Facultés de Paris et de Montpellier.

Celui de *Villebouzin*, par un château que M. de Montgomery y a fait bâtir, et qui appartient actuellement à M. Chagot.

Ce château est d'une ordonnance régulière, entouré de fossés fermant une grande cour, précédée d'une esplanade séparant par des fossés une demi-lune et une avenue plantées, dont le pavé joint la grande route de Paris à Orléans.

Il y existe une belle chapelle, construire dans le goût italien, une charmante salle de spectacle, et une belle orangerie.

Cette habitation est attrayante par la beauté de son grand parc, qui offre la jouissance d'un véritable jardin anglais formé par la nature. L'art ne s'y aperçoit pas; les eaux vives y sont très-abondantes et bien distribuées. On y voit de belles masses de rochers sortant des eaux, de petites rivières entourant des îles, d'un bel effet, et en général un mouvement naturel de terre, qui procure des points de vue très-agréables et très-éloignés.

Une partie du terroir de Longpont est en terres labou-

rables; le reste est en petite culture : les fruits y sont assez abondans.

Ce village est situé dans une vallée près de Mont-Lhéry, à 1 lieue et demie au S. de Longjumeau, et 6 au S. de Paris, par une chaussée joignant la route d'Orléans désignée ci-dessus. (Poste aux lettres de Linas.)

LONGUESSE, village, département de Seine-et-Oise, arrondissement de Pontoise, canton de Marines, ci-devant province de l'Ile de France, dans le Vexin, et diocèse de Rouen. Sa population est d'environ 230 habitans; son terroir est en labour, et partie en friches.

Ce village est dans une vallée sur un ruisseau qui fait tourner un moulin à 2 lieues au S. de Marines; sa distance de Paris est de 10 lieues au N. O. par la grande route de Rouen. (Poste aux lettres de Meulan.)

LONGUETOISE, château. *Voyez* CHALO-SAINT-MARS.

LONGUEIL-SAINTE-MARIE, village, département de l'Oise, arrondissement de Compiègne, canton d'Estrées-Saint-Denis, ci-devant province de l'Ile de France, et diocèse de Beauvais. Sa population est d'environ 450 habitans; il est pavé en grande partie en grès. L'église est à l'une de ses extrémités.

Son terroir est en labour, vignes, prairies et marais, une petite partie est en bois et on y cultive le chanvre. Ce village est à 2 lieues et demie au S. E. d'Estrées-Saint-Denis, et 2 lieues et demie vers le S. O. de Compiègne; sa distance de Paris est de 16 lieues vers le N. E. par la grande route de Compiègne. On peut prendre également la route de Flandre par Pont-Sainte-Maxence. (Poste aux lettres de Compiègne.)

LONGVILLIERS, petit village, département de Seine-et-Oise, arrondissement de Rambouillet, canton de Dourdan (Nord), ci-devant province de l'île de France, dans le Hurepoix, et diocèse de Chartres. Il forme, avec les hameaux de *la Batte*, *des Grand* et *Petit Plessis*, *de Reculé*, *du Bouc Etourdi* et plusieurs autres habitations isolées, une commune d'environ 340 habitans.

Au Grand Plessis est une ferme où l'on voit encore le principal corps de bâtiment d'un ancien château qui a appartenu au fameux Duplessis-Mornay : Il s'y tenait alors une prêche de protestans.

Les productions du terroir de cette commune sont en grains, une partie est en prairies et bois. Le village de Longvilliers, est près de Rochefort, sur la petite rivière de *Rémarde*, qui fait tourner quatre moulins à 1 lieue un quart au N. de Dourdan et 10 au S. O. de Paris, par Rochefort et l'ancienne route de Chartres. (Poste aux lettres de Dourdan.)

LONGVILLIERS, paroisse, *Voyez* NOAILLES.

LORMAISON, village, département de l'Oise, arrondissement de Beauvais, canton de Méru, ci-devant province de l'Ile de France, et diocèse de Beauvais. Sa population est d'environ 370 habitans. On y voit les vestiges d'un ancien château.

Les productions de son terroir sont en grains. Les femmes s'y occupent de la fabrique de dentelles. Ce village est à trois quarts de lieue au N. O. de Méru, et 11 lieues trois quarts vers le N. de Paris, par Méru, Chambly et la grande route de Beauvais. (Poste aux lettres de Méru.)

LORMOIS, château. *Voyez* LONGPONT.

LORMOYE ou LORMAYE, village, département d'Eure-et-Loir, arrondissement de Dreux, canton de Nogent-le-Roi, ci-devant généralité d'Orléans, province de l'Ile de France, dans le pays Chartrain, et diocèse de Chartres. Sa population est d'environ 370 habitans, avec le hameau de *Chandre*.

Le terroir de cette commune est en labour, en vignes et prairies. Il s'y trouve une petite partie de bois, et deux moulins à farines sur deux ruisseaux; l'un de ces ruisseaux est un bras de la rivière d'*Eure*, nommé le *Roule-bois*.

Le village de Lormoye est près Nogent, à 2 lieues au N. de Maintenon, et 4 au S. E. de Dreux; sa distance de Paris est de 15 lieues et demie entre l'O. et le S. O., par Rambouillet et la grande route de Nantes. (Poste aux lettres de Maintenon.)

LOUVEAU, ancien fief. *Voyez* SAINT-RÉMY-DE-LA-VANNE.

LOUVECIENNES ou LU-CIENNES, village, département de Seine-et-Oise, arrondissement de Versailles, canton de Marly-le-Roi, ci-devant province de l'Ile de France, et diocèse de Paris. Sa population est d'environ 700 habitans, avec le hameau de *Mau-buisson*, partie de celui du *Cœur-Volant* et le château de *Prunay*.

Ce village, situé sur la pente d'une montagne, près la grande route de Paris à Saint-Germain-en-Laye et la machine de Marly, est embelli par plusieurs maisons de campagne, parmi lesquelles on distingue sur la pente de la montagne, le château, ci-devant seigneurial, dont M. le comte Anglès,

ministre d'État préfet de police, est propriétaire.

On y voit le pavillon qui fait partie de la maison qu'a occupée madame du Barry, remarquable tant par la beauté de son site que par la vue admirable que l'on y découvre. Les terrasses, prairies, bosquets et plantations d'arbustes de diverses espèces qui l'entourent, y forment un charmant jardin paysagiste. On y trouve un temple à huit colonnes, des eaux en réserve, des rochers artificiels, et une glacière d'une rare construction.

Madame Pourrat possède celle qui faisait partie des domaines de madame la princesse de Conti, où les jardins, avec un parc, sont fort étendus.

Le château de Prunay, appartenant à M. le marquis de Labriffe, se trouve à mi-côte vers Saint-Germain. Le jardin, distribué dans le genre anglais, offre différens sites et points de vue qui ont été, à cause de leurs rares beautés, dessinés et donnés pour modèles par le traducteur d'un poëme anglais, sur l'art d'orner et d'embellir les jardins de ce genre.

La culture principale du terroir de cette commune est en vignes. Il y a beaucoup d'arbres à fruits. Louveciennes est à un quart de lieue à l'E. de Marly, et distant de 3 lieues trois quarts à l'O. de Paris, par la grande route de Saint-

Germain. (Poste aux lettres de Saint-Germain-en-Laye.)

LOUVIERS, ancienne commanderie. *Voyez* OMERVILLE.

LOUVRES, bourg traversé par la grande route de Paris en Flandre, département de Seine-et-Oise, arrondissement de Pontoise, canton de Luzarches, ci-devant province de l'Ile de France, et diocèse de Paris. Sa population est d'environ 900 habitans. C'est la résidence d'une brigade de gendarmerie.

On remarque à son extrémité septentrionale, un château avec un beau parc, qui a appartenu à madame de La-haye, veuve Boula de Mareuil.

Ce bourg est connu par les dentelles de fil et de soie que l'on y fait, ainsi que par les ratafiats, dits vulgairement *Ratafiats de Louvres.*

Il s'y tient trois foires par année : la première, le premier mars ; la deuxième, le premier mai ; et la troisième, le 25 novembre. Ces deux dernières durent chacune trois jours. Le marché est le jeudi de chaque semaine.

Le terroir de cette commune est presque tout en terres labourables. Louvres est situé dans une vallée, à 2 lieues et demie au S. E. de Luzarches, et 5 et demie au N. de Paris, par la route de Flandre. On compte 6 lieues de poste. (Bureau de poste aux lettres, re-

lais de poste aux chevaux, et voitures publiques tous les jours pour Paris.)

LOZÈRE, hameau et maison de campagne. *V.* PALAISEAU.

LU, château. *Voyez* BRAY-SOUS-BEAUPEMONT.

LUAT (LE), petit village, département de l'Oise, arrondissement de Senlis, canton de Nanteuil-le-Haudouin, ci-devant province de l'Ile de France, et diocèse de Senlis. Sa population n'est que d'environ 70 habitans. Les productions de son terroir sont en grains et bois.

Ce village est près Fresnoy, à 2 lieues vers le N. de Nanteuil, et 2 vers l'E. de Crépy ; sa distance de Paris est de 12 lieues et demie vers le N. O., par Nanteuil et la route de Soissons. On peut prendre également par Fontaine-les-Corps-Nuds et la route joignant celle de Flandre. (Poste aux lettres de Crépy.)

LUAT (LE), château et ferme. *Voyez* PISCOP.

LUCIENNES. *Voyez* LOUVECIENNES.

LUGNY, château. *Voyez* MOISSY-CRAMAYEL.

LUMIGNY, village, département de Seine-et-Marne, arrondissement de Coulommiers, canton de Rozay, ci-devant province de l'île de France, dans la Brie, et diocèse de Meaux. Sa population est d'environ 400 habitans avec les hameaux de *Champlet* et de la *Ville-du-Bois*, qui sont dans ses dépendances.

M. le comte de Mun, pair de France, est propriétaire du château, qui est d'une construction irrégulière. Le parc, qui contient 200 arpens, est infiniment agréable par les mouvemens de terre qu'on y rencontre. Il existe dans son centre, sur le point le plus élevé, une tour fort ancienne d'où l'on découvre tout le pays à 10 et 12 lieues de rayon.

Le domaine de Lumigny est remarquable par la beauté de ses bois, de ses fermes, et par les plantations dont tous ses chemins sont bordés.

Les principales productions du terroir de cette commune sont en grains. Le village est entouré de bois de trois côtés, à 1 lieue et demie au N. de Rozay et 11 lieues entre l'E. et le S. E. de Paris, par Fontenay et la route de Rozay. (Poste aux lettres de Rozay.)

LUZANCY, village, département de Seine-et-Marne, arrondissement de Meaux, canton de la Ferté-sous-Jouarre, ci-devant province de l'Ile de France, dans la Brie, et diocèse de Meaux. Il forme avec les hameaux de *Courtaran, Messy* et *Mont-Harlin*, une

commune d'environ 600 habitans. Le château a été possédé par M. le maréchal de Bercheny.

Les productions du terroir de cette commune sont de peu de valeur de toute espèce. On tire des pierres à meules de même nature qu'à Reuil et à la Ferté, et on y trouve une terre noire qui sert à l'engrais des prairies. Le village de Luzancy est dans une vallée, sur la rive gauche de la *Marne* que l'on passe sur un bac à 1 lieue un quart au N. E. de la Ferté et 15 trois quarts à l'E. de Paris, par une chaussée joignant à la Ferté la grande route d'Allemagne. (Poste aux lettres de la Ferté-sous-Jouarre.)

LUZARCHES, petite ville sur la pente d'une colline, et traversée par la grande route de Paris à Amiens, département de Seine-et-Oise, arrondissement de Pontoise, chef-lieu de canton, siége d'une justice de paix et la résidence d'une brigade de gendarmerie, ci-devant province de l'Ile de France, et diocèse de Paris. Sa population est d'environ 1,800 habitans, y compris les hameaux de *Gascourt, Thimécourt*, et autres lieux ci-après désignés.

Anciennement, il y avait un château-fort et, avant la révolution, une collégiale et un couvent du tiers ordre de Saint-François, dit de *Roquemont*. L'Hôtel-Dieu, fondé depuis un tems immémorial, subsiste encore.

La ci-devant abbaye d'*Hérivaux*, de chanoines réguliers de la Congrégation de France, fait partie de cette commune. L'église et plusieurs autres bâtimens ont été démolis, ce qui en reste forme la maison de campagne, dont M. Bertin Devaux est propriétaire.

L'ancien château et la ferme de *Chauvigny*; deux autres fermes, l'une dite *Chaumontel-les-Nonains*; et l'autre nommée *Saint-Lazare*. Le moulin de *Bertinval*, et les maisons isolées de la *Charbonnière*, font également partie de cette même commune.

Il se fabrique à Luzarches de la dentelle de différentes sortes. M. Demonchy dirige une pension de jeunes gens; il s'y tient un marché le vendredi de chaque semaine et trois foires par an : la première, le jeudi de la Passion; la seconde, le 28 septembre; et la troisième, le 28 octobre; elles durent chacune trois jours.

Les campagnes qui entourent Luzarches, et les points de vue charmans qu'offrent les prairies entrecoupées d'arbres et de ruisseaux, faisaient les délices de J.-J. Rousseau.

Le terroir de cette commune est en terres labourables; une partie est en vignes et bois. On y trouve des carrières de pierre à bâtir.

Cette ville est à 6 lieues au N. E. de Pontoise, et 2 lieues et demie vers le S. E. de Beaumont; sa distance de Paris est de 6 lieues et demie au N. par la route d'Amiens. On compte 7 lieues de poste. (Bureau de poste aux lettres, relais de poste aux chevaux, et voitures publiques tous les jours pour Paris.)

LYS (LE), petit village, département de l'Oise, arrondissement de Sénlis, canton de Creil, ci-devant province de l'Ile de France, et diocèse de Beauvais. Sa population n'est que d'environ 5o habitans. Son terroir est en petite culture.

Il est entre la forêt qui porte le même nom et le bois de Royaumont, à 3 lieues au S. de Creil, et distant de 8 un quart au N. de Paris, par Viarmes et la grande route de Beauvais. (Poste aux lettres de Chantilly.)

LYS (LE), ci-devant abbaye de religieuses de l'ordre de Cîteaux. *Voy.* DAMEMARIE-LES-LYS.

M.

MACHAULT, village, département de Seine-et-Marne, arrondissement de Melun, canton du Châtelet, ci-devant province de l'Ile de France, dans la Brie, et diocèse de Sens; l'ancienne paroisse de *Villiers*, les hameaux de *Panfou*, *Chapendu* et *Bailly*, la maison de campagne dite *la*

Sablonnière, la poste aux che-vaux de *l'Ecluse*, sur la grande route de Paris à Lyon, le châ-teau de *Chapuis* et plusieurs fermes isolées y sont réunis et forment ensemble une popula-tion d'environ 800 habitans.

Le château de Chapuis, qui appartient a M. le comte Rol-land d'Erceville, prévôt du département de Seine-et-Mar-ne, est à une demi-lieue de Machault, entre ce village et la grande route sus-désignée.

Le terroir est en terres la-bourables, en prairies, vignes et bois; il y a une tuilerie à Pan-fou. Le village de Machault est dans une plaine à 1 lieue et demie vers le S. du Châte-let, et 14 au S. E. de Paris par le Châtelet et la grande route de Lyon. (Poste aux lettres du Châtelet.)

MADELEINE (LA), mai-son de campagne. *V.* SAMOIS.

MADRID, ancien château.

MAFFLIERS, village, dé-partement de Seine-et-Oise, arrondissement de Pontoise, canton d'Ecouen, ci-devant province de l'Ile de France, et diocèse de Beauvais. Sa population est d'environ 450 habitans. Il est contigu à la forêt de l'Ile-Adam, dans laquelle est enclavée une mai-son, dite des *Bons-Hom-mes*, qui fait partie de cette commune. Cette maison était, avant la révolution, un cou-

vent du tiers ordre de Saint-François.

Ce village est dans une belle situation entre cette forêt et la grande route de Paris à Beau-vais. C'était, dans l'ancien ré-gime, une baronie. Il renferme un château, dont M. le comte de Périgord est propriétaire, et plusieurs maisons de cam-pagne.

Les principales productions du terroir sont en grains et en fruits. Maffliers est à 2 lieues au N. O. d'Ecouen, et distant de 6 au N. de Paris par une chaussée aboutissant à la route de Beauvais. (Poste aux lettres d'Ecouen.)

MAGNANVILLE, petit vil-lage, département de Seine-et-Oise, arrondissement et canton de Mantes, ci-devant province de l'Ile de France, et diocèse de Chartres. Sa po-pulation n'est que d'environ 90 habitans avec les maisons iso-lées *de Beines*, qui en dé-pendent.

Le superbe château dont MM. Savalette et de Boulogne, tous deux fermiers-généraux, ont été propriétaires, n'existe plus. M. Morel de Vindé, ac-tuellement pair de France, qui en fit l'acquisition, l'a vendu sous la condition de le faire démolir. M. le baron Robil-lard, propriétaire actuel du fond, a fait construire le pavil-lon et autres bâtimens acces-soires que l'on y voit aujour-d'hui. Le parc, contenant en-

viron 120 arpens et clos de
murs, est parfaitement entretenu et renferme une belle
source d'eau vive.

Le terroir est en labour et vignes, une petite partie est en
bois. Le village de Magnanville
est à 1 lieue vers le S. O. de
Mantes, et 11 et demie entre
l'O. et le N. O. de Paris par
la petite route de Mantes,
qui passe à Saint - Germain-
en-Laye. (Poste aux lettres de
Mantes.)

MAGNITOT, hameau et
château. *Voyez* SAINT - GER-
VAIS.

MAGNY-EN-VEXIN, pe-
tite ville sur la grande route de
Paris à Rouen, dans une vallée, département de Seine-et-
Oise, arrondissement de Mantes, chef-lieu de canton, et
siége d'une justice de paix,
ci-devant province de l'Ile de
France, dans le Vexin, et diocèse de Rouen. Sa population
est de 14 à 1,500 habitans.
C'est la résidence d'une brigade de gendarmerie.

Les hameaux de *Blamécourt,
Artieul, les Deux Velannes,
Charmont* et *Hodan*, qui
forment actuellement chacun
une commune particulière,
faisaient partie, avant la révolution, de la paroisse de
Notre-Dame de Magny, com-
me elles le font encore pour
le spirituel. Le hameau *des
Boves*, où il y a un châ-
teau dont il va être fait men-

tion, dépend de la commune
de Magny.

Dans l'ancien régime, les
Cordeliers et les Ursulines y
avaient chacun un couvent,
l'Hôtel-Dieu subsiste.

Sur le ruisseau de l'*Aubette*
sont plusieurs tanneries et mégisseries. Il se tient en cette
ville trois foires par année; la
première, qui est peu importante, le 2 février, la seconde
le premier mai, et la troisième
le 29 septembre; le marché a
lieu le samedi de chaque semaine; il consiste principalement en grains.

On voit à l'entrée de cette
ville, du côté de Paris, une
superbe maison bâtie à l'italienne, en pierres de taille,
depuis le rez-de-chaussée jusqu'au faîte. On y remarque un
beau pavillon, séparé du corps
de logis par un parterre, et la
distribution des jardins, dont
l'un à l'anglaise est fermé par
de belles haies vives.

A son extrémité méridio-
nale est le château des Boves,
que le propriétaire, M. le
vicomte de Boisdénemets a
fait rebâtir en 1810. Cette habitation est entourée de prairies et d'un joli petit bois, qui
forment ensemble une enceinte
d'environ 18 arpens fermée de
murs et de haies vives. Sa situation est d'autant plus agréable qu'elle offre une très-
belle vue en amphithéâtre sur
la ville de Magny et ses environs. Elle renferme des sources
d'eau vive qui vont se réunir

au ruisseau de l'Aubette désigné ci-dessus, et alimentent un superbe abreuvoir.

Le terroir de Magny est peu étendu et par conséquent de peu de valeur en productions. Le ruisseau de l'Aubette fait tourner deux moulins à farines. La ville est à 4 lieues et demie au N. de Mantes, et 3 au S. de Gisors; sa distance de Paris est de 14 lieues au N. O., par la route de Rouen. On compte 15 lieues de poste. (Bureau de poste aux lettres, relais de poste aux chevaux et voitures publiques de jour à autre pour Paris, le dimanche excepté.)

MAGNY-LE-HONGRE, village, département de Seine-et-Marne, arrondissement de Meaux, canton de Crécy, ci-devant province de l'Ile de France, dans la Brie, et diocèse de Meaux. Sa population est d'environ 200 habitans. Son terroir est en labour, une partie est en prairie.

Ce village est à 1 lieue et demie à l'O. de Crécy, et distant de 8 et demie à l'E. de Paris, par la route de Coulommiers. (Poste aux lettres de Crécy.)

MAGNY-LES-HAMEAUX, village, département de Seine-et-Oise, arrondissement de Rambouillet, canton de Chevreuse, ci-devant province de l'Ile de France, dans le Hurepoix, et diocèse de Paris. Il forme une commune d'environ

500 habitans avec les hameaux de *Romainville*, *Buloyer*, *Villeneuve*, et autres habitations isolées.

C'est dans les dépendances de cette commune qu'existait la célèbre abbaye de religieuses de l'ordre de Cîteaux de *Port-Royal des Champs*, détruite en vertu d'un arrêt du conseil d'Etat du Roi, du 27 octobre 1709. Quelques vestiges de ce monastère et la ferme subsistent encore.

On voit aussi à Magny les restes d'un ancien château, ainsi qu'une maison de campagne nommée *Mérantais*, qui n'en est pas éloignée.

Les principales productions du terroir sont en grains; une grande partie est en bois, et près de Port-Royal est un étang qui forme un ruisseau, sur lequel est un moulin. On y trouve des carrières de pierres de grès.

Le village de Magny est à l'extrémité d'une plaine, sur le grand chemin de Chevreuse à Versailles, à 1 lieue au N. de Chevreuse, et 6 au S. O. de Paris par Versailles. (Poste aux lettres de Chevreuse.)

MAGNY-SAINT-LOUP, hameau et château. *Voyez* BOUTIGNY.

MAINBEVILLE, village, département de l'Oise, arrondissement et canton de Clermont-Oise, ci-devant province de l'Ile de France, et diocèse de Beauvais. Sa population est d'environ 380 habitans.

Son terroir est en labour, une partie est en vignes, dont le vin qui en provient est assez renommé, une autre petite partie est en bois. On y trouve des carrières de belles pierres.

Ce village est à 2 lieues un quart au N. E. de Clermont, et 16 un quart au N. de Paris, par Clermont et la grande route d'Amiens. (Poste aux lettres de Clermont-Oise.)

MAILLARD, maison de campagne. *Voyez* BAUTEIL.

MAINCOURT, village, département de Seine-et-Oise, arrondissement de Rambouillet, canton de Chevreuse, ci-devant province de l'Ile de France, dans le Hurepoix, et diocèse de Paris. Sa population est d'environ 120 habitans, avec plusieurs maisons isolées et moulins sur la petite rivière d'*Yvette*.

Le terroir est en labour et prairies. Ce village est à une lieue et demie à l'O. de Chevreuse, et distant de 7 et demie au S. O. de Paris, par Versailles. (Poste aux lettres de Trappes.)

MAINCY, village, département de Seine-et-Marne, arrondissement et canton de Melun, ci-devant province de l'Ile de France, et diocèse de Sens. Sa population est d'environ 800 habitans, avec une partie du hameau des *Trois Moulins*, et le château de *Praslin*. *V.* PRASLIN.

Le terroir est en terres labourables, prairies et bois. Il y a plusieurs moulins à eau. Ce village est à trois quarts de lieue au N. E. de Melun, et 10 lieues trois quarts au S. E. de Paris, par Melun et la grande route de Lyon. (Poste aux lettres de Melun.)

MAINTENON, petite ville, sur la grande route de Paris à Nantes, départ. d'Eure-et-Loir, arrondissement de Chartres, chef-lieu de canton, siége d'une justice de paix, et la résidence d'une brigade de gendarmerie, ci-devant généralité d'Orléans, dans la Beauce, et diocèse de Chartres. Sa population est de 16 à 1,700 habitans, en y comprenant les hameaux *du Parc*, de *Maingournois*, *Guignouville*, *la Guaize aux Serpes*, partie de *la Ferté-Maintenon* et la ferme de *la Folie*.

Madame de Maintenon, née d'Aubigné, en faveur de laquelle Louis XIV érigea cette terre en marquisat, a rendu ce lieu célèbre. Le château fut construit sous le règne de Henri II, par les ordres de l'intendant des finances Cottereau. On sait que madame de Maintenon, veuve du poëte Scarron, fut épouse de Louis XIV, sans que jamais ce mariage eût été publiquement déclaré.

Le château, abandonné pendant un siècle, a été restauré par les ordres de M. le marquis de Noailles, propriétaire actuel, comme héritier en troisième ligne de madame de Maintenon. Il renferme des eaux d'une grande limpidité, qui l'entourent et proviennent des rivières *d'Eure* et de *Voise* qui s'y réunissent et alimentent une belle pièce qui se trouve dans les jardins et les canaux sur les côtés.

Au bout des jardins se trouvent les aqueducs construits pour conduire les eaux de la rivière d'Eure à Versailles. Les dépenses énormes de cette entreprise, dans le principe, et celles non moins considérables que son entière exécution devaient occasionner, l'ont fait entièrement abandonner.

un prieuré

Il y avait à Maintenon, avant la révolution, une collégiale et un hospice fondé par Adrien-Maurice Maréchal, duc de Noailles. Les bâtimens de cet hospice servent aujourd'hui de casernes aux gendarmes. Le marché est le lundi de chaque semaine, et tous les ans, le lundi de Pâques, il y a pélerinage à la chapelle de *Saint-Mamers*, située à un quart de lieue de la ville; il attire beaucoup de monde.

Le terroir est en labour, en prairies, en vignes et en bois. Il y a deux moulins à farines, l'un sur la rivière d'Eure, et l'autre sur celle de Voise. La ville de Maintenon est à 2 lieues au S. de Nogent-le-Roi,

à égale distance vers l'O. d'Epernon, et 4 entre le S. et le S.O. de Chartres; sa distance de Paris est de 15 lieues vers le S. O., par la route de Nantes, désignée ci-dessus. On compte 17 lieues de poste. (Bureau de poste aux lettres, et relais de poste aux chevaux.)

MAINVILLIERS, village, département du Loiret, arrondissement de Pithiviers, canton de Malesherbes , ci-devant généralité d'Orléans, dans le Gatinais, et diocèse de Sens. Sa population est d'environ 360 habitans avec les hameaux de *Oinville* et de *Granvilliers* qui en dépendent.

La terre de Mainvilliers était une seigneurie avec haute, moyenne et basse justice. Le château , d'une forme très-antique , a depuis quatre cents ans appartenu aux ancêtres de M. de Tarragon , chevalier de Saint-Louis et ancien officier de la maison du Roi, propriétaire actuel. Le parc est régulièrement distribué.

Ses productions sont en grains. Une petite partie est en bois. Le village est à 2 lieues et demie à l'O. de Malesherbes et 4 au N. de Pithiviers; sa distance de Paris est de 16 lieues au S. par Etampes et la grande route d'Orléans. (Poste aux lettres de Malesherbes.)

MAISON-BLANCHE (LA), maison de campagne près la

route de Paris à Coulommiers. *Voyez* GAGNY.

MAISONCELLES, village, département de Seine-et-Marne, arrondissement et canton de Coulommiers, ci-devant province de l'Ile de France, et diocèse de Meaux. Il forme, avec les hameaux du *Petit-Chemin, Roëse, Mont-Bénard, Laborde, Méroger,* et les fermes du *Chemin,* de la *Motte, du Pré aux Rats, Montgodefroid,* et la maison de campagne de *Chantemerle.*

Il existe dans ce village une ferme, ci-devant maison seigneuriale, nommé *la ferme de Maisoncelles.* Celles du Chemin et de Roëse, ressemblent à des maisons de campagne. Roëse est une ancienne baronie.

Le terroir est en terres labourables, bois, prairies et étangs. Il y a une tuilerie. Le village de Maisoncelles est à une lieue et demie au N. E. de Crécy, et 2 au N. O. de Coulommiers; sa distance de Paris est de 12 lieues à l'E. par Crécy et la route de Coulommier. (Poste aux lettres de Crécy.)

MAISONNEUVE, ancienne commanderie de l'ordre de Malte. *Voyez.* COULOMMIERS.

MAISONS-ALFORT, village traversé par la grande route de Paris à Lyon dans une plaine, département de la Seine, arrondissement de Sceaux, canton de Charenton, ci-devant province de l'Ile de France, et diocèse de Paris. Il forme une commune d'environ 900 habitans avec le hameau d'*Alfort* près Charenton, le château, la ferme, le moulin de *Charentonneau* et le *Château-Gaillard.*

Parmi les maisons de campagne de ce village, la plus apparente est celle qui se trouve à son entrée, du coté de Paris, dont M. G. Saint-Georges, administrateur général des messageries royales, est propriétaire. La distribution des jardins fixe l'attention des connaisseurs.

Alfort n'est séparé de Charenton que par la Marne, que l'on passe sur un pont; il existe un port où se déchargent des vins, des fers, des grains, et des bois pour l'approvisionnement de Paris; c'est en ce lieu que l'école royale vétérinaire est établie. *Voyez* ALFORT.

Le château de Charentonneau, dont M. le baron Rodier est propriétaire, et le château Gaillard, appartenant à M. le chevalier Dodun, maire du lieu, sont dans des sites agréables, entre la rive gauche de la Marne et la grande route de Paris à Troyes.

Les principales productions du terroir de cette commune sont en grains. On tire des carrières, de la pierre de liais et autres, avec lesquelles on fait des chambranles de cheminée et carreaux pour les appartemens. Le village de Maisons est à une demi-lieue au S. de Charenton, et 2 lieues au S. E. de Paris, par la route de Lyon, désignée ci-dessus. (Poste aux lettres de Charenton.)

MAISON DE SEINE (LA) fonderie de plomb laminé. *Voyez* SAINT-DENIS.

MAISONS-EN-BEAUCE, village, département d'Eure-et-Loir, arrondissement de Chartres, canteau d'Auneau, ci-devant généralité d'Orléans, dans la Beauce et diocèse de Chartres. Sa population est d'environ 330 habitans. Les productions de son terroir sont en grains. Une petite partie est en bois.

Ce village est à 2 lieues vers le S. E. d'Auneau, et 3 au S. d'Ablis ; sa distance de Paris et de 16 lieues vers le S. O. par Dourdan et une chaussée joignant l'ancienne route de Chartres. (Poste aux lettres de Dourdan.)

MAISONS-MEUNIER, hameau et maison de campagne. *Voyez* SAINTS.

MAISONS - SUR - SEINE, village situé sur la rive gauche de la *Seine*, que l'on passe sur un beau pont nouvellement construit, département de Seine-et-Oise, arrondissement de Versailles, canton de Saint-Germain-en-Laye, ci-devant province de l'Ile de France, et diocèse de Paris. Sa population est d'environ 700 habitans.

Le château, chef-d'œuvre d'architecture du célèbre François Mansard, a été bâti par les ordres de M. le président de Maisons, surintendant des finances. C'est l'un des plus beaux des environs de Paris. Il appartient aujourd'hui à madame la maréchale duchesse de Montébello. Il faisait, avant la révolution, partie des domaines de Monseigneur le comte d'Artois, aujourd'hui MONSIEUR. Le Roi Louis XVI et la Reine y avaient chacun un appartement.

Les jardins et le parc sont d'une vaste étendue et répondent par la distribution des parterres, des allées et des eaux, à la magnificence du château, dont la situation sur la rive gauche de la *Seine*, est infiniment agréable. Toute cette belle propriété dans laquelle on remarque encore les superbes bergeries, est entourée par la forêt de Saint-Germain.

Sur un bras de la Seine est un moulin à farines qui renferme une machine hydraulique, par le moyen de laquelle les eaux de cette rivière sont conduites tant dans l'intérieur du château que dans les jardins.

La principale culture du terroir est en vignes. Il y a peu de terres en labour. Le vil-

lage est à 1 lieues et demie
au N. de Saint-Germain, et
distant de 4 au N. O. de Paris
par une route qui passe à Besons et Neuilly. (Poste aux
lettres de Saint-Germain-en-
Laye.)

MAISSE-LE-MARÉCHAL,
bourg, département de Seine-
et-Oise, arrondissement d'E-
tampes, canton de Milly, ci-
devant province de l'Île de
France, frontière du Gatinais,
et diocèse de Sens. Sa population est d'environ 800 habitans, avec les hameaux de
Courty, *Rivière*, les fermes
de *Bretonvilliers* et plusieurs
autres habitations à l'écart.

Des deux paroisses, l'une
sous l'invocation de Notre-
Dame, et l'autre sous celle
de Saint - Médard, qui existaient, avant la révolution,
il n'en reste plus qu'une ; celle
de Notre-Dame a été détruite.
La terre de Maisse est une ancienne seigneurie; elle avait
haute, moyenne et basse justice. Le château et le parc appartiennent à M. le chevalier
de Trimond.

Il se tient, dans ce bourg,
trois foires par année : la première, le 8 juin; la seconde,
le 9 septembre; et la troisième,
le 25 novembre. Le marché
est le lundi de chaque semaine.

Le terroir est en labour,
chenevières, prairies et bois.
Il y a beaucoup de rochers.
La rivière d'*Essonnes* y fait

tourner trois moulins à grains.
Maisse est dans une vallée, à
1 lieue trois quarts à l'O. de
Milly, 3 au N. de Malesherbes, et 4 un quart à l'E. d'E-
tampes; sa distance de Paris
est de 13 lieues au S. par la
Ferté - Alais, Arpajon et la
grande route d'Orléans. (Poste
aux lettres de Milly.)

MALABRY, pavillon. *V.*
CHATENAY-LES-BAGNEUX.

MALASSIS, maison de
campagne et ferme. *Voyez*
LES ESSARTS-LE-ROI.

MALESHERBES, bourg situé dans une vallée sur la rivière d'*Essonnes*, et traversée par la route de Fontainebleau à Orléans, département
du Loiret, arrondissement de
Pithiviers, chef-lieu de canton,
siége d'une justice de paix,
et résidence d'une brigade de
gendarmerie, ci-devant généralité d'Orléans, dans le Gatinais, et diocèse de Sens. Sa
population est de 1,000 à 1,100
habitans, en y comprenant les
anciennes paroisses de *Rouville* et de *Tressan*, qui formaient chacune une commune
particulière avant leur réunion
à ce bourg; le hameau de *Pin-
son* en fait également partie.

A Rouville, est le château
dont M. le comte de Fera-Rouville est propriétaire. *Voyez*
ROUVILLE.

Avant la révolution, Malesherbes était nommée *Soisy-*

Malesherbes. Les Cordeliers y avaient un couvent; des deux paroisses qu'il renfermait anciennement, celle de Saint-Martin existe seule. C'était le siége d'un baillage - pairie, qui relevait nuement au parlement de Paris, et d'une juridiction de grenier à sel.

Le marché, qui passe pour être le plus considérable du département, après celui d'Orléans, est le mercredi de chaque semaine. Il s'y tient quatre foires par année : la première, le mercredi de la Passion ; la seconde, le 4 juillet; la troisième, le 24 août; et la quatrième le 11 novembre.

La terre de Malesherbes, jadis l'une des plus considérables du Gatinais, appartient à M. de Châteaubriand, arrière-petit-fils de M. de Lamoignon de Malesherbes, défenseur de Louis XVI, qui a fait abattre les deux ailes du château, placé sur une côte, et dans lequel est une chambre où Henri IV a logé, conservée religieusement. De cette côte, on jouit de trois côtés, d'une vue très-étendue.

Le parc, enclos de murs, renferme plusieurs bosquets et charmilles. Il est contigu à un bois d'environ 300 arpens bien percé en tous sens par de belles allées qui, étant entretenues, rendaient le séjour de Malesherbes fort agréable : on y voyait un très-grand nombre d'arbres et arbustes étrangers, dont une grande partie a péri dans le cours de la révolution, faute de soins.

Les productions du terroir sont de peu de valeur, en grains, la majeure partie est en marais et bois. La rivière d'Essonnes, qui n'y gèle jamais, fait tourner deux moulins à farines. On y trouve un four à chaux.

Le bourg de Malesherbes est à 5 lieues au N. E. de Pithiviers, et 6 vers le S. O. de Fontainebleau; sa distance de Paris est de 16 lieues au S. par la Ferté-Alais, Arpajon et la grande route d'Orléans. (Bureau de poste aux lettres et relais de poste aux chevaux.)

MALMAISON, château sur la grande route de Saint-Germain-en-Laye. *Voyez* Ruell.

MALMAISON (la), château d'une haute antiquité. *Voyez* Mortcerf.

MALNOUE, hameau et ci-devant abbaye de religieuses de l'ordre de Saint - Benoît. *Voyez* Emery.

MANOEUVRE, ancienne paroisse. *V.* Vincy-Manoeuvre.

MANDRES, village, département de Seine-et-Oise, arrondissement de Corbeil, canton de Boissy-Saint-Léger, ci-devant province de l'Ile de France, dans la Brie, et diocèse de Paris. Sa population est d'environ 600 habitans. Ce village pourrait passer pour un bourg par la réunion de différens corps de métiers et autres établissemens qui s'y trouvent. Il y a, en outre, plusieurs maisons de campagne fort agréables.

Son terroir est en terres labourables; une partie est eu vignes. Ce village est à 1 lieue et demie au S. E. de Boissy-Saint-Léger; sa distance de Paris est de 5 lieues et demie au S. E. par Grois-Bois et la grande route de Troyes. (Poste aux lettres de Boissy-Saint-Léger.)

MARCHAIS, ancien fief. *Voyez* BOUTIGNY.

MARCHE (LA), maison de campagne. *V.* VAUCRESSON.

MARCHEROUX, ancienne abbaye de l'ordre de Prémontré. *V.* BEAUMONT-LES-NONAINS.

MANTES, ville, chef-lieu d'arrondissement du département de Seine-et-Oise, et de canton, ci-devant province de l'Ile de France, et diocèse de Chartres. Sa population est d'environ 4,000 habitans.

, Elle est le siége de la sous-préfecture de l'arrondissement d'un tribunal de première instance, d'une justice de paix et la résidence d'un lieutenant et d'une brigade de gendarmerie. Sa situation sur la grande route de Paris à Caen et la rive gauche de la Seine, est l'une des plus belles de cette contrée.

On y arrive de Paris en traversant deux Ponts, l'un dit le pont de Limay, et l'autre le pont de Mantes. Ce dernier a été construit par le célèbre Peronnet, architecte.

Avant la révolution il y avait une collégiale et trois paroisses dont l'une était dans le faubourg de Saint-Pierre. L'église de cette collégiale, dite de Notre-Dame, est actuellement la seule paroisse. On voit, autour du chœur, six pilliers qui sont d'une délicatesse admirable. L'édifice est surmonté de deux tours fort élevées.

On n'a conservé de l'église de Saint-Maclou, que la tour regardée comme un monument précieux à cause de son antiquité, sa beauté et son élévation.

Mantes renfermait aussi un couvent de Cordeliers, un de Bénédictins, un d'Ursulines et une communauté de filles, dites de la Congrégation. L'Hôtel-Dieu et l'Hôpital qui existent sont destinés, l'un pour les malades et l'autre pour les vieillards.

Cette ville était le siége d'un baillage royal, présidial d'une élection, d'un grenier à sel et d'une subdélégation de l'intendance de Paris.

Il s'y tient deux foires principales chaque année, la première le 22 juillet, et la seconde le 30 novembre; les marchés sont les mercredi et vendredi de chaque semaine, celui du mercredi est considé-rable, particulièrement en bestiaux de toute espèce.

Il se trouve dans l'intérieur de la ville quatre fontaines, dont la plus apparente est celle qui est devant l'hôtel-de-ville. Ces fontaines sont alimentées par une source désignée à la description de Limay. *Voyez* LIMAY.

Les bords de la Seine of-frent de très-jolies promenades, l'une est nommée l'île Cham-pion, l'autre des Cordeliers. Les arbres y sont de la plus belle végétation et d'une grande élévation. Il y a sur cette rivière quatre moulins à farines; le ru *de Vaucouleurs*, qui s'y réunit, en fait tourner trois autres.

La ville de Mantes est à 4 lieues et demie au S. de Ma-gny et 10 au N. O. de Versailles; sa distance de Paris est de 12 lieues vers le N. O. par la route de Caen désignée ci-des-sus. On compte 15 lieues de poste. (Bureau de poste aux lettres, relais de poste aux chevaux et voitures publiques tous les jours pour Paris.)

MANTES-LA-VILLE, vil-lage, département de Seine-et-Oise, arrondissement et can-ton de Mantes, ci-devant pro-vince de l'Ile de France, et diocèse de Chartres. Sa popu-lation est d'environ 700 habi-tans; le faubourg de *Saint-Lazare* de la ville de Mantes, le hameau *de Chantereine*,

douze moulins à farines sur le ru de *Vaucouleurs* et plusieurs autres habitations à l'écart en font partie.

Le château de *Villiers* dont M. Brochant de Villiers, mem-bre de l'académie royale des sciences, est propriétaire, se trouve dans les mêmes dépen-dances.

Le terroir de cette commune est en labour, vignes et prai-ries. Mantes-la-Ville est à une demi-lieue au S. de la ville de Mantes, et distant de 11 lieues vers le N. O. de Paris, par la petite route de Mantes qui passe à St.-Germain-en-Laye. (Poste aux lettres de Mantes.)

MAQUELINES, village, département de l'Oise, arron-dissement de Senlis, canton de Betz, ci-devant province de l'Ile de France, dans le Valois, et diocèse de Meaux. Sa population est d'environ 100 habitans.

Cet endroit se fait remar-quer par une belle pépinière d'environ vingt-quatre arpens. Elle a été formée par feu M. Williams, irlandais, et ap-partient actuellement à M. Stu-ber. On y trouve toutes les es-pèces d'arbres fruitiers et fo-restiers ainsi que nombre d'au-tres d'agrément. C'est un des plus beaux établissemens de ce genre dans le département de l'Oise.

Les productions principales sont en grains, une partie est en bois. Le village de Maque-

lines est à une demi-lieue au
N. O. de Betz ; sa distance de
Paris est de 13 lieues au N. E.
par Nanteuil-le-Haudouin et
la route de Soissons. (Poste
aux lettres de Crépy.)

MARAIS (LE) , beau châ-
teau près le hameau du même
nom , faisant partie de la commune du Val-Saint-Germain,
canton de Dourdan, arrondissement de Rambouillet, département de Seine-et-Oise.

Ce château, situé dans une
vallée sur la petite rivière de
Remarde, est un des plus beaux
édifices modernes que l'on connaisse dans les environs de Paris. Il est entouré en partie
de larges fossés remplis d'eau
vive.

Devant la principale façade
est un superbe lac de 9 à 10
arpens , et dans ses dépendances, plusieurs canaux et bassins également remplis d'eau
d'une grande limpidité.

On y voit un jardin à l'anglaise, une superbe futaie, et
la rivière qui forme le lac ,
d'où il sort une autre branche
de rivière qui va se perdre
sous un rocher dans la futaie ;
un peu plus loin est une île
couverte de beaux arbres et un
bocage au milieu duquel est
un joli kiosque dont l'intérieur est orné d'une manière
élégante. Ce superbe domaine
appartient à madame de la
Briche. *Voyez* LE VAL-SAINT-
GERMAIN.

Le Marais est à 1 lieue trois

quarts vers le N. E. de Dourdan, et 9 trois quarts vers le
S. O. de Paris, par l'ancienne
route de Chartres. (Poste aux
lettres de Dourdan.)

MARAIS (LE), château.
Voyez ARGENTEUIL.

MARAIS (LE), château et
ferme. *Voyez* CHEVRIÈRES.

MARAIS (LE), papeterie.
Voyez JOUY-SUR-MORIN.

MARCHEMORET, village,
département de Seine - et -
Marne , arrondissement de
Meaux, canton de Dammartin,
ci-devant province de l'Île de
France , et diocèse de Meaux.
Sa population est d'environ
240 habitans, y compris le
hameau de l'*Essard*. Tout le
terroir est en labour.

Ce village est à 1 lieue et
demie à l'E. de Dammartin , et
9 et demie au N. E. de Paris,
par Dammartin et la route de
Soissons. (Poste aux lettres de
Dammartin.)

Marchevin, anc.t abt.t 1. Beaumont le Nonain

MARCHESAIS, village,
département d'Eure-et-Loir,
arrondissement de Dreux,
canton d'Anet, ci-devant province de l'Ile de France, dans
le pays Chartrain, et diocèse
de Chartres. Sa population est
d'environ 100 habitans. Les
productions de son terroir
sont toutes en grains.

Ce village est à une lieue
trois quarts à l'O. de Houdan,

et 2 et demie au S. d'Anet ; sa distance de Paris est de 14 lieues trois quarts à l'O., par la grande route de Brest. (Poste aux lettres de Houdan.)

MARCILLY, village, département de Seine-et-Marne, arrondissement de Meaux, canton de Lizy-sur-Ourcq, ci-devant province de l'Ile de France, dans le Mulcien, et diocèse de Meaux. Sa population est d'environ 400 habitans. Son terroir est en terres labourables et prairies.

Ce village est à 2 lieues un quart à l'O. de Lizy, et distant de 10 trois quarts au N.E. de Paris, par différens chemins joignant à Claye la grande route d'Allemagne. (Poste aux lettres de Meaux.)

MARCOUSSIS, village, département de Seine-et-Oise, arrondissement de Rambouillet, canton de Limours, ci-devant province de l'Ile de France, et diocèse de Paris, forme une commune de 13 à 1,400 habitans, en y comprenant les hameaux du Guay, le Grand et Petit Ménil, Chouanville, et autres habitations écartées. Les Célestins avaient au Petit Ménil un couvent, depuis démoli, à l'exception des bâtimens, dont une maison de campagne est formée.

Le château de Bellejames, et trois autres maisons de campagne, font également partie de cette commune : la première de ces maisons est nommée Bellebat, avec une ferme ; la seconde, le Chêne rond ; et la troisième, le Déluge, autrefois commanderie de l'ordre de Malte.

La terre de Marcoussis avait le titre de baronie, avec haute, moyenne et basse justice. Le château fort que Jean de Montaigu a fait bâtir, l'an 1336, n'est détruit que depuis 1805.

Le terroir est en terres labourables, prairies, vignes et bois, un grand étang y est compris. On y recueille beaucoup de fruits, et on y trouve des carrières de pierre de grès. Marcoussis est à une demi-lieue à l'O. de Mont-Lhéry, et 3 lieues à l'E. de Limours ; sa distance de Paris est de 6 lieues un quart au S., par la grande route d'Orléans. (Poste aux lettres de Linas.)

MARCOUVILLE, château. Voyez PONTOISE.

MARCQ, village, département de Seine-et-Oise, arrondissement de Rambouillet, canton de Montfort-l'Amaury, ci-devant province de l'Ile de France, et diocèse de Chartres. Sa population est d'environ 500 habitans. Il renferme deux maisons de campagne.

Les grains sont la principale production de son terroir, une partie est en bois. Ce village est situé sur la pente d'une colline à l'extrémité d'une vaste plaine, à 2 lieues au N. de Montfort, et distant de 9 et demie à l'O. de Paris, par une route qui joint celle de Brest. (Poste aux lettres de Montfort-l'Amaury.)

MARE (LA), maison de campagne. *Voyez* Douy-la-Ramée.

MARE-GRIMOUR (LA), maison de campagne et ferme. *Voyez* Blaru.

MAREIL - EN - FRANCE, village, département de Seine-et - Oise, arrondissement de Pontoise, canton d'Ecouen, ci-devant province de l'Ile de France, et diocèse de Paris. Sa population est d'environ 400 habitans.

Il renferme un ancien château, qui a appartenu à M. le duc de Gesvres : madame Feline en est actuellement propriétaire. Le jardin et le parc sont fort étendus.

Les principales productions du terroir sont en grains ; les fruits y sont assez abondans. Mareil est à une lieue et demie au N. d'Ecouen, et 5 trois quarts au N. de Paris, par la grande route d'Amiens. (Poste aux lettres d'Ecouen.)

MAREIL-L'ÉGUYON, village dans une plaine, départem. de Seine-et-Oise, arrondissement de Rambouillet, canton de Montfort-l'Amaury, ci-devant province de l'Ile de France, dans le Hurepoix, et dio-

cèse de Chartres. Sa population est d'environ 230 habitans, y compris quelques maisons isolées et deux moulins.

M. de Chaumont est propriétaire du château. Les productions principales du terroir sont en grains et bois. Ce village est à trois quarts de lieue au N. E. de Montfort, et distant de 8 lieues et demie à l'O. de Paris, par la grande route de Brest. (Poste aux lettres de Montfort-l'Amaury.)

MAREIL-SOUS-MARLY, village, département de Seine-et - Oise, arrondissement de Versailles, canton de Saint-Germain-en-Laye, ci - devant province de l'Ile de France, et diocèse de Paris. Sa population est d'environ 400 habitans. La principale culture de son terroir est en vignes.

Ce village, situé à mi-côte, renferme une pépinière près de laquelle est un pavillon d'où l'on découvre toute la ville de Saint-Germain et ses alentours. Mareil est à une demi-lieue au S. de Saint - Germain, et 4 lieues à l'O. de Paris, par l'une des routes qui passe à la poste de Nanterre. (Poste aux lettres de Saint-Germain-en-Laye.)

MAREIL-SUR-MAUDRE, village, département de Seine-et - Oise, arrondissement de Versailles, canton de Meulan, ci-devant province de l'Ile de France, et diocèse de Chartres. Sa population est d'environ

220 habitans. Mademoiselle de Saint-Just est propriétaire de la maison de campagne que l'on y voit.

Les principales productions de son terroir sont en grains: une partie est en prairies et en vignes.

Le village de Mareil est situé dans une vallée, sur la petite rivière de *Maudre*, qui fait tourner un moulin, et sur la route de Maule à Paris, à une demi-lieue au S. E. de Maule, et 3 lieues au S. de Meulan; sa distance de Paris est de 8 lieues et demie à l'O., par cette route qui passe à Rocquencourt. (Poste aux lettres de Maule.)

MAREUIL - LAFERTÉ, village, département de l'Oise, arrondissement de Senlis, canton de Betz, ci-devant province de l'Ile de France, et diocèse de Meaux. Sa population est d'environ 300 habitans, avec les hameaux de *Rivière* et *Guillouvray*, qui en dépendent.

Le terroir de cette commune est en terres labourables et en prairies: une petite partie est en bois. On y cultive le chanvre, on en extrait de la tourbe, et on y trouve des fourneaux à charbon. Des carrières de pierre de taille y sont en exploitation. La rivière d'*Ourcq* fait tourner un moulin : un ruisseau en fait tourner un autre.

Le village de Mareuil est sur cette rivière d'Ourcq et sur la route de Meaux à la Ferté-Milon, près Fulaines, à une lieue et demie vers le S. de la Ferté-Milon, 2 et demie à l'E. de Betz ; sa distance de Paris est de 16 lieues un quart vers le N. E., par Meaux et la grande route d'Allemagne. (Poste aux lettres de la Ferté-Milon.)

MAREUIL-LES-MEAUX, village et paroisse, département de Seine-et-Marne, arrondissement et canton de Meaux, ci-devant province de l'Ile de France, et diocèse de Meaux. Sa population est d'environ 700 habitans. Une ferme, dite *la Grange-du-Mont*, et plusieurs autres maisons écartées en dépendent.

Le terroir produit particulièrement des grains : une partie est en vignes. Ce village est sur la rive gauche de la *Marne*, qui fait tourner un moulin, à une lieue au S. de Meaux, et distant de 10 lieues à l'E. de Paris, par différens chemins joignant la grande route d'Allemagne. (Poste aux lettres de Meaux.)

MARGENCY, village, département de Seine-et-Oise, arrondissement de Pontoise, canton de Montmorency, ci-devant province de l'Ile de France, et diocèse de Paris. Sa population est d'environ 180 habitans. Il était autrefois de la paroisse d'*Andilly* ; en ayant été séparé sur la fin du seizième siècle, depuis cette époque il en forme une particulière.

Cet endroit, situé dans la vallée de Montmorency, se fait remarquer par le château dont M. le marquis de Sainte-Maure - Montansier, pair de France, est propriétaire, et par deux maisons de campagne à proximité, l'une, dite *Mangarny*, appartenant à M. Dupin, et l'autre, nommée *Bury*, à M. Stone. Ce château et ces maisons de campagne ont de fort belles dépendances.

Le terroir, partie en terres labourables, partie en vignes, renferme aussi beaucoup d'arbres fruitiers : on y trouve une fabrique de tuiles, briques et carreaux.

Le village de Margency est à une lieue au N. O. de Montmorency, et distant de 4 un quart au N. de Paris, par la route de Saint-Leu-Taverny. (Poste aux lettres de Montmorency.)

MARINES, bourg situé sur la route de Paris à Gisors, département de Seine-et-Oise, arrondissement de Pontoise, chef-lieu de canton, siége d'une justice de paix, et la résidence d'une brigade de gendarmerie, ci-devant province de l'Ile de France, dans le Vexin, et diocèse de Rouen. Sa population est de 13 à 1,400 habitans, avec le hameau des *Hautiers* et les fermes de *la*

Levrière et de *la Métairie* qui en font partie. Les oratoriens y avaient une maison.

Ce bourg renferme un ancien château, dont M. le comte Athanase de Gouy est propriétaire. Une assez jolie maison de campagne est à son entrée, du côté de Pontoise.

Il s'y tient deux foires par année : la première, le 24 juin, et la seconde, le premier mercredi du mois d'octobre. Le marché est le mercredi de chaque semaine.

Le terroir de cette commune est en terres labourables et bois. On y trouve une carrière, un four à plâtre et deux fabriques de tuiles, briques et carreaux.

Marines est à trois lieues au N. O. de Pontoise, et 10 au N. O. de Paris, par la route de Gisors. (Poste aux lettres de Pontoise.)

MARISSEL, village, département de l'Oise, arrondissement et canton de Beauvais (Nord-Ouest), ci-devant province de l'Ile de France, et diocèse de Beauvais. Sa population est de 5 à 600 habitans. Son terroir est en labour et en vignes.

Ce village est à un quart de lieue à l'E. de Beauvais, et 16 lieues de Paris par la même route que de Beauvais à Paris. (Poste aux lettres de Beauvais.)

MARLES, village, département de Seine-et-Marne,

arrondissement de Coulommiers, canton de Rozay, ci-devant province de l'Ile de France, dans la Brie, et diocèse de Meaux. Sa population est de 5 600 habitans. Toutes les productions de son terroir sont en grains.

Ce village est dans une plaine, à trois quarts de lieue au N. de Fontenav, et une lieue trois quarts au N. O. de Rozay; sa distance de Paris est de 9 lieues et demie à l'E., par Tournan et la route de Rozay. (Poste aux lettres de Rozay.)

MARLY (machine de). *V.* BOUGIVAL.

MARLY-LA-VILLE, village, département de Seine-et-Oise, arrondissement de Pontoise, canton de Luzarches, ci-devant province de l'Ile de France, et diocèse de Paris. Sa population est d'environ 600 habitans. Le château a été démoli. La terre avait le titre de comté.

Ce village, pavé en grès, est l'un des plus beaux de cette contrée. On y voit plusieurs maisons de campagne, dont les plus apparentes sont celles de M. Dacier, secrétaire perpétuel de l'Institut; de M. Thérouenne, et de M. Huet. Il y existe un hôpital d'ancienne fondation.

Les principales productions du terroir sont en grains. Marly-la-Ville est à une lieue et demie au S. E. de Luzarches,

et distant de 7 au N. de Paris, par une chaussée joignant la grande route d'Allemagne. (Poste aux lettres de Louvres, et voitures publiques tous les jours pour Paris.)

MARLY-LE-ROY, village, département de Seine-et-Oise, arrondissement de Versailles, chef-lieu de canton et siége d'une justice de paix, ci-devant province de l'Ile de France et diocèse de Paris. Sa population est d'environ 1,100 habitans, avec le hameau du *Petit-Marly*, et partie de celui du *Cœur-Volant*.

Le superbe château royal de Marly, ainsi que les jardins et les bosquets ornés de statues, les fontaines et les pièces d'eaux qui faisaient de cette résidence le séjour le plus délicieux et l'objet de l'admiration universelle, ont été dévastés et détruits.

De ce château dépendait une jolie habitation, dite le *Chenil*, actuellement une maison de campagne. Parmi d'autres qui se trouvent dans le village, on distingue particulièrement celles de M. Gaudechar de Kerrieu, de M. Ravel, de M. le baron d'Harvès, de M. Tasté, de M. le comte Syès et madame la marquise de Châteauthiery. MM. Potdevin, père et fils, y dirigent une pension de jeunes gens.

La majeure partie du terroir est en vignes. On y recueille beaucoup de fruits.

Marly est situé sur la pente d'une montagne, à trois quarts de lieue au S. O. de Saint-Germain-en-Laye, une lieue trois quarts au N. de Versailles, et distant de 4 à l'O. de Paris, par une chaussée joignant l'une des routes de Saint-Germain-en-Laye. (Poste aux lettres de Saint-Germain-en-Laye.)

MARNES, village, département de Seine-et-Oise, arrondissement de Versailles, canton de Sèvres, ci - devant province de l'Ile de France, et diocèse de Paris. Sa population est d'environ 150 habitans.

Il est contigu au parc de Saint-Cloud. On y voit un château et un beau parc, dont M. Bourdois de la Motte est propriétaire, et quelques maisons de campagne. Le château, nommé le *Grand - l'Etang*, est dans ses dépendances. La majeure partie du terroir est en bois et en étangs.

Le village de Marnes est à une demi lieue à l'O. de Sèvres, et 2 lieues et demie à l'O. de Paris, par Sèvres et la route de Versailles. (Poste aux lettres de Sèvres.)

MAROLLES, paroisse composée de plusieurs hameaux et autres habitations isolées, formant une commune dans le département de Seine-et-Marne, arrondissement de Coulommiers, canton de la Ferté-Gaucher, ci-devant province de l'Ile de France, dans la Brie, et diocèse de Meaux. Sa population est d'environ 260 habitans.

Les principaux de ces hameaux sont : *Forêt, les Mauris, Millard, Bois, Saint-Georges, Malnoue, Ranchiens* et *la Ferrière*; l'église de Marolles est au centre de ces hameaux. Le château, entouré de fossés d'eau vive, est peu éloigné de cette église. M. Quatre-Solz de Marolles en est propriétaire.

Les principales productions du terroir de cette commune sont en grains. Marolles est à 2 lieues et demie à l'O. de la Ferté-Gaucher, et 2 vers l'E. de Coulommiers ; sa distance de Paris est de 16 lieues à l'E., par Coulommiers et la route qui passe à Lagny. (Poste aux lettres de Coulommiers.)

MAROLLES, village, département de Seine-et-Oise, arrondissement d'Etampes, canton de Méréville, ci-devant province de l'Ile de France, dans la Beauce, et diocèse de Sens. C'était, avant la révolution, une annexe de la paroisse de *Fontaine-la-Rivière*. Toutes les productions de son terroir sont en grains.

Ce village est à 2 lieues trois quarts au N. E. de Méréville, 1 et demie vers le S. E. d'Etampes et 13 et demie au S. de Paris par Etampes et la grande route d'Orléans. (Poste aux lettres d'Etampes.)

MAROLLES, hameau et relais de poste aux chevaux sur la grande route de Paris à Brest. *Voyez* BROUÉ.

MAROLLES - EN - BRIE, village, département de Seine-et - Oise, arrondissement de Corbeil, canton de Boissy-Saint-Léger, ci - devant province de l'Ile de France, et diocèse de Paris. Sa population est d'environ 260 habitans.

Parmi quelques maisons de campagne qui se trouvent dans ce village, on distingue celle de M. le comte Shée, pair de France, et deux autres dont l'une était autrefois un prieuré. Le terroir est divisé en terres de labour, en vignes, en prairies et en bois. Marolles est près la grande route de Paris à Troyes, à 1 lieue au S. E. de Boissy-Saint-Léger, et 5 au S. E. de Paris par cette route. (Poste aux lettres de Boissy-Saint-Léger.)

MAROLLES - EN - HURÉ-POIX, village, département de Seine - et - Oise, arrondissement de Corbeil, canton d'Arpajon, ci-devant province de l'Ile de France, et diocèse de Paris. Sa population est d'environ 400 habitans. Une ferme, autrefois fief de *Beaulieu*, en fait partie.

Ce village renferme un château et un parc de 300 arpens, dont M. Hubert est propriétaire, et trois maisons de campagne, parmi lesquelles est l'ancien fief de *Gaillon*, appartenant à madame Penavère de Renouville.

La majeure partie des productions du terroir sont en grains, une partie est en vignes et en bois. Les légumes y sont assez abondans. M. Hubert y entretient un beau troupeau de mérinos.

Le village de Marolles est à 1 lieue un quart au S. E. d'Arpajon, et 8 trois quarts au S. de Paris, par une route qui conduit à Arpajon, et ensuite la grande route d'Orléans. (Poste aux lettres d'Arpajon.)

MAROLLES - SUR - OURCQ, village, département de l'Oise, arrondissement de Senlis, canton de Betz, ci-devant province de l'Ile de France, généralité et diocèse de Soissons. Sa population est d'environ 500 habitans, en y comprenant les hameaux et château de *Bourneville*, *Préciamont*, *Vauparfond*, la ferme *du Réveil* et le moulin *du Pont de Vaux*. *Voyez* BOURNEVILLE.

Le village de Marolles est près la route de Meaux à la Ferté-Milon, sur la rivière d'Ourcq, où se trouve un moulin à trois roues, et deux ports pour la décharge des bois et charbons provenant de la forêt de Villers-Cotterets; il y a un autre moulin à Bourneville et un four à chaux au Pont de Vaux. Les principales productions du terroir sont en grains, une partie est en prairies et une autre moins grande en bois; le chanvre y est cultivé. M. Bernier fils, entretient, à Préciamont, un troupeau de mérinos, qui, sans être pure race, n'en est pas moins estimé, à cause de la finesse de la laine.

Marolles est à 2 lieues et demie à l'E. de Betz, et une demi-lieue vers le S. O. de la Ferté-Milon; sa distance de Paris est de 17 lieues et demie au N. E. par la route désignée ci-dessus, joignant à Meaux celle d'Allemagne. (Poste aux lettres de la Ferté-Milon.)

MARQUEMONT, paroisse, département de l'Oise, arrondissement de Beauvais, canton de Chaumont-Oise, ci-devant province de l'Ile de France, dans le Vexin, et diocèse de Rouen. Elle forme une commune d'environ 500 habitans, composée des hameaux de *Monneville*, où est un ancien château, *Bélan*, la ferme *du Breuil*, le moulin de *Marquemont* et celui de *Toutevoye*; ces deux moulins sont sur la petite rivière de *Troesne*.

Le terroir est en labour, prés, marais, aunaies, bois et friches; on y trouve deux carrières. La paroisse de Marquemont est à 2 lieues vers le S. E. de Chaumont; sa distance de Paris est de 13 lieues au N. O. par Hénouville et l'an-

cienne route de Beauvais à Pontoise, qui joint la route de Gisors. (Poste aux lettres de Chaumont-Oise.)

MARSAUDIÈRE (LA), maison de campagne. *Voyez* CHEVRY-COSSIGNY.

MARTINIÈRE (LA), château. *Voyez* SACLÉ.

MARTROY (LE), château. *Voyez* CHAUCONIN.

MARY, village, département de Seine-et-Marne, arrondissement de Meaux, canton de Lizy-sur-Ourcq, ci-devant province de l'Ile de France, dans la Brie, et diocèse de Meaux. Sa population est d'environ 450 habitans.

Sa situation avantageuse sur la rive droite de la *Marne* que l'on passe sur un bac près le confluent de la rivière d'*Ourcq*, et sa proximité de Lisy, lui donne la facilité de faire un commerce considérable en grains exportés sur la Marne. M. Aubé, négociant, y fait le commerce de laine.

Les principales productions du terroir sont en grains. La Marne y fait tourner un moulin; le village de Mary est à un quart de lieue vers le S. de Lizy, 3 lieues vers le N. E. de Meaux et 13 entre l'E. et le N. E. de Paris par Tril-Port, et la grande route d'Allemagne qui passe à Meaux. (Poste aux lettres de Lizy-sur-Ourcq.)

MASSY, village, département de Seine-et-Oise, arrondissement de Corbeil, canton de Longjumeau, ci-devant province de l'Ile de France, et diocèse de Paris. Sa population est de 1,000 à 1,100 habitans en y comprenant le hameau *de Villaines*. Le château *de Villegenis* est totalement détruit.

L'ancien château de Massy subsiste toujours. Des maisons de campagne que renferme ce village, celle de M. Lieutaud est la plus apparente, et à Villaines, celle dont feu M. Tenon, membre de l'Institut, était propriétaire.

Les productions du terroir de cette commune sont en grains; une partie est en vignes et prairies. Il y a une fabrique de tuiles, briques et carreaux très-estimée, dont M. Aragon est propriétaire.

Le village de Massy est sur l'ancienne route de Paris à Chartres, à 1 lieue au N. de Longjumeau, et 3 et demie au S. de Paris, par cette route. (Poste aux lettres d'Antony, département de la Seine.)

MAUBUISSON, ci-devant abbaye de religieuses de l'ordre de Cîteaux. *Voyez* SAINT-OUEN-L'AUMÔNE.

MAUCHAMPS, village, département de Seine-et-Oise, arrondissement et canton d'Etampes, ci-devant province de l'Ile de France, et diocèse de Paris. Sa population est d'environ 140 habitans. Deux auberges nommées *Bonne*, sur la grande route de Paris à Orléans, en font partie.

Le terroir consiste en terres de labour; il y a beaucoup de bois. Ce village est près cette route d'Orléans, à 2 lieues trois quarts au N. d'Etampes, et 9 trois quarts au S. de Paris, par cette même route. (Poste aux lettres d'Etrechy.)

MAUDÉTOUR, village, département de Seine-et-Oise, arrondissement de Mantes, canton de Maguy, ci-devant province de l'Ile de France, dans le Vexin, et diocèse de Rouen. Sa population est d'environ 250 habitans. L'église est écartée. Le hameau *du Tertre* et la ferme *de Mezières*, avec quelques maisons isolées, font partie de cette commune.

La terre de Maudétour est une ancienne seigneurie qui avait haute, moyenne et basse justice. Le château, d'une construction moderne et situé à mi-côte, appartient à M. le comte de Rancher, chevalier de Saint-Louis; il n'est pas achevé. Un pavillon séparé renferme une assez grande chapelle où les habitans du village se rendent dans les mauvais tems, parce que l'église est éloignée d'eux de près d'un quart de lieue.

On arrive au château par une belle avant-cour et une cour d'honneur, bordées de larges fossés secs. Une partie des jardins est disposée sur les dessins de Le Nôtre, et l'autre est distribuée dans le genre du paysage. On y remarque une belle serre vitrée, garnie de plantes et d'arbustes rares, et d'anciens bosquets très agréables ; une petite source forme un ruisseau qui serpente sous de très-beaux chênes et arbres verds. Le jardin potager est spacieux et renferme une belle pièce d'eau alimentée par une fontaine. Derrière le parc de 30 arpens clos de murs, est un bois percé d'allées droites et tournantes, qui fait partie de cette propriété.

Le terroir de cette commune est en labour, bois, bruyères et pâtures. Le village de Maudétour est sur la chaussée de Magny à Mantes, à 1 lieue un quart au S. de Magny ; sa distance de Paris est de 13 lieues au N. O., par le Bordeau-de-Vigny et la grande route de Rouen. (Poste aux lettres de Magny.)

MAULE, bourg, département de Seine-et-Oise, arrondissement de Versailles, canton de Meulan, ci-devant province de l'Ile de France , et diocèse de Chartres. Sa population est d'environ 1,200 habitans, y compris les hameaux de *Saint-Léonard-du-Coudray* et *du Val-Durand.*

Ce bourg , situé dans une vallée , sur la petite rivière de *Maudre*, avait autrefois le titre de marquisat. On y remarque un château dont M. le comte Victor de Caraman, pair de France, est propriétaire, et trois maisons de campagne dont l'une est nommée *la Rollanderie*, et l'autre *le Buat*, la troisième est près le château.

Dans l'ancien régime, il y avait à Maule deux paroisses. Celle qui est restée a une tour carrée fort élevée ; le marché, assez considérable , se tient le samedi de chaque semaine.

Les principales productions du terroir sont en grains, une petite partie est en prairies et en bois. On y trouve une carrière de pierres de taille : la petite rivière de Maudre fait tourner plusieurs moulins.

Le bourg de Maule est à 2 lieues et demie au S. de Meulan, et distant de 9 lieues à l'O. de Paris, par une route qui passe à Rocquencourt. (Bureau de poste aux lettres et voitures publiques pour Versailles.)

MAULETTE, village, département de Seine-et-Oise , arrondissement de Mantes, canton de Houdan, ci-devant province de l'Ile de France , et diocèse de Chartres. Sa population est d'environ 240 habitans, avec les hameaux de *Moc-Souris* en partie, *la Folie* et autres habitations à l'écart. On y voit un petit château.

Le terroir est en labour et en prairies. Ce village est près

Houdan, sur la grande route de Brest, à 13 lieues à l'O. de Paris par cette route. (Poste aux lettres de Houdan.)

MAUGARNY, maison de campagne. *V.* Margency.

MAULNY, maison de campagne, ancien fief. *V.* Saint-Souplets.

MAUPERTUIS, village, département de Seine et Marne, arrondissement et canton de Coulommiers, ci-devant province de l'Ile de France, dans la Brie, et diocèse de Meaux; il forme avec les hameaux de l'*Oursine*, *Laval*, et trois moulins sur la petite rivière *d'Aubetin*, une population d'environ 400 habitans.

M. le marquis de Montesquiou était propriétaire du magnifique château qui n'a point résisté aux ravages de la révolution. La propriété de cette terre est demeurée à M. le comte de Montesquiou, son fils. Mais si le château, si digne de fixer les regards de tous les vrais amateurs du beau, n'existe plus, ce lieu mérite encore une attention particulière.

C'est là qu'est l'Elysée, dont la description se trouve dans le Poëme des Jardins de l'abbé de Lille, et que ce grand poëte a placé au rang des plus belles créations de ce genre, dont on ne saurait se lasser d'admirer le site agreste. Après avoir examiné l'emplacement du château et le réservoir près duquel il était construit, on entre dans l'Elysée par une grotte magnifique en rotonde, soutenue par quatre colonnes et surmonté d'une pyramide antique formée à l'instar de celles d'Egypte; sur cette grotte passe la route de Rozay à Coulommiers; près de cette rotonde était le tombeau du célèbre amiral Coligny

L'aspect de ce jardin est des plus pittoresque à cause des variétés que présentent les collines et les vallons qu'il renferme. Il est traversé par la petite rivière d'Aubetin, qui fait tourner deux des moulins désignés ci-dessus. On y voit de superbes plantations, des bosquets, des groupes d'arbres, et des bois touffus qui forment les promenades ombragées par lesquelles on arrive à une jolie maison d'habitation nommée les *Côteaux*.

Cette habitation irrégulièrement bâtie, est à côté d'une belle fontaine et d'un petit lac; les belles prairies qui l'environnent, les sources vives et abondantes qui alimentent des ruisseaux, dont l'eau, d'une extrême limpidité, circule dans toute l'étendue des jardins, les cascades que ces mêmes ruisseaux forment à plusieurs endroits, diverses promenades en dehors dans un bois bien percé qui fait partie de cette propriété, rendent ce séjour si enchanteur, qu'on le croirait préférable, dans un sens, à ceux qui ne doivent leur embellissement qu'à l'art et non à la nature.

Il existe près de l'Elisée, dans une ferme nommée *Latour*, appartenant également à M. le comte de Montesquiou, une grande et belle bergerie pour le troupeau de mérinos qu'il possède.

La maison d'habitation des Côteaux et une portion du jardin, font partie de la commune de *Saints*. *V.* Saints.

Le terroir de Maupertuis est en terres labourables et vignes; ce village, situé à mi-côte sur la route de Rozay à Coulommiers, a été en grande partie créé par M. le marquis de Montesquiou, qui a fait construire la plupart des maisons et les fontaines qui s'y trouvent. Il est à 1 lieue et demie au S. de Coulommiers et 2 et demie au N. de Rozay; sa distance de Paris est de 13 lieues et demie à l'E par Rozay et la route qui passe à Tournan. (Poste aux lettres de Coulommiers.)

MAURECOURT, village, département de Seine-et-Oise, arrondissement de Versailles, canton de Poissy, ci-devant province de l'Ile de France, et diocèse de Paris. Sa population est d'environ 500 habitans avec les hameaux des *grand et petit Choisy, Dan-*

gu, *Glatigny* en partie, et la ferme de *Belle-Fontaine*.

Ce village, dans l'ancien régime, était une annexe de la paroisse d'Andrezy : il y a plusieurs maisons de campagne, parmi lesquelles celle de M. Desvignes se fait remarquer. Le hameau de Glatigny renfermait un beau château, qui a été démoli.

La culture principale du terroir est en vignes. Maurecourt est sur la rive droite de l'Oise, près le confluent de cette rivière et de la Seine, à trois quarts de lieue au N. de Poissy, et 7 au N. O. de Paris par Poissy et la grande route qui passe à Saint-Germain-en-Laye. (Poste aux lettres de Poissy.)

MAUREGARD, village, département de Seine-et-Marne, arrondissement de Meaux, canton de Dammartin, ci-devant province de l'Ile de France, et diocèse de Meaux. Sa population est d'environ 330 habitans.

La terre de Mauregard, ci-devant marquisat, était le siége d'une haute, moyenne et basse justice; M. Thierry, baron de Ville-d'Avray, intendant général du garde-meuble de la couronne, en est actuellement propriétaire.

Le château est grand et d'une architecture noble, il est couvert en plomb et surmonté de terrasse d'où la vue s'étend au loin sur toute la contrée. Le parc est entouré de fossés revêtus de pierres, qui laisse jouir de l'aspect des campagnes environnantes. Une longue avenue en face du château conduit à la grande route de Paris à Soissons : une autre aboutit au Ménil-Amelot, où est un relais de la poste aux chevaux, sur la même route.

Les principales productions du terroir de cette commune sont en grains.

Le village de Mauregard est à 1 lieue trois quarts à l'O. de Dammartin, et 6 trois quarts au N. E. de Paris, par le Mesnil-Amelot et la grande route de Soissons. (Poste aux lettres de Dammartin.)

MAUREPAS, village, département de Seine-et-Oise, arrondissement de Rambouillet, canton de Chevreuse, ci-devant province de l'Ile de France, et diocèse de Chartres. Sa population est d'environ 260 habitans, y compris le hameau de *Villeneuve*.

Les ruines d'un ancien château rappellent en ces lieux les guerres civiles des malheureux règnes de Charles VI et Charles VII; c'était la retraite de chefs de brigands.

Les principales productions du terroir sont en grains et bois. Maurepas est à 2 lieues et demie au N. O. de Chevreuse, et 7 et demie à l'O. de Paris, par la grande route de Chartres. (Poste aux lettres de Neaufle-le-Château.)

MAUREVERT, hameau et maison de campagne. *Voyez* Chaumes.

MAUVIÈRES, château entre Chevreuse et Dampierre *V*. Saint-Forget.

MAY (le). *Voyez* le Mée.

MAY-EN-MULTIEN, village, département de Seine-et-Marne, arrondissement de Meaux, canton de Lizy-sur-Ourcq, ci-devant province de l'Ile de France, et diocèse de Meaux. Sa population est d'environ 800 habitans, en y comprenant les hameaux du *Chenoy*, *de Marnoue*, *la Poterie* et *Vernelle*, où il y a une maison de campagne, la ferme de *Gesvres* et le moulin de *May*.

Le village de May, dont toutes les rues sont pavées, est sur la route de Meaux à la Ferté-Milon. Son terroir est en terres labourables, prairies, marais, et beaucoup de bois ; il est à 1 lieue et demie au N. de Lizy, 4 au N. E. de Meaux, et 14 entre l'E. et le N. E. de Paris, par Meaux et la grande route d'Allemagne. (Bureau de poste aux lettres.)

MAYSEL, petit village, département de l'Oise, arrondissement de Senlis, canton de Creil, ci-devant province de l'Ile de France, et diocèse de Beauvais. Sa population n'est que d'environ 100 habitans. Son terroir est en terres labourables, les prairies y sont fort étendues, une partie est en bois.

Ce village est sur la rivière *du Thérain*, à 1 lieue et demie à l'O. de Creil, et 11 au N. de Paris, par Précy, Viarmes, et une chaussée joignant près de Moisselles la grande route de Beauvais. (Poste aux lettres de Chantilly.)

MEAUX, ancienne ville, chef-lieu d'arrondissement du département de Seine — et-Marne, et chef-lieu de canton, ci-devant province de l'Ile de France, capitale de la Brie. Sa population est d'environ 7,000 habitans. Elle est le siége de la sous-préfecture, d'un tribunal de première instance, d'un tribunal de commerce, d'une justice de paix, et la résidence d'un lieutenant et d'une brigade de gendarmerie.

Elle est aussi le siége de l'évêché des départemens de Seine-et-Marne et de la Marne; l'architecture de la cathédrale est regardée comme un chef-d'œuvre. Le célèbre Bossuet, évêque de Meaux, y est enterré.

Cette ville, située sur la grande route de Paris en Allemagne, et traversée par la rivière de *Marne* qui la divise en deux parties inégales, fut livrée au pillage et brûlée par les Normands au neuvième siècle : c'est la première des villes du royaume qui a re-

noncé au parti de la Ligue pour se soumettre à Henri IV.

Il existait avant la révolution, outre l'évêché, une collégiale, dite *de Saint - Saintain*, et sept paroisses, deux abbayes d'hommes, l'une de l'ordre de Saint-Benoît, nommée *Saint-Faron*, et l'autre de chanoines réguliers de la congrégation de France, nommée *Chaage*, une abbaye de chanoinesses régulières de l'ordre de Saint - Augustin, dites *de Notre - Dame*, et un prieuré conventuel de Bénédictines, nommé *Noéfort*.

Il y avait en outre une maison de chanoines réguliers ou Trinitaires, un couvent de Cordeliers, un de Capucins, deux de religieuses, l'un dit *de la Visitation*, et l'autre *d'Ursulines*, un Hôtel-Dieu et un hôpital général.

Toutes ces communautés ont été supprimées; il ne reste plus que le chapitre de la cathédrale, une paroisse dans cette église, deux succursales dans les faubourgs, et deux hospices, l'un pour les pauvres, et l'autre pour les malades.

Meaux, dans l'ancien régime, était le siége d'un bailage, d'un présidial, d'une prévôté, d'une élection et de la juridiction d'un grenier à sel.

Le commerce de cette ville est principalement en grains, bestiaux, volailles, laines et fromages de Brie. Il y a plusieurs tanneries, corroieries et mégisseries.

Il s'y tient deux foires par année ; elles durent chacune trois jours, la première, le 15 mai, et la seconde le 12 novembre. Le marché est le samedi de chaque semaine.

Une société d'agriculture y est établie, ainsi qu'une école secondaire ecclésiastique à la ci-devant abbaye de Chaage, un collége de plein exercice, sous la direction de M. Dupras, et plusieurs pensions de jeunes demoiselles. On y trouve une bibliothèque publique.

Il est à remarquer que sous le pont qui communique d'une partie à l'autre de la ville, il ne passe aucun bateau sous le pont qui réunit ces deux parties, parce que la chute d'eau est trop forte, et que des moulins y sont en grand nombre et servent particulièrement à la moûture des farines destinées à l'approvisionnement de Paris. La navigation de la Marne se fait par le canal nommé *Cornillon*.

Les environs de Meaux sont très-fertiles en grains, le canal de *l'Ourcq* passe près la ville qui est à 15 lieues au N. de Melun, et distant de 10 à l'E. de Paris par la route d'Allemagne. On compte 11 lieues de poste. (Bureau de poste aux lettres ; relais de poste aux chevaux et voitures publiques tous les jours pour Paris.)

MEDAN, village, département de Seine-et-Oise, arrondissement de Versailles, canton de Poissy, ci-devant province de l'Ile de France, et diocèse de Chartres. Sa population est d'environ 200 habitans. Le château et le parc appartiennent à M. Barbereux, maire du lieu.

La principale culture de son terroir est en vignes ; il y a beaucoup d'arbres fruitiers. Ce village est à une lieue un quart au N. O. de Poissy, sur la rive gauche de la Seine, et 6 et demie au N. O. de Paris, par Poissy et la grande route qui passe à Saint-Germain-en-Laye. (Poste aux lettres de Poissy.)

MÉE (LE) ou le MAY, village, département de Seine-et-Marne, arrondissement et canton de Melun (Nord), ci-devant province de l'Ile de France, et diocèse de Sens. Sa population est d'environ 400 habitans, y compris le hameau *des Fourneaux* et la ferme de *Marchemarais*.

Ce village, près Melun, est situé sur l'une des collines qui bordent la rive droite de la *Seine*. A son extrémité occidentale était ci-devant un château seigneurial, dont il reste encore un pavillon. Le propriétaire, M. le vicomte du Fraguier, possède aussi une jolie maison à l'extrémité opposée vers Melun, consistant en un pavillon carré d'une construction moderne. Les terrasses du côté de la Seine, offrent l'aspect le plus brillant.

Plusieurs maisons de campagne embellissent encore ce village, ainsi que le hameau des Fourneaux, qui est sur le bord de la rivière et contigu à la ville de Melun.

Les productions du terroir sont en grains, une partie est en vignes et en bois. On y trouve une carrière considérable de pierres et des fours à chaux au hameau des Fourneaux.

Le village du Mée est à 10 lieues au S. E. de Paris, par la même route que de Melun à Paris. *Voyez* MELUN. (Poste aux lettres de Melun.)

MELLO, bourg, départ. de l'Oise, arrondis. de Senlis, canton de Creil, ci-devant province de l'Ile de France, et diocèse de Beauvais. Sa population est d'environ 450 habitans. Il n'a d'autre dépendance qu'une maison faisant partie du hameau de *Martincourt*, commune de *Saint-Vaast*.

Ce bourg, traversé en partie par un bras de la rivière du *Thérain*, est situé dans une vallée au pied d'une montagne escarpée, sur laquelle est un château bâti sur le roc et flanqué de tourelles; à côté est une autre habitation nommée *le Petit château*, où est la basse-cour. La situation agreste et pittoresque de ces deux édifices, les magnifiques points de vue que l'on y découvre, les jardins à l'anglaise, en forme de labyrinte qui les entourent,

les rendent très-remarquables. M. Pillot, qui en est actuellement propriétaire, pour ajouter aux embellissement, a fait établir un bélier hydraulique, de l'invention de M. Montgolfier, au moyen duquel l'eau claire et limpide d'une belle source monte jusqu'à la hauteur de 184 pieds.

La terre de Mello avait, avant la révolution, le titre de baronie et appartenait anciennement à la maison de Montmorency-Luxembourg. Il y avait dans le bourg une collégiale, dont l'église était paroissiale, comme elle l'est encore, et un prieuré, dit de *la Madeleine*.

Une manufacture de tissage de calicots et bazins y a été créée par M. Lebœuffle; le nombre des métiers qu'il emploie est d'environ cent, tant au dedans qu'au dehors. Il se tient à Mello une foire assez considérable en bestiaux et en toiles, le 22 juillet de chaque année. Le marché, qui a lieu le vendredi de chaque semaine, est presque nul.

Le terroir de cette commune n'est pas fort étendu : il consiste en terres labourables, prairies, vignes et bois. Le Thérain fait tourner trois moulins, dont l'un est à deux roues.

Ce bourg est à 2 lieues à l'O. de Creil; sa distance de Paris est de 11 lieues et demie au N., par Précy-sur-Oise, Viarmes et la chaussée joignant près Moisselle la grande route de

Beauvais. (Poste aux lettres de Creil.)

MELUN, ancienne ville, chef-lieu du département de Seine-et-Marne, d'arrondissement et de deux cantons, ci-devant province de l'Ile de France, frontière du Hurepoix, et diocèse de Sens. Sa population est d'environ 6,800 habitaus.

C'est le siége de la préfecture, de la sous-préfecture, d'une cour d'assises, d'une cour prévôtale, d'un tribunal de première instance, de deux justices de paix, l'une nommée section du Nord, et l'autre section du Sud, et la résidence d'un commandant et de deux brigades de gendarmerie, l'une à cheval et l'autre à pied. Une direction des domaines, des contribufions directes, et une des contributions indirectes y sont également établies. Le siége de l'évêché est à Meaux.

La ville de Melun, située sur l'une des grandes routes de Paris à Lyon, est divisée en trois parties par la *Seine*, qui forme une île. Il existait, dans l'ancien régime, cinq paroisses et un chapitre de chanoines, sous le titre de *Notre-Dame*. Une abbaye d'hommes, de l'ordre de Saint-Benoît, dite de *Saint-Pierre*, sur une hauteur qui domine toute la ville, est aujourd'hui l'hôtel de la préfecture. Il y avait aussi plusieurs couvens, sa-

voir : un de Cármes, un de Récollets, un de Capucins, et deux autres de religieuses, dites *de la Visitation de Sainte-Marie* et de *Saint-Nicolas*.

Des cinq paroisses il n'en existe actuellement que deux, l'une sous l'invocation de St.-Aspais, et l'autre sous celle de Notre-Dame : c'est l'ancien chapitre. Un hospice est ouvert aux indigens : la ville y entretient trente lits, et les militaires y sont reçus.

C'était, avant la révolution, le siège d'un bailliage, d'un présidial, d'une sénéchaussée, d'une prévôté, d'une élection, d'une maréchaussée, qui jugeait prévôtalement, et d'une juridiction de grenier à sel.

Il reste encore des vestiges d'un vieux château, anciennement habité par les rois; et dans l'île, une trace d'un temple consacré à la déesse Isis.

Le fameux Abailard y a tenu, pendant plusieurs années, une école. C'est la patrie du célèbre Amiot. On y trouve une bibliothèque publique, une société d'agriculture et un collége sous la direction de M. de Bernard, connu par divers ouvrages.

Les objets principaux de commerce, en cette ville, consistent en grains, farines, vins et fromages. Au faubourg de Saint-Liesne sont deux manufactures, dont l'une réunit la filature de coton, le tissu des toiles et l'impression; l'autre ne consiste que dans la filature.

Il existe, en outre, à Melun une manufacture de faïence, appartenant à M. Gabry, propriétaire de celle de Liancourt, des tanneries, des fours à chaux et à plâtre. La Seine fait tourner plusieurs moulins.

Le ci-devant couvent de St.-Nicolas a été converti en une maison de détention. Elle renferme aussi des ateliers de laine, de tissage pour les cotons, de calicots et de basins, ainsi que pour le lin et le chanvre.

Il se tient en cette ville deux foires par année : la première, le 24 juin, et la seconde, le 11 novembre : chacune dure deux jours. Le marché est le samedi de chaque semaine.

La ville de Melun, dont la situation est très-agréable, à cause de la Seine qui la traverse, et des prairies qui l'environnent, est à 10 lieues au S. E. de Paris, par la grande route de Lyon. On compte 11 lieues de poste. (Bureau de poste aux lettres, relais de poste aux chevaux, et voitures publiques tous les jours pour Paris.)

MENECY. *V*. MENNECY.

MÉNERVILLE, paroisse composée de différens hameaux et maisons à l'écart, dans le départem. de Seine-et-Oise, arrondisement de Mantes, canton de Bonnières, ci-devant province de l'Ile de France,

et diocèse de Chartres. Sa population est d'environ 100 habitans. Ces hameaux sont *le Halot*, en partie *les Bosquets* et *la Chicoterie*.

Les principales productions du terroir sont en grains. La paroisse de Ménerville est à 2 lieues un quart vers le S. de Bonnières ; sa distance de Paris est de 14 lieues un quart entre le S. et le S. O. par Mantes et la grande route de Caen. (Poste aux lettres de Mantes.)

MENIL (LE) *V*. MESNIL.

MENILLET (LE), hameau et maison de campagne. *V*. BORNEL.

MENNECY, bourg, département de Seine et Oise, arrondissement et canton de Corbeil, ci-devant province de l'Ile de France, et diocèse de Paris. Sa population est d'environ 1,100 habitans.

Le château de *Villeroy*, qui était de la plus grande magnificence et qui a été en partie démoli, se trouve dans ses dépendances, avec quelques autres maisons nommées le *Petit-Mennecy*, *la Verville* et *la Garde*.

A l'extrémité septentrionale de ce bourg, il existe une fabrique d'eau-forte, d'alun, d'huile, de vitriol, et autres produits chimiques. Elle appartient à MM. Cremière l'aîné et Viollet.

Il se tient à Mennecy, une

foire par année, le 9 octobre, et un marché le mardi de chaque semaine. Le terroir est en terres labourables, prairies, vignes et bois. On y tire de la tourbe. Ce bourg est à 1 lieue un quart au S.O. de Corbeil, et distant de 8 au S. de Paris, par une chaussée joignant la grande route de Fontainebleau. (Poste aux lettres de Corbeil. Il y a une voiture publique qui part tous les jours pour Paris.)

MENOUVILLE, petit village, département de Seine et-Oise, arrondissement de Pontoise, canton de Marines, ci-devant province de l'Ile de France, dans le Vexin, et diocèse de Rouen. Sa population n'est que d'environ 90 habitans. Les principales productions de son terroir sont en grains.

Le parc de Balaincourt tient à ce village, situé sur la petite rivière *du Sausseron*, qui fait tourner un moulin, à 2 lieues à l'E. de Marines; sa distance de Paris est de 10 lieues au N. O. par la nouvelle route de Beauvais à Pontoise, et de Pontoise par la grande route de Rouen. (Poste aux lettres de Pontoise.)

MENUCOURT, village, département de Seine-et-Oise, arrondissement et canton de Pontoise, ci-devant province de l'Ile de France, dans le Vexin, et diocèse de Rouen.

Sa population est d'environ 300 habitans, y compris les deux fermes de *Reucourt*.

La terre de Menucourt était autrefois seigneuriale avec haute, moyenne et basse justice. Le château appartient à M. Chassepot de Beaumont.

Ses productions sont en grains. Les arbres fruitiers à pepins y sont en grand nombre; leur produit fait d'excellent cidre qui est un des principaux revenus de l'endroit. On y trouve une carrière de pierre à plâtre et une tuilerie. Le village de Menucourt est à deux lieues au S. O. de Pontoise; sa distance de Paris est de 8 lieues au N. par la grande route de Caen. (Poste aux lettres de Meulan.)

MERANTAIS, maison de campagne. *Voyez* MAGNY-LES-HAMEAUX.

MERÉ - SAINT - DENIS, village, département de Seine-et-Oise, arrondissement de Rambouillet, canton de Montfort-l'Amaury, ci-devant province de l'Ile de France, et diocèse de Chartres. Sa population est d'environ 500 habitans, y compris les hameaux de *Saint-Nicolas* et du *Menil-Piquet*; le domaine d'Egremont appartenant à M. Cappelet, se trouve dans celui de Saint-Nicolas, joignant le haut de la ville de Montfort.

Son terroir est en terres labourables; une partie est cu

prairies et en vignes. Ce village est à un quart de lieue au N. de Montfort, et distant de 9 à l'O. de Paris, par la grande route de Brest. (Poste aux lettres de Montfort-l'Amaury.)

MÉRÉVILLE, bourg, département de Seine-et-Oise, arrondissement d'Etampes, chef-lieu de canton, et siége d'une justice de paix, ci-devant province de l'Ile de France, dans la Beauce, et diocèse de Sens. Sa population est d'environ 1,600 habitans, en y comprenant *Saint-Père*, qui est le lieu où se trouve l'église paroissiale, les hameaux de *Montereau*, *Courcelles*, *Renonvalle*, *Givramont*, *Boigny*, plusieurs fermes et quantité d'autres habitations à l'écart, sous diverses dénominations.

Le château de Méréville est l'un des plus vastes des environs de Paris. Madame veuve de M. de la Borde, dont l'immense fortune a toujours été consacrée, en grande partie, à l'encouragement des arts, en est propriétaire. Les jardins, créés par lui, peuvent être comparés à l'Elisée de Maupertuis, près Coulommiers. Ils sont remplis de fabriques, de superbes plantations, de bosquets, de groupes d'arbres, de bois touffus et arrosés par les plus belles eaux qui y circulent de toutes parts. Parmi les fabriques on

distingue une tour monumentale de la même dimention que celle de la place Vendôme de Paris. *Voyez* MAUPERTUIS.

Il se tient dans ce bourg quatre foires par an, la première le 14 mars, la seconde le 9 mai, la troisième le 13 septembre, et la quatrième le 21 décembre ; elles consistent particulièrement en chevaux, vaches et autres bestiaux. Le marché est le mardi de chaque semaine ; il est considéré comme le plus fort du département pour la vente de toute espèce de denrées et comestibles qui se transportent à Paris. La halle qui est fort belle, y attire quantité de marchands de draperie, rouannerie, mercerie et autres.

Le terroir de cette commune est en labour, chenevières, vignes, prairies et bois ; les légumes secs et les fruits y sont très-abondans. La rivière de *Juine* fait tourner sept moulins à farines, dont deux servent à l'approvisionnement de Paris. Le bourg de Méréville est dans une vallée à 1 lieue et demie à l'E. d'Angerville et 3 et demie vers le S. d'Etampes ; sa distance de Paris est de 13 lieues et demie vers le S. par la grande route d'Orléans. (Poste aux lettres d'Angerville.)

MÉRICOURT, village, département de Seine-et-Oise, arrondissement de Mantes, canton de Bonnières, ci-devant province de l'Ile de France, et diocèse de Chartres. Sa population est d'environ 400 habitans. Son terroir est en labour et en vignes. Une petite partie en prairies.

Ce village est sur la rive gauche de la *Seine*, à trois quarts de lieue à l'E. de Bonnières, 1 lieue un quart au S. de la Roche - Guyon ; sa distance de Paris est de 14 lieues trois quarts vers l'O. par Rolleboise et la grande route de Caen. (Poste aux lettres de Bonnières.)

MERIDON, ruines d'un ancien château. *V.* Bouray.

MERIEL, village, département de Seine-et-Oise, arrondissement de Pontoise, canton de l'Ile Adam, ci-devant province de l'Ile de France, et diocèse de Paris. Sa population est d'environ 950 habitans. L'ancienne abbaye *du Val*, qui était d'hommes de l'ordre de Cîteaux, et le hameau *des Moulins*, en font partie.

Cette ancienne abbaye, située près la forêt de l'Ile Adam, dans une vallée, est actuellement une grande et belle maison de campagne appartenant à M. le comte Regnaud (de Saint-Jean-d'Angely), on y voit un parc fort étendu, de superbes plantations, et des sources d'eau vive, abondantes et admirables qui, à peu de distance des endroits où elles commencent à sourdre, font tourner trois moulins, dont l'un se trouve dans l'enceinte des murs de cette propriété.

Les principales productions du terroir de cette commune sont en grains. Les pierres de taille que l'on tire des carrières en exploitation, pour Paris, sont renommées. Le village de Mériel est sur la rive gauche de l'*Oise*, à trois quarts de lieues au S. de l'Ile Adam et 2 lieues un quart au N. E. de Pontoise ; sa distance de Paris est de 7 lieues au N. par Saint-Leu-Taverny et la route qui passe à Saint-Denis. (Poste aux lettres de Pontoise.)

MERLEMONT, ancienne annexe et château. *V.* Warluis.

MEROBERT, village, département de Seine-et-Oise, arrondissement de Rambouillet, canton de Dourdan (Sud), ci-devant province de l'Ile de France, dans le Hurepoix, et diocèse de Chartres. Sa population est d'environ 450 habitans. Le hameau d'*Aubret* en fait partie ; une ferme dans le village, avec un parc, est nommée vulgairement le château.

Les grains sont la principale production de son terroir. Merobert est à 3 lieues au S. de Dourban, et 2 et demie à l'O. d'Etampes ; sa distance de Paris est de 14 lieues, entre le S. et le S. O.

On peut prendre également la route d'Orléans par Etampes, Dourdan et une chaussée joignant l'ancienne route de Chartres. (Poste aux lettres d'Etampes.)

MÉRU, petite ville, département de l'Oise, arrondissement de Beauvais, chef-lieu de canton et siége d'une justice de paix, ci-devant province de l'île de France, et diocèse de Beauvais. Sa population est d'environ 2,000 habitans. Le hameau *d'Agnicourt*, la maison de campagne et ferme de *Boulaine*, en font partie. Une brigade de gendarmerie est casernée dans un pavillon restant d'un ancien château.

Cette ville est située dans une vallée où les sources d'eau sont très-abondantes; l'une, qui est à Lardière, forme, avec les autres, à Méru, un ruisseau qui peut être comparé à une petite rivière. Il fait tourner un moulin à Agnicourt, et plusieurs autres jusqu'à Persan, village au dessous duquel il se jette dans l'*Oise*. Ce ruisseau se nomme le *Ru de Méru*.

Méru est renommé par ses fabriques de tabletteries et d'éventails; mais l'activité dans laquelle elles se trouvaient il y a quelques années, s'étant rallentie par les circonstances de la guerre, les fabricans s'occupent à faire des jetons-fiches, jeux de dominos, étuis et autres petits objets de bijouterie.

On y trouve deux belles tanneries, une mégisserie et une fabrique de blanc dit d'Espagne. Les taillandiers y sont connus par leur trempe et les fournitures qu'ils font dans plusieurs endroits.

Il s'y tient deux foires par année : la première, qui est très-considérable, le Vendredi-Saint; et la seconde, le vendredi avant le 16 octobre. Le marché est le vendredi de chaque semaine, et ceux qui suivent le 16 de chaque mois sont considérés comme francs marchés. Un hospice civil y est fondé.

Les productions du terroir de cette commune sont en grains; une partie est en prairies artificielles et bois. Méru est sur la nouvelle route de Paris à Pontoise, à 5 lieues au S. de Beauvais, et distant de 11 au N. de Paris, par Chambly et la grande route de Beauvais. (Bureau de poste aux lettres.)

MÉRY, village, département de Seine-et-Oise, arrondissement de Pontoise, canton de l'Ile-Adam, ci devant province de l'Ile de France, et diocèse de Paris. Sa population est d'environ 600 habitans, en y comprenant les hameaux de *Vaux*, *la Bonne-Ville*, *Soignolle* et la ferme de *Montarey* qui en font partie.

La terre de Méry, avant la révolution, avait le titre de marquisat. La situation du château, dont M. de Lamoignon, pair de France, est propriétaire, est fort agréable, sur la rive gauche de l'*Oise*, que l'on passe sur un bac.

Ses productions sont en prairies, vignes et bois. Ce village est à 1 lieue un quart au S. de l'Ile-Adam, et 1 et demie au N. E. de Pontoise ; sa distance de Paris est de 6 lieues et demie au N., par Saint - Leu-Taverny et la route qui passe à Saint-Denis. (Poste aux lettres de Pontoise.)

MÉRY, village, département de Seine-et-Marne, arrondissement de Meaux, canton de la Ferté-sous-Jouarre, ci-devant province de l'Ile de France, et diocèse de Meaux. Sa population est d'environ 400 habitans, en y comprenant les hameaux de *Courcelles, du Limon* et de *Passy*, qui en font partie.

La terre de Méry était autrefois seigneuriale, avec haute, moyenne et basse justice ; le château et le parc, dont M. Leschassier de Méry, chevalier de Saint - Louis, conseiller à la cour royale, est propriétaire, se trouvent, ainsi que le village, sur une éminence dans un contour que forme la *Marne*, sur laquelle on passe un bac à *Luzancy*. La position de ce château est l'une des plus belles du département.

Le terroir de cette commune est en labour et en vignes, une partie est en bois ; des car-rières à plâtre se trouvent au Limon. Le village de Méry est à 1 lieue et demie au N. E. de la Ferté, et 16 à l'E. de Paris, par Luzancy et la chaussée joignant à la Ferté la grande route d'Allemagne. (Poste aux lettres de la Ferté - sous-Jouarre.)

MÉSIÈRES, village, département de Seine-et-Oise, arrondissement et canton de Mantes, ci-devant province de l'Ile de France, et diocèse de Chartres. Sa population est de 900 à 1,000 habitans, avec les hameaux de *la Villeneuve*, *Canada* et autres habitations isolées.

Ce village et le château sont dans une belle situation, sur l'une des collines qui bordent la Seine. Son terroir est en labour, vignes et prairies, on y cultive beaucoup de légumes. Mésières est sur la petite route de Mantes à Paris, à 1 lieue trois quarts au S. E. de Mantes, et à 9 trois quarts à l'O. de Paris, par cette route qui passe à Saint - Germain - en - Laye. (Poste aux lettres de Mantes.)

MESIÈRES, petit village, département de Seine-et-Oise, arrondissement de Pontoise, canton de l'Ile - Adam, ci-devant province de l'Ile de France, et diocèse de Rouen. Sa population n'est que d'environ 50 habitans. Les productions de son terroir sont en grains.

Ce village est à 2 lieues à l'O. de l'Ile-Adam, et 9 au N. O. de Paris, par Ennery, Pontoise et la grande route de Rouen. (Poste aux lettres de Pontoise.)

MESNIL (LE), hameau et maison de campagne. *Voyez* LONGPONT.

MESNIL (LE GRAND), château. *Voyez* BURES.

MESNIL-AMELOT (LE), village, département de Seine-et-Marne, arrondissement de Meaux, canton de Dammartin, ci-devant province de l'Ile de France, et diocèse de Meaux. Sa population est d'environ 700 habitans. Il est situé sur la grande route de Paris à Soissons, et traversé par une chaussée qui conduit à Juilly et à Claye.

La terre de Mesnil-Amelot dépendait autrefois de la seigneurie et du marquisat de Mauregard. Les grains sont ses principales productions. Ce village est à une lieue trois quarts au S. O. de Dammartin, et 6 un quart au N. E. de Paris, par la route de Soissons. On compte 7 lieues de poste. (Relais de poste aux chevaux. Le bureau de la poste aux lettres est à Dammartin.)

MESNIL-AUBRY, village, département de Seine-et-Oise, arrondissement de Pontoise, canton d'Ecouen, ci-devant province de l'Ile de France, et diocèse de Paris. Sa population est d'environ 600 habitans. Toutes les productions de son terroir sont en grains.

Ce village, situé dans une plaine, est traversé par la grande route de Paris à Amiens, à une lieue au N. d'Ecouen, et 5 un quart au N. de Paris, par cette route. (Poste aux lettres d'Ecouen.)

MESNIL-GÉRAULT (LE), ancien fief. *Voyez* BOISSY-LA-RIVIÈRE.

MESNIL-LE-ROI (LE), village, département de Seine-et-Oise, arrondis. de Versailles, canton de Saint-Germain-en-Laye, ci-devant province de l'Ile de France, et diocèse de Chartres, forme, avec le hameau de *Carrières-sous-Bois*, une commune d'environ 450 habitans. Ils sont l'un et l'autre situés entre la *Seine* et la *forêt de Saint-Germain*.

M. le marquis de Rubelles, chevalier de St.-Louis, maire du lieu, possède au Mesnil une maison de campagne; il en est une autre plus loin, nommée *l'Hôtel de Vaux*.

La culture principale du terroir de cette commune est en vignes. Le village du Mesnil est à une lieue un quart au N. de Saint-Germain, et 4 un quart au N. O. de Paris, par Maisons et Neuilly. (Poste aux lettres de Saint-Germain-en-Laye.)

MESNIL-OPTON (LE), château. *Voyez* SAINT-PROJET.

MESNIL-RACOIN (LE), ancienne annexe. *Voyez* BOINVILLE.

MESNIL-RENARD (LE), ancienne paroisse. *Voy.* BONNIÈRES.

MESNIL - SAINT - DENIS (LE), village, département de Seine-et-Oise, arrondissement de Rambouillet, canton de Chevreuse, ci-devant province de l'Ile de France, dans le Hurepoix, et diocèse de Paris. Sa population est d'environ 440 habitans, en y comprenant les hameaux de *Rhodon, du Mousseau, de la Veillotte, des grand* et *petit Ambesy*, avec la ferme de *Beaurain*.

La terre du Mesnil-Saint-Denis était autrefois divisée en deux parties : la principale avait le titre de comté. Le château, qui subsiste, est entouré d'eau, et le parc est assez étendu. M. de Roullée, qui en est propriétaire, y a fait construire de belles bergeries, étant possesseur d'un beau troupeau, tant mérinos que métis bien choisis.

Au grand Ambesy est une maison de campagne appartenant à M. Lapeyrière. Les grains sont la principale pro-

duction du terroir de cette commune, une petite partie est en prairies. Le Mesnil-St.-Denis est dans une plaine, à une lieue et demie au N. O. de Chevreuse, et distant de 7 au S. O. de Paris, par la grande route de Nantes. (Poste aux lettres de Trappes.)

MESNIL - SAINT - DENIS (LE), village, département de l'Oise, arrondissement de Senlis, canton de Neuilly-en-Thel, ci-devant province de l'Ile de France, et diocèse de Beauvais. Sa population est d'environ 550 habitans. Tout son terroir est en terres labourables.

Ce village est à trois quarts de lieue au N. de Beaumont, et une un quart au S. de Neuilly-en-Thel ; sa distance de Paris est de 8 lieues un quart au N., par Beaumont et la grande route de Beauvais. (Poste aux lettres de Beaumont-sur-Oise.)

MESNIL-SIMON (LE), village, département d'Eure-et-Loir, arrondissement de Dreux, canton d'Anet, ci-devant province de l'Ile de France, dans le pays Chartrain, et diocèse de Chartres. Sa population est d'environ 450 habitans, y compris le hameau, dit *le Haut-Arbre*.

Son terroir est en labour, prairies, vignes et bois. Deux moulins se trouvent, l'un sur la rivière de *Vesgre*, et l'autre sur un ruisseau. Le village du

Mesnil Simon est à 2 lieues au N. E. d'Anet, et 3 vers le N. de Houdan ; sa distance de Paris est de 14 lieues et demie à l'O. par une chaussée qui passe à Thoiry et joint la grande route de Brest. (Poste aux lettres de Houdan.)

MESNIL-THÉRIBUS (le), village, département de l'Oise, arrondissement de Beauvais, canton d'Auneuil, ci - devant province de l'Ile de France, et diocèse de Rouen. Sa population est d'environ 400 habitans, avec le hameau des Landres. Théribus est un château avec une ferme. Un autre château est dans le village.

Le terroir de cette commune est en labour et en bois. On y trouve deux tuileries et deux fours à chaux. Le Mesnil est à 2 lieues au S. d'Auneuil et 2 au N. E. de Chaumont ; sa distance de Paris est de 16 lieues entre le N. et le N. E., par Chaumont et la route joignant celle de Gisors qui passe à Pontoise. (Poste aux lettres de Chaumont-Oise.)

MESNIL-VOISIN (le), château. Voyez Boubay.

MESNULS (les), village et paroisse, département de Seine-et - Oise, arrondissement de Rambouillet, canton de Montfort-l'Amaury, ci-devant province de l'Ile de France, dans le Hurepoix, et diocèse de Chartres. Il forme une com-

mune d'environ 700 habitans, avec les hameaux des Croix, des Jardins, de la Mare-Colin, la Millière, Launay-Bertin en partie, et la Vallée.

Ce village, dans l'ancien régime, était une annexe de la paroisse de Bazoches. Madame le Roy-de-Camilly est propriétaire du château. Le ci-devant fief de Blainvilliers, maison de campagne appartenant à M. le Prieur-de-Blainvilliers, maire du huitième arrondissement de Paris, fait aussi partie de cette commune.

Les principales productions de son terroir sont en grains, une partie est en prairies et en bois. La petite rivière de Maudre y a sa source : elle y fait tourner deux moulins. Les fromages qui se font aux Mesnuls, ont la même renommée que ceux de Montfort. Plusieurs habitans s'occupent à fabriquer des cannevas.

Ce village est à trois quarts de lieue au S. E. de Montfort, et distant de 9 lieues à l'O. de Paris, par la grande route de Nantes. (Poste aux lettres de Montfort-l'Amaury.)

MESPUIS, village, département de Seine-et-Oise, arrondissement d'Etampes, canton de Milly, ci-devant province de l'île de France, dans la Beauce, et diocèse de Sens. Sa population est d'environ 230 habitans. Les productions de son terroir sont en grains, une petite partie est en bois.

Ce village est à 4 lieues entre l'O. et le S. O. de Milly, et 3 un quart au S. E. d'Etampes; sa distance de Paris est de 15 lieues un quart au S., par Etampes et la grande route d'Orléans. (Poste aux lettres d'Etampes.)

MESSY, village, département de Seine-et-Marne, arrondissement de Meaux, canton de Claye, ci-devant province de l'Ile de France, dans la Brie, et diocèse de Meaux. Sa population est d'environ 600 habitans. Les principales productions de son terroir sont en grains. La petite rivière de *Beuvronne* y fait tourner deux moulins, nommés *Moulignon.* Ce village est à une demi-lieue au N. de Claye, et distant de 6 lieues trois quarts au N. E. de Paris, par la grande route d'Allemagne. (Poste aux lettres de Claye.)

MEUDON, bourg et ancien château royal, département de Seine-et-Oise, arrondissement de Versailles, canton de Sèvres, ci-devant province de l'Ile de France, et diocèse de Paris. Sa population est d'environ 2,600 habitans, y compris *le Bas-Meudon*, *Fleury*, *le Val* et autres habitations ci-après désignées, qui en font partie.
Le château de Meudon, situé sur une éminence, d'où la vue est superbe, était divisé en deux parties, avant que celle

dite le *Vieux château* fût démolie. C'était l'un des édifices le plus digne de remarque des environs de Paris, par son architecture antique. On y voit une terrasse qui a cent-trente toises de longueur sur soixante-dix de largeur, que le surintendant des finances, Servien, fit construire à grands frais. Le petit parc, clos de murs, contient environ 500 arpens: le grand est d'une étendue immense.
Le château de *Bellevue*, qui, avant la révolution, était habité par mesdames de France, filles de Louis XV, est sur la même éminence. Comme quelques parties ont été démolies, il n'en est pas moins remarquable par sa position, qui est la plus belle des environs de Paris. Il s'y trouve réuni, en perspective, une grande variété d'objets les plus rians et les plus enchanteurs : on y découvre non seulement la ville de Paris, mais encore le cours de *la Seine* par intervalle. On y voit tous les villages qui sont à droite et à gauche de cette rivière, ainsi que le château de *Saint-Cloud*, et une infinité d'autres objets à des distances plus ou moins éloignées, qui font un effet admirable. Le parc contient près de 140 arpens.
Le célèbre Rabelais a été curé de la paroisse de Meudon. Ce bourg est embelli par beaucoup de maisons de campagne, ainsi que ses dépendances. On

y distingue, savoir : au hameau *du Val*, celle de M. le baron Didelot, et celle de M. Martin-Tisson, où est un lavoir de laines mérinos ; deux autres en sont peu éloignées, la première est nommée *les Moulineaux*, et la seconde *Montalais* ; et parmi les maisons qui se trouvent à Fleury, on distingue particulièrement celle de M. le lieutenant-général Barbou, par sa belle situation ; celle de M. le comte de Pastoret, pair de France, et celle de M. Richard d'Aubigny. Un couvent de Capucins qui existait entre le château de Meudon et celui de Bellevue, forme aussi actuellement une jolie maison de campagne.

Au Bas-Meudon est une verrerie considérable, ou manufacture de bouteilles, dites vulgairement *bouteilles de Sèvres*, à cause de sa proximité de ce bourg.

La principale culture du terroir de cette commune est en vignes. Une pépinière d'arbre et d'arbustes, créée par M. Pelvilain, botaniste, directeur des jardins et parcs royaux de Meudon, y est soignée par M. Gabriel, qui en est propriétaire. Le bourg de Meudon est à une demi-lieue au S. de Sèvres, et 2 lieues à l'O. de Paris, par une route qui passe à Issy et Vaugirad. (Poste aux lettres de la banlieue.)

MEULAN, petite ville traversée par la grande route de Paris à Caen, sur la rive droite de la *Seine*, département de Seine-et-Oise, arrondissement de Versailles, chef-lieu de canton, siége d'une justice de paix, et la résidence d'une brigade de gendarmerie, ci-devant province de l'Ile de France, et diocèse de Rouen. Sa population est de 17 à 1,800 habitans : elle est divisée en deux parties, dont l'une dans une île formée par la Seine, est nommée *le Fort*. La maison de campagne de *Thun* et celle de *l'Ile-Belle* en font partie.

La terre de Meulan, qui anciennement avait le titre de comté, a été donnée en appanage à plusieurs reines de France. Le comte de *Galleran* l'ayant eue en partage, la princesse, son épouse, fit construire les deux ponts qui subsistent, près du fort, dont l'un est, aujourd'hui, remarquable par les nouveaux travaux qui y ont été faits sous la direction de M. le marquis de Roys, ingénieur des ponts-et-chaussées.

La ville est bâtie en amphithéâtre. Elle opposa pendant les guerres civiles une résistance opiniâtre aux troupes du duc de Mayenne, qui fut forcé d'en lever le siége.

Dans l'ancien régime il y avait trois paroisses, un prieuré d'hommes de l'ordre de Saint-Benoît, et un couvent de Pénitens ; un autre couvent de religieuses Annonciades, et un

Hôtel-Dieu. Ce dernier existe. La paroisse de Saint-Nicolas est conservée, celle de Notre-Dame sert de halle pour le marché aux grains, et celle de Saint-Jacques, dans le fort, est entièrement détruite : cette dernière était du diocèse de Chartres.

Meulan était le siége d'un bailliage royal, qui ressortissait nuement au parlement de Paris, et d'un gouverneur de la ville et du fort. M. l'abbé Bignon a fait bâtir dans l'Ile-Belle, la jolie maison qui est en partie détruite. Elle a été habitée par le comte de Maurepas, et appartient actuellement à M. du Preuil.

Dans l'emplacement du couvent des Annonciades se trouvent deux jolies maisons qui offrent des points de vue superbes sur les rives de la Seine, les côteaux et les plaines environnantes; l'une appartient à M. le baron de Gency, maréchal-de-camp, et l'autre à madame veuve Coudorcet.

Les principaux objets d'industrie et de commerce en cette ville consistent en tanneries et fabriques de bonneteries. Il s'y tient deux foires par an : la première, la veille de l'Ascension, et la seconde le 28 octobre : elles durent chacune trois jours. Le marché est le lundi et le jeudi de chaque semaine; celui du lundi est considérable en grains, et celui du samedi en porcs.

La ville de Meulan, envi-ronnée de vignes et de prairies, est dans une situation agréable; un ruisseau y fait tourner cinq moulins. Elle est à 3 lieues et demie à l'E. de Mantes, et distant de 8 et demie au N. O. de Paris. On compte 11 lieues de poste. (Bureau de poste aux lettres, relais de poste aux chevaux et voitures publiques tous les jours pour Paris.)

MEUX (LE), village, département de l'Oise, arrondissement de Compiègne, canton d'Estrées-Saint-Denis, ci-devant province de l'Ile de France, et diocèse de Beauvais. Sa population est de 11 à 1,200 habitans, en y comprenant les hameaux de *Caumont*, *la Bruyère*, les *Grand et Petit Cocrivat*, *Meulemont* et. la ferme, ancien fief, du *Bocquet*.

La terre de Meux était autrefois seigneuriale, avec haute, moyenne et basse justice. M. Poulain-Delabigne, maire du lieu, est propriétaire du château, dont les jardins ont été dessinés par Le Nôtre.

Ses productions sont en grains, vignes, prairies et bois. Il se fait au Meux un commerce assez important en fromages, connus sous le nom de fromages du Meux. Ce village est à 2 lieues vers le S. de Compiègne, et 3 lieues vers le S. E. d'Estrées-Saint-Denis; sa distance de Paris est de 16 lieues et demie vers le N. E. par la grande route de Compiègne. (Poste aux lettres de Compiègne.)

MÉVOISIN, village, département d'Eure-et-Loir, arrondissement de Chartres , canton de Maintenon, dans la Beauce, et diocèse de Chartres. Sa population est d'environ 33o habitans, avec le hameau de *Chimay.*

Le terroir de cette commune est en labour, prairies et vignes, une petite partie est en bois. La rivière d'*Eure* fait tourner un moulin. Ce village est proche Saint-Piat, à une lieue au S. de Maintenon, et 5 un quart vers le N. E. de Chartres; sa distance de Paris est de 16 lieues vers le S. O., par Maintenon et la grande route de Nantes. (Poste aux lettres de Maintenon.)

MÉZY, village traversé par la grande route de Paris à Caen, sur la rive droite de *la Seine* , département de Seine-et-Oise, arrondissement de Versailles, canton de Meulan, ci-devant province de l'Ile de France, et diocèse de Rouen. Sa population est d'environ 6oo habitans , y compris une partie du hameau d'*Apremont*; l'autre partie est dans les dépendances de *Juziers.*

La terre de Mézy est une ancienne seigneurie. M. le chevalier Dupleix-de-Mézy, directeur général des postes, est propriétaire du château, dans une très-belle situation; le parc borde la grande route. Plus haut est une assez jolie maison de campagne.

Le sol du terroir de cette commune est plus médiocre que fertile : ses habitans, très-laborieux, savent en tirer un avantage réel par la culture des petits pois de primeur, qu'ils transportent les premiers à Paris.

Le village de Mézy est à une demi-lieue à l'O. de Meulan, et distant de 9 lieues à l'O. de Paris, par la route de Caen, désignée ci-dessus. (Poste aux lettres de Meulan.)

MIGNEAUX, château. *V.* VERRIÈRES.

MIGNEAUX, château. *V.* VILLENNES-SOUS-POISSY.

MILLEMONT, village, près la grande route de Paris à Brest , département de Seine et Oise, arrondissement de Rambouillet , canton de Montfort-l'Amaury, ci-devant province de l'Ile de France, et diocèse de Chartres. Sa population est d'environ 2oo habitans.

Feu M. le baron d'Ogny a fait bâtir le beau château que l'on y voit et qui appartient aujourd'hui à madame veuve Delage; sa construction moderne, ses points de vue, les eaux abondantes distribuées en rivières à l'anglaise, et formant ensuite des étangs contigus aux bois dépendant de cette propriété en font un séjour délicieux.

Le terroir de cette commune produit des grains, une grande partie est en bois; le village est à 1 lieue et demie au N. O. de Montfort, sa distance de Paris est de 10 lieues et demie à l'O. par la grande route de Brest. (Poste aux lettres de la Queue.)

MILLON-LA-CHAPELLE, village, département de Seine et Oise, arrondissement de Rambouillet, canton de Chevreuse, ci-devant province de l'Ile de France, dans le Hurepoix, et diocèse de Paris. Sa population est d'environ 240 habitans, en y comprenant les hameaux de la *Lorioterie*, du *Buisson*, et plusieurs habitations écartées, parmi lesquelles on distingue la maison de campagne et ferme de *Beauregard*, avec un parc appartenant à M. le Bon.

Le château de Millon, dont M. de Kall est propriétaire, était ci-devant seigneurial du duché de Chevreuse.

Les principales productions du terroir de cette commune sont en grains, en prairies et en bois. Le village de Millon est situé dans une vallée, sur un ruisseau qui fait tourner un moulin, et sur le grand chemin de Chevreuse à Versailles, à une demi-lieue au N. de Chevreuse, et distant de 6 lieues et demie au S. O. de

Paris, par Versailles. (Poste aux lettres de Chevreuse.)

MILLY-EN-GATINAIS, petite et ancienne ville, département de Seine-et-Oise, arrondissement d'Etampes, chef-lieu de canton, siége d'une justice de paix et la résidence d'une brigade de gendarmerie, ci-devant province de l'Ile de France, dans le Gatinais, et diocèse de Sens. Sa population est de 17 à 1,800 habitans. Plusieurs fermes écartées et une maison de campagne dite *du Rousset* en font partie.

Sa situation est dans une vallée sur la petite rivière d'*Ecole*, une collégiale, fondée par les anciens seigneurs, y existait avant la révolution, l'Hôtel-Dieu, également fondé par eux, subsiste aujourd'hui sous le nom d'hospice civil, l'église paroissiale de *Saint-Pierre* qui était hors de la ville, a été détruite; c'est l'église de la collégiale qui la remplace.

La terre de Milly est une ancienne baronie pairie. Le château, qui est d'une architecture gothique, a soutenu plusieurs siéges, notamment sous le règne de Charles VII. M. le marquis du Lau - d'Allemans en est propriétaire.

La place de cette ville est grande et régulière, la halle y est remarquable. Il s'y tient trois foires par an, la première le 22 janvier, la seconde le 5 mai et la troisième le 28 octobre. Cette dernière dure trois jours. Le marché est le jeudi de chaque semaine.

Les grains sont la principale production du terroir, une partie est en prairies et en bois. Milly est à 3 lieues entre le N. et le N. E. de Malesherbes et à 4 à l'O. de Fontainebleau ; sa distance de Paris est de 12 lieues et demie par différens chemins joignant la grande route de Fontainebleau. (Bureau de poste aux lettres.)

MILLY-LES-GRANGES ,
ancienne paroisse. *V.* Courtry-les-Granges.

MINIMES - DE - VINCENNES (les), maison de campagne, ancien couvent. *Voyez* Fontenay-sur-Bois.

MITRY , grand village , département de Seine-et-Marne, arrondissement de Meaux , canton de Claye, ci-devant province de l'Ile de France, dans la Brie, et diocèse de Meaux. Sa population est d'environ 1,400 habitans. Le château de *Bois-le-Vicomte* , et le hameau de *la Villette-aux-Aulnes* en font partie.

Quelques maisons de campagne se trouvent dans ce village avec un hospice desservi par deux sœurs , dont l'une est pour porter des secours à domicile , et l'autre pour l'instruction des pauvres filles ; dans l'ancien régime il

y avait à la Villette-aux-Aulnes , une maison de Trinitaires.

Le château de Bois-le-Vicomte, dont M. de Rennel est propriétaire, a appartenu au cardinal de Richelieu qui l'a fait bâtir, et à madame de Montpensier qui l'a augmenté. Sa Construction est ancienne. On y voit de larges fossés autrefois flanqués de bastions à leurs extrémités. Le parc , qui contient environ deux cent trente arpens , renferme de belles plantations.

Les grains sont la principale production du terroir. Le canal de l'*Ourcq* est à son extrémité méridionale. Le village de Mitry est à 1 lieue trois quarts au N. O. de Claye, et distant de 6 au N. E. de Paris , par une chaussée joignant la grande route d'Almagne. (Poste aux lettres de Claye.)

MITTAINVILLE , village, département de Seine-et-Oise, arrondissement et canton de Rambouillet, ci-devant généralité d'Orléans, dans la Beauce , et diocèse de Chartres, forme avec les hameaux *du Val-Garangis*, *des Patis*, *de Vacheresse*, *des Gatines* et autres habitations écartées, une commune d'environ 450 habitans. Une ferme avec un petit château, nommé *Launay* , en dépend.

Son terroir est en labour, une petite partie en prairies.

Ce village est à 2 lieues vers l'E. de Nogent-le-Roi et 3 vers l'O. de Rambouillet ; sa distance de Paris est de 13 lieues et demie entre l'O. et le S. O. par Rambouillet et la grande route de Nantes. (Poste aux lettres de Rambouillet.)

MOGNEVILLE, village, département de l'Oise, arrondissement de Clermont-Oise, canton de Liancourt, ci - devant province de l'Ile de France, et diocèse de Beauvais. Sa population est d'environ 220 habitans avec une partie du hameau de *Mognevillette*.

Son terroir est en petite culture, une partie est en prés-marais et peu de bois ; les guignes et cerises y sont abondantes. Ce village est à une demi-lieue au S. de Liancourt, et 1 lieue trois quarts au N. de Creil ; sa distance de Paris est de 12 lieues au N. par Laigneville et la grande route d'Amiens. (Poste aux lettres de Creil.

MOIGNANVILLE, maison de campagne. *V.* GIRONVILLE.

MOIGNY, village, département de Seine-et-Oise, arrondissement d'Etampes, canton de Milly, ci-devant province de l'Ile de France, dans le Gatinais, et diocèse de Sens. Sa population est de 5 à 600 habitans. Les fermes de *Launay* en font partie. On y voit

des vestiges d'un vieux château, et il y existe une maison, ancien fief, dont M. d'Adonville, maire du lieu, est propriétaire.

Le terroir de cette commune est en labour, prairies et bois. La petite rivière d'*Ecole* y fait tourner un moulin. Le village de Moigny est à 1 lieue au N. de Milly, près Courances, et 4 à l'O. de Fontainebleau ; sa distance de Paris est de 12 lieues par différens chemins joignant la grande route de Fontainebleau. (Poste aux lettres de Milly.)

MOINEAU, fabrique d'étoffes de laines. *Voyez* ANBY.

MOISENAY (GRAND ET PETIT), village, département de Seine-et-Marne, arrondissement de Melun, canton du Châtelet, ci-devant province de l'Ile de France, dans la Brie, et diocèse de Sens. Sa population est d'environ 700 habitans, y compris le hameau de *Monceau* joignant le grand-Moisenay, avec les fermes de *Pouilly* et de *la Ronce*.

Les productions du terroir de cette commune sont en grains ; une partie est en prairies et en vignes, un ruisseau fai tourner un moulin au Petit-Moisenay. Ce village est à 2 lieues au N. O. du Châtelet ; sa distance de Paris est de 10 lieues et demie au S. E. par différens chemins joignant la grande route de Lyon. (Poste aux lettres de Melun.)

MOISSELLES, village traversé par la grande route de Paris à Beauvais, département de Seine-et-Oise, arrondissement de Pontoise, canton d'Ecouen, ci-devant province de l'Ile de France, et diocèse de Paris. Sa population est d'environ 400 habitans.

Les principales productions de son terroir sont en grains. Il est à 1 lieue au N. O. d'Ecouen, et distant de 5 au N. de Paris, par cette route de Beauvais. (Relais de poste aux chevaux; la poste aux lettres est à Ecouen.)

MOISSON, village, département de Seine-et-Oise, canton de Bonnières, ci-devant province de l'Ile de France, et diocèse de Chartres. Sa population est d'environ 800 habitans en y comprenant le hameau de *Lavacourt*, sur le bord de la *Seine*.

La principale culture du terroir de cette commune est en vignes, les cerises y sont hâtives. Le village de Moisson est dans un contour que forme la Seine sur sa rive gauche, à trois quarts de lieue vers l'E. de la Roche-Guyon, et 1 lieue et demie au N. E. de Bonnières; sa distance de Paris est de 16 lieues entre le S. et le S. O. par la grande route de Caen. (Poste aux lettres de Bonnières.)

MOISSY-CRAMAYEL, village, département de Seine-et-Marne, arrondissement de Melun, canton de Brie-Comte-Robert, ci-devant province de l'Ile de France, dans la Brie, et diocèse de Paris. Sa population est d'environ 500 habitans. Le château *de Cramayel*, celui *de Lugny*, les fermes *de Chantereau*, *Chainteloup*, *Orvigny* et autres en font partie.

Le château de Cramayel, très-ancien, appartenant à M. le baron de Cramayel, est flanqué de quatre tours, avec deux pavillons séparés, entourés, ainsi que la cour, de fossés secs, avec deux ponts-levis. Il renferme une jolie salle de spectacle. On y voit une fort belle orangerie et une serre-chaude. Dans le jardin potager se trouve une pompe mécanique établie pour distribuer l'eau dans les bassins et dans l'intérieur de l'habitation. On remarque à l'extrémité du parterre, un superbe obélisque. Le jardin et le parterre sont d'une vaste étendue.

Ce beau domaine est environné de magnifiques avenues, et de chaussées qui communiquent, l'une à la grande route de Paris à Lyon, et l'autre à celle de Brie à Melun.

Le château de Lugny, dont madame de la Fresnaye est propriétaire, a un joli parc bien percé.

Les productions principales du terroir de cette commune

sont en grains. Le village de Moissy, situé dans une plaine, est à 1 lieue et demie au S. de Brie, et distant de 7 et demie au S. E. de Paris, par une chaussée joignant, à Lieusaint, la grande route de Lyon. (Poste aux lettres de Lieusaint.)

MOLIÈRES (LES), village, département de Seine-et-Oise, arrondissement de Rambouillet, canton de Limours, ci-devant province de l'Ile de France, et diocèse de Paris. Sa population est d'environ 500 habitans, y compris plusieurs habitations écartées, parmi lesquelles se trouve l'ancienne maison seigneuriale *du Fays*.

Les grains sont la principale production du terroir, une partie est en bois. Des carrières de meules y sont en exploitation. Le village des Molières est à trois quarts de lieue au N. de Limours et distant de 7 lieues au S. O. de Paris, par l'ancienne route de Chartres. (Poste aux lettres de Limours.)

MOLINCOURT, petit village, département de l'Eure, arrondissement des Andelys, canton d'Ecos, ci-devant province de Normandie, et diocèse de Rouen. Sa population n'est que d'environ 60 habitans. Une maison y était autrefois seigneuriale.

Son terroir est en labour, une petite partie est en bois et

marais. Ce village est à 1 lieue vers le N. E. d'Ecos, et 1 lieue vers le S. E. de Saint-Clair; sa distance de Paris est de 16 lieues et demie au N. O., par la grande route de Rouen. (Poste aux lettres du Tillier.)

MONCEAU, commune composée du château de ce nom, de la maison de campagne, autrefois prieuré de *Sainte-Radegonde*, avec une ferme attenante, d'une partie du *Plessis - Chénet*, traversé par la grande route de Paris à Fontainebleau et la ferme *de Tournenfil*. Elle est dans le département de Seine-et-Oise, arrondissement et canton de Corbeil, ci-devant province de l'Ile de France, et diocèse de Paris. Sa population est d'environ 250 habitans.

M. Cochin est propriétaire du château et du parc qui contient environ 40 arpens, et M. le lieutenant-général baron de Guiton, de la maison de campagne de Sainte-Radegonde, l'autre partie du Plessis-Chénet est de la commune *du Coudray*.

Les productions du terroir sont en grains et en bois. Le château de Monceau est à 1 lieue un quart au S. de Corbeil, et 8 un quart au S. de Paris, par la route de Fontainebleau. (Poste aux lettres de Corbeil.)

MONCEAU (LE), château. *Voyez* LIVERDY.

MONCEAU , château peu éloigné de la *Seine*. *Voyez* DRAVEIL.

MONCHY-SAINT-ÉLOI , village, département de l'Oise, arrondissement de Clermont-Oise, canton de Liancourt, ci-devant province de l'Ile de France, et diocèse de Beauvais. Sa population est d'environ 300 habitans avec les hameaux *de Candilly* et *Cocriaumont.*

Le château de Monchy, flanqué de quatre pavillons aux quatre angles , est agréablement situé au pied d'une montagne. Les fossés, revêtus en pierre qui l'entourent, sont toujours remplis d'eau provenant de la petite rivière de *Brèche.* M. Poterat, évêque de Grasse, le fit bâtir en 1740. Le parc est distribué à l'anglaise et renferme de belles plantations. M. Guelle de Rely, ex-administrateur-général des messageries royales , en a été possesseur.

Le terroir de cette commune est en labour, prés vignes et bois. On y tire de la tourbe et on y cultive beaucoup de légumes. Le village de Monchy est sur la Brèche désignée ci-dessus, qui y fait tourner un moulin à 1 lieue un quart au S. de Liancourt, et une au N. de Creil; sa distance de Paris est de 11 lieues trois quarts au N., par Creil et la grande route d'Amiens. (Poste aux lettres de Creil.)

MONDESIR , hameau, maison de campagne et relais de poste aux chevaux sur la grande route d'Orléans. *Voyez* GUILLERVAL.

MONDETOUR , maison de campagne. *Voyez* SERMAISE.

MONDEVILLE , village , département de Seine-et-Oise, arrondissement d'Etampes , canton de la Ferté-Alais, ci-devant province de l'Ile de France , et diocèse de Sens. Sa population est d'environ 600 habitans , y compris plusieurs habitations écartées , dont l'une est une maison de campagne nommée *Mésières*, avec une ferme.

Son terroir est en terres labourables; une partie est en vignes. Ce village est à 1 lieue un quart à l'E. de la Ferté-Alais, et distant de 10 et demie au S. de Paris , par différens chemins joignant à Essonnes la grande route de Fontainebleau. (Poste aux lettres de la Ferté-Alais.)

MONDREVILLE , village, département de Seine-et-Oise, arrondissement de Mantes , canton de Houdan, ci-devant province de l'Ile de France, et diocèse de Chartres. Sa population est d'environ 260 habitans. Les maisons isolées dites *le Pré Fermé* et *le Limosin* en font partie.

Les productions de son terroir sont en grains. Ce village

MON

est à 1 lieue à l'O. de Dammartin en Pinserais, et 3 au N. de Houdan; sa distance de Paris est de 14 lieues et demie à l'O. par Septeuil et une chaussée qui joint la grande route de Brest. (Poste aux lettres de Mantes.)

MONNERVILLE, village, département de Seine-et-Oise, arrondissement d'Etampes, canton de Méréville, ci-devant province de l'Ile de France, dans le Hurepoix, et diocèse de Chartres. Sa population est d'environ 400 habitans. Toutes les productions de son terroir sont en grains.

Ce village est sur la grande route de Paris à Orléans, à 1 lieue au N. O. de Méréville, et 1 lieue au N. E. d'Augerville; sa distance de Paris est de 15 lieues vers le S. par cette route d'Orléans. (Poste aux lettres d'Angerville.)

MONNEVILLE, ancien château. Voyez MARQUEMONT.

MONS, village, département de Seine-et-Oise, arrondissement de Corbeil, canton de Longjumeau, ci-devant province de l'Ile de France, et diocèse de Paris. Sa population est d'environ 230 habitans.

Cet endroit, dans l'ancien régime, était une dépendance de la paroisse d'Athis. Il est situé sur une hauteur, proche la rive gauche de la Seine;

on y voit quelques maisons de campagne.

Les principales productions de son terroir sont en grains, une partie est en, vignes. La petite rivière d'Orge fait tourner un moulin. Ce village est à 1 lieue trois quarts au N. E. de Longjumeau, et distant de 4 au S. de Paris par la grande route de Fontainebleau. (Poste aux lettres de Fromenteau.)

MONS-IVRY, maison de campagne. Voyez VILLEJUIF.

MONSAIGLE, château démoli. Voyez VILLE-PARISIS.

MONTABÉ, hameau et fief. Voyez LES TROUS.

MONTAGNE (LA), hameau et château. Voyez MORIGNY.

MONTAGNY, village, département de l'Oise, arrondissement de Senlis, canton de Nanteuil-le-Haudouin, ci-devant province de l'Ile de France, et diocèse de Senlis. Sa population est d'environ 500 habitans.

Ce village est situé dans une plaine proche la forêt de Perthes; on y remarque la belle flèche de l'église, dont la construction en pierre est d'une délicatesse qui se rencontre rarement dans ces sortes d'édifices. Trois maisons se font distinguer des autres par leurs constructions et leurs accessoires.

Les productions du terroir de cette commune sont principalement en grains. Montagny est à 1 lieue au S. O. de Nanteuil et distant de 10 et demie au N. E. de Paris par la route de Soissons. (Poste aux lettres de Nanteuil - le - Haudouin.)

MONTAGNY, village, département de l'Oise, arrondissement de Beauvais, canton de Chaumont-Oise, ci-devant province de l'Ile de France, dans le Vexin, et diocèse de Rouen. Sa population est d'environ 240 habitans.

Anciennement il y avait, en ce lieu, un château-fort qui a été pris d'assaut et brûlé par le parti du Roi, dans les guerres de la ligue. Il en reste encore une tour.

Les productions principales du terroir de cette commune sont en grains, une partie est en bois. Il s'y trouve une belle carrière et une tuilerie. Le village de Montagny est sur le grand chemin de Magny à Chaumont et Gisors à 1 lieue un quart au N. de Magny, 2 et demie vers le S. O. de Chaumont, et 15 un quart au N. O. de Paris par Magny et la grande route de Rouen. (Poste aux lettres de Magny, département de Seine-et-Oise.)

MONTAGNY. *V.* Montigny.

MONTAINVILLE, village, département de Seine-et-Oise, arrondissement de Versailles, canton de Meulan, ci-devant province de l'Ile de France, et diocèse de Chartres. Sa population est d'environ 500 habitans, y compris le hameau de *Falaise.*

Les principales productions de son terroir sont en grains, une partie est en vignes. Il y a deux moulins à eau. Ce village est sur une hauteur à l'extrémité d'une plaine, à trois quarts de lieue au S. de Maule, et 3 lieues et demie au S. de Meulan; sa distance de Paris est de 8 lieues et demie à l'O. par Crepières et la route de Maule qui passe à Rocquencourt. (Poste aux lettres de Meulan.)

MONTALET, maisons isolées où il y avait un château. *V.* Porcheuville et Issou.

MONTALET - LE - BOIS, village, département de Seine-et - Oise, arrondissement de Mantes, canton de Limay, ci-devant province de l'Ile de France, dans le Vexin, et diocèse de Rouen. Sa population est d'environ 160 habitans, y compris quelques maisons isolées.

Les principales productions de son terroir sont en grains, une partie est en bois. Ce village est sur un ruisseau qui fait tourner un moulin, à 2 lieues un quart au N. E. de

Limay et de Mantes, et distant de 10 et demie au N. O. de Paris par Meulan et la grande route de Caen. (Poste aux lettres de Maule.)

MONTANGLAUST, hameau, château et tuilerie. *V.* Coulommiers.

MONTATAIRE ou Mont-a-terre, village, département de l'Oise, arrondissement de Senlis, canton de Creil, ci-devant province de l'Ile de France, et diocèse de Beauvais. Sa population est d'environ 1,000 habitans. Il est situé au pied d'une montagne sur la rivière *du Thérain.*

L'église paroissiale est sur cette montagne. M. Lhorbehaye de Montataire est propriétaire de l'ancien château flanqué de plusieurs tours; plus bas, dans le village, qui est très-long, sont deux maisons de campagne, autrefois fiefs; l'une, nommée *Trossy,* appartient à M. Boucherez, maire du lieu, avec un parc que borde le Thérain, et l'autre, dite *Villenage,* est actuellement une filature de laine pour la fabrication des étoffes connues sous le nom de mérinos.

Le ci-devant prieuré de *St.-Léonard,* actuellement maison de campagne appartenant à M. Espert, n'a rien de remarquable. On voit, proche l'église, diverses habitations pratiquées dans le roc.

Une usine, pour la fabrication de tole de fer et le laminage de cuivre, est récemment établie dans ce village; MM. Martian, négocians à Paris, en sont propriétaires.

Le produit principal du terroir de cette commune est en grains; il y a beaucoup de prairies. La rivière du Thérain y fait tourner plusieurs moulins.

Montataire est à une demi-lieue à l'O. de Creil, et 11 lieues au N. de Paris, par Creil et la grande route de Beauvais. (Poste aux lettres de Creil.)

MONTAUGÉ, château. *V.* Lisses.

MONTCEAUX, village, département de Seine-et-Marne, arrondissement et canton de Meaux, ci-devant province de l'Ile de France, et diocèse de Meaux. Sa population est d'environ 300 habitans. Les maisons isolées, dites *les Ambroises,* sont dans ses dépendances.

Le château de Montceaux, qui faisait partie des domaines de feu M. le prince de Conti, a été en grande partie démoli. On y remarque encore des colonnades d'une très-belle architecture, le parc contient environ 80 arpens. Ce village, situé sur une éminence, renferme quelques maisons de campagne et des sources d'eau vive. Son terroir est en labour et en bois; il est à 2 lieues à l'E. de Paris, par Trilport et la grande route d'Allemagne qui passe à Meaux. (Poste aux lettres de Meaux.)

MONTCEAUX, village, département de l'Oise, arrondissement de Clermont-Oise, canton de Liancourt, ci-devant province de l'Ile de France, et diocèse de Beauvais. Sa population est d'environ 300 habitans. Deux maisons isolées, dites *les Grands-Monts*, en font partie.

Son terroir est en petite culture de grains, haricots et chanvre, une partie est en prairies et bois.

Montceaux est à 1 lieue et demie à l'E. de Liancourt, et 1 lieue un quart vers le N. O. de Pont-Sainte-Maxence ; sa distance de Paris est de 14 lieues un quart au N., par Pont-Sainte-Maxence et la route de Flandre. (Poste aux lettres de Pont-Sainte-Maxence.)

MONTCEAUX. *Voy.* Montceau.

MONTCEL (le), ancien prieuré de religieuses. *Voyez* Pontpoint.

MONT-CHAUVET, village, département de Seine-et-Oise, arrondissement de Mantes, canton de Houdan, ci-devant province de l'Ile de France, et diocèse de Chartres. Sa population est de 5 à 600 habitans, avec le hameau de *Chéderue*,

la ferme de *Carnette* et le petit château des *Trois-Fontaines*.

La terre de Mont-Chauvet est une ancienne châtellenie, il y avait un château fort que Charles V fit démolir : on en voit encore des vestiges.

Le terroir de cette commune est en labour, prairies et vignes ; le ru de *Vauconleur* y fait tourner deux moulins à grains, le village de Montchauvet est à trois quarts de lieue vers l'O. de Dammartin-en-Pinserais, et 2 lieues trois quarts au N. de Houdan ; sa distance de Paris est de 13 lieues à l'O., par Septeuil et une chaussée qui passe à Thoiry et joint la grande route de Brest. (Poste aux lettres de Mantes.)

MONTCHEVREUIL, château. *Voyez* Fresneau.

MONTEBISE, château. *V.* Pierrelevée.

MONTECLAIN, maison de campagne. *Voyez* Bièvres.

MONTÉPILLOY, village, département de l'Oise, arrondissement et canton de Senlis, ci-devant province de l'Ile de France, et diocèse de Senlis. Sa population est d'environ 160 habitans, y compris le hameau de *Boesne*, anciennement paroisse, et l'auberge, dite *la Maison-Blanche*, sur la route de Senlis à Crépy.

Ce village est sur une éminence, on y remarque une ancienne tour en ruines et les vestiges d'un vieux château. Les principales productions de son terroir sont en grains, une petite partie est en bois.

Montépilloy est à 2 lieues à l'E. de Senlis, et 12 entre le N. et le N. E. de Paris, par la route de Crêpy qui aboutit à celle de Flandre près Senlis. (Poste aux lettres de Senlis.)

MONTEREAU-FAUT-YONNE,

petite ville, département de Seine-et-Marne, arrondissement de Fontainebleau, chef-lieu de canton, siége d'un tribunal de commerce, d'une justice de paix, et la résidence d'une brigade de gendarmerie, ci-devant province de l'Ile de France, dans le Gatinais, et diocèse de Sens. Sa population est d'environ 3,500 habitans. Le château de Surville et le hameau dit des Ormeaux sont dans ses dépendances.

Cette ville est avantageusement située au confluent de la Seine et de l'Yonne; elle est traversée par l'une des routes de Paris à Lyon. Deux ponts construits sur ces rivières rappellent la mémoire du duc de Bourgogne, qui y fut assassiné l'an 1419, en présence du dauphin, fils de Charles VI, pour venger la mort du duc d'Orléans.

Dans l'ancien régime, il y avait une collégiale, deux paroisses et un couvent de Récollets; c'était le siége d'un bailliage, d'une élection, d'un grenier à sel et d'une subdélégation de l'intendance de Paris.

L'hôtel-de-ville a été bâti par les soins de M. Regardin de Champroud, maire, qui, pour en rendre l'aspect plus agréable, a fait tracer une nouvelle rue en face.

L'Hôtel-Dieu, qui subsistait avant la révolution, se trouve réuni à l'hospice établi depuis. La ville est éclairée, l'hiver, par des réverbères. Des pompes et des paniers à incendie, tranquillisent sur les évènemens qui peuvent arriver par le feu.

Il se fait à Montereau un commerce considérable en grains, particulièrement pour l'approvisionnement de Paris, à cause de la facilité de l'exportation par la Seine. On y trouve une manufacture de faïence blanche, façon anglaise et de grès noir, imité de Weedvood, appartenant à madame veuve Hall, et dirigée par MM. Merlin, neveu, et Hall. Cette manufacture, établie dans le ci-devant couvent des Récollets, est connue par la qualité et la beauté des objets qui en proviennent, et qui supportent le feu le plus actif. Elle a obtenu le premier prix et la médaille d'or, à l'exposition des produits de l'industrie nationale, à Paris, en l'an 9 de la république.

On trouve également, sur

l'un des bords de la Seine, une autre manufacture de faïence brune, et fabrique de poterie de terre, à M. Becar, et dans d'autres endroits des fabriques de tuiles, briques et carreaux. Il y a aussi quelques tanneries.

Le marché, qui se tient en cette ville le samedi de chaque semaine, est l'un des plus considérables du département, principalement en grains et en bestiaux.

Une nouvelle promenade, longeant la rivière d'Yonne, s'est faite dans le même emplacement que l'ancienne, où les arbres dépérissaient.

Le château de Surville, dont M. de Monginot, ancien magistrat, est propriétaire, est situé sur le haut d'une montagne rapide qui borde la rive droite de la Seine. Il est remarquable tant par sa position que par sa construction simple et moderne. Les points de vue d'une terrasse, en forme de demi-lune qui est en face du château, sont admirables; on y découvre toute la ville. Les deux ponts, le cours des rivières de Seine et de l'Yonne dans une plaine immense, les routes environnantes, telles que la grande route de Paris à Lyon, par la Bourgogne, et celles qui communiquent de Montereau à Provins, par Donnemarie; à Nogent-sur-Seine, par Bray; à Fontainebleau, par Moret, et la poste de Fossart.

A une lieue au Nord de la ville de Montereau se trouve le château de *Forges*, et à une demi-lieue, à côté de Provins, celui de *Courbeton*, près duquel est une manufacture considérable de faïence brune. *Voyez* FORGES et SAINT-GERMAIN-LAVAL.

Montereau est à 5 lieues au S. de Nangis, 5 lieues entre l'E. et le S. E. de Pont-sur-Yonne, 4 et demie à l'E. de Fontainebleau, et 6 et demie au S. E. de Melun; sa distance de Paris est de 16 lieues et demie vers le S. E., par la grande route de Lyon, désignée ci-dessus. (Bureau de poste aux lettres, voitures publiques et coches d'eau tous les jours pour Paris. La poste aux chevaux est à Fossart, à une demi-lieue au S. de la ville.)

MONTEREAU-sur-le-Jard, petit village, département de Seine-et-Marne, arrondissement et canton de Melun, ci-devant province de l'Ile de France, et diocèse de Sens. Sa population n'est que d'environ 100 habitans. Le hameau de *Courceaux* en fait partie.

Ce village est dans une plaine; toutes les productions de son terroir sont en grains. Il est à 1 lieue et demie au N. de Melun, et distant de 8 trois quarts au S. E. de Paris par différens chemins joignant la grande route de Lyon. (Poste aux lettres de Melun.)

MONTESSON, village, département de Seine-et-Oise, arrondissement de Versailles, canton d'Argenteuil, ci-devant province de l'Ile de France, et diocèse de Paris. Sa population est de 1,000 à 1,100 habitans. Une ferme, dite de *la Borde*, près la rive droite de la *Seine*, qui en fait partie, était autrefois une seigneurie particulière.

Ce village, situé dans un large contour que forme la rivière, renferme plusieurs maisons de campagne. Son terroir est varié en terres labourables et en vignes. Il est à 2 lieues au S. O. d'Argenteuil, et distant de 3 et demie à l'O. de Paris par Chatou et la route de Saint-Germain-en-Laye. (Poste aux lettres de Chatou.)

MONTEVRAIN, village, département de Seine-et-Marne, arrondissement de Meaux, canton de Lagny, ci-devant province de l'Ile de France, et diocèse de Paris. Sa population est d'environ 330 habitans. Les productions de son terroir sont en grains, une partie est en vignes. Les fruits y sont assez abondans. La *Marne* y fait tourner deux moulins.

Ce village, situé à mi-côte et contigu à la route de Coulommiers à Paris, est à trois quarts de lieue à l'E. de Lagny, et 7 lieues un quart à l'E. de Paris par cette route. (Poste aux lettres de Lagny.)

MONTFERMEIL, beau village, situé sur une hauteur et environné de la forêt de Bondy, département de Seine-et-Oise, arrondissement de Pontoise, canton de Gonesse, ci-devant province de l'Ile de France, et diocèse de Paris. Sa population est d'environ 950 habitans.

Madame Hocquart de Montfermeil est propriétaire du château; on y voit quantité de maisons de campagne, parmi lesquelles on distingue celle qui a été habitée par M. Arthur-Richard de Dillon, ancien archevêque de Narbonne, actuellement appartenant à M. Caillot de Coqueromont, ancien conseiller au parlement de Rouen, et celle de M. Renouard.

Ce village, quoique sur une hauteur, a la facilité de se procurer l'eau par diverses fontaines, dont plusieurs sont dans l'intérieur des maisons.

Il s'y tient une foire par année, le quatrième dimanche de septembre, dite *la foire de Saint-Michel*.

Les productions du terroir sont médiocres en grains, une partie est en vignes et en bois; il y a beaucoup d'arbres à fruits. On y trouve des carrières de pierre à plâtre et autres, avec deux tuileries.

Le village de Montfermeil est à trois lieues un quart au S. E. de Gonesse, et distant de 4 à l'E. de Paris par une route pavée qui aboutit à la grande route d'Allemagne. (Poste aux lettres de Livry.)

MONTFORT-LAMAURY, petite ville, département de Seine-et-Oise, arrondissement de Rambouillet, chef-lieu de canton, siége d'une justice de paix et la résidence d'une bri-gade de gendarmerie, ci - de-vant province de l'Ile de Fran-ce, et diocèse de Chartres. Sa population est d'environ 1,800 habitans. Le château de *Grous-say* et autres maisons de cam-pagne ci-après désignées, sont dans ses dépendances, ainsi qu'une partie du hameau de *Launay-Bertin*.

La terre de Montfort avait jadis le titre de comté. On y voit, sur une montagne, les ruines d'un ancien château fort, d'où la vue s'étend fort loin.

Avant la révolution, il y avait un couvent de Capucins et un de religieuses de l'ordre de Saint-Augustin, un prieuré nommé *Saint-Laurent*, et un Hôtel-Dieu; ce dernier établis-sement subsiste sous le nom *d'hospice*. Il y a une maison de sûreté. L'église paroissiale est remarquable par son an-cienneté, sa construction, sa grandeur et ses vitraux.

Cette ville était le siége de deux baillages, l'un royal et l'autre ducal, qui ressortis-saient nuement au parlement de Paris, d'une élection, d'une maîtrise particulière des eaux et forêts et d'un grenier à sel. Il s'y tient trois foires par

année; la première, le jeudi de la mi-carème; la deuxième, le jeudi après la Saint-Pierre; et la troisième, le dimanche le plus proche du jour de la Saint-Laurent. Le marché est le jeudi de chaque semaine. Les fromages y sont renommés.

La situation de cette ville, sur la pente et au pied d'une montagne, est charmante; on y distingue plusieurs maisons par leur construction et leurs accessoires, telles que celles de M. de Biancourt, maire, M. Dubard, et M. le Pippre; les maisons de campagne des alentours sont celles dites le château de *Groussay*, avec un parc, dont madame la du-chesse de Charost est proprié-taire; le château de *Bluche*, appartenant à M. le comte de Laugier de Beaurecueil. La maison du *Bel-Air*, et le ci-devant couvent des Capucins. Ces deux dernières maisons sont sur le haut de la mon-tagne.

Le terroir est en terres la-bourables; une petite partie est en prairies. La ville de Montfort est à 4 lieues au N. de Rambouillet, et 4 à l'E. de Houdan; sa distance de Paris est de 9 lieues un quart à l'O., par une route qui conduit à celle de Brest. (Bureau de poste aux lettres et voitures publique pour Versailles et Paris.)

MONTGARDE, maison de campagne. *V.* Aubergenville.

27.

MONTGÉ, village, département de Seine-et-Marne, arrondissement de Meaux, canton de Dammartin, ci-devant province de l'Ile de France, et diocèse de Meaux. Sa population est d'environ 700 habitans, y compris le *Bas-Montgé*, joignant le village de *Vinantes*. Une maison, dite le *Sépulchre*, qui autrefois a servi de *rendez-vous* de chasse, en fait partie.

Le village de Montgé est situé à mi-côte et tient à la forêt qui porte le même nom. Il s'y trouve une maison de campagne remarquable, tant par sa position que par ses points de vue. Elle appartient à M. Pichault de la Martinière.

Le terroir de cette commune est en terres labourables, vignes et bois. Il renferme plusieurs carrières, des fours à plâtre et une fabrique de tuiles, briques et carreaux.

Le village de Montgé est à 1 lieue et demie au S. E. de Dammartin, et 8 et demie au N. E. de Paris, par Juilly, et une chaussée qui aboutit au Ménil-Amelot et à la grande route de Soissons. (Poste aux lettres de Dammartin.)

MONTGERMONT, ancienne paroisse et château. *V.* PRINGY.

MONTGERON, village traversé par la grande route de Paris à Lyon, département de Seine-et-Oise, arrondissement de Corbeil, canton de Boissy-Saint-Léger, ci-devant province de l'Ile de France, et diocèse de Paris. Sa population est de 11 à 1,200 habitans, y compris le hameau de *Chalendray* et le moulin de *Senlis*, qui sont dans ses dépendances. C'est la résidence d'une brigade de gendarmerie.

La situation de Montgeron, sur une hauteur et sur la grande route de Paris à Lyon, est l'une des plus agréables de cette contrée. On y remarque un superbe château qui a appartenu à M. le marquis de Boulainvilliers, prévôt de Paris, avec un parc de plus de 80 arpens.

Rien n'est plus enchanteur que les points de vue offerts par cette belle habitation ; les jardins, l'orangerie, les parterres, les terrasses, les eaux et les bosquets, tout y est de la plus grande magnificence ; à quoi il faut ajouter une superbe avenue qui conduit du château à la forêt de *Sénart*, qui servait de rendez-vous à la cour, dans le tems des chasses de cette forêt : c'est la plus belle que l'on puisse voir dans les environs de Paris. Ce beau domaine appartient actuellement à M. Page.

Ce village renferme plusieurs maisons de campagne. Il s'en trouve deux à Chalendray. Le terroir est en labour, vignes, prairies et bois. Montgeron est à 1 lieue et demie au S. de Boissy-Saint-Léger, et distant de 4 et demie au S.

E. de Paris, par la route de Lyon. (Poste aux lettres de Villeneuve-Saint-Georges, et voitures publiques tous les jours pour Paris.)

MONTGEROULT, village, département de Seine-et-Oise, arrondissement de Pontoise, canton de Marines, ci-devant province de l'Ile de France, dans le Vexin, et diocèse de Rouen. Sa population est d'environ 230 habitans.

Le château de Montgeroult est remarquable par sa position, ses terrasses et ses points de vue pittoresques. M. Truffaut en est propriétaire.

Les productions principales du terroir sont en grains. On y trouve une carrière, et plus loin un moulin sur la petite rivière de *Viosne*, près duquel il en existe un autre, qui est de la commune de *Courcelles*.

Le village de Montgeroult est à une lieue et demie au S. E. de Marines; sa distance de Paris est de 9 lieues au N. O., par la route de Gisors. (Poste aux lettres de Pontoise.)

MONTHERLANT, village, département de l'Oise, arrondissement de Beauvais, canton de Méru, ci-devant province de l'Ile de France, et diocèse de Rouen. Sa population est d'environ 170 habitans, avec les hameaux de *Verteville*, et partie de celui de *Montoisel*. L'ancien fief de *Pontavesne*

fait également partie de cette commune.

M. Millon, juge de paix du canton de Méru, est propriétaire du château, environné de plantations d'ormes formant des avenues qui lui donnent un fort bel aspect. La vue y est variée et se porte au loin. Un petit bois qui en est tout près, donne la jouissance de promenades fort agréables.

Le domaine de Pontavesne est remarquable par son étendue et sa situation. La ferme, environnée de bosquets, est une des plus considérables du département. On y voit encore les ruines de quelques monumens gaulois. Plusieurs tombeaux et un grand nombre de médailles qu'on y a trouvés depuis environ trente ans, ne laissent aucun doute que ce lieu était autrefois célèbre. M. Bréant en est propriétaire.

Les principales productions du terroir de cette commune sont en grains, une partie est en bois. Le village de Montherlant est à 2 lieues au N. O. de Méru, et 13 entre le N. et le N. O. de Paris, par Hénouville et l'ancienne route de Beauvais à Pontoise, et de Pontoise par la route de Rouen. (Poste aux lettres de Méru.)

MONTHION, village, département de Seine-et-Marne, arrondissement de Meaux, canton de Dammartin, ci-devant province de l'Ile de France, et diocèse de Meaux,

Sa population est d'environ 1,000 habitans. Une partie du hameau de *Pringy* en dépend.

Ce village est situé sur une montagne ; la vue s'y étend très-loin, de tous côtés, sur les plaines les plus fertiles en grains du département. La terre de Monthion avait, dans l'ancien régime, le titre de baronie. On y voit un château ancien, qui était autrefois plus remarquable.

Ses productions sont en grains, une partie est en vignes et bois. Il y a beaucoup d'arbres fruitiers, et on y trouve plusieurs carrières de pierre et fours à plâtre.

Ce village est à 3 lieues au S. E. de Dammartin, près la route de cette ville à Meaux, et distant de 9 et demie au N. E. de Paris, par Claye et la grande route d'Allemagne. (Poste aux lettres de Meaux.)

MONT - HUCHET, maison de campagne. *Voyez* SAULX-LES-CHARTREUX.

MONTIGNY, ancienne paroisse. *Voyez* RUSSY.

MONTIGNY - L'ALLIER, village, département de l'Aisne, arrondissement de Châteauthierry, canton de Neuilly-Saint-Front, ci-devant province de l'Ile de France, dans le Valois, et diocèse de Meaux. Sa population est d'environ 400 habitans. L'ancien monas-

tère de *Cerfroy*, chef-lieu de l'ordre des Trinitaires, était dans ces dépendances; il n'en reste que les bâtimens de la basse-cour.

Les productions du terroir de cette commune sont en grains, une partie est en prairies, et il y a beaucoup de bois. On y trouve une tuilerie. Le village de Montigny est dans une vallée, sur la petite rivière de *Clignon*, qui fait tourner trois moulins, proche le confluent de *l'Ourcq*, à trois quarts de lieue au N. E. de Crouy, 2 lieues au S. de la Ferté - Milon, et 4 vers le S. O. de Neuilly-Saint-Front; sa distance de Paris est de 16 lieues vers le N. E., par la route de la Ferté - Milon à Meaux, et de Meaux par la route d'Allemagne. (Poste aux lettres de May - en - Mulcien (Oise.)

MONTIGNY - LANCOUP, village, département de Seine-et-Marne, arrondissement de Provins, canton de Donnemarie, ci - devant province de l'Ile de France, dans la Brie, et diocèse de Sens. Il forme, avec les hameaux qui en dépendent, une population d'environ 1,000 habitans.

Les principaux de ces hameaux sont : le *Vieux château*, *Fontaine - Couverte*, *Conflans*, *Orvilliers*, *la Marotte* et *Champ- Girard*. Plusieurs fermes et autres habitations sous diverses dénominations font également partie de cette commune.

On y remarque un beau et grand château sur la pente d'un côteau couvert de bois; on y arrive par une avenue très-large, tracée dans la forêt qui l'entoure. Le parc, qui contient environ 50 arpens, est distribué à l'anglaise et planté d'une grande quantité d'arbres verts : on y voit l'un des plus beaux cèdres du Liban qui soit en France. Ce château, dont madame d'Invau était propriétaire, appartient actuellement à M. le comte de Balivière.

Les principales productions du terroir sont en grains, une partie est en bois. On y trouve trois tuileries assez renommées.

Le village de Montigny est traversé par la route de Montereau à Provins, à une lieue et demie au S. O. de Donnemarie, et 2 et demie au N. E. de Montereau; sa distance de Paris est de 17 lieues au S. E., par un embranchement de cette route, qui, après avoir traversé Nangis, joint la grande route de Troyes. (Poste aux lettres de Donnemarie.)

MONTIGNY-LE-BRETON-NEUX, village, département de Seine-et-Oise, arrondissement et canton de Versailles, ci-devant province de l'Ile de France, et diocèse de Chartres. Sa population est d'environ 300 habitans. Le hameau dit *le Manet* en fait partie.

Les grains sont la principale production de son terroir. Ce village est dans une plaine, à 2 lieues au S. O. de Versailles, et 6 trois quarts au S. O. de Paris, par Versailles. (Poste aux lettres de Trappes.)

MONTIGNY-LE-ROI, ancien fief. *Voyez* CHAMPAGNE.

MONTIGNY - LES - CORMEILLES, village, département de Seine-et-Oise, arrondissement de Versailles, canton d'Argenteuil, ci-devant province de l'Ile de France, et diocèse de Paris. Sa population est d'environ 380 habitans. La commune de *la Frette* était, dans l'ancien régime, une annexe de cette paroisse.

Parmi plusieurs maisons de campagne, on remarque la situation de celle qui a appartenu à M. Duperron, d'où la vue s'étend sur une partie de la vallée de Montmorency et sur celle de Conflans-Sainte-Honorine.

Ce village est dans une contrée montueuse couverte de vignes et de bois, en beaucoup d'endroits. Il y a plusieurs carrières de pierre à plâtre et deux fabriques de tuiles, briques et carreaux. Il est à une lieue trois quarts au N. O. d'Argenteuil, et 4 un quart au N. O. de Paris, par Argenteuil. On prend en voitures la grande route de Rouen. (Poste aux lettres de Franconville.)

MONTIGNY - SOUS - VA-LENCE, château. *Voyez* VALENCE.

MONTIGNY - sur.- Loing, village, département de Seine-et-Marne, arrondissement de Fontainebleau, canton de Moret, ci-devant province de l'Ile de France, dans le Gatinais, et diocèse de Sens. Sa population est d'environ 700 habitans. Le hameau de *Sorgues*, où il y a une maison de campagne, dite *la Grande Maison*, en fait partie.

Les habitans de cette commune, qui sont extrêmement laborieux, y cultivent les terres à grains sans se servir de charrue; une partie du terroir est en vignes et en prairies.

Le village de Montigny est sur le bord de la rivière de *Loing*, qui fait tourner un moulin à deux roues, à une lieue et demie au S.O. de Moret, et 16 et demie entre le S. et le S. E. de Paris, par Fontaine-bleau et la grande route de Lyon. (Poste aux lettres de Moret.)

MONTJAVOUL, village, département de l'Oise, arrondissement de Beauvais, canton de Chaumont-Oise, ci-devant province de l'Ile de France, dans le Vexin, et diocèse de Rouen, forme une commune d'environ 600 habitans, en y

comprenant les hameaux *du Marais*, *du Vouast*, *d'Hérouval*, *de Beaugrenier*, *du Bout-du-Bois* et de *Valcourt*.

Ce village est situé sur une montagne qui domine les autres des alentours, au sommet de laquelle se trouve l'église bâtie à la fin du 15° siècle, avec une tour qui en fait partie. Comme c'est un des points de vue les plus élevés du Vexin, on y découvre un horison de 12 à 15 lieues de tous côtés. Les sources d'eaux vives que l'on rencontre sur cette montagne suffisent pour l'usage des habitans.

Au hameau d'Hérouval est une ferme avec une habitation, ci-devant seigneuriale; un ruisseau y fait tourner un moulin; et au hameau du Bout-du-Bois on voit les restes d'un château fortifié, qui était le siége d'une haute, moyenne et basse justice.

Le terroir de cette commune est en labour, une partie est en bois et prairies. On y trouve des carrières de pierre dure.

Montjavoul est à une lieue trois quarts au N. de Magny, et 2 et demie au S. O. de Chaumont; sa distance de Paris est de 15 lieues trois quart au N. O., par Magny et la grande route de Rouen. (Poste aux lettres de Magny (Seine-et-Oise.)

MONTJAY, ancien château, situé sur une éminence *V*. BURES.

MONTJAY, hameau et maison de campagne. *Voyez* VILLEVAUDÉ.

MONTJAY, ancien château. *Voyez* BOMBON.

MONT-JEAN, maison de campagne. *Voyez* WISSOUS.

MONT-LAVILLE, ancien château détruit. *Voyez* VERNEUIL-SUR-OISE.

MONT-L'ÉVÊQUE, village, département de l'Oise, arrondissement et canton de Senlis, ci-devant province de l'Ile de France, et diocèse de Senlis. Sa population est d'environ 400 habitans. Il est situé sur la pente d'une colline.

Le château, d'une ancienne construction, et entouré de fossés remplis d'eau vive, était, avant la révolution, la maison de campagne des évêques de Senlis. M. le baron de Pontalba en est actuellement propriétaire.

Ce château est dans une agréable position, sur une terrasse qui domine un parc fort étendu et traversé par la petite rivière de *Nonette*, qui, au bas de cette terrasse, forme une belle pièce d'eau. On voit dans l'intérieur de ce parc un joli vallon avec des éminences plantées en bois, qui font un très-bel effet, et quantité de sources abondantes.

La Victoire, ci-devant abbaye de Chanoines réguliers de l'ordre de Saint-Augustin, fondée par Philippe-Auguste l'an 1212, est dans les dépendances de cette commune. L'église, avec une grande partie de ce monastère, ayant été démolie, le tout ne présente en général que des ruines. Cependant quelques bâtimens restés intacts forment encore une maison de campagne ordinaire.

Les productions du terroir sont en grains, une partie est en bois. La culture des artichaux y est très-avantageuse.

Le village de Mont-l'Evêque est à trois quarts de lieue à l'E. de Senlis, et 10 lieues trois quarts au N. de Paris, par Senlis et la grande route de Flandre. (Poste aux lettres de Senlis.)

MONT-LHÉRY, petite ville, département de Seine-et-Oise, arrondissement de Corbeil, canton d'Arpajon, ci-devant province de l'Ile de France, dans le Hurepoix, et diocèse de Paris. Sa population est d'environ 1,500 habitans.

Cette ville est située sur la pente d'une montagne, au sommet de laquelle on remarque une tour qui faisait partie d'un château bâti vers l'an 1015, par Thibaud, surnommé *Fil-Etoupe*, seigneur de Mont-Lhéry.

Pendant la Ligue, appelée *la Guerre du bien public*, en

1465, il s'est donné près de là une bataille des plus sanglantes entre Louis XI et le duc de Charolois, qui avait dans son parti le duc de Berry, frère de ce roi.

La terre de Mont-Lhéry est un ancien comté; c'était le siége d'une prévôté royale et d'une châtellenie. L'hôtel-de-ville est d'une structure antique, ainsi que l'Hôtel-Dieu.

A l'entrée de cette ville, vers le bourg de Linas, qui n'en est séparé que par une porte dont l'existence date de celle du château, on remarque la maison qui a appartenu à M. Gaudron-du-Tilloy, qui, par sa situation, offre l'une des plus belles vues des environs de Paris.

Il s'y tient quatre foires par an, les derniers lundis des mois de janvier, avril, juillet et octobre, et un marché très-considérable le lundi de chaque semaine. Une pension de jeunes gens y est dirigée par M. Guillemin.

Le terroir de Mont-Lhéry est en labour et en vignes. Les légumes y sont assez abondans. Cette ville est traversée, à son extrémité occidentale, par la grande route de Paris à Orléans, à une lieue un quart au N. d'Arpajon, et 6 un quart au S. de Paris, par cette route. (Poste aux lettres de Linas, et voitures publiques tous les jours pour Paris.)

MONT-LIGNON, village, département de Seine-et-Oise,

arrondissement de Pontoise, canton de Montmorency, cidevant province de l'Ile de France, et diocèse de Paris. Sa population est d'environ 260 habitans.

A l'extrémité septentrionale de ce village on trouve un *hameau* que M. Larive a fait construire, où l'on remarque quatre belles maisons, dont les dépendances joignent la forêt de Montmorency. Leur site agreste, leur vue pittoresque, les jardins qui les entourent, dans lesquels serpentent sur une montagne, des rivières d'une eau claire et limpide, rendent cette propriété infiniment intéressante. Ces rivières ont été formées par des eaux errantes et stagnantes que M. Larive a recueillies, tant dans sa propriété qu'aux alentours. Il a, en outre, établi en ce lieu une fabrique de tuiles, briques et carreaux.

Le terroir de cette commune est en terres labourables; une partie est en vignes, et il y a beaucoup d'arbres à fruits. Un ruisseau y fait tourner un moulin.

Le village de Mont-Lignon est à 1 lieue au N. O. de Montmorency, et distant de 4 et demie au N. de Paris par la route de Saint-Leu-Taverny et Saint-Denis. (Poste aux lettres de Montmorency.)

MONT-LOGNON, village, département de l'Oise, arrondissement de Senlis, canton

de Nanteuil-le-Haudouin , ci-
devant province de l'Ile de
France , et diocèse de Senlis.
Sa population est d'environ
140 habitans. Les principales
productions de son terroir sont
en grains, une partie est en bois.

Ce village est à 2 lieues à
l'O. de Nanteuil , et distant de
10 et demie au N. E. de Paris
par une chaussée joignant la
grande route de Flandre.
(Poste aux lettres de Senlis.)

MONT-LOUET , village ,
département d'Eure-et-Loir ,
arrondissement de Chartres ,
canton de Maintenon, ci-devant généralité d'Orléans, dans
la Beauce, et diocèse de Chartres. Sa population est d'environ 500 habitans. Son terroir
est en labour, en prairies et vignes. La rivière de *Voise* fait
tourner un moulin.

Ce village est à une demie
lieue à l'E. de Gallardon , et
3 lieues au S. E. de Maintenon ;
sa distance de Paris est de 15
lieues au S. O. par l'ancienne
route de Chartres. (Poste aux
lettres de Gallardon.)

MONTMAGNY , village ,
département de Seine-et-Oise ,
arrondissement de Pontoise ,
canton de Montmorency, ci-
devant province de l'Ile de
France, et diocèse de Paris.
Sa population est d'environ
600 habitans. Le hameau des
Carneaux et celui des *Fau-
cilles* en font partie. Le château, autrefois seigneurial ,

a été démoli ; il en reste encore deux pavillons.

Les maisons de campagne
les plus apparentes sont celles
de madame la baronne de Sa-
huc, et celle de M. Huguet,
commissaire du Roi à la mon-
naie de Paris.

La principale culture du
terroir est en vignes; il y a
beaucoup d'arbres à fruits.
Mont-Magny est à une demi-
lieue au S. E. de Montmo-
rency, et distant de 3 lieues
au N. de Paris par Saint-Denis.
(Poste aux lettres de Montmorency.)

MONTMARTRE , village ,
département de la Seine, arrondissement de Saint-Denis ,
canton de Neuilly, ci-devant
province de l'Ile de France,
et diocèse de Paris. Sa population est d'environ 2,000 habitans, y compris les hameaux
de *Clignancourt* et *la France-
Nouvelle.*

La situation de ce village
sur la montagne dite la *Butte
de Montmartre* , est l'une des
plus remarquables qui existent
en France : on y découvre la
ville de Paris dans toute son
étendue , ainsi que tous ses
environs. Il y avait , avant la
révolution , une célèbre abbaye de religieuses de l'ordre
de Saint-Benoit , fondée , l'an
1133, par Louis-le-Gros, et
la reine Adélaïde , sa femme.

Une grande et belle maison
avec jardin, connue sous le
nom d'*Asile de la Providence*,

y est fondée pour l'entretien de cinquante à soixante vieillards des deux sexes, et des orphelines. La moitié de ces infortunés y sont reçus gratuitement, mais les autres paient une modique pension. C'est aux propriétaires de cette maison, ainsi qu'aux personnes respectables qui composent la société de la Providence, que ces infortunés sont redevables des secours qui leur sont donnés si généreusement.

On voit, à Montmartre, ainsi qu'aux alentours, beaucoup de maisons de campagne, dont l'une, très - spacieuse, est bâtie dans le superbe emplacement de la ci-devant abbaye. Une pension de jeunes gens y a été établie par M. le Mercier, chef d'institution de l'Université; une autre, un peu plus loin, est dirigée par M. Mallot.

Montmartre fut transformé en forteresse en 1814 et 1815, lorsque les armées des puissances coalisées contre la France, sont entrées à Paris, et c'est le lieu où les dévastations se sont le plus manifestées dans les environs de cette capitale.

Le terroir produit des grains, une partie est en vignes. Les carrières à plâtre y sont très-renommées. Il y a beaucoup de moulins à vent. Quantité de guinguettes hors des barrières de Paris, font partie de cette commune. (Poste aux lettres de la banlieue.)

MONT - MELLIANT, ancienne tour et traces de fortications. *Voyez* MORFONTAINE.

MONTMORENCY ou Enguien, petite ville, département de Seine-et-Oise, arrondissement de Pontoise, chef-lieu de canton et siége d'une justice de paix, ci-devant province de l'Ile de France, et diocèse de Paris. Sa population est de 16 à 1,700 habitans, y compris la rue dite des *Gallerands*, qui en est détachée.

Le nom d'*Enguien* avait été donné à Montmorency, en 1690, en vertu de lettres-patentes obtenues de Louis XIV. Mais ces lettres-patentes n'ayant pu réformer l'usage d'appeler ce lieu *Montmorency*, ce dernier nom lui est resté.

La terre de Montmorency est un ancien duché pairie, la ville est située sur une éminence qui domine la vallée si connue et si célèbre par sa fertilité en fruits de toute espèce. On y voit un château dont rien ne surpasse en beauté la position; les points de vue y sont uniques par leur variété et leur étendue. Le parc, qui a été distribué d'après les dessins de Le Nôtre, contient des eaux d'autant plus précieuses, que leurs sources y sont renfermées, qu'elles alimentent tous les réservoirs du château, de la basse-cour, et remplissent deux belles pièces d'eau, avec plusieurs bassins qui se trouvent dans les jardins potagers.

Sur tous les points, dans cette charmante propriété, sont des sites nouveaux et pittoresques. Les plantations y sont superbes, utiles et agréables. D'ailleurs, le château de Montmorency a toujours fait les délices des hauts et puissans seigneurs qui l'ont habité.

L'église, que l'on peut comparer à une cathédrale, est remarquable par son architecture et ses sculptures gothiques, qui datent du commencement du seizième siècle. C'était dans l'ancien régime une collégiale paroissiale, desservie par des prêtres de l'Oratoire ; les Mathurins y avaient aussi un couvent ; l'Hôtel-Dieu, fondé par les ducs de Montmorency subsiste.

Il existe dans l'intérieur de Montmorency d'anciennes tourelles, portes et murs de clôture. Plusieurs maisons se font remarquer par leur construction et leurs accessoires, notamment celle de M. Goix et celle de M. de Mauroy. L'enseigne de l'auberge du *Cheval-Blanc*, dont M. Le Duc est propriétaire, est regardée par les voyageurs comme un chef-d'œuvre de peinture.

La forêt de Montmorency est à proximité de la ville, et c'est à son entrée qu'existe la maison dite l'*Ermitage*, qui paraît n'avoir été construite que pour une retraite d'hommes célèbres, ayant été habitée par J.-J. Rousseau, et l'ingénieux compositeur Grétry. Ce dernier l'ayant possédé l'espace de 17 ans, a achevé de rendre cet asile à jamais mémorable, en y terminant sa carrière, le 24 septembre 1813. C'est lui qui, près de là, a fait construire deux petites maisons appelées l'une la *Chaumière* et l'autre *Châlet* pour se donner un voisinage.

Cette propriété a été acquise depuis par M. Flamand et son épouse Ernestine Grétry, nièce de ce célèbre compositeur et l'une de ses héritières. Ils ont fait ériger, dans un bosquet qui en fait partie, un monument en marbre blanc à la mémoire de leur oncle, dans lequel est renfermé son cœur. Ce monument est placé sur le bord d'une petite pièce d'eau vive alimentée par un ruisseau qui prend naissance près d'un rocher.

Il se tient à Montmorency un marché considérable le mercredi de chaque semaine, et on y fabrique différentes sortes de dentelles et broderies. On y trouve deux pensions ou maisons d'éducation ; l'une de jeunes gens, dirigée par M. Léger, chef d'institution, et l'autre, de jeunes demoiselles.

La culture principale du terroir de cette commune est en vignes, et on y recueille beaucoup de fruits. La ville de Montmorency est à 4 lieues et demie à l'E. de Pontoise, et 5 et demie au N. de Paris. (Bureau de poste aux lettres, et voitures publiques tous les jours pour Paris.)

MONTOMER, château. *Voyez* COUTEVROULT.

MONTREAU, château et baronie, *Voyez* MONTREUIL.

MONTREUIL - ET - CO-PIERRES, village, département de Seine et-Oise, arrondissement de Mantes, canton de Magny, ci-devant province de l'Ile de France, dans le Vexin, et diocèse de Rouen. Sa population est d'environ 320 habitans, en y comprenant les hameaux de *Copierres*, *des Bonnes-Joyes* et d'*Ansicourt* qui en font partie.

Les productions de son terroir sont en grains, une partie est en prairies. le village de Montreuil est à trois quarts de lieues au S. de Saint-Clair, et 2 lieues et demie entre l'O. et le N. O. de Magny ; sa distance de Paris est de 16 lieues et demie au N. O. par la grande route de Rouen. (Poste aux lettres de Magny.)

MONTREUIL-SUR-BOIS, grand village, département de la Seine, arrondissement de Sceaux, canton de Vincennes, ci-devant province de l'Ile de France, et diocèse

de Paris. Sa population est d'environ 4,000 habitans. Le château de *Montreau* et plusieurs habitations écartées sous diverses dénominations, en font partie. Le château de *Tillemont*, a été démoli. C'est la résidence d'une brigade de gendarmerie.

Ce village est l'un des plus intéressans à connaître des environs de Paris, sous le rapport de l'agriculture, qui est l'unique occupation de ses habitans. L'abondance et la qualité des fruits qui en proviennent sont dues à leur intelligence. Presque toutes les maisons ont des jardins plus ou moins grands, dont les murs sont tapissés des plus beaux espaliers que l'on puisse voir ; leur produit est celui de la vigne, au travail de laquelle se livrent également ces laborieux cultivateurs, font toute la richesse de cette commune.

Les pêches de Montreuil sont si renommées par leur beauté et leur grosseur, que l'on croit qu'il n'est guère possible d'en trouver ailleurs de semblables. M. Meriel, maire du lieu et membre de la Société d'Agriculture, est un de ceux qui ont un jardin remarquable par ses productions en fruits de toute espèce.

Le château de Montreau, autrefois seigneurial, est sur une éminence qui lui donne la jouissance d'une vue très-agréable. Le parc est fort étendu et bien planté. On y trouve des sources d'eau vive et de belles fontaines.

Ce domaine a été érigé en majorat de baronie en faveur de M. de Menilglaise, père de M. le marquis de Menilglaise qui en est actuellement propriétaire.

La plus grande partie du terroir de Montreuil est en vignes. On y trouve des carrières de pierre à plâtre. Ce village est à un quart de lieue au N. de Vincennes, et à 1 lieue à l'E. de Paris. (Poste aux lettres de la banlieue.)

MONTREUIL - sur - Thé-rain, village, département de l'Oise, arrondissement de Beauvais, canton de Noailles, ci-devant province de l'Ile de France, et diocèse de Beauvais. Sa population est d'environ 100 habitans, son terroir est en labour, une petite partie est en vignes et bois.

Ce village est à 1 lieue et demie au N. de Noailles, et 14 et demie vers le N. de Paris, par Noailles et la grande route de Beauvais. (Poste aux lettres de Beauvais.)

MONT-ROUGE, village, département de la Seine, arrondissement et canton de Sceaux, ci-devant province de l'Ile de France, et diocèse de Paris. Sa population est d'environ 1,200 habitans, y compris le *Petit Mont-Rouge*, et autres

habitations à l'écart, sous diverses dénominations.

L'ancien château de Mont-Rouge est détruit; parmi plusieurs maisons de campagne qu'il renferme, il en est une, à son extrémité occidentale, qui fait partie de l'établissement d'institution de MM. Bernard et Auger à Paris.

La maison de retraite du Petit Mont-Rouge, fondée par Louis XVI en 1781, pour les anciens employés des hospices et les indigens des deux sexes, âgés ou infirmes, qui paient une pension ou une somme fixe et déterminée, est auprès de la barrière d'Enfer, sur la grande route de Paris à Orléans.

Plus loin, on trouve une belle pépinière remplie d'arbres et arbustes étrangers, avec une collection précieuse de plantes botaniques et exotiques. Elle est peu éloignée de la barrière du Mont-Parnasse. M. Cels, membre de l'Institut, en est propriétaire.

Le terroir de Mont-Rouge est en terres labourables; plusieurs carrières de pierres de taille y sont en exploitation. Le village est proche la route d'Orléans, désignée ci-dessus, à 1 lieue un quart au N. de Sceaux, et une demi-lieue au S. des barrières de Paris. (Poste aux lettres de la banlieue.)

MONTRY, village, département de Seine-et-Marne, arrondissement de Meaux, canton de Crécy, ci - devant province de l'Ile de France, dans la Brie, et diocèse de Meaux. Sa population est d'environ 450 habitans.

Le château de Montry appartient à madame de Reilhac, M. Alexandre de Neufermeil, ancien maître des requêtes, est propriétaire de celui des *Hautes-Maisons*, qui est un ancien fief de la maison de Rohan. Sa position sur l'une des côtes qui bordent la rive droite de la *Marne*, et ses points de vue le rendent très-remarquable. Le parc, d'environ 40 arpens, renferme une fontaine qui divise ses eaux dans les jardins et dans l'intérieur de l'habitation.

Le terroir de cette commune est en terres labourables, et vignes. La rivière *du Grand-Morin* y fait tourner deux moulins.

Montry est proche la route de Coulommiers à Paris, à 2 lieues au N. O. de Crécy, et 8 et demie à l'E. de Paris, par cette route. (Poste aux lettres de Crécy.)

MONTS, village, département de l'Oise, arrondissement de Beauvais, canton de Méru, ci-devant province de l'Ile de France, et diocèse de Beauvais. Sa population est d'environ 150 habitans.

Ce village est situé sur la pente d'une montagne, les productions de son terroir sont en grains, une partie est en bois; il est à 2 lieues à l'O.

de Méru et 12 et demie vers le N. O. de Paris par Hénouville et l'ancienne route de Beauvais à Pontoise, et de Pontoise par la grande route de Rouen. (Poste aux lettres de Méru.)

MONTSOULT, village, département de Seine-et-Oise, arrondissement de Pontoise, canton d'Ecouen, ci-devant province de l'Ile de France, et diocèse de Paris. Sa population est d'environ 450 habitans. Les fermes dites *le Grand* et *Petit-Gournay*, en font partie, avec deux tuileries.

Ce village est contigu à la forêt de l'Ile-Adam. On y voit plusieurs maisons de campagne, dont la plus remarquable est celle de M. Dupayrat, ancien magistrat, située sur une éminence d'où les points de vue sont charmans.

Les principales productions de son terroir sont en grains et fruits. Montsoult est à 2 lieues au N. O. d'Ecouen, et distant de 6 au N. de Paris, par la grande route de Beauvais. (Poste aux lettres d'Ecouen.)

MONT-VALÉRIEN où le CALVAIRE, hameau et ancien ermitage, dans une belle situation. *Voyez* NANTERRE.

MORAINVAL , château. *Voyez* HEILLES.

MORAINVILLE, petit village, département d'Eure-et-

Loir , arrondissement de Chartres, canton d'Auneau, ci-
devant généralité d'Orléans ,
dans la Beauce, et diocèse de
Chartres. Sa population n'est
que d'environ 90 habitans.

La terre de Morainville est
une ancienne seigneurie et le
siége d'une haute , moyenne et
basse justice. Il y existe un
château avec un parc, dont
M. de Perrochel est propriétaire.

Ses productions sont en
grains, une partie est en bois.
Ce village est à 2 lieues et demie au S. d'Auneau, et 4 au
S. d'Ablis; sa distance de Paris est de 16 lieues et demie
vers le S. O. par Dourdan et
une chaussée joignant l'an-
·cienne route de Chartres.
(Poste aux lettres d'Angerville.)

MORAINVIILLERS , vil-
lage, département de Seine-
et-Oise , arrondissement de
Versailles , canton de Poissy ,
ci-devant province de l'Ile de
France, et diocèse de Chartres, forme une commune de
5 à 600 habitans, avec le hameau de *Benainvilliers* , partie de celui de *Bure* , et autres
habitations à l'écart.

Deux maisons de campagne
se trouvent dans ce village et
deux autres à Bure. Les grains
.sont la principale production
du terroir, dont une partie est
en bois. Il y a beaucoup d'arbres à fruits.

.Morainvilliers est à 2 lieues

à l'O. de Poissy , près la forêt
des Allnets , et distant de 7 à
l'O. de Paris, par la petite route
de Mantes qui passe à Saint-
Germain-en-Laye. (Poste aux
lettres de Poissy.)

MORANGIS, autrefois
LOUANS, village, département
de Seine-et-Oise , arrondissement de Corbeil , canton de
Longjumeau, ci-devant province de l'Ile de France , et
diocèse de Paris. Sa population est d'environ 350 habitans.

La terre de Morangis fut
érigée en comté en 1693 , et
c'est à cette époque que le village fut nommé *Morangis.*
Madame veuve Rillet est propriétaire du château ; on y
voit quelques maisons de campagne.

Ses principales productions
sont en grains. Ce village est
à 1 lieue au N. E. de Longjumeau , et distant de 4 au S. de
Paris par la grande route d'Orléans. (Poste aux lettres de
Longjumeau.)

MORANGLES, village,
département de l'Oise, arrondissement de Senlis, canton
de Neuilly-en-Thel, ci-devant
province de l'Ile de France,
et diocèse de Beauvais. Sa population est d'environ 320 habitans.

C'est le lieu de naissance
du vénérable prélat J.-B. de
Belloy, qui fut évêque de
Glandèves, ensuite de Mar-

seille, et, depuis la révolution, cardinal-archevêque de Paris, où il est décédé, en 1808, à l'âge de quatre-vingt-dix-neuf ans. La terre de Morangles fut érigée en marquisat en faveur de cette famille.

Toutes ses productions sont en grains. Ce village est à trois quarts de lieue au S. de Neuilly-en-Thel, et 1 lieue et demie au N. de Beaumont; sa distance de Paris est de 9 lieues au N. par Beaumont et la grande route de Beauvais. (Poste aux lettres de Beaumont-sur-Oise.)

MORCOURT, village, département de l'Oise, arrondissement de Senlis, canton de Crépy, ci-devant province de l'Ile de France, dans le Valois, et diocèse de Senlis. Sa population est d'environ 110 habitans.

Son terroir est en labour, en prairies et en bois. Il y a un moulin à eau. Le village de Morcourt est à 1 lieue au N. de Crêpy, et 15 au N. E. de Paris par Crêpy et la chaussée joignant à Nanteuil-le-Haudouin la grande route de Soissons. (Poste aux lettres de Crêpy.)

MORET, petite ville, traversée par l'une des grandes routes de Paris à Lyon, et sur le bord de la rivière de *Loing*, département de Seine-et-Marne, arrondissement de Fontainebleau, chef-lieu de can-

ton et siége d'une justice de paix, ci-devant province de l'Ile de France, dans le Gatinais, et diocèse de Sens. Sa population est d'environ 1,800 habitans.

Cette ville est très-ancienne, il y existe un vieux château-fort. Avant la révolution, il y avait une abbaye royale de religieuses de l'ordre de Saint-Benoît, et c'était le siége d'un baillage royal. Il s'y fait un commerce de farines; il s'y tient un marché les mardi et vendredi de chaque semaine, et trois foires par année : la première, le vendredi saint; la seconde, le lundi après le 8 septembre; et la troisième, le 6 décembre.

La majeure partie du terroir de cette commune est en vignes et en prairies. Moret est à 2 lieues au S. E. de Fontainebleau, et 2 et demie à l'O. de Montereau-Faut-Yonne; sa distance de Paris est de 16 lieues entre le S. et le S. E. par la route de Lyon désignée ci-dessus. (Bureau de poste aux lettres.)

MORFONDÉ, maison de campagne. *V.* VILLE-PARISIIS.

MORFONTAINE, village, département de l'Oise, arrondissement et canton de Senlis, ci-devant province de l'Ile de France, et diocèse de Senlis. Sa population est d'environ 500 habitans, y compris les hameaux de *Charlepont*, Moncaby et *Mont-Melliant* en partie. Une rue de ce dernier fait la séparation du département de Seine-et-Oise, d'avec celui de l'Oise; l'autre partie de ce même hameau est sur la commune de *Saint-Vy*, canton de *Luzarches*. C'est la résidence d'une brigade de gendarmerie.

Le château de Morfontaine, que possède M. Clary, est l'un des plus remarquables des environs de Paris par ses dépendances territoriales, divisées en grand et petit parcs, d'une étendue immense et dans la situation la plus agreste que l'on puisse imaginer.

On ne peut se faire une idée de tout ce qui embellit cette charmante propriété. On voit d'abord dans le petit parc des plantations extrêmement variées, avec une glacière où il y a un pavillon à trois étages, qui renferme une chapelle. Ce petit parc communique au grand par un souterrain.

Dans le grand parc, les regards se portent sur une infinité d'objets également variés. On y trouve de très-grandes pièces d'eau en forme de lacs, bordées de collines, et en partie couvertes de bois. On y admire quantité de fabriques d'une belle construction, avec des grottes et des rochers qui n'ont point été créés par l'art, mais bien par la nature. Les sources y sont nombreuses et forment des ruisseaux qui entretiennent toujours les pièces

d'eau au même niveau dans toutes les saisons.

Plus on parcourt ce lieu enchanteur, plus on y éprouve de charmes en rencontrant à chaque pas de nouveaux objets que l'on ne peut se lasser de contempler. On s'y promène de deux manières, l'une à pied, et l'autre sur l'eau, dans des bateaux construits à cet effet et couverts; d'ailleurs, il faut dire aux amateurs de beaux sites que l'étendue de cette propriété est si vaste, et les sinuosités qu'elle présente si multipliées, que l'on ne peut aisément la parcourir sans guide.

Le château de Morfontaine fut choisi, le 3 octobre 1800, pour y réunir les ministres américains à l'occasion de la signature du traité passé entre les Français et les Etats-Unis de l'Amérique. Les consuls, plusieurs conseillers d'Etat, tribuns, législateurs et autres personnes de la plus grande distinction, composaient cette brillante assemblée; et la fête qui s'y donna fut terminée par une superbe illumination sur les pièces d'eau du grand parc, qui est contigu à la forêt d'Ermenonville.

Il existe, au hameau de Montmelliant, qui est situé sur une montagne, un vieux bâtiment vulgairement nommé la *Tour de Montmelliant*, et un peu plus loin il y avait anciennement un château dont il reste encore des traces de fortifications.

La plus grande partie du terroir de Morfontaine se trouve dans les dépendances du château. On tire des carrières, la pierre de grès pour l'entretien des routes environnantes ; et, dans certaines contrées, on pourrait y tirer de la tourbe avec avantage.

Morfontaine est à 2 lieues et demie au S. de Senlis, et distant de 8 au N. E. de Paris par une route joignant celle de Flandre. (Poste aux lettres de Louvres.)

MORIENVAL, village, département de l'Oise, arrondissement de Senlis, canton de Crêpy, ci-devant province de l'Ile de France, dans le Valois, et diocèse de Soissons. Il forme une commune d'environ 600 habitans, en y comprenant la ci-devant annèxe de *Buy*, les hameaux de *Grimancourt*, *Roquigny*, *Elincourt*, *Fossemont*, *Vaudranpont*, *Saint-Nicolas de Courson*, *le Four-d'en-Haut*, avec les fermes de l'*Essart-l'Abbesse* et de *Brassoir*.

Il y avait jadis à Morienval une abbaye de religieuses de l'ordre de S.-Benoît, de laquelle il ne reste plus qu'une simple habitation ; l'église est actuellement la paroisse. Un prieuré dit de Saint Nicolas-de-Courson forme aujourd'hui une maison de campagne, dont M. Troussel est propriétaire ;

on y remarque de belles eaux et de belles plantations. Cette maison est entourée de tous côtés par la forêt de Compiègne.

Le terroir de cette commune renferme le village de *Saint-Clément* et le château de *la Folie*. Ses principales productions sont en grains, une partie est en vignes et en bois. MM. Tassart et Dumont possèdent chacun un beau troupeau de métis des plus recherchés. M. Tassart en a un en outre de pure race mérinos.

La petite rivière d'*Autonne* passe à Elincourt où elle fait tourner un moulin à grains. Le village de Morienval est proche les forêts de Compiègne et Villers-Cotterets, à 2 lieues vers le N. de Crêpy ; sa distance de Paris est de 16 lieues au N. E. par Crêpy et la chaussée joignant à Nanteuil-le-Haudouin la grande route de Soissons. (Poste aux lettres de Crêpy.)

MORIGNY, ancienne abbaye d'hommes de l'ordre de Saint-Benoît, dans le département de Seine-et-Oise, arrondissement d'Etampes, ci-devant province de l'Ile de France, frontière de la Beauce, et diocèse de Sens. Elle forme, avec l'ancienne paroisse de *Champigny*, les hameaux de *Bonvilliers*, *la Montagne* et autres habitations écartées, sous diverses dénominations, une commune de 8 à 900 habitans.

L'abbaye de Morigny ayant été démolie en partie par les abbés commandataires qui l'ont habitée après l'évacuation des religieux, les bâtimens restans se nomment *le château de Marigny*. Madame de Viany, qui en est actuellement propriétaire, se plaît à l'entretenir en bon état, ainsi qu'un joli jardin distribué dans le genre anglais. Une petite rivière qui y serpente ajoute à son agrément. Le parc est entouré de murs et bordé d'un côté par la petite rivière de *Chalouette*.

Les châteaux de *Brunehaut* et de *Jeure* se trouvent dans les dépendances de cette commune. Celui de Brunehaut, près la grande route de Paris à Orléans, tire son nom de la reine Brunehaut qui l'a habité. Sa position est infiniment agréable sur une petite éminence au milieu d'un parc dans la vallée d'Etampes. La disposition des plantations y forme un bocage délicieux, arrosé par des eaux de source limpides et par la rivière de *Juine*, sur laquelle est un moulin d'une construction pittoresque.

Cette habitation doit en grande partie son embellissement à M. de Viart, chevalier, ancien officier au régiment de Conti, qui en est propriétaire par succession de ses ancêtres. Il a été lui-même l'architecte de la maison, presqu'entièrement reconstruite à neuf, et le dessinateur des jardins qui se font admirer par les variétés qu'on y rencontre.

Le château de Jeure est aussi dans une très-belle situation sur la route d'Orléans désignée ci-dessus. Le parc est d'environ 75 arpens enclos de murs en partie et bordé par des canaux remplis d'eau vive provenant de sources abondantes qui sont dans son enceinte. Ce parc et ses alentours, dont la nature du sol était extrêmement marécageuse, ont été desséchés au moyen d'un aqueduc que M. Dufresne de Saint-Léon, propriétaire alors, a fait construire et sur lequel passe la rivière de *Juine*. Ce domaine appartient actuellement à M. le comte Mollien, ex-ministre du ci-devant trésor public.

Au hameau de la Montagne est aussi un château appartenant à M. de la Bigne, ancien écuyer du Roi, et une maison de campagne nommée *Vaucouleurs* n'est pas éloignée de la ville d'Etampes.

Le terroir de cette commune est en labour, chenevières, vignes et prairies. La rivière de Juine fait tourner quatre moulins, et la petite rivière de l'Ouette un autre. Ces moulins fournissent à l'approvisionnement de Paris. Morigny est à une demi-lieue au N. E. d'Etampes, sur la Juine, proche la grande route d'Orléans;

sa distance de Paris est de 11 lieues et demie vers le S. par cette route. (Poste aux lettres d'Etampes.

MORLAYE (la) *Voyez* La-morlaye.

MORMAIRE (la), château. *Voyez* Gros-Rouvres.

MORMANT, bourg, situé dans une plaine, sur la grande route de Paris à Troyes, département de Seine-et-Marne, arrondissement de Melun, chef-lieu de canton et siége d'une justice de paix, ci-devant province de l'Ile de France, dans la Brie, et diocèse de Sens. Sa population est de 900 à 1,000 habitans. Le château de *Bressoy*, le hameau de *Rouvray* et plusieurs fermes écartées en font partie.

Le château de Bressoy était le chef-lieu de la seigneurie qui avait le titre de marquisat. M. le comte de Grabowsky, maire de Mormant, en est actuellement propriétaire. Ce château est entouré d'eau; on y arrive par une avenue pavée et plantée de quatre rangs d'arbres qui aboutit à la route de Troyes. On y remarque deux belles serres, l'une chaude et l'autre tempérée, avec une superbe orangerie. Un joli jardin dans le genre anglais, fait partie d'un parc rempli d'arbres les plus rares.

A l'entrée de ce bourg, du côté de Brie-Comte-Robert, est une maison que l'on distingue des autres par sa construction moderne et ses accessoires. Elle appartient à M. Dyé, notaire.

Les grains sont la principale production du terroir de cette commune. La plupart des chemins vicinaux sont plantés d'arbres à cidre, tels que pommiers et poiriers qui sont d'un grand rapport.

Mormant est à 4 lieues au N. E. de Melun et 3 vers le N. O. de Nangis; sa distance de Paris est de 12 lieues au S. E. par la route de Troyes. On compte 13 lieues de poste. (Bureau de poste aux lettres et relais de poste aux chevaux.)

MORSAN - SUR - ORGE, village, département de Seine-et-Oise, arrondissement de Corbeil, canton de Longjumeau, ci-devant province de l'Ile de France, et diocèse de Paris. Sa population est d'environ 400 habitans. M. le comte Ferdinand de Bertier, est propriétaire du château situé dans une vallée, le parc et les prairies qui en dépendent sont bordés d'un côté par la rivière d'*Orge*; des eaux de sources d'eau vive, au dessus du château, se communiquent tant dans l'intérieur des bâtimens que dans les jardins et le parc.

Les grains sont la principale production du terroir, dont une partie est en prairies. Le propriétaire du château possède un troupeau de mérinos de pure race. Le village de Morsan est proche la rivière d'Orge à 1 lieue un quart au S. E. de Longjumeau et distant de 5 et un quart au S. de Paris par la grande route de Fontainebleau. (Poste aux lettres de Fromenteau.)

MORSAN-sur-Seine, village, département de Seine-et-Oise, arrondissement et canton de Corbeil, ci-devant province de l'Ile de France, et diocèse de Paris. Sa population est d'environ 200 habitans.

La terre de Morsan avait, dans l'ancien régime, haute, moyenne et basse justice. Le château, dont M. Thierriet est propriétaire, se trouve dans une belle situation.

Le terroir se divise en terres labourables, prairies, vignes et bois. Ce village est sur la rive droite de la *Seine*, près la forêt de *Rougeaux*, à une lieue un quart au S. de Corbeil, et 8 un quart au S. de Paris, par Corbeil et la grande route de Fontainebleau. (Poste aux lettres de Corbeil.)

MORTCERF, village, département de Seine-et-Marne, arrondissement de Coulommiers, canton de Rozay, ci-devant province de l'Ile de France, dans la Brie, et diocèse de Meaux. Sa population est d'environ 600 habi-

tans, y compris le hameau *des Vallées.*

Ce village est dans une situation agréable, près la forêt de Crécy. Les sources d'eaux y sont très-abondantes et très-salubres. On y voit un ancien château, en partie démoli, qui appartenait autrefois à M. le duc de Penthièvre. Il en reste encore trois tours, quelques autres bâtimens, avec un pignon de la chapelle. Un autre château, nommé *la Malmaison*, qui a été habité par le célèbre Helvétius, est également remarquable par son antiquité.

Des carrières, six fours à chaux, dont MM. Beaujot, maire du lieu, et Josseau, sont propriétaires, et deux tuileries considérables, font un objet de commerce important dans cette commune.

Les principales productions de son terroir sont en grains. Mortcerf est à 3 lieues au N. de Rozay, et distant de 10 et demie à l'E. de Paris, par la Houssaye, Tournan et la route de Rozay. (Poste aux lettres de Crécy.)

MORTEFONTAINE, village, situé dans un fond, département de l'Oise, arrondissement de Beauvais, canton de Noailles, ci-devant province de l'Ile de France, et diocèse de Beauvais. Sa population est d'environ 280 habitans, y compris une partie du hameau de *la Mare d'O-*

villers, sur la grande route de Beauvais à Paris.

Son terroir est en labour, une petite partie en bois. Ce village est à 2 lieues au S. de Noailles, et une un quart au N. E. de Méru; sa distance de Paris est de 11 lieues et demie vers le N., par la grande route de Beauvais, désignée ci-dessus. (Poste aux lettres de Méru.)

MORTEFONTAINE. *Voy.* Morfontaine.

MORVILLE, château. *V.* Hanches.

MORY, petit village, département de Seine-et-Marne, arrondissement de Meaux, canton de Claye, ci-devant province de l'Ile de France, et diocèse de Meaux. Sa population n'est que d'environ 100 habitans.

Les productions de son terroir sont en grains, une partie est en prairies. Ce village est à une lieue et demie au N. O. de Claye, et distant de 6 au N. E. de Paris, par une chaussée joignant la grande route d'Allemagne. (Poste aux lettres de Claye.

MOTTE (la), ferme, autrefois beau château avec un grand parc. *V.* Jossigny.

MOTTE (la), ancien fief. *Voyez* Orrouy.

MOULIGNON, hameau et maison de campagne. *Voyez* Saint-Fargeau.

MOULIGNON. *V.* Montlignon.

MOUCHY-LE-CHATEL, village, département de l'Oise, arrondissement de Beauvais, canton de Noailles, ci-devant province de l'Ile de France, et diocèse de Beauvais. Sa population est d'environ 200 habitans.

La terre de Mouchy est une ancienne baronie. Le château, bâti sous le règne de François Ier, a été possédé, depuis 1660, par les ancêtres de M. de Noailles, prince de Poix et pair de France, qui en est aujourd'hui propriétaire.

Ce château, flanqué de tours, est remarquable par son site agreste et pittoresque, sur une montagne escarpée du côté de l'Est, d'où la vue se porte non seulement sur toute l'étendue du parc, qui contient 70 arpens, mais encore sur toutes les contrées environnantes.

Ce parc renferme deux pièces d'eau et un lavoir à son extrémité orientale, qui sont alimentés par quantités de sources qu'il renferme, et dont les eaux se communiquent aussi dans l'intérieur du château et aux alentours, par le moyen d'une machine nommée *bélier hydraulique*, de l'invention de M. Montgolfier, qui les fait élever à la hauteur de 185 pieds.

L'église paroissiale de Mouchy est remarquable par son antiquité. Il y avait, dans l'ancien régime, une collégiale, dont l'église a été démolie; les chanoines étaient à la nomination de la maison de Noailles. Les biens d'un hospice de charité fondé par la même maison, et desservi par des sœurs de la congrégation de Nevers, sont actuellement régis par une commission, et les revenus employés au soulagement des pauvres qui se trouvent dans les divers endroits dépendans de l'ancienne baronie.

Il se tient en ce lieu, le 28 octobre de chaque année, une foire assez forte, qui consiste en bestiaux, toiles, chanvre et autres marchandises. Autrefois il y avait un marché.

Les principales productions du terroir de cette commune sont en grains. On y trouve des carrières de pierre, de moellons. Le propriétaire du château y entretient un beau troupeau de mérinos de pure race.

Mouchy est à trois quarts de lieue à l'E. de Noailles; une lieue un quart à l'O. de Mouy, sur la route de communication de cette ville à Noailles, et 4 lieues au S. E. de Beauvais; sa distance de Paris est de 13 lieues au N., par la grande route de Beauvais. (Poste aux lettres de Noailles.)

MOULIN – DE – L'ÉPINE (LE), filature de coton. *Voyez* ITTEVILLE.

MOULIN-GALANT (LE), filature de laines. *V.* VILLABÉ.

MOULINET (LE), château. *Voyez* GARANCIÈRES.

MOULINÉUX, ancienne paroisse. *V.* CHALOU-LA-REINE.

MOUROUX, village, département de Seine-et-Marne, arrondissement et canton de Coulommiers, ci-devant province de l'Ile de France, dans la Brie, et diocèse de Meaux, forme, avec plusieurs hameaux, fermes et moulins, une commune d'environ 2,000 habitans.

Les principaux de ces hameaux sont : *les Parichets, Mitteuil, Voisins, Boussois et Montmartin.* Il existe dans un autre, nommé *Courbertin,* sur la rivière du *grand Morin,* une fabrique de chamoiserie. Le hameau de Voisins est sur la route de Paris à Coulommiers.

Le domaine de *la Couture,* situé sur la même route, se fait remarquer par la construction d'une maison à deux étages, qui représente un pavillon à l'italienne. M. Huvier de Fontenelles en est propriétaire, ainsi que de la ferme attenante.

Le terroir de cette commune est en terres labourables, en vignes et en prairies. Le village de Mouroux est à côté de la route de Coulommiers, sus-désignée, dans une vallée sur le grand Morin, où se trouvent les moulins qui en dépendent, à une lieue à l'O. de Coulommiers, et 14 à l'E. de Paris, par la même route que de Coulommiers à Paris. (Poste aux lettres de Coulommiers.)

MOURS, petit village, département de Seine-et-Oise, arrondissement de Pontoise, canton de l'Ile-Adam, ci-devant province de l'Ile de France, et diocèse de Beauvais. Sa population n'est que d'environ 60 habitans.

Il est près de Beaumont, sur un ruisseau qui fait tourner trois moulins, à une lieue un quart au N. E. de l'Ile-Adam, et distant de 7 et demie au N. de Paris, par la grande route de Beauvais. (Poste aux lettres de Beaumont.)

MOUSSEAUX, village, département de Seine-et-Oise, arrondissement de Mantes, canton de Bonnières, ci-devant province de l'Ile de France, et diocèse de Chartres. Sa population est d'environ 600 habitans. Son terroir est en labour, en vignes et en prairies, une partie est en bois.

Ce village est sur la rive gauche de *la Seine*, à une lieue un quart vers le N. E. de Bonnières, et une un quart au

S. E. de la Roche Guyon ; sa distance de Paris est de 15 lieues un quart entre le S. et le S. O., par la grande route de Caen. (Poste aux lettres de Bonnières.)

MOUSSEAUX. *Voy.* Monceaux.

MOUSSY-EN-VEXIN, petit village, département de Seine-et-Oise, arrondissement de Pontoise, canton de Marines, ci-devant province de l'Ile de France, dans le Vexin, et diocèse de Rouen. Sa population n'est que d'environ 90 habitans.

Son terroir est en labour, partie en prairies et en bois. Il y a deux moulins à eau. Ce village est dans une plaine à 1 lieue et demie à l'O. de Marines ; sa distance de Paris est de 11 lieues et demie au N. O., par la grande route de Rouen. (Poste aux lettres de Magny.)

MOUSSY-LE-NEUF, village, département de Seine-et-Marne, arrondissement de Meaux, canton de Dammartin, ci-devant province de l'Ile-de-France, et diocèse de Paris. Sa population est d'environ 800 habitans. Il s'y fait tous les ans, à commencer du 22 avril, un pélerinage qui dure neuf jours, connu sous le nom de *Sainte-Opportune*, qui était dans l'ancien régime un prieuré.

Son terroir est en terres labourables, prairies et bois. Ce village est à 1 lieue un quart à l'O. de Dammartin, et distant de 7 et demie au N. E. de Paris, par le Ménil-Amelot et la grande route de Soissons. (Poste aux lettres de Dammartin.)

MOUSSY-LE-VIEUX, village, département de Seine-et-Marne, arrondissement de Meaux, canton de Dammartin, ci-devant province de l'Ile de France, et diocèse de Meaux. Sa population est d'environ 370 habitans. Le château et le parc de 80 arpens ont appartenu à M. le duc de Brissac. M. Labbé, négociant, en est actuellement propriétaire.

Entre ce village et Villeneuve, se trouve une fontaine dite *des Galots*, où la petite rivière de *Beuvronne* a sa source. Son terroir est en labour, en prairies et bois. Moussy-le-Vieux est à 1 lieue à l'O. de Dammartin, et distant de 7 et demie au N. E. de Paris, par la route de Soissons. (Poste aux lettres de Dammartin.)

MOUY, petite ville, département de l'Oise, arrondissement de Clermont-Oise, chef-lieu de canton et siége d'une justice de paix, ci-devant province de l'Ile de France, et diocèse de Beauvais. Sa population est d'environ 1,900 habitans, y compris les hameaux de *Coincourt*, *Bruille*, *Janville* et la ferme *des Viviers* qui était autrefois un prieuré.

La terre de Mouy appartenait anciennement à la maison de Conti, et depuis, jusqu'à l'époque de la révolution, à Monsieur, aujourd'hui roi de France; elle avait le titre de comté. Il reste encore des vestiges d'un château fort.

Cette petite ville, située sur la rivière du *Thérain*, est importante à connaître par son commerce et ses fabriques en étoffes de laine.

La fabrique en étoffe à Mouy, dont on ne peut citer l'origine, ne consistait anciennement qu'en un seul genre, connu sous le nom de *Serge de Mouy*, étoffe commune et même grossière : il était dans les instituts *de Port-Royal*, à la réforme opérée par madame Arnaud, que l'habit des religieuses ne serait que de serge de Mouy.

Le premier essor de cette fabrique eut lieu environ douze ans avant la révolution, lorsque quelques fabricans se sont livrés à faire des pièces plus larges, sous les noms de *Ratine* et *Bayette*.

L'industrie croissant ensuite, les débouchés s'ouvrant, le gouvernement faisant choix des étoffes pour l'habillement des troupes, les différens genres se sont multipliés, perfectionnés, et cette fabrique qui, dans l'origine, n'avait presque pas de nom, est aujourd'hui parvenue, par l'effet de sa propre industrie, à un point tel, que les fabriques de *Beauvais* et de *tricot* à peu près du même genre, et autrefois plus considérables, ne peuvent plus soutenir la concurrence.

Les laines étaient filées à la main à Mouy et dans les villages voisins ; mais, en 1812, M. Leger le Roy, fabricant, a établi dans ses ateliers les belles mécaniques de cardes et de filatures de M. Douglas, lesquelles, placées aujourd'hui sur l'eau, donnent des filatures bien plus belles et à bien moins de frais.

L'exemple de M. Leger le Roy a été suivi par MM. Mansard, Honoré Horoy, Robillard et compagnie, Cauchois-Commieu, Hubert Horoy, et M. Elie, ancien fournisseur du Gouvernement, y établit aussi sur l'eau un grand assortiment de mécaniques de filature, ce dernier établissement se trouve au hameau de *Moineau*, et celui de MM. Robillard et compagnie, à celui *d'Egypte*, commune *d'Angy*.

Les fabriques de Mouy ont sur la rivière du Therain leurs moulins pour fouler les pièces qui en proviennent, les apprêts de ces mêmes pièces et les mises en couleurs sont faits jusqu'à présent en grande partie à Beauvais et à Amiens. Aujourd'hui tout porte à croire que dans peu de tems la ville de Mouy s'emparera de ce genre d'industrie et qu'elle aura ses apprêteurs et ses ateliers de teintures.

Outre les établissemens à mécaniques sus désignés, on en trouve encore beaucoup d'autres où se fabriquent non seulement le drap, mais aussi les étoffes connues sous les noms de *ratine*, *bayette*, *sommière*, *flanelle*, *vestipoline*, *moleton* et *espagnolette* de toutes largeurs.

La manufacture connue sous le nom de *Manufacture royale*, est la plus ancienne de ces établissemens, les pertes qu'elle a souffert pendant la révolution se trouvent réparées par le zèle et l'intelligence de M. Papavoine, qui en est actuellement propriétaire. Les draps qu'il fabrique n'ont d'autre destination que pour l'habillement des troupes.

Parmi les principaux fabricans, sont : MM. Parmentier-Balin, Parmentier-Picard, Leger, Cayeux, et quelques autres.

Une partie des étoffes de Mouy est employée pour l'habillement des troupes, et une partie se répand dans le commerce, les fournisseurs et les négocians vont acheter en fabrique et font apprêter ensuite à leur compte.

Il se tient à Mouy une foire par an, le premier jeudi après le 2 octobre. Le marché, qui est le samedi de chaque semaine, est assez fort.

Le terroir de cette commune

est en prairies, terres labourables et bois. Outre les moulins à foulons sur le Therain, il y en a deux pour le grain.

Mouy est à 2 lieues au S. O. de Clermont, et 5 au S. E. de Beauvais; sa distance de Paris est de 13 lieues au N., par différens chemins aboutissans à la grande route de Beauvais. On peut aller aussi de Mouy à Paris par Précy-sur-Oise, Viarmes et la chaussée qui joint près Moisselles la même route de Beauvais. (Poste aux lettres de Clermont-Oise.)

MOYENCOURT, château. *Voyez* ORGERUS.

MOYEUX (LES), maison de campagne. *Voy*. LA CHAPELLE-RABLAIS.

MOYVILLERS, village, département de l'Oise, arrondissement de Compiègne, canton d'Estrées-Saint-Denis, ci-devant province de l'Ile de France, et diocèse de Beauvais. Sa population est de 5 à 600 habitans. Les maisons isolées *du Bois de Lihus*, où se trouvent un ancien fief et la poste aux chevaux, sur la route de Paris en Flandre, sont dans ses dépendances ainsi que la ferme de *Tranoy*.

Les principales productions du terroir de cette commune sont en grains, une petite partie est en prairies et en bois. Le village de Moyvillers est à une demi-lieue au S. d'Estrées-

Saint-Denis, et 3 lieues à l'O. de Compiègne; sa distance de Paris est de 15 lieues et demie vers le N. par la route de Flandre. On compte au bois de Lihus 17 lieues de poste. (Poste aux lettres de Compiègne.)

MUETTE (LA), ancien château royal. *V*. PASSY.

MUETTE (LA), château dans la forêt de Saint-Germain. *V*. SAINT-GERMAIN-EN-LAYE.

MULCENT, village, département de Seine-et-Oise, arrondissement de Mantes, canton de Houdan, ci-devant province de l'Ile de France, et diocèse de Chartres. Sa population est d'environ 100 habitans. Son terroir est en labour, partie en bois.

Ce village est à trois quarts de lieue au S. E. de Dammartin, et 2 lieues et demie vers le N. de Houdan; sa distance de Paris est de 12 lieues et demie par Septeuil et une chaussée joignant la grande route de Brest. (Poste aux lettres de Mantes.)

MUREAUX (LES), village, département de Seine-et-Oise, arrondissement de Versailles, canton de Meulan, ci-devant province de l'Ile de France, et diocèse de Chartres. Sa population est d'environ 800 habitans.

Le château de Becheville,

dont M. le comte Daru est propriétaire, à 1 lieue au S. de Meulan, se trouve dans les dépendances de cette commune ; sa position sur une éminence, est remarquable par les beaux bois qui l'environnent, et y forment des promenades très-agréables, à proximité de la route de Saint-Germain-en-Laye à Mantes. Un ruisseau traverse cette propriété et y fait tourner un moulin.

La culture principale du terroir des Mureaux est en vignes; ce village n'est séparé de Meulan que par la *Seine*. On se rend à Paris par la même route que de Meulan à Paris. (Poste aux lettres de Meulan.)

MUSC (LE PETIT), château. *Voyez* CHAMBLY.

N.

NAGIS, château. *Voyez* ESSONNES.

NAINVILLE, village, département de Seine-et-Oise, arrondissement et canton de Corbeil, ci-devant province de l'Ile de France, et diocèse de Sens. Sa population est d'environ 150 habitans. Ie château, avec un beau et grand parc, appartient à l'ex-ministre duc de Rovigo.

On remarque, dans le jardin potager, une superbe machine hydraulique, par le moyen de laquelle un grand bassin est toujours rempli d'eau, qui se communique jusque dans l'intérieur de la principale habitation. Le parc est entouré de fossés de murs en terrasses.

Le terroir de cette commune est en labour, une grande partie est en bois. Le village de Nainville est à 3 lieues au S. de Corbeil, et distant de 10 au S. de Paris par une chaussée joignant la grande route de Fontainebleau. (Poste aux lettres de Ponthierry.)

NANDY, village, département de Seine-et-Marne, arrondissement et canton de Melun (Nord), ci-devant province de l'Ile de France, dans la Brie, et diocèse de Sens. Sa population est d'environ 340 habitans.

Ce village est joignant la forêt de *Rougeaux*. En 1668, M. le maréchal de l'Hôpital, duc de Vitry, fit construire le château, dont les bâtimens sont très-vastes, et ses alentours plantés de belles avenues de châtaigniers. M. de Perthuis, maire du lieu, en est actuellement propriétaire.

Plus loin, à l'entrée de cette forêt de Rougeaux, il existe un superbe pavillon, dit le *Pavillon-Bourette*, qui est le nom d'un riche financier qui l'a fait bâtir. Sa position charmante sur une hauteur, sa construction, ses points de vue sur une plaine immense, les contours de la *Seine*, dont l'un forme un demi-cercle au bas de la montagne, ayant fait naître le désir à Louis XV de visiter ce séjour délicieux, ce monarque ne se contenta pas d'y venir une seule fois, il lui donna le nom de *Pavillon du Roi*.

Le terroir de cette commune est en terres labourables et bois. M. de Perthuis y entretient un beau troupeau de mérinos, de pure race. Nandy est à 2 lieues au N. O. de Melun, et 8 un quart au S. E. de Paris par la grande route de Lyon. (Poste aux lettres de Lieusaint.)

NANGEVILLE, village, département du Loiret, arrondissement de Pithiviers, canton de Malesherbes, ci-devant généralité d'Orléans, dans le Gatinais, et diocèse de Sens. Sa population est d'environ 170 habitans. Toutes les productions de son terroir sont en grains.

Ce village est à 1 lieue et demie vers l'O. de Malesherbes, et 4 et demie vers le N. de Pithiviers; sa distance de Paris est de 16 lieues au S. par Etampes et la grande route d'Orléans. (Poste aux lettres de Malesherbes.)

NANGIS, petite ville, département de Seine-et-Marne, chef-lieu de canton, siége d'une justice de paix et la résidence d'une brigade de gendarmerie, ci-devant province de l'Ile de France, dans la Brie, et diocèse de Sens. Sa population est d'environ 1,800 habitans, avec plusieurs fermes et maisons isolées, sous diverses dénominations, dans ses dépendances.

Cette ville est située dans une plaine fertile en grains, à côté de la grande route de Paris à Troyes. Elle avait, avant la révolution, le titre de marquisat, le château, dont M. Bourlet est actuellement propriétaire, a été en partie démoli, le parc y est bien entretenu et contient environ 60 arpens.

Il se fait à Nangis un commerce considérable en bestiaux de toute espèce; les veaux, le beurre, les œufs, fromages, volailles, fruits et légumes qui s'y vendent ont en grande partie leur destination pour l'approvisionnement de Paris, le marché qui se tient le mercredi de chaque semaine, est très-important en ces sortes de denrées, particulièrement depuis la Toussaint jusqu'à la Pentecôte.

Il s'y tient aussi deux foires par année; la première le mercredi des cendres, et la seconde le 4 juillet. Il y a une étape au vin. On y fait le commerce de laines, et on y trouve plusieurs tanneries et mégisseries.

Parmi les maisons isolées qui dépendent de Nangis, on distingue le domaine de *Pars*, et celui de *Bourguignon*; ce dernier, qui est plus rapproché de la ville, fait partie de la commune de *Fontains*. Il consiste en une maison d'habitation, ci-devant fief, entourée de fossés, avec une ferme attenante et un parc. Madame Prestre en est propriétaire.

La ville de Nangis est à 6 lieues à l'E. de Melun, et 5 à l'O. de Provins; sa distance de Paris est de 15 lieues au S. E., par la grande route de Troyes. On compte 16 lieues de Poste. (Bureau de poste aux lettres, relais de poste aux chevaux et voitures publiques tous les jours pour Paris.)

NANTEAU-sur-Essonnes, village, département de Seine-et-Marne, arrondissement de Fontainebleau, canton de la Chapelle-la-Reine, ci-devant province de l'Ile de France, dans le Gatinais, et diocèse de Sens. Sa population est d'environ 280 habitans, avec le hameau du *Bois-Minard*.

Les productions du terroir sont en grains et chanvre. Ce village est sur la petite rivière *d'Essonnes*, environnée de rochers, à trois quarts de lieue au N. de Malesherbes, et 3 lieues à l'O. de la Chapelle; sa distance de Paris est de 20 lieues au S., par la Chapelle, Fontainebleau et la grande route de Lyon. Il y a 4 lieues de moins en prenant les chemins de traverse par Milly. (Poste aux lettres de Malesherbes.)

NANTERRE, bourg, département de la Seine, arrondissement de Saint-Denis, chef-lieu de canton, siège d'une justice de paix, et résidence d'une brigade de gendarmerie, ci-devant province de l'Ile de France, et diocèse de Paris. Sa population est d'environ 2,000 habitans, y compris le hameau du *Mont-Valérien* ou *le Calvaire*, et une maison isolée, dite *la Folie*, où est une fabrique de soude factice.

Ce bourg est contigu à la grande route de Paris à Saint-Germain-en-Laye. Les chanoines réguliers de Sainte-Geneviève, y avaient établi, en 1652, un collége sous les auspices de la reine Anne d'Autriche. Il a été détruit en 1793.

Il se fait à Nanterre un commerce assez considérable de porcs et de charcuterie; les gâteaux y sont très-renommés.

Le hameau du Mont-Valérien, ou le Calvaire, est situé sur une montagne qui porte le même nom, et qui est l'une des plus hautes de celles qui environnent Paris. Il y existait, avant la révolution, une communauté d'hommes, connus sous le nom d'*Ermites*, et une Congrégation de prêtres, instituée pour rétablir le culte de la Croix, que les Calvinistes avaient tâché d'abolir. Plusieurs chapelles étaient construites sur des terrasses où l'on allait en dévotion pendant le carême, et particulièrement la Semaine-Sainte. On y faisait des pélerinages nocturnes pendant la nuit du jeudi au vendredi saint. Des pélerins, chargés de croix très pesantes, se traînaient avec peine jusqu'au sommet de la montagne; mais comme les motifs de semblables stations n'étaient pas si pieux qu'ils le paraissaient, ces pélerinages furent réformés longtems avant la suppression des Ermites et de la Congrégation.

Nanterre est le lieu de naissance de Sainte-Geneviève, patrone de Paris. Les productions de son terroir sont peu abondantes en grains, une partie est en vignes, et on y trouve plusieurs carrières de pierre à plâtre et moellons.

Ce bourg est à 3 lieues au S. de Saint-Denis, et 2 un quart à l'O. de Paris, par la route de Saint-Germain, désignée ci-dessus. On compte 3 lieues de poste. (Bureau de poste aux lettres et relais de poste aux chevaux.)

NANTEUIL - LE - HAUDOUIN, bourg sur la grande route de Paris à Soissons, département de l'Oise, arrondissement de Senlis, chef-lieu de canton, siége d'une justice de paix, et la résidence d'une brigade de gendarmerie, cidevant province de l'Ile de France, dans le Valois, et diocèse de Senlis. Sa population est d'environ 1,500 habitans.

La terre de Nanteuil, avait, avant la révolution, le titre de comté. Le château, qui faisait partie des domaines de M. le prince de Condé, a été démoli en grande partie, celle restante, avec le parc de 60 arpens, appartient aujourd'hui à M. Robinet, juge d'instruction au tribunal de Senlis.

Ce bourg renfermait un pricuré conventuel de l'ordre de Cluny. L'église ayant été abattue, les bâtimens qui composaient le monastère subsistent, M. Blondel, juge de paix de canton, en est propriétaire. Les revenus de l'Hôtel-Dieu, qui était dirigé par trois sœurs de la Charité, sont administrés par une commission.

Il se tient à Nanteuil un marché le vendredi de chaque semaine; l'une des halles est pour les grains, et l'autre pour toute espèce de marchandises.

Le terroir de cette commune est presque tout en terres labourables. M. Pottier y possède deux pépinières, la petite rivière de *Nonette* fait tourner deux moulins près de sa source. On y trouve aussi une tuilerie.

Ce bourg est à 4 lieues et demie au S. E. de Senlis, et 11 au N. E. de Paris, par la route de Soissons, désignée ci-dessus. On compte 12 lieues de poste. (Bureau de poste aux lettres, relais de poste aux chevaux, et voitures publiques tous les jours pour Paris.)

NANTEUIL-LES-MEAUX,

grand village, département de Seine-et-Marne, arrondissement et canton de Meaux, ci-devant province de l'Ile de France, dans la Brie, et diocèse de Meaux. Sa population est d'environ 1,300 habitans.

Ce village, qui renferme plusieurs maisons de campagne, est peu éloigné de la rive gauche de *la Marne*. Son terroir est en terres labourables et vignes. Il est à trois quarts de lieue au S. de Meaux, et 10 lieues trois quarts à l'E. de Paris, par Meaux et la grande route d'Allemagne. (Poste aux lettres de Meaux.)

NANTEUIL-sur-Marne, village, département de Seine-et-Marne, arrondissement de Meaux, canton de la Ferté-sous-Jouarre, ci-devant province de l'Ile de France, dans la Brie, et diocèse de Meaux. Sa population est d'environ 400 habitans.

Il est situé au bas d'une côte, sur la rive droite de *la Marne*, que l'on passe sur un bac et qui fait tourner un moulin. La majeure partie de son terroir est en vignes, sur une côte extrêmement rapide.

Ce village est à 2 lieues au N. E. de la Ferté, et distant de 16 et demie à l'E. de Paris, par Luzancy et la chaussée joignant à la Ferté, la grande route d'Allemagne. (Poste aux lettres de la Ferté-sous-Jouarre.)

NANTILLY, ancienne paroisse. *Voyez* la Chaussée d'Ivry.

NANTOUILLET, village, département de Seine et-Marne, arrondissement de Meaux, canton de Claye, ci-devant province de l'Ile de France, dans la Brie, et diocèse de Meaux. Sa population est d'environ 320 habitans.

La terre de Nantouillet est un ancien marquisat. On y voit un ancien château fort qui, anciennement, fut habité par le fameux cardinal Antoine Duprat, légat et chancelier de France : il y mourut en 1535, à l'âge de soixante-douze ans.

Les principales productions du terroir de cette commune sont en grains. Un ruisseau y fait tourner deux moulins. Le village de Nantouillet est à une lieue et demie au N. de Claye, et distant de 7 et demie au N. E. de Paris, par une chaussée joignant, au Ménil-Amelot, la grande route de Soissons. (Poste aux lettres de Claye.)

NANTOUILLET, maison de campagne. *V.* Presles.

NEAUFLE-LE-CHATEAU, bourg, département de Seine-et-Oise, arrondissement de Rambouillet, canton de Montfort-l'Amaury, ci-devant province de l'Ile de France, et diocèse de Chartres. Sa population est de 8 à 900 habitans, y compris plusieurs maisons isolées, sous diverses dénominations.

Il s'y tient deux foires par année : la première, le 2 novembre, et la seconde, le 30 du même mois. Le marché est le lundi de chaque semaine. Les principales productions de son terroir sont en grains, une partie est en vignes.

Ce bourg est sur une éminence, dans une agréable situation, d'où la vue s'étend fort loin. Il est entouré en partie de bois, près la grande route de Paris à Brest, à 2 lieues au N. E. de Monfort ; sa distance de Paris est de 8 lieues à l'O., par cette route. (Bureau de poste aux lettres.)

NEAUFLE - LE - VIÉUX, village, département de Seine-et - Oise, arrondissement de Rambouillet, canton de Montfort-l'Amaury, ci-devant province de l'Ile de France, et diocèse de Chartres. Sa population est d'environ 450 habitans, en y comprenant le hameau de *Cressé* et l'ancienne paroisse de *Saint-Aubin*, qui ne consiste qu'en deux fermes et un moulin sur la grande route de Paris à Brest.

Neaufle-le-Vieux est remarquable par un château, dont madame la comtesse de Mortemart est propriétaire, et par une maison de campagne formée d'une partie des bâtimens

qui composaient une abbaye d'hommes de l'ordre de Saint-Benoît. L'église de ce monastère, avant sa suppression, était et est encore la paroisse.

Le terroir est en terres labourables, une petite partie est en vignes. Ce village est à une demi-lieue à l'O. de Neaufle-le-Château, et une lieue et demie au N. de Montfort ; sa distance de Paris est de 8 lieues et demie à l'O., par une chaussée joignant la grande route de Brest. (Poste aux lettres de Neaufle-le-Château.)

NESÉE. *Voyez* Nezel.

NEAUFLETTE, village, département de Seine-et-Oise, arrondissement de Mantes, canton de Bonnières, ci-devant province de l'Ile de France, et diocèse de Chartres. Sa population est d'environ 340 habitans, en y comprenant les hameaux de *la Couarde*, *des Loges-de-Launay*, *Saint-Nicolas*, le château de *Beaulieu*, et autres habitations écartées.

Le terroir de cette commune est en labour, une petite partie en bois et prairies. Un ruisseau y fait tourner un moulin à farines. Le village de Neauflette est à 3 lieues un quart vers le S. de Bonnières, 4 vers le S. O. de Mantes ; sa distance de Paris est de 16 lieues vers l'O., par Mantes et la grande route de Caen. (Poste aux lettres de Mantes.)

NEFFLIERS (LES), maison de campagne. *V.* SAINT-NOM-DE-LEVY.

NEMOURS, petite ville, département de Seine-et-Marne, arrondissement de Fontainebleau, chef-lieu de canton, siége d'une justice de paix et la résidence d'une brigade de gendarmerie, ci-devant province de l'Ile de France, dans le Gatinais, et diocèse de Sens. Sa population est d'environ 3,700 habitans. Les annexes de *Saint-Pierre* et d'*Ormesson*, en faisaient partie avant la révolution, ainsi que l'ancienne abbaye de religieuses de l'ordre de Cîteaux, dite *Notre-Dame de la Joye*, dont il va être fait mention.

Cette ville, ancien duché-pairie, est environnée de montagnes couvertes de rochers, et entourée par le canal *de Loing* et la rivière de même nom, sur laquelle est un beau pont, construit d'après les dessins du célèbre Peronnet; elle est aussi traversée par l'une des grandes routes de Paris à Lyon. On y voit un ancien château flanqué de quatre tours, autrefois habité par les ducs de Nemours.

Anciennement il existait, en cette ville, un prieuré de Chanoines réguliers, qui est actuellement la paroisse; une autre paroisse, dans l'un des faubourgs, a été supprimée, ainsi qu'un couvent de Récol-

lets et un autre de religieuses de la Congrégation; l'Hôtel-Dieu, desservi par des Sœurs de la Charité, subsiste encore.

Nemours était le siége d'un baillage royal, dont la juridiction était très-étendue, et qui comprenait les prévôtés royales de *Château-Landon*, *Pont-sur-Yonne* et *Cheroy*, d'une élection, d'une maîtrise particulière des eaux-et-forêts, d'un grenier à sel et d'une subdélégation de l'intendance de Paris.

Cette ville renferme plusieurs tanneries et chapelleries, et on y trouve de belles pépinières; le commerce de grains et farines y est assez avantageux.

Il s'y tient cinq foires par année: la première, le 20 janvier; la seconde, le 1er mai; la troisième, les 24 et 25 juin; la quatrième, le dernier samedi de septembre; et la cinquième, le dernier samedi de novembre. Les marchés sont les mercredi et samedi de chaque semaine, ce dernier est plus fort que le premier.

On remarque, aux alentours de Nemours, des fours à chaux d'une construction nouvelle et qui peuvent être chauffés par la tourbe; on n'y employe que de la pierre provenant des carrières de Château-Landon, reconnue pour être supérieure à toute autre, à cause qu'elle a la dureté du marbre.

La maison de campagne de *la Joye*, où était autrefois

l'abbaye dite alors Notre-Dame de la Joye, est près les ramparts de cette ville. Le jardin renferme l'une des plus belles sources que l'on connaisse, et dont l'eau est d'une limpidité admirable, car, outré que cette eau ne gèle jamais, c'est qu'au contraire dans les plus grands froids de l'hiver elle y est tiède, et dans l'été de la plus grande fraîcheur.

La ville de Nemours est à 4 lieues au S. de Fontainebleau, 8 au S. de Melun et 18 entre le S. et le S. E. de Paris par la grande route de Lyon désignée ci-dessus. On compte 18 lieues et demie de poste. (Bureau de poste aux lettres, relais de poste aux chevaux et voitures publiques tous les jours pour Paris.)

NÉRY, village, département de l'Oise, arrondissement de Senlis, canton de Crêpy, ci-devant province de l'Ile de France, dans le Valois, et diocèse de Senlis. Sa population est d'environ 500 habitans, avec le hameau de *Huleux*, où il y a un château, celui de *Vaucelle*, et la ferme de *Feu*.

Les principales productions de son terroir sont en grains; un ruisseau fait tourner deux moulins. Ce village est à 2 lieues au N. O. de Crêpy, et 1 lieue un quart au S. E. de Verberie; sa distance de Paris est de 14 lieues vers le N. E. par la chaussée Brunehault, qui joint à Senlis, la route de Flandre. (Poste aux lettres de Verberie.)

NERVILLE, hameau et maison de campagne. *Voyez* PRESLES.

NESLE, village, département de Seine-et-Oise, arrondissement de Pontoise, canton de l'Ile-Adam, ci-devant province de l'Ile de France, et diocèse de Beauvais, forme une commune d'environ 800 habitans, en y comprenant le hameau de *Verville*, celui *des Groux*, et la ferme de *Lannay*.

La terre de Nesle est un ancien marquisat, le beau château, qui existait à l'époque de la révolution, a été démoli.

Le fameux *Santeuil*, auteur connu par la composition de ses hymnes, a fait construire, à la ferme de Launay, la tour carrée à trois étages que l'on y voit. Ces étages ne forment chacun qu'une chambre, que cet auteur habitait l'une après l'autre, s'imaginant que ses idées devenaient heureuses selon qu'il se trouvait plus ou moins élevé, suivant le tems et les circonstances.

Le terroir de cette commune est en terres labourables et prairies. Le village de Nesle est dans une vallée, sur la petite rivière du *Sausseron*, qui fait tourner trois moulins, à 1 lieue au N. O. de l'Ile-Adam, et distant de 8 et de-

mie au N. de Paris, par l'Ile-
Adam et une route joignant
celle de Beauvais. (Poste aux
lettres de Pontoise.)

NESLE - LA - GILBERDE ,
village, département de Seine-
et-Marne, arrondissement de
Coulommiers ; canton de Rozay , ci - devant province de
l'Ile de France, dans la Brie ,
et diocèse de Meaux. Sa population est d'environ 350 habitans , avec le hameau *du Mée*,
le château de *la Fortelle*, et
plusieurs fermes à l'écart.

Ce village renferme un château , ci-devant fief dit de *St.*
Hubert , d'une construction
moderne avec un parc dessiné
à l'anglaise. On y voit de beaux
arbres verds , platane et des
eaux vives ; il est traversé par
la petite rivière d'*Yerres*. Cette
propriété appartient à madame
veuve Pascaud.

L'ancien château de la Fortelle , bâti en briques en 1635,
était l'un des plus beaux de
la Brie, et d'une construction remarquable , avec deux
grands pavillons; mais ayant
été démoli de moitié , pendant la révolution , une partie de l'autre moitié s'étant
écroulée sur elle-même, par
les dégradations qu'ont occa-
sionnés les eaux des grands
canaux qui l'entouraient, M. de
Neverlé , propriétaire actuel
de ce domaine, fut obligé de
faire démolir la partie restante et bâtir un autre château
dans une autre position , le-

quel, sans être aussi vaste que
le premier , présente une habitation agréable et commode ,
en face d'un parc de 200 arpens enclos de murs.

Ce parc, distribué en grande
partie à l'anglaise , renferme
un minerais bâti avec élégance , et des canaux larges
de 80 pieds , qui sont d'une
grande longueur; on y voit
aussi différentes pièces d'eau ,
avec des ponts , des chau-
mières , ainsi que des bois
d'une belle végétation.

Les bâtimens d'une ferme qui
fait partie de ce domaine, sont
contigus au château , un troupeau de mérinos de pure race,
y est entretenu. La terre de la
Fortelle était ci-devant seigneuriale, avec haute, moyenne
et basse justice.

Le terroir de cette commune
est en terres labourables, prairies et bois; on y trouve une
tuilerie. La rivière d'Yerres
y fait tourner deux moulins à
farines.

Le village de Nesle est à une
demi-lieue vers le N. de Rozay , et 11 et demie vers le
S. E. de Paris par Rozay et
la route qui passe à Tournan.
(Poste aux lettres de Rozay.)

NEUCOURT. *V.* NUCOURT.

NEUFCHELLES , village ,
département de l'Oise, arrondissement de Senlis, canton
de Betz, ci-devant province
de l'Ile de France, et diocèse
de Meaux. Sa population est

d'environ 200 habitans, avec le hameau de *Beauval*.

Les principales productions de son terroir sont en grains et chanvre. Le ruisseau de *Cléricot* fait tourner un moulin à deux roues. Ce village est sur la route de Meaux à la Ferté-Milon, à trois quarts de lieue au N. de Crouy-sur-Ourcq, 2 et demie au S. E. de Betz, et 15 et demie vers le N. E. de Paris par cette route, joignant à Meaux la grande route d'Allemagne. (Poste aux lettres de May-en-Mulcien.)

NEUFMONTIER, village, département de Seine-et-Marne, arrondissement et canton de Meaux, ci-devant province de l'Ile de France, dans la Brie, et diocèse de Meaux. Sa population est d'environ 600 habitans. La ferme dite *des Touches* en fait partie.

Madame la baronne de Baulny est propriétaire du château de *Beauliard*, et M. Gibert d'une maison de campagne.

Tout le terroir de cette commune est en terres labourables. Un ruisseau y fait tourner un moulin. Neufmontier est à trois quarts de lieue au N. O. de Meaux, et distant de 9 lieues et demie à l'E. de Paris par la grande route d'Allemagne. (Poste aux lettres de Meaux.)

NEUFMOUTIER, village, département de Seine-et-Marne, arrondissement de Coulommiers, canton de Rozay,

ci-devant province de l'Ile de France, dans la Brie, et diocèse de Paris. Sa population est d'environ 400 habitans, y compris plusieurs hameaux et fermes, sous diverses dénominations.

On y remarque un château, ci-devant seigneurial, nommé *le Chemin*, dont la construction est simple mais jolie. Le parc, clos de murs, est contigu à des bois considérables et bien percés, qui dépendent de ce domaine. M. le Comte Joseph de Clermont - Mont-Saint-Jean en est propriétaire.

Une maison de campagne, dite *la Petite-Fortelle*, fait également partie de cette commune. Les productions de son terroir sont en grains et bois. Le village de Neufmoutier est près la forêt de Crécy, à 3 lieues au N. O. de Rozay, et distant de 9 à l'E. de Paris, par la route de Rozay. (Poste aux lettres de Tournan.)

NEUILLY-EN-THEL, village, département de l'Oise, arrondissement de Senlis, chef-lieu de canton, et siége d'une justice de paix, ci-devant province de l'Ile de France, et diocèse de Beauvais. Sa population est d'environ 1,000 habitans, y compris le hameau *du Bellay*, celui *du Bois-des-Coches*, et quelqu'autres maisons isolées.

M. Desmeloizes, maire du lieu, est propriétaire du château et du parc de *Fresnoy*.

Il s'y tient un marché le lundi de chaque semaine, et deux foires par année : la première, le lundi après la St.-Georges, et la seconde, le lundi après le 9 octobre.

Les grains sont la principale production du terroir, dont une partie est en bois. Neuilly-en-Thel est dans une plaine, à 2 lieues au N. de Beaumont-sur-Oise, et distant de 9 et demie au N. de Paris, par Beaumont et la grande route de Beauvais. (Poste aux lettres de Beaumont-sur-Oise.)

NEUILLY-EN-VEXIN , village, département de Seine-et-Oise, arrondissement de Pontoise, canton de Marines, ci-devant province de l'Ile de France, dans le Vexin, et diocèse de Rouen. Sa population est d'environ 200 habitans. On y remarque un beau château situé à mi-côte, d'une construction moderne, avec un parc, que M. Legrand-de-Vaux, propriétaire, a rendu très-agréable par différens travaux qu'il a fait faire.

Les grains sont la principale production du terroir. Ce village est à trois quarts de lieue au N. de Marines, et 10 lieues trois quarts au N. O. de Paris, par Marines et la route de Gisors, qui passe à Pontoise. (Poste aux lettres de Pontoise.)

NEUILLY-SOUS-CLER-MONT, village, département de l'Oise, arrondissement de Clermont-Oise, canton de Mouy, ci-devant province de l'Ile de France, et diocèse de Beauvais. Sa population est d'environ 380 habitans. On y distingue une maison nommée *Coutance*, et un ancien prieuré.

Les principales productions du terroir de cette commune sont en grains et haricots. On y cultive beaucoup de chardons pour l'apprêt des manufactures de draperies et autres. Il y a une tuilerie sur la grande route de Paris à Amiens.

Le village de Neuilly est au pied d'une montagne, à une lieue au S. de Clermont, et une trois quarts au N. E. de Mouy ; sa distance de Paris est de 13 lieues au N., par cette route d'Amiens. (Poste aux lettres de Clermont-Oise.)

NEUILLY-sur-Marne, village, département de Seine-et-Oise, arrondissement de Pontoise, canton de Gonesse, ci-devant province de l'Ile de France, et diocèse de Paris. Sa population est d'environ 650 habitans.

Il est traversé par la route de Coulommiers à Paris, dans une situation charmante, sur la rive droite de *la Marne*. On y voit beaucoup de maisons de campagne, parmi lesquelles on en rencontre de très-agréables. Le château d'*Avron*, qui a été démoli en grande partie, est dans ses dépendances, ainsi que celui de *Ville-Evrard*, ci-devant fief.

Le terroir de cette commune est divisé en terres labourables, vignes, bois et prairies. On y trouve des carrières de pierre à plâtre.

Le village de Neuilly est à 3 lieues et demie au S. de Gonesse, et distant de 3 un quart à l'E. de Paris, par la route de Coulommiers, désignée ci-dessus. (Poste aux lettres de Vincennes.)

NEUILLY-sur-Seine, village, département de la Seine, arrondissement de Saint-Denis, chef-lieu de canton, siége d'une justice de paix, et la résidence d'une brigade de gendarmerie, ci-devant province de l'île de France, et diocèse de Paris. Sa population est d'environ 2,400 habitans, avec l'ancienne paroisse de *Villiers-la-Garenne*, le hameau des *Ternes* et plusieurs maisons écartées, dont les plus remarquables sont désignées ci-après.

Ce village, qui n'était pas une paroisse avant la révolution, en forme une aujourd'hui. C'était une dépendance de celle de Villiers, qui a été supprimée pour l'y réunir.

Neuilly est dans une très-belle situation, sur la rive droite de la *Seine*, et traversé par la grande route de Paris à St. Germain-en-Laye. Le pont, bâti sur cette rivière par le célèbre architecte Peronnet,

est l'un des plus beaux qu'il y ait en France, et que l'on peut regarder comme un chef-d'œuvre par l'élégance, la hardiesse et la solidité de sa construction.

Parmi les maisons de campagne que renferme ce village, on distingue particulièrement celle dite *le Pavillon de Sainte-Foi*, et celle nommée *le château de Villiers*, dont M. le duc d'Orléans est actuellement propriétaire, avec deux parcs qui se joignent et contiennent ensemble environ 100 arpens. Les dévastations qui ont eu lieu en 1815, lors du séjour des armées des puissances alliées dans les environs de Paris, font qu'il n'y a plus rien de remarquable. Ces deux parcs sont bordés par la Seine, où se trouve une ile dépendante de cette propriété.

La maison de Sainte-James, appartenant à M. Cheff, est d'une jolie construction. Les jardins, dessinés dans le genre anglais, ont également souffert des dévastations de 1815. On a détruit en grande partie ce qui rendait cette habitation l'une des plus remarquables que l'on connaisse par les beautés et les raretés qu'elle renfermait en tout genre.

Bagatelle, un peu plus loin, est un pavillon que S. A. R. Monsieur, frère du roi, alors comte d'Artois, a fait bâtir; sa situation et ses jardins, près le bois de Boulogne, sont admirables. S. A. R. monseigneur le duc de Berry en est actuellement propriétaire.

Madrid, à peu de distance de Bagatelle, était un château que François Ier a fait bâtir à l'extrémité de ce bois de Boulogne, vers la Seine. Ayant été détruit entièrement à l'époque de la révolution, il ne reste, dans son emplacement, qu'une maison de campagne, nommée *Madrid-Maurepas*, appartenant à M. Doumerc.

Le hameau des Ternes, près la barrière du roule, n'est composé que de jolies maisons de campagne et de plusieurs guinguettes. Parmi ces maisons, on remarque celle nommée vulgairement *le Château*, dont M. le comte Bergon, directeur général des eaux et forêt, est propriétaire en partie, l'autre partie est à M. le lieutenant-général, comte Dupont, son gendre. Une belle arcade sépare ces deux parties.

A côté de ce château est la maison de M. Demours, médecin-occuliste du roi, dans les dépendances de laquelle on voit de belles plantations, et sur-tout des espaliers aussi beaux que ceux de Montreuil. A l'extrémité du jardin est une belle pièce d'eau alimentée par des sources.

M. Lombard, membre de la société royale d'agriculture, possède aussi une maison remarquable par la quantité de ruches qu'il y a établies, et qui s'est fait une grande réputation dans l'éducation des abeil-

les et dans les ouvrages qu'il a publiés.

Un peu plus loin est celle de madame de Walpole, dont les jardins sont très-beaux, et auprès se trouve l'établissement connu sous le nom de *Panstéréorama*, où l'on voit en relief les plus grandes villes de l'Europe, telles que Paris, Lyon, Londres, Vénise, Rome, Vienne, Constantinople et Saint-Pétersbourg. Le propriétaire, M. de Verzy, homme fort distingué dans les arts, a employé une grande partie de sa fortune et de son tems à la formation de ce cabinet, objet de la recherche et de la curiosité des étrangers et de tous ceux qui aiment les arts. Cet établissement, dans son genre, est le seul qui existe en Europe, et comme il est assez près du bois de Boulogne, c'est un but de promenade utile et agréable.

Un établissement d'un autre genre, et l'un des plus extraordinaires qui ait été créés en France, c'est celui connu sous le nom de *Montagnes Russes*, dont l'ouverture a eu lieu le 11 août 1816. M. Julien, à qui il appartient, n'a rien négligé pour donner au jardin tout l'agrément que le public peut désirer.

Outre le château de Villiers, dont il est fait mention ci-dessus, il en existe un autre dans ce village, faisant partie des propriétés de M. le maréchal Gouvion-Saint-Cyr, ministre d'état, pair de France, et une maison de campagne dont les jardins aboutissent à la Seine, appartenant actuellement à M. Barillon.

Neuilly est à une lieue trois quarts au S. O. de Saint-Denis, et distant de trois quarts de lieues des barrières de Paris, par une route plantée de quatre rangées d'arbres. (Bureau de poste aux lettres.)

NEUVILLE, village et château. *Voyez* ERAGNY.

NEUVILLE, très-ancien et vaste château, faisant partie de la commune de Gambais, canton de Houdan, arrondissement de Mantes, département de Seine-et-Oise ; il est entouré de larges fossés autrefois remplis d'eau vive, au centre d'un très-beau parc de 300 arpens, clos de murs, plantés en bois régulièrement percés, et renfermant de très-belles fontaines, pièces d'eau et étangs.

Ce château qui existait en l'an 1000, et connu sous le nom de *Maison forte de Neuville*, a beaucoup souffert des troubles civils et des guerres de religion, notamment en 1590, époque à laquelle il fut pris et brûlé avec une partie des habitans de Gambais qui s'y étaient réfugiés avec leurs effets.

M. Joachim de Bellengreville, grand prévôt de France et gouverneur de la ville et du fort de Meulan, à qui il appartenait alors, sut tellement allier le courage à la prudence, qu'après deux mois de siége, il força l'armée de la ligue d'abandonner ses projets sur cette place, laquelle, par ce moyen, fut conservée à Henri IV.

A la suite de la réunion de l'ancienne châtellenie de Gambais à cette terre de Neuville, le tout fut érigé en marquisat, sous le titre de *Marquisat de Neuville*, titre qu'ont toujours porté les propriétaires depuis cette époque.

Lors de la révolution, ce domaine appartenait à M. de Laverdy, ancien contrôleur-général des finances, qui devint victime des fureurs révolutionnaires. Il appartient aujourd'hui à M. le comte de Labriffe, madame la marquise de Parris et madame la baronne de Narcillac, ses petits-enfans.

Le château de Neuville est à 1 lieue un quart vers l'E. de Houdan, et distant de 12 lieues à l'O. de Paris. (Poste aux lettres de Houdan.)

NEUVILLE-BOST, village, département de l'Oise, arrondissement de Beauvais, canton de Méru, ci-devant province de l'Ile de France, dans le Vexin, et diocèse de Rouen. Sa population est d'environ 500 habitans.

Les hameaux de *Cresnes*, *Thumbrelle*, les *Grand* et *Petit Alleré*, *Goupillon*, *Gipseuil*, et autres habitations à l'écart, en font partie.

La commune de *Chavençon*, dans l'ancien régime, était de la paroisse de Neuville, où il y avait un château qui a été démoli; il n'en reste que la chapelle et quelques vestiges.

Les productions principales du terroir de cette commune sont en grains; il y a beaucoup d'arbres à fruits, et une partie est en bois. Le village de Neuville-Bost est à 2 lieues, au S. de Méru, et 11 et demie au N. O. de Paris, par différens chemins de traverse joignant la route de Gisors. (Poste aux lettres de Méru.)

NEUVILLE-D'AUMONT (LA), village, département de l'Oise, arrondissement de Beauvais, canton de Noailles, ci-devant province de l'Ile de France, et diocèse de Beauvais. Sa population est d'environ 220 habitans, avec le hameau d'*Aumont* et celui du *Bois de Mol*; ce dernier est sur la nouvelle route de Beauvais à Pontoise.

Le terroir de cette commune est en labour, une partie en bois. Le village de la Neuville est à 2 lieues vers le S. O. de Noailles, 2 et demie au N. de Méru, et 13 et demie vers le N. de Paris, par Méru, Chambly et la grande route de Beauvais. (Poste aux lettres de Noailles.)

NEUVILLE-EN-HEZ (LA), bourg, département de l'Oise, arrondissement et canton de Clermont-Oise, ci-devant province de l'Ile de France, et diocèse de Beauvais. Sa population est d'environ 700 habitans.

La forêt de *Hez*, dans laquelle se trouve une maison isolée, dite *de la Garde*, qui, avant la révolution, était un couvent de Cordeliers où l'on renfermait des prisonniers par lettres de cachet, est contigu à ce bourg, qui est traversé par la route de Clermont à Beauvais. On y voit une assez grande place plantée d'arbres, et il s'y tient une foire très-considérable, particulièrement en bestiaux, le 21 septembre de chaque année.

Tout le terroir de cette commune ne consiste que dans l'étendue de la forêt de Hez qui est très-bien percée. Il y a un four à chaux et une tuilerie.

Le bourg de la Neuville est à 2 lieues au N. O. de Clermont; sa distance de Paris est de 16 lieues au N. par la route de Clermont à Beauvais, et par la grande route d'Amiens. (Poste aux lettres de Clermont-Oise.)

NEUVILLE-GARNIER (LA), village, département de l'Oise, arrondissement de Beauvais, canton d'Auneuil, ci-devant province de l'Ile de France, et diocèse de Beauvais. Sa population est d'environ

340 habitans avec une partie du hameau de *Malassise.*

Son terroir est en labour, une partie est en bois. Il s'y trouve une tuilerie et briqueterie. Ce village est à 1 lieue un quart vers le S. E. d'Auneuil, et 2 et demie au S. de Beauvais; sa distance de Paris est de 14 lieues et demie, entre le N. et le N. O. par différens chemins joignant la nouvelle route de Beauvais à Pontoise qui passe à Méru, et de Méru par Chambly et la grande route de Beauvais. (Poste aux lettres de Beauvais.)

NEZEL, village, département de Seine-et-Oise, arrondissement de Versailles, canton de Meulan, ci-devant province de l'Ile de France, et diocèse de Chartres. Sa population est d'environ 450 habitans. C'était, dans l'ancien régime, une annexe de la paroisse d'*Eponne.*

Son terroir est en terres labourables; une partie est en vignes. Ce village est dans une vallée, sur la petite rivière de *Maudre,* qui fait tourner plusieurs moulins, à 2 lieues au S. E. de Meulan, et distant de 9 à l'O. de Paris, par la petite route de Mantes, qui passe à Saint-Germain-en-Laye. (Poste aux lettres de Maule.)

NOAILLES, bourg, département de l'Oise, arrondissement de Beauvais, chef-lieu de canton, et siége d'une justice de paix, ci-devant province de l'Ile de France, et diocèse de Beauvais. Sa population est d'environ 700 habitans, en y comprenant *Longvilliers* où se trouve l'église paroissiale, les hameaux de *Boncourt, Blainville,* en partie et *Ninflé.*

Le bourg de Noailles est traversé par la grande route de Paris à Beauvais, ce n'était autrefois qu'une auberge, avec quelques habitations isolées; il doit ce qu'il est aujourd'hui à l'illustre maison de Noailles, qui lui a donné son nom, et aux habitans la facilité d'y construire les maisons qui le composent. On y trouve une halle où se tient le marché le lundi de chaque semaine, une foire tous les ans, le 11 de novembre; une brigade de gendarmerie y est en résidence.

Il existe en ce bourg une fabrique d'étoffes de laine à l'instar de celle de Mouy et de Beauvais; M. Lesueur, fils aîné, qui en est propriétaire, y a réuni une fabrique à mécanique, de rubans croisés et jarretières en laine et coton.

Le terroir de cette commune est en labour, prairies et bois. Il y a un moulin à deux roues sur le ruisseau du *Sillet;* un four à chaux et une tuilerie. Noailles est à 3 lieues vers le S. E. de Beauvais, et 2 vers l'O. de Mouy; sa distance de Paris est de 13 lieues vers le N. par la grande route de Beauvais désignée ci-dessus.

On compte 13 lieues et demie de poste. (Bureau de poste aux lettres et relais de poste aux chevaux.)

NOÉ-SAINT-REMY , paroisse. *Voyez* ROBERVAL.

NOEFORT , ferme, ancien prieuré de religieuses, transférées à Meaux. *Voyez* SAINT-PATUS.

NOEL-SAINT-MARTIN ou Noé, petit village, département de l'Oise, arrondissement de Senlis, canton de Pont-Sainte-Maxence, ci-devant province de l'île de France, et diocèse de Beauvais. Sa population n'est que d'environ 60 habitans, presque toutes les maisons sont séparées les unes des autres par des enclos.

Cet endroit est situé dans une vallée étroite, les productions de son terroir sont de peu de valeur de toute nature; il est à 1 lieue vers le S. O. de Verberie et 2 à l'E. de Pont-Sainte-Maxence ; sa distance de Paris est de 13 lieues au N. par Villeneuve et la grande route de Compiègne. Poste aux lettres de Verberie.)

NOGENT-LE-ROI , petite ville , département d'Eure-et-Loir , arrondissement de Dreux , chef-lieu de canton) et siége d'une justice de paix, ci-devant généralité d'Orléans, dans le pays Chartrain , et diocèse de Chartres. Sa population est de 12 à 1,300 habitans avec une partie du hameau de *Vaubrun.*

La ville de Nogent est dans une vallée sur la rivière *d'Eure.* C'est une ancienne châtellenie. Le château-fort fut démoli par les ordres de Charles V. Il s'y tient six foires par année, dont quatre les premiers samedis de janvier, d'avril, de juillet et d'octobre et les deux autres les 29 juin et 11 novembre. Le marché est le samedi de chaque semaine.

Le terroir de cette commune est en labour, prairies, vignes et bois. La rivière d'Eure fait tourner deux moulins à farines. Une autre est sur le ruisseau de *Roulebois.* Nogent est à 2 lieues au N. de Maintenon , 4 vers le S. O. de Dreux , et 4 et demie vers le S. de Houdan. Il communique à Maintenon par une chaussée; sa distance de Paris est de 15 lieues et demie entre l'O. et le S. O. par différens chemins joignant la grande route de Nantes. (Poste aux lettres de Maintenon.)

NOGENT-LES-VIERGES, village , traversé en partie par la grande route de Paris à Amiens, département de l'Oise , arrondissement de Senlis, canton de Creil , ci-devant province de l'Ile de France, et diocèse de Senlis. Sa population est d'environ 600 habitans avec le hameau de *Sancy*.

Ce village est situé sur la petite rivière de *Brêche* ; on y remarque une assez jolie maison de campagne que M. Estellé, maire du lieu, a fait bâtir et dont M. Maguy est actuellement propriétaire. Les jardins renferment de belles plantations, une rivière à l'anglaise et des mouvemens de terre très-agréables.

Les principales productions du terroir de cette commune sont en grains, une partie est en prairie et en vignes, les légumes et les fruits y sont abondans. La rivière de Brêche y fait tourner quatre moulins dont deux sont à deux roues ; ils sont particulièrement employés pour l'approvisionnement de Paris ; on trouve, dans les champs, une tannerie et une carrière.

Le village de Nogent est à une demi-lieue au N. de Creil et 11 lieues un quart au N. de Paris par la grande route d'Amiens désignée ci-dessus. (Poste aux lettres de Creil.)

NOGENT-sur-Marne, grand village, département de la Seine, arrondissement de Sceaux, canton de Charenton, ci-devant province de l'Ile de France, et diocèse de Paris. Sa population est de 11 à 1,200 habitans ; le château, la ferme et le moulin à vent de *Plaisance* et le château du *Perreux* en font partie.

Ce village est dans l'une des plus belles situations de la rive droite de la *Marne*, sur la pente d'une colline près la route de Paris à Coulommiers et le bois de Vincennes. Il est en général composé de jolies maisons de campagne.

Le château de Plaisance, que M. Paris-Duvernay a fait bâtir, est l'une des plus agréables habitations de cette contrée, tant par son site que par ses accessoires. M. le comte d'Haussonville, pair de France, en est actuellement propriétaire.

Le terroir de cette commune est en labour, en vignes et en prairies ; on y cultive beaucoup de légumes. Nogent est à 1 lieue un quart au N. E. de Charenton, et 2 un quart à l'E. de Paris par Vincennes. (Poste aux lettres de Vincennes.)

NOINTEL, village, département de Seine-et-Oise, arrondissement de Pontoise, canton de l'Ile-Adam, ci-devant province de l'Ile de France, et diocèse de Beauvais. Sa population est d'environ 200 habitans.

M. de la Neuville, maire du lieu, est propriétaire du château, régulièrement bâti, et dont les accessoires répondent à la beauté de l'édifice. Les points de vue y sont infiniment agréables. Les jardins, les parterres, les fontaines, les bassins, les bosquets, les allées et la contiguité à la forêt de Carenelle en font l'un des plus beaux séjours des environs de Paris. Ce château communique à la grande route de Beauvais, par une superbe avenue.

Quelques maisons de campagne se trouvent dans le village. Les grains sont la principale production du terroir ; les fruits y sont abondans. Une carrière de pierre de taille y est en exploitation.

Nointel est à un quart de lieue au S. de Beaumont, et une lieue et demie au N. E. de l'Ile-Adam ; sa distance de Paris est de 7 lieues un quart par la route de Beauvais. (Poste aux lettres de Beaumont.)

NOINTEL , village, département de l'Oise, arrondissement de Clermont-Oise, canton de Liancourt , ci-devant province de l'Ile de France , et diocèse de Beauvais. Sa population est de 6 à 700 habitans. La ferme de *la Couarde* est dans ses dépendances.

Un beau château, dans ce village, faisait partie des domaines de M. le duc de Bourbon, une grande partie des bâtimens qui la composaient ayant été démolie, il n'en reste plus qu'une simple habitation. Sur une belle place, plantée de tilleuls , est une halle couverte en chaume.

Le terroir de cette commune est en labour, une partie est en vignes et en bois. On y

trouve une tuilerie et une briqueterie. Le village de Nointel est le lieu de naissance du cardinal Cholet. Il est situé sur la route de Clermont à Compiègne , au pied d'une montagne, à une lieue et demie au N. de Liancourt, et une lieue à l'E. de Clermont; sa distance de Paris est de 13 lieues et demie au N. , par une chaussée qui passe à Liancourt et ensuite la grande route d'Amiens. (Poste aux lettres de Clermont-Oise.)

NOISEAU , village , département de Seine-et-Oise, arrondissement de Corbeil, canton de Boissy-Saint-Léger, ci-devant province de l'Ile de France , et diocèse de Paris. Sa population est d'environ 270 habitans. Le château a été démoli. Les principales productions de son terroir sont en grains.

Ce village est à une lieue au N. de Boissy-Saint-Léger, et 4 au S. E. de Paris , par Ormesson et une chaussée joignant la route de Rozay. (Poste aux lettres de Boissy-Saint-Léger.)

NOISIEL , village situé sur la rive gauche de *la Seine*, département de Seine-et-Marne, arrondissement de Meaux, canton de Lagny, ci-devant province de l'Ile de France, et diocèse de Paris. Sa population est d'environ 140 habitans.

Le château et le parc, d'une grande étendue, appartiennent à M. le duc de Levis, pair de France. La situation est charmante, et les promenades sont d'autant plus agréables qu'elles communiquent au parc du château *de Champs*, que possède également M. le duc de Levis. On y voit une très-belle futaie.

Le terroir de cette commune est en terres labourables, une partie est en prairies, en vignes et en bois. On y remarque un moulin, qui passe pour être le plus beau de ceux construits sur la Marne, dans les environs de Paris.

Le village de Noisiel est à une lieue et demie à l'O. de Lagny, et distant de 5 un quart à l'E. de Paris, par Gournay, où l'on passe la Marne sur un bac, et ensuite la route de Coulommiers. On peut prendre aussi la route par le pont de Saint-Maur. (Poste aux lettres de Lagny.)

NOISY-LE-GRAND, village, département de Seine-et-Oise, arrondissement de Pontoise, canton de Gonesse, ci-devant province de l'Ile de France, et diocèse de Paris. Sa population est d'environ 1,100 habitans.

Sa situation est en amphithéâtre, sur la rive gauche de *la Marne*. Parmi les maisons de campagne, on distingue celle de MM. Burthe, frères, à cause de ses points de vue,

et ses jardins qui renferment de belles allées de tilleuls plantés d'après les dessins de Le Nôtre, et de belles eaux formant plusieurs bassins, dont un est de la plus grande dimension.

Le château de *Villeflix*, faisant partie de cette commune, était dans une semblable position; il a appartenu à M. le Couteulx - de - la - Noray : sa veuve l'ayant fait détruire, il n'en reste plus que le parc, dans lequel circule de belles eaux. M. Jovin, maire du lieu, qui en est actuellement propriétaire, y a réuni une maison attenante, ce qui rend ce domaine plus considérable qu'il n'était auparavant. Le parc contient à présent 80 arpens et plus. De superbes bâtimens de fermes en dépendent.

Le terroir de cette commune est partie en terres labourables, partie en vignes et en bois. Noisy est à 4 lieues au S. de Gonesse, et distant de 3 et demie à l'E. de Paris, par une route qui passe à Brie-sur-Marne et la route de Coulommiers. (Poste aux lettres de la banlieue.)

NOISY-LE-ROI, village, département de Seine-et-Oise, arrondissement de Versailles, canton de Marly-le-Roi, ci-devant province de l'Ile de France, et diocèse de Chartres. Sa population est d'environ 600 habitans, y compris une partie des habitations à l'écart, dites la *Tuilerie - Bignon*. Dans les dépendances du château est établie une filature de coton.

Les Cordeliers avaient à Noisy un couvent, dont l'église et une partie des bâtimens qui le composaient, ont été démolis. La partie restante forme actuellement une maison de campagne avec de fort beaux jardins. Elle a appartenu à M. Sabattier.

Les grains sont la principale production du terroir. Le village de Noisy est joignant la forêt de Marly, sur la route de Maule à Paris, à trois quarts de lieue au S. de Marly, et distant de 4 lieues trois quarts à l'O. de Paris, par cette route. (Poste aux lettres de Versailles.)

NOISY-LE SEC, grand village, département de la Seine, arrondissement de Saint-Denis, canton de Pantin, ci-devant province de l'Ile de France, et diocèse de Paris. Sa population est d'environ 1,500 habitans. Le hameau de *Merlan* et l'ancien fief de *Loudeau* en font partie.

Ce village, situé sur une éminence, est assez remarquable par plusieurs maisons de campagne. Son terroir est en terres labourables et vignes. Il est à une demi-lieue à l'E. de Pantin, et 1 lieue trois quarts au N. E. de Paris, par Pantin et la grande route d'Allemagne. (Poste aux lettres de Bondy.)

NOISY-sur-École, village, département de Seine-et-Marne, arrondissement de Fontainebleau, canton de la Chapelle-la-Reine, ci-devant province de l'Ile de France, dans le Gatinais, et diocèse de Sens. Sa population est d'environ 500 habitans, avec les hameaux de *Chambergeot* et d'*Auvers*.

A Chambergeot est un château avec une chapelle, et un parc de 100 arpens, dont madame de Saint-Maur est propriétaire, et à l'extrémité septentrionale d'Auvers, est aussi un château avec un parc de 100 arpens appartenant à M. de Larenommière, maire du lieu.

Une très-grande partie du terroir de cette commune est couverte de friches et de roches, la culture en tout genre y est d'un très-modique rapport.

Le village de Noisy est sur la petite rivière d'*Ecole*, à 2 lieues vers le N. O. de la Chapelle, et 1 et demie vers le S. E. de Milly; sa distance de Paris est de 14 lieues et demie au S., par Milly et différens chemins joignant la grande route de Fontainebleau. (Poste aux lettres de Milly.)

NOISY-sur-Oise, village, département de Seine-et-Oise, arrondissement de Pontoise, canton de Luzarches, ci-devant province de l'Ile de France, et diocèse de Beauvais. Sa population est d'environ 500 habitans. Son terroir est en terres labourables, vignes et bois. Il y a beaucoup d'arbres à fruits.

Ce village est entre la rive gauche de l'Oise et la forêt de *Carenelle*, à une demi-lieue à l'E. de Beaumont, et 1 lieue trois quarts au N. O. de Luzarches; sa distance de Paris est de 7 lieues et demie, par Nointel et la grande route de Beauvais. (Poste aux lettres de Beaumont.)

NORVILLE (LA), village, département de Seine-et-Oise, arrondissement de Corbeil, canton d'Arpajon, ci-devant province de l'Ile de France, dans le Hurepoix, et diocèse de Paris. Sa population est d'environ 400 habitans.

La terre de la Norville, autrefois seigneuriale, avec haute, moyenne et basse justice, appartient à M. le comte de Castries, maréchal-de-camp. Le château, d'une construction moderne, est situé sur une côte près la ville d'Arpajon, d'où les points de vue sont admirables. Le parc est d'environ 180 arpens, clos de murs, et distribué dans le genre anglais.

Ses productions sont en grains, en vignes et en bois. La Norville étant près d'Arpajon, est à la même distance de 7 lieues et demie au S. de Paris, par la grande route

d'Orléans. (Poste aux lettres d'Arpajon.)

NOSAY, village, département de Seine-et-Oise, arrondissement de Versailles, canton de Palaiseau, ci-devant province de l'Ile de France, et diocèse de Paris. Sa population est d'environ 250 habitans. Le château et la ferme de *Lunezy*, ainsi qu'une maison de campagne avec une autre ferme nommée *Villarceaux*, en font partie.

La commune de *la Ville-Dubois* était, dans l'ancien régime, une annexe de cette paroisse. Le terroir de Nosay produit principalement des grains.

Ce village est à 1 lieue et demie au S. de Palaiseau, et distant de 5 trois quarts au S. de Paris par la Ville-Dubois et la grande route d'Orléans. (Poste aux lettres de Linas.)

NOTRE-DAME-DES-VERTUS. *V.* AUBERVILLIERS.

NOTRE-DAME-DU-THIL, village près Beauvais, département de l'Oise, arrondissement et canton (Nord Ouest) de Beauvais, ci-devant province de l'Ile de France, et diocèse de Beauvais. Sa population est d'environ 1,000 habitans, en y comprenant les hameaux de *Saint-Lucien*, *Villers* et *Plouy*, la ferme dite *de l'Hôtel-Dieu*, celle *du Bois*, la maison de *Beau-*

30

séjour et les moulins de *Lamioroy*.

Au hameau de Saint-Lucien, réputé Faubourg de Beauvais, il existait, avant la révolution, une abbaye d'hommes de l'ordre de Saint-Benoît, qui a été démolie et dont il ne reste plus que des ruines; on y a formé un établissement de filature en laines.

Un peu plus loin, proche les remparts de la ville, se trouve une manufacture de toiles peintes, appartenant à M. Giroud. On y fabrique plus particulièrement toutes les espèces de mouchoirs dans tous les genres. Le propriétaire y a réuni le blanchîment des calicots.

Le terroir de cette commune est en labour, en prairies, en vignes et en bois. Notre-Dame-du-Thil est au N. de la ville de Beauvais, à 16 lieues de Paris par la même route que de Beauvais à Paris. (Poste aux lettres de Beauvais.)

NOUE (LA), château. *V.* ST.-JEAN-LES-DEUX-JUMEAUX.

NOVILLERS SAINTE-GE-NEVIÈVE, ancienne annexe. *V.* SAINTE-GENEVIÈVE.

NOYERS, village, département de l'Eure, arrondissement des Andelys, canton de Gisors, ci-devant province de Normandie, dans le Vexin, et diocèse de Rouen. Sa population est d'environ 160 habi-tans. La ferme de *Nainville* en fait partie.

La terre de Noyers était autrefois seigneuriale; M. le comte de Marbois, premier président de la cour des comptes, est propriétaire du château qui est à côté de l'église.

Le terroir de cette commune est en labour, une petite partie en bois. On y trouve une tuilerie. Le village de Noyers est près la route de Beauvais à Evreux, à laquelle il communique par une chaussée à 2 lieues vers le S. O. de Gisors; sa distance de Paris est de 17 lieues et demie au N. O. par Saint-Clair et la grande route de Rouen. (Poste aux lettres du Tillier.)

NUCOURT ou NEUCOURT, village, département de Seine-et-Oise, arrondissement de Pontoise, canton de Marines, ci-devant province de l'Ile de France, dans le Vexin, et diocèse de Rouen. Sa population est d'environ 300 habitans, avec le hameau de *Hardeville*.

Ce village est dans une plaine, entre les routes de Paris à Rouen, l'une par Magny et l'autre par Gisors. Le château, d'une forme agréable, était autrefois seigneurial; à l'une de ses extrémités est une belle et grande chapelle, dont l'autel renferme le corps de Marie de l'Incarnation, fondatrice de l'ordre des Carmelites en France. Il y est déposé depuis 1791. Le parc de ce château est assez étendu ; M. le comte de Monthiers de Nucourt, maire du lieu, en est propriétaire.

L'église de ce village, grande et bien bâtie, est isolée dans la plaine ; on voit à côté quelques ruines d'un ancien château qui existait au treizième siècle.

Au dessous de l'église, est une vallée dans laquelle cinq sources forment le ruisseau de l'*Aubette*, qui fait tourner un moulin. De l'autre côté de cette vallée, est un grand espace de terrain connu sous le nom de *Camp de César*, une partie de ce terrain est en friche et de nul rapport, mais les vastes carrières qui s'y trouvent fournissent de la très-belle pierre et d'une excellente qualité.

Les productions principales du terroir de cette commune sont en grains, une petite partie est en bois. Nucourt est à une lieue vers l'E. de Magny, et 7 au N. O. de Pontoise ; sa distance de Paris est de 14 lieues au N. O. par l'une des grandes routes de Rouen désignées ci-dessus. (Poste aux lettres de Magny.)

O.

OCQUERRE, village, département de Seine-et-Marne, arrondissement de Meaux, canton de Lizy - sur - Ourcq, ci-devant province de l'Ile de France, et diocèse de Meaux. Sa population est d'environ 270 habitans, en y comprenant les hameaux de *la Trousse* et de *Marnoue*, le moulin dit *le Vieux Moulin* et celui de *Viron*.

Le château de la Trousse est celui dont madame de Sévigné fait mention dans ses mémoires ; on y remarque une très-belle chapelle peinte à fresque et sur bois, par Minard. M. Baudon en est propriétaire.

Les principales productions du terroir de cette commune sont en grains. Le village d'Ocquerre est à trois quarts de lieue vers le N. E. de Lizy, et 13 lieues trois quarts entre l'E. et le N. E. de Paris par Lizy et la route de la Ferté-Milon, joignant à Meaux la grande route d'Allemagne. (Poste aux lettres de Lizy-sur-Ourcq.)

OGNES, village, département de l'Oise, arrondissement de Senlis, canton de Nanteuil-le-Haudouin, ci-devant province de l'Ile de France, et diocèse de Meaux. Sa population est d'environ 250 habitans ; une ferme dite *de Condé* en fait partie.

Ce village, jadis impraticable et mal sain, à cause des eaux stagnantes dont ses rues étaient infectées, est aujourd'hui l'un des plus beaux du département, et présente aux voyageurs un passage facile et commode. Ces avantages sont dus au zèle, au désintéressement et à l'esprit public de

MM. Lucy, maire du lieu, Hébert et Lefebvre, tous fermiers-cultivateurs domiciliés dans la commune, lesquels ont fait faire à leurs frais une chaussée en moellons, dans chaque rue principale. Si en les nommant ici leur modestie se trouvait blessée, il n'en est pas moins vrai qu'ils ont des droits à la reconnaissance et à l'estime publique, et l'espoir qu'ils auront des imitateurs.

Les habitans d'Ognes se glorifient d'avoir été assez heureux pour donner au célèbre orientaliste, M. Silvestre de Sacy, pendant les tems orageux de la révolution, un asile dont il jouit encore aujourd'hui.

On remarque, dans ce village, la ferme occupée par M. Lucy, maire, qui a été construite par son père et lui, en ce qu'elle présente des avantages rares par sa distribution et ses agrémens.

Les principales productions du terroir de cette commune sont en grains. MM. Lucy et Lefebvre y entretiennent chacun un troupeau de mérinos pure race. Le village d'Ognes est à 1 lieue un quart au S. de Nanteuil, et 3 vers le N. E. de Dammartin ; sa distance de Paris est de 11 lieues au N. E. par le Plessis-Belleville et la grande route de Soissons. (Poste aux lettres de Nanteuil-le-Haudouin.)

OGNON, village, département de l'Oise, arrondissement et canton de Senlis, cidevant province de l'Ile de France, et diocèse de Senlis. Sa population est d'environ 100 habitans. Trois auberges, sur la grande route de Paris à Compiègne, proche le village de *Villers-Saint-Frambourg*, en font partie.

Une longue et large avenue communique de cette route au château dont M. Périer est propriétaire. Le bâtiment qui forme la principale habitation est simple dans sa forme ; la vue y est assez étendue et pittoresque. Le parc, qui contient 125 arpens, a été distribué, par Le Nôtre, en très-belles allées bien conservées, et renferme plusieurs pièces d'eau. Il est enclos de murs de trois côtés, et fermé à son extrémité orientale par un grand étang, dans lequel se trouve plusieurs petites îles plantées, qui forment un aspect très-agréable. Le ruisseau d'*Aunette* y communique ses eaux et y fait tourner un moulin, dépendant de cette propriété.

Le terroir de cette commune est en labour, prairies et bois. Le village d'Ognon est à 1 lieue un quart vers le N. E. de Senlis, et 11 un quart entre le N. et le N. E. de Paris par la route de Compiègne désignée ci-dessus. (Poste aux lettres de Senlis.)

OINVILLE, village, département de Seine-et-Oise, arrondissement de Mantes, canton de Limay, ci-devant province de l'Ile de France, et diocèse de Paris, forme une commune de 5 à 600 habitans, en y comprenant le hameau de *Bachambre*, et les maisons isolées de *Dalibray*; deux maisons y étaient autrefois seigneuriales.

Le terroir produit principalement des grains. Ce village est situé dans une vallée sur le ruisseau de *Montiens*, qui fait tourner quatre moulins, à 2 lieues et demie au N. E. de Limay et de Mantes; sa distance de Paris est de 10 lieues au N. O. par Meulan et la grande route de Caen. (Poste aux lettres de Meulan.)

OINVILLE. *V.* Oynville.

OISSÉRY, village, département de Seine-et-Marne, arrondissement de Meaux, canton de Dammartin, ci-devant province de l'Ile de France, et diocèse de Meaux. Sa population est d'environ 500 habitans. On y voit les ruines d'un ancien château-fort.

Les productions de son terroir sont en grains, une partie est en bois. Il s'y trouve un moulin dit *de Rougemont*, avec un étang qui porte le même nom. Ce village est à 2 lieues un quart à l'E. de Dammartin, et 10 un quart au N. E. de Paris par Dammartin et la grande route de

Soissons. (Poste aux lettres de Dammartin.)

OLLAINVILLE, village, département de Seine-et-Oise, arrondissement de Corbeil, canton d'Arpajon, ci-devant province de l'Ile de France, dans le Hurepoix, et diocèse de Paris. Sa population est d'environ 500 habitans, en y comprenant le hameau de la *Roche*, où il y a une maison de campagne, quelques fermes et autres maisons isolées sous diverses dénominations.

Le superbe château qui faisait partie des domaines de M. le maréchal de Castries, est en démolition. La construction de cet édifice, sa situation sur une éminence, ses points de vue charmans, la distribution des jardins, une grande quantité d'arbres étrangers, des sources d'eau qui remplissent plusieurs bassins, des prairies, vignes et bois renfermés dans un parc d'environ 300 arpens clos de murs, mettaient cette propriété au rang des plus belles des environs de Paris.

Les productions du terroir de cette commune sont en grains, une partie est en vignes, en prairies et en bois. La petite rivière de *Remarde* fait tourner trois moulins à farines.

Le village d'Ollainville est à une demi-lieue à l'O. d'Arpajon, et distant de 7 lieues et demie au S. de Paris par la grande route d'Orléans. (Poste aux lettres d'Arpajon.)

OMERVILLE, village, département de Seine-et-Oise, arrondissement de Mantes, canton de Magny, ci-devant province de l'Ile de France, dans le Vexin, et diocèse de Rouen. Sa population est d'environ 350 habitans, avec le hameau *du Mesnil*, *Gerville*, et autres habitations écartées, parmi lesquelles se trouve l'ancienne commanderie de *Louviers* et le moulin d'*Amiel*.

Les productions du terroir sont en grains, une petite partie est en prairies. Omerville est à 1 lieue un quart au S. O. de Magny, et distant de 15 au N. O. de Paris par la grande route de Rouen. (Poste aux lettres de Magny.)

ONCY, village, département de Seine-et-Oise, arrondissement d'Etampes, canton de Milly, ci-devant province de l'Ile de France, dans le Gatinais, et diocèse de Sens. Sa population est d'environ 160 habitans. Son terroir est en labour, en chenevières, en prairies et en bois. Les fruits y sont abondans.

Ce village est proche la petite rivière d'*École*, à une demi-lieue au S. de Milly, et 4 à l'O. de Fontainebleau ; sa distance de Paris est de 13 lieues au S. par Milly et la même route que de Milly à Paris. (Poste aux lettres de Milly.)

ORANGIS, ancienne paroisse. *Voyez* Ris.

ORÇAY. *Voyez* Orsay.

ORCEMONT, village, département de Seine-et-Oise, arrondissement et canton de Rambouillet, ci-devant généralité d'Orléans, dans la Beauce, et diocèse de Chartres, forme, avec un certain nombre d'habitations à l'écart sous diverses dénominations, une commune d'environ 330 habitans.

Son terroir est en labour, petite partie en prairies. Orcemont est à 1 lieue au S. de Rambouillet ; sa distance de Paris est de 12 lieues au N. O. par Rambouillet et la grande route de Nantes. (Poste aux lettres de Rambouillet.)

ORGERUS, autrefois Béconcelles, village, département de Seine-et-Oise, arrondissement de Rambouillet, canton de Montfort-l'Amaury, ci-devant province de l'Ile de France, et diocèse de Chartres, forme une commune d'environ 800 habitans avec les hameaux *du Moutier*, *Drouine* et quantité de maisons isolées sous diverses dénominations.

Le château d'Orgerus a été démoli en 1814 ; il n'en reste que des débris de basse-cours et les murs du parc. Le château de *Moyencourt*, dont

M. le comte de Boynes, chevalier de Saint Louis est propriétaire, fait également partie de cette commune. Le parc renferme une pièce d'eau et trois bassins alimentés par un ruisseau qui le traverse. Une ferme est attenante.

Il se tient dans ce village, un petit marché, le mardi de chaque semaine ; il y a une assez belle halle. Son terroir est en labour, prairies, vignes et bois. Le ruisseau qui est désigné ci-dessus fait tourner trois moulins, sur l'un desquels est construit un moulin à vent. Orgerus est à 2 lieues et demie au N. O. de Montfort et 2 au N. E. de Houdan ; sa distance de Paris est de 11 lieues et demie à l'O. par la grande route de Brest. (Poste aux lettres de Houdan.)

ORGEVAL, village, département de Seine et-Oise, arrondissement de Versailles, canton de Poissy, ci-devant province de l'Ile de France, et diocèse de Chartres. Il forme avec quantité de hameaux, fermes et autres habitations écartées, une commune de 15 à 1,600 habitans.

Les principaux de ces hameaux sont le *Moutier*, où est la paroisse, *Montamet*, *Bure* en partie, *le Grand et le Petit Tessancourt*, *le Champ des Biens*, *Colombet*, *et les Bouillons*. L'ancienne abbaye d'*Abbecourt* en fait également partie. *Voyez* ABBECOURT.

Le terroir de cette commune est varié en terres labourables, en prairies, en bois et buissons. On y recueille beaucoup de fruits, un ruisseaux y fait tourner deux moulins.

Le village d'Orgeval est à 1 lieue un quart à l'O de Poissy, et distant de 6 un quart à l'O. de Paris par la petite route de Mantes qui passe à Saint-Germain-en-Laye. (Poste aux lettres de Poissy.)

ORGIVAUX, château, *Voyez* VALMONDOIS.

ORLUT, village, département d'Eure-et-Loir, arrondissement de Chartres, canton d'Auneau, ci-devant généralité d'Orléans, dans la Beauce, et diocèse de Chartres. Sa population est d'environ 130 habitans avec le hameau de *Bisset*.

Les productions de son terroir sont en grains. Le village d'Orlut est à 2 lieues vers le N. O. d'Angerville et 4 vers le S. E. d'Auneau ; sa distance de Paris est de 16 lieues vers le S. O. par Dourdan et une chaussée joignant l'ancienne route de Chartres. (Poste aux lettres d'Angerville.)

ORLY, village, département de la Seine, arrondissement de Sceaux, canton de

Villejuif, ci-devant province de l'Ile de France, et diocèse de Paris. Sa population est d'environ 600 habitans, y compris une partie du hameau de *Grignon*, et l'une des maisons isolées dites *la Vieille Poste*.

Ce village renferme plusieurs maisons de campagne; les plus remarquables sont celles de M. Martin, agent de change, celle qui a appartenu à M. le marquis de Bouillé et celle de M. le Roy de la Brière; cette dernière était un franc-aleu. Le château démoli depuis la révolution, était dans un très-beau site. M. le président d'Ormesson, en étant devenu propriétaire, préférant l'utile à l'agréable, avait mis en culture les beaux jardins dont on admirait la distribution.

Quatre autres maisons de campagne se trouvent à Grignon, dont deux font partie de la commune d'Orly et deux de la commune de *Thiais*. Celles sur Orly appartiennent à M. Desgroiseilliez, et l'autre à M. Hebert. *Voyez* THIAIS.

Le terroir d'Orly est en terres labourables et en vignes. Ce village est à 1 lieue et demie au S. E. de Sceaux, et distant de 5 au S. de Paris par Choisy. (Poste aux lettres de la banlieue.)

ORLY, village, département de Seine-et-Marne, arrondissement de Coulommiers, canton de Rebais, ci-devant province de l'Ile de France, dans la Brie, et diocèse de Meaux. Sa population est d'environ 430 habitans avec le hameau de *Bétibout*, partie de celui de *Basserolles* et plusieurs maisons écartées, sous diverses dénominations.

Le terroir de cette commune est partie en terres labourables, partie en prairies et bois. Le *Petit Morin* y fait tourner trois moulins; on tirait autrefois quantité de meules au hameau de Bétibout.

Le village d'Orly est environné de bois à 1 lieue et demie au N. de Rebais, et 2 au S. E. de la Ferté-sous-Jouarre; sa distance de Paris est de 16 lieues et demie à l'E. par la Ferté, et la grande route d'Allemagne. (Poste aux lettres de Rebais.)

ORMEAUX, village, département de Seine-et-Marne, arrondissement de Coulommiers, canton de Rozay, ci-devant province de l'Ile de France, dans la Brie, et diocèse de Meaux. Sa population est d'environ 200 habitans, avec les hameaux de *Regny* et les moulins de *Choiseau* et de *Chessy*.

Les principales productions du terroir de cette commune sont en grains. Le village d'Ormeaux est dans une plaine à 1 lieue un quart vers le N. de Rozay, et distant de 12 lieues entre l'E. et le S. E. de Paris

par la route de Rozay. (Poste
aux lettres de Rozay.)

ORMESSON ou Amboile ,
village, département de Seine-
et - Oise , arrondissement de
Corbeil, canton de Boissy-
Saint-Léger, ci - devant province de l'Ile de France , et
diocèse de Paris. Sa population
est d'environ 230 habitans.

La terre d'Ormesson fut érigée en marquisat en faveur de
messire Marie - François de
Paule Lefebvre d'Ormesson ,
intendant des finances , et aïeul
de M. le marquis d'Ormesson,
propriétaire actuel. Le château, qui a été bâti du règne
de Henri IV, a appartenu
à Gabrielle d'Estrées. Il est
entouré de fossés remplis d'eau
vive. Ses jardins , bosquets et
parcs , contiennent environ
200 arpens.

Toutes ses productions sont
en grains. Ce village est à 1
lieue au N. de Boissy-Saint-
Léger , et distant de 4 au S. E.
de Paris , par une chaussée
joignant la route de Rozay.
(Poste aux lettres de Boissy-
Saint-Léger.)

ORMESSON , château. *V.*
Épinay-sur-Seine.

ORMOY , village, dépar-
tement de Seine-et-Oise , arrondissement et canton de Corbeil, ci-devant province de
l'Ile de France , et diocèse de
Paris. Sa population est d'environ 200 habitans. Une mai-

son isolée , nommé *Roissy* ,
en fait partie.

Son terroir est en terres labourables, vignes et prairies.
La petite rivière d'*Essonnes*
y fait tourner deux moulins.
Ce village est sur cette rivière,
à 1 lieue au S. de Corbeil, et
distant de 8 au S. de Paris par la
grande route de Fontainebleau.
(Poste aux lettres de Corbeil.)

ORMOY - LA - RIVIÈRE ,
village, département de Seine-
et - Oise , arrondissement et
canton d'Etampes, ci - devant
province de l'Ile de France ,
frontières de la Beauce, et
diocèse de Sens. Sa population
est d'environ 400 habitans, en
y comprenant les hameaux du
Mesnil-Plisson , *de Landre-
ville*, *la Queue*, *Dhuiset*, et
quelques autres habitations
écartées qui sont dans ses dépendances. La maison de campagne de *Vauvert* en fait également partie.

Le terroir de cette com-
mune est en labour et prairies,
une petite portion est en vignes et bois. La rivière de
Juine y fait tourner deux moulins , nommés les moulins de
la Planche. Le village d'Ormoy est à trois quarts de lieue
au S. sur cette rivière, et distant de 12 lieues trois quarts
vers le S. de Paris , par Etampes et la grande route d'Orléans. (Poste aux lettres d'E-
tampes.)

ORMOY-LE-DAVIEN, village, département de l'Oise, arrondissement de Senlis, canton de Betz, ci-devant province de l'Ile de France, dans le Valois, et diocèse de Soissons. Sa population est d'environ 200 habitans. La commune de *Gondreville* était autrefois une annexe de cette paroisse.

Il est à remarquer que, dans cet endroit, il n'y existe qu'un seul puits de la profondeur de plus de cent pieds, qui fournit toute l'eau nécessaire à l'usage des habitans.

Les principales productions du terroir d'Ormoy, sont en grains. Ce village est à 1 lieue au N. de Betz et 2 vers le S. E. de Crêpy; sa distance de Paris est de 14 lieues et demie au N. E. de Paris, par Levignen et la grande route de Soissons. (Poste aux lettres de Crêpy.)

ORMOY - VILLERS, village, département de l'Oise, arrondissement de Senlis, canton de Crêpy, ci-devant province de l'Ile de France, dans le Vallois, et diocèse de Senlis. Sa population est d'environ 250 habitans. *Villers*, qui est à une demi-lieue d'Ormoy, était ci-devant annexe de cette paroisse, où il existe un ancien château.

Le terroir de cette commune est en labour et en bois. Le village d'Ormoy est sur la chaussée de Crêpy à Nanteuil-le-Haudouin, à 1 lieue un quart

vers le S. de Crêpy, et 12 trois quarts au N. E. de Paris, par Nanteuil et la grande route de Soissons. (Poste aux lettres de Crêpy.)

ORPHIN, village, département de Seine-et-Oise, arrondissement de Rambouillet, canton de Dourdan, ci-devant province de l'Ile de France, dans le Hurepoix, et diocèse de Chartres. Sa population est d'environ 370 habitans, avec les hameaux de *la Haute-Maison*, *Arqueuse* et plusieurs autres fermes écartées, sous diverses dénominations.

Les principales productions du terroir de cette commune sont en grains, une partie est en bois; il y a peu de prairies. Le village d'Orphin est à 2 lieues au S. de Rambouillet, et 4 et demie vers le N. O. de Dourdan; sa distance de Paris est de 13 lieues un quart au S. O., par Saint-Arnoult et l'ancienne route de Chartres. (Poste aux lettres de Rambouillet.)

ORROUY, village, département de l'Oise, arrondissement de Senlis, canton de Crêpy, ci-devant province de l'Ile de France, dans le Valois, et diocèse de Soissons. Sa population est d'environ 600 habitans, en y comprenant *Champ-Lieu*, qui était une annexe de cette paroisse, le hameau *des Eluats*, la ferme de *Beauvoir* et celle de

une des premières églises du Valois

Doneval; l'ancien fief de *la Motte* en fait aussi partie.

Le château d'Orrouy, appartenant à M. Deshayes, est ancien et flanqué de tours. Sa situation dans le centre du village, est très-agréable, ainsi que ses alentours et ses points de vue pittoresques qui s'étendent assez loin dans la vallée d'*Autonne*.

Une papeterie, appartenant à M. Morel-la-Venère, maire de Glaignes, fait aussi partie de cette commune, dont le terroir est en labour, prairies, bois et friches. On y trouve deux moulins à eau. Ce village est à mi-côte et peu éloigné de la petite rivière d'*Autonne*, à 2 lieues vers le N. de Crèpy; sa distance est de 16 lieues au N. E. de Paris, par Crèpy et la chaussée joignant à Nanteuil-le-Haudouin la grande route de Soissons. (Poste aux lettres de Crèpy.)

ORS , château. *Voyez* CHATEAU-FORT.

ORSAY , village, département de Seine-et-Oise, arrondissement de Versailles, canton de Palaiseau, ci - devant province de l'Ile de France, dans le Hurepoix, et diocèse de Paris. Il forme une commune d'environ 1,000 habitans, avec plusieurs hameaux, fermes, et quantité d'habitations isolées , sous diverses dénominations. C'est la résidence d'une brigade de gendarmerie.

Ce village , situé à mi-côte, est traversé par l'ancienne route de Chartres à Paris, et dans un autre sens par celle d'Arpajon à Versailles.

La terre d'Orsay avait le titre de comté, et était le siège d'une haute, moyenne et basse justice. Le château a appartenu à M. le comte d'Orsay et ensuite au général Moreau. M. le duc de Padoue en est actuellement propriétaire.

Ce château a été bâti sous le règne de Charles VII. Il était autrefois plus considérable. Le parc , contenant 200 arpens, renferme un beau et grand canal bordé de chaque côté par de superbes rangées de tilleuls , terminées par un joli pavillon en face de ce canal. La majeure partie est en bois.

Il dépend de la terre de *Launay* , même commune d'Orsay, un jardin infiniment agréable ; son site pittoresque, les rochers naturels qui s'y trouvent, mais sur-tout l'avantage d'être traversé par la rivière d'*Yvette* , le rendent un des ouvrages les plus intéressans de M. Morel, auteur de la *Théorie des Jardins*.

Plus loin , sur une montagne, est le château de *Corbeville* , dont la position offre une vue extrêmement étendue. Il existe dans le parc une grotte formée par la nature ; et couverte par une seule pierre de grès d'une longueur et d'une largeur prodigieuse. Ce château a appartenu à madame Gaillard de Vourzac.

Les principales productions du terroir de cette commune sont en grains; une partie est en prairies et en bois. Plusieurs carrières de pierre de grès y sont en exploitation.

Le village d'Orsay, au bas duquel passe la rivière d'Yvette qui fait tourner un moulin, est à 1 lieue au S. O. de Palaiseau, et 5 et demie au S. O. de Paris, par l'ancienne route de Chartres. (Poste aux lettres de Palaiseau.)

ORSONVILLE , village , département de Seine-et-Oise, arrondissement de Rambouillet, canton de Dourdan (Sud), ci-devant province de l'Ile de France , dans le Hurepoix , et diocèse de Chartres. Sa population est d'environ 200 habitans avec les fermes de *Gauvilliers* et d'*Ecurie.*

La terre d'Orsonville est une ancienne seigneurie. Le château, appartenant actuellement à M. le marquis de Colbert-Chabanois , situé dans une plaine, est d'une forme irrégulière et d'un aspect très-pittoresque , au milieu d'un parc d'une vaste étendue et parfaitement distribué dans le genre anglais. L'intérieur de ce château est remarquable par sa magnificence et les objets du plus grand luxe qui le décorent. Il communique par une chaussée à l'ancienne route de Chartres.

Les grains sont la principale production du terroir. Orsonville est à une lieue au S. d'Ablis, une et demie vers l'E. d'Auneau, et 3 un quart vers l'O. de Dourdan ; sa distance de Paris est de 14 lieues et demie vers le S. O., par Ablis et l'ancienne route de Chartres. (Poste aux lettres de Dourdan.)

ORVAU-BELLE-SAUVE, village , département du Loiret, arrondissement de Pithiviers , ci-devant généralité d'Orléans , dans le Gatinais , et diocèse de Sens. *Belle-Sauve* est un hameau avec lequel Orvau forme une commune d'environ 230 habitans. Les productions de son terroir sont en grains.

Le village d'Orvau est à une lieue et demie à l'O. de Malesherbes, et 4 vers le N. E. de Pithiviers ; sa distance de Paris est de 17 lieues au S., par Etampes et la grande route d'Orléans. (Poste aux lettres de Malesherbes.)

ORVEAU, village , département de Seine-et-Oise, arrondissement d'Etampes, canton de la Ferté-Alais, ci-devant province de l'Ile de France, dans le Hurepoix, et diocèse de Sens. Sa population est d'environ 140 habitans. C'était, avant la révolution, une annexe de la paroisse de *Bouville.*

Son terroir est presque **tout**

en bois. Orveau est à une lieue et demie vers le S. O. de la Ferté-Alais, et 2 et demie entre l'E. et le N. E. d'Etampes; sa distance de Paris est de 12 lieues au S., par différens chemins joignant la route d'Orléans. (Poste aux lettres d'Etampes.)

ORVILLIERS, village, département de Seine-et-Oise, arrondissement de Mantes, canton de Houdan, ci-devant province de l'Ile de France, et diocèse de Chartres. Sa population est d'environ 450 habitans. Le hameau de *la Roche* en fait partie.

Le château d'Orvilliers n'est plus qu'une simple ferme. Son terroir est en labour, prairies et vignes. Ce village est à côté de la chaussée de Mantes à Houdan, à une lieue un quart au S. de Dammartin, en Pinserais, et 2 vers le N. de Houdan; sa distance de Paris est de 13 lieues à l'O., par une chaussée qui passe à Thoiry et joint la grande route de Brest. (Poste aux lettres de Houdan.)

ORVILLIERS, ancien château actuellement ferme. *Voyez* BOUÉ.

ORY, village, département de l'Oise, arrondissement et canton de Senlis, ci-devant province de l'Ile de France, et diocèse de Senlis. Sa population est d'environ 600 habitans, y compris le hameau de

Mongressin, et plusieurs maisons écartées.

Ce village est presque entouré des bois d'*Herivaux*. Les productions de son terroir sont de peu de valeur de toute nature. Il s'y trouve d'énormes masses de pierre de grès. Un ruisseau fait tourner deux moulins à Mongressin.

Ory est à 2 lieues et demie au S. de Senlis; sa distance de Paris est de 8 lieues au N. par la route de Flandre. (Poste aux lettres de Luzarches.)

OSMOY, village, département de Seine-et-Oise, arrondissement de Mantes, canton de Houdan, ci-devant province de l'Ile de France, et diocèse de Chartres. Sa population est d'environ 220 habitans. La ferme dite *le Pavillon* en fait partie.

Son terroir est en labour et en vignes, une petite portion est en bois. On y trouve un four à chaux. Le village d'Osmoy est à 2 lieues trois quarts vers le N. E. de Houdan, et distant de 11 et demie à l'O. de Paris, par une chaussée qui passe à Thoiry et joint la grande route de Brest. (Poste aux lettres de la Queue.

OSNY, village, département de Seine-et-Oise, arrondissement et canton de Pontoise, ci-devant province de l'Ile de France, dans le Vexin, et diocèse de Rouen. Sa population est d'environ 450 habitans, en y comprenant les hameaux d'*Himermont*, *des Côtes-Bizières*, le ci-devant fief de *Buzagny*, plusieurs fermes, maisons isolées et moulins, sous diverses dénominations.

Ce village est situé entre la route de Paris à Rouen et Gisors, dans les environs de Pontoise. M. le comte Charles de Lameth, lieutenant-général des armées du Roi, y a fait reconstruire, en 1787, le château situé sur un côteau que borde la petite rivière de *Viosne*.

Cet édifice est vaste, l'élévation en est d'une noble et élégante simplicité. Le parc, qui est d'environ deux cents arpens, est traversé par cette petite rivière et disposé dans le genre libre du paysage; deux autres rivières y ont été creusées pour le desséchement de la vallée, qui a été complétement opéré. Ces rivières serpentent de la manière la plus agréable dans le milieu d'une belle plaine.

La partie basse du parc est entourée d'eau et fermée tant par des canaux, que par la rivière de Viosne. Il se trouve dans le centre une île bien plantée.

Les côteaux opposés sont couverts de bois. On y a mêlé des fabriques utiles, qui forment des points de vue charmans et variés. Ce jardin, dont le caractère est la fraî-cheur et le calme, offre quelques scènes majestueuses, toujours de belles promenades, et souvent de jolis détails.

Les principales productions du terroir de cette commune sont en grains, une partie est en prairies et bois. On y trouve plusieurs belles carrières.

Le village d'Osny est à trois quarts de lieue au N. O. de Pontoise, sur la rivière de Viosne, et à 7 lieues 3 quarts au N. O. de Paris, par Pontoise et la grande route de Rouen. (Poste aux lettres de Pontoise.)

OTHIS, village, département de Seine-et-Marne, arrondissement de Meaux, canton de Dammartin, ci-devant province de l'Ile de France, et diocèse de Senlis. Sa population est d'environ 350 habitans, y compris le hameau de *Beaumarchais*, plusieurs fermes et maisons écartées.

Son terroir est en labour, une partie est en bois. Ce village est à une demi-lieue au N. de Dammartin, et 8 lieues et demie au N. E. de Paris, par Dammartin et la grande route de Soissons. (Poste aux lettres de Dammartin.)

OUIE (L'), ancienne abbaye de religieuses de l'ordre de Saint-Benoît. *V.* LES GRANGES-LE-ROI.

OULINS, village, département d'Eure-et-Loir, arrondissement de Dreux , canton d'Anet , ci - devant province de l'Ile de France , dans le pays Chartrain , et diocèse de Chartres. Sa population est d'environ 300 habitans, y compris plusieurs habitations écartées. On y distingue deux maisons, par leurs constructions et leurs accessoires.

Le terroir de cette commune est en labour, prairies et vignes , une petite partie est en bois. Le village de Oulins est à une demi-lieue à l'E. d'Anet, et 3 lieues vers le N. O. de Houdan; sa distance de Paris est de 16 lieues à l'O., par Houdan et la grande route de Brest. (Poste aux lettres d'Anet.)

OYNVILLE , village , département d'Eure-et-Loir, arrondissement de Chartres , canton d'Auneau, ci - devant généralité d'Orléans, dans la Beauce, et diocèse de Chartres. Sa population est d'environ 340 habitans, avec les hameaux de *Cherville*, et partie de celui d'*Occonville*. Le château de Cherville a été démoli.

Les grains sont la principale production du terroir de cette commune, une partie est en prairies. La rivière de *Voise* y fait tourner deux moulins à farines, l'un dit de *Poissac*, et l'autre de *Longceux*. Ce village est à trois quarts de lieues vers l'O. d'Auneau , et 2 lieues vers le S. de

Gallardon ; sa distance de Paris est de 16 lieues au S. O., par l'ancienne route de Chartres. (Poste aux lettres de Gallardon.)

OYSONVILLE , village , département d'Eure-et-Loir, arrondissement de Chartres , canton d'Auneau , ci - devant généralité d'Orléans, dans la Beauce, et diocèse de Chartres. Sa population est d'environ 500 habitans.

La terre d'Oysonville est un ancien marquisat. Le château attenant l'église, est d'une ancienne construction , avec un parc de 50 arpens, clos de murs. M. le marquis de la Roncière , chevalier de St.-Louis, en est propriétaire.

Le terroir de cette commune est en labour et en bois. La majeure partie des habitans est occupée à fabriquer des bas drapés. Oysonville est à 2 lieues et demie au N. d'Angerville, et 4 au S. E. d'Auneau ; sa distance de Paris est de 15 lieues vers le S. O., par Dourdan et une chaussée joignant l'ancienne route de Chartres. (Poste aux lettres d'Angerville.)

OZOUER-LA-FERRIÈRE, village, département de Seine-et-Marne, arrondissement de Melun , canton de Tournan , ci-devant province de l'Ile de France, dans la Brie, et diocèse de Paris. Sa population est de 6 à 700 habitans.

Il est traversé par la route de Rozay à Paris, et entouré en partie par la forêt d'*Armainvilliers*. Ses dépendances sont : le château *des Agneaux*, celui de *la Doutre* et celui de *la Chauvenerie*.

Le château des Agneaux, appartenant à M. d'Arlincourt, maître des requêtes, est dans une agréable situation. Les jardins y sont très-beaux et bien distribués, ainsi que les eaux et les nouvelles plantations qui s'y trouvent.

Il se tient tous les ans, dans une dépendance de cette propriété, une foire, le 9 octobre, qui est nommée la foire de *Monthéty*.

Le terroir de cette commune est en terres labourables et bois. Le village d'Ozouer est à une lieue trois quarts à l'O. de Tournan, et distant de 5 trois quarts au S. E. de Paris, par la route de Rozay. (Poste aux lettres de Tournan.)

OZOUER - LE - REPOS,

village, département de Seine-et-Marne, arrondissement de Melun, canton de Mormant, ci-devant province de l'Ile de France, dans la Brie, et diocèse de Sens. Sa population est d'environ 280 habitans, avec les hameaux de *la Noue, Yvernail ; Bagneaux* et plusieurs fermes isolées.

Le château de Bisseaux qui est près la grande route de Paris à Troyes, avec laquelle il communique par une belle avenue de quatre rangées d'ormes, fait également partie de cette commune; le parc, qui est assez étendu, n'a rien de remarquable. Ce château a été habité par M. de Lauzun et mademoiselle de Montpensier, et appartient actuellement à madame d'Alvymar.

Les principales productions du terroir de cette commune sont en grains; on y fait beaucoup de cidre. Le village d'Ozouer est à une demi-lieue vers le N. E. de Mormant, et 12 lieues et demie au S. E. de Paris, par la route de Troyes désignée ci-dessus. (Poste aux lettres de Mormant.)

OZOUER-LE-VOULGIS,

village, département de Seine-et-Marne, arrondissement de Melun, canton de Tournan, ci-devant province de l'Ile de France, dans la Brie, et diocèse de Sens. Sa population est d'environ 800 habitans, y compris les hameaux des *Etars* et de *Jamard*.

Ce village est près la grande route de Paris à Troyes, dans une agréable situation, sur la pente d'une colline qui borde la rivière d'*Yerres*. On y distingue quelques maisons par leurs constructions et leurs accessoires.

Son terroir est en terres labourables, en vignes, en prairies et en bois. Ozouer est à 1 lieue un quart au S. O. de Chaumes, 2 lieues au S. de Tournan ; sa distance de Paris est de 9 lieues et demie par la route de Troyes. (Poste aux lettres de Guignes.)

P.

PACY - sur - Eure, petite ville, anciennement fortifiée, département de l'Eure, arrondissement d'Evreux, chef-lieu de canton, siége d'une justice de paix, et la résidence d'une brigade de gendarmerie, ci-devant province de Normandie, et diocèse d'Evreux. Sa population est de 15 à 1,600 habitans, y compris l'ancienne paroisse de *Pacel*.

Cette ville est dans une agréable situation sur la rivière d'*Eure*, qui la sépare de *Bout-de-Ville*, commune de *Saint-Aquilain*. Elle est traversée par la grande route de Paris à Caen. Avant la révolution, il y avait une abbaye de religieuses de l'ordre de Saint-Benoît. L'hospice, d'ancienne fondation, subsiste toujours.

Trois foires s'y tiennent par année : la première, le 1.er mars ; la seconde, le 29 juin ; et la troisième, le 2 novembre, dite la Foire des Morts : cette dernière est considérable en chevaux et bestiaux de toute espèce ; le marché, assez fort, est le jeudi de chaque semaine.

Le terroir de cette commune est en labour, prairies et bois. Pacy est à 4 lieues à l'E. d'Evreux, et 3 vers le S. O. de Vernon ; sa distance de Paris

est de 18 lieues au N. O. par la grande route de Caen. On compte 22 lieues de poste. (Bureau de poste aux lettres et relais de poste aux chevaux.)

PALAISEAU, bourg, département de Seine-et-Oise, arrondissement de Versailles, chef-lieu de canton, et siége d'une justice de paix, ci-devant province de l'Ile de France, et diocèse de Paris. Sa population est d'environ 1,700 habitans, y compris le hameau de *Lozère*, où il y a trois maisons de campagne, dont le site est très-agréable ; les fermes de *Ville du Bois*, des *Granges*, de *la Vove* et *Foucherolle* en font partie.

La terre de Palaiseau, avant la révolution, avait le titre de marquisat. Il reste encore des vestiges d'un ancien château, et on y voit aussi plusieurs maisons de campagne.

Il se tient, dans ce bourg, un marché le mardi de chaque semaine, et deux foires par an : la première, le 3 février ; et la seconde, le 25 novembre. Une fête patronale y aura lieu à compter du premier dimanche de juillet 1817.

Le terroir se divise en terres à grains, qui en forment la principale production, en prairies, en vignes et en bois ; il y a beaucoup d'arbres fruitiers, et il renferme des carrières de pierres de grès.

Palaiseau est sur l'ancienne

31

route de Paris à Chartres, le long d'une vallée, sur la petite rivière d'*Yvette*, à 3 lieues au S. E. de Versailles, et distant de 4 et demie au S. O. de Paris par cette route. (Bureau de poste aux lettres.)

PANCHARD, village, département de Seine-et-Marne, arrondissement et canton de Meaux, ci-devant province de l'Ile de France, dans la Brie, et diocèse de Meaux. Sa population est d'environ 400 habitans. Une ferme dite *Montbout* en fait partie.

Son terroir est en terres labourables : une partie est en vignes et en bois. On y trouve des carrières et fours à plâtre. Panchard est sur la route de Meaux à Dammartin, à trois quarts de lieue au N. de Meaux, et distant de 10 lieues à l'E. de Paris par la grande route d'Allemagne. (Poste aux lettres de Meaux.)

PANNECIÈRES, village, département du Loiret, arrondissement de Pithiviers, canton de Malesherbes, ci-devant province de l'Ile de France, dans la Beauce, et diocèse de Sens. Sa population est d'environ 160 habitans. Les productions de son terroir sont en grains.

Ce village est à 4 lieues et demie à l'O. de Malesherbes, et 2 et demie à l'E. d'Angerville ; sa distance de Paris est de 15 lieues et demie au S. par Etampes et la route d'Orléans. (Poste aux lettres d'Angerville.)

PANTIN, village, département de la Seine, arrondissement de Saint-Denis, chef-lieu de canton, siége d'une justice de paix, et la résidence d'une brigade de gendarmerie, ci-devant province de l'Ile de France, et diocèse de Paris. Sa population est de 7 à 800 habitans ; la ferme de *Rouvray* en fait partie.

Ce village est traversé par la grande route de Paris en Allemagne, proche le canal de l'*Ourcq*. Il est embelli par plusieurs maisons de campagne et par de beaux jardins.

Les principales productions de son terroir sont en grains, une partie est en vignes ; on y trouve des carrières de pierre à plâtre et moellons. Pantin est à proximité du *Bois de Romainville* et des *Prés Saint-Gervais*, à 1 lieue et demie au S. E. de Saint-Denis, et trois quarts de lieue au N. E. des barrières de Paris. (Poste aux lettres de la banlieue.)

PARAY, petit village, département de Seine-et-Oise, arrondissement de Corbeil, canton de Longjumeau, ci-devant province de l'Ile de France, et diocèse de Paris. Sa population n'est que d'environ 100 habitans, y compris trois maisons isolées dites *la Vielle Poste*, sur la route de Paris à Fontainebleau, et la ferme de *Contin*.

Les grains sont la principale production de son terroir. Ce village est dans une plaine à 1 lieue et demie au N. E. de Longjumeau, et 3 et demie au S. de Paris par la grande route de Fontainebleau. (Poste aux lettres d'Antony, département de la Seine.)

PARAY-LE-MOINEAU, village, département de Seine-et-Oise, arrondissement de Rambouillet, canton de Dourdan (Sud), ci-devant province de l'Ile de France, dans le Hurepoix, et diocèse de Chartres. Il forme, avec les hameaux de *Villiers-Paray* et de *Mainville*, une commune d'environ 200 habitans. Le château de *Douaville*, dont M. Voisin, docteur en médecine à Versailles, est propriétaire, en fait partie.

Toutes les productions du terroir de cette commune sont en grains. Le village de Paray est à 3 lieues au S. O. de Dourdan, et 14 vers le S. O. de Paris par Dourdan et une chaussée joignant l'ancienne route de Chartres. (Poste aux lettres de Dourdan.)

PARC-AUX-DAMES (le), ci-devant abbaye de religieuses de l'ordre de Cîteaux. *Voyez* AUGER-SAINT-VINCENT.

PARREPIERRE (le), mai-

son de campagne. *V.* SAINTE-GENEVIÈVE-DES-BOIS.

PARIS, ville capitale du royaume de France, et ci-devant de l'Ile de France, chef-lieu du département de la Seine et de l'arrondissement composé de douze mairies divisées en quarante-huit sections et douze justices de paix. Sa population est d'environ 600,000 habitans; elle est le siége d'un archevêché et la résidence actuelle de S. M. Louis XVIII, de la Famille royale, des ministres et des ambassadeurs.

Elle est aussi le siége de la chambre des pairs et de celle des députés, de la préfecture du département, de la préfecture de police, des cours royales, d'assises, de cassation, et des comptes, des tribunaux de première instance, de commerce et de douze justices de paix; et elle réunit en outre les administrations générales du domaine et de l'enregistrement, de la conservation des hypothèques, des douanes, des contributions, des eaux-et-forêts, des manufactures royales de tabac et des postes.

De grands détails sur Paris seraient ici nécessaires, si ce dictionnaire devait en comprendre la description; mais comme il ne s'agit que de celle de ses environs, il ne sera fait mention que de ce qu'il y a de plus intéressant à y voir.

Cette ville est l'une des plus grandes, des plus belles, des plus riches et des plus florissantes du monde. Parmi les édifices publics qui sont très-nombreux, on distingue *le Palais des Tuileries et du Louvre*, *le Palais du Luxembourg*, *le Palais du Corps-Législatif*, *le Palais de Justice*, *le Palais Royal*, *l'Hôtel-de-Ville*, *l'Hôtel des Monnaies*, *la Cathédrale*, *l'Eglise Saint-Sulpice*, *le Panthéon*, *l'Hôtel royal des Invalides* et *l'Ecole royale Militaire*.

Rien ne surpasse en beauté le jardin des Tuileries et celui du Luxembourg : le Palais royal est le rendez-vous des étrangers.

Les places principales sont celle *du Carrousel*, *la Place de Louis XV*, *la Place Vendôme*, où est une superbe colonne, *la Place des Victoires*, *la Place Royale*, entourée d'arcades, et la *Place de Thionville*, où il y a une fontaine au milieu. Une autre place, dite *le Marché des Innocens*, se remarque aussi par une fontaine où la chute d'eau en cascade dans un grand bassin, fait un effet admirable.

Les ponts les plus fréquentés sont *le Pont-Neuf*, *le Pont-Royal*, *le Pont-au-Change*, *le Pont-St.-Michel*, *le Pont-Notre-Dame*, *le Petit-Pont*, *le Pont-Marie* et le *Pont de la Tournelle*. Ceux *de Louis XVI* et *du Jardin du Roi* le sont moins, étant plus éloignés du centre.

A l'époque de la révolution, le clergé ayant été entièrement supprimé, le chapitre de cette métropole fut depuis rétabli, et de cinquante paroisses qu'il y avait dans la capitale, douze furent conservées, plusieurs autres églises sont succursales. Il y avait neuf collégiales, six abbayes et un grand nombre de communautés religieuses, tant d'hommes que de filles.

Les établissemens principaux et les plus intéressans à connaître, tant anciens que modernes, dans cette capitale, sont les *Bibliothèques publiques*, dont la plus belle et la plus riche est celle *du Roi*; *l'Institut*, les *Académies* et *les Musées*.

La manufacture royale de *Tapisserie des Gobelins* est la plus importante de cette nature, en ce qu'elle fait partie de la maison du Roi, et qu'elle est particulièrement employée à la décoration de ses palais et aux présens de la munificence de Sa Majesté. C'est la seule en Europe où ce bel art soit dans un aussi grand lustre et porté au plus haut degré de perfection.

On admire, dans le travail qui s'y fait en haute et basse lisse, la pureté du dessin et la beauté des couleurs. L'origine de cette manufacture date de 1667.

Une seconde manufacture royale en ce genre, dite *la*

Savonnerie, existe aussi à Paris, particulièrement pour les tapis de pieds.

La manufacture de *Glaces*, au faubourg Saint - Antoine, n'est pas moins à considérer. Elle est l'une des plus anciennes de l'Europe, et régie par les propriétaires, sous un même régime, depuis plus d'un siècle. Ses glaces sont renommées, non seulement par la grandeur, mais plus encore par leur beauté, la couleur et la transparence de la matière.

Paris n'en est que le dépôt; la principale fabrique est à *Saint-Gobain*, près la Fère, département de l'Aisne, d'où elles sont transportées dans les ateliers de ce dépôt pour y être doucies, polies, étamées et vendues sous la direction de M. Jacobé de Naurois.

Paris est encore le lieu où l'industrie et le commerce sont dans la plus grande activité. On y voit des manufactures et fabriques dans presque tous les genres.

La distance de cette capitale à chaque ville, bourg et village des environs, se trouve indiquée à leur description dans ce dictionnaire. (Le bureau général des poste est à Paris.)

PARISIS-FONTAINE, château. *Voyez* BERTHECOURN.

PARNES, village, département de l'Oise, arrondissement de Beauvais, canton de Chaumont - Oise, ci - devant province de l'Ile de France, dans le Vexin, et diocèse de Rouen. Sa population est d'environ 400 habitans, en y comprenant les hameaux environnans, ainsi que le château d'*Hallaincourt*, qui sont dans ses dépendances.

Ce château, très-ancien, qui, autrefois, a appartenu à la maison de Villeroy, est dans un fond au milieu d'un parc d'environ 200 arpens. Il est composé d'un grand corps de bâtiment remarquable par son antiquité, et autres bâtimens accessoires appelés *le Commun*; sa situation pittoresque, la distribution du parc, partie à la française et partie à l'anglaise; les pièces d'eau qui ont leurs sources dans son intérieur, et les fabriques qui se trouvent en divers endroits, rendent cette propriété l'une des plus agréables du département : elle appartient à la famille de Vallière.

Le terroir de cette commune est en labour, une partie est en bois et en prairies, un ruisseau y fait tourner trois moulins. Des carrières de pierre de taille sont au hameau des Bauves.

Le village de Parnes est à 1 lieue trois quarts, au N. O. de Magny, 3 et demie au S. O. de Chaumont, et 15 trois quarts au N. O. de Paris, par Magny et la grande route de Rouen. (Poste aux lettres de Magny (Seine-et-Oise.)

PARS, ancien fief de la commune de Fontains, près Nangis. *Voyez* Nangis.

PASSY-LES-PARIS, beau et grand village, département de la Seine, arrondissement de Saint-Denis, canton de Neuilly, ci-devant province de l'Ile de France, et diocèse de Paris. Sa population est d'environ 2,400 habitans. L'ancien château royal de *la Muette*, quelques maisons de *la Butte de l'Etoile*, et l'ancienne *Faisanderie*, en font partie. C'est la résidence d'une brigade de gendarmerie. Ce village, situé sur une éminence au bas de laquelle passent la grande route de Paris à Versailles et la *Seine*, est dans l'une des plus charmantes situations que l'on connaisse. Les Minimes y avaient un couvent, dit des *Bons-Hommes*. Les maisons de campagne y sont nombreuses et remarquables, non seulement par leur position, mais encore par la vue que l'on y découvre. L'une était autrefois nommée *la Seigneurie*, et une autre, appartenant à M. le baron de Lessert, renferme les *nouvelles eaux* dites de *Passy*.

Le château de la Muette était souvent fréquenté par Louis XV. Le principal corps de bâtiment ayant été démoli, il reste encore de cet édifice deux pavillons et autres accessoires : les alentours en sont fort agréables.

Une filature de coton et une raffinerie de sucre sont établies à Passy. M. le baron de Lessert en est propriétaire. Les *anciennes eaux* appartiennent à M. Blanche, il y existe une fabrique de briquettes économiques à MM. Guyot frères, négocians en charbon de terre, et on y trouve plusieurs pensions ou maisons d'éducation de jeunes gens et de jeunes demoiselles.

Les productions du terroir sont de peu de valeur, des carrières de pierres et moellons y sont en exploitation. Passy est à 1 lieue au S. de Neuilly, et contigu aux barrières de Paris. (Poste aux lettres de la banlieue.)

PASSY, château. *Voyez* Chevry-Cossigny.

PAVILLON (le), maison de campagne. *Voy.* Brétigny.

PAVILLON-DU-ROI (le), superbe habitation. *V.* Nandi.

PEC (le), village, département de Seine-et-Oise, arrondissement et canton de Saint-Germain-en-Laye, ci-devant province de l'Ile de France, et diocèse de Paris. Sa population est d'environ 1,100 habitans. Une maison de campagne, dite *Grand-Champ*, en fait partie.

Ce village, situé sur la pente d'une montagne rapide, est contigu, à son extrémité orientale, à la rive gauche de la Seine, que l'on passe sur un pont, et, à son extrémité occidentale, à la ville de Saint-Germain.

On y trouve plusieurs tanneries, une manufacture de cuirs, façon de Hongrie, et une fabrique de colle pour les manufactures de draps. Mesdames de Fouchier sont propriétaires d'une fontaine d'eau minérale située sur le bord de la Seine.

La culture principale du terroir de cette commune est en vignes. Le Pec est à 4 lieues à l'O. de Paris, par la route qui passe à Chatou. (Poste aux lettres de Saint-Germain-en-Laye.)

PECY, village, département de Seine-et-Marne, arrondissement de Provins, canton de Nangis, ci-devant province de l'Ile de France, dans la Brie, et diocèse de Meaux. Sa population est d'environ 600 habitans, en y comprenant les hameaux de *Melanfroy*, *Givry-Mirevaux*; et plusieurs fermes écartées sous diverses dénominations.

Le château et parc de *Beaulieu*, dont M. de Farges est propriétaire, fait également partie de cette commune ainsi que celui de *Bois-Garnier* qui est un peu plus loin.

Les principales productions du terroir sont en grains. Pecy est à 3 lieues vers le N. de Nangis, 2 et demie vers l'E. de Rozay, et 13 et demie vers le S. E. de Paris, par Rozay et la route qui passe à Tournan. (Poste aux lettres de Rozay.)

PEQUEUSE, village, département de Seine-et-Oise, arrondissement de Rambouillet, canton de Limours, ci-devant province de l'Ile de France, et diocèse de Paris. Sa population est d'environ 300 habitans, en y comprenant quelques hameaux ou habitations écartées.

Les principales productions de son terroir sont en grains. Ce village est à une demi-lieue à l'O. de Limours, 8 au S. O. de Paris, par Limours et l'ancienne route de Chartres. (Poste aux lettres de Limours.)

PECQUEUX, petit village, département de Seine-et-Marne, arrondissement de Melun, canton de Mormant, ci-devant province de l'Ile de France, dans la Brie, et diocèse de Sens. Sa population n'est que d'environ 60 habitans. Le château de *Courgoussou* en fait partie.

Les productions de son terroir sont en grains. Ce village est à une lieue au N. O. de Mormant, et distant de 11 au S. E. de Paris, par la grande route de Troyes. (Poste aux lettres de Mormant.)

PERAY (LE): *V.* LE PERRAY.

PERCHAY (LE), village, département de Seine-et-Oise, arrondissement de Pontoise, canton de Marines, ci-devant province de l'Ile de France, dans le Vexin, et diocèse de Rouen. Sa population est d'environ 230 habitans, avec le hameau de *Vallière*.

Tout son terroir est en labour. Ce village est à une lieue un quart au S. de Marines; sa distance de Paris est de 10 lieues et demie au N. O., par la grande route de Rouen. (Poste aux lettres de Pontoise.)

PERDREAUVILLE, village, département de Seine-et-Oise, arrondissement de Mantes, canton de Bonnières, ci-devant province de l'Ile de France, forme une commune d'environ 400 habitans, avec les hameaux d'*Apremont*, de *la Belle - Côte* en partie, *la Butte*, *la Verrière*, *Hausse-Pied*, *Godincourt*, *la Mare de la Forge*, et la ferme de *Blaru*.

Le château de *Beurou*, qui en fait aussi partie, est remarquable par la rencontre que fit Henri IV du duc de Sully, blessé après la bataille d'Ivry, que l'on transporta à sa terre de Rosny, à une demi-lieue de là. Ce château appartient à M. le comte de Mornay.

Le terroir de cette commune est en labour, une partie est en bois et en vignes. Un ruisseau y fait tourner un moulin. Le village de Perdreauville est à 2 lieues vers le S. de Bonnières, et 2 vers l'O. de Mantes; sa distance de Paris est de 14 lieues entre le S. et le S. O., par Mantes et la grande route de Caen. (Poste aux lettres de Mantes.

PERIGNY, village, département de Seine-et-Oise, arrondissement de Corbeil, canton de Boissy-Saint-Léger, ci-devant province de l'Ile de France, et diocèse de Paris. Sa population est d'environ 270 habitans. Une maison se fait distinguer des autres par sa construction et ses accessoires.

Les principales productions de son terroir sont en grains, une partie est en vignes. Perigny est sur la rivière d'*Yerres*, à une lieue trois quarts au S. E. de Boissy-Saint-Léger, et 5 trois quarts au S. E. de Paris, par Villecresne et la grande route de Troyes. (Poste aux lettres de Boissy-Saint-Léger.)

PEROY-LES-GOMBRIES, village, département de l'Oise, arrondissement de Senlis, canton de Nanteuil-le-Haudouin, ci-devant province de l'Ile de France, et diocèse de Meaux. Sa population est d'environ 460 habitans. Les maisons isolées, dites *la Vache Noire*, sur la grande route de Paris à Soissons, en font partie.

Les principales productions de son terroir sont en grains, une partie est en bois. Ce village, situé dans une plaine, est à trois quarts de lieues au N. E. de Nanteuil, à côté de la route de Soissons, sus-désignée, et 11 lieues trois quarts au N. E. de Paris, par cette route, qui passe à Nanteuil.

(Poste aux lettres de Nanteuil-le-Haudouin.)

PERRAY-SAINT-PIERRE (LE), village, département de Seine-et-Oise, arrondissement et canton de Corbeil, ci-devant province de l'Ile de France, et diocèse de Paris. Sa population est d'environ 220 habitans, y compris une partie du hameau dit le *Vieux-Marché*, le hameau de *Ville-Dedon*, où il y a deux maisons de campagne, l'ancien fief de *Villeray*, et autres maisons écartées.

Le Perray est situé sur une colline qui borde la rive droite de *la Seine*, près de Corbeil. M. Jars, receveur général du département de Seine-et-Marne, est propriétaire du château, d'où la vue est la plus belle de toute cette contrée, tant par son étendue que par la variété des objets que l'on y découvre, particulièrement le long de la Seine et sur les côteaux environnans. Les jardins y sont très-bien distribués, et le parc fort étendu.

Villeray est aussi une maison de campagne avec une ferme, dont M. de Varenne, maire du lieu, est propriétaire. Les grains sont la principale production du terroir de cette commune. Le village, étant proche la ville de Corbeil, en est à la même distance de Paris, qui est de 7 lieues au S., par la même route. (Poste aux lettres de Corbeil.)

PERRAY (LE), village situé dans une plaine et traversé par la grande route de Paris à Nantes, département de Seine-et-Oise, arrondissement et canton de Rambouillet, ci-devant province de l'Ile de France, dans le Hurepoix, et diocèse de Chartres. Sa population est d'environ 600 habitans, avec le hameau de *Saint-Hubert* en partie, le pavillon de *Poura*, et autres habitations isolées.

Le beau château de Saint-Hubert, que Louis XV avait fait bâtir, a été démoli à l'époque de la révolution.

Les grains sont la principale production du terroir de cette commune, contigu à la forêt de Rambouillet. Il renferme plusieurs étangs. Le Perray est à une lieue un quart au N. E. de Rambouillet, et 9 un quart au S. O. de Paris, par la route de Nantes, désignée ci-dessus. (Poste aux lettres de Rambouillet.)

PERREUSE, château. *V.* JOUARRE.

PERREUX (LE), château. *V.* NOGENT-SUR-MARNE.

PERSAN, village, département de Seine-et-Oise, arrondissement de Pontoise, canton de l'Ile-Adam, ci-devant province de l'Ile de France, et diocèse de Beauvais. Sa population est d'environ 300 habitans.

Ce village, peu éloigné de la ville de Beaumont et de la rive droite de *l'Oise*, est dans une très-belle situation. On y voit un beau château qui a appartenu à M. Doublet, marquis de Persan. Les jardins, les avenues et le parc traversé par la petite rivière de *Méru*, en font un séjour très-agréable.

Le terroir de cette commune est en terres labourables et en prairies. La rivière de Méru fait tourner plusieurs moulins.

Persan, étant proche de Beaumont, est à peu près à la même distance de 7 lieues et demie au N. de Paris, par la route de Beauvais. (Poste aux lettres de Beaumont-sur-Oise.)

PERTHES, village, départ. de Seine-et-Marne, arrondiss. et canton de Melun (Sud), ci-devant province de l'Ile de France, dans le Gatinais, et diocèse de Sens. Sa population est d'environ 1,000 habitans. Les hameaux de *la Planche*, celui de *Monceau*, la ferme de *Mimorand*, deux moulins à eau, l'un dit *le Grand Moulin* et l'autre *le Petit Moulin*, en font partie.

Il existe au hameau de la Planche une maison de campagne avec un joli parc bien percé appartenant à M. Daminois, juge de paix du canton; et proche le petit moulin il s'en trouve un autre nommé *Frecul*.

Le terroir de cette commune est en terres labourables, prairies, vignes et bois; le village de Perthes est dans une

plaine à 3 lieues vers le S. O. de Melun, et distant de 11 vers le S. de Paris, par différens chemins joignant la grande route de Lyon. (Poste aux lettres de Ponthierry.)

PETIT-BOURG, beau château. *Voyez* EVRY-SUR-SEINE.

PETIT-L'ETANG (LE), maison de campagne. *V.* GARCHES.

PETIT-PARIS (LE), château. *V.* JOUY-LE-CHATEL.

PEZARCHES, village, département de Seine-et-Marne, arrondissement de Coulommiers, canton de Rozay, ci-devant province de l'Ile de France, dans la Brie, et diocèse de Meaux. Sa population est d'environ 140 habitans. La ferme *de Grez* en fait partie.

Son terroir est en terres labourables et bois. Ce village est sur la route de Rozay à Coulommiers, à une lieue et demie vers le N. de Rozay, et 12 lieues et demie entre l'E. et le S. E. de Paris, par Rozay et la route qui passe à Tournan. (Poste aux lettres de Rozay.)

PIERREFITTE, village, traversé par la grande route de Paris à Beauvais et Amiens, sur la pente d'une colline, département de la Seine, arrondissement et canton de Saint-Denis, ci-devant province de l'Ile de France, et diocèse de Paris. Sa population est d'environ 700 habitans.

M. Faucompret de Vieux-Bancs, est propriétaire d'une collection de plantes les plus précieuses de fleurs en tout genre. La principale culture du terroir de cette commune est en vignes. Pierrefitte est à une demi-lieue au N. de Saint-Denis, et 2 lieues et demie au N. de Paris, par Saint-Denis. (Poste aux lettres de St.-Denis.)

PIERRELAYE, village, département de Seine-et-Oise, arrondissement et canton de Pontoise, ci-devant province de l'Ile de France, et diocèse de Paris. Sa population est de 6 à 700 habitans. Le château, autrefois seigneurial, avec un parc, a appartenu à M. de Cambéfort.

Le terroir de cette commune est en labour; une petite partie est en vignes et bois. On y trouve des carrières de pierre de taille et moellons. Pierrelaye est près la grande route de Paris à Rouen, à une lieue au S. E. de Pontoise, et 6 au N. O. de Paris, par cette route. (Poste aux lettres de Pontoise.)

PIERRELEVÉE, village, département de Seine-et-Marne, arrondissement de Meaux, canton de la Ferté-sous-Jouarre, ci-devant province de l'Ile de France, dans la Brie, et diocèse de Meaux. Sa population est d'environ 270 habitans, en y comprenant les hameaux de Courte-Soupe, des Ouies;

la ferme de *la Grande Loge*, celle *des Sayarts*, et autres, maisons écartées.

Le château *de Montebise*, que M. le marquis de Cordoüan a fait construire, fait également partie de cette commune. Il est situé sur une éminence et composé d'un corps de logis avec deux ailes, entouré de fossés secs. Les points de vue en sont très-agréables. On y arrive par cinq avenues en face de la grille. Le parc, qui contient 100 arpens, est régulièrement distribué; une partie est à l'anglaise. De superbes charmilles qui se trouvent dans son enceinte, deux autres avenues, dont l'une communique à la grande route d'Allemagne à Paris, et l'autre au bois de Saint-Faron, embellissent encore cette propriété.

Le terroir de Pierrelevée est en terres labourables; une partie est en prairies, en bois et étangs. Ce village est à 2 lieues et demi au S. O. de la Ferté, et distant de 14 à l'E. de Paris, par Meaux et la grande route d'Allemagne. (Poste aux lettres de la Ferté-sous-Jouarre.)

PIERRES, village, département d'Eure-et-Loir, arrondissement de Chartres, canton de Maintenon, ci-devant généralité d'Orléans; dans la Beauce, et diocèse de Chartres. Sa population est d'environ 700 habitans, avec les hameaux de *Bois-Richeux*, *Saulnigue*, *Rocfoin*, partie de *la Ferté-*

Maintenon et autres habitations écartées.

Ce village, situé sur la chaussée de Maintenon à Nogent-le-Roi, ne forme qu'une longue rue principale; son terroir est en labour, en prairies, en vignes et en bois. Il est près la ville de Maintenon, à 2 lieues au S. de Nogent-le-Roi, et à la même distance de Paris, que de Maintenon à Paris, 15 lieues vers le S. O., par la même route. (Poste aux lettres de Maintenon.)

PIN (LE), village, département de Seine-et-Marne, arrondissement de Meaux, canton de Claye, ci-devant province de l'Ile de France, et diocèse de Paris. Sa population est d'environ 450 habitans. Une ferme, dite *Courgain*, en fait partie.

Les productions de son terroir sont en grains; une partie est en vignes et bois. Il y a beaucoup d'arbres à fruits, et on y trouve des carrières et fours à plâtre. Ce village est à 1 lieue et demie au S. O. de Claye, et distant de 5 à l'E. de Paris, par une chaussée qui joint la route d'Allemagne. (Poste aux lettres de Claye.)

PINCELOUP, château. *V.* SONCHAMP.

PINTIÈRES (LES), village, département d'Eure-et-Loir, arrondissement de Dreux, canton de Nogent-le-Roi, ci-

devant province de l'Ile de France, dans le pays Chartrain, et diocèse de Chartres. Sa population est d'environ 100 habitans. Les productions de son terroir sont en grains, une petite partie est en bois.

Ce village est à 1 lieue trois quarts vers le N. de Nogent, et 2 trois quarts vers le S. de Houdan; sa distance de Paris est de 15 lieues trois quarts vers l'O., par Houdan et la grande route de Brest. (Poste aux lettres de Houdan.)

PIPLES, château. *Voyez* BOISSY-SAINT-LÉGER.

PISCOP, village contigu à la forêt de Montmorency, département de Seine-et-Oise, arrondissement de Pontoise, canton d'Ecouen, ci-devant province de l'Ile de France, et diocèse de Paris. Sa population est d'environ 260 habitans, y compris le hameau et le château *Blémur*, le hameau de *Poncelles*, et le château *du Luat*.

Un autre château, nommé le *Château Vert*, appartenant à madame de Cherisy, et une jolie maison de campagne à M. Clapier, sont dans le village.

Le château de Blémur, que M. Coulon, maire du lieu, a fait construire, ainsi qu'un superbe bâtiment qui en est très-près, dans lequel il a établi une filature et tissage de coton, sont dans une fort belle situation à mi-côte, d'où la vue est extrêmement variée. Les cours, les jardins, une pièce d'eau en forme de lac, avec une île, et les promenades, tant dans l'intérieur du parc qu'aux alentours, rendent cette propriété très-agréable.

Le château du Luat, dont M. Hua est propriétaire, est à proximité de la grande route de Paris à Beauvais, à laquelle il communique par une très-belle avenue plantée de deux rangs d'arbres de chaque côté. Une ferme est attenante le château.

Le hameau de Poncelle, traversé par la même route de Beauvais, renferme une maison que l'on distingue des autres par sa construction et ses accessoires; elle appartient à M. Liottier.

Les produits du terroir de cette commune sont en grains, fruits et bois. Le village de Piscop est à trois quarts de lieue à l'O. d'Ecouen, et distant de 4 un quart au N. de Paris, par la route de Beauvais. (Poste aux lettres de Montmorency.)

PIVOT (le), maison de campagne. *Voyez* FORGES.

PLAILLY, village, département de l'Oise, arrondissement et canton de Senlis, ci-devant province de l'Ile de France, et diocèse de Senlis. Sa population est d'environ 900 habitans. L'ancien châ-

teau de *Bertrand-Fosse*, situé sur une éminence, avec un parc, est contigu à ce village.

Il se faisait jadis à Plailly des dentelles noires très-renommées. Les principales productions de son terroir sont en grains, avec beaucoup de bois. On y trouve des carrières de pierre de grès, des fours à plâtre et une fabrique de tuiles, briques et carreaux. Il y a un moulin à eau, nommé le *Neuf-Moulin*. M. Benoist, maire du lieu, possède un beau troupeau de mérinos de pure race.

Ce village est près Morfontaine, à 2 lieues et demie au S. de Senlis, et distant de 7 trois quarts au N. E. de Paris, par une chaussée joignant la grande route de Flandre. (Poste aux lettres de Louvres.)

PLAISANCE, château, dans une très belle situation. *V*. NOGENT-SUR-MARNE.

PLAISIR, village, département de Seine-et-Oise, arrondissement de Versailles, canton de Marly-le-Roi, ci-devant province de l'Ile de France, et diocèse de Chartres, forme une commune de 12 à 1,300 habitans, en y comprenant les hameaux *des Gatines*, de *la Boissière*, *Villancis*, *la Chaîne*, *le Buisson*, *Sainte-Apolline*, *la Bretechelle*, *les Maisons des Bois*, *les Saussayes*, *la Muette*, *Vignoux* et une partie de celui *des Petits-*

Prés, avec la ferme et maisons isolées des *Ebisoirs*.

Le château, dont M. de Beauvais était propriétaire, a un parc de 120 arpens. L'ancien prieuré est actuellement une maison de campagne.

Les principales productions du terroir de cette commune sont en grains, une partie est en bois. Le village de Plaisir est dans une vallée, à 3 lieues au S. O. de Marly, et distant de 6 et demie à l'O. de Paris, par Versailles. (Poste aux lettres de Neaufle-le-Château.)

PLANCHE (LA), hameau et maison de camp. *V.* PERTHES.

PLANOY, petit village, département de Seine-et-Marne, arrondissement de Coulommiers, canton de Rozay, ci-devant province de l'Ile de France, dans la Brie, et diocèse de Meaux. Sa population n'est que d'environ 50 habitans.

La terre de Planoy était seigneuriale avant la révolution. M. le marquis de Laurière est propriétaire du château. Le parc est régulièrement distribué et offre de beaux points de vue.

Les principales productions du terroir de cette commune sont en grains, une partie est en bois. Planoy est à une lieue trois quarts à l'E. de Rozay, et 12 trois quarts vers le S. E. de Paris, par Rozay et la route qui passe à Tournan. (Poste aux lettres de Rozay.)

PLEIGNES, château. *V.* FROMONVILLE.

PLESSIS (LE), ancien château. *V.* AUTEUIL-LE-PLESSIS.

PLESSIS-AUX-BOIS (LE), village, département de Seine-et-Marne, arrondissement de Meaux, canton de Claye, ci-devant province de l'Ile de France, dans la Brie, et diocèse de Meaux. Sa population est d'environ 240 habitans.

La terre du Plessis-aux-Bois était autrefois seigneuriale. On y remarque un grand et ancien château bâti sous le règne de François 1er, agrandi par Henri IV, et habité par Gabrielle d'Estrées. Les points de vue y sont magnifiques, et de semblables sont fort rares dans cette contrée. Le parc, qui est très-étendu, entoure le château et renferme une futaie également rare par son antiquité. On y voit des eaux jaillissantes, qui arrivent d'une lieue et demie dans son enceinte par des acqueducs. Cette propriété appartient à M. le marquis de Boissy du Coudray, pair de France.

Ses productions sont en grains, une partie est en bois. Ce village est à 2 lieues au N. E. de Claye, et distant de 8 un quart au N. E. de Paris, par différens chemins joignant la grande route d'Allemagne. (Poste aux lettres de Claye.)

PLESSIS-AUX-BOIS (LE), hameau et ancien château. *V.* VAUCIENNES.

PLESSIS - BELLEVILLE (LE), village, département de l'Oise, arrondissement de Senlis, canton de Nanteuil-le-Haudouin, ci-devant province de l'Ile de France, et diocèse de Meaux. Sa population est d'environ 300 habitans.

Le château, qui faisait partie des domaines de M. le prince de Conti, a été démoli depuis peu de tems. Sa situation, dans une vaste plaine, près la grande route de Paris à Soissons, sa construction, les cours qui le précédaient, les jardins et la distribution régulière d'un parc très-étendu, tout annonçait la splendeur et la magnificence du haut et puissant seigneur qui l'habitait.

Au coin de cette route de Paris à Soissons, est une grande et superbe auberge faisant aussi le coin de la route de Meaux à Senlis, à côté d'une mare qui contient 4 arpens; les écuries y sont très-vastes, et peuvent recevoir 180 chevaux. M. Ladeux en est propriétaire.

Les principales productions du terroir de cette commune sont en grains. Le Plessis-Belleville est à 1 lieue et demie au S. O. de Nanteuil-le-Haudouin, et 9 et demie au N. O. de Paris, par la route de Soissons. (Poste aux lettres de Dammartin.)

PLESSIS-BOUCHARD (LE), village, département de Seine-et-Oise, arrondissement de Pontoise, canton de Montmorency, ci-devant province de l'Ile de France, et diocèse de Paris. Sa population est d'environ 200 habitans. On y voit plusieurs maisons de campagne.

Son terroir est en terres labourables et vignes; on y recueille beaucoup de fruits. Ce village est à 1 lieue et demie à l'O. de Montmorency, et distant de 5 au N. O. de Paris, par Franconville et la grande route de Rouen. (Poste aux lettres de Franconville.)

PLESSIS-CHAMANT (LE), château, près la forêt d'*Hallate. Voyez* CHAMANT.

PLESSIS-CHENÉT (LE), hameau et maisons de campagne sur la grande route de Paris à Fontainebleau. *Voyez* LE COUDRAY.

PLESSIS-FEU - AUSSOU (LE), village, département de Seine-et-Oise, arrondissement de Coulommiers, canton de Rozay, ci-devant province de l'Ile de France, dans la Brie, diocèse de Meaux. Sa population est d'environ 200 habitans, avec les hameaux de *Puisieux* et la ferme de *la Charbonnière.* Il y avait anciennement un château.

Les principales productions de son terroir sont en grains;

une partie est en bois; la petite rivière d'*Yerres* y fait tourner un moulin.

Le village du Plessis est à 1 lieue et demie au N. E. de Rozay, et 13 entre l'E. et le S. E. de Paris par Rozay. (Poste aux lettres de Rozay.)

PLESSIS - GASSOT (LE), village, département de Seine-et-Oise, arrondissement de Pontoise, canton d'Ecouen, ci-devant province de l'Ile de France, et diocèse de Paris. Sa population est d'environ 150 habitans. Toutes les productions de son terroir sont en grains.

Ce village est à trois quarts de lieue au N. E. d'Ecouen, et 5 lieues au N. de Paris, par Ecouen et la grande route d'Amiens. (Poste aux lettres d'Ecouen.)

PLESSIS-HENAUT (LE), maison de campagne. *Voyez* SAINT-JUST.

PLESSIS-LA-LANDE (LE), château. *Voyez* VILLIERS-SUR-MARNE.

PLESSIS - LA - POMME-RAYE (LE), ancien prieuré. *Voyez* CREIL.

PLESSIS-LE-COMTE (LE), ancienne paroisse. *V.* FLEURY-MÉROGIS.

PLESSIS-LE-GRAND (LE),

hameau et ancien château. *V.* LONGVILLIERS.

PLESSIS-L'EVÊQUE (LE), village, département de Seine-et-Marne, arrondissement de Meaux, canton de Dammartin, ci-devant province de l'Ile de France, et diocèse de Meaux. Sa population est d'environ 200 habitans. Son terroir est en terres labourables, vignes et bois.

Ce village est à 2 lieues un quart à l'E. de Dammartin, et distant de 8 et demie au N. E. de Paris, par différens chemins joignant la grande route d'Allemagne. (Poste aux lettres de Meaux.)

PLESSIS-VILLETTE (LE), petit village, département de l'Oise, arrondissement de Clermont - Oise, canton de Liancourt, ci-devant province de l'Ile de France, et diocèse de Beauvais. Sa population n'est que d'environ 90 habitans, en y comprenant une partie du hameau de *Longueau*, sur la route de Paris en Flandre, à côté de laquelle se trouve le château de *Villette*.

La terre du Plessis est un ancien marquisat, connu sous le nom de *Marquisat de Villette*. Le château est remarquable par son site et sa construction à la romaine, dans un parc fort étendu et rempli de pièces d'eau qui se communiquent les unes aux autres. Ces eaux forment plusieurs îles, et tout l'ensemble offre un aspect agréable et solitaire, quoique dans une contrée fort fréquentée. Madame la marquise de Villette est propriétaire de cette terre.

L'église paroissiale de cet endroit était, avant la révolution, près le château : elle a été détruite.

Le terroir de cette commune étant peu étendu, les productions sont de peu de valeur. Le village du Plessis est à trois quarts de lieue au N. de Pont-Sainte-Maxence, et 2 lieues trois quarts à l'E. de Liancourt; sa distance de Paris est de 13 lieues au N., par Pont-Sainte-Maxence et la route de Flandre. (Poste aux lettres de Pont-Sainte-Maxence.)

PLESSIS -- LUZARCHES (LE), ou LE PLESSIER, village, département de Seine-et-Oise, arrondissement de Pontoise, canton de Luzarches, ci-devant province de l'Ile de France, et diocèse de Paris. Sa population est d'environ 200 habitans. Les grains sont la principale production de son terroir.

Ce village est à une demi-lieue au S. E. de Luzarches, et distant de 6 un quart au N. de Paris, par la grande route d'Amiens. (Poste aux lettres de Luzarches.)

PLESSIS PATÉ, ou PLESSIS-D'ARGOUGES (LE), village, dé-

partement de Seine-et-Oise, arrondissement de Corbeil, canton de Longjumeau, ci-devant province de l'Ile de France, et diocèse de Paris. Sa population est d'environ 300 habitans, y compris le hameau de Charcois, une maison de campagne et deux fermes écartées. Il y avait autrefois un château.

Les productions du terroir de cette commune sont en grains. Ce village est à 2 lieues au S. de Longjumeau, et distant de 6 et demie au S. de Paris, par Fleury-Mérogis, et une chaussée qui joint la grande route de Fontainebleau. (Poste aux lettres de Longjumeau.)

PLESSIS-PICARD (LE), château. Voyez RÉAU.

PLESSIS - PIQUET (LE), autrefois nommé le Plessis-Raoul, village, département de la Seine, arrondissement et canton de Sceaux, ci-devant province de l'Ile de France, et diocèse de Paris. Sa population est d'environ 280 habitans. Les Feuillans y avaient autrefois un couvent.

Ce village est situé sur la pente d'une montagne, environné de bocages et d'un étang. Le château, dont madame la duchesse de Massa est propriétaire, a des points de vue très-variés qui s'étendent sur une grande partie de la ville de Paris et des alentours;

on y remarque une superbe terrasse; le parc, de 100 arpens et plus, est bien planté.

Le Plessis-Piquet renferme en outre plusieurs maisons de campagne. Les productions de son terroir sont en grains, il est à une demi-lieue à l'O. de Sceaux, et 2 lieues et demie au S. O. de Paris, par une route qui passe à Châtillon. (Poste aux lettres du Bourg-la-Reine.)

PLESSIS-PLACY (le), village, département de Seine-et-Marne, arrondissement de Meaux, canton de Lizy-sur-Ourcq, ci-devant province de l'Ile de France, et diocèse de Meaux. Sa population est d'environ 370 habitans, avec le hameau de *Beauvoir*, nommé vulgairement *Beauval*, la ferme de *Beauvoir*, dite de *Saint-Faron*, et celle de *Trelon*.

Les principales productions du terroir de cette commune sont en grains; le village du Plessis-Placy est à 1 lieue un quart vers le N. O. de Lizy; sa distance de Paris est de 13 lieues et demie, par la route de la Ferté-Milon, joignant à Meaux la grande route d'Allemagne. (Poste aux lettres de May-en-Mulcien.)

PLESSIS - SAINT - ANTOINE (le), château détruit. *Voy.* CHENEVIÈRES-SUR-MARNE.

PLESSIS-SAINT-AUBIN (le), maison de campagne. *Voyez* SAINT-AUBIN.

PLESSIS-SAINT-PÈRE (le), château. *V.* BALLAINVILLIERS.

PLESSIS - SAINTE-AVOYE (le), château. *V.* DAMMARTIN-EN-BRIE.

PLESSIS-LONGUEAU (le). *V.* LE PLESSIS-VILLETE.

PLUMASSERIE (la), maison de campagne. *Voyez* FONTENAY-TRÉSIGNY.

POIGNY, village, département de Seine-et-Oise, arrondissement et canton de Rambouillet, ci-devant province de l'Ile de France, et diocèse de Chartres. Sa population est d'environ 450 habitans, avec le hameau *des Basses - Mazures*, la ferme du *Petit-Poigny*, et un moulin.

La majeure partie du terroir de cette commune est en bois. Il y a peu de terres en labour et prairies. Poigny est presque entouré par la forêt de Rambouillet, à 1 lieue et demie au N. de Rambouillet; Sa distance de Paris est de 11 lieues vers le S. O., par la grande route de Nantes. (Poste aux lettres de Rambouillet.)

POINCY, petit village, département de la Marne, arrondissement et canton de Meaux, ci-devant province de l'Ile de France, et diocèse de Meaux. Sa population n'est que d'environ 70 habitans. Les principales productions de son terroir sont en grains, une petite partie est bois.

Ce village est sur la rive droite de *la Marne*, qui fait tourner un moulin, à une lieue vers le N. E. de Meaux, et 1¼ à l'E. de Paris, par Meaux et la grande route d'Allemagne. (Poste aux lettres de Meaux.)

POINTE (LA), château. *Voy.* VILLENEUVE-LE-COMTE.

POISSY, petite et ancienne ville, département de Seine-et-Oise, arrondissement de Versailles, chef-lieu de canton, siége d'une justice de paix et la résidence d'une brigade de gendarmerie, ci-devant province de l'Ile de France, et diocèse de Chartres. Sa population est d'environ 3,000 habitans, en y comprenant les hameaux de *Migneaux*, *Bethemont*, l'ancien fief *de Villiers* et autres habitations écartées, sous diverses dénominations. Le château de Migneaux fait partie de la commune *de Villennes*. *V.* VILLENNES.

Cette ville est avantageusement située sur la grande route de Paris à Caen, à l'une des extrémités de la forêt de Saint-Germain-en-Laye, et sur la rive gauche de *la Seine*, que l'on passe sur un pont très-long, à cause des îles que forme cette rivière.

Les rois ont habité anciennement le palais qui existait à Poissy avant que le château de Saint-Germain fût bâti. Saint-

Louis y est né le 24 avril 1215. On conserve encore dans une chapelle de l'église paroissiale, ci-devant collégiale, les fonts sur lesquels il a été baptisé.

Avant la révolution, il y avait en cette ville un couvent de Capucins, un de religieuses de l'ordre de saint Dominique, et un autre d'Ursulines. L'hôpital subsiste sous le nom d'*Hospice*. Une pension de jeunes gens est dirigée par M. Anquetin, prêtre, premier vicaire de la paroisse.

Il se tient à Poissy trois marchés par semaine : les mardi, jeudi et vendredi. Celui du jeudi est très-considérable en bestiaux pour l'approvisionnement de Paris.

A peu de distance de cette ville est établie, dans une maison dite *Picquenard*, une manufacture de produits chimiques, dont M. du Bruel est propriétaire.

Le sol des alentours de Poissy consiste en terres labourables et prairies. Il est à une lieue un quart au N. O. de Saint-Germain, 3 trois quarts au N. de Versailles, et distant de 5 un quart à l'O. de Paris, par la grande route qui passe à Saint-Germain-en-Laye. (Bureau de poste aux lettres et voitures publiques tous les jours pour Paris.)

POLANGIS, château. *Voy.* LE PONT DE SAINT-MAUR.

POMMEUSE, village, dé-

partement de Seine-et-Marne, arrondissement et canton de Coulommiers, ci-devant province de l'Ile de France, dans la Brie, et diocèse de Meaux. Il forme, avec les hameaux de Courtalin, Tresmes, le Mesnil-sur-Tresmes, Charnoy, Vauplenx, la Vanderie, le Fay, et autres habitations écartées, une population d'environ 1,400 habitans.

La terre de Pommeuse était autrefois seigneuriale. Le château, d'une ancienne construction, appartient à M. Huerne de Pommeuse. Il est entouré de fossés, que la rivière du Grand-Morin remplit de ses eaux; on y arrive par un pont-levis. Le parc, distribué dans le genre paysagiste, est enclos de murs.

Il existe à Courtalin une papeterie considérable, dont MM. Odent, frères, sont propriétaires. Voyez COURTALIN.

Le terroir de cette commune est en terres labourables, prairies et vignes. La rivière du Grand-Morin fait tourner deux moulins; quatre autres sont sur la petite rivière d'Aubetin. Le village de Pommeuse est dans une vallée étroite, proche le Grand-Morin, à une demi-lieue au N. E. de Farmoutier, et 1 lieue un quart à l'O. de Coulommiers; sa distance de Paris est de 13 lieues à l'E. par la route de Coulommiers. (Poste aux lettres de Farmoutier.)

POMPONNE, village, sur

la rive droite de la Marne, et traversé par la route de Paris à Coulommiers, département de Seine-et-Marne, arrondissement de Meaux, canton de Lagny, ci-devant province de l'Ile de France, et diocèse de Paris. Sa population est d'environ 300 habitans, y compris plusieurs maisons dites la Madeleine, près la ville de Lagny, où il y avait un couvent d'Augustins.

La terre de Pomponne est un ancien marquisat. Le château et le parc, dont madame de Courmont est propriétaire, sont dans une situation charmante, avec de superbes avenues. Louis-le-Gros y fit sa résidence l'an 1121, époque à laquelle il était en guerre contre Thibaud, comte de Champagne et de Brie.

Il se tient en ce lieu une foire considérable en bestiaux le 29 août de chaque année.

Les grains et les fruits sont les principaux produits du terroir de cette commune; une partie est en vignes, et il y a beaucoup de bois. Pomponne est à un quart de lieue à l'O. de Lagny, et 6 lieues un quart à l'E. de Paris, par la route de Coulommiers. (Poste aux lettres de Lagny.)

PONCELLE, hameau et maison de campagne, sur la grande route de Paris à Beauvais. Voyez PISCOP.

PONCHON, village, département de l'Oise, arrondisse-ment de Beauvais, canton de Noailles, ci - devant province de l'Ile de France et diocèse de Beauvais. Sa population est d'environ 5oo habitans y compris les hameaux de *Pierrepont*, *Roy*, *Houssoy*, *Framicourt*, et partie *de Blainville*.

Le beau château, d'une construction moderne, qui a appartenu à M. de Maupeou, a été démoli. M. de Nully-d'Hécourt, maire de Beauvais, est propriétaire du château ci-devant seigneurial de Framicourt.

On trouve sur le ruisseau *du Sillet* six moulins à farines, dont deux sont à deux roues chaque, dans le village, un à Framicourt, et un autre nommé *le Moulin de Conflans*. Les principales productions du terroir sont en grains, une partie est en bois et friches. Il renferme des carrières de moellons, qui ne gèlent jamais.

Le village de Ponchon est à une demi-lieue au N. de Noailles, près la grande route de Paris à Beauvais, et 13 et demie au N. de Paris, par Noailles et la grande route de Beauvais. (Poste aux lettres de Noailles.)

PONDRON, village, département de l'Oise, arrondissement de Senlis, canton de Crêpy, ci-devant province de l'Ile de France, dans le Valois, et diocèse de Senlis. Sa population est d'environ 100 habi-

tans. Deux maisons séparées qui en dépendent, sont nommées le *Petit-Pondron*.

Cet endroit est dans une vallée sur le bord d'un étang et sur la petite rivière d'*Autonne*, qui fait tourner un moulin à grains et un à huile. Son terroir est en labour, prairies et marais, une partie est en vignes. Pondron est à 1 lieue trois quarts au N. E. de Crêpy, et 15 trois quarts au N. E. de Paris, par Crêpy et la chaussée joignant à Nanteuil - le-Haudouin la grande route de Soissons. (Poste aux lettres de Crêpy.)

PONTARMÉ, village traversé par la grande route de Paris en Flandre, département de l'Oise, arrondissement et canton de Senlis, ci - devant province de l'Ile de France, et diocèse de Senlis. Sa population est d'environ 3oo habitans. On y voit un ancien château.

Les productions de son terroir sont peu abondantes en grains. Un ruisseau fait tourner un moulin. Pontarmé est presque contigu à la forêt qui porte le même nom, à 1 lieue un quart au S. de Senlis, et 8 trois quarts au N. de Paris, par la route de Flandre désignée ci-dessus. (Poste aux lettres de Senlis.)

PONTAULT, village, département de Seine-et-Marne, arrondissement de Melun, canton de Tournan, ci-devant province de l'Ile de France, dans la Brie, et diocèse de Paris. Sa population est d'environ 400 habitans. L'ancienne paroisse de *Berchères* est dans ses dépendances. Son terroir est en terres labourables; une partie est en prairies et en bois.

Ce village est à 3 lieues à l'O. de Tournan, et 4 et demie au S. E. de Paris, par la route de Rozay. (Poste aux lettres de Tournan.)

PONT-AUX-DAMES, ci-devant abbaye de religieuses de l'ordre de Cîteaux. *Voyez* COUILLY.

PONTAVESNE, domaine. *Voyez* MONTHERLANT.

PONTCARRÉ, village presque entouré de bois, département de Seine-et-Marne, arrondissement de Melun, canton de Tournan, avec un château. Il formait une commune particulière qui a été réunie à celle de Roissy-en-Brie. *Voy.* ROISSY-EN-BRIE.

PONT-CHARTRAIN, château. *Voyez* JOUARS-PONT-CHARTRAIN.

PONT DE SAINT-MAUR (LE), village, département de la Seine, arrondissement de Sceaux, canton de Charenton, ci-devant province de l'Ile de France, et diocèse de Paris.

Sa population est d'environ 430 habitans. C'était, dans l'ancien régime, une annexe de la paroisse de *Saint-Maur-les-Fossés*, qui en est à proximité.

Le château *de Polangis*, qui en fait partie, est dans une agréable situation; il communique à la route de Paris à Rozay par une belle avenue. M. le maréchal-de-camp Jamin de Bermuy en est propriétaire.

Ce village, situé sur la rive droite de *la Marne*, que l'on passe sur un pont, est traversé par cette route de Rozay à Paris. Les maisons de campagne les plus remarquables sont celles de M. le comte Collin de Sussy, et celle de madame Quinconnax.

Le terroir de cette commune, contiguë au bois de Vincennes, ne produit que des grains. Il y a plusieurs carrières de pierre à bâtir, et deux moulins sur la Marne.

On travaille en ce moment à un canal, qui est une coupure ou dérivation de la Marne. Il prend son origine sur sa rive droite, au dessous du pont, et aboutit sur la même rive à une demi-lieue plus loin. Il remplace un circuit de près de 4 lieues, formé par cette rivière. Sa construction est lente à cause des rochers que l'on rencontre dans une partie des souterrains où il est tracé. Les travaux qui se font sont sous la direction de M. Lamandé, ingénieur en chef des ponts-et-chaussées , et sous celle de M. Emery, ingénieur ordinaire.

Le Pont de Saint-Maur est à 1 lieue à l'E. de Charenton, et 2 au S. E. de Paris par Vincennes. (Poste aux lettres de la banlieue.)

PONTHÉVRARD, village, département de Seine-et-Oise, arrondissement de Rambouillet , canton de Dourdan (Sud), ci-devant province de l'Ile de France , dans le Hurepoix, et diocèse de Chartres. Sa population est d'environ 180 habitans, avec le hameau des Châteliers.

Le terroir de cette commune est en labour, prairies et bois. Le village de Ponthévrard est à 1 lieue un quart au S. O. de Saint-Arnoult, et 2 vers le N. O. de Dourdan ; sa distance de Paris est de 12 lieues au S. O. par l'ancienne route de Chartres. (Poste aux lettres de Dourdan.)

PONTHIERRY, hameau et relais de poste aux chevaux, sur la grande route de Paris à Fontainebleau. V. PRINGY.

PONTOISE, ville, chef-lieu d'arrondissement du département de Seine-et-Oise, et chef-lieu de canton, ci-devant province de l'Ile de France, capitale du Vexin français, et diocèse de Rouen. Sa population est d'environ 5,000 habitans , y compris le hameau de l'Ermitage. Le châ-

teau de Saint-Martin et celui de Marcouville en font partie.

Cette ville est le siége de la sous-préfecture de l'arrondissement , d'un tribunal de première instance , d'une justice de paix , et la résidence d'un lieutenant et d'une brigade de gendarmerie. Elle est bâtie en amphithéâtre , dans une agréable situation , et a été anciennement habitée par plusieurs rois de France. Elle fut prise et reprise par les Anglais, du règne de Charles VII. On y tint les Etats-Généraux en 1561 , et le parlement de Paris y fut transféré plusieurs fois.

Avant la révolution, il y avait une officialité métropolitaine de l'archevêché de Rouen, une collégiale dite de Saint-Mellon, qui formait une paroisse, quatre autres paroisses , et une abbaye d'hommes de l'ordre de Saint-Benoît sous le titre de Saint-Martin, fondée en 1069, un couvent de Cordeliers et un de Capucins. (Ce dernier était dans la paroisse de St.-Ouen-l'Aumône.) Les Jésuites y avaient aussi autrefois une maison.

L'abbaye de Saint-Martin, située hors de la ville, ayant été détruite, on remarque près le lieu où elle existait, le château qui a appartenu au cardinal de Bouillon, et qui auparavant formait la maison abbatiale de ce monastère. Son éminence, frappée de la beauté de sa situation, s'en était rendue propriétaire incommutable, au moyen des acquisitions et échanges d'autres propriétés contre celle-ci. Il employa alors les artistes les plus célèbres du tems, tant pour la construction de nouveaux bâtimens et des terrasses, que pour la distribution des jardins. Cette habitation ayant passé depuis à M. le duc d'Albret, puis à M. le prince de Conti, père, et finalement à M. le comte de la Marche, elle fut vendue par ce dernier à M. Roger d'Arquinvilliers, maire de la ville, à qui elle appartient actuellement.

Les communautés de religieuses à Pontoise, étaient un abbaye de Bénédictines dites des *Anglaises*, un couvent de Carmélites et un d'Ursulines. Il n'y a actuellement que deux paroisses, et l'Hôtel-Dieu, auquel est réuni un hospice de vieillards et d'orphelins.

On remarque, dans cette ville, un superbe jardin que M. Levassor-Deverville a créé à côté de sa maison sur un sol aride. Les plantations qu'il y a fait faire, sa distribution et ses points de vue sur une vaste plaine que borde la rivière d'*Oise*, le distinguent de tous les autres des alentours.

Pontoise, dans l'ancien régime, était le siége d'une châtellenie, d'un bailliage, d'une élection et de la juridiction d'un grenier à sel. Il s'y fait

un commerce considérable en grains et farines.

Il s'y tient trois foires par année : la première, le 4 mai; la seconde, le 8 septembre, qui dure huit jours, et la troisième, le 11 novembre, qui dure trois jours. Le marché est le samedi de chaque semaine.

Les objets, en fait d'industrie, ne consistent que dans une fabrique de vitriol, près de laquelle il a été récemment établi, par M. Guérin, le jeune, deux fonderies de cuivre et une fabrique de minium.

La ville de Pontoise possède un collége d'ancienne fondation, qui a pour principal M. Fournier, bachelier ès sciences et lettres de l'Université, et il s'y trouve plusieurs maisons d'éducation de jeunes demoiselles.

Le château de *Marcouville*, ci-devant seigneurial, est à l'une des extrémités de la ville, sur la route de Rouen; il a appartenu à M. de Nicolay, ensuite à M. Champerron, et a été reconstruit en grande partie par M. Hamot, négociant, qui en est aujourd'hui propriétaire. Le parc, qui est assez joli, est traversé par la petite rivière de *Viosne*.

Au hameau de *l'Ermitage*, existait un couvent de Trinitaires, qui est actuellement une maison de campagne près de laquelle est celle nommée *Beaujour*, appartenant à M. Hauquet, qui possède, au ci-devant couvent des Carmélites, une filature de coton; il est propriétaire, en outre, de l'île dite *l'Ile Potuy*, sur l'Oise, où il a fait de belles plantations qui forment une promenade très-agréable.

La ville de Pontoise est située au confluent de la rivière de Viosne et celle de l'*Oise*, que l'on passe sur un pont. Elle est traversée par la grande route de Paris à Rouen et Gisors. La Viosne y fait tourner vingt-deux moulins, et l'Oise deux autres, à 6 lieues et demie au N. de Versailles, et distant de 7 au N. O. de Paris par cette route de Rouen. On compte 8 lieues de poste. (Bureau de poste aux lettres. Le relais de la poste aux chevaux est au faubourg de l'Aumône, commune de Saint-Ouen. Il y a des voitures publiques deux fois par jour pour Paris.)

PONTPOINT, village composé de deux paroisses, l'une dite de *Saint-Gervais*, et l'autre de *Saint-Pierre*, département de l'Oise, arrondissement de Senlis, canton de Pont-Sainte-Maxence, ci-devant province de l'Ile de France, et diocèse de Beauvais. Il forme une commune d'environ 900 habitans, avec le hameau du *Montcel*, où il y avait, avant la révolution, un prieuré de religieuses, celui de *Saint-Paterne*, la ferme de *la Forêt* et celui de *Monvinet*.

Ce village, peu éloigné de Pont-Sainte-Maxence, n'a qu'une rue principale, qui est fort longue. Trois maisons, dont l'une est l'ancien fief de *Saint-Simphorien*, se font distinguer des autres par leur construction et leurs accessoires.

Le terroir de cette commune est en petite culture dans tous les genres. On y trouve de belles carrières. Le centre du village de Pontpoint est à trois quarts de lieues à l'E. de Pont-Sainte-Maxence, et 13 trois quarts au N. de Paris, par Pont-Sainte-Maxence et la route de Flandre. (Poste aux lettres de Pont-Sainte-Maxence.)

PONT-SAINTE-MAXENCE, petite ville, département de l'Oise, arrondissement de Senlis, chef-lieu de canton, siége d'une justice de paix, et la résidence d'une brigade de gendarmerie, ci-devant province de l'Ile de France, et diocèse de Beauvais. Sa population est d'environ 2,500 habitans. Le hameau de *Mainbertin* en fait partie.

Cette ville, traversée par la grande route de Paris en Flandre, et par la rivière *d'Oise*, est dans l'une des plus belles situations du département, à l'extrémité d'une plaine et au pied d'une montagne. On remarque sur l'Oise un très-beau pont construit par le célèbre architecte Perronet, le même qui a fait celui de Louis XVI, à Paris, et celui de Neuilly-sur-Seine. Ce pont, soutenu par des colonnes détachées, est encore remarquable par un chemin de hallage en dessous, et par quatre autres colonnes en forme de pyramides qui se trouvent aux quatre coins.

C'était, dans l'ancien régime, le siége d'une prévôté royale. Les établissemens religieux étaient : le ci-devant prieuré *du Moncel*, qui fait actuellement partie de la commune de *Pontpoint*, et une maison de charité dans la ville, connue sous le nom d'hospice, desservie par trois sœurs hospitalières.

Le commerce en cette ville, est l'un des plus importans en grains, des environs de Paris. Les marchés, qui se tiennent le vendredi de chaque semaine, sont très-considérables, et celui du dernier vendredi de chaque mois, nommé *Marché franc*, peut se comparer à une foire. Les tanneries et mégisseries y étaient assez renommées.

Pont est à 3 lieues au N. de Senlis, et 13 au N. de Paris, par la grande route de Flandre, désignée ci-dessus. On compte 14 lieues de poste. (Bureau de poste aux lettres, relais de poste aux chevaux, et voitures publiques de jour à autre pour Paris.)

PORCHEUVILLE, village, département de Seine-et-Oise, arrondissement de Mantes, canton de Limay, ci-devant province de l'Ile de France, et diocèse de Rouen. Sa population est d'environ 270 habitans. Plusieurs maisons isolées, dites de *Montalet*, en font partie. Le domaine de même nom a été réuni à la terre d'*Issou*. Le château ne subsiste plus. *V.* Issou.

Le terroir de cette commune est en terres labourables, vignes et bois. Porcheuville est sur la rive droite de *la Seine*, à une lieue un quart au S. E. de Limay et de Mantes; sa distance de Paris est de 10 lieues à l'O. par la petite route de Mantes, ou 11 lieues et demie par la grande route de Caen. (Poste aux lettres de Mantes.)

PORCHEUX, village, département de l'Oise, arrondissement de Beauvais, canton d'Auneuil, ci-devant province de l'Ile de France, et diocèse de Rouen. Sa population est d'environ 180 habitans, avec le hameau du *Petit-Boissy*.

Le château du *Saussay*, proche la route de Beauvais à Rouen, dont madame de Sarcus est propriétaire, fait également partie de cette commune, dont le terroir est en labour et bois. Ce village est à 2 lieues au S. O. d'Auneuil, et 2 au N. de Chaumont; sa distance de Paris est de 16 lieues entre le N. et le N. O., par Chaumont et la route joignant celle de Gisors. (Poste aux lettres de Chaumont-Oise.)

PORT-MARLY (LE), village, département de Seine-et-Oise, arrondissement de Versailles, canton de Marly-le-Roi, ci-devant province de l'Ile de France, et diocèse de Paris. Sa population est d'environ 500 habitans.

Cet endroit est dans une belle situation au bas de l'une des collines qui bordent la rive gauche de la *Seine*, où passe l'une des routes de Paris à Saint-Germain-en-Laye. On y voit un château dont M. Bézuchet est propriétaire, et quelques maisons de campagne. M. le Roy, curé de la paroisse, y dirige une pension de jeunes gens.

Le terroir de cette commune est en terres labourables et vignes. On y trouve des carrières et fours à chaux. Des fours à plâtre y sont également établis, mais la pierre qu'on y employe provient d'Argenteuil et de la Frette; un port, sur l'un des bras de la Seine, facilite le transport de diverses marchandises telles que grains, foins, paille, bois, pierre de taille, chaux, plâtre, etc.

Le village du port Marly est à une demi lieue au N. de Marly, et distant de 4 à l'O. de Paris, par la route désignée ci-dessus. (Poste aux lettres de Saint-Germain-en-Laye.)

PORT-ROYAL-DES-CHAMPS, ancienne abbaye de religieuses de l'ordre de Cîteaux. *Voyez* MAGNY-LES-HAMEAUX.

PORTES, château. *Voyez* AUVERNAUX.

PORTVILLEZ, village, département de Seine-et-Oise, arrondissement de Mantes, ci-devant province de l'Ile de France, et diocèse d'Evreux. Sa population est d'environ 200 habitans, avec une partie du hameau *du Chêne-Godon*, les maisons isolées *du Val* et celles dites *Notre-Dame de la Mère*.

Ce village est traversé par la route de Paris à Rouen, par Vernon, sur la rive gauche de la *Seine*. Les productions de son terroir sont en grains, une partie est en bois. On y trouve 2 moulins à eau et un four à chaux. Il est à 1 lieue trois quarts vers le S. O. de Bonnières, et 1 un quart vers le S. E. de Vernon; sa distance de Paris est de 16 lieues trois quarts entre l'O. et le N. O., par Bonnières et la grande route de Caen. (Poste aux lettres de Vernon, département de l'Eure.)

POUILLY, village, département de l'Oise, arrondissement de Beauvais, canton de Méru, ci-devant province de l'Ile de France, et diocèse de Rouen. Sa population est d'environ 150 habitans avec une partie du hameau de *Montoisel*.

La terre de Pouilly était autrefois seigneuriale. M. Daudin est propriétaire du château. Ce village renferme de belles sources d'eau vive, et on voit au hameau de Montoisel des excavations et des décombres que l'on dit provenir d'un temple d'Isis, d'où ce lieu tire son nom, *Mons Isis.*

Ses productions sont en grains, une partie est en bois et en prairies. Le village de Pouilly est à 2 lieues au N. O. de Méru, et distant de 13 entre le N. et le N. O. de Paris, par Hénonville et l'ancienne route de Beauvais à Pontoise, et de Pontoise par la grande route de Rouen. (Poste aux lettres de Méru.)

POURA, pavillon. *Voyez* LE PERRAY.

PRASLIN, ou VAUX-LE-PRASLIN, château anciennement nommé *Vaux-le-Vicomte*, et ensuite *Vaux-le-Villars*, faisant partie de la commune, et à une demi-lieue de Maincy, arrondissement et canton de Melun, département de Seine-et-Marne.

Ce château, dont M. de Choiseul, duc de Praslin, est propriétaire, a été bâti, sous le règne de Louis XIV, pour le fameux Fouquet, surintendant des finances. Il est entouré de larges fossés remplis d'eau vive, ainsi que la cour qui le précède. Sa grandeur, sa beauté

et son architecture le mettent au rang des plus remarquables des environs de Paris. L'avant-cour est décorée de portiques et fermée, du côté de l'avenue, par une grille soutenue par des cariatides.

Le parc contient près de six cents arpens. Les jardins, qui furent dessinés par Le Nôtre, étaient décorés de fort belles statues de marbre, dont plusieurs antiques, mais ils ont été abîmés en grande partie par le tems et les effets de la révolution.

Ce fut dans ce parc, attenant au château, que s'exécutèrent la première grande cascade et jeux d'eaux. On les y avait amenés à grands frais de près d'une lieue. Ces cascades ont, dit-on, servi de modèles à celle de Saint-Cloud; elles ont été entièrement détruites. Fouquet donna en ce lieu une fête célèbre à Louis XIV, à la suite de laquelle il fut exilé.

Le maréchal de Villars devint acquéreur de ce château; il passa à son fils, le duc de Villars, qui abandonna l'entretien des eaux et renversa une partie des ouvrages de Le Nôtre. Le duc de Praslin, qui, à cette époque, était ministre de la marine et des affaires étrangères, l'acquit du duc de Villars; et cette terre, qui fut alors érigée en duché-pairie, est restée depuis dans sa famille. M. Choiseul, duc de Praslin, petit-fils de M. le due, y créa un joli jardin à l'anglaise, qui sert de but de promenade aux habitans des alentours.

Le château de Praslin est à une lieue au N. E. de Melun, près la route de cette ville à Meaux, à laquelle il communique par une belle avenue, et 11 lieues au S. E. de Paris, par Melun et la grande route de Lyon. (Poste aux lettres de Melun.)

PRÉ (LE), château. *Voyez* CHARTRETTES.

PRÉ-DAVID (LE), maison de campagne. *Voyez* BRESLE.

PRÉCY, village, département de Seine-et-Marne, arrondissement de Meaux, canton de Claye, ci-devant province de l'Ile de France, et diocèse de Meaux. Sa population est d'environ 300 habitans. Son terroir est en terres labourables et prairies.

Ce village est sur la rive droite de la Marne, que l'on passe sur un bac, à une lieue un quart à l'E. de Claye, et distant de 7 trois quarts à l'E. de Paris, par Fresnes, Claye et la grande route d'Allemagne. (Poste aux lettres de Claye.)

PRÉCY-sur-OISE, bourg, département de l'Oise, arrondissement de Senlis, canton de Creil, ci-devant province de l'Ile de France, et diocèse

de Beauvais. Sa population est d'environ 900 habitans.

Ce lieu est dans une agréable situation, sur la rive droite de l'*Oise*, que l'on passe sur un bac. Il s'y trouve un château qui a été possédé par M. le général d'Avrange d'Augeranville, et une maison, ci-devant seigneuriale, qui faisait partie des domaines de M. le duc de Luxembourg, appartenant aujourd'hui à M. Tardu, notaire.

Ce bourg renferme en outre plusieurs maisons de campagne. Il s'y tient deux foires par année : la première, le 25 janvier, et la seconde, le mardi après la Saint-Pierre. Le marché est le mardi de chaque semaine.

Le terroir est en terres labourables, prairies et vignes. Précy est à 2 lieues et demie au S. O. de Creil, et distant de 9 et demie au N. de Paris, par Viarmes et une chaussée joignant, près Moiselles, la grande route de Beauvais. (Poste aux lettres de Chantilly.)

PRESLES, village, traversé par la grande route de Paris à Beauvais, département de Seine-et-Oise, arrondissement de Pontoise, canton de l'Ile-Adam, ci-devant province de l'Ile de France, et diocèse de Beauvais. Il forme une commune de 12 à 1,300 habitans, en y comprenant le hameau et le château de *Courcelles*, le hameau de *Nerville*, celui de *Prérolles*, et autres habitations écartées, sous diverses dénominations. On y rencontre plusieurs maisons de campagne.

Le château de Courcelles, remarquable par sa construction moderne et régulière, appartient à M. le vicomte de Prunelé. Le parc, contigu à la route, est traversé par un joli ruisseau. Des sources d'eau vive alimentent un grand canal et plusieurs autres d'une moindre dimension. On arrive au château par une avenue pavée et plantée d'un double rang d'arbres.

L'ancien fief de *Nantouillet*, est une maison construite dans l'emplacement de l'orangerie du château, qui ne subsiste plus; on y voit encore les fossés remplis d'eau vive qui l'entouraient et le parc clos de murs.

A Nerville, se trouve aussi une maison de campagne dont M. Pasquier, maire de Presles, est propriétaire; elle est sur un site, à mi-côte, des plus agréables. Ses dépendances, contigues à la forêt de l'Ile-Adam, sont variées en plantations de diverses espèces d'arbres. A quelque distance est une autre maison de campagne nommée le *Pré David*.

Le terroir de cette commune est en terres labourables, une partie est en vignes et bois. Le village de Presles est à une demi-lieue au S. de Beaumont, et 1 un quart à l'E.

de l'Ile-Adam; sa distance de Paris est de 7 lieues au N. par la route de Beauvais, désignée ci-dessus. (Poste aux lettres de Beaumont-sur-Oise.)

PRESLES-LES-TOURNAN, village, département de Seine-et-Marne, arrondissement de Melun, canton de Tournan, ci-devant province de l'Ile de France, dans la Brie, et diocèse de Paris. Sa population est de 6 à 700 habitans, y compris plusieurs hameaux, fermes et maisons isolées sous diverses dénominations.

M. Bodin de Saint-Laurent, maire du lieu, est propriétaire du château de *Villepatour*, qui fait partie de cette commune.

Les productions principales de son terroir sont en grains, une partie est en prairies et en bois, avec un étang. On y voit un moulin dit de *Vilgenard*, au dessous duquel est un gouffre, où le ruisseau qui le fait tourner se jette avec précipitation et se perd.

Un peu plus loin, dans la vallée ensuite de ce moulin, sont encore d'autres gouffres qui absorbent toutes les eaux qui descendent des collines environnantes, sans savoir où elles sortent.

Le village de Presles est à trois quarts de lieue au S. de Tournan, et distant de 7 et demie au S. E. de Paris par différens chemins joignant la route de Rozay. (Poste aux lettres de Tournan.)

PRES - SAINT - GERVAIS

(LES), village, département de la Seine, arrondissement de Saint - Denis, canton de Pantin, ci-devant province de l'Ile de France, et diocèse de Paris. Sa population est d'environ 350 habitans. C'était, dans l'ancien régime, une dépendance de la paroisse de Pantin.

Cet endroit est infiniment agréable pour les promenades. Il est attrayant par la beauté de son site et la variété de ses productions, quoique peu abondantes à cause que son terroir a peu d'étendue. On y voit plusieurs maisons de campagne et quantité de guinguettes. L'affluence du monde y est très-considérable, surtout les dimanches et fêtes dans la belle saison.

Ce village est à une demi-lieue vers le S. O. de Pantin, et une demi-lieue des barrières de Paris. (Poste aux lettres de la banlieue.)

PRESSOIRS - DU - ROI

(LES), château. *V.* SAMOIREAU.

PRIMART, château. *Voy.*
GUAINVILLE.

PRINGY, village, département de Seine-et-Marne, arrondissement et canton de Melun, ci-devant province de l'Ile de France, dans le

Hurepoix, et diocèse de Sens. Sa population est d'environ 400 habitans, y compris la ci-devant paroisse de *Montgermont*, et une partie du hameau de *Ponthierry*, l'autre partie est sur la commune de *Saint-Fargeau* : la petite rivière *d'Ecole* en fait la séparation.

Ce hameau est traversé par la grande route de Paris à Fontainebleau. Un relais de la poste aux chevaux et un bureau de poste aux lettres y sont établis.

Un ancien prieuré, dont le titre clérical a été tranféré par échange en 1786, sur le domaine de *Sainte-Radagonde*, est actuellement une maison de campagne, dont M. Baron, ancien conseiller au Châtelet de Paris, est propriétaire ; elle se fait remarquer par ses sources d'eau vive et la variété de ses jardins. Une fontaine, dite de *la Vierge*, y est renommée et y attire beaucoup de monde en pélerinage, par l'opinion reçue dans le canton, que ses eaux opèrent la guérison de quantité de maladies.

A Montgermont est un château d'une belle construction, appartenant à M. le lieutenant-général, marquis de Gontaut-Biron. Le parc est considérable et bien dessiné, principalement la partie nommée *l'Albanum*. Il est bordé, dans toute sa longueur, par la rivière *d'Ecole*.

Le terroir de cette commune est en vignes, une partie est en terres labourables et en prairies.

Le village de Pringy est à côté de la grande route de Paris à Fontainebleau, désignée ci-dessus, et près la petite rivière d'Ecole, qui fait tourner plusieurs moulins, à 2 lieues à l'O. de Melun, et 9 trois quarts au S. E. de Paris, par cette route de Fontainebleau. (Poste aux lettres de Ponthierry.)

PROUEST, village, département d'Eure-et-Loir, arrondissement de Dreux, canton de Nogent-le-Roi, ci-devant province de l'Ile de France, dans le pays Chartrain, et diocèse de Chartres. Sa population est d'environ 500 habitans, avec les hameaux de *Beauchesne*, *Rozay* et *la Musse* en partie.

Le terroir de cette commune est presque tout en labour. Le village de Prouest est à 2 lieues au N. de Nogent, et 2 et demie vers le S. de Houdan; sa distance de Paris est de 15 lieues et demie vers l'O. par Houdan et la grande route de Brest. (Poste aux lettres de Houdan.)

PROVINS, ville, chef-lieu d'arrondissement du département de Seine-et-Marne, et chef-lieu de canton, ci-devant province de l'Ile de France, dans la Brie, et diocèse de Sens. Sa population est de 6 à

7,000 habitar de la sous-p arrondissem de commerc de paix, et lieutenant et gendarmerie en ville haut La ville ha fortifiée.

Sa situati ble, sur la g ris à Troyes par les petit *tein* et de tourner qu Les fontair les rampar font le pr Les hamea *Riante* et F dépendance

Avant la en cette vill deux abbay noines régi gation de de religie St.-Benoît, mes du m vent de Co minicains, autre de re grégation. naient le c l'ancien pa Champagn situation e air et la sur la vil Ce collég doté par le mune, et s principal.

Provins ne renferme qu'une paroisse et deux succursales. L'Hôtel-Dieu peut contenir quatre-vingts malades, et il y a en outre un hôpital général hors la ville, créé par les comtes de Champagne et de Brie pour cent pauvres vieillards, orphelins et enfans trouvés qui y sont admis à titre de retraite à vie.

C'était, dans l'ancien régime, le siége d'un bailliage royal, d'une élection, d'une maîtrise particulière des eaux et forêts, de la juridiction d'un grenier à sel, d'une subdélégation de l'intendance de Paris et de la maréchaussée, qui jugeait prévôtalement.

Le commerce de cette ville est très-important en grains et en farines. La halle au blé est fort étendue et fermée; les grains y sont confiés à la garde d'un préposé. On y trouve des tanneries, des fabriques d'étoffes de tiretaines, deux brasseries, trois fours à chaux et deux tuileries.

Il s'y tient trois foires par an : la première, dite de *Saint-Ayoul*, le 12 mai; la seconde, le 24 juin, et la troisième, le 11 novembre. Les marchés sont les mardi et samedi de chaque semaine, celui du samedi est très-considérable.

Une société libre d'agriculture, sciences et arts y correspond avec plusieurs sociétés savantes, et particulièrement avec celle d'agriculture de Paris. Il y a une bibliothèque publique. Les conserves de roses y sont renommées par leur qualité stomachique. Provins est environné de jardins d'un grand rapport, et de collines, à 4 lieues à l'O. de Nogent-sur-Seine, 4 au N. de Bray, et 11 lieues à l'E. de Melun; sa distance de Paris est de 20 lieues vers le S. E., par la grande route de Troyes. On compte 22 lieues de poste. (Bureau de poste aux lettres, relais de poste aux chevaux, et voitures publiques de jour à autre pour Paris et retour.)

PRUNAY, petit village, département de Seine et-Oise, arrondissement d'Etampes, canton de Milly, ci-devant province de l'Ile de France, dans la Beauce, et diocèse de Sens. Sa population n'est que d'environ 90 habitans, avec le hameau de *Courcelles*, et autres habitations isolées.

Son terroir est en labour, chenevières et prairies. Ce village est à 2 lieues un quart au S. O. de Milly, et 2 au N. de Malesherbes; sa distance de Paris est de 14 lieues au S., par la Ferté-Alais, Arpajon et la grande route d'Orléans. (Poste aux lettres de Milly.)

PRUNAY, château. *Voyez* Louveciennes.

PRUNAY-LE-TEMPLE, village, département de Seine-et-Oise, arrondissement de Mantes, canton de Houdan, ci-devant province de l'Ile de France, et diocèse de Chartres. Sa population est d'environ 260 habitans, avec le hameau de *la Roullanderie*, et la petite ferme de *Druchamp*.

Il vient d'être créé en ce lieu, par M. Petit, propriétaire pépiniériste, une pépinière à l'instar de celle qu'il possède à Trappes. *Voyez* TRAPPES.

Le terroir de cette commune est en labour, vignes et bois. Prunay est à 2 lieues et demie entre le N. et le N. E. de Houdan, et distant de 12 un quart à l'O. de Paris, par une chaussée qui passe à Thoiry et joint la grande route de Brest. (Poste aux lettres de Houdan.)

PRUNAY-SOUS-ABLIS, village, département de Seine-et-Oise, arrondissement de Rambouillet, canton de Dourdan (Sud), ci - devant province de l'Ile de France, dans le Hurepoix, et diocèse de Chartres. Il forme, avec le hameau de *Gourville*, en y comprenant plusieurs fermes et maisons isolées, une commune d'environ 600 habitans.

Le château *des Faures*, d'une ancienne construction, avec une ferme attenante, dont M. Petineau est propriétaire, en fait partie. Le parc, qui contient environ 60 arpens, est distribué dans le genre anglais.

Le terroir de cette commune est en labour, prairies et bois. Le village du Prunay

est à trois quarts de lieue vers l'O. d'Ablis, et 3 lieues trois quarts à l'O. de Dourdan; sa distance de Paris est de 14 lieues un quart au S. O., par Ablis et l'ancienne route de Chartres. (Poste aux lettres de Dourdan.)

PUISELET-LE-MARAIS, village, département de Seine-et-Oise, arrondissement d'Etampes, canton de Milly, ci-devant province de l'Ile de France, frontières de la Beauce et du Gatinais, diocèse de Sens. Sa population est d'environ 220 habitans.

Son terroir est en labour, et partie en bois. Puiselet est à 2 lieues entre l'E. et le S. E. d'Etampes, et 4 à l'O. de Milly; sa distance de Paris est de 14 lieues au S. par Etampes, et la grande route d'Orléans. (Poste aux lettres d'Etampes.)

PUISEUX-EN-FRANCE, village, département de Seine-et-Oise, arrondissement de Pontoise, canton d'Ecouen, ci-devant province de l'Ile de France, et diocèse de Paris. Sa population est d'environ 160 habitans. Toutes les productions de son terroir sont en grains.

Ce village est à 2 lieues au N. E. d'Ecouen, et distant de 6 au N. de Paris par Villiers-le-Bel et la grande route d'Amiens. (Poste aux lettres de Louvres.)

PUISEUX - EN - VEXIN , village, département de Seine-et-Oise, arrondissement et canton de Pontoise, ci-devant province de l'Ile de France, et diocèse de Rouen. Sa population est d'environ 200 habitans. Une ferme dite *la Seule* en fait partie. Ce village est à côté de la grande route de Paris à Rouen. Madame la marquise de Girardin est propriétaire du château, dont le site est charmant et les points de vue admirables de trois côtés.

Les principales productions du terroir de cette commune sont en grains; une partie est en bois. Le village de Puiseux est à 1 lieue et demie à l'O. de Pontoise, et 8 et demie au N. O. de Paris, par la route de Rouen , désignée ci - dessus. (Poste aux lettres de Pontoise)

PUISEUX - LE - HAUT - BERGER , village, situé dans un fond , et traversé par la grande route de Paris à Beauvais , département de l'Oise , arrondissement de Senlis, canton de Neuilly-en-Thel, ci-devant province de l'Ile de France , et diocèse de Beauvais. Sa population est d'environ 400 habitans.

M. Bruant-Descarrières, ancien conseiller de grand chambre au parlement de Paris , est propriétaire du château et du parc.

Le terroir de cette commune est tout en labour , à l'exception d'une partie qui est en friche. M. Collinet, maître de poste, possède un beau troupeau de Mérinos.

Le village de Puiseux est à trois quarts de lieue à l'O. de Neuilly - en - Thel, et distant de 9 trois quarts au N. de Paris, par la route de Beauvais. On compte 10 lieues et demie de poste. (Relais de poste aux chevaux. Le bureau de la poste aux lettres est à Chambly.)

PUISIEUX , village, département de Seine-et-Marne, arrondissement de Meaux, canton de Lizy-sur-Ourcq, ci-devant province de l'Ile de France , et diocèse de Meaux. Sa population est d'environ 500 habitans, avec le hameau de *la Chaussée*, où il y a un moulin sur la petite rivière *de Therouane*, la ferme *de Poligny*, et celle *de Champ-Fleury*.

Les principales productions du terroir de cette commune sont en grains. Le village de Puisieux est à 2 lieues et demie au N. O. de Lizy ; sa distance de Paris est de 12 lieues et demie vers le N. E. , par Saint - Souplets et la route de Meaux à Dammartin , et de Dammartin par la grande route de Soissons. (Poste aux lettres de May-en-Mulcien.)

PUSSAY, village, département de Seine-et-Oise, arrondissement d'Etampes, canton de Méréville, ci-devant province de l'Ile de France , dans le Hurepoix, et diocèse de Chartres. Sa population est d'environ 600 habitans; il y avait anciennement un château-fort, dont il reste encore quatre tours avec plusieurs bâtimens, qui forment deux fermes.

Les trois quarts et demi des habitans sont occupés à la fabrication de bas et chaussons de laine drapés. Les productions du terroir sont en grains. Ce village est à trois quarts de lieue au N. d'Angerville, et 2 lieues vers l'O. de Méréville; sa distance de Paris est de 15 lieues et demi vers le S., par la grande route d'Orléans. (Poste aux lettres d'Angerville.)

PUTEAUX, village, département de la Seine, arrondissement de Saint-Denis, canton de Nanterre, ci-devant province de l'Ile de France, et diocèse de Paris. Sa population est d'environ 1,000 habitans, avec le hameau de *Chantecoq*, sur la grande route de Saint-Germain-en-Laye, qui en fait partie.

Ce village est dans une très-agréable situation, au bas d'une côte qui borde la rive gauche de la Seine, où il y a plusieurs maisons de campagne. M. le maréchal duc de Feltre, ministre secrétaire d'Etat de la guerre, est propriétaire de celle nommée vulgairement *le château de Puteaux*.

Dans une île que forme la *Seine*, est une autre maison de campagne, avec de jolis alentours, appartenant à madame la comtesse de Coaslin.

Une grande partie du terroir de cette commune est en vignes; le surplus se cultive en asperges, petits pois de primeur, et en roses pour les parfumeurs. Le village de Puteaux est à trois quarts de lieue à l'E. de Nanterre, et 1 lieue et demie à l'O. de Paris, par Neuilly. (Poste aux lettres de Neuilly.)

Q.

QUEUE (LA), ancienne annexe sur la grande route de Paris à Brest. Relais de poste aux chevaux et bureau de poste aux lettres. *Voyez* GALLUIS-LA-QUEUE.

QUEUE-EN-BRIE (LA), village, département de Seine-et-Oise, arrondissement de Corbeil, canton de Boissy-St-Léger, ci-devant province de l'Ile de France, et diocèse de Paris. Sa population est d'environ 450 habitans.

M. le duc de Cadore est propriétaire du château *de Maisoncelles*, dit *des Marmousets*, et M. le baron de Maistre, maire du lieu, possède la maison de campagne, dite *l'Ermitage*, près la route de Paris à Rozay. Deux autres maisons de campagne sont dans le village, qui, anciennement, était une ville murée, avec trois portes. Il reste encore une *vieille tour* tombant en ruine et assez élevée pour être vue de très-loin, c'est le restant d'une forteresse qui fut démolie par les Anglais, au commencement du seizième siècle.

La ferme *des Bordes* et le moulin de *Champlain* font aussi partie de cette commune, dont les productions principales du terroir sont en grains. La Queue est près la même route de Rozay, à une lieue au N. E. de Boissy-Saint-Léger, et distant de 4 au S. E. de Paris, par cette route. (Poste aux lettres de Boissy-Saint-Léger.)

QUIERS, village, département de Seine-et-Marne, arrondissement de Melun, canton de Mormant, ci-devant province de l'Ile de France, dans la Brie, et diocèse de Sens. Sa population est d'environ 240 habitans, avec le hameau *des Loges*, une ferme et plusieurs maisons isolées.

Les grains sont la principale production de son terroir. Ce village est à une lieue trois quarts à l'E. de Mormant, et distant de 13 trois quarts au S. E. de Paris, par Mormant et la grande route de Troyes. (Poste aux lettres de Nangis.)

QUINCAMPOIX, ancien fief. *Voyez* ABBEVILLE.

QUINCY, village, département de Seine-et-Oise, arrondissement de Corbeil, canton de Boissy-Saint-Léger, ci-devant province de l'Ile de France, et diocèse de Paris. Sa population est d'environ 130 habitans.

M. Garnier-Deschesnes, administrateur des domaines, est propriétaire du château, avec un parc de 75 arpens bordé par la rivière d'*Yerres*. Le terroir est en labour, vignes et bois. On y trouve des carrières de pierre et fours à chaux.

Quincy est sur cette rivière d'Yerres, à 2 lieues un quart au S. de Boissy-Saint-Léger, et distant de 6 et demie au S. E. de Paris, par la grande route de Lyon. (Poste aux lettres de Villeneuve-Saint-Georges.)

QUINCY-SÉGY, village, département de Seine-et-Marne, arrondissement de Meaux, canton de Crécy, ci-devant province de l'Ile de France, dans la Brie, et diocèse de Meaux. Il forme une commune d'environ 200 habitans, en y comprenant l'ancienne paroisse de *Ségy*, les hameaux de *Voisins*, *Huiry* en partie, et les haut et bas *Moulignon*. Dans ce nombre d'habitans on compte près de 400 protestans.

La terre de Quincy est une ancienne seigneurie. Le château est dans une belle situation, sur la route de Meaux à Crécy. M. Boula-de-Nanteuil, maire du lieu, en est propriétaire.

Ses productions sont en

grains, une partie est en vignes; les fruits y sont assez abondans. Des carrières considérables de pierre à plâtre y sont en exploitation. Ce village est à une lieue et demie au N. de Crécy, et une et demie au S. de Meaux; sa distance de Paris est de 9 lieues et demie à l'E., par Couilly et la route de Coulommiers. (Poste aux lettres de Meaux.)

R.

RADEMONT, village, département de Seine-et-Marne, arrondissement de Meaux, canton de Lizy-sur-Ourcq, ci-devant province de l'Ile de France, et diocèse de Meaux. Sa population est d'environ 100 habitans.

Les productions de son terroir sont en grains; un ru y fait tourner un moulin. Ce village est à 1 lieue un quart vers le N. E. de Lizy, et 14 un quart entre l'E. et le S. E. de Paris, par Lizy et la route de la Ferté-Milon, joignant à Meaux la grande route d'Allemagne. (Poste aux lettres de Lizy-sur-Ourcq.)

RAGONANT, maison de campagne, ancien fief. *Voyez* GOMETZ-LA-VILLE.

RAINCY (LE), château. *V.* LIVRY-EN-LAUNOY.

RAINVILLIERS, village, département de l'Oise, arron-

dissement de Bauvais, canton d'Auneuil, ci-devant province de l'Ile de France, et diocèse de Beauvais. Sa population est d'environ 400 habitans avec les hameaux *de Monchy* et *du Pré-Benard.*

Ce village est entre les routes de Beauvais à Rouen, par Gisors, et de Beauvais à Rouen par Gournay; madame le Bastier de Rainvilliers est propriétaire du château.

Le terroir de cette commune est en labour, beaucoup de prairies et de bois. Le ruisseau d'*Avelon* y fait tourner 2 moulins. Le village de Rainvilliers est à 1 lieue au N. d'Auneuil, et 1 et demie au S. O. de Beauvais. Sa distance de Paris est de 16 lieues entre le N. et le N. O., par différens chemins joignant la nouvelle route de Beauvais à Pontoise, qui passe à Méru, et de Méru par Chambly et la grande route de Beauvais. (Poste aux lettres de Beauvais.)

RAISEUX, ou RÉSEUX, village, département de Seine-et-Oise, arrondissement et canton de Rambouillet, ci-devant généralité d'Orléans, dans la Beauce, et diocèse de Chartres, forme, avec les hameaux *de Cadis* et autres habitations écartées, une commune d'environ 500 habitans.

Son terroir est en labour, prairies et bois; un ruisseau fait tourner deux moulins. Ce village est à une demi-lieue au N. d'Epernon, et 2 lieues et demie à l'O. de Rambouillet ; sa distance de Paris est de 13 lieues vers le S. O. par . Rambouillet et la grande route de Nantes. (Poste aux lettres d'Epernon.)

RAMBOUILLET, ville traversée par la grande route de Paris à Nantes, chef-lieu d'arrondissement et de canton, département de Seine - et - Oise, ci - devant province de l'Ile de France, généralité d'Orléans, et diocèse de Chartres. Sa population est d'environ 2,800 habitans, en y comprenant les hameaux *de Grenonvilliers*, *du Pâtis* et de *la Villeneuve*, et plusieurs habitations isolées, sous diverses dénominations.

Elle est le siége de la sous-préfecture de l'arrondissem., d'un tribunal de première instance, d'une justice de paix, et la résidence d'un lieutenant et de deux brigades de gendarmerie. Il y avait autrefois un baillage royal et une maîtrise particulière des eaux et forêts.

Le château royal de Rambouillet, flanqué de tours, est construit en fer à cheval. La principale, où est mort François 1er, le 31 mars 1547, est de la plus haute antiquité.

Les grand et petit parcs, entourés de murs, dans l'enceinte desquels sont deux jardins, l'un planté régulièrement, et l'autre dans le genre anglais, des canaux et pièces d'eaux très-étendues, contiennent ensemble environ 3,000 arpens.

Près le château on remarque un bâtiment extrêmement vaste appelé *le Commun*, et l'hôtel du gouverneur, nouvellement construit. Les petites écuries peuvent recevoir 500 chevaux.

Dans l'intérieur du grand parc, on voit la magnifique ferme où est soigné le superbe troupeau de mérinos, importé en France en 1786 pour l'amélioration des laines. Sa réputation est trop répandue pour en faire ici une plus longue mention. On croit seulement devoir ajouter, avec justice, que la conservation de ce précieux troupeau est due au zèle et à l'intelligence de MM. Bourgeois père et fils, régisseurs de cet établissement rural depuis sa création.

La forêt, qui tient au parc, peut contenir environ 30,000 arpens. Elle est percée de très-belles routes, qui offrent les promenades les plus agréables ; on y rencontre de distance en distance des étangs plus ou moins grands. Les rois en ont de tout tems fait leurs délices pour la chasse.

L'hôtel - de - ville de Rambouillet est d'une belle construction ; un hospice civil, fondé par madame la comtesse de Toulouse, est ouvert aux indigens. On y trouve des pensions de jeunes gens et de jeunes demoiselles.

Il se tient en cette ville trois foires par an : la première, le lundi de la Quasimodo ; la seconde, le 26 juin, et la troisième, le second lundi de septembre. Elles abondent en toutes sortes de bestiaux, principalement en bêtes à laines, déjà améliorées. Celle du 25 juin est plus spécialement consacrée à la vente des laines.

Le marché a lieu les mardi et samedi de chaque semaine. Celui du samedi, très-fréquenté, reçoit la majeure partie des blés du pays Chartrain, et est l'entrepôt de Versailles, Saint Germain et Paris.

Plusieurs propriétaires de troupeaux de race pure d'Espagne offrent aux amateurs de mérinos de très-belles productions de leurs bergeries, beaucoup d'autres élèves des métis aussi riches en taille qu'en finesse : chacun peut trouver à Rambouillet, en bêtes à laine, ce qu'il désire, suivant le prix qu'il veut y mettre.

Les productions du terroir de cette commune sont en grains, une partie est en prairies. Il y existe plusieurs fours à chaux et à plâtre.

Rambouillet, situé dans une vallée, est à 6 lieues et demia au S. O. de Versailles, et 10 et demie au S. O. de Paris, par la route de Nantes, désignée ci-dessus. On compte 12 lieues de poste. (Bureau de poste aux lettres, relais de poste aux chevaux et voitures publiques tous les jours pour Versailles.)

RAMPILLON) village, dé-

partement de Seine-et-Marne, arrondissement de Provins, canton de Nangis, ci-devant province de l'Ile de France, dans la Brie, et diocèse de Sens. Sa population est d'environ 500 habitans, en y comprenant les hameaux *des Vaux, de la Bouloye, Rogenvilliers,* en partie, *Beauguichet, Montepeau, la Petite Bretèche* et beaucoup de fermes isolées.

Les principales productions du terroir de cette commune sont en grains, une petite partie est en bois. Ce village est à une lieue à l'E. de Nangis, et distant de 15 trois quarts au S. E. de Paris par la grande route de Troyes. (Poste aux lettres de Nangis.)

RANGIPORT, hameau et maison de campagne. *Voyez* GARGENVILLE.

RANTIGNY, village, traversé par la grande route de Paris à Amiens, département de l'Oise, arrondissement de Clermont - Oise, canton de Liancourt, ci-devant province de l'Ile de France, et diocèse de Beauvais. Sa population est d'environ 340 habitans.

Une fabrique de bonneterie est établie dans ce village, dont les productions du terroir sont en grains, une partie en prairies et en bois ; on y trouve un four à chaux, un à plâtre et une briqueterie.

Rantigny est sur la petite rivière de *Brèche,* qui fait

tourner un moulin à grains pour l'approvisionnement de Paris, à une demi-lieue à l'O. de Liancourt, et 1 lieue un quart au S. de Clermont; sa distance de Paris est de 13 lieues au N. par la route d'Amiens. (Poste aux lettres de Clermont-Oise.)

RARAY , village, département de l'Oise, arrondissement de Senlis , canton de Pont-Sainte-Maxence , ci-devant province de l'Ile de France , et diocèse de Senlis. Sa population est d'environ 250 habitans. La ferme de *la Borde* en fait partie.

La terre de Raray, avant la révolution, avait le titre de baronie. Madame de Labédoyère est propriétaire du château avec un parc.

Ses productions sont en grains et en bois. Le village de Raray est à 1 lieue et demie au S. de Verberie, et 2 et demie vers le S. E. de Pont-Sainte-Maxence; sa distance de Paris est de 13 lieues vers le N. par la chaussée Brunehaut , qui joint à Senlis la route de Flandre. (Poste aux lettres de Senlis.)

Raray, prieuré, dépendoit de Chaalis, del'Ordre de S. Augustin.

RÉAU , village , département de Seine-et-Marne , arrondissement de Melun , canton de Brie - Comte - Robert , ci-devant province de l'Ile de France , dans la Brie , et diocèse de Sens. Sa population est d'environ 500 habitans , y

compris le hameau de *Villaroche* et celui d'*Ourdy.*

Le château *du Plessy-Picard* , dont M. le chevalier Roettiers-du-Plessis est propriétaire; la ferme d'*Eprunes,* et celle de *Gallandre* , qui était jadis un château entouré de fossés remplis d'eau, font aussi partie de cette commune; dont les grains sont la principale production du terroir.

Le village de Réau est traversé par la route de communication de Melun à Brie , à 2 lieues au S. de cette dernière ville , et distant de 8 et demie au S. E. de Paris par Brie et la grande route de Troyes. (Poste aux lettres de Melun.)

REBAIS , petite ville, département de Seine-et-Marne, arrondissement de Coulommiers , chef-lieu de canton et siège d'une justice de paix , ci-devant province de l'Ile de France, dans la Brie , et diocèse de Meaux. Sa population est d'environ 1,200 habitans , avec les hameaux de *la Madeleine , Bois Maugé , le Petit Fay , la Boyère* et *Boulivilliers.*

Avant la révolution, il y avait une abbaye d'hommes de l'ordre de Saint - Benoît, dans laquelle était établie une école royale militaire; aucun des bâtimens qui la composaient ne subsiste , il ne reste plus que des ruines dans l'enceinte d'un vieux château qui en faisait partie. L'Hôtel-Dieu a été conservé.

Le commerce, à Rebais, consiste particulièrement en grains. Il s'y tient cinq foires par année : la première, le mardi de la Quasimodo ; la deuxième, le lundi de la Pentecôte ; la troisième, le jour de la Madeleine ; la quatrième, le mardi après la Sainte-Croix ; et la cinquième, le dernier mardi du mois de novembre ; le marché est le mardi de chaque semaine.

Les productions du terroir de cette commune sont abondantes en grains ; on y trouve une fabrique de tuiles, briques et carreaux. Rebais est à 5 lieues vers l'E. de Coulommiers et 2 vers le N. E. de la Ferté-Gaucher ; sa distance de Paris est de 17 lieues à l'E. par Coulommiers, et la route qui passe à Lagny. (Bureau de poste aux lettres.)

REBETZ (GRAND), château démoli. *V.* CHAUMONT-OISE.

RÉCLOSES, village, département de Seine-et-Marne, arrondissement de Fontainebleau, canton de la Chapelle-la-Reine, ci-devant province de l'Ile de France, dans le Gatinais, et diocèse de Sens. Sa population est de 7 à 800 habitans. Son terroir est en terres de labour, en vignes et en bois.

Il est à remarquer que les habitans ne peuvent se procurer l'eau pour leur usage personnel, que par un puits qui est à un quart de lieue du centre du village.

Récloses est à l'une des extrémités méridionales de la forêt de Fontainebleau, à 1 lieue et demie au N. E. de la Chapelle ; sa distance de Paris est de 15 lieues trois quarts vers le S. O. par Fontainebleau et la grande route de Lyon. (Poste aux lettres de Fontainebleau.)

REEZ - FOSSE - MARTIN, village, département de l'Oise, arrondissement de Senlis, canton de Betz, ci-devant province de l'Ile de France, et diocèse de Meaux. Sa population est d'environ 150 habitans, avec le hameau de *Fosse-Martin* et la ferme de *Nogron.*

Il existe, à Fosse-Martin, l'une des plus belle fermes du département, appartenant à M. Tronchon, père ; M. Tronchon fils, maire du lieu, y possède un troupeau considérable de mérinos de pure race.

Les principales productions du terroir de cette commune sont en grains. Le village de Reez est sur le ruisseau de *Gergogne,* qui fait tourner un moulin, à un quart de lieue à l'O. d'Acy, 1 lieue et demie au S. de Betz, et 2 et demie vers le S. E. de Nanteuil-le-Haudouin ; sa distance de Paris est de 13 lieues et demie vers le N. E. par Nanteuil et la grande route de Soissons. (Poste aux lettres de May-en-Mulcien.)

REILLY , village, département de l'Oise , arrondissement de Beauvais, canton de Chaumont - Oise, ci – devant province de l'Ile de France, dans le Vexin, et diocèse de Rouen. Sa population est d'environ 140 habitans. La ferme de *Courtequeue* en fait partie.

Les productions de son terroir sont en grains, une partie est en bois; un ruisseau y fait tourner un moulin. Ce village est sur le grand chemin de Chaumont à Magny , à 1 lieue vers le S. de Chaumont, et distant de 13 et demie au N. O. de Paris par la route de Gisors. (Poste aux lettres de Chaumont-Oise.)

REMÉCOURT, village, département de l'Oise, arrondissement et canton de Clermont-Oise, ci-devant province de l'Ile de France, et diocèse de Beauvais. Sa population est d'environ 110 habitans.

Les productions de son terroir sont en grains, une petite partie est en bois. Ce village est à 1 lieue trois quarts vers le N. E. de Clermont, et 15 trois quarts au N. de Paris par Clermont et la grande route d'Amiens. (Poste aux lettres de Clermont-Oise.)

RÉMERANGLES , village, département de l'Oise, arrondissement et canton de Cler-

mont-Oise, ci-devant province de l'Ile de France , et diocèse de Beauvais. Sa population est d'environ 350 habitans.

Les grains sont la principale production de son terroir. Ce village est à 3 lieues et demie au N. O. de Clermont, et 17 et demie au N. de Paris par Clermont et la grande route d'Amiens. (Poste aux lettres de Clermont-Oise.)

RENNEMOULIN, petit village, paroisse de Villepreux, département de Seine-et-Oise, arrondissement de Versailles , canton de Marly-le-Roi, ci-devant province de l'Ile de France , et diocèse de Paris. Sa population n'est que d'environ 90 habitans. Dans l'ancien régime , il y avait un prieuré.

Son terroir est en terres labourables ; un ruisseau fait tourner un moulin. Ce village est situé dans une vallée , à 1 lieue un quart au S. E. de Marly , et distant de 5 à l'O. de Paris par Rocquencourt et Saint-Cloud. (Poste aux lettres de Versailles.)

RENTILLY , château. *V.* Bussy-Saint-Martin.

RÉSEUX. *V.* Raiseux.

RESSONS, petit village, département de l'Oise , arrondissement de Beauvais, canton de Noailles, ci-devant province de l'Ile de France , et diocèse de Rouen. Sa population n'est que d'environ 90 habitans. Le hameau de *la Fosse aux Renards* et les maisons dites *Valéreux* en font partie.

Il ne reste plus que quelques bâtimens d'une abbaye d'hommes de l'ordre de Prémontré, qui existait en ce lieu avant la révolution. Une ferme y est attenante.

Le terroir de cette commune est en labour. Le village de Ressons est sur la nouvelle route de Beauvais à Pontoise, à 2 lieues et demie vers le S. O. de Noailles, et 2 lieues vers le N. de Méru; sa distance de Paris est de 13 lieues vers le N. par Méru, Chambly et la route de Beauvais. (Poste aux lettres de Méru.)

RETZ, maison de campagne. *Voyez* CHAMBOURCY.

REUIL, village, département de Seine-et-Marne, arrondissement de Meaux, canton de la Ferté-sous-Jouarre, ci-devant province de l'Ile de France, dans la Brie, et diocèse de Meaux. Sa population est d'environ 400 habitans, en y comprenant les hameaux *du Tillet, de la Charbonnière, des Poupelains* et deux fermes écartées.

La situation de Reuil, dans une vallée, sur la rive gauche de *la Marne*, est infiniment agréable; les Bénédictins de l'Ordre de Cluny y avaient un prieuré qui, à l'époque de la révolution, a été démoli; c'est aujourd'hui un château appartenant à madame la comtesse de Castellane.

Le terroir de cette commune est en grande partie couvert de bois. Les carrières qui se trouvent à *Tarterel* produisent de superbes meules et de premières qualités; on y remarque le joli jardin de M. Bouchon, l'un des propriétaires de ces carrières.

Le village de Reuil est à une demi-lieue au N. E. de la Ferté, et 15 lieues à l'E. de Paris par la Ferté et la grande route d'Allemagne. (Poste aux lettres de la Ferté-sous-Jouarre.)

RHUIS, village, département de l'Oise, arrondissement de Senlis, canton de Pont-Sainte-Maxence, ci-devant province de l'Ile de France, et diocèse de Soissons. Sa population est d'environ 150 habitans. Son terroir est en labour, vignes, prairies et beaucoup d'arbres à fruits. Il s'y fait un commerce assez important, particulièrement en fruits rouges.

Ce village est proche la rive gauche de *l'Oise*, où un ruisseau, qui fait tourner deux moulins à grains, se réunit, à trois quarts de lieue à l'O. de Verberie, et 1 trois quarts à l'E. de Pont-Sainte Maxence; sa distance de Paris est de 14 lieues vers le N. E. par la grande route de Compiègne. (Poste aux lettres de Verberie.)

RICHARVILLE, village, département de Seine-et-Oise, arrondissement de Rambouillet, canton de Dourdan (Sud), ci-devant province de l'Ile de France, dans le Hurepoix, et diocèse de Chartres. Sa population est d'environ 360 habitans, avec le hameau *du Bréau-Saint-Lubin.*

M. le marquis de Cugnac-Dampierre est propriétaire du château de Richarville. Les productions du terroir de cette commune sont en grains, une partie est en bois. Ce village est à 1 lieue et demie au S. de Dourdan, et 3 vers l'O. d'Etampes ; sa distance de Paris est de 12 lieues et demie entre le S. et le S. O. par Dourdan et une chaussée joignant l'ancienne route de Chartres. (Poste aux lettres de Dourdan.)

RICHEBOURG ou SAULX-RICHEBOURG, village, département de Seine-et-Oise, arrondissement de Mantes, canton de Houdan, ci-devant province de l'Ile de France, et diocèse de Chartres. Sa population est d'environ 500 habitans. L'église, qui est à l'une de ses extrémités, se nomme *Saulx-Richebourg*, avec les maisons environnantes. La ferme de *la Troche*, ancien fief, est dans ses dépendances.

Le château de Richebourg fait partie des domaines des enfans de madame la comtesse de Cossé, née du Cluzel. Le parc, d'environ 40 arpens, clos de murs, est attenant un bois dépendant de ce domaine.

Le terroir de cette commune produit principalement des grains ; un ruisseau fait tourner deux moulins. On y trouve une tuilerie et un four à chaux. Richebourg est à 1 lieue entre le N. et le N. E de Houdan ; sa distance de Paris est de 12 lieues et demie à l'O. par la grande route de Brest. (Poste aux lettres de Houdan.)

RICHEVILLE, maison de campagne. *V.* VAUHALLANT.

RIEUX, village situé sur la rive droite de l'*Oise*, département de l'Oise, arrondissement de Clermont-Oise, canton de Liancourt, ci-devant province de l'Ile de France, et diocèse de Beauvais. Sa population est d'environ 250 habitans. La terre de Rieux était autrefois seigneuriale. M. Cirou de Rieux est propriétaire du château.

La majeure partie du terroir de cette commune est en petite culture ; on y recueille beaucoup de guignes et de cerises. Rieux est à une lieue un quart au S. E. de Liancourt, et une lieue et demie au N. E. de Creil ; sa distance de Paris est de 12 lieues un quart au N., par Creil et la grande route d'Amiens. (Poste aux lettres de Creil.)

RIMORON, maison de campagne et tuilerie. *V.* BREUX.

RIS, village sur la grande route de Paris à Lyon, par Fontainebleau, département de Seine-et-Oise, arrondissement et canton de Corbeil, ci-devant province de l'Ile de France, et diocèse de Paris. Sa population est d'environ 500 habitans, y compris l'ancienne paroisse d'*Orangis*, le hameau de *la Borde*, le château de *Trousseau*, et les maisons de campagne de *Fromont* et *la Briqueterie*. C'est la résidence d'une brigade de gendarmerie.

La terre de Ris était ci-devant seigneuriale. On y voit un très-beau château, dont les murs du parc et l'entrée aboutissent à la route qui traverse le village. Ce parc, situé sur la pente d'une colline, et distribué partie régulièrement et partie dans le genre paysagiste, contient 72 arpens. Il renferme de très-belles eaux qui forment deux grandes pièces, et se communiquent par des tuyaux de fonte et en plomb, tant dans l'intérieur du château que dans le commun et la basse-cour. On y remarque des fabriques qui offrent des points de vue admirables, avec une superbe glacière et un belvédère, d'où l'on découvre un assez long cours de la *Seine*. Ce domaine appartient à M. le lieutenant-général, comte Andréossy.

Le château de Trousseau n'est pas moins remarquable que celui de Ris, par sa position agréable proche la Seine. Le parc, qui contient 60 arpens, est également bordé par la route de Paris à Lyon, et renferme aussi de très-belles eaux qui forment cinq pièces alimentées par des sources. Madame la comtesse Ordener en est propriétaire.

Orangis renferme aussi deux maisons de campagne. Le terroir de cette commune est en terres labourables, vignes et prairies. Le village de Ris, peu éloigné de la rive gauche de la Seine, que l'on passe sur un bac, est à une lieue et demie au N. O. de Corbeil, et distant de 5 et demie au S. de Paris, par la route de Lyon, désignée ci-dessus. (Poste aux lettres de Fromenteau.)

RIVECOURT, village, département de l'Oise, arrondissement de Compiègne, canton d'Estrées-Saint-Denis, ci-devant province de l'Ile de France, et diocèse de Beauvais. Sa population est d'environ 260 habitans.

A l'extrémité orientale de ce village, qui est peu éloigné de la rive droite de l'*Oise*, que l'on passe sur un bac, se trouve le château ci-devant seigneurial, dont M. Maréchal, maire du lieu, est propriétaire.

Son terroir est en labour, en vignes et en bois, une grande partie est en prairies. Rivecourt est à 2 lieues et demie vers le S. de Compiègne, et 3 au S. E. d'Estrées-Saint-Denis; sa distance de Paris est de 15 lieues et demie vers le N. E., par la grande route de Compiègne. (Poste aux lettres de Verberie.)

RIVIÈRE (LA), château. *V.* THOMERY.

ROBERVAL, commune dont la paroisse est nommée *Noé-Saint-Remy*, dans le département de l'Oise, arrondissement de Senlis, canton de Pont-Sainte-Maxence, ci-devant province de l'Ile de France, et diocèse de Beauvais. Sa population est d'environ 500 habitans.

Cette commune est composée de plusieurs hameaux, qui sont: *Mauru, Guidon, Fosse, Fondmaillet* et *Carrieuse*.

M. d'Avène-de-Fontaine, maire du lieu, est propriétaire du château de Roberval, qu'il a fait reconstruire. Ce château faisait partie jadis des domaines de M. le prince de Soubise. Le parc est distribué à l'anglaise. Des sources abondantes alimentent plusieurs pièces d'eau et canaux, et suffisent pour faire tourner un moulin, qui est à son extrémité septentrionale.

Le terroir de cette commune est en terres labourables, en prairies, en vignes et en bois; beaucoup d'arbres à fruits. Roberval est à une lieue et demie à l'E. de Pont-Sainte-

Maxence, et distant de 13 et demie vers le N. de Paris, par la grande route de Compiègne. (Poste aux lettres de Verberie.)

ROCHE (LA), maison de campagne. *V.* VILLEBON.

ROCHE (LA), hameau et maison de campagne. *Voyez* OLLAINVILLE.

ROCHE (LA), chapelle et vestiges d'une ancienne abbaye de l'ordre de Saint-Augustin. *Voyez* SAINT-NOM-DE-LÉVY.

ROCHEFORT, petite ville, sur l'ancienne route de Paris à Chartres, département de Seine-et-Oise, arrondissement de Rambouillet, canton de Dourdan (Nord), ci-devant province de l'Ile de France, dans le Hurepoix, et diocèse de Chartres. Sa population est d'environ 600 habitans. Le hameau du *Bourgneuf,* une ferme et deux moulins écartés en font partie.

Cette ville avait le titre de comté et était le siége d'un baillage royal. On voit encore des vestiges d'une ancienne forteresse bâtie sur une montagne de roches, d'où vient le nom de *Rochefort*.

Plus bas il existait, avant la révolution, un superbe château, qui a été démoli depuis. Il n'en reste qu'une simple habitation appartenant à madame la princesse Charles de Rohan Rochefort.

Il est établi en cette ville une filature et tissage de coton, dont M. Victor Busquet est propriétaire; la majeure partie du terroir de cette commune est en bois. Rochefort est à trois quarts de lieue à l'E. de Saint-Arnould, et 1 lieue un quart au N. de Dourdan. Sa distance de Paris est de 10 lieues au S. O. par l'ancienne route de Chartres. (Poste aux lettres de Dourdan.)

ROCHES (LES), hameau et maisons de campagne. *Voyez* BIÈVRES.

ROCHE - GUYON (LA), bourg, département de Seine-et-Oise, arrondissement de Mantes, canton de Magny, ci-devant province de l'Ile de France, dans le Vexin, et diocèse de Rouen. Sa population est de 900 habitans et plus.

Il est dans une agréable situation, sur la rive droite de *la Seine*, que l'on passe sur un bac; c'était autrefois le chef-lieu d'un duché-pairie, érigé d'abord en faveur de François de Silly, au mois de janvier 1621, et ensuite en faveur de Roger Duplessis, seigneur de Liancourt en 1643. C'était, en outre, le siége d'un baillage ducal, où ressortissaient dix-sept paroisses, et la juridiction d'un grenier à sel.

Sur la principale place de ce bourg et un grand emplacement formé par la coupe à pic du rocher, est un grand et très - beau château irrégulièrement composé de bâtimens antiques et modernes ; dans les premiers, on reconnaît un château fort construit à l'époque des premières invasions des normands. On y remarque une chapelle très-ancienne, creusée dans le rocher à une grande élévation, dans laquelle, par un privilége particulier, on conserve de tems immémorial, le Saint-Sacrement. On voit, avec admiration, un potager de 8 arpens, et une promenade charmante établie à grand frais sur la montagne qui était inculte. Le rocher, contre lequel est appuyé le château, est surmonté d'une tour à double enceinte de murailles, qui communique au château par un long escalier creusé dans la montagne.

Ce château, ayant été pris par le comte de Warvick, le 6 avril 1418, resta en la possession des Anglais l'espace de trente-un ans. Mais ayant été repris par Guy VII, sire de la Roche-Guyon, et sire de Jalongues, maréchal de France, il repassa à ses propriétaires légitimes. M. le duc de Rohan, pair de France, premier gentilhomme de la chambre du Roi, décédé au château des Tuileries, le 8 février 1816, était l'un des derniers de ces propriétaires, tant du château que du domaine de l'ancien duché de la Roche-Guyon.

Il se tient, dans ce bourg, deux foires par année : l'une, le mardi après la Saint-Barnabé ; et l'autre, le mardi après la Sainte-Catherine. Le marché, qui est le mardi de chaque semaine, est très-considérable en toutes sortes de denrées et marchandises.

La principale culture du terroir de cette commune est en vignes, une partie est en prairies et bois. La Roche-Guyon est à 3 lieues et demie au S. O. de Magny, et 3 à l'E. de Vernon ; sa distance de Paris est de 16 lieues vers le S. O. par Bonnières et la grande route de Caen. (Poste aux lettres de Bonnières.)

ROCHETTE (la), village, traversé par la route de Melun à Fontainebleau, département de Seine-et-Marne, arrondissement et canton de Melun (Sud), ci-devant province de l'Ile de France, dans le Hurepoix, et diocèse de Sens. Sa population est d'environ 160 habitans.

Ce village est entouré de bois. Le château, dont M. le baron Moreau d'Olibon est propriétaire, se fait remarquer tant par sa position que par une très-longue terrasse sur le bord de *la Seine*. On y voit une superbe pépinière d'arbres de toutes espèces et des plantations magnifiques, adjacentes à la forêt de Fontainebleau.

Le sol sur lequel a été bâti ce château ne présentait autrefois qu'un terrain inculte et aride, mais le propriétaire actuel, a su, par des travaux considérables et des dépenses énormes, en faire une habitation des plus agréables des environs de Melun.

La majeure partie du terroir de cette commune est en bois, le reste est en terres labourables et vignes. Le village est à trois quarts de lieue au S. de Melun, et 10 lieues trois quarts au S. E. de Paris par Melun et la grande route de Lyon. (Poste aux lettres de Melun.)

ROCHY-CONDÉ, village, département de l'Oise, arrondissement de Beauvais, canton de Nivillé, ci-devant province de l'Ile de France, et diocèse de Beauvais. Sa population est d'environ 200 habitans. *Rochy* est le lieu où est l'église presque isolée.

Les productions de son terroir sont en grains, une partie est en prairies ; on y tire de la tourbe, et on y trouve quatre moulins, dont deux à farines et deux à huile.

Ce village est entre la rivière *du Thérain*, et la route de Beauvais à Clermont, à 2 lieues vers l'E. de Beauvais ; sa distance de Paris est de 15 lieues et demie au N. par différens chemins joignant la grande route de Beauvais. (Poste aux lettres de Beauvais.)

ROCQUEMONT, village, département de l'Oise, arrondissement de Senlis, canton de Crêpy, ci-devant province de l'Ile de France, dans le Valois, et diocèse de Senlis. Sa population est d'environ 160 habitans, avec le hameau *du Plessis-Châtelain*.

Les grains sont la principale production de son terroir. Ce village est à 1 lieue et demie au N. O. de Crêpy, et distant de 14 trois quarts au N. E. de Paris par Ormoy-Villers et la chaussée joignant à Nanteuil-le-Haudouin la grande route de Soissons. (Poste aux lettres de Crêpy.)

ROCQUENCOURT, village, situé sur la route de Versailles à Saint-Germain-en-Laye, et sur celle de Maule à Paris, département de Seine-et-Oise, arrondissement et canton de Versailles, ci-devant province de l'Ile de France, et diocèse de Paris. Sa population est d'environ 230 habitans.

La terre de Rocquencourt était seigneuriale; le château, qui appartient à M. Doumerc-Bélan, est d'une construction moderne ; il domine sur une grande partie du parc de Versailles. Les jardins sont très-bien entretenus.

Le terroir de cette commune est en labour, en prairies et en bois. Rocquencourt est à trois quarts de lieues au N. de Versailles, et distant de 4 à l'O. de Paris par Saint - Cloud.

(Poste aux lettres de Versailles.)

ROÈZE, maison de campagne. *Voyez* MAISONCELLES.

ROINVILLE, village, département d'Eure-et-Loir, arrondissement de Chartres, canton d'Auneau, ci-devant généralité d'Orléans, dans la Beauce, et diocèse de Chartres. Sa population est d'environ 400 habitans. Son terroir est en labour, prairies et peu de vignes. La rivière de *Voise* y fait tourner un moulin.

Ce village est à trois quarts de lieue au S. O. d'Auneau, et 2 lieues et demie vers le S. de Gallardon; sa distance de Paris est de 16 lieues trois quarts au S. O. par Dourdan et une chaussée joignant l'ancienne route de Chartres. (Poste aux lettres de Gallardon.)

ROINVILLE. *V.* ROUINVILLE.

ROINVILLIERS, village, département de Seine-et-Oise, arrondissement d'Etampes, canton de Méréville, ci-devant province de l'Ile de France, dans la Beauce, et diocèse de Sens. Sa population est d'environ 150 habitans, avec le hameau d'*Ezerville*. Les héritiers de M. d'Adonville sont propriétaires d'un petit château.

Les productions du terroir de cette commune consistent

toutes en grains. Roinvilliers est à 3 lieues et demie vers le N. E. de Méréville, et 2 et demie vers le S. E. d'Etampes ; sa distance de Paris est de 14 lieues et demie au S. par Etampes et la grande route d'Orléans. (Poste aux lettres d'Etampes.)

ROISSY-EN-BRIE, village, département de Seine-et-Marne, arrondissement de Melun, canton de Tournan, ci-devant province de l'Ile de France, et diocèse de Paris. Le village de *Pontcarré* y est réuni ; ils forment ensemble une commune de 7 à 800 habitans. *V.* PONTCARRÉ.

A Roissy, M. de Raimecourt est propriétaire d'une maison de campagne, avec un parc. Les productions du terroir sont en grains, une partie est en prairies et en bois ; un étang y est compris. Ce village est à 2 lieues et demie au N. E. de Tournan, et distant de 5 un quart à l'E. de Paris par Pontault et la route de Rozay. (Poste aux lettres de Tournan.)

ROISSY - EN - FRANCE, village, traversé par la grande route de Paris à Soissons, département de Seine-et-Oise, arrondissement de Pontoise, canton de Gonesse, ci-devant province de l'Ile de France, et diocèse de Paris. Sa population est d'environ 1,200 habitans.

Avant la révolution, on y admirait un superbe château qui a appartenu au comte d'Avaux, qui le fit abattre et rebâtir, puis à la marquise de La Carte, qui le vendit au fameux Law, connu par le système qui fit tant de malheureux en France. Il a été aussi habité par la famille de Mesmes et par le comte de Caraman.

Le principal corps de logis n'existant plus, les bâtimens restant sont simples, mais entourés de bosquets qui en rendent l'habitation très agréable. Le parc, qui contient plus de cent arpens, est remarquable par les plantations qu'on y a faites à grands frais d'arbres étrangers en grand nombre, lesquels ont très-bien réussi, les arbres verds sur-tout.

Tous ces arbres et arbustes, parvenus à la grandeur qu'ils prennent dans leur sol natal, présentent un ensemble d'autant plus riche, qu'ils sont distribués dans toute l'étendue du parc. Cette propriété appartient à M. Bucquet, maire du lieu.

Les principales productions du terroir de cette commune sont en grains.

Le village de Roissy est à r lieue un quart à l'E. de Gonesse, et distant de 5 vers le N. E. de Paris par la route de Soissons. (Poste aux lettres de Louvres.)

ROLLEBOISE , autrefois ROULLEBOISE, village, département de Seine-et-Oise, arrondissement de Mantes, canton de Bonnières, ci-devant province de l'Ile de France, et diocèse de Chartres. Sa population est d'environ 370 habitans. On voit à côté de l'église, sur la pointe de la montagne, les fondations d'une tour que prit Bertrand du Guesclin, aidé de 10,000 bourgeois de Rouen, après un assez long siége, et qu'il fit sauter par une mine.

Le terroir de cette commune est en labour, vignes et bois. Rolleboise est traversé par la route de Paris à Caen, sur la rive gauche de *la Seine*, où l'on prend tous les jours des voitures par eau qui conduisent à Poissy; sa distance de Mantes est de 2 lieues un quart vers l'O., et de 14 un quart entre le S. et le S. O. de Paris par cette route de Caen. (Poste aux lettres de Bonnières.)

ROMAINE, château. *Voyez* LÉSIGNY.

ROMAINVILLE, village, département de la Seine, arrondissement de Saint-Denis, canton de Pantin, ci-devant province de l'Ile de France, et diocèse de Paris. Sa population est d'environ 1,000 habitans.

C'était, avant la révolution, une baronie. On y voit un château sur une éminence, d'où la vue est infiniment agréable sur toute la plaine Saint-Denis et

les alentours. Le parc, distribué dans le genre anglais, renferme une collection d'arbres et arbustes étrangers, et de belles eaux qui remplissent différens canaux et bassins. M. Cardon est propriétaire de ce beau domaine.

Ce village est embelli, en outre, par plusieurs maisons de campagne; l'une nommée le *Moulin de Romainville*, est la plus remarquable. Le bois de même nom, si connu des Parisiens pour la promenade dans la belle saison, est à proximité.

Le terroir de cette commune est en terres labourables et vignes; le bois de Romainville en fait partie. On y voit un gouffre en forme d'entonnoir où les eaux s'écoulent de toutes parts: on le nomme *le Trou Vassou*.

Le village de Romainville est à une demi-lieue au S. E. de Pantin, et 1 lieue et demie au N. E. de Paris, par la route d'Allemagne. (Poste aux lettres de la banlieue.)

RONCE (LA), maison de campagne. *V.* SÈVRES.

RONCE (LA), château. *V.* ROUVRES.

RONCIÈRES, ancien fief. *Voyez* ENANCOURT-LE-SEC.

RONQUEROLLES, village, département de Seine-et-Oise, arrondissement de Pontoise, canton de l'Ile-Adam, ci-devant province de l'Ile de France, et diocèse de Beauvais, forme une commune d'environ 400 habitans, avec les hameaux de *Renouvalle et des Tuileries*.

Son terroir se compose de terres en labour et en bois ; les légumes et les fruits y sont assez abondans. Ce village est à 1 lieue et demie au N. de l'Ile-Adam, et distant de 9 au N. de Paris par Chambly et la grande route de Beauvais. (Poste aux lettres de Chambly, département de l'Oise.)

RONQUEUX, ancien fief et maison de campagne. *V.* BULLION.

ROSIÈRES, hameau et deux maisons de campagne. *Voyez* BRÉTIGNY.

ROSNY, village, département de la Seine, arrondissement de Sceaux, canton de Vincennes, ci-devant province de l'Ile de France, et diocèse de Paris. Sa population est de 8 à 900 habitans. Le château d'*Avron*, qui était dans les dépendances de cette commune, a été démoli.

M. de Nanteuil-la-Norville, administrateur général des messageries royales, est propriétaire du château de Rosny ; sa situation à mi-côte lui donne des points de vue très-agréables et variés. On y rencontre plusieurs maisons de campagne.

La culture principale du terroir de cette commune est en vignes et légumes ; celle des pommes de terres y est remarquée par les soins que les cultivateurs y donnent : la qualité en est excellente. Rosny est à 1 lieue au N. E. de Vincennes, et 2 un quart à l'E. de Paris par une route qui passe à Montreuil. (Poste aux lettres de Bondy.)

ROSNY, village, département de Seine-et-Oise, arrondissement et canton de Mantes, ci-devant province de l'Ile de France, et diocèse de Chartres. Sa population est d'environ 500 habitans. La ferme de *Malassis*, et plusieurs autres habitations écartées, sous diverses dénominations, sont dans ses dépendances.

Le village de Rosny est traversé par la grande route de Paris à Caen, sur la rive gauche de *la Seine* qui, à cet endroit, forme deux îles : celle dite de *Rosny* est la plus grande. On y voit un beau et grand château, avec un parc fort étendue, dont M. le comte Edmond de Périgord est propriétaire.

Les productions du terroir de cette commune sont en grains, vignes et beaucoup de bois. On y trouve un four à chaux.

Le village de Rosny est à 1

lieue trois quarts à l'O. de Mantes; sa distance de Paris est de 13 lieues trois quarts entre l'O. et le N. O. par la route de Caen désignée ci-dessus. (Poste aux lettres de Mantes.)

ROSOY. *Voyez* ROZAY.

ROTELEU, hameau et château. *Voyez* BREUIL-LE-VERT.

ROUGE - BOURSE, château. *Voyez* CHAMIGNY.

ROUILLON , maison de campagne. *V.* CHARTRETTES.

ROUINVILLE, village, département de Seine-et-Oise, arrondissement de Rambouillet. canton de Dourdan (Nord), ci-devant province de l'Ile de France, dans le Hurepoix, et diocèse de Chartres. Il forme une commune d'environ 600 habitans, en y comprenant les hameaux de *Marchais, Platteau, la Brière, Beauvais*, plusieurs fermes, moulins et autres maisons isolées, sous diverses dénominations.

Les principales productions de son terroir sont en grains. Rouinville est sur la route de Dourdan à Arpajon , et sur la rivière d'*Orge* , qui fait tourner les moulins dont il est fait mention ci-dessus, à une demi-lieue à l'E. de Dourdan , et 11 lieues et demie au S. O. de Paris par cette route qui joint la grande route d'Orléans , à

peu de distance de Linas. (Poste aux lettres de Dourdan.)

ROUSSELOY , village, département de l'Oise, arrondissement de Clermont - Oise, canton de Mouy, ci devant province de l'Ile de France, et diocèse de Beauvais. Sa population est d'environ 140 habitans , avec le hameau de *Flandre* et la ferme de *Foleuprise*.

Le terroir de cette commune est en labour et marais ; on y trouve des carrières de pierre de taille. Rousseloy est à mi-côte, et l'église isolée sur une montagne à 1 lieue et demie vers le S. E. de Mouy , et 13 au N. de Paris par la grande route d'Amiens. (Poste aux lettres de Creil.)

ROUSSET, maison de campagne. *Voyez* MILLY.

ROUVILLE , village, autrefois paroisse, réuni à la commune de Malesherbes , dont il n'est éloigné que d'un quart de lieue, dans le canton de ce nom , arrondissement de Pithiviers , département du Loiret.

Le sol y est médiocrement fertile. Le mélange des eaux, des prairies, des rochers et des bois, rend le pays très-agreste et même un peu sauvage. On y voit à mi-côte un très-ancien château avec sept tours toutes différentes les unes des autres, soit dans leur élévation, soit dans leur forme. Cette gothique architecture le met parfaitement d'accord avec les promenades champêtres et pittoresques dont il est entouré, et on voit peu d'habitation où il y ait tant d'harmonie entre le site, le manoir et les jardins.

C'est depuis longues années, la retraite d'un homme (M. le comte de Fera-Rouville) qui a consacré ses soins à réparer les destructions révolutionnaires que ce lieu a éprouvées, et qui, s'il était possible en ce siècle, de charmer ses loisirs, y trouverait cette ressource dans la bibliothèque nombreuse et bien choisie qu'il y a formée.

Voici comme il s'exprimait lui-même au milieu de ses travaux réparateurs :

Loin du tumulte de la ville,
Loin du fracas, loin des forfaits,
Salut, ô champêtre *Rouville.*
Ton séjour aimable et tranquille
Est préférable à ces palais
Où la vertu n'a plus d'asile.
Assis dans tes bocages frais,
Près des lys et des aubépines,
Puissé-je oublier tes ruines
Et tous les crimes des Français.

Le village de Rouville est à 5 lieues au N. E. de Pithiviers, et 6 vers le S. O. de Fontainebleau ; sa distance de Paris est de 16 lieues au S. par la Ferté-Alais, Arpajon et la grande route d'Orléans. *Voyez* MALESHERBES. (Poste aux lettres de Malesherbes.)

ROUVILLE, village, dé-partement de l'Oise, arrondissement de Senlis, canton de Crépy, ci-devant province de l'Ile de France, dans le Valois, et diocèse de Senlis. Sa population est d'environ 170 habitans. Tout son terroir est entouré de bois en grande partie ; les grains sont sa principale production.

Ce village est à 1 lieue au S. de Crépy, et distant de 13 au N. E. de Paris par la chaussée joignant à Nanteuil-le-Haudouin la grande route de Soissons. (Poste aux lettres de Crépy.)

ROUVRES, village, département du Loiret, arrondissement de Pithiviers, canton de Malesherbes, ci-devant généralité d'Orléans, dans la Beauce, et diocèse de Sens. Sa population est d'environ 300 habitans, avec le hameau d'*Ansonville.* C'était, avant la révolution, une annexe de la paroisse de *Sermaise.*

Les productions du terroir de cette commune sont en grains. Ce village est à trois quarts de lieue vers le N. de Sermaise, et 3 lieues et demie vers l'O. de Malesherbes ; sa distance de Paris est de 15 lieues et demie au S. par Etampes et la grande route d'Orléans. (Poste aux lettres d'Etampes.)

ROUVRES, village, département d'Eure-et-Loir, arrondissement de Dreux, canton d'Anet, ci-devant province de l'Ile de France, dans le pays Chartrain, et diocèse de Chartres. Sa population est de 8 à 900 habitans, en y comprenant les hameaux de *la Ronce*, *des Nonains*, *des Hautes et Basses Lisières* et autres habitations écartées. On voit à la Ronce, un château faisant partie des domaines de la maison de Sourches.

Le terroir de cette commune est en labour, prairies, vignes et bois. La rivière de *Vesgre* y fait tourner un moulin. Le village de Rouvres est dans une vallée, à 1 lieue au S. E. d'Anet, et 2 au N. O. de Houdan; sa distance de Paris est de 15 lieues à l'O. par Houdan et la grande route de Brest. (Poste aux lettres de Houdan.)

ROUVRES-EN-MUL-CIEN, village, département de l'Oise, arrondissement de Senlis, canton de Betz, ci-devant province de l'Ile de France, et diocèse de Meaux. Sa population est d'environ 300 habitans. Les principales productions de son terroir sont en grains.

Trois principaux cultivateurs, qui sont MM. Gibert, maire du lieu, Borniche et Rain, y possèdent de superbes troupeaux de métis.

Ce village est sur le ruisseau de *Gergogne*, qui fait tourner un moulin nommé le moulin d'*Hanibret*, à 1 lieue au N. O. de Crouy-sur-Ourcq, 2

vers le S. E. de Betz, et 16 vers le N. E. de Paris par la route de la Ferté-Milon à Meaux et de Meaux par la route d'Allemagne. (Poste aux lettres de May-en-Mulcien.)

ROUVRES-SOUS-DAM-MARTIN, village, département de Seine-et-Marne, arrondissement de Meaux, canton de Dammartin, ci-devant province de l'Ile de France, et diocèse de Meaux. Sa population est d'environ 150 habitans. Son terroir est en terres labourables, une partie est en bois.

Ce village est à une demi-lieue à l'E. de Dammartin, et 8 lieues au N. E. de Paris par Dammartin et la grande route de Soissons. (Poste aux lettres de Dammartin.)

ROYAL-LIEU, hameau et ancienne abbaye de religiéuses de l'ordre de Saint-Benoît. *Voyez* COMPIÈGNE.

ROYAUMONT, ci-devant abbaye d'hommes, de l'ordre de Cîteaux, dans les dépendances de la commune, et à une demi-lieue d'Asnières-sur-Oise, canton de Luzarches, arrondissement de Pontoise, département de Seine-et-Oise; elle était du diocèse de Beauvais.

L'église ayant été démolie par M. le marquis de Travenet, premier acquéreur de la propriété, et fondateur de l'établissement dont il va être fait mention; ses matériaux ont servi à bâtir un petit village, dont la population peut s'élever à 400 habitans. Toutes les maisons se trouvent renfermées dans l'enclos, qui a une étendue d'environ 50 arpens, et traversé par une petite rivière qui, à peu de distance, se jette dans l'*Oise*.

Les vastes bâtimens de la maison conventuelle ont été convertis en une superbe filature de coton, fabrique de tissus, blanchisserie et dépendances.

Ce bel établissement, l'un des plus considérables de la France, en ce genre, est actuellement la propriété de M. Vandermersch, ci-devant de Menin, qui, lors de la séparation de la France d'avec la Belgique, y a transporté son industrie, et y a introduit de nombreux perfectionnement.

La population de ce village a été augmentée d'un nombre d'ouvriers belges qui ont suivi leur chef, et d'artistes anglais employés dans les diverses branches d'industrie qui s'y exploitent et qui, par l'immensité des bâtimens encore disponibles, sont susceptibles de la plus grande extension. Les villages environnans fournissent un supplément d'ouvriers.

M. Vandermersch a, dans cette enceinte, une belle maison de campagne qui se fait remarquer par l'élégance de son architecture. Les jardins et le parc renferment de belles eaux qui forment une rivière à l'anglaise, et des fontaines dans diverses parties de l'établissement.

Cette propriété est dans une situation extrêmement agréable, de belles forêts l'environnent et en font un pays charmant particulièrement pour la chasse. Royaumont est à 1 lieue un quart au N. O. de Luzarches, 1 trois quarts à l'E. de Beaumont, et 2 vers le S. O. de Chantilly; sa distance de Paris est de 8 lieues au N. par Viarmes et la route joignant près Moisselles la grande route de Beauvais. (Poste aux lettres de Luzarches.)

ROZAY ou Rozoy, petite ville, département de Seine-et-Marne, arrondissement de Coulommiers, chef-lieu de canton et siége d'une justice de paix, ci-devant province de l'Ile de France, dans la Brie, et diocèse de Meaux. Sa population est d'environ 1,500 habitans, une brigade de gendarmerie y est en résidence.

Cette petite ville est dans une contrée agréable et fertile en grains, sur la petite rivière d'*Yerres*. Elle est fermée de murs avec des tourelles de distances en distances, et les remparts y sont plantés de beaux arbres.

On y remarque l'intérieur de l'église paroissiale qui, par la délicatesse de son architecture, peut se comparer à une cathédrale. Il y avait, avant la révolution, un couvent de religieuses de l'ordre de Saint-Dominique. Ce dernier établissement subsiste aujourd'hui sous le nom d'hospice.

C'était, dans l'ancien régime, le siége d'une prévôté, d'une élection et d'une subdélégation de l'intendance de Paris; le grenier à sel était à Fontenay. Il s'y tient deux foires par année : la première, le 24 juin; et la seconde, le 11 novembre : le marché est le samedi de chaque semaine.

La ville de Rozay est à 4 lieues vers le S. de Coulommiers, 4 vers le N. de Nangis, et 11 vers le S. E. de Paris par une route qui passe à Tournan. (Bureau de poste aux lettres et voitures publiques de jour à autre pour Paris.)

ROZAY. *Voyez* Rozoy.

ROZAY, village, situé dans une vallée, département de Seine-et-Oise, arrondissement de Mantes, canton de Houdan, ci-devant province de l'Ile de France, et diocèse de Chartres. Sa population est d'environ 450 habitans avec le hameau de *Saint-Corentin, des Petits-Bilheux*, où il y a une source très-abondante et plusieurs autres habitations écartées.

La terre de Rozay avait le titre de marquisat. Le château appartenant à M. Masure est à mi-côte entre cour et par-

terre, et précédé d'une avenue. De larges fossés taillés dans le roc et formant terrasse du côté de la vallée, l'entourent.

Au haut du parc, qui contient 100 arpens clos de murs, et planté en amphithéâtre, est une source qui forme un canal, une rivière et des bassins avec chute de l'un dans l'autre.

Deux autres sources ajoutent à ce premier cours d'eau, qui, par une cascade de trente pieds, tombe dans une pièce au dessus du parterre, fait chute par un beau rocher devant le château, forme un lac et se précipite à quarante pieds. Cette eau se rend dans les potagers où ils produisent des chutes nouvelles et des effets d'optiques remarquables par leur singularité.

Le terroir de cette commune consiste en terres de labour, prairies, vignes et bois. Le ru de *Vaucouleurs* y fait tourner deux moulins. Le village de Rozay est près la chaussée de Mantes à Houdan, à 1 lieue à l'E. de Dammartin en Pinserais, et 3 et demie vers le N. E. de Houdan; sa distance de Paris est de 12 lieues et demie à l'O. par Septeuil, et une chaussée joignant la grande route de Brest. (Poste aux lettres de Mantes.)

ROZIÈRES, village, département de l'Oise, arrondissement de Senlis, canton de Nanteuil-le-Haudoin, ci-devant province de l'Ile de

France, et diocèse de Senlis. Sa population est d'environ 130 habitans avec les hameaux de *la Montagnè*, *l'Aventure*, et la ferme de *Saint-Samson*.

Cet endroit, situé sur une éminence, était autrefois une annexe de la paroisse de Baron. On y voit un château dont les points de vue pittoresques se prolongent fort loin. M. d'Ailly-Deltrapadou, ancien capitaine de cavalerie, maire du lieu, en est propriétaire.

Le terroir de cette commune est en labour, une partie est en bois. Le village de Rozières est à une lieue et demie vers le N. de Nanteuil, 2 et demie vers le S. O. de Crépy, et 12 et demie vers le N. E. de Paris par Fontaine-les-Corps-Nuds et une chaussée joignant la route de Flandre. (Poste aux lettres de Nanteuil-le-Haudoin.)

ROZOY. *Voyez* ROZAY.

ROZOY, village, département de l'Oise, arrondissement de Clermont-Oise, canton de Liancourt, ci - devant province de l'Ile de France, et diocèse de Beauvais. Sa population est d'environ 250 habitans avec le hameau d'*Hardencourt*.

Presque la moitié du terroir de cette commune est en bois, le surplus est en labour, une partie est en prairies. Il y a beaucoup de guigniers et cerisiers.

Le village de Rozoy est à une demi-lieue au N. E. de Liancourt, 2 lieues au S. E. de Clermont, et distant de 13 au N. de Paris par Liancourt et la grande route d'Amiens. (Poste aux lettres de Clermont-Oise.)

ROZOY - EN - MULCIEN, village, département de l'Oise, arrondissement de Senlis, canton de Betz, ci - devant province de l'Ile de France, et diocèse de Meaux. Sa population est d'environ 200 habitans. Une maison se fait distinguer par sa construction et ses dépendances. M. Charbonnier, maire du lieu, en est propriétaire.

Les principales productions du terroir de cette commune sont en grains. M. Gibert, cultivateur, y possède un beau troupeau de métis. Il y a un moulin à grains sur le ruisseau de *Gergogne*.

Le village de Rozoy est sur ce ruisseau, à 3 quarts de lieue vers l'E. d'Acy, 2 lieues vers le S. de Betz, et 15 vers le N. E. de Paris, par May et la route de la Ferté-Milon joignant à Meaux la route d'Allemagne. (Poste aux lettres de May-en-Mulcien.)

RUBELLES, village, département de Seine-et-Marne, arrondissement et canton de Melun, ci - devant province de l'Ile de France, dans la Brie, et diocèse de Sens. Sa population est d'environ 200 habitans, y compris une partie du hameau des *Trois-Moulins*.

M. du Tremblay de Rubelles qui a été propriétaire du château et du parc, ne s'est réservé qu'une portion des terres de ce domaine pour y former un établissement de mérinos et une belle pépinière.

Les principales productions du terroir de cette commune sont en grains; une partie est en vignes et en bois. Un ruisseau y fait tourner deux moulins. Rubelles est à trois quarts de lieue au N. E. de Melun, et distant de 9 lieues trois quarts au S. E. de Paris par différens chemins joignant la grande route de Lyon. (Poste aux lettres de Melun.)

RUCOURT, village, département de l'Oise, arrondissement de Compiègne, canton d'Estrées - Saint - Denis, ci-devant province de l'Ile de France, et diocèse de Beauvais. Sa population est d'environ 170 habitans; son terroir est en labour, vignes, prairies et bois.

Ce village est à 2 lieues au S. E. d'Estrées-Saint-Denis, et 2 et demie vers le S. O. de Compiègne; sa distance de Paris est de 16 lieues et demie vers le N. E. par la grande route de Compiègne, ou par la route de Flandre. (Poste aux lettres de Compiègne.)

RUE (la), hameau et plusieurs maisons de campagne. *Voyez* CHEVILLY-LA RUE.

RUE DE SAINT-PIERRE (la), village, département de l'Oise, arrondissement et canton de Clermont - Oise, ci-devant province de l'Ile de France et diocèse de Beauvais. Sa population est d'environ 600 habitans.

Ce village ne forme qu'une rue principale entre la route de Clermont à Beauvais et la forêt de *Hez*. L'église se trouve à son extrémité orientale. Une partie des habitans s'occupe à la filature du lin.

Le terroir de cette commune renferme de grandes prairies où l'on tire de la tourbe; le surplus est en labour. Le village de la Rue - Saint - Pierre est proche la Neuville en Hez, à 2 lieues un quart au N. O. de Clermont, et 16 un quart au nord de Paris par Clermont et la grande route d'Amiens. (Poste aux lettres de Clermont-Oise.)

RUEIL ou RUEL, grand village, département de Seine-et-Oise, arrondissement de Versailles, canton de Marly-le-Roi, ci-devant province de l'Ile de France, et diocèse de Paris. Sa population est d'environ 3,000 habitans. Les châteaux *de Malmaison*, *de Buzanval* et *du Bois-Préau*, en font partie: c'est la résidence d'une brigade de gendarmerie

Le château *de Ruel* a appartenu au cardinal de Richelieu, sous le règne de Louis XIII, dont il était le premier ministre. M. le duc de Rivoli, prince d'Esling, en étant devenu propriétaire, a fait des dépenses considérables pour le rendre à son ancienne splendeur. Le parc, de 160 arpens, est replanté avec luxe et magnificence.

Ce village était anciennement ville ; il renferme beaucoup de maisons de campagne, parmi lesquelles on distingue l'ancien fief de *Maurepas*, sur la grande route de Paris à St.-Germain-en-Laye, appartenant à M. de Bertin, ancien président de la cour des comptes. Les religieuses, dites *Filles de la Croix*, y avaient un couvent.

Les sources d'eau qui se trouvent à Ruel et aux alentours sont très - abondantes. On remarque à son entrée, du côté de Paris, de belles cazernes construites comme celles de Courbevoye, qui en est à 1 lieue.

Le château de Malmaison, que l'impératrice Joséphine a possédé, et où elle est décédée, est l'une des plus charmantes habitations des environs de Paris. Sur une hauteur est une superbe bergerie qui offre des points de vue admirables ; l'établissement du beau troupeau de mérinos est à l'instar de celui de Rambouillet.

La majeure partie du terroir de cette commune est en vignes : on y cultive beaucoup de légumes.

Le village de Ruel est proche la grande route de Saint-Germain-en-Laye à Paris, à 1 lieue et demie à l'E. de Marly, et 2 et demie à l'O. de Paris par Neuilly. (Poste aux lettres de Nanterre.)

RUEIL , hameau et ancien château. *Voyez* SERAINCOURT.

RULLY - CHAMICY , village , département de l'Oise, arrondissement de Senlis, canton de Pont-Sainte-Maxence, ci-devant province de l'Ile de France, et diocèse de Senlis. Sa population est d'environ 450 habitans. *Chamicy* était autrefois une annexe de la paroisse.

Toutes les productions du terroir de cette commune sont en grains. Le village de Rully est à 3 lieues au S. E de Pont-Sainte-Maxence, et 2 et demie vers le N. E. de Senlis; sa distance de Paris est de 12 lieues et demie par Senlis et la route de Flandre. (Poste aux lettres de Senlis.)

RUTEL , domaine. *Voyez* VILLENOY.

RUNGIS , village , département de la Seine, arrondissement de Sceaux, canton de Villejuif, ci-devant province de l'Ile de France , et diocèse de Paris. Sa population est d'en-

viron 160 habitans. Il est remarquable par ses sources
d'eaux, dites les *eaux d'Arcueil*, où est l'aqueduc construit pour les conduire à Paris.
Voyez ARCUEIL.

Tout le terroir de cette commune est en terres labourables.
Rungis est à 1 lieue un quart
au S. de Villejuif, et 2 trois
quarts au S. de Paris, par la
grande route de Fontaine-
bleau. (Poste aux lettres d'Antony.)

RUSSY-MONTIGNY, vil-
lage, département de l'Oise,
arrondissement de Senlis, canton de Crêpy, ci-devant province de l'Ile de France, dans
le Valois, et diocèse de Soissons. Sa population est d'environ 100 habitans. *Montigny*
était autrefois la paroisse.

Les principales productions
du terroir de cette commune
sont en grains, une petite partie est en bois : on y cultive
beaucoup de colzat. M. Mo-
quet, maire du lieu, y possède un troupeau nombreux
de mérinos.

Le village de Russy est à 1
lieue et demie à l'E. de Crêpy,
et distant de 15 au N. E. de Paris, par la grande route de
Soissons. (Poste aux lettres de
Crêpy.)

S.

SAACY, village, départe-
ment de Seine-et-Marne, arrondissement de Meaux, canton de la Ferté-sous-Jouarre,

ci-devant province de l'Ile de
France, dans la Brie, et diocèse
de Meaux. Sa population est
d'environ 1,200 habitans, avec
les hameaux des *Grand et Petit Mont-Ménard*, de *Chante-
Manche*, *Nonville*, *Laval*, et
quelques autres, avec plusieurs
fermes écartées.

Le terroir de cette com-
mune est en terres labourables, prairies, vignes et bois,
la Marne y fait tourner un
moulin. M. Del, percepteur des
contributions, est marchand
de meules et carreaux provenant des carrières de Saacy,
Orly, Saint-Cyr, Reuil et la
Ferté. Ce village est proche la
rive gauche de cette rivière,
dans une vallée, à 1 lieue et
demie au N. E. de la Ferté,
et 16 à l'E. de Paris, par la
Ferté et la grande route d'Allemagne. (Poste aux lettres de
la Ferté-sous-Jouarre.)

SABLONNIÈRE (LA), mai-
son de campagne. *Voyez* MA-
CHAULT.

SACLAS, village, départe-
ment de Seine-et-Oise, arrondissement d'Etampes, canton de Méréville, ci-devant
province de l'Ile de France,
dans la Beauce, et diocèse de
Sens. Sa population est de 6 à
700 habitans, en y comprenant
les hameaux de *Gresset*, *Sou-
plainville-Jubert*, *Gittonville*,
des Graviers, et autres habitations écartées.

Le terroir de cette commune

est en labour, chenevières, prairies, petite partie en vignes et bois. La rivière de *Juine* fait tourner cinq moulins, dont l'un est à deux roues.

Saclas est à 1 lieue et demie vers le N. de Méréville et 2 au S. d'Étampes ; sa distance de Paris est de 14 lieues vers le S. par Étampes et la grande route d'Orléans. (Poste aux lettres d'Étampes.)

SACLÉ ou SACLAY , village, département de Seine-et-Oise, arrondissement de Versailles , canton de Palaiseau, ci-devant province de l'Ile de France, et diocèse de Paris , forme une commune d'environ 370 habitans, en y comprenant quelques petits hameaux et fermes sous diverses dénominations.

Le château de *la Martinière*, appartenant à M. de Cauville , en fait aussi partie, ainsi que la belle ferme d'*Orsigny* , qui jadis était la maison de campagne des Lazaristes de Paris.

Les principales productions du terroir de cette commune sont en grains ; deux grands étangs reçoivent les eaux des environs par des rigoles ; ces eaux parviennent ensuite jusque dans les réservoirs de Versailles.

Le village de Saclé est dans une plaine à 1 lieue un quart à l'O. de Palaiseau, et distant de 4 et demie au S. O. de Paris, par l'une des routes de Chevreuse. (Poste aux lettres de Palaiseau.)

SACY. *Voyez* SAACY.

SACY-LE-GRAND, village, département de l'Oise, arrondissement de Clermont-Oise, canton de Liancourt , ci-devant province de l'Ile de France, et diocèse de Beauvais. Sa population est de 6 à 700 habitans. Deux maisons isolées , l'une dite *Rancourt*, et l'autre *du Pont-de-Longueau* , sur la route de Paris en Flandre , en font partie.

Ce village est situé au pied de la montagne de *César*, ainsi nommée à cause du camp dont on voit encore les fossés ; il s'y trouve une source connue sous le nom de *Fontaine-du-Ruisselet*, dont l'eau est renommée dans le pays pour être très-salutaire aux malades.

Sacy était autrefois le siége d'une prévôté et châtellenie royale, et dans la prairie dite de *Fontaine-le-Comte* , il y avait un château de ce nom, que M. Coutard , ancien conseiller au parlement de Paris , avait fait construire ; il en reste encore quelques vestiges.

A peu de distance de là, dans le marais, on trouve une source d'une eau claire et limpide dont on ne peut atteindre la profondeur ; elle est vulgairement nommée l'*OEillet pereuse*, ou *OEil pereux*, parce que sa surface représente un œil.

Le terroir de cette commune est en labour, prairies et marais. On y tire de la tourbe :

la culture des pois de primeur y est connue comme à Catenoy, par le transport qui s'en fait particulièrement à Beauvais, Breteuil, Montdidier et Compiègne.

Le village de Sacy est à 1 lieue et demie au N. E. de Liancourt, et 2 et demie vers l'E. de Clermont ; sa distance de Paris est de 14 lieues et demie au N. par Liancourt et la grande route d'Amiens. On peut prendre également la route de Flandre par Pont-Sainte - Maxence. (Poste aux lettres de Pont-Ste.-Maxence.)

SACY-LE-PETIT, village, département de l'Oise, arrondissement de Clermont-Oise, canton de Liancourt, ci-devant province de l'Ile de France, et diocèse de Beauvais. Sa population est d'environ 320 habitans. Les principales productions de son terroir sont en grains.

Ce village est à 3 lieues vers l'E. de Liancourt, et 1 lieue trois quarts au N. de Pont-Sainte-Maxence ; sa distance de Paris est de 14 lieues trois quarts vers le N., par la route de Flandre. (Poste aux lettres de Pont-Sainte-Maxence.)

SAGY, village, département de Seine-et-Oise, arrondissement de Pontoise, canton de Marines, ci-devant province de l'Ile de France, dans le Vexin, et diocèse de Rouen. Sa population, en y compre-

nant les hameaux du *Grand* et du *Petit Menil*, de *Chardronville* et *Saillancourt*, est d'environ 600 habitans.

Les principales productions du terroir de cette commune sont en grains. On y trouve de superbes carrières de pierre de taille et moellons ; celle de Saillancourt, qui appartient au Gouvernement, est particulièrement connue par la quantité de pierre que l'on en a tirée pour la construction de plusieurs ponts sur la *Seine*. Un ruisseau y fait tourner un moulin.

Le village de Sagy est à 2 lieues un quart au S. O. de Marines, et 9 et demie au N. O. de Paris, par la grande route de Rouen. (Poste aux lettres de Meulan.)

SAILLY, village, département de Seine-et-Oise, arrondissement de Mantes, canton de Limay, ci-devant province de l'Ile de France, dans le Vexin, et diocèse de Rouen. Sa population est d'environ 150 habitans. Il y a un ancien château, dont M. de Sailly est propriétaire.

Les principales productions du terroir de cette commune sont en grains ; une partie est en bois. On y trouve une source abondante près d'une maison nommée *Montiens-Fontaine*, qui, à peu de distance de là, fait tourner un moulin et quantité d'autres, par le ruisseau qu'elle forme dans une vallée, jusque dans l'endroit où il se jette dans *la Seine* à l'extrémité occidentale de Meulan.

Le village de Sailly est à 2 lieues au N. E. de Limay et de Mantes, et 11 au N O. de Paris par Meulan et la grande route de Caen. (Poste aux lettres de Mantes.)

SAINT-AGNAN DE GAMBAIS, église et presbytère isolés. *Voyez* Gambais.

SAINT-ARNOULT, petite ville, département de Seine-et-Oise, arrondissement de Rambouillet, canton de Dourdan (Sud), ci-devant province de l'Ile de France, dans le Hurepoix, et diocèse de Chartres. Sa population est d'environ 1,500 habitans, avec plusieurs fermes, moulins et autres maisons isolées, sous diverses dénominations.

Cette ville est située sur l'ancienne route de Paris à Chartres, près les bois de Rochefort et les forêts de Dourdan et Rambouillet. Elle communique à Rochefort, d'où elle n'est éloignée que de trois quarts de lieue, par cette route, plantée de peupliers de la plus haute et de la plus belle végétation ; elle n'a rien d'ailleurs de remarquable, si ce n'est une assez jolie maison de campagne qui est hors de son enceinte, à son extrémité occidentale, dont M. Stourm, est propriétaire.

On trouve, à Saint-Arnould,

une filature de coton et une fabrique de calicots. Il s'y tient deux foires par année : la première, le lundi et le mardi de Pâques ; et la seconde, le 30 août.

Les productions du terroir de cette commune sont partie en grains, partie en prairies et vignes, avec beaucoup de bois. On y compte six fours à chaux.

La ville de Saint-Arnould est sur la petite rivière de *Remarde*, à trois quarts de lieue à l'O. de Rochefort, et 1 lieue et demie au N. O. de Dourdan ; sa distance de Paris est de 10 lieues trois quarts au S. O. par l'ancienne route de Chartres. (Poste aux lettres de Dourdan.)

SAINT-AUBIN, petit village, département de Seine-et-Oise, arrondissement de Versailles, canton de Palaiseau, ci-devant province de l'Ile de France, et diocèse de Paris. Sa population n'est que d'environ 100 habitans, avec le hameau du *Menil-Blondel*, et deux maisons isolées.

Le château et le parc de Saint-Aubin appartiennent à M. Peullier ; presque tout le terroir de cette commune est en terres labourables. Ce village, joignant l'une des routes de Chevreuse à Paris, est dans une plaine à 1 lieue et demie à l'O. de Palaiseau, et distant de 5 un quart au S. O. de Paris par cette route qui passe à

Bièvres. (Poste aux lettres de Chevreuse.)

SAINT-AUBIN. *V.* NEAU-
FLE-LE-VIEUX.

SAINT - AUBIN, village, département de l'Oise, arrondissement et canton de Clermont - Oise, ci-devant province de l'Ile de France, et diocèse de Beauvais. Sa population est d'environ 220 habitans.

Ce village est situé dans un fond ; une maison de campagne, dite *le Plessis-Saint-Aubin*, appartenant à M. Castoul, juge de paix du canton de Clermont, en fait partie.

Les productions du terroir de cette commune sont toutes en grains. On y trouve des carrières de pierres blanches. Saint - Aubin est à 1 lieue et demie au N. E. de Clermont, et 15 et demie au nord de Paris par Clermont et la grande route d'Amiens. (Poste aux lettres de Clermont-Oise.)

SAINT-AUBIN, ancienne paroisse. *Voyez* NEAUFLE-LE-VIEUX.

SAINT - AUGUSTIN, paroisse composée de plusieurs hameaux et autres habitations isolées, formant une commune dans le département de Seine-et-Marne, arrondissement et canton de Coulommiers, ci-devant province de l'Ile de France, dans la Brie, et dio-

cèse de Meaux. Sa population est de 13 à 1400 habitans.

Les principaux de ces hameaux sont *Bargny*, *le Mesnil-sur-Bargny*, *Brie*, *Champ-Roger*, et partie *des Bordes*. L'église est isolée sur une éminence avec un vieux château.

Il se fait en ce lieu un pélerinage sous l'invocation de sainte Aubierge ; on y remarque une chapelle antique et une fontaine très-abondante.

Le terroir de cette commune est en terres de labour, en prairies et en vignes ; une partie est en bois. L'église de Saint-Augustin est à trois quarts de lieue vers l'O. de Coulommiers, et distante de 13 et demie à l'E. de Paris, par la route de Coulommiers. (Poste aux lettres de Coulommiers.)

SAINT-BRICE, village, traversé par la grande route de Paris à Beauvais, département de Seine-et-Oise, arrondissement de Pontoise, canton d'Ecouen, ci-devant province de l'Ile de France, et diocèse de Paris. Sa population est d'environ 800 habitans. Il renferme un château et plusieurs jolies maisons de campagne. On y fabrique de la dentelle de soie.

Son terroir est en terres labourables et en vignes ; on y recueille beaucoup de fruits. Ce village est à trois quarts de lieue au S. O. d'Ecouen, trois quarts au N. E. de Montmorency, et distant de 3 lieues trois quarts au N. de Paris, par la route de Beauvais. (Poste aux lettres d'Ecouen.)

SAINT - BRICE, ancienne paroisse. *V.* Chaumont-Oise.

SAINT-CHERON-DU-CHE-MIN, village; département d'Eure-et-Loire, arrondissement de Chartres, ci-devant généralité d'Orléans, dans la Beauce, et diocèse de Chartres. Sa population est d'environ 300 habitans, en y comprenant le hameau d'*Angles*, et partie de ceux du *Gué-de-Longroy* et d'*Occonville*.

Le terroir de cette commune est en labour, en vignes et en prairies. Le village de Saint-Chéron est près l'ancienne route de Paris à Chartres, à trois quarts de lieue au S. de Gallardon, et 1 lieue trois quarts au N. O. d'Auneau ; sa distance de Paris est de 16 lieues au S. O. par cette route. (Poste aux lettres de Gallardon.)

SAINT-CHERON-MONT-COURONNE, village, département de Seine-et-Oise, arrondissement de Rambouillet, canton de Dourdan (Nord), ci-devant province de l'Ile de France, dans le Hurepoix, et diocèse de Chartres. Il forme une commune de 11 à 1200 habitans, avec le château *de Basville*, les hameaux du *Petit - Basville*, *de la Tuilerie*, en partie *de Mirgau-*

don, *de la Petite-Beauce*, *de Saint - Evroult*, plusieurs fermes et moulins écartés.

Ce village, situé sur le penchant d'une colline, au bas de laquelle se trouve une prairie arrosée par la rivière d'*Orge*, est traversé par la route de Dourdan à Arpajon, et environné de bois en amphithéâtre ; ce qui lui a fait donner le surnom de *Mont-Couronne*. On y remarque une jolie maison d'un genre moderne et simple, dont M. Larrieu, conseiller à la cour royale de Paris, est propriétaire.

Le château de Basville, appartenant à M. de Saulty, receveur général du département de Seine-et-Oise, est construit dans le goût de Mansard ; il est bien situé et entouré de fossés secs : les jardins et parc sont d'une grande étendue ; il réunit l'avantage de vastes promenades extérieures, qui sont immédiatement à la suite, et au milieu desquelles s'élèvent deux buttes pittoresques, dites *Buttes de Saint-Nicolas* et de *Sainte Catherine* ; elles sont couvertes, de leur pied à leur sommet, de rochers et de vieux pins, et sur le plateau de la première existe un ancien ermitage, connu sous le nom de *Thébaïde*. Ce château a appartenu à MM. de Lamoignon.

Les principales productions du terroir de cette commune sont en grains et bois ; une partie est en vignes. Une tuilerie se trouve au hameau de la Tuilerie.

Aux confins de ce terroir, se voit l'une des plus belles sources de la contrée, qui s'échappe dans le roc à travers neuf ouvertures différentes. Elle forme une fontaine abondante et d'une admirable limpidité : on la nomme *Fontaine-la-Rachée*. Saint-Cheron est à 2 lieues à l'E. de Dourdan, et 2 et demie au S. O. d'Arpajon ; sa distance de Paris est de 9 lieues et demie au S. O., par Bruyères-le-Châtel et une chaussée joignant la grande route d'Orléans. (Poste aux lettres de Dourdan.)

SAINT-CHRISTOPHE, château, ancien prieuré. *V.* Fleurines.

SAINT-CIR. *V.* Saint-Cyr.

SAINT-CLAIR. *Voyez* Gometz-le-Chatel.

SAINT-CLAIR-sur-Epte, bourg, département de Seine-et-Oise, arrondissement de Mantes, canton de Magny, ci-devant province de l'Ile de France, dans le Vexin, et diocèse de Rouen. Sa population est de 5 à 600 habitans, en y comprenant les hameaux *du Héloy, de Breuil, Beaujardin* et la ferme *du Fayel*.

Ce bourg est situé dans une jolie vallée sur la rivière d'*Epte*, et traversé par la grande route de Paris à Rouen. On y voit les restes d'un vieux château seigneurial, fameux autrefois par divers siéges qu'il a soutenus contre les Normands et les Anglais, et par plusieurs traités de paix qui s'y sont signés entre les Rois de France et les ducs de Normandie. Cette rivière d'Epte fait la séparation, dans cette partie, du département de Seine-et-Oise, d'avec celui de l'Eure.

A l'entrée du bourg, dans la prairie, il existe un joli ermitage qu'a habité et où a été martyrisé Saint-Clair en 881. La fontaine de cet ermitage a une grande réputation pour la guérison des maux d'yeux. Tous les ans, le 17 juillet, jour de la fête du patron, il y arrive une foule de pélerins venant de très-loin. La révolution avait mis obstacle à ces actes de dévotion ; mais M. le duc de Caylus, à qui cet ermitage appartient, l'ayant fait relever, depuis quelques années, à ses frais, et restaurer d'une manière tout à fait pittoresque, la ferveur s'est ranimée, et on y voit arriver au moins autant de pélerins qu'avant la révolution : ce pélerinage dure quinze jours.

Le hameau du Heloy est remarquable par un château situé sur une hauteur d'où l'on a une vue charmante et qui s'étend assez loin. L'habitation principale a été créée par M. le duc de Caylus, à qui elle appartient. Le château est petit,

mais très-agréablement bâti:
Les jardins nouvellement plantés sont très-bien dessinés et remplis d'arbres et arbustes étrangers. Un bois attenant, très-bien percé, sert de parc. Les allées se terminant toutes par une belle pelouse, conduisent à des points de vue très-variés que l'on découvre de toutes les parties du plateau élevé, sur lequel ce bois est situé.

Le terroir de cette commune est en labour, prairies et bois. Un bras de la rivière d'Epte fait tourner un moulin, et on y trouve un four à chaux. Le bourg de Saint-Clair, bordé en partie par ce bras de rivière et par le ruisseau *du Cudron* qui s'y réunit, est à 2 lieues et demie vers le N. O. de Magny, 2 et demie entre le S. et le S. O. de Gisors et 16 et demie vers le N. O. de Paris par la grande route de Rouen. (Poste aux lettres de Magny.)

SAINT-CLÉMENT, petit village enclavé dans les dépendances de la commune de *Morienval*, avec un château nommé *la Folie*, département de l'Oise, arrondissement de Senlis, canton de Crépy. Il compose une commune, dont le nombre d'habitans n'est que d'environ 60. *V.* Morienval.

SAINT-CLOUD, bourg et château royal, département de Seine - et - Oise, arrondisse-ment de Versailles, canton de Sèvres, ci-devant province de l'Ile de France, et diocèse de Paris. Sa population est d'environ 2,000 habitans. C'était autrefois une seigneurie qui a été érigée en duché-pairie, en faveur des archevêques de Paris, mais le château ne leur a jamais appartenu.

Le château de Saint-Cloud, placé sur la pente d'une colline qui borde la rive gauche de la Seine, est dans l'une des plus belles situations des environs de Paris. Il est composé d'un grand corps de bâtimens et de deux ailes en retour, avec chacune un pavillon : ce qui forme une très-belle façade, d'où la vue est infiniment agréable.

Les jardins, quoique très-irréguliers, tant par la disposition du terrain que par leur enceinte, ont été distribués avec tant d'art par l'ingénieux *Le Nôtre*, que tout y paraît régulier. Les terrasses, les parterres, les boulingrins, les pièces d'eau, les cascades, les bosquets, enfin les variétés en tout genre d'ornemens qui entourent ce superbe édifice, sont dignes de la plus grande admiration. Le parc est fort étendu.

Le bourg de Saint-Cloud est également situé sur la même colline, et aboutit à la Seine, que l'on passe sur un pont. Il y avait, dans l'ancien régime, une collégiale, une communauté de Pères de la Mission, et un couvent d'Ursulines. Il ne subsiste actuellement, en fait de communauté religieuse, que l'hospice fondé au seizième siècle, sous le nom d'*Hôpital*.

Plusieurs maisons dans ce bourg se font remarquer tant par leur belle situation que par leurs dépendances. Il en était une où le roi Henri III fut assassiné, le 31 juillet 1589, par un fanatique religieux, jacobin, nommé *Jacques Clément*, infesté de la Ligue qui existait dans ce tems-là. Cette maison appartenait alors à Jérôme de Gondy, dont plusieurs de ce nom et de la même famille ont été successivement évêques de Paris.

Une fête qui attire une affluence considérable de monde, a lieu tous les ans dans le parc de Saint-Cloud ; elle commence le 7 septembre, veille de la Notre-Dame, et dure quinze jours. On y voit des boutiques extrêmement brillantes en objets de luxe, et particulièrement des établissemens de traiteurs, restaurateurs, marchands de vin, et de toutes sortes de comestibles. La foule est plus grande les dimanches à cause des eaux qui jouent et ajoutent à l'agrément de cette fête.

La culture principale du terroir de cette commune est en vignes. Saint-Cloud est peu éloigné de Sèvres, et à 2 lieues à l'O. de Paris par une grande route joignant celle de Versailles. (Poste aux lettres de la banlieue et voitures publiques à chaque instant pour Paris.)

SAINT-CORENTIN, ancienne abbaye de religieuses de l'ordre de Saint-Benoît. *Voyez* SEPTEUIL.

SAINT-CRÉPIN, village, département de l'Oise, arrondissement de Beauvais, canton de Méru, ci-devant province de l'Ile de France, et diocèse de Rouen. Sa population est d'environ 700 habitans avec les hameaux d'*Ibouvilliers*, *Ribouville* et *Haillancourt*. Le château et la ferme de *Marivaux* appartenant à M. de Caumont, sont dans ses dépendances.

Les principales productions de son terroir sont en grains, une partie est en bois. Ce village est à 1 lieue et demie au N. O. de Méru, et distant de 13 entre le N. et le N. O. de Paris par Henouville et l'ancienne route de Beauvais à Pontoise, et de Pontoise par la grande route de Rouen. (Poste aux lettres de Méru.)

SAINT-CYR, village, sur la grande route de Paris à Nantes, département de Seine-et-Oise, arrondissement et canton de Versailles, ci-devant province de l'Ile de France, et diocèse de Chartres. Sa population est d'environ 1,000 habitans.

Ce lieu est célèbre par une maison que Louis XIV a fon-

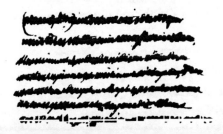

dée à la sollicitation de madame de Maintenon, pour y tenir une pension gratuite de jeunes demoiselles nobles, sous les auspices de dames choisies à cet effet; des sœurs converses y étaient pour les servir.

L'établissement formé, madame de Brinon en composa les premières constitutions et en fut la première supérieure. Devenu ensuite un monastère de religieuses de l'ordre de Saint-Augustin, ces dernières en ont eu la direction. Le nombre des pensionnaires était fixé à deux cent cinquante. Avant d'y entrer, elles devaient faire preuve de quatre degrés de noblesse du côté paternel; elles n'étaient admises que depuis l'âge de sept ans jusqu'à douze; elles y demeuraient jusqu'à vingt. On leur apprenait la géographie, la musique, l'histoire ancienne et moderne, etc.

Le célèbre Jules-Hardoin Mansard ayant fait tous les plans de cette maison, on a employé pour sa construction deux mille six cents hommes tout à la fois; de sorte, qu'ayant été commencée le 1ᵉʳ mai 1685, elle fut entièrement achevée en juillet 1686.

Cet édifice consiste en un grand corps de bâtimens, avec deux ailes qui séparent trois cours, le long de chacune desquelles sont au dehors une autre cour et deux parterres. L'église était desservie par des Pères de la Mission; le jardin potager a été formé d'une partie de terrain planté en bois, que l'on a conservé.

La révolution ayant changé la destination de cette maison, il y existe actuellement une école royale préparatoire qui a été créée pour former des officiers de l'armée. Cette école est sous la direction de M. le comte d'Albignac, maréchal-de-camp, commandant, et de M. le vicomte de Trion-Montalembert, colonel, commandant en second.

L'abbaye de Saint-Cyr, qui était de religieuses de l'ordre de Saint-Benoît, a été démolie.

Les productions du terroir sont en grains et en bois. Ce village est à 1 lieue à l'O. de Versailles, et 5 à l'O. de Paris par Versailles. (Poste aux lettres de Versailles.)

SAINT-CYR-EN-HURE-POIX, paroisse, composée de plusieurs hameaux, fermes et autres maisons isolées, formant une commune, département de Seine-et-Oise, arrondissement de Rambouillet, canton de Dourdan (Nord), ci-devant province de l'Ile de France, dans le Hurepoix, et diocèse de Chartres. Sa population est de 6 à 700 habitans.

Ces hameaux sont *Bandeville*, où il y a un château appartenant à M. James de Pourtalès, *les Loges*, *Foinard*, *le Vimpont* et *le Pont-Rué*.

Les productions du terroir de cette commune sont en

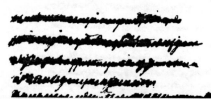

grains, une partie est en vignes, en prairies et en bois.

Saint-Cyr est sur la route de Dourdan à Paris, et sur la petite rivière de *Remarde*, à 1 lieue un quart au N. de Dourdan, et distant de 9 trois quarts au S. O. de Paris, par cette route, qui joint l'ancienne route de Chartres. (Poste aux lettres de Dourdan.)

SAINT-CYR, village, département de Seine-et-Marne, arrondissement de Coulommiers, canton de Rebais, ci-devant province de l'Ile de France, dans la Brie, et diocèse de Meaux; il forme, avec un certain nombre de hameaux, fermes et autres habitations écartées, sous diverses dénominations, une commune de 13 à 1400 habitans.

Ce village renferme un ancien château qui faisait partie des domaines de M. le duc de Montmorency. Se trouvent aussi deux maisons de campagne, l'une au hameau de *Chavigny*, et l'autre est nommée *Courbois*, avec deux fermes attenantes.

M. Terwagne est propriétaire, à Saint-Cyr, d'un moulin à huile, avec une mécanique de blanchisserie qui y est adaptée.

Le terroir de cette commune est en terres labourables, prés, vignes et bois; on y trouve une carrière et four à plâtre; la rivière du *Petit-Morin* y fait tourner trois moulins à fari-

nes, et il en est un autre sur le ru de *Choisel*. Ce village est dans une vallée sur le Morin, à 2 lieues vers le N. de Rebais, et 1 lieue et demie vers le S. E. de la Ferté-sous-Jouarre; sa distance de Paris est de 16 lieues à l'E. par la Ferté et la grande route d'Allemagne. (Poste aux lettres de la Ferté-sous-Jouarre.)

SAINT-CYR, petit village, département de l'Oise, arrondissement de Beauvais, canton de Chaumont-Oise, ci-devant province de l'Ile de France, dans le Vexin, et diocèse de Rouen. Sa population n'est que d'environ 50 habitans.

La terre de Saint-Cyr était autrefois seigneuriale. Le château, avec un parc de 50 arpens, appartient à M. le marquis de Saint-Souplet. Ses productions sont en grains, prairies et bois; un ruisseau fait tourner un moulin. Le village de Saint-Cyr est à 2 lieues et demie au S. E. de Chaumont, et distant de 11 et demie au N. O. de Paris par Chars et la route de Gisors. (Poste aux lettres de Chaumont-Oise.)

SAINT-CYR-EN-ARTHIES, village, départ. de Seine-et-Oise, arrondis. de Mantes, canton de Magny, ci-devant province de l'Ile de France, dans le Vexin, et diocèse de Rouen. Sa population est d'environ 230 habitans,

avec le hameau des *Rave-
nelles.*

Ce village est dans une vallée. M. le comte de Stade,
chevalier de Saint-Louis, est
propriétaire du château avec
un parc de 120 arpens.

Le terroir de cette commune
est en labour et en bois. Saint-
Cyr est à 2 lieues et demie au
S. de Magny, et 2 au N. de
Mantes ; sa distance de Paris
est de 13 lieues vers le S. O.
par différens chemins joignant
la grande route de Rouen.
(Poste aux lettres de Mantes.)

**SAINT-CYR-LA-RI-
VIERE**, village, département
de Seine-et-Oise, arrondissement d'Etampes, canton de
Méréville, ci devant province
de l'Ile de France, dans la
Beauce, et diocèse de Sens.
Sa population est d'environ
300 habitans, en y comprenant les hameaux de *Maran-
court*, *Voisins* ; les maisons
isolées de *Romard*, et deux
moulins sur le ru de *Climont.*

La terre de Saint Cyr est une
ancienne seigneurie, où il y
avait haute, moyenne et basse
justice. Le château, dont M. le
comte d'Astorg est propriétaire, était autrefois fortifié,
et entouré de fossés remplis
d'eau vive ; le parc, enclos
de murs, distribué en jardins
paysagistes, est traversé par le
ru de Climont désigné ci dessus, qui alimente une grande
pièce d'eau et différens canaux.

Le terroir de cette commune

est en labour, une petite partie est en prairies et en bois.
Le village de Saint-Cyr, ainsi
que le château, sont dans une
vallée, à 1 lieue et demie vers
le N. E. de Méréville, et 2 au S.
d'Etampes ; sa distance de Paris
est de 14 lieues vers le S. par
Etampes et la grande route
d'Orléans. (Poste aux lettres
d'Etampes.)

SAINT-DENIS, ville, chef-
lieu d'arrondissement et de
canton, département de la
Seine, ci-devant province de
l'Ile de France, et diocèse de
Paris. Sa population est d'environ 4,800 habitans. Elle est
le siége de la sous-préfecture,
d'une justice de paix et la résidence d'un lieutenant et de
deux brigades de gendarmerie,
l'une à cheval et l'autre à pied.
Il n'y a point de tribunal de
première instance ; c'est celui
de Paris qui a les attributions
de cette juridiction.

Cette ville doit son origine
à une célèbre abbaye d'hommes de l'ordre de Saint-Benoît. Elle est située dans une
plaine, sur la petite rivière de
Crou, près celle du *Rouillon*, peu éloignée de la *Seine*,
et traversée par la grande route
de Paris à Rouen, Beauvais
et Amiens. Elle était autrefois
fortifiée, et a soutenu plusieurs
siéges.

L'abbaye de Saint-Denis,
supprimée en 1790, contient
de très-vastes bâtimens. L'é-
glise, construite à plusieurs re-

prises, est l'une des plus belles de France; c'est le lieu de la sépulture des Rois. Dagobert, son fondateur, ou du moins son premier bienfaiteur, y a été inhumé.

Cette église, à l'époque de la révolution, ayant été dévastée, et les monumens précieux déposés au Musée de Paris, il ne restait plus que les murs et autres ouvrages de maçonnerie; mais les grandes réparations que l'on y a faites, particulièrement dans l'intérieur, rendent aujourd'hui cet édifice le plus majestueux et le plus imposant que l'on connaisse en ce genre. On s'occupe aujourd'hui à replacer les principaux de ces monumens.

Il s'est tenu dans cette abbaye plusieurs conciles; le nombre des religieux y était considérable, et jouissait de grands revenus. Ces moines sont actuellement remplacés par un chapitre, composé de neuf chanoines choisis parmi les archevêques et évêques âgés de plus de soixante ans, et treize chanoines de second ordre, dont plusieurs dignitaires. Le nombre de ces derniers sera de vingt-cinq en 1818.

Il y avait aussi à Saint-Denis, avant la révolution, un chapitre sous le titre de Saint-Paul, sept paroisses, un couvent de Récolets et plusieurs autres communautés religieuses, savoir : les Carmélites, les Annonciades, les Ursuli-nes, les Filles de Sainte-Marie, dites de la *Visitation*, et de l'Hôtel-Dieu. Ce dernier établissement subsiste sous le nom d'hospice.

Il est à remarquer que le couvent des Carmélites fut, pour madame Louise de France, fille de Louis XV, un lieu de retraite où cette princesse, en renonçant aux grandeurs et aux jouissances de la cour, fit profession de la vie religieuse; et là, oubliant le rang illustre où le sort l'avait placée, elle mit toute sa gloire à suivre la règle austère de cet ordre.

La ville de Saint-Denis, dans l'ancien régime, était le siége d'un bailliage qui ressortissait nuement au parlement de Paris.

Par décret du 29 mars 1809, il a été institué à la ci-devant abbaye une maison aujourd'hui nommée *Maison Royale*, pour l'éducation de trois cents demoiselles, filles, sœurs, nièces ou cousines des membres de la Légion d'Honneur. Le nombre actuellement est porté à cinq cents, par la réunion d'une semblable institution, qui existait à Ecouen; on en reçoit quatre cents gratuitement, et cent à titre de pension de l'un ou l'autre des ordres royaux.

La direction de cette maison est confiée à une surintendante, assistée de sept dames dignitaires, dix dames de première classe et trente de seconde : madame la comtesse du Quengo a été nommée surintendante par brevet du Roi, en date du 4 mars 1816.

L'industrie et le commerce en cette ville consistent en plusieurs manufactures, fabriques et autres établissemens, savoir: deux manufactures de toiles peintes, plusieurs beaux lavoirs et magasins de laine, dont cinq sont considérables; une brasserie y est renommée.

On trouve aussi, dans les dépendances de cette commune, à l'une des maisons dites *Maisons de Seine*, sur la rive droite de cette rivière, une superbe manufacture de plomb laminé, dont M. Gondouin est propriétaire.

Le hameau de la Briche, dans lequel passe la grande route de Paris à Rouen, est très-fréquenté, particulièrement à cause du port où arrivent les vins de Bordeaux, eaux-de-vie, huiles et autres marchandises. De très-beaux magasins sont tenus par MM. Claye, Chevalier et Gilles, dans lesquels ils reçoivent tout ce qui leur est adressé, soit par terre, soit par eau.

Il se tient, à Saint-Denis, trois foires par année: la première, le 24 février, qui dure huit jours; la seconde, le 11 juin, nommée la foire du *Landit*, qui est très-considérable en moutons, quinze jours; et huit jours pour toutes les autres marchandises; la troisième, le 9 octobre, neuf jours. Le marché est le vendredi de chaque semaine.

La rivière de Crou et celle du Rouillon font tourner dix moulins à farines, bien montés, qui servent à l'approvisionnement de Paris. Les alentours de Saint-Denis sont en terres labourables et prairies. Cette ville est à 2 lieues au N. de la capitale, où elle communique par une belle et large route plantée de deux rangs d'arbres de chaque côté, au bout de laquelle on traverse le village de la Chapelle, qui est joignant la barrière. (Bureau de poste aux lettres, relai de poste aux chevaux, et voitures publiques tous les jours et à chaque instant pour Paris.)

SAINT-DENIS, village, département de Seine-et-Marne, arrondissement de Coulommiers, canton de Rebais, ci-devant province de l'Ile de France, dans la Brie, et diocèse de Meaux. Sa population est d'environ 1,100 habitans, en y comprenant les hameaux de *Chantarenne*, *Vinot*, *des Marchés*, de *Villeneuve-sur-Bois*, *des Pleux* et autres.

Les protestans y ont un temple nommé *Vaultavosne*, où ils exercent leur culte; les gens de cette secte des communes environnantes s'y réunissent.

Le terroir de Saint-Denis est en terres labourables et en vignes. Une partie des habitans s'occupe de la fabrique de toiles. Ce village est à une demi-lieue au S. O. de Rebais, et 2 lieues et demie vers l'E. de Coulommiers; sa distance de Paris est de 16 lieues et demie à l'E. par Coulommiers et la route qui passe à Lagny. (Poste aux lettres de Rebais.)

SAINT-DENIS-DU-PORT, village, sur la route de Paris à Coulommiers, joignant la ville de Lagny, département de Seine-et-Marne, arrondissement de Meaux, canton de Lagny, ci-devant province de l'Ile de France, et diocèse de Paris. Sa population est d'environ 180 habitans.

La principale culture de son terroir est en vignes; les fruits y sont assez abondans. Ce village est à 6 lieues et demie à l'E. de Paris par la route désignée ci-dessus. (Poste aux lettres de Lagny.)

SAINT - ÉLOY , ancien prieuré de chanoines réguliers de l'ordre de Saint-Augustin. *Voyez* CHILLY.

SAINT - FARGEAU , village , département de Seine-et-Marne, arrondissement et canton de Melun, ci-devant province de l'Ile de France, et diocèse de Sens. Sa population est d'environ 1,000 habitans, avec partie du hameau de *Ponthierry*, ceux de *Moulignon*, *Auxonnettes*, *Tilly*, *Jonville* et *les Bordes*; l'autre partie de Ponthierry est sur la commune de *Pringy*.

M. Chaslon, administrateur

des douanes, est propriétaire du château de Jonville. M. Baron-des-Bordes, ancien magistrat, possède une maison de campagne dite *les Bordes-Brasseuses* , à côté de la grande route de Paris à Fontainebleau, et une autre maison située à Moulignon, appartient à M. le général Lecamus , baron de Moulignon.

Le terroir de cette commune est partie en labour, partie en vignes et en bois. Saint-Fargeau est sur l'une des hauteurs qui bordent la *Seine*, sur sa rive gauche, à 2 lieues et demie à l'O. de Melun, et distant de 9 au S. de Paris par la route de Fontainebleau.(Poste aux lettres de Ponthierry.)

SAINT-FÉLIX, village, département de l'Oise, arrondissement de Clermont-Oise, canton de Mouy, ci-devant province de l'Ile de France, et diocèse de Beauvais. Sa population est d'environ 330 habitans, avec le hameau de *Fay-sous-le-Bois*, où il y a une maison de campagne nommée *le Château*.

Son terroir est en labour et en belles prairies. Ce village est près la rivière *du Therain*, qui fait tourner un moulin à 1 lieue au N. O. de Mouy; sa distance de Paris est de 14 lieues et demie au N. par Noailles et la grande route de Beauvais. (Poste aux lettres de Noailles ou Clermont-Oise.)

SAINT-FIACRÉ, village, département de Seine-et-Marne, arrondissement de Melun, canton de Crecy, ci-devant province de l'Ile de France, dans la Brie, et diocèse de Meaux. Sa population est d'environ 320 habitans.

L'abbaye de *Saint-Faron*, de Meaux, y avait un prieuré. Il ne reste, du monastère démoli en grande partie, qu'une simple maison de campagne.

Il se fait en ce lieu un pélerinage qui y attire beaucoup de monde, le jour de la Trinité, et plus encore le 30 août, jour de la fête de Saint-Fiacre. Le tombeau de ce saint, que renfermait l'église du prieuré, a été transféré dans celle de la paroisse.

Les principales productions du terroir de cette commune sont en grains. Le village de Saint-Fiacre est à 2 lieues au N. de Crecy, et 1 et demie au S. E. de Meaux; sa distance de Paris est de 11 lieues et demie à l'E. par Meaux et la grande route d'Allemagne. (Poste aux lettres de Meaux.)

SAINT-FIRMIN, village, département de l'Oise, arrondissement et canton de Senlis, ci-devant province de l'Ile de France, et diocèse de Senlis. Sa population, avec le hameau de *Vineuil* et la ferme de *Courtillet*, est d'environ 900 habitans.

Ce village et ce hameau sont remarquables par leur situation agréable proche la forêt de Chantilly. On y voit plusieurs maisons de campagne, parmi lesquelles on distingue, à Saint-Firmin, celle qui a appartenu à M. de la Haye, fermier-général. Les jardins et le parc renferment de belles eaux.

On fabrique, dans cette commune, beaucoup de dentelles de toute espèce. Les productions de son terroir sont en grains et fruits, une partie est en prairies et en bois. On y trouve quantité de carrières, dont plusieurs forment des habitations occupées par ceux qui travaillent à leur exploitation.

Saint-Firmin est à une demi-lieue à l'E. de Chantilly, et 1 lieue et demie à l'O. de Senlis; sa distance de Paris est de 9 lieues et demie vers le N. par Chantillly et la grande route d'Amiens. (Poste aux lettres de Chantilly.)

SAINT-FORGET, paroisse, composée de plusieurs hameaux, formant une commune dans le département de Seine-et-Oise, arrondissement de Rambouillet, canton de Chevreuse, ci-devant province de l'Ile de France, dans le Hurepoix, et diocèse de Paris. Sa population est d'environ 380 habitans.

Ces hameaux sont les *Sablons*, *le Ménil-Sevin*, *la Haute-Beauce* et *Becquancourt*. Le château de *Mau-*

vière, appartenant à M. Mathieu, baron de Mauvière, en fait aussi partie.

Ce château, d'une construction moderne et régulière, est situé dans une vallée agréable. Le parc qui l'entoure contient environ quarante arpens. La petite rivière d'*Yvette*, qui le borde d'un côté, communique ses eaux dans différens canaux.

Les ponts jetés sur ces canaux présentent une vue d'autant plus charmante, que le parc, percé d'une quantité de routes à travers les mouvemens de terre produits par la nature, semblent se lier avec le reste de la vallée, dont la majeure partie dépend de cette terre, ci-devant seigneuriale, et actuellement érigée en majorat de baronie.

Les principales productions du terroir de cette commune sont en grains et chanvre, une grande partie est en prairies et bois La rivière d'Yvette fait tourner plusieurs moulins. L'église de Saint-Forget est à une demi-lieue à l'O. de Chevreuse, et 7 lieues et demie au S. O. de Paris par Chevreuse, et l'une ou l'autre des routes indiquées à la description de cette ville. *Voyez* CHEVREUSE. (Poste aux lettres de Chevreuse.)

SAINT - GERMAIN , ancienne paroisse. *V*. VERBERIE.

SAINT - GERMAIN , an-

cienne paroisse. *Voyez* COMPIÈGNE.

SAINT - GERMAIN - DE-LAGRANGE, petit village, département de Seine-et-Oise, arrondissement de Rambouillet, canton de Montfort-l'Amaury, ci-devant province de l'Ile de France, et diocèse de Chartres, forme une commune d'environ 200 habitans, avec les hameaux de *Chatron* et des *Cours*.

Son terroir est en labour et en vignes. Ce village est à une demi-lieue au N. de Neaufle-le-Château, et 2 un quart au N. E. de Montfort; sa distance de Paris est de 7 lieues et demie à l'O. par Villepreux et la route qui passe à Rocquencourt. (Poste aux lettres de Neaufle-le-Château.)

SAINT-GERMAIN-DE-LAXIS, village, département de Seine-et-Marne, arrondissement et canton de Melun, ci-devant province de l'Ile de France, et diocèse de Sens. Sa population est d'environ 150 habitans ; les fermes de *Pouilly - Gallerand* en font partie.

Ce village est contigu à la route de Melun à Meaux, avec un château et un parc, dont M. Biers est propriétaire.

Les grains sont la principale production du terroir. Ce village est à 1 lieue un quart au N. E. de Melun, et distant de 10 au S. E. de Paris, par différens chemins joignant la grande route de Lyon, ou celle de Troyes par Brie - Comte - Robert. (Poste aux lettres de Melun.)

SAINT - GERMAIN - DES-NOYERS, ferme, ancienne paroisse. *Voyez* Bussy-Saint-Martin.

SAINT - GERMAIN - EN-LAYE, ville et ancien château royal, département de Seine-et - Oise, arrondissement de Versailles, chef-lieu de canton, siége d'une justice de paix, et la résidence d'une brigade de gendarmerie, ci-devant province de l'Ile de France, et diocèse de Paris. Sa population est d'environ 10,000 habitans. L'ancienne paroisse de *Saint-Léger* y est réunie. Les maisons d'*Hennemont*, où il y avait jadis un prieuré, et *la vallée de Feuillancourt*, où sont les tanneries dites de *Saint-Germain*, en font aussi partie.

La situation de cette ville, sur une montagne, et traversée par la grande route de Paris à Caen, est l'une des plus belles des environs de Paris, sur-tout celle du château, dont le parterre et la forêt y adjacents sont bordés par une terrasse de 1,200 toises de longueur, sur 15 de largeur.

L'air y est pur et sain; rien n'est plus agréable que cette terrasse; la vue s'y étend sur de vastes plaines, où la *Seine*

serpente en tout sens par les diverses sinuosités qu'elle décrit. Les regards se fixent sur des côteaux couverts de vignes et couronnés de bois, ainsi que sur une infinité de villages. On découvre *Paris*, *Saint-Denis*, et autres lieux également remarquables.

Le château de Saint-Germain est entouré de larges et profonds fossés. On y voit à côté les vestiges d'un autre château qui était le lieu de naissance des rois Henri II, Charles IX et Louis XIV. La cour d'Angleterre fit sa résidence dans celui existant sur la fin du seizième siècle. Le roi Jacques II (de la famille des Stuart) y mourut le 16 septembre 1701, et la reine, son épouse, en 1718.

La ville de Saint-Germain renferme quantité de belles maisons, parmi lesquelles on distingue celle dite l'*Hôtel de Noailles*, qui a appartenu à M. le maréchal de ce nom.

Avant la révolution il y avait un prieuré, un couvent de Récolets et un couvent d'Ursulines. Il ne subsiste actuellement, en fait de communautés religieuses, que celle des dames dites de *Saint-Thomas-de-Villeneuve*, qui tiennent une pension pour l'éducation de jeunes demoiselles. Un hospice pour les malades, réunit celui des vieillards qui en était séparé.

Cette ville était aussi le siége d'une prévôté royale et d'une maîtrise particulière des eaux et forêts.

L'ancien couvent des Augustins, dit *des Loges*, situé dans la forêt, à une demi-lieue de la ville, est un établissement royal, destiné à l'éducation des jeunes orphelines de la Légion d'Honneur, et gouverné par les dames de la congrégation de la Mère-de-Dieu. Madame de Lezeau est supérieure générale de cette congrégation, dont le chef-lieu est à Paris.

La forêt de Saint-Germain est l'une des plus belles et des mieux percées du royaume. Elle est fermée entièrement de murs, et contient plus de 8,000 arpens. Le château de *la Muette* qui est dans son centre, sert de *rendez-vous* de chasse. Celui *du Val* a son entrée au bout de la terrasse, appartient à M. de Noailles, prince de Poix et pair de France.

Le principal objet d'industrie et de commerce en cette ville, consiste dans le produit des tanneries, dont la plus considérable est connue sous le titre de *Manufacture royale*. Il s'y tient deux foires par année, l'une, dite de la *Saint-Louis*, qui dure trois jours, et l'autre, nommée la *Fête des Loges*, qui dure aussi trois jours. La première s'établit le dimanche après le 25 août, à l'entrée de la forêt, près la grille de Poissy; et la seconde, le dimanche après le 30 du même

mois, sur la place des Loges, en face de la maison désignée ci-dessus. Les jours de marchés sont les lundi et jeudi de chaque semaine.

La culture principale du terroir de Saint-Germain est en vignes. Cette ville est à 2 lieues et demie au N. de Versailles, et distant de 4 et demie à l'O. de Paris, par l'une ou l'autre des routes qui passent à Nanterre. On compte 6 lieues de poste. (Bureau de poste aux lettres, relais de poste aux chevaux, et voitures publiques à chaque instant pour Paris.)

SAINT-GERMAIN-LAVAL, village, département de Seine-et-Marne, arrondissement de Fontainebleau, canton de Montereau-Faut-Yonne, ci-devant province de l'Ile de France, dans le Gatinais, et diocèse de Sens. Sa population est d'environ 340 habitans avec les hameaux de *Courbeton*, *Trechy*, *Garde-Loup*, la maison de campagne de *Merlange* et la ferme de *Portville*.

A Courbeton est un château appartenant à M. de Saint-Aulaire, dans une des plus agréables situations des environs de Montereau et même du département, sur la route de Provins. On y remarque une superbe terrasse le long de la *Seine*, d'où les points de vue s'étendent sur une vaste plaine. Les plantations y sont distribuées avec élégance.

Le grand parc appartient à

M. le baron de Lesparda, maire du lieu. On y tire de belles terres blanches, propres à la fabrication des vases, façon anglaise. On les emploie particulièrement à la manufacture de Creil. *Voyez* CREIL.

Le même propriétaire possède un beau troupeau de mérinos, et une maison attenante de laquelle est une manufacture de faïence noire bronzée ; les vases que l'on y fabrique sont à la plus grande épreuve du feu. Cet établissement est dirigé par M. Guerrier qui en est l'entrepreneur.

Le terroir de cette commune est en labour, vignes et prairies, une petite partie est en bois. On trouve à Merlange une fontaine d'eau minérale. Le village de Saint-Germain est près la rive droite de la Seine, à 1 lieue vers le N. E. de Montereau, et 17 lieues et demie vers le S. E. de Paris par Montereau et la grande route de Lyon. (Poste aux lettres de Montereau-Faut-Yonne.)

SAINT-GERMAIN-LES-ARPAJON, village, département de Seine-et-Oise, arrondissement de Corbeil, canton d'Arpajon, ci-devant province de l'Ile de France, et diocèse de Paris, forme une commune de 5 à 600 habitans avec les hameaux de *la Bretonnière, la Folie, le* château de *Chanteloup*, et autres maisons écartées.

La terre de Chanteloup était autrefois seigneuriale et le siége d'une haute, moyenne et basse justice. Elle a appartenu au roi François Ier, qui, suivant des lettres patentes du 12 février 1518, l'a échangée contre le jardin des Tuileries à Paris, dont François de Neuville était alors propriétaire.

Les jardins du château qui tiennent à la grande route de Paris à Orléans, passaient, dans ce tems-là, pour les plus beaux des environs de Paris. On y voyait toutes sortes de figures représentées par des arbres et des arbrisseaux ; et sur une grande pièce d'eau étaient également représentés, par la configuration des terres et leur distribution, le golfe et la ville de Venise.

Ce château ayant été reconstruit sur un nouveau plan, et les jardins différemment arrangés ; le parc, qui contient 150 arpens, est régulièrement planté et renferme de très-beaux bois. M. le chevalier Roettier de Montaleau, qui en est propriétaire, possède aussi un superbe troupeau de mérinos de pure race, provenant de Rambouillet, et qui a donné l'origine à plusieurs autres troupeaux qui n'ont pas moins de réputation. Les bergeries ont été établies d'après les principes du célèbre d'Aubenton.

Le terroir de cette commune est en labour, en prairies, en

36

vignes et en bois. Saint-Germain est près la ville d'Arpajon, sur la rivière d'*Orge*, à 7 lieues au S. de Paris par la route d'Orléans. (Poste aux lettres d'Arpajon.)

SAINT - GERMAIN - LES-CORBEIL, village, département de Seine-et-Oise, arrondissement et canton de Corbeil, ci-devant province de l'Ile de France, et diocèse de Paris. Sa population est d'environ 330 habitans, y compris une partie du hameau dit le *Vieux Marché*, et les maisons isolées de *Gravois* et *Villelouvette*.

Ce village est dans une belle exposition au dessus de Corbeil. M. le marquis de Tourdonnet est propriétaire du château, d'où les points de vue sont superbes. Le parc, distribué, partie régulièrement et partie à l'anglaise, renferme de beaux bois et contient 130 arpens enclos de murs.

Trois maisons, qui ne sont pas éloignées du château, se font distinguer des autres par leur construction et leurs accessoires. Les grains sont la principale production du terroir de Saint-Germain, qui tient à Corbeil; sa distance de Paris est de 7 lieues au S. par Corbeil et la grande route de Fontainebleau. (Poste aux lettres de Corbeil.)

SAINT - GERMAIN - LES-COUILLY, village, traversé par la route de Coulommiers à Paris, et par celle de Meaux à Melun, département de Seine-et-Marne, arrondissement de Meaux, canton de Crécy, ci-devant province de l'Ile de France, dans la Brie, et diocèse de Meaux. Sa population est d'environ 600 habitans. Le hameau de *Montguyon* en fait partie.

Ce village n'est séparé de celui de Couilly que par un pont sur la rivière *du Grand-Morin*, près duquel est une tannerie considérable. On y voit un joli château nommé le château *des Briets*, avec un parc bien dessiné, dont M. le chevalier de Laumoy, maréchal de camp, est propriétaire.

Le terroir de cette commune est en terres labourables, une partie est en vignes. Le Morin y fait tourner trois moulins. Saint-Germain est à 1 lieue et demie au N. O. de Crécy, et distant de 9 à l'E. de Paris par la route de Coulommiers. (Poste aux lettres de Crécy.)

SAINT-GERMAIN-SOUS-DOUE, village, département de Seine-et-Marne, arrondissement de Coulommiers, canton de Rebais, ci-devant province de l'Ile de France, dans la Brie, et diocèse de Meaux. Sa population est d'environ 430 habitans, en y comprenant les hameaux de *Malembout*, du *Petit-Paris*, du *Mont-Berneux*, de la *Barrée*, la ferme de *la Grande None*, et plusieurs maisons écartées.

Les principales productions de son terroir sont en grains, une partie est en bois. On y trouve une tuilerie et deux moulins sur un ru. Ce village est dans un fond, à 1 lieue et demie à l'O. de Rebais, et 1 lieue trois quarts au N. O. de Coulommiers; sa distance de Paris est de 15 lieues trois quarts à l'E. par Coulommiers et la route qui passe à Lagny. (Poste aux lettres de Rebais.)

SAINT-GERMAIN-SUR-ÉCOLE, village, département de Seine-et-Marne, arrondissement et canton de Melun, ci-devant province de l'Ile de France, et diocèse de Sens. Sa population est d'environ 400 habitans. Les productions de son terroir sont en grains, en prairies, en vignes et en bois.

Ce village est sur la petite rivière d'*Ecole*, qui fait tourner un moulin, à 3 lieues au S. O. de Corbeil; sa distance de Paris est de 11 lieues par différens chemins joignant la grande route de Fontainebleau. (Poste aux lettres de Ponthierry.)

SAINT-GERVAIS, village, traversé par la grande route de Paris à Rouen, département de Seine-et-Oise, arrondissement de Mantes, canton de Magny, ci-devant province de l'Ile de France, dans le Vexin,

et diocèse de Rouen. Sa population est d'environ 600 habitans, en y comprenant les hameaux d'*Estrez*, *Archemont*, *Magnitot* et *Ducourt*.

M. Le Rat de Magnitot, juge de paix du deuxième arrondissement de Paris, est propriétaire au hameau de Magnitot, du joli château bâti en 1783. C'est le lieu où fut fondé en 1322 une chapelle avec un petit chapitre de quatre prébendes.

Cette chapelle, conservée, renferme encore quelques anciens tombeaux des propriétaires, et notamment celui d'une *Isabelle de Vendôme*, décédée en 1405, épouse d'un *des Essarts*, chambellan du Roi Charles VI.

Les grains sont la principale production du terroir de cette commune; on y trouve trois carrières de pierre de taille et moellons. Saint-Gervais est à une demi-lieue au N. O. de Magny, et 14 lieues et demie au N. O. de Paris par la route de Rouen. (Poste aux lettres de Magny.)

SAINT-GRATIEN, village, département de Seine-et-Oise, arrondissement de Pontoise, canton de Montmorency, ci-devant province de l'Ile de France, et diocèse de Paris. Sa population est d'environ 450 habitans.

Le maréchal de Catinat a passé une partie de sa vie dans le château de Saint-Gratien.

Ce grand homme s'y occupait particulièrement de la culture des sciences et des arts, préférant l'étude et la retraite à toute autre jouissance de la vie. Il y mourut en 1712, à l'âge de soixante-quatorze ans.

Ce château, appartenant à M. le comte de Luçay, est un des plus remarquables de la vallée de Montmorency tant par sa situation que par son architecture. Le parc, au milieu duquel il est placé, est d'environ 500 arpens, dont l'*Etang de Montmorency* fait partie. Les plantations et les promenades qui bordent cette immense pièce d'eau, et qui la joignent au reste du parc, font de cette habitation une des plus belles propriétés des environs de Paris.

Une maison de campagne, dans le village, se fait aussi remarquer par un très-joli jardin appartenant à madame Iguard.

Le terroir de cette commune se cultive en grains et vignes. Il y a quelques prairies, et on y recueille beaucoup de fruits. Saint-Gratien est à 1 lieue au S. O. de Montmorency, proche la grande route de Paris à Rouen, et distant de 3 et demie au N. de Paris par cette route. (Poste aux lettres de Montmorency.)

SAINT-HILAIRE, village, département de Seine-et-Oise, arrondissement et canton d'Etampes, ci-devant province de l'Ile de France, dans le Hurepoix, et diocèse de Chartres. Il forme, avec les hameaux de *Moulinvau*, et plusieurs autres habitations écartées, une commune d'environ 220 habitans.

L'ancien prieuré de Saint-Hilaire, forme aujourd'hui une jolie maison de campagne environnée de belles plantations et prairies, sur la petite rivière de l'*Ouette*. Il s'y trouve une fontaine dite de *Sainte-Seconde*, qui a la réputation de guérir la fièvre. M. Bourgine fils, propriétaire de cette maison, se propose d'embellir cette fontaine, et de la rendre plus célèbre par un pélerinage.

Parmi les habitations isolées, il existe le château de *Champrond*, dans une belle situation. *Voyez* CHAMP-ROND. Il reste encore des ruines de celui d'*Ardennes*.

Le terroir de cette commune est en labour, prairies et bois. On trouve une tuilerie près la ferme de *Toureau*. Le village de Saint-Hilaire est proche celui de Chalo-Saint-Mars, dans une vallée à 1 lieue et demie à l'O. d'Etampes, et 13 et demie vers le Sud de Paris par Etampes et la grande route d'Orléans. (Poste aux lettres d'Etampes.)

SAINT-HILAIRE ou la VARENNE, ancienne paroisse. *V.* SAINT-MAUR-LES-FOSSÉS.

SAINT - HILARION , village, départ. de Seine-et-Oise, arrondissement et canton de Rambouillet , ci-devant généralité d'Orléans , dans la Beauce , et diocèse de Chartres. Il forme , avec plusieurs hameaux , fermes et beaucoup d'habitations à l'écart, sous diverses dénominations , une commune d'environ 420 habitans.

Ce village est à côté de la grande route de Paris à Nantes. Le château de *Voisins* qui fait aussi partie de cette commune, appartient à M. le baron de Saint Didier. On remarque à l'une des extrémités du parc, une masse énorme de rochers qui fixe l'attention des naturalistes.

Le terroir de cette commune est en labour, prairies et bois; la rivière *de Guesle* fait tourner six moulins à farines. Saint-Hilarion est à 1 lieue vers l'E. d'Epernon, et 1 et demie au S. O. de Rambouillet; sa distance de Paris est de 12 lieues vers le S. O. par la route de Nantes. (Poste aux lettres de Rambouillet.)

SAINT - HILLIERS - LA - VILLE , village, département de Seine-et-Oise , arrondissement de Mantes , canton de Bonnières, ci-devant province de l'Ile de France , et diocèse de Chartres. Sa population est d'environ 200 habitans, avec les hameaux *des Gats* , *d'Inchelin* et autres habitations

isolées, sous diverses dénominations.

La terre de Saint-Hilliers est une ancienne seigneurie. Le château appartient à M. de Soulaigre, colonel, chevalier de Saint-Louis. Le parc, de 25 arpens , renferme de beaux bois et plusieurs fontaines.

Ses principales productions sont en grains , une petite partie est en bois. Saint-Hilliers est à 2 lieues vers le S. dé Bonnières, et 3 et demie à l'O. de Mantes; sa distance de Paris est de 15 lieues et demie entre le S. et le S. O. par Mantes et la grande route de Caen. (Poste aux lettres de Mantes.)

SAINT - HILLIERS - LE - BOIS , village , département de Seine-et-Oise , arrondissement de Mantes , canton de Bonnières, ci-devant province de l'Ile de France , et diocèse de Chartres. Sa population est d'environ 400 habitans. M. Phelippon est propriétaire du château.

Les principales productions du terroir de cette commune sont en grains , une petite partie est en bois. Saint-Hilliers est à 2 lieues et demie vers le S. O. de Bonnières, et 2 et demie au S. E. de Pacy-sur-Eure; sa distance de Paris est de 16 lieues un quart vers l'O. par Mantes et la grande route de Caen. (Poste aux lettres de Mantes.)

SAINT-HUBERT, hameau où il y avait un beau château royal. *Voyez* LE PERRAY.

SAINT-JEAN-DE-BEAU-REGARD, petit village, département de Seine-et-Oise, arrondissement de Rambouillet, canton de Limours, ci-devant province de l'Ile de France, dans le Hurepoix, et diocèse de Paris, forme, avec le hameau de *Vilziers*, une commune d'environ 200 habitans. M. le comte d'Auberjon de Murirais est propriétaire du château, contigu au village, dans une très-belle position.

Le terroir de cette commune est en labour et en bois. Saint-Jean-de-Beauregard est à 1 lieue trois quarts au N. E. de Limours, et distant de 6 au S. O. de Paris par Orsay et l'ancienne route de Chartres. (Poste aux lettres de Limours.)

SAINT-JEAN-LES-DEUX-JUMEAUX, village, traversé par la grande route de Paris en Allemagne, département de Seine-et-Marne, arrondissement de Meaux, canton de la Ferté-sous-Jouarre, ci-devant province de l'Ile de France, dans la Brie, et diocèse de Meaux. Sa population est d'environ 700 habitans, en y comprenant les hameaux de *Montretou*, *Arpentigny*, *Deux-Jumeaux*, plusieurs fermes et autres habitations écartées.

Le château de *la Noue*, dont la construction est assez remarquable à une demi-lieue au S. du village, fait également partie de la commune; il est environné de bois bien percés. M. Loison en est propriétaire.

Les productions du terroir sont en grains, une partie est en vignes et en bois. Ce village, est à 2 lieues à l'O. de la Ferté, 2 et demie à l'E. de Meaux, et 12 et demie à l'E. de Paris par la route d'Allemagne. On compte 14 lieues de poste. (Relais de poste aux chevaux, le bureau de la poste aux lettres est à la Ferté-sous-Jouarre.)

SAINT-JUST, village, département de Seine-et-Marne, arrondissement de Provins, canton de Nangis, ci-devant province de l'Ile de France, dans la Brie, et diocèse de Sens, forme une commune d'environ 170 habitans, avec les hameaux des *Guilvards*, *des Hautes et Basses Bruyères* et *du Plessis-Hénaut*. Ce dernier est remarquable par une jolie maison de campagne, dont feu M. Vial, maire du lieu, a été propriétaire.

Les productions de cette commune sont en grains, il y a beaucoup de bois. Saint-Just est au N. E. de Nangis, et distant de 16 vers le S. É. de Paris par différens chemins joignant la grande route de Troyes. (Poste aux lettres de Nangis.)

SAINT-JUST, château. *V.* BELLE-EGLISE.

SAINT-JUST-DES-MA-
RAIS, village, département
de l'Oise, arrondissement et
canton (Nord-Ouest) de Beauvais, ci-devant province de
l'Ile de France, et diocèse de
Beauvais. Sa population est
d'environ 600 habitans ; une
ferme dite *le Gros Chêne*, en
fait partie.

Ce village n'est séparé du
faubourg de *Saint-Quentin* de
Beauvais que par un ruisseau ;
il est intéressant à connaître
par les établissemens qui s'y
trouvent en fait d'industrie et
commerce.

M. Michel de Mazières,
négociant et maire de Saint-
Just, dont la maison est connue depuis près d'un siècle,
sous la raison de *François-
Michel*, père et fils, y possède
une blanchisserie, qui est la
plus considérable du département, tant par son étendue que
par la distribution des eaux et
la disposition de tous les ateliers nécessaires à cette exploitation.

Une autre blanchisserie de
toiles de toute espèce y a été
créée par M. Bureau, père ;
elle appartient actuellement à
M. Marceron-Bureau, son
gendre.

Une manufacture de toiles
peintes tant sur fil que coton,
avec blanchisserie, y a été également créée en 1764, par
M. Baron, oncle, à qui on
est redevable de cette branche
d'industrie à Beauvais. Cette
manufacture est aujourd'hui
possédé par M. Baron, ne-
veu.

Le terroir de cette commune
est en labour, une partie est en
vignes et marais ; une branche
de la rivière *du Thérain*, y
fait tourner un moulin. Saint-
Just est à l'une des extrémités
au N. O. du faubourg de Saint-
Quentin de Beauvais. (Poste
aux lettres de Beauvais.)

SAINT-LAMBERT-DES-
BOIS, village, département
de Seine-et-Oise, arrondissement de Rambouillet, canton
de Chevreuse, ci-devant province de l'Ile de France, dans
le Hurepoix, et diocèse de Paris, forme une commune d'environ 260 habitans, avec les
hameaux de *la Brosse, Vaumurier, Launay* et la ferme
de *Champ-Garnier*.

Le village de Saint-Lambert
n'est remarquable que par une
maison de campagne appar-
tenant à madame Desprez, et
par les vestiges d'un ancien
château au hameau de Vau-
murier, où se tenaient les
écoles de l'abbaye de *Por-
Royal des Champs*, qui en
était à une demi-lieue.

Les principales productions
de son terroir sont en grains,
une partie est en prairies ; il
y a beaucoup de bois. Saint-
Lambert est dans une vallée,
sur un ruisseau qui fait tourner un moulin, à trois quarts
de lieues au N. de Chevreuse,
et distant de 6 lieues et demie
au S. O. de Paris par Voisins-

le - Bretonneux et Versailles.
(Poste aux lettres de Chevreuse.)

SAINT - LAURENT - LA-
GATINE , village , département d'Eure-et-Loir, arrondissement de Dreux , canton de
Nogent-le-Roi, ci-devant province de l'Ile de France , dans
le pays Chartrain, et diocèse
de Chartres. Il forme, avec
le hameau de *Boissy*, où il y
a un château, et celui de *l'Aumone*, une commune d'environ 380 habitans. *V.* Boissy.

Son terroir est en labour et
vignes, une partie est en bois.
Ce village est à 1 lieue trois
quarts au N. de Nogent , et
2 trois quarts vers le S. de
Houdan; sa distance de Paris
est de 15 lieues trois quarts à
l'O. par Houdan et la grande
route de Brest. (Poste aux lettres de Houdan.)

SAINT - LÉGER, village ,
département de l'Oise, arrondissement de Beauvais, canton
d'Auneuil, ci-devant province
de l'Ile de France , et diocèse
de Beauvais. Sa population est
d'environ 230 habitans, avec
le hameau de *Ricqueville*.

Ce village est contigu à la
route de Beauvais à Rouen.
Son terroir est en labour, en
prairies et en bois; un ruisseau y fait tourner un moulin.
Il est à trois quarts de lieue
vers le N. d'Auneuil, et 1 lieue
un quart au S. O. de Beauvais;
sa distance de Paris est de 16

lieues entre le N. et le N. O.
par différens chemins joignant
la nouvelle route de Beauvais
à Pontoise, qui passe à Méru,
et de Méru par Chambly et la
grande route de Beauvais. (Poste aux lettres de Beauvais.)

SAINT-LÉGER-EN-YVE-
LINES , village , département
de Seine-et-Oise , arrondissement et canton de Rambouillet, ci-devant province de l'Ile
de France, et diocèse de Chartres, forme une commune d'environ 800 habitans, avec les
hameaux des *Grands et Petits
Coins*, et plusieurs autres habitations écartées.

Son terroir est en labour,
pâture et bois; la forêt de Rambouillet l'entoure en grande
partie. Un ruisseau fait tourner le *Moulin Planet*.

Ce village est à 1 lieue trois
quarts vers le S. O. de Montfort-l'Amaury, et 2 et demie
vers le N. de Rambouillet; sa
distance de Paris est de 11
lieues vers l'O. de Paris par
Montfort et la grande route de
Brest. (Poste aux lettres de
Montfort-l'Amaury.)

SAINT - LÉONARD , vil-
lage , département de l'Oise,
arrondissement et canton de
Senlis, ci-devant province de
l'Ile de France, et diocèse de
Senlis, forme, avec le hameau
d'*Avilly*, une commune d'environ 450 habitans.

Une blanchisserie de toiles
très-étendue, se trouve à Avil-

ly , dans les dépendances d'une maison appartenant à M. Turquet, maire du lieu, ainsi qu'un moulin à deux roues sur la petite rivière de *Nonette*, un autre moulin un peu plus loin, est sur la même rivière.

Ce pays étant très-aquatique et propre à la culture du cresson, M. Sonnet, propriétaire, y a encouragé l'établissement qui s'est formé depuis quelques années dans un espace de terrain de 10 à 12 arpens, auquel on a donné le nom de *Cressonnière de Saint - Léonard*. Ses produits, très - estimés , particulièment pour la santé, se transportent en grande partie à Paris.

Les autres productions du terroir ne consistent qu'en prairies et beaucoup de bois. Le village de Saint-Léonard est sur la Nonette, à 1 lieue à l'O. de Senlis, et distant de 9 trois quarts au N. de Paris par Pontarmé et la grande route de Flandre. (Poste aux lettres de Senlis.)

SAINT LEU-DESSERENT, bourg , départ. de l'Oise, arrondissement de Senlis, canton de Creil, ci-devant province de l'Ile de France, et diocèse de Beauvais. Sa population est d'environ 1,200 habitans , y compris le hameau de *Boissy*.

Ce lieu, dans une très-belle situation , sur la pente d'un côteau qui borde la rive droite de l'*Oise*, que l'on passe sur un bac, paraît avoir été anciennement une ville , à en juger par des restes de vieux murs et de fortifications que l'on y voit. Il reste encore les culées d'un pont et trois arches en pierres.

Avant la révolution, il y avait un prieuré commendataire de l'ordre de Cluny, c'était précédemment une maison d'étude, il n'y restait plus en 1790 que douze religieux.

Au douzième siècle, il existait un couvent de Bénédictins, dans le bois de Saint-Michel, à trois quarts de lieue de Saint - Leu, dont on voit encore des vestiges. Un comte de Dammartin, qui avait un château fort à Saint-Leu , fut fait prisonnier de guerre. Comme les religieux fournirent la somme nécessaire à sa rançon, en témoignage de satisfaction, il fit bâtir sur le terrain de son château, une superbe église, qui mérite d'être considérée par la beauté de son architecture gothique et ses balustrades. C'est un des plus beaux édifices en ce genre, qui doit être conservé et entretenu pour les arts qu'il honore.

Cette église bâtie, le comte de Dammartin fit construire à côté un couvent dans lequel il attira les religieux du bois de Saint - Michel, qu'il dota d'environ 200 arpens de terre; il ne reste plus de ce couvent démoli depuis 1798 que des ruines , quelques portions du cloître, et la maison du prieur commendataire qui faisait partie de l'ancien château.

Ce bourg renferme plusieurs maisons de campagne parmi lesquelles on distingue celle de feu M. l'Escalopier, ancien chevalier de l'ordre de Malte, et celle de M. Ladvocat, ancien membre de la chambre des comptes, l'air y est bon et très-sain. Il s'y tient une foire par an, le 1er septembre, qui est assez considérable, par la quantité de toiles de chanvre écrues qui s'y vendent; les femmes s'occupent à faire de la dentelle et des boutons.

Les productions de son terroir sont en grains, une partie est en vignes. C'est là où sont les fameuses carrières dite de *Saint-Leu*, qui fournissent une grande quantité de pierres pour Paris. Elles ont environ une lieue d'enfoncement à partir de l'embouchure.

Saint-Leu est à 1 lieue un quart au S. O. de Creil, et 10 au N. de Paris par Chantilly et la grande route d'Amiens. (Poste aux lettres de Chantilly.)

SAINT-LEU-TAVERNY, grand village, département de Seine-et-Oise, arrondissement de Pontoise, canton de Montmorency, ci-devant province de l'Ile de France, et diocèse de Paris, forme, avec la paroisse de *Taverny*, qui en est à un quart de lieue, une commune d'environ 2,600 habitans. Les maisons de campagne dont

il va être fait mention, sont dans ses dépendances.

En entrant à Saint-Leu, du côté de Paris, on remarque un beau château, qui jadis faisait partie des domaines de M. le duc d'Orléans. La vue que l'on y découvre est d'autant plus charmante, qu'elle s'étend sur toute la vallée de Montmorency, qui est la plus belle contrée des environs de Paris; les jardins et le parc ornés de fabriques et traversés en tout sens par de superbes allées, des hauteurs où l'on arrive par des sentiers couverts et des eaux sinueuses, dont les bords sont parés d'arbres en fleurs, faisaient les délices de madame la marquise de Genlis, si connue par ses travaux littéraires.

Ce village renferme plusieurs maisons de campagne; on en distingue une par sa construction et ses accessoires. Quatre autres se trouvent au dehors, qui sont: *Chaumette*, *Boissy*, *Beauchamp* et le *Haut-Tertre*. Cette dernière, qui appartient à M. Dubaret, chevalier de Saint-Louis, est dans l'une des plus belles situations de cette contrée, sur une éminence, d'où l'on découvre les principaux édifices de la capitale. On voit, dans le parc, un ancien camp de César.

La principale culture du terroir de cette commune est en vignes; les fruits y sont abondans, et on y trouve des carrières de pierre à plâtre. Le village de Saint-Leu est à

1. lieue et demie au N. O. de Montmorency, joignant la forêt de ce nom, et 5 au N. de Paris, par une route qui passe à la Barre et St.-Denis. (Poste aux lettres de Franconville.)

SAINT - LUBIN - DE - LA - HAYE, village, département d'Eure-et-Loir, arrondissement de Dreux, canton d'Anet, ci-devant province de l'Ile de France, dans le pays Chartrain, et diocèse de Chartres. Il forme une commune d'environ 700 habitans, avec l'ancienne paroisse de *St.-Sulpice*, dont l'église est isolée, les hameaux de *la Haye, des Branloires, du Coudray, de Mezia*. La ferme de *Bien nous vienne* et autres habitations écartées, sous diverses dénominations.

Les principales productions du terroir de cette commune sont en grains, une petite partie est en vignes et en bois. La rivière de *Vesgre*, y fait tourner deux moulins à farines. St.-Lubin est à 1 lieue vers le N. O. de Houdan, et distant de 14 à l'O. de Paris par Houdan, et la grande route de Brest. (Poste aux lettres de Houdan.)

SAINT-LUCIEN, village, département d'Eure-et-Loir, arrondissement de Dreux, canton de Nogent-le-Roi, ci-devant généralité d'Orléans, dans le pays Chartrain, et diocèse de Chartres. Sa population est d'environ 270 habitans, avec les hameaux de *la Louvière*,

Saugis et partie de celui de *Chenicourt*.

Son terroir est en labour, en prairies et en bois. Ce village est à 1 lieue et demie à l'E. de Nogent, 1 et demie vers le N. O. d'Epernon; sa distance de Paris est de 14 lieues entre l'O. et le S. O. par Rambouillet et la grande route de Nantes. (Poste aux lettres d'Epernon.)

SAINT-LUCIEN, hameau et ancienne abbaye d'hommes de l'ordre de Saint - Benoît. *V.* Notre-Dame-du-Thil.

SAINT - MAMERS, chapelle. *V.* Houx.

SAINT-MAMÈS, village, département de Seine-et-Marne, arrondissement de Fontainebleau, canton de Moret, ci-devant province de l'Ile de France, et diocèse de Sens. Sa population est de 5 à 600 habitans.

La plus grande partie du terroir de cette commune est en vignes. Le village de Saint-Mamès est sur la rive gauche de la *Seine*, à l'embouchure du *Canal* et de la rivière *de Loing*, à une demi-lieue au N. de Moret, et distant de 16 lieues entre le S. et le S. E. de Paris par Fontainebleau et la grande route de Lyon. (Poste aux lettres de Moret.)

SAINT - MANDÉ, village, joignant le bois de Vincennes, département de la Seine, arrondissement de Sceaux, canton de Vincennes, ci-devant province de l'Ile de France, et diocèse de Paris. Sa population est d'environ 300 habitans. C'était, dans l'ancien régime, une annexe de la paroisse de Charenton - Saint - Maurice. Les religieuses hospitalières y avaient un couvent.

Ce village n'est composé que de jolies maisons de campagne, l'une nommée jadis *la Capitainerie*, renfermait sous le règne de Charles V, un certain nombre de bêtes féroces que l'on faisait combattre. On y voit encore des vestiges de galeries, où ce prince, avec sa cour, venait jouir de ce spectacle.

Le terroir de cette commune est en terres labourables et en vignes; il comprend une partie du bois de Vincennes. Saint-Mandé est à 1 quart de lieue au S. O. de Vincennes, et à une demi - lieue des barrières de Paris. (Poste aux lettres de la banlieue.)

SAINT - MARD , village , département de Seine-et-Marne, arrondissement de Meaux , canton de Dammartin, ci-devant province de l'Ile de France, et diocèse de Meaux, dont la population est d'environ 450 habitans.

Le château, autrefois seigneurial, dont M. de Montmort est propriétaire, a été en partie démoli. Les grains sont la principale production du ter-

roir, une partie est en bois; presque tous les chemins vicinaux sont plantés d'arbres fruitiers. On y rencontre deux carrières et fours à plâtre. Ce village est à une demi-lieue au S. de Dammartin, et distant de 8 au N. E. de Paris par une chaussée qui aboutit à la grande route de Soissons. (Poste aux lettres de Dammartin.)

SAINT-MARTIN-DE-BRÉTENCOURT , village , département de Seine-et-Oise, arrondissement de Rambouilllet, canton de Dourdan (Sud), ci-devant province de l'Ile de France, dans le Hurepoix, et diocèse de Chartres. Il forme une commune de 6 à 700 habitans , avec les hameaux de *Brétencourt, Ardenay, Haudebout*, plusieurs fermes et autres habitations isolées.

Sur une hauteur à Bretencourt, existait anciennement une forteresse dont on voit encore les restes de très-loin.

Le terroir de cette commune est en labour, prairies et bois. La rivière d'*Orge* y prend sa source et fait tourner trois moulins. Saint-Martin est à 1 lieue et demie vers l'O. de Dourdan et 1 lieue et demie à l'E. d'Ablis; sa distance de Paris est de 12 lieues et demie au S. O. par Dourdan et une chaussée joignant l'ancienne route de Chartres. (Poste aux lettres de Dourdan.)

SAINT-MARTIN-DE-NI-

GELLES , village, département d'Eure-et-Loir , arrondissement de Dreux, canton de Nogent-le-Roi , ci-devant généralité d'Orléans , dans le pays Chartrain , et diocèse de Chartres. Sa population est d'environ 700 habitans avec les hameaux de *Nigelles*, *Eglancourt*, *Ponceaux*, *Ouancé* , et autres habitations.

Son terroir est en labour, vignes, prairies et bois. On y cultive beaucoup de pois, haricots et lentilles. Un ruisseau fait tourner trois moulins dont l'un est nommé *Fervaches*.

Ce village est à trois quarts de lieue au N. E. de Maintenon et 1 lieue trois quarts vers le S. E. de Nogent; sa distance de Paris est de 14 lieues un quart entre l'O. et le S. O. par la grande route de Nantes. (Poste aux lettres de Maintenon.)

SAINT - MARTIN - DES - CHAMPS , village, département de Seine-et-Oise , arrondissement de Mantes , canton de Houdan, ci-devant province de l'Ile de France, et diocèse de Chartres. Sa population est d'environ 350 habitans, en y comprenant les hameaux de *Corbeville* et d'*Elleville*.

La terre de Corbeville est une ancienne seigneurie. Le château , entouré de fossés secs , appartient à M. Lallemant le Coq, marquis de Goupillières. Le parc, qui contient 40 arpens , est en culture et en bois.

Les productions du terroir sont en grains, une partie est en vignes et en bois. Saint-Martin est à trois lieues vers le N. E. de Houdan et 3 au S. de Mantes ; sa distance de Paris est de 11 lieues et demie à l'O. par une chaussée qui passe à Thoiry et joint la grande route de Brest. (Poste au lettres de Mantes.)

SAINT - MARTIN - DU-TERTRE , village, département de Seine-et-Oise , arrondissement de Pontoise, canton de Luzarches, ci-devant province de l'Ile de France , et diocèse de Beauvais. Sa population est d'environ 700 habitans. Le château de *Franconville* , la maison de campagne dite *des Clignets*, celle *des Clausiaux* , et la ferme de *Fontenelle* , en font partie.

Le château de Franconville appartenant à M. le baron Amiot de Franconville , maire du lieu, est dans une belle situation à mi-côte, d'où la vue est des plus charmantes. Les jardins et le parc sont fort étendus. Il existe proche la principale habitation un ancien couvent du tiers ordre de Saint-François, dont l'église et les bâtimens sont restés intacts ; ce qui donne à ce château un aspect très-agréable.

Les productions du terroir de cette commune sont en grains; une grande partie est en prairies artificielles, et on y trouve des carrières de pierre de taille et de pierre à plâtre. Le propriétaire du château possède un superbe troupeau de mérinos de pure race.

Le village de Saint-Martin est joignant la forêt de *Carenelle*, à 1 lieue un quart à l'O. de Lucarches, et distant de 7 au N. de Paris, par la chaussée de Viarmes, joignant, près de Moisselles, la grande route de Beauvais. (Poste aux lettres de Luzarches.)

SAINT - MARTIN - EN-BIÈRE, village, département de Seine-et-Marne, arrondissement et canton de Melun (Sud), ci-devant province de l'Ile de France, et diocèse de Sens. Sa population est d'environ 400 habitans, en y comprenant les hameaux de *Forges*, *Macherin*, et la ferme de *Champ*. Le château de *Ville* qui en faisait aussi partie, a été démoli.

Les principales productions du terroir sont en grains; ce village est dans une plaine à 3 lieues et demie vers le S. de Melun et distant de 12 et demie vers le S. de Paris par Chailly et la grande route de Lyon. (Poste aux lettres de Ponthierry.)

SAINT-MARTIN-LA-GA-RENNE, village, département de Seine-et-Oise, arrondissement de Mantes, canton de Limay, ci-devant province de l'Ile de France, dans le Vexin, et diocèse de Rouen. Sa population est de 8 à 900 habitans, avec les hameaux de *Sadrancourt*, *du Coudray* et de *la Desirée*.

La culture principale du terroir de cette commune est en vignes. On y recueille beaucoup de cerises. Le village de Saint-Martin est peu éloigné de la rive droite de la *Seine*, à 1 lieue et demie vers le N. O. de Limay et de Mantes et 13 et demie entre l'O. et le N. O. de Paris par Limay, et la grande route de Caen. (Poste aux lettres de Mantes.)

SAINT - MARTIN - LE-NOEUD, paroisse isolée composée de plusieurs hameaux et autres habitations écartées formant une commune dans le département de l'Oise, arrondissement et canton de Beauvais (Sud Est), ci-devant province de l'Ile de France, et diocèse de Beauvais Sa population est d'environ 500 habitans.

Ces hameaux sont *Sénéfontaine*, *Flambermont*, *le Marais* et les maisons de *GrandCamp*. M. le Prestre de Jaucourt, maire du lieu est propriétaire du château que l'on voit à l'une des extrémités de Flambermont.

Le terroir de cette commune est en labour, prés, vignes et bois. On y trouve des carrières à pierres et un moulin à deux roues sur le ruisseau *d'Avelon*.

L'église de Saint-Martin est sur la route de Beauvais à Rouen à une demi-lieue vers le S. O. de Beauvais, et distant de 16 vers le N. de Paris par la grande route de Beauvais. (Poste aux lettres de Beauvais.)

SAINT - MARTIN - LON-GUEAU, village, département de l'Oise, arrondissement de Clermont - Oise, canton de Liancourt, ci-devant province de l'Ile de France, et diocèse de Beauvais. Sa population est d'environ 260 habitans, une partie du hameau de *Longueau* sur la route de Paris en Flandres, en fait partie. Le séminaire de Beauvais avait autrefois une maison à côté de l'église.

Le terroir de cette commune est en labour, chenevières et prairies. Ce village est à 2 lieues et demie à l'E. de Liancourt et 1 et demie au N. de Pont-Sainte-Maxence ; sa distance de Paris est de 14 lieues et demie vers le N. par la route de Flandre désignée ci-dessus. (Poste aux lettres de Pont-Sainte-Maxence.)

SAINT-MARTIN-SUR-CRÉCY, ou Voulangis, commune divisée en plusieurs hameaux sous diverses dénominations, dans le département de Seine-et-Marne, arrondissement de Meaux, proche la ville de Crécy, ci-devant province de l'Ile de France, dans la Brie, et diocèse de Meaux. Sa population est de 6 à 700 habitans. Le lieu principal est *Voulangis*, et la paroisse, qui est *Saint - Martin*, en est à proximité sur la rivière du *Grand-Morin*.

Les productions du terroir de cette commune sont en grains, une partie est en prairies, en vignes et en bois ; on y recueille beaucoup de fruits, et il s'y trouve plusieurs carrières et fours à chaux. Saint-Martin étant près de Crécy, en est à la même distance de Paris, qui est de 10 lieues et demie à l'E. par la même route (Poste aux lettres de Crécy.)

SAINT-MAUR-LES-FOS-SÉS, village, département de la Seine, arrondissement de Sceaux, canton de Charenton, ci-devant province de l'Ile de France, et diocèse de Paris. Sa population est d'environ 600 habitans, y compris l'ancienne paroisse de *Saint-Hilaire*, ou *la Varenne*, le hameau du *Port de Créteil*, où l'on passe la *Marne* sur un bac, et la maison de campagne, ancien fief de *Champignol*, avec un parc sur la rive droite de cette rivière.

Ce village est situé à l'extrémité d'un grand contour de la Marne, qui forme une presqu'île. Les Bénédictins y avaient un monastère, chef d'ordre de la congrégation de Saint-Maur, de laquelle on avait formé un chapitre qui fut d'abord réuni à Saint-Thomas du Louvre et ensuite à Saint-Louis du Louvre. On y voit encore une tour, des débris de l'église et d'une chapelle dite de *Notre-Dame des Miracles.*

M. le prince de Condé y avait, avant la révolution, un château qui a été détruit; il en reste encore des vestiges, avec un parc d'une vaste étendue, planté en bois.

Parmi les maisons de campagne que l'on rencontre à Saint-Maur, on distingue celle de M. Barré, dans une très-belle position, sur une hauteur; celle de M. Caylus, administrateur général des messageries royales, celle de M. Perrier (de Saint-Domingue), et celle de M. le comte de Mondesir, maréchal de camp; deux autres un peu plus loin, sont de la commune de Charenton. On les nomme le *Petit Charenton.*

A Saint-Hilaire, est aussi une maison de campagne où le propriétaire, M. Delaitre, possède un beau troupeau de mérinos, et dans une ferme, dite *la Varenne,* appartenant à M. le baron de Malet, se trouvent un troupeau, de la même espèce, une fabrique et raffinerie de sucre.

Les productions du terroir de cette commune sont de peu de valeur de toute nature. Le village de Saint-Maur est à 1 lieue à l'E. de Charenton, et 2 un quart au S. E. de Paris

par Vincennes. (Poste aux lettres de la banlieue de Paris.)

SAINT-MAURICE. *Voyez* CHARENTON.

SAINT-MAURICE-MONT-COURONNE, village, département de Seine-et-Oise, arrondissement de Rambouillet, canton de Dourdan (Nord), ci-devant province de l'Ile de France, dans le Hurepoix, et diocèse de Chartres. Il forme une commune d'environ 400 habitans, avec les hameaux de *Bechevilliers, la Touche, du Buisson,* le ci-devant fief d'*Ardenelle,* et autres habitations écartées, sous diverses dénominations.

Ce village est situé sur une éminence. Le château, entouré de terrasses, de potagers et du parc, offre des points de vue les plus pittoresques. M. le vicomte de Lubersac, maréchal de camp, qui en est propriétaire, entretient, depuis 1788, un beau troupeau de mérinos de pure race.

Les grains sont la principale production du terroir, dont une partie est en vignes et bois. On y voit de belles prairies, et on y recueille beaucoup de fruits.

Le village de Saint-Maurice est à 2 lieues au N. E. de Dourdan, et distant de 9 au S. O. de Paris par Bruyères-le-Châtel, et une route pavée aboutissant à celle d'Orléans. (Poste aux lettres d'Arpajon.)

SAINT - MÉRY, village, département de Seine - et - Marne, arrondissement de Melun, canton de Mormant, ci-devant province de l'Ile de France, dans la Brie, et diocèse de Paris. Sa population est d'environ 500 habitans, en y comprenant une partie du hameau des *Vallées* et les fermes de *Montchauvoir* et *Bailly*.

A l'extrémité orientale de ce village, situé dans une vallée, est le château dont M. Alexandre de Maraise est propriétaire; les fossés qui l'entourent en partie, sont remplis d'eau vive, alimentés par une source : on voit serpenter dans les bosquets et bois qui en dépendent, plusieurs ruisseaux, dont l'un nommé *Varanne*, fait tourner un moulin près de sa source.

A peu de distance du château, se trouve une maison appartenant à M. le Feron, chevalier de Saint-Louis, maire du lieu, que l'on distingue des autres par sa construction, sa situation et ses belles eaux.

Le terroir de cette commune est en labour, en vignes et en bois. Tous les chemins par lesquels on arrive à Saint-Méry, sont plantés d'arbres à cidre. Ce village, peu éloigné de Champeaux, est à 1 lieue et demie au S. O. de Mormant, et distant de 11 et demie au S. E. de Paris, par Andrezelles, Guignes et la grande route de Troyes. (Poste aux lettres de Mormant.)

SAINT - MAXIMIN, village, département de l'Oise, arrondissement de Senlis, canton de Creil, ci-devant province de l'Ile de France, et diocèse de Beauvais. Sa population est d'environ 700 habitans, en y comprenant les hameaux *des Hayes*, *de Trocy*, *du Port Saint-Leu* et autres habitations écartées. La manufacture de coton établie dans l'ancien parc de Chantilly fait une partie des dépendances de cette commune.

Madame de la Rivallière, née Dubois, est propriétaire de la terre de Saint-Maximin et d'une maison de campagne avec un parc. Le château de *la Versine*, près le hameau des Hayes, a été démoli. On y trouve d'immenses carrières, d'où l'on tire la pierre, dite de *Saint-Leu*, et de *Trocy*, qui sert à la construction des plus beaux édifices.

Le sol du terroir n'est propre qu'au labourage. Il y a beaucoup de bois. Le village de Saint - Maximin est à 1 lieue au S. de Creil, et distant de 10 lieues au N. de Paris, par Chantilly et la grande route d'Amiens. (Poste aux lettres de Chantilly.)

MAY (le), *V.* LE MÉE.

SAINT-MESME, village, département de Seine-et-Marne, arrondissement de Meaux, canton de Claye, ci - devant province de l'Île de France, dans la Brie, et diocèse de Meaux. Sa population est d'environ 350 habitans, y compris le hameau de *Vineuil*.

Son terroir est en labour, et en prairies; un ruisseau fait tourner un moulin. Saint-Mesme est à 1 lieue au N. de Claye et distant de 7 au N. E. de Paris, par différens chemins joignant la grande route d'Allemagne. (Poste aux lettres de Claye.)

SAINT - MICHEL - SUR-ORGE, village, département de Seine-et-Oise, arrondissement de Corbeil, canton d'Arpajon, ci-devant province de l'Ile de France, dans le Hurepoix, et diocèse de Paris. Sa population est de 5 à 600 habitans. Une ferme dite *la Noue-Rousseau* en fait partie.

Son terroir est en petite culture; il y a beaucoup de prairies et les fruits y sont abondans. Saint-Michel est à 1 lieue et demie au N. E. d'Arpajon, et distant de 6 et demie au S. de Paris, par Longpont et la grande route d'Orléans. (Poste aux lettres d'Arpajon.)

SAINT-NICOLAS-D'ACY, ancien prieuré de l'ordre de Cluny. *Voyez* COURTEUIL.

SAINT - NICOLAS - DE-COURSON, maison de campagne, ancien prieuré. *Voyez* MORIENVAL.

SAINT·NOM-DE-LÉVY,

village, département de Seine-et-Oise, arrondissement de Rambouillet, canton de Chevreuse, ci-devant province de l'Ile de France, dans le Hurepoix, et diocèse de Paris, forme une commune d'environ 300 habitans, avec les hameaux de *Girouard, Yvette, Pommeret*, plusieurs fermes et autres maisons isolées.

Parmi les maisons isolées, on distingue particulièrement celle de *la Boissière*, appartenant à M. de Basillac, celle de la *Cour*, à M. Bellanger, et celle *des Neffliers* à M. Bouland, maire du lieu.

Au hameau d'Yvette, il existait autrefois un prieuré de Bénédictins; il reste encore des vestiges et une chapelle d'une ancienne abbaye d'hommes de l'ordre de Saint-Augustin, dite *la Roche*.

Les productions principales du terroir de cette commune sont en grains, une partie est en prairies et en bois.

Le village de Saint - Nom-de-Lévy est dans une vallée, et l'église sur une hauteur près la petite rivière d'*Yvette*, à 1 lieue trois quarts à l'O. de Chevreuse, et distant de 7 et demie au S. O. de Paris par Voisins - le - Bretonneux et Versailles. (Poste aux lettres de Trappes.)

SAINT - NOM-LA - BRE-TÈCHE, village, département de Seine-et-Oise, arrondissement de Versailles, canton de

Marly-le-Roi, ci-devant province de l'Ile de France, et diocèse de Paris. Il forme, avec le hameau de *la Bretèche*, qui est plus considérable, et les maisons isolées, dites *le Val-Martin* et *la Tuilerie-Bignon* en partie, une commune de 8 à 900 habitans.

La terre de Saint-Nom est un ancien marquisat. Le château, situé à la Bretèche, appartient à M. le comte de Durfort, pair de France. Les jardins et le parc sont contigus à la forêt de Marly.

Les principales productions du terroir sont en grains. Le village de Saint-Nom est sur la route de Maule à Paris, à 1 lieue un quart à l'O. de Marly, et distant de 5 et demie à l'O. de Paris, par cette route, qui passe à Rocquencourt. (Poste aux lettres de Versailles.)

SAINT - OUEN , village, département de Seine-et-Marne, arrondissement de Coulommiers, canton de Rebais, ci-devant province de l'Ile de France, dans la Brie, et diocèse de Meaux. Sa population est d'environ 170 habitans, avec le hameau de *Courcilly*, partie de celui de *Busserolles*, la ferme *du Perron*, et autres habitations.

Le château de *la Brosse*, en partie démoli, a appartenu à la maison de Montmorency. La nouvelle distribution des bâtimens restans, avec le parc qui renferme de belles eaux et de belles plantations en font encore un séjour agréable. Les bois qui en dépendent, forment de jolies promenades. Madame Villetard en est actuellement propriétaire.

Le terroir de cette commune est en terres labourables, en prairies, en vignes et en bois. Saint-Ouen est dans un contour que décrit la rivière du *Petit-Morin*, où il y a un moulin, à 2 lieues vers le N. de Rebais, et 1 trois quarts vers le S. E. de la Ferté-sous-Jouarre ; sa distance de Paris est de 16 lieues un quart à l'E., par la Ferté et la grande route d'Allemagne. (Poste aux lettres de la Ferté-sous-Jouarre.)

SAINT - OUEN , village, département de Seine-et-Marne, arrondissement de Melun, canton de Mormant, ci - devant province de l'Ile de France, dans la Brie, et diocèse de Sens. Sa population est d'environ 440 habitans, avec le hameau de *la Vacherie*.

Son terroir est en terres labourables, en prairies, en vignes et en bois. Il renferme une carrière de pierre de grès, d'où l'on tire des pavés et du sable.

Ce village, situé dans un fonds, est à 1 lieue et demie au sud de Mormant, et 13 et demie au S. E. de Paris, par Mormant et la grande route de Troyes. (Poste aux lettres de Mormant.)

SAINT-OUEN, maison de campagne, ancien prieuré. *V.* FAVIÈRES.

SAINT-OUEN-L'AUMÔNE, village, département de Seine-et-Oise, arrondissement et canton de Pontoise, ci-devant province de l'Ile de France, et diocèse de Paris. Sa population est de 14 à 1500 habitans, y compris l'*Aumône*, considéré comme l'un des faubourgs de la ville de Pontoise, où il y avait un couvent de Capucins ; les hameau et château d'*Epluches*, l'ancienne abbaye de *Maubuisson* et la ferme de *Liesse*, font également partie de cette commune.

Le château de Saint-Ouen, appartenant à M. le comte de Biencourt, était autrefois seigneurial ; sa situation domine toute la vallée de l'*Oise* dans cette contrée. Le parc est planté sur les dessins de Le Nôtre, qui a ménagé avec beaucoup d'art des points de vue sur les lieux les plus remarquables des environs.

Le château d'Epluches, sur l'une des collines qui bordent la rive gauche de l'Oise, n'est pas moins remarquable par sa position, et la vue que l'on y découvre de tous les côtés. Les jardins sont distribués dans le genre paysagiste. Le parc contient environ 50 arpens. Madame de Grand-Maison, qui en est propriétaire, possède aussi, conjointement avec M. Dumont, un superbe éta-blissement de mérinos de pure race, très-nombreux et très-distingué.

L'abbaye de Maubuisson, qui était de religieuses de l'ordre de Cîteaux, fut fondée par la reine Blanche, mère de Saint-Louis, l'an 1236. Elle y fut enterrée ainsi que plusieurs princes, princesses et autres personnes illustres.

Ce monastère ayant été en partie démoli, M. le comte d'Oraison, maréchal de camp, est devenu propriétaire d'une partie des bâtimens restans, et M. Laîné, avocat, de l'autre. Dans cette dernière, M. Saladin a établi une filature de coton.

La culture principale du terroir de cette commune est en vignes ; on y recueille beaucoup de fruits et on y trouve plusieurs carrières de pierre de taille et moëllons. Saint-Ouen est près Pontoise et la rive gauche de l'Oise, à 7 lieues au N. O. de Paris, par la même route que de Pontoise à Paris. (Relais de poste aux chevaux à l'Aumône ; le bureau de la poste aux lettres est à Pontoise.)

SAINT-OUEN-MARCHE-FROY, village, département d'Eure-et-Loir, arrondissement de Dreux, canton d'Anet, ci-devant province de l'Ile de France, dans le pays Chartrain, et diocèse de Chartres. Sa population est d'environ 450 habitans, avec les hameaux de *Marchefroy*, *la Trogne* et *la Fontaine-Richard*. Le château de *Lascanne*, dont madame veuve de Parron est propriétaire, fait aussi partie de cette commune.

Son terroir est en labour, en prairies, en vignes et en bois, on y trouve une tuilerie et un moulin à grains, sur la rivière de *Vesgre*. Saint-Ouen est à 2 lieues à l'E. d'Anet, et 2 vers le N. de Houdan; sa distance de Paris est de 15 lieues à l'O., par Houdan et la grande route de Brest. (Poste aux lettres de Houdan.)

SAINT - OUEN - SUR-SEINE, village, département de la Seine, arrondissement et canton de Saint-Denis, ci-devant province de l'Ile de France et diocèse de Paris. Sa population est d'environ 600 habitans.

Sa situation, dans une plaine, sur la rive de la *Seine*, que l'on passe sur un bac, est infiniment agréable. Le château, qui faisait autrefois partie des domaines de M. le duc de Gesvres, a été habité depuis par madame de Pompadour, qui l'a fait embellir. Il est précédé d'une cour d'honneur et d'une avant - cour, fermées toutes deux par des grilles de fer; on y arrive par une avenue aboutissant à la route de Saint - Denis à Versailles. Les jardins sont bordés des deux côtés, l'un par cette route et l'autre par la Seine. Ils sont enclos de murs et de terrasses cou-

vertes en dalles de pierres, avec un fossé au pourteau.

C'est dans ce château, dont M. le comte Vincent-Potocki était propriétaire, que Louis XVIII arriva le 2 mai 1814, veille de son entrée à Paris; il était accompagné de madame la duchesse d'Angoulême et de leurs altesses sérénissimes les princes de Condé et de Bourbon. Il y passa la nuit et la moitié du jour suivant. Une foule innombrable de peuple s'était rendue à Saint-Ouen pour y attendre Sa Majesté, qui reçut les hommages d'une députation de toutes les autorités de sa capitale.

Parmi les maisons de campagne que l'on voit à Saint-Ouen, la plus remarquable est celle qui appartient à M. le chevalier Ternaux aîné; sa construction, ses points de vue et ses jardins bordés par la Seine, peuvent se comparer à ce que l'on peut voir de plus beau en ce genre sur cette rivière. Elle fut anciennement un lieu de plaisance du roi Dagobert et de plusieurs de ses successeurs. On assure que c'est là, et non à Clichy-la-Garenne, que le roi Jean a institué l'ordre des Chevaliers de l'Etoile, en 1351.

Il se tient à Saint-Ouen une foire tous les ans, le 24 août, qui dure trois jours. On y amène beaucoup de porcs, qui font un objet de commerce considérable. La culture principale du terroir est en asperges. Ce village est à trois quarts de lieue au S. O. de Saint-Denis, et 1 lieue et demie au N. de Paris par la barrière de Mousseaux. (Poste aux lettres de Saint-Denis.)

SAINT-PATUS, village, département de Seine-et-Marne, arrondissement de Meaux, canton de Dammartin, ci-devant province de l'île de France, et diocèse de Meaux. Sa population est d'environ 300 habitans. Une ferme et quelques maisons isolées, dites de *Noëfort*, où était l'ancien prieuré de religieuses Bénédictines de ce nom, qui furent tranférées à Meaux, sont dans ses dépendances.

Les grains sont la principale production du terroir de cette commune, une partie est en bois. Saint-Patus est à 2 lieues à l'E. de Dammartin et distant de 10 au N. E. de Paris par Dammartin et la grande route de Soissons. (Poste aux lettres de Dammartin.)

SAINT-PÈRE, paroisse. *V.* MÉRÉVILLE.

SAINT-PIAT, village, département d'Eure-et-Loir, arrondissement de Chartres, canton de Maintenon, ci-devant généralité d'Orléans, dans la Beauce, et diocèse de Chartres. Sa population est d'environ 900 habitans, avec les hameaux de *Changé*, *Grogneul*, où se trouve une maison de campagne, *Diouval* et autres habitations écartées.

Le terroir de cette commune est en labour, vignes, prairies et une petite partie de bois. La rivière d'*Eure* y fait tourner un moulin à grains. Le village de Saint-Piat est sur cette rivière, près de Mévoisin, à 1 lieue au S. de Maintenon, et 3 un quart vers le N. E. de Chartres; sa distance de Paris est de 16 lieues vers le S. O. par Maintenon et la grande route de Nantes. (Poste aux lettres de Maintenon.)

SAINT-PIERRE, ancienne paroisse. *Voyez* LIANCOURT-EN-VEXIN.

SAINT-PIERRE-DU-PERRAY. *Voyez* LE PERRAY.

SAINT-PIERRE-EN-CHATRES, hameau et ancien couvent de Célestins. *Voyez* COMPIÈGNE.

SAINT-PIERRE-LES-NEMOURS, village, département de Seine-et-Marne, arrondissement de Fontainebleau, canton de Nemours, ci-devant province de l'île de France, dans le Gatinais, et diocèse de Sens. Il forme une commune d'environ 500 habitans, avec les hameaux de *Foljuif*, *Puiselet*, *Chaintreauville*, l'ancien fief *de Bailly*, et le moulin de *Doye*.

Le hameau de Foljuif est remarquable par une maison de campagne à mi-côte, et en très belle vue, appartenant à M. Duchesne, fils, maire du lieu ; et au hameau de Chaintreauville on rencontre plusieurs sources d'eau vive et abondantes.

Les productions du terroir sont en grains, une partie est en prairies, en vignes et en bois. On y trouve deux fours à chaux et une tuilerie.

Le village de Saint-Pierre étant proche la ville de Nemours en est à la même distance de Paris, qui est de 18 lieues entre le S. et le S. E. par la même route. (Poste aux lettres de Nemours.)

SAINT - PORT ou SEINE-PORT, village, département de Seine - et - Marne, arrondissement et canton de Melun (Nord), ci-devant province de l'Ile de France, et diocèse de Sens. Sa population est d'environ 500 habitans, y compris les maisons de campagne dites de *Croix-Fontaine,* le château et le *Pavillon de Sainte-Assise.*

Ce village, dans l'une des plus belles situations des rives de *la Seine,* qui la borde dans toute sa longueur, est remarquable par beaucoup de maisons de campagne, avec autant de jardins plus ou moins grands, qui présentent une réunion d'habitations de plaisance très - agréables. Parmi ces habitations, il en est une partie de celle nommée *le Pavillon du Roi.* Le lieu principal est dans les dépendances de la commune de Nandy. *Voyez* NANDY.

La maison au bas de ce pavillon, dont madame Wright est propriétaire, fait partie de celle de Croix-Fontaine : l'élégance, la régularité de ses bâtimens , et la beauté des jardins qui l'entourent, la rendent digne de quelqu'attention.

Un peu plus loin, à mi-côte, M. Douche, maire du lieu, a aussi une maison bâtie à la romaine, et on distingue à l'extrémité du village, celle de M. Barré, et celle de M. Lefebvre de la Boulaye. On voit dans les dépendances de cette dernière une longue et belle terrasse sur le bord de la Seine.

Le château de Sainte - Assise, dont la situation n'est pas moins admirable, faisait autrefois partie des domaines de M. le duc d'Orléans , ainsi que les bois qui l'entourent. M. le comte de Pourtalès en est actuellement propriétaire.

Au bas de ce château , près l'endroit où l'on passe la Seine sur un bac , est le pavillon dit de *Sainte - Assise,* appartenant à M. Massé. Le parc, qui contient environ 50 arpens, renferme une petite rivière à l'anglaise, alimentée par une source intarissable.

Le terroir de cette commune est en labour, en vignes et en bois. Le village de Saint-Port est à 2 lieues à l'O. de Melun, 2 vers le S. E. de Corbeil et 9 vers le S. de Paris par Corbeil et la grande route de Fontainebleau. (Poste aux lettres de Melun.)

SAINT-PRIX, village, département de Seine-et-Oise, arrondissement de Pontoise, canton de Montmorency, ci-devant province de l'Île de France, et diocèse de Paris. Sa population est d'environ 450 habitans. Le château a été démoli. Il en existe un autre nommé *la Chasse*, qui est fort ancien, dans la forêt de Montmorency.

Ce village est contigu à cette forêt, sa situation à mi-côte est charmante. Il est embelli par plusieurs maisons de campagne, dont la vue s'étend très-loin.

Le terroir se divise en terres à grains et en vignes; les fruits y sont abondans. Saint - Prix est à une lieue au N. O. de Montmorency, et distant de 4 trois quarts au N. de Paris par la route de Saint-Leu-Taverny. (Poste aux lettres de Montmorency.)

SAINT-PROJET, petit village, département d'Eure-et-Loir, arrondissement de Dreux, canton de Nogent-le-Roi, ci-devant province de l'Île de France, dans le pays Chartrain, et diocèse de Chartres. Sa population n'est que d'environ 60 habitans. Le château *du Mesnil-Opton*, appartenant à M. de Johannes, avec une ferme et deux moulins sur le ruisseau de l'*Opton*, sont dans ses dépendances.

Son terroir est en labour, une petite partie est en prés et en bois. Ce village est à 1 lieue un quart, au S. de Houdan, et 3 un quart au N. de Nogent ; sa distance de Paris est de 14 lieues vers l'O. par différens chemins joignant la grande route de Brest. (Poste aux lettres de Houdan.)

SAINT - REMY , paroisse. *Voyez* AUNEAU.

SAINT - REMY - DE - LA-VANNE , village, département de Seine-et-Marne, arrondissement de Coulommiers, canton de la Ferté-Gaucher, ci-devant province de l'Île de France, dans la Brie, et diocèse de Meaux. Sa population est de 6 à 700 habitans, en y comprenant les hameaux *du Moncel, de la Cornée, Berlonges*, *les Limons-Couronnés*, *Montmogis*, *Lettrée*, l'ancien fief de *Louveau* et autres habitations écartées, sous diverses dénominations ; la rivière du *Grand Morin* , fait tourner quatre moulins à farines , deux à chiffons et 1 à huile.

Les grains sont la principale production du terroir de cette commune. Le village de Saint-Remy est à côté de la route de Sézanne à Paris, à 1 lieue et demie à l'O. de la Ferté-Gaucher, et distant de 16 et demie à l'E. de Paris par cette route qui passe à Coulommiers (Poste aux lettres de la Ferté-Gaucher.)

SAINT-REMY-LES-CHE-

VREUSE, village, département de Seine-et-Oise, arrondissement de Rambouillet, canton de Chevreuse, ci-devant province de l'Ile de France, dans le Hurepoix, et diocèse de Paris. Sa population est d'environ 600 habitans, avec une partie du hameau de *Courcelles* qui est dans ses dépendances.

Le château de *Coubertin*, situé dans la vallée de Chevreuse, fait également partie de la commune de Saint-Remy, ainsi que celui de *Chevincourt*, dont M. le chevalier de Jouvencel, ex-maire de Versailles, est propriétaire, et le ci-devant fief de *Beauplan*, appartenant à madame Rousseau, née Jenet. Ces deux dernières habitations, contiguës l'une à l'autre, sont sur la hauteur qui borde cette vallée, dans laquelle se trouve aussi un pavillon et quelques bâtimens restant du château de *Vaugien* qui a été démoli.

L'ancien château d'*Aigrefoin* ne subsiste plus; il n'en reste qu'une grande et belle ferme dépendant du domaine de Chevincourt. M. de Jouvencel possède dans cette propriété deux beaux troupeaux de mérinos.

Les principales productions du terroir de cette commune sont en grains; une partie est en prairies et en bois.

Le village de Saint-Remy est dans la vallée susdésignée, et sur la petite rivière d'*Yvette*, qui fait tourner plusieurs moulins. Il est traversé par la route de Chevreuse à Paris, à une demi-lieue à l'E. de Chevreuse, et 6 lieues et demie au S. O. de Paris par cette route. (Poste aux lettres de Chevreuse.)

SAINT-REMY-L'HONORÉ, village, département de Seine-et-Oise, arrondissement de Rambouillet, canton de Chevreuse, ci-devant province de l'Ile de France, et diocèse de Chartres, forme une commune d'environ 470 habitans, avec les hameaux de *la Blotterie, la Chaîne* ou *le Long des Bois, les Pâtis d'en haut et d'en bas, la Cour-aux-Pinots* et *Bicherel*, plusieurs fermes, moulins et autres maisons isolées. *Haute-Bruyère*, qui était un couvent de religieuses de l'ordre de Fontevrault, actuellement maison de campagne, dont M. Goupy, banquier, est propriétaire, fait aussi partie de cette commune.

Les principales productions de son terroir sont en grains; une partie est en prairies et en bois contigus à la forêt de Rambouillet; on y trouve une fabrique de tuiles, briques et carreaux, deux carrières de grès, et un étang qui fournit en partie l'eau nécessaire aux moulins.

Le village de Saint-Remy est à 3 lieues au N. O. de Chevreuse, 1 et demie au S. E. de Montfort - l'Amaury, et 8 à l'O. de Paris par la route de Nantes. (Poste aux lettres de Montfort-l'Amaury.)

SAINT - SAUVEUR, village, divisé en deux parties, dont l'une est nommée *Saint-Sauveur*, et l'autre *Etrelles*, département de Seine - et - Marne, arrondissement et canton de Melun (Sud), ci-devant province de l'Ile de France, et diocèse de Sens. Sa population est d'environ 5oo habitans, y compris les hameaux de *Brainville*, *Courtibeaudet* et plusieurs fermes écartées sous diverses dénominations.

Le terroir de cette commune est en labour, prairies, vignes et bois. Le village de Saint-Sauveur est sur la petite rivière d'*Ecole*, qui fait tourner deux moulins, à deux lieues et demie au S. O. de Melun, et distant de 10 et demie au S. de Paris par différens chemins joignant la grande route de Fontainebleau. (Poste aux lettres de Melun.)

SAINT-SAUVEUR, ou GÉROMENIL, village, département de l'Oise, arrondissement et canton de Compiègne, ci-devant province de l'Ile de France, et diocèse de Soissons. Sa population est d'environ 7oo habitans.

Ce village est près la forêt de Compiègne; plusieurs maisons se font distinguer des autres par leur construction et leurs accessoires. Il en est une nommée *Soupiseau*, où il y avait une chapelle.

Le terroir de cette commune est en labour; on y cultive le chanvre; quelques endroits sont en friches, prairies et bois. La majeure partie des habitans est occupée à l'exploitation des bois de la forêt.

Ce village est à 3 lieues au S. de Compiègne, et 1 lieue vers l'E. de Verberic; sa distance de Paris est de 15 lieues vers le N. E. par la grande route de Compiègne. (Poste aux lettres de Verberie.)

SAINT-SIMÉON, village, département de Seine - et - Marne, arrondissement de Coulommiers, canton de la Ferté-Gaucher, ci-devant province de l'Ile de France, dans la Brie, et diocèse de Méaux. Sa population est de 6 à 7oo habitans, en y comprenant les hameaux de *Charcot*, *du Mont*, *des Bordes de la Vanne*, *Voigny* et autres.

Les château et parc de *Chalandos*, dont M. Delafosse est propriétaire, fait également partie de cette commune, ainsi que la ferme de *la Villote*.

Les principales productions de son terroir sont en grains; une petite partie est en prairies, en bois et en vignes. La rivière du *Grand-Morin* fait tourner deux moulins à farines et un à huile. Le village de Saint-Siméon est près cette rivière, à 2 lieues à l'O. de la Ferté-Gaucher, et distant dé

16 lieues à l'E. de Paris par Coulommiers et la grande route qui passe à Lagny. (Poste aux lettres de Coulommiers.)

SAINT-SIMPHORIEN, village, département d'Eure-et-Loir, arrondissement de Chartres, canton de Maintenon, ci-devant généralité d'Orléans, dans la Beauce, et diocèse de Chartes. Sa population est d'environ 400 habitans, en y comprenant les hameaux et château d'*Eclimont*, *Bouchemont*, partie du *Gué de Bleury*, *l'Essard* et autres habitations écartées.

Mme la duchesse de Luynes est propriétaire du château d'Eclimont qui est un édifice vaste et d'une construction irrégulière. Le parc renfermait autrefois un couvent de Célestins qui a été détruit. On y voit encore des vestiges de l'église.

Le terroir de cette commune est en labour; une petite partie est en bois et vignes; un ruisseau y fait tourner deux moulins à farine. Saint-Simphorien est à 1 lieue un quart vers l'E. de Gallardon, et 4 au S. E. de Maintenon; sa distance de Paris est de 14 lieues un quart au S. O. par l'ancienne route de Chartres. (Poste aux lettres de Gallardon.)

SAINT-SULPICE, paroisse, composée de plusieurs hameaux, formant une commune dans le département de l'Oise, arrondissement de Beauvais, canton de Noailles, ci-devant province de l'Ile de France, et diocèse de Beauvais. Sa population est de 7 à 800 habitans.

Les principaux de ces hameaux sont *Crecy*, *la Vallée*, *la Haute-Ville*, *Troussancourt* et *le Val-de-l'Eau*. L'église de cette paroisse est isolée sur un côteau.

La terre de Crecy avait le titre de marquisat. On y voit un château d'une ancienne construction, mais rétabli dans le goût moderne; madame de Joncy-Després, épouse de M. le chevalier Després, en est propriétaire.

Ce château est situé dans un fond et bordé par une pièce d'eau. Le potager renferme un puits d'une élégante structure, et dans le parc qui est fort étendu, se trouve un bassin remarquable par ses ornemens. Une orangerie et une serre chaude ajoutent encore à l'agrément de cette propriété.

Les principales productions du terroir de cette commune sont en grains, une partie est en bois. La paroisse de Saint-Sulpice est à 1 lieue et demie au N. O. de Noailles, 2 vers le S. de Beauvais, et 14 et demie au N. de Paris par différens chemins joignant la grande route de Beauvais. (Poste aux lettres de Beauvais.)

SAINT-SULPICE, ancienne

paroisse. *Voyez* SAINT-LUBIN-DE-LA-HAYE.

SAINT-SULPICE-DE-FA-VIÈRES, village, département de Seine-et-Oise, arrondissement de Rambouillet, canton de Dourdan (Nord), ci-devant province de l'Ile de France, dans le Hurepoix, et diocèse de Paris. Sa population est d'environ 200 habitans. Le château de *Segrès*, les fermes de *Guillerville* et de *la Rochefontaine*, le moulin de *la Briche* et celui de *l'Ecurie* en font partie.

L'église de cette paroisse est l'une des plus rares par sa construction gothique que l'on puisse voir dans un village; elle peut être comparée à l'une des plus belles cathédrales du royaume. Avant la révolution, il y avait un pélerinage connu de très-loin.

La terre de Saint-Sulpice est une ancienne seigneurie. On remarque dans le parc du château de Segrès une source admirable, d'où l'eau tombe en cascades sur une grotte, avec une si grande abondance, qu'elle y entretient toujours au même niveau un grand canal, et y fait tourner un moulin.

Le terroir de cette commune est en terres labourables, en prairies, en vignes et beaucoup de bois. Ce village est à 3 lieues à l'E. de Dourdan, et trois quarts vers le S. d'Arpajon; sa distance de Paris est de 9 lieues un quart au S. par la grande route d'Orléans. (Poste aux lettres d'Arpajon.)

SAINT-THIBAUT-DES-VIGNES, village, département de Seine-et-Marne, arrondissement de Meaux, canton de Lagny, ci-devant province de l'Ile de France, et diocèse de Paris. Sa population est d'environ 200 habitans. La principale culture de son terroir est en vignes.

Ce village est à un quart de lieue au S. O. de Lagny, sur une hauteur, et distant de 6 lieues et demie à l'E. de Paris par une route qui passe à Gournay, et ensuite la route de Coulommiers. (Poste aux lettres de Lagny.)

SAINT-VAAST-DE-LONG-MONT, village, département de l'Oise, arrondissement de Senlis, canton de Pont-Sainte-Maxence, ci-devant province de l'Ile de France, dans le Valois, et diocèse de Soissons. Sa population est d'environ 180 habitans. la plupart des maisons sont séparées les unes des autres par des enclos; la ferme de la *Boissière* en fait partie.

La terre de Saint-Vaast est une ancienne seigneurie, M. le comte Des Fossés qui en était propriétaire de père en fils, depuis 1503, l'était également depuis cette époque, du comté de Villeneuve sur Verberie. Le château de *Cappy*, faisant partie de Saint-Vaast, est dans l'une des plus belles situations du département, au pied de la Montagne de Verberie. Il appartient à M. le Vicomte Des Fossés, maire du lieu.

Les principales productions du terroir de cette commune sont en grains, oignons et chanvre. Il s'y trouve une carrière dite de Saint-Eloi, dont les pierres sont particulièrement propres à la construction des ponts et des moulins. Saint-Vaast est à un quart de lieue au S. E. de Verberie et 2 lieues et demie à l'E. de Pont-Sainte-Maxence; sa distance de Paris est de 14 lieues vers le N. par la grande route de Compiègne. (Poste aux lettres de Verberie.)

SAINT - VAAST - LES-MELLO, village, département de l'Oise, arrondissement de Senlis, canton de Creil, ci-devant province de l'Ile de France, et diocèse de Beauvais. Sa population est d'environ 430 habitans avec les hameaux de *Barisseuse* et *Martincour*.

Dans le centre de ce village est une belle source d'eau sous un roc, près duquel est un bassin qui sert de lavoir. Son terroir consiste en terre labourable, en vignes et en prairies. Une partie est en bois.

Saint-Vaast est situé à mi-côte, à 1 demi-lieue à l'E. de Mello, et 1 lieue et demie à l'O. de Creil; sa distance de Paris est de 11 lieues au N. par Precy-sur-Oise, Viarmes

et la chaussée joignant près Moisselles la grande route de Beauvais. (Poste aux lettres de Creil.)

SAINT-VIC. *V.* Saint-Vy.

SAINT-VRAIN, village, département de Seine-et-Oise, arrondissement de Corbeil, canton d'Arpajon, ci-devant province de l'Ile de France, dans le Hurepoix, et diocèse de Paris. Il forme une commune de 7 à 800 habitans avec le hameau et le château du petit *Saint-Vrain,* le hameau de *la Vallée*, la maison de campagne de *Billy*, celle de *Boissière*, plusieurs autres habitations isolées, et le moulin de l'*Epine*, qui fait partie de l'établissement de la filature hydraulique de coton désignée à la description d'Itteville. *Voyez* Itteville.

Le château du petit Saint-Vrain, dont M. le comte du Manoir est propriétaire, a appartenu à madame du Barry, qui y fut exilée à la mort de Louis XV. Le parc est fort étendu, et renferme de belles eaux. La terre de *la Honville* y adjacente, est réunie à ce domaine.

Les productions du terroir de cette commune sont en grains; une partie est en prairies, en vignes et en bois. Le village de Saint-Vrain est à 2 lieues au S. E. d'Arpajon, et 9 et demie au S. de Paris, par Arpajon et la grande route d'Orléans. (Poste au lettres d'Arpajon.)

SAINT-VY ou SAINT-VIC, commune, composée d'une partie du hameau de *Mont-Melliant*, de la ferme de *Saint-Lazare*, et de celle de *la Guepelle*, département de Seine-et-Oise, arrondissement de Pontoise, canton de Luzarches, ci-devant province de l'Ile de France, et diocèse de Paris. Sa population n'est que d'environ 70 habitans.

Une rue de Mont-Melliant fait la séparation du département de Seine-et-Oise, d'avec celui de l'Oise. L'autre partie de ce hameau est dans les dépendances de Morfontaine. *Voyez* MORFONTAINE.

Tout le terroir de cette commune est en terres labourables. On y trouve quatre fabriques de tuiles, briques et carreaux. Saint-Vy est à 2 lieues et demie à l'E. de Luzarches, et distant de 7 et demie au N. E. de Paris, par une chaussée joignant la grande route de Flandre. (Poste aux lettres de Louvres.)

SAINT-YON, petit village, département de Seine-et-Oise, arrondissement de Rambouillet, canton de Dourdan (Nord), ci-devant province de l'Ile de France, dans le Hurepoix, et diocèse de Paris, forme, avec les hameaux de *Feugères*, des *Conardières*, *Dampierre* et plusieurs fermes écartées, une commune d'environ 250 habitans.

Ce village, situé sur une montagne, était anciennement une forteresse bâtie par les seigneurs du lieu ; l'ordre de Cluny y avait un prieuré.

Le terroir de cette commune est en terres labourables, en vignes et en bois ; un ruisseau fait tourner deux moulins. Saint-You est à une lieue et demie au S. O. d'Arpajon et 3 à l'E. de Dourdan ; sa distance de Paris est de 9 lieues au S. par la grande route d'Orléans. (Poste aux lettres d'Arpajon.)

SAINTE-ASSISE, château, sur la rive droite de la Seine. *Voyez* SAINT-PORT.

SAINTE-AUDE, village, département de Seine-et-Marne, arrondissement de Meaux, canton de la Ferté-sous-Jouarre, ci-devant province de l'Ile de France, dans la Brie, et diocèse de Meaux. Sa population est de 4 à 500 habitans, avec les hameaux de *Chamoust* où il y a une maison de campagne, *Motiébart*, *Caumont*, l'ancien fief de *la Bordette*, et plusieurs autres habitations écartées.

Les productions du terroir sont de peu de valeur. On y rencontre deux petits moulins sur un ru. Sainte-Aude est à 1 lieue et demie vers le N. O. de la Ferté, et distant de 16 à l'E. de Paris par la Ferté et la grande route d'Allemagne. (Poste aux lettres de la Ferté-sous-Jouarre.)

SAINTE-ESCOBILLE, village, département de Seine-et-Oise, arrondissement de Rambouillet, canton de Dourdan (Sud), ci-devant province de l'Ile de France, dans le Hurepoix, et diocèse de Chartres. Sa population est d'environ 400 habitans, avec les hameaux de *Guillerville* et de *Paponville*.

Ce village était remarquable par un beau château et de superbes dépendances : comme cet édifice est actuellement en démolition, il paraît qu'il ne restera plus que le souvenir de son existence.

Les productions du terroir de cette commune sont en grains; il y a beaucoup de bois. Le village de Sainte-Escobille est peu éloigné de la chaussée qui conduit d'Angerville à Dourdan, à trois lieues au S. de cette dernière ville, et 3 et demie à l'O. d'Etampes; sa distance de Paris est de 14 lieues entre le S. et S. O. par Dourdan, et une chaussée joignant l'ancienne route de Chartres. (Poste aux lettres de Dourdan.)

SAINTE - GENEVIÈVE, village, département de l'Oise, arrondissement de Beauvais, canton de Noailles, ci-devant province de l'Ile de France,

et diocèse de Beauvais. Sa population est d'environ 1000 habitans, en y comprenant *Novillers-Sainte-Geneviève*, qui était une annexe de cette paroisse. Les hameaux du *Petit-Fercourt*, de *la Fusée*, de *la Croix*, et partie de celui de *la Mare-d'Ovillers*.

Ce village, situé sur une éminence, est traversé à son extrémité orientale par la grande route de Beauvais à Paris ; on y fabrique la tabletterie et les cornes à lanternes.

Son terroir est en labour, une partie en friches et bois. Sainte-Geneviève est à 1 lieue un quart au S. de Noailles, et 11 trois quarts vers le N. de Paris par la route de Beauvais. (Poste aux lettres de Noailles.)

SAINTE - GENEVIÈVE-DES-BOIS, village, département de Seine-et-Oise, arrondissement de Corbeil, canton de Longjumeau, ci-devant province de l'Ile de France, et diocèse de Paris. Sa population est d'environ 300 habitans, avec les hameaux de *Liers* du *Perray*, et les maisons de campagne dites la *Cossonnerie* et le *Parepierre*.

Ce village est presque contigu à la forêt de Crecy. L'ancien château ayant été démoli, en très-grande partie, M. de Bertier, intendant de Paris, commença à le faire reconstruire. La révolution, dont il fut l'une des premières victimes, l'ayant empêché de continuer cet édifice, il n'en existe qu'un pavillon : les basses-cours y sont très-vastes. Le parc, clos de murs, contient environ trois cents arpens. On y arrive par une belle avenue, tracée dans la forêt voisine.

Le terroir de cette commune est en terres labourables avec beaucoup de bois. Ste.-Geneviève est sur une hauteur, à 1 lieue et demie au S. de Longjumeau, et 6 au S. de Paris par une chaussée joignant la grande route d'Orléans. (Poste aux lettres de Linas.)

SAINTE - GENEVIÈVE-LES-GASNY, village, département de l'Eure, arrondissement des Andelys, canton d'Ecos, ci-devant province de Normandie, dans le Vexin, et diocèse de Rouen. Sa population est d'environ 200 habitans. Le château, autrefois seigneurial, appartient à M. Gouttard, marquis de Lévéville.

Le terroir est en labour, prairies, vignes et bois. Ce village est sur la rivière d'*Epte*, à 1 lieue à l'O. de la Roche-Guyon, et 2 lieues un quart au S. d'Ecos ; sa distance de Paris est de 16 lieues et demie entre l'O. et le N. O. par la route de Caen. (Poste aux lettres de Vernon.)

SAINTE-MESME, village, département de Seine-et-Oise, arrondissement de Rambouillet, canton de Dourdan.(Sud),

ci-devant province de l'Ile de France, dans le Hurepoix, et diocèse de Chartres. Sa population est d'environ 450 habitans avec le hameau de *Denizy*. La terre de Sainte-Mesme est une ancienne seigneurie. Le château et le parc bien entretenus, appartiennent à M. le marquis de Verteillac.

Entre ce village et Dourdan, il existe sur la rivière d'*Orge* une filature de coton créée en 1810 et 1811, à laquelle on a donné le nom de *la Ville-le-Brun*. Cet établissement est remarquable dans tout son ensemble, et particulièrement par une machine hydraulique et une pompe à vapeur construites par M. Flood, originaire anglais. Une semblable filature avec blanchisserie se trouve à Grignon, commune de Dourdan. *Voyez* DOURDAN.

Le terroir est en labour, prairies et bois. Un ruisseau fait tourner deux moulins à farines, l'un dit le *Moulin-Copeau*, et l'autre le *Moulin-Neuf*. Sainte-Mesme est à trois quarts de lieue à l'O. de Dourdan, et 11 lieues trois quarts vers le S. O. de Paris par Dourdan, et une chaussée joignant l'ancienne route de Chartres. (Poste aux lettres de Dourdan.)

SAINTE - RADÉGONDE, maison de campagne et ferme, ci-devant prieuré. *Voyez* MONCEAU.

SAINTE - RADÉGONDE, maison de campagne, ancien prieuré. *Voyez* BOUFFEMONT.

SAINTERY, village, département de Seine-et-Oise, arrondissement et canton de Corbeil, ci-devant province de l'Ile de France, et diocèse de Paris. Sa population est d'environ 400 habitans, y compris le hameau de *la Brosse*.

Cet endroit est situé sur une colline qui borde la rive droite de la Seine, près Corbeil, où était, avant la révolution, le superbe château de *Champlatreux*, qui faisait partie des domaines de la maison de Clermont-Tonnerre : il a été démoli.

La majeure partie du terroir de cette commune est en terres labourables. Le village de Saintéry étant proche la ville de Corbeil, en est à la même distance de Paris, qui est de 7 lieues par la même route. (Poste aux lettres de Corbeil.)

SAINTINES, village, département de l'Oise, arrondissement de Senlis, canton de Crépy, ci-devant province de l'Ile de France, dans le Valois, et diocèse de Senlis. Sa population est d'environ 400 habitans ; une ferme dite *le Fay* et le *Moulin-Halot* sont dans ses dépendances.

Le château de Saintines appartenant à M. le marquis de Forbin-Janson, est remarquable par son antiquité. On y voit une tour élevée en forme de donjon, d'une architecture dans le style du moyen âge; il est entouré d'eau, et a soutenu un siége fameux dans l'histoire du Valois, sous Charles VII.

Le parc, distribué à l'anglaise, est traversé par la petite rivière d'*Autonne*; il renferme une partie d'un champ appelé *le Champ-Dolent*, nom qui lui fut donné en mémoire d'un grand nombre de morts que les Anglais y ont laissés.

Le village de Saintines est célèbre par le pélerinage du 24 juin, qui attire un concours très-considérable de monde pour se laver dans la piscine de Saint-Jean, et y trouver, selon leur opinion, la guérison de leur maladie.

Il se tient la veille de la Saint-Jean une foire qui dure deux jours. Les productions principales du terroir de la commune sont en grains, chanvre et oignons. Une partie est en prairie. Le chanvre qui se vend brut, fait un objet de commerce assez intéressant pour ses habitans.

Saintines est sur la pente d'une colline bordée par la petite rivière d'Autonne, où il se trouve une papeterie que possède M. Delargile, fabricant, trois moulins à grains et un à huile. Ce village est à trois quarts de lieue à l'E. de Verberie, et 2 lieues un quart au N. O. de Crépy; sa distance

38

de Paris est de 14 lieues trois quarts au N. E. par Verberie et la grande route de Compiègne. (Poste aux lettres de Verberie.)

SAINTS, village, département de Seine-et-Marne, arrondissement et canton de Coulommiers, ci-devant province de l'Ile de France, dans la Brie, et diocèse de Meaux. Il forme une commune de 8 à 900 habitans, avec plusieurs hameaux, fermes et autres maisons isolées; les plus forts de ces hameaux sont *Epiais*, *Montmillon*, *Glatigny* et *Maisons-Meunier*, où est une maison de campagne.

La charmante habitation des côteaux désignée à la description de Maupertuis, fait également partie de cette commune, ainsi que la ferme de *la Tour* où il y avait anciennement un château. *Voyez* MAUPERTUIS.

Le terroir de cette commune est en terres labourables, vignes et bois. La petite rivière d'Aubetin fait tourner cinq moulins. Le village de Saints est à 1 lieue trois quarts au S. de Coulommiers, près Maupertuis, et distant de 13 à l'E. de Paris par Fontenay et la route de Rozay. (Poste aux lettres de Coulommiers.)

SAINVILLE, village, département d'Eure-et-Loir, arrondissement de Chartres, canton d'Auneau, ci-devant généralité d'Orléans, dans la Beauce, et diocèse de Chartres. Sa population est d'environ 600 habitans, avec le hameau de *Montarville*, et autres habitations écartées. Le château et la ferme *du Chesne*, en font aussi partie.

Ce château, dont les héritiers de madame de Saint-Germain-d'Apchon sont propriétaires, n'a rien de remarquable. Le jardin potager, entouré de vieux murs, sépare le parc qui contient 50 arpens, en deux parties.

Il existait dans ce village, avant la révolution, une communauté de sœurs hospitalières qui y possédaient une assez belle maison. Leur institution était d'enseigner les jeunes filles et de porter des secours à domicile. Une partie des habitans s'occupe à fabriquer des bas drapés.

Les productions du terroir de cette commune sont en grains, une petite partie est en bois. Sainville est à 2 lieues et demie au S. E. d'Auneau, et 3 vers le S. d'Ablis; sa distance de Paris est de 15 lieues et demie vers le S. O., par Dourdan, et une chaussée joignant l'ancienne route de Chartres. (Poste aux lettres de Dourdan.)

SALINS, village, départem. de Seine-et-Marne, arrondissement de Fontainebleau, canton de Montereau, ci-devant porvince de l'Ile de France, dans la Brie, et diocèse de Sens.

Sa population est d'environ 360 habitans, y compris les hameaux du *Crayon, des Rotis, de Repentailles*, et quelques autres maisons isolées.

L'ancien château de Salins appartient à M. le comte de Balivière, M. le comte de Canclaux, pair de France, est propriétaire de l'ancien fief *du Fresnoy*, qui fait aussi partie de cette commune.

Le terroir est en terre labourables, vignes, prairies et bois. On y trouve des tuileries et un moulin à farines. Salins est situé dans une vallée sur la route de Montereau à Provins, à 1 lieue et demie au N. E. de Montereau, et 2 et demie au S. O. de Donnemarie; sa distance de Paris est de 17 lieues et demie au S. O., par la route de Montereau à Nangis et ensuite celle de Troyes. (Poste aux lettres de Montereau-Faut-Yonne.)

SAMERON, village traversé par la grande route de Paris en Allemagne, département de Seine-et-Marne, arrondissement de Meaux, canton de la Ferté-sous-Jouarre, ci-devant province de l'Ile de France, dans la Brie, et diocèse de Meaux. Sa population est d'environ 470 habitans, avec le hameau de *Fayet* et partie de celui de *Fay*.

Ce village est peu éloigné de la rive gauche de la *Marne*, que l'on passe sur un bac à Fay. Les productions principales de son terroir sont en grains, une partie est en vignes. Sameron est à 1 lieue à l'O. de la Ferté, et 13 et demie à l'E. de Paris, par la route d'Allemagne sus-désignée. (Poste aux lettres de la Ferté-sous-Jouarre.)

SAMOIREAU, village, département de Seine-et-Marne, arrondissement et canton de Fontainebleau, ci-devant province de l'Ile de France, et diocèse de Sens. Sa population est d'environ 200 habitans.

Le château *des Pressoirs du Roi*, bâti sous le règne de François 1er, est dans les dépendances de cette commune, sur le bord de la *Seine*. Il a été possédé par Henri IV, et ensuite aliéné sur la fin de son règne. M. le comte de Saillant en est actuellement propriétaire.

Sa situation pittoresque est très-agréable, ses jardins sont distribués en terrasses; le parc, qui contient près de 100 arpens enclos de murs, est hérissé de rochers et renferme une grande prairie; près de là est une maison de campagne nommée *Montmeillant*.

Le terroir de cette commune est en terres labourables, vignes, beaucoup de bois et Bruyères, parmi les rochers.

Le village de Samoireau est près la rive droite de la Seine, à 1 lieue vers l'E. de Fontainebleau et distant de 14 entre le S. et le S. E. de Paris, par

Melun et la grande route de Lyon. (Poste aux lettres de Fontainebleau.)

SAMOIS, village, département de Seine-et-Marne, arrondissement et canton de Fontainebleau, ci-devant province de l'Ile de France, et diocèse de Sens. Sa population est d'environ 900 habitans, en y comprenant les hameaux des *Platrières* et de *Valvin*, avec les maisons de campagne de la *Madeleine* et de *Belle-Fontaine*.

Le village de Samois est sur l'une des côtes qui bordent la rive gauche de la *Seine*, et entouré par la forêt de Fontainebleau.

La maison de campagne de la Madeleine, sur la même côte, qui était anciennement un ermitage, près Valvin, est d'une construction moderne, avec jardin, terrasse, prairie, et un parc d'environ 100 arpens, planté en bois et enclos de murs tenant à la forêt; la position en est tellement riche, qu'en 1634 Louis XIV manifesta l'intention d'y faire élever un château de plaisance ; les plans en ont été tracés.

La maison de belle-Fontaine, également contiguë à la forêt, a dans ses dépendances de belles eaux et une vigne dont le vin qui en provient est d'une qualité supérieure aux autres de la contrée.

On trouve à Valvin, situé sur le bord de la Seine que l'on passe sur un bac, des carrières de pierres de taille et à chaux, et un port pour le transport des bois et pavés provenant tant de la forêt de Fontainebleau que des lieux circonvoisins. On a commencé à y construire un pont.

Le village de Samois est à 1 lieue et demie au N. E. de Fontainebleau, et distant de 13 entre le S. et le S. E. de Paris, par Melun et la grande route de Lyon. (Poste aux lettres de Fontainebleau.)

SANCY, village, département de Seine-et-Marne, arrondissement de Meaux, canton de Crecy, ci-devant province de l'Ile de France, dans la Brie, et diocèse de Meaux. Sa population est d'environ 230 habitans. Le hameau de *Monpertuis*, et deux fermes isolées en font partie.

M. Brussel de Sancy, maire du lieu et président du canton, est propriétaire du château. Les principales productions du terroir sont en grains. Sancy est à 1 lieue au N. E. de Crecy, et 11 et demie à l'E. de Paris, par Crecy et la route de Coulommiers. (Poste aux lettres de Crecy.)

SANDRICOURT, hameau et château. *V.* AMBLAINVILLE.

SANNOIS, village, traversé en partie par la grande route de Paris à Rouen, département de Seine-et-Oise, arrondissement de Versailles, canton d'Argenteuil, ci-devant province de l'Ile de France, et diocèse de Paris. Sa population est d'environ 1,700 habitans.

Le château qui a appartenu à M. Locré, ex-secrétaire général du conseil d'état impérial, a été démoli récemment en grande partie, et la maison de campagne de madame la comtesse d'Houdetot, entièrement.

Une autre maison de campagne, dite l'Ermitage, fait aussi partie de cette commune. Elle était anciennement une habitation d'Ermites. La situation en est superbe, ainsi que ses points de vue sur la vallée de Monmorency. Parmi les sources d'eau vive qui s'y trouvent il en est une très-salutaire et même purgative.

La culture principale du terroir de Samnois est en vignes; les fruits y sont abondans, il renferme plusieurs carrières de pierres à plâtre. Ce village est à trois quarts de lieue au N. d'Argenteuil, distant de 4 au N. O. de Paris, par la route de Rouen. (Poste aux lettres de Franconville.)

SANTENY. *V.* Senteny.

SANTEUIL, village, département de Seine-et-Marne, arrondissement de Pontoise, canton de Marines, ci-devant province de l'Ile de France,

et diocèse de Rouen. Sa population est d'environ 180 habitans, y compris le hameau de *Vallière*. Les productions de son terroir sont en grains.

Ce village est dans une vallée, sur la petite rivière de *Viosne* qui fait tourner un moulin, à une demi-lieue au S. O. de Marines, et distant de 10 un quart au N. O. de Paris, par la route de Gisors. (Poste aux lettres de Pontoise.)

SARCELLES, village, traversé par la grande route de Paris à Amiens dans un vallée, département de Seine-et-Oise, arrondissement de Pontoise, canton d'Ecouen, ci-devant province de l'Ile de France, et diocèse de Paris. Sa population est d'environ 1,500 habitans.

La terre de Sarcelles est un ancien marquisat, le château a été possédé par M. le marquis d'Hautefort qui en était seigneur.

Deux de ces maisons, dont l'une nommée *Giraudon*, appartient à M. le comte Otto, et l'autre attenant, à M. le comte de Volney, pair de France, sont remarquables, tant par leur site pittoresque que par la distribution des jardins et des eaux. On y voit de superbes plantations d'arbres et arbustes de toutes les espèces, qui réunissent l'utile à l'agréable.

On fait à Sarcelles de très-belles dentelles de fil d'or, d'argent et de soie ; une pension de jeunes demoiselles, y est dirigée par madame Soyer.

A peu de distance, sur la route, sont les maisons isolées, dites la *Briqueterie*, où sont des fabriques considérables de tuiles ; briques et carreaux d'une excellente qualité.

Les principales productions du terroir de cette commune sont en grains, une partie est en vignes ; un ruisseau y fait tourner trois moulins. Sarcelles est à trois quarts de lieue au S. d'Ecouen, et distant de 3 et demie au N. de Paris, par la route d'Amiens. (Poste aux lettres d'Ecouen.)

SARON, village, département de l'Oise, arrondissement de Clermont-Oise, canton de Liancourt, ci-devant province de l'Ile de France, et diocèse de Beauvais. Sa population est d'environ 230 habitans. Les deux maisons isolées nommées *la Pyramide*, près le château de Villette, celle *du Rocher* sur la grande route de Paris en Flandre. Celle dite *Saint-Antoine* ; la ferme de *l'Evêque* et les deux moulins sur le ruisseau de *Frette* en font partie.

Le tiers du terroir de cette commune est en bois, le surplus est en labour. On y cultive beaucoup de chanvre. Le village de Saron est sur la rive droite de l'*Oise*, à une demi-lieue vers le N de Pont-Sainte-Maxence et 3 lieues vers l'E. de

Liancourt ; sa distance de Paris est de 13 lieues et demie vers le N. par Pont-Sainte-Maxence et la route de Flandre. (Poste aux lettres de Pont-Sainte-Maxence.)

SARTROUVILLE, grand village, département de Seine-et-Oise, arrondissement de Versailles, canton d'Argenteuil, ci-devant province de l'Ile de France, et diocèse de Paris. Sa population est d'environ 1800 habitans. Une maison de campagne dite *la Vaudoire* en fait partie.

Le clocher de l'église paroissiale, bâti en pierre, est remarquable par son élévation et la délicatesse de sa construction. Il est dans une situation qui domine une partie du village, dans lequel on voit aussi plusieurs maisons de campagne.

Le terroir de cette commune est en terres labourables, vignes et légumes. Les asperges y sont fort estimées et on y trouve plusieurs carrières de pierre de taille et moellons. Sartrouville est sur la rive droite de la Seine, à 1 lieue à l'O. d'Argenteuil ; sa distance de Paris est de 3 lieues et demie au N. O. par Besons et Neuilly. (Poste aux lettres de Franconville.)

SAUDREVILLE, hameau et château. *V.* VILLECONIN.

SAULX - LES - CHAR-

TREUX, village, département de Seine-et-Oise, arrondissement de Corbeil, canton de Longjumeau, ci-devant province de l'Ile de France, et diocèse de Paris. Il forme une commune d'environ 600 habitans, avec les hameaux de *la Ville-Dieu*, celui des *Sauxiers*, et le château de *Mont-Huchet*, dont M. le comte Dessole, pair de France, est propriétaire.

Les productions principales du terroir sont en grains; une partie est en prairies. Ce village est sur la petite rivière d'*Yvette*, à une demi-lieue à l'O. de Longjumeau, et distant de 4 lieues et demie au S. de Paris, par une chaussée pavée joignant la grande route d'Orléans. (Poste aux lettres de Longjumeau.)

SAULX-MARCHAIS ou LA MARE, village, département de Seine-et-Oise, arrondissement de Rambouillet, canton de Montfort-l'Amaury, ci-devant province de l'Ile de France, et diocèse de Chartres. Sa population est d'environ 300 habitans, y compris la majeure partie du hameau de la *Petite Mare*, et celui de *Roy*, avec plusieurs habitations écartées.

Son terroir est en terres labourables; une partie est en vignes. Ce village est à 1 lieue et demie au N. de Montfort, et 9 un quart à l'O. de Paris, par Neaufle-le-Vieux et la grande route de Brest. (Poste aux lettres de Neaufle-le-Château.)

SAULX-RICHEBOURG. *Voyez* RICHEBOURG.

SAUSSAY (LE), hameau et château. *Voyez* BALANCOURT.

SAUSSAY (LE), château. *Voyez* PORCHEUX.

SAUSSAYÉ (LA), château. *Voyez* VER-LE-GRAND.

SAUSSAYE (LA), ferme, ancienne abbaye de religieuses. *Voyez* CHEVILLY-LA-RUE.

SAUSSOY (LE), château. *Voyez* CHAMIGNY.

SAVIGNY-LE-TEMPLE, village, département de Seine-et-Marne, arrondissement et canton de Melun, ci-devant province de l'Ile de France, et diocèse de Sens. Sa population est de 5 à 600 habitans. Le château de la *Grange-la-Prévôte*, le hameau de *Noisement* et autres habitations écartées en font partie.

Le château de la Grange-la-Prévôte, qui a été possédé par le prince royal de Suède, est dans une position fort agréable près la forêt de *Rougeaux*, à laquelle le parc est contigu. On y remarque la distribution des jardins anglais et des eaux, une rivière avec des ponts.

chinois et de superbes plantations.

L'ordre de Malte avait autrefois une commanderie à Savigny. Les grains sont la principale production du terroir, une partie est en bois. Ce village est à 1 lieue trois quarts au N. O. de Melun, et 8 et demie au S. E. de Paris, par la grande route de Lyon. (Poste aux lettres de Melun.)

SAVIGNY-SUR-ORGE, village, département de Seine-et-Oise, arrondissement de Corbeil, canton de Longjumeau, ci-devant province de l'Ile de France, et diocèse de Paris. Sa population est d'environ 500 habitans, avec le hameau de *Grand-Vaux*, partie de celui de *Fromenteau*, traversé par la route de Paris à Fontainebleau, et la ferme de *Champagne*. L'autre partie de Fromenteau est sur la commune de *Juvisy*.

Le château de Savigny, appartenant à M. le maréchal duc d'Auerstaedt, prince d'Eckmühl, est situé dans une large vallée sur la rivière *d'Orge*. Sa construction antique et ses superbes dépendances en font une habitation infiniment agréable.

Le hameau de Grand-Vaux est remarquable par une belle maison de campagne dont M. Vigier est propriétaire.

Il se tient à Savigny une foire considérable tous les ans, le 10 novembre : elle dure trois jours. Les grains sont la principale production du terroir de cette commune ; une partie est en vignes. Les fruits y sont assez abondans.

Ce village est sur la rivière d'Orge, à 1 lieue un quart au S. E. de Longjumeau, et distant de 5 au S. de Paris, par Fromenteau et la grande route de Fontainebleau. (Poste aux lettres de Fromenteau, où se trouve un relais de poste aux chevaux.)

SCEAUX, anciennement nommé *Sceaux-du-Maine*, et ensuite *Sceaux-Penthièvre*), beau et grand village, chef-lieu d'arrondissement et de canton du département de la Seine, ci-devant province de l'Ile de France, et diocèse de Paris. Sa population est de 16 à 1,700 habitans. Il est le siége de la sous-préfecture, d'une justice de paix, et la résidence d'un lieutenant et d'une brigade de gendarmerie. Il n'y a point de tribunal de première instance ; c'est celui de Paris qui a les attributions de cette juridiction.

A l'entrée de Sceaux, du côté de Paris, était l'un des plus superbes châteaux des environs de cette capitale ; il n'en reste aujourd'hui qu'une petite partie, d'après la fureur d'abattre, à l'époque de la révolution, les édifices les plus imposans et les plus majestueux. En effet, ce château était non-seulement l'un des plus beaux des environs de Paris, mais encore les jardins y offraient tout ce que l'art et la nature ont de plus recherché en fait d'habitation de campagne.

Le parc, qui contient environ 700 arpens clos de murs, était d'autant plus admirable, qu'il renfermait quantité de fontaines, jets d'eau, cascades, bassins et canaux, ornés d'un grand nombre de statues de bronze et de marbre : en vain aurait-on cherché ailleurs que dans les maisons royales, des objets plus rares et plus distingués en ce genre.

Une partie restante des dépendances de ce château qui était nommé *la Menagerie*, fut acquise par les principaux habitans du pays, pour en faire une promenade publique. D'après cette destination, et les nouveaux travaux qu'ils y ont fait exécuter, ce lieu est si attrayant, que l'on y accourt de Paris les dimanches et fêtes pour la danse.

Le château et le parc de Sceaux, en grande partie détruit bien avant d'avoir été vendu, a été converti depuis en une des plus belles fermes de France, dont le produit actuel est, dit-on, double de ce que l'entretient de cette propriété coûtait autrefois, lorsquelle faisait partie des domaines des princes qui l'habitaient.

On voit à Sceaux plusieurs maisons de campagne, parmi lesquelles on distingue celui

de M. le comte Duchâtel, de M. le baron Garat et de M. Le normand. M. de France y possède une collection de corps organisés fossiles, la plus considérable pour le nombre des espèces qu'elle renferme. Une partie de ceux de ces corps organisés qui ont été trouvés aux environs de Paris, a été publiée dans les Annales du Muséum d'Histoire naturelle.

Il existe, en ce lieu, une manufacture de faïence, et il s'y tient un marché considérable de bestiaux le lundi de chaque semaine, à l'endroit dit le *Marché de Sceaux*, proche le Bourg-la-Reine.

Le terroir est principalement en petite culture, avec des pépinières et beaucoup d'arbres à fruits ; les légumes y sont abondans. Sceaux est à 2 lieues un quart au S. de Paris par le Bourg-la-Reine et la grande route d'Orléans. (Poste aux lettres du Bourg-la-Reine.)

SEGRÉS, château. *Voyez* SAINT-SULPICE-DE-FAVIÈRES.

SEGRETS, ancien prieuré. *Voyez* BERNAY.

SÉGY, petit village, département de Seine-et-Marne, arrondissement de Meaux, canton de Crecy. Il formait une commune particulière qui a été réunie à celle de Quincy. *Voyez* QUINCY-SÉGY.

SEINE-PORT, *V*. SAINT-
PORT.

SELLE (LA). *V*. LA CELLE.

SEMOND, maison de cam-
pagne dite *le Château*. *Voyez*
DOURDAN.

SENANTES, village, dé-
partement d'Eure - et - Loir,
arrondissement de Dreux,
canton de Nogent-le-Roi, ci-
devant province de l'Ile de
France, dans le pays Chartrain, et diocèse de Chartres.
Sa population est d'environ
250 habitans, avec les hameaux de *Dancourt*, partie
de ceux de *Chandelles* et *Chenicourt*, la ferme *des Heillots*
et *du Coudray*.

Son terroir est en labour,
en prairies, en vignes et en
bois. Ce village est à trois
quarts de lieue vers l'E. de
Nogent, et 2 et demie au N.
de Maintenon; sa distance de
Paris est de 15 lieues entre l'O.
et le S. O. par Rambouillet et
la grande route de Nantes.
(Poste aux lettres de Maintenon.)

SENART, ancien couvent,
dit l'*Ermitage*. *V*. DRAVEIL.

SENLIS, ancienne ville,
chef-lieu d'arrondissement et
de canton du département de
l'Oise, ci-devant province de
l'Ile de France, avec un évêché
suffragant de Reims; elle avait

le titre de comté. Sa population est d'environ 5,000 habitans. C'est le siége de la
sous-préfecture de cet arrondissement, d'un tribunal de
première instance, d'une justice de paix et la résidence
d'un lieutenant et d'une brigade de gendarmerie.

Cette ville est située sur la
pente d'une colline, et traversée par la grande route de
Paris en Flandre. Les rois de
la première race y avaient anciennement un château, et on
y voit encore des murs de cité
dont l'antiquité remonte avant
Jules César. L'un des clochers
de la ci - devant cathédrale,
construit en pierre et à jour,
est remarquable par son élévation.

Avant la révolution, outre
le chapitre de la cathédrale,
il y avait deux collégiales,
l'une dite de *Saint-Rieul*, et
l'autre de *Saint-Frambourg*,
sept paroisses, une abbaye de
chanoines réguliers de la congrégation de France, nommée
Saint-Vincent, le prieuré de
Saint - Maurice, du même
ordre, une commanderie ou
maison hospitalière de Saint-
Jean de Jérusalem. Les Cordeliers, les Capucins, les Carmes, les religieuses de la Pré-
sentation et celles dites *Filles
du Calvaire*, y avaient aussi
chacun leur couvent. L'Hôtel-
Dieu a été supprimé en 1805,
et réuni à l'hospice de la Charité. La ci - devant cathédrale
est la seule paroisse qui existe.

Senlis était le siége d'un présidial, d'une chancellerie près le baillage, d'une maitrise particulière des eaux et forêts, d'une élection, de la juridiction d'un grenier à sel, d'une subdélégation de l'intendance de Paris, et d'une capitainerie royale des chasses.

Une bibliothèque publique divisée en deux parties, l'une civile et l'autre ecclésiastique, y est établie. L'industrie et le commerce ont pour objets principaux une filature de coton, qui renferme une partie des bâtimens de la ci-devant abbaye de Saint-Vincent, et plusieurs tanneries et mégisseries.

Il s'y tient une foire par année, le 25 avril, qui dure neuf jours. Les marchés sont les mardi et vendredi de chaque semaine. Un autre marché particulier, qui est considérable, est établi pour les vins qu'on y amène le dernier mardi de chaque mois.

Cette ville est peu éloignée des forêts d'Hallate, de Chantilly, de Pontarmé et des bois d'Ermenonville. La petite rivière de *Nonette* et le ruisseau d'*Aunette*, qui font tourner plusieurs moulins, passent à côté. L'un de ses faubourgs, dit de *Bellonne*, est remarquable par deux maisons de campagne, l'une appartenant à M. de Varut, et l'autre nommée *Valgenseuse*, à M. Dejunquières. Un peu plus loin est le hameau de *Villemétrie*,

où M. Pasquier, comte de Franclieu, en possède une autre. On rencontre, dans l'enclos qui en fait partie, un cabinet élevé sur une butte où l'on jouit d'une vue des plus pittoresques.

La pierre provenant des carrières, est très-estimée; on y trouve des fours à chaux. Senlis est à 11 lieues au S. E. de Beauvais, et 10 au N. de Paris par la grande route de Flandre. On compte 11 lieues de poste. (Bureau de poste aux lettres, relais de poste aux chevaux et voitures publiques tous les jours pour Paris.)

SENLISSE, village, département de Seine-et-Oise, arrondissement de Rambouillet, canton de Chevreuse, ci-devant province de l'Ile de France, dans le Hurepoix, et diocèse de Paris, forme, avec les hameaux de *Garne*, *des Carrières*, plusieurs habitations isolées et moulins, une commune d'environ 500 habitans.

M. le duc de Luynes et de Chevreuse y possède une maison dite *la Cour de Senlisse*. L'ancien fief de *la Barre*, autre maison de campagne, fait aussi partie de cette commune, dont les principales productions du terroir sont en grains et prairies.

Le village de Senlisse est à 1 lieue un quart au S. O. de Chevreuse, et 8 un quart au S. O. de Paris par Chevreuse

et Versailles ou par l'une ou l'autre des routes indiquées à la description de Chevreuse. *Voyez* CHEVREUSE. (Poste aux lettres de Chevreuse.)

SENNEVIÈRES, village, département de l'Oise, arrondissement de Senlis, canton de Nanteuil-le-Haudouin, ci-devant province de l'Ile de France, et diocèse de Meaux. Sa population est d'environ 200 habitans. Les principales productions de son terroir sont en grains.

Ce village est à trois quarts de lieue au S. E. de Nanteuil, et distant de 11 lieues trois quarts vers le N. E. de Paris par le Plessis Belleville et la grande route de Soissons. (Poste aux lettres de Nanteuil - le - Haudouin.)

SENNEVILLE, annexe. *V.* GUERVILLE.

SENOS, village, département de l'Oise, arrondissement de Beauvais, canton de Chaumont - Oise, ci - devant province de l'Ile de France, dans le Vexin, et diocèse de Rouen. Sa population est d'environ 220 habitans, avec le hameau de *Bléquancourt* et la ferme de *Sainte-Anne*, où il y a un moulin sur un ruisseau.

Son terroir est en labour, en prairies, et en bois; il s'y trouve une tuilerie et brique-

terie. Un ruisseau, autre que celui désigné ci-dessus, y fait aussi tourner un moulin. Senos est à 2 lieues à l'E. de Chaumont, et distant de 15 trois quarts au N. O. de Paris par Hénouville et l'ancienne route de Beauvais à Pontoise, et de Pontoise par la grande route de Rouen. (Poste aux lettres de Chaumont-Oise.)

SENTENY ou SANTENY, *ou Centeny*, village, près la grande route de Paris à Troyes, département de Seine-et-Oise, arrondissement de Corbeil, canton de Boissy - Saint - Léger, ci-devant province de l'Ile de France, dans la Brie, et diocèse de Paris. Sa population est d'environ 450 habitans, y compris le hameau du *Biot*, qui en est à proximité.

On y voit un château nommé le *Château des Lions*, dont M. Delachapelle est propriétaire, et plusieurs autres maisons de campagne, parmi lesquelles on distingue celle qui appartient à M. de Besse, maire du lieu, et une autre au hameau du Biot, à M. Belanger, célèbre architecte. Cette dernière est remarquable par la distribution de ses jardins. L'ordre de Malte y avait autrefois une commanderie.

Le terroir de cette commune est en terres labourables, en vignes, en prairies et beaucoup de bois. On y rencontre plusieurs sources d'eau qui for-

ment des fontaines très-utiles en divers endroits.

Le village de Senteny est sur un ruisseau dit le *Rouillon*, à 1 lieue un quart au S. E. de Boissy-Saint-Léger, et 5 et demie au S. E. de Paris par une chaussée, joignant la route de Troyes. (Poste aux lettres de Brie Comte-Robert, département de Seine - et - Marne.)

SEPTEUIL, village, département de Seine-et-Oise, arrondissement de Mantes, canton de Houdan, ci-devant province de l'Ile de France, et diocèse de Chartres. Sa population est d'environ 1,100 habitans, en y comprenant plusieurs hameaux et autres habitations écartées.

Les principaux de ces hameaux sont *les Grands - Bilheux*, *les Groux*, *les Plains*, *la Tannerie*, *Darcourt* et *les Gredeux*. Ce dernier est remarquable par trois sources d'eau vive très-abondantes.

M. le baron de Septeuil possède, attenant le village, un grand et beau château dont il dépend un parc traversé par la petite rivière de *Septeuil* qui se réunit à celle de *Vaucouleurs*. Ce parc, bien planté en beaux arbres et orné de pièces d'eau alimentées par des sources intarissables, est fermé par cette dernière rivière et par des murs.

Avant la révolution, il y avait en ce lieu une abbaye de religieuses de l'ordre de Saint-Benoît, dite de *Saint-Corentin*. Ayant été détruite, il n'en reste que les bâtimens de la buanderie, et la ferme.

Septeuil est la résidence d'une brigade de gendarmerie, il s'y tient un petit marché le mardi de chaque semaine; on y trouve quelques fabriques de bonneteries.

Le terroir de cette commune est en labour, en vignes et en bois, une petite partie est en prairies. On y rencontre deux fours à chaux; les petites rivières sus désignées font tourner trois moulins. Le village de Septeuil est à 1 lieue à l'E. de Dammartin-en-Pinserais, 3 lieues vers le N. E. de Houdan, et 3 au S. de Mantes; sa distance de Paris est de 12 lieues à l'O., par une chaussée joignant la grande route de Brest. (Poste aux lettres de Mantes et voitures publiques tous les jours pour Versailles.)

SEPT-SORS, village, département de Seine-et-Marne, arrondissement de Meaux, canton de la Ferté-sous-Jouarre, ci-devant province de l'Ile de France, dans la Brie, et diocèse de Meaux. Sa population est d'environ 200 habitans. Une partie du hameau de *Fay*, sur la rive gauche de la *Marne*, où il y a un bac, est dans ses dépendances.

Les principales productions de son terroir sont en grains. Ce village est à une demi-lieue au S. O. de la Ferté, et distant de 14 à l'E. de Paris, par la grande route d'Allemagne. (Poste aux lettres de la Ferté-sous-Jouarre.)

SERAINCOURT, village, département de Seine-et-Oise, arrondissement de Pontoise, canton de Marines, ci-devant province de l'Ile de France, dans le Vexin, et diocèse de Rouen. Il forme une commune d'environ 200 habitans, avec le hameau de *Rueil*, celui de *Gaillonet*, et la ferme *des Gatines*.

La terre de Seraincourt est une ancienne seigneurie; le château, appartenant à M. Ange Choppin, capitaine au service de France, est situé à Rueil, dans un vallon, sur le grand chemin de Meulan à Magny; le parc renferme une pièce d'eau alimentée par des sources qui sont au dedans et au dehors.

Les grains sont la principale production du terroir de cette commune, un ruisseau fait tourner trois moulins à farines. Seraincourt est à 1 lieue un quart au N. O. de Meulan, et 3 et demie au S. O. de Marines; sa distance de Paris est de 9 lieues trois quarts au N. O., par Meulan et la grande route de Caen. (Poste aux lettres de Meulan.)

SERGY. *Voyez* CERGY.

SERANS-LE-BOUTHIL-LIER, village, département de l'Oise, arrondissement de Beauvais, canton de Chaumont-Oise, ci-devant province de l'Ile de France, dans le Vexin, et diocèse de Rouen. Sa population est d'environ 400 habitans, avec les hameaux *du Petit-Serans* et *Figicourt*.

La terre de Serans est une ancienne seigneurie, le château, appartenant à madame la comtesse de Clery-Serans, divisé en deux parties, est dans une position agréable, avec une ferme attenante.

Ses productions sont en grains, chanvre et bois. Les arbres à cidre y sont nombreux. On y trouve une carrière.

Le village de Serans, situé au pied d'une montagne, est à 1 lieue au N. E. de Magny, et 2 vers le S. de Chaumont; sa distance de Paris est de 13 lieues au N. O. par la route de Gisors. (Poste aux lettres de Magny.)

SERMAISE, village, département de Seine-et-Oise, arrondissement de Rambouillet, canton de Dourdan (Nord), ci-devant province de l'Ile de France, dans le Hurepoix, et diocèse de Chartres. Il forme une commune d'environ 600 habitans, avec les hameaux de *Blanche-Face*, *du Mesnil*, *Mondetour*, où il y a une maison de campagne, *des Cou-*

tières, *Montflix* en partie, plusieurs fermes, moulins et autres maisons écartées sous diverses dénominations.

Le moulin de *la Rachée*, près duquel se trouve la fontaine désignée à l'article de Saint-Cheron, fait aussi partie de cette commune, dont les productions du terroir sont divisées en grains, vignes et bois. On y recueille beaucoup de fruits.

Sermaise est sur la route de Dourdan à Arpajon, et sur la rivière d'*Orge* qui fait tourner les moulins dont il est fait mention ci-dessus, à 1 lieue à l'E. de Dourdan, et distant de 11 au S. O. de Paris, par cette route qui joint la grande route d'Orléans à peu de distance de Linas. (Poste aux lettres de Dourdan.)

SERMAISE, village, anciennement bourg, département du Loiret, arrondissement de Pithiviers, canton de Malesherbes, ci-devant généralité d'Orléans, dans la Beauce, et diocèse de Sens. Sa population est de 7 à 800 habitans, avec les hameaux de *Dreville*, *Enzanville* et les deux fermes de *Merobes*. La commune de *Rouvres* était avant la révolution, une annexe de cette paroisse.

Toutes les productions du terroir sont en grains. Sermaise est à 3 lieues et demie à l'O. de Malesherbes, 4 au N. de Pithiviers, et 4 au S. d'Etampes;

sa distance de Paris est de 16 lieues au S. par Etampes et la grande route d'Orléans. (Poste aux lettres d'Etampes.)

SERRIS, village, département de Seine-et-Marne, arrondissement de Meaux, canton de Crecy, ci-devant province de l'Ile de France, dans la Brie, et diocèse de Meaux. Sa population est d'environ 330 habitans. La belle ferme de *Bellesme*, et deux autres dites *la Motte - Couternois*, dont l'une était un château et baronie, en font partie.

La terre de Serris avait autrefois le titre de comté. Ses principales productions sont en grains. Ce village est à 2 lieues et demie à l'O. de Crecy, et distant de 7 un quart à l'E. de Paris, par Croissy-Beaubourg et la route qui joint le pont de Saint-Maur. (Poste aux lettres de Crecy.)

SERVILLE, village, département d'Eure-et-Loire, arrondissement de Dreux, canton d'Anet, ci-devant province de l'Ile de France, dans le pays Chartrain, et diocèse de Chartres. Sa population est d'environ 200 habitans, y compris le *Petit-Serville*, et la ferme d'*Augis*.

Les productions de son terroir sont en grains; ce village est à 2 lieues et demie vers le S. d'Anet, et 2 à l'O. de Houdan; sa distance de Paris est de 15 lieues à l'O., par la grande route de Brest. (Poste aux lettres de Houdan.)

SERVON, village, département de Seine-et-Marne, arrondissement de Melun, canton de Brie-Comte-Robert, ci-devant province de l'Ile de France, dans la Brie, et diocèse de Paris. Sa population est d'environ 280 habitans. On y voit un château et quelques maisons de campagne.

Le château de *Villemenon*, qui fait partie de cette commune, était autrefois seigneurial ; il a appartenu au cardinal Dubois. M. Selves, propriétaire actuel, possède aussi la ferme, l'une des plus considérables de la Brie, qui en dépend.

La presque totalité du terroir de cette commune est en terres labourables. Le village de Servon est à trois quarts de lieue au N. O. de Brie, et distant de 5 lieues trois quarts au N. E. de Paris, par la grande route de Troyes. (Poste aux lettres de Brie-Comte-Robert.)

SERY-MAGNEVAL, village, département de l'Oise, arrondissement de Senlis, canton de Crêpy, ci-devant province de l'Ile de France, dans le Valois, et diocèse de Senlis. Sa population est d'environ 200 habitans, avec *Magneval*, qui est un hameau.

M. de Belfort, maire de la commune, est propriétaire du château de Sery, entièrement

construit en pierre de taille et en briques. La vue y est fort agréable et pittoresque, particulièrement sur la vallée, où coule la petite rivière de *Sainte-Marie*, qui fait tourner deux moulins ; un ruisseau en fait tourner un autre.

Le terroir est en labour, prairies et bois. On y trouve un four à chaux. Le village de Sery est à 1 lieue vers le N. O. de Crêpy, et 15 au N. E. de Paris par Crêpy et la chaussée joignant à Nanteuil-le-Haudouin la route de Soissons. (Poste aux lettres de Crêpy.)

SEUGY, village, département de Seine-et-Oise, arrondissement de Pontoise, canton de Luzarches, ci-devant province de l'Ile de France, et diocèse de Beauvais. Sa population est d'environ 350 habitans. Tout son terroir est en labour.

Ce village est à une demi-lieue au N. O. de Luzarches, et 7 au N. de Paris par Luzarches, et la grande route d'Amiens. (Poste aux lettres de Luzarches.)

SEVRAN, village, département de Seine-et-Oise, arrondissement de Pontoise, canton de Gonesse, ci-devant province de l'Ile de France, et diocèse de Paris. Sa population est d'environ 300 habitans. Les fermes de *Rougemont*, *Monceleux* et *Fontenay*, en font partie.

Ce village renferme le ci-devant fief de *la Fossée*, qui

est une maison de campagne dont M. Touchard, maire du lieu, est propriétaire. La forêt de Bondy en est peu éloignée. Son terroir dont toutes les productions sont en grains, est traversé par le canal de l'*Ourcq*.

Sevran est à 2 lieues au S. E. de Gonesse, et 4 au N. E. de Paris, par une chaussée joignant à Livry la grande route d'Allemagne. (Poste aux lettres de Livry.)

SÈVRES, bourg, département de Seine-et-Oise, arrondissement de Versailles, chef-lieu de canton, siége d'une justice de paix, et la résidence d'une brigade de gendarmerie, ci-devant province de l'Ile de France, et diocèse de Paris. Sa population est d'environ 2,800 habitans. Une maison de campagne, dite *Brinborion*, et une autre nommée *la Ronce*, en font partie; c'était autrefois une seigneurie et châtellenie royale.

Ce bourg, situé à mi-chemin de Paris à Versailles, est contigu aux murs du parc de Saint-Cloud et à *la Seine* sur laquelle est un nouveau pont. On y remarque un bâtiment immense, dans lequel existe la superbe manufacture royale de porcelaine, dite de *Sèvres*, qui comprend une collection de porcelaines étrangères et de matières premières servant à les faire : elle contient en outre une collection de toutes les porcelaines, faïences et poteries de France, et des argiles qui entrent dans leur composition. On y voit une suite, rangée par ordre chronologique, des modèles de vases d'ornemens, vases de service, figures, etc., qui ont été faits depuis sa création : elle est devenue la plus célèbre de l'Europe.

Parmi plusieurs maisons de campagne, dans des situations agrestes et pittoresques, on distingue celles de MM. Cheviron, Havas, Erard frères, et celle nommée *la Butte de Coaslin*. Une autre, dite des *Grigottiers* ou *le Grand-Jardin*, est près Ville - d'Avray. Elle appartient à M. de Noireterre.

D'anciennes carrières à Sèvres forment aujourd'hui plusieurs caves qui se font remarquer par leur vaste étendue dans le roc, et par leur distribution; la plus considérable est celle appelée *la cave du Roi*, qui peut contenir 15,000 pièces de vin; elle est divisée en trente parties, entre lesquelles se trouvent autant de rues désignées par des noms qui ont été supprimés à l'époque de la révolution, mais remplacés par des numéros. Sept de ces rues aboutissent à un point central nommé *l'Etoile*.

Les caves dites *de la Reine*, occupées par M. Soupé, marchand de vin de S. A. R. Monseigneur le duc de Berry, renferment toutes sortes de vins fins et liqueurs, dont le dépôt est en sa maison, à Paris, rue

Saint-Honoré, n° 338, et à Versailles, rue Saint-Honoré, n° 31.

Une manufacture d'émaux, que possède M. Lambert, est établie à Sèvres, où l'on trouve aussi une tannerie à M. Combe fils, et deux brasseries, l'une à M. Sebin, et l'autre à M. Gautier. La verrerie, vulgairement appelée *la Verrerie à bouteilles de Sèvres*, fait partie de la commune de Meudon, et l'*Ile de Sèvres* partie de celle d'Auteuil. *Voyez* MEUDON et AUTEUIL.

Ce bourg est plus particulièrement connu par de nombreux établissemens de blanchisseries dus à la quantité d'eau qui arrose le pays, dont la culture principale est en vignes. Un ruisseau fait tourner un moulin à farine, et un autre à l'usage de la manufacture de porcelaine. Sèvres est à 2 lieues à l'E. de Versailles, et à égale distance de Paris. On compte 2 lieues et demie de Poste. (Bureau de poste aux lettres et relais de poste aux chevaux.)

SIGNETS *Voyez* SIGNY-SIGNETS.

SIGNY-SIGNETS, village, département de Seine-et-Marne, arrondissement de Meaux, canton de la Ferté-sous-Jouarre, ci-devant province de l'Ile de France, dans la Brie, et diocèse de Meaux, forme avec *Signets*, qui est un autre village, où se trouve la paroisse, une commune d'environ 600 habitans. Plusieurs fermes écartées en font aussi partie.

Les principales productions du terroir de cette commune sont en grains, une partie est en bois. Le village de Signy est à 1 lieue un quart au S. O. de la Ferté, et distant de 14 à l'E. de Paris par la grande route d'Allemagne. (Poste aux lettres de la Ferté-sous-Jouarre.)

SILLY, village, département de l'Oise, arrondissement de Beauvais, canton de Noailles, ci-devant province de l'Ile de France, et diocèse de Beauvais. Sa population est d'environ 360 habitans, y compris *le Haut-Silly*. On y voit encore les vestiges d'un ancien château.

Les grains sont la principale production de son terroir. Une petite partie est en prairie et en bois. Le ruisseau *du Sillet* y fait tourner un moulin qui n'est qu'à un quart de lieue de l'endroit où il prend sa source.

Silly est à trois quarts de lieue vers l'O. de Noailles, et distant de 13 lieues vers le N. de Paris, par la grande route de Beauvais. (Poste aux lettres de Noailles.)

SILLY-LE-LONG, village, département de l'Oise, arrondissement de Senlis, canton de Nanteuil-le-Haudouin, ci-devant province de l'Ile de France, et diocèse de Meaux, dont la population est d'environ 600 habitans. Les productions de son terroir sont en grains.

Ce village est à 1 lieue vers le S. de Nanteuil, et distant de 10 au N. E. de Paris, par le Plessis-Belleville et la grande route de Soissons. (Poste aux lettres de Nanteuil-le-Haudouin.)

SIVRY, village, situé sur l'une des grandes routes de Paris à Lyon, dans une plaine, département de Seine-et-Marne, arrondissement de Melun, canton du Châtelet, ci-devant province de l'Ile de France, et diocèse de Sens. Sa population est d'environ 400 habitans. Les fermes de *Berciaux* et *Mimouche* en font partie.

Près l'église est une jolie maison de campagne, appartenant à M. Desnoyers, ex-adjudant général; elle communique par une avenue à la grande route.

Les principales productions du terroir de cette commune sont en grains, une partie est en bois. Sivry est à 1 lieue vers l'O. du Châtelet, et 1 lieue et demie à l'O. de Melun; sa distance de Paris est de 11 lieues et demie vers le S. O. par la route de Lyon, désignée ci-dessus. (Poste aux lettres du Châtelet.)

SOGNOLLES, village, département de Seine-et-Marne, arrondissement de Melun, canton de Brie-Comte-Robert, ci-devant province de l'Ile de France, dans la Brie, et diocèse de Paris. Sa population est d'environ 700 habitans, y compris les hameaux de *Barnault*, *la Burelle*, et la ferme *de Mons*.

Le terroir de cette commune est en terres labourables : une partie est en vignes. On y trouve une fabrique de tuiles, briques et carreaux. Sognolles est sur la rivière d'*Yerres*, qui fait tourner trois moulins, à 1 lieue trois quarts à l'E. de Brie, et 8 au S. E. de Paris, par la grande route de Troyes. (Poste aux lettres de Brie-Comte-Robert.)

SOINDRE, village, département de Seine-et-Oise, arrondissement et canton d'Etampes, ci-devant province de l'Ile de France, et diocèse de Chartres. Sa population est d'environ 300 habitans. Une ferme nommée *Beaurepaire* en fait partie. M. le baron Robillard y possède une maison que l'on distingue des autres par sa construction et ses accessoires.

Son terroir est en labour, partie en vignes et partie en bois. Ce village est à 1 lieue un quart vers le S. O. de Mantes, et distant de 11 trois quarts vers l'O. de Paris, par la petite route de Mantes, qui passe à Saint-Germain-en-Laye. (Poste aux lettres de Mantes.)

SOISY-SOUS-ÉTIOLLE, village, département de Seine-et - Oise , arrondissement et canton de Corbeil , ci - devant province de l'Ile de France , et diocèse de Paris. Sa population est de 6 à 700 habitans.

Sa situation , entre la rive droite de *la Seine* et la forêt de *Senart*, est on ne peut pas plus agréable. On y voit quantité de maisons de campagne. M. le comte du Taillis , lieutenant-général des armées du Roi , est propriétaire du château.

Le terroir de Soisy comprend , outre une partie de la forêt de Senart , des terres labourables , vignes et prairies. Ce village est à 1 lieue au N. de Corbeil , et distant de 6 au S. de Paris par Draveil, Villeneuve-Saint-George et la grande route de Lyon. (Poste aux lettres de Corbeil.)

SOISY - SOUS - MONTMORENCY, village, département de Seine-et-Oise , arrondissement de Pontoise , canton de Montmorency , ci-devant province de l'Ile de France , et diocèse de Paris. Sa population est d'environ 340 habitans. M. de Verigny possède le château.

Ce village est à l'extrémité d'une plaine, au bas de la montagne où est située la ville de Montmorency. Parmi les maisons de campagne, il en est une qui était autrefois seigneuriale, appartenant aujourd'hui à M. le maréchal duc de Valmy , pair de France , remar-

quable par sa position et sa construction moderne. Elle est précédée d'une avant-cour et d'une cour d'honneur ; on y arrive par une belle avenue plantée de quatre rangs d'arbres , qui communique à la route de Saint-Leu-Taverny : le parc contient 40 arpens.

Celle dont madame la comtesse de Vaubois est propriétaire , a un parc de 14 à 15 arpens , bien planté , ainsi que les jardins où les arbres fruitiers de toute espèce sont très-nombreux.

Et celle nommée *l'Elysée de Soisy* , est moins une maison de campagne qu'un ermitage créé en 1804 par M. Delamarre à qui elle appartient.

La distribution faite du local en plantations forestières, et le mélange avec la campagne , à cause que la propriété n'en est séparée que par des fossés et des hayes, lui ont valu la dénomination de l'*Elysée Soisy*.

Le ruisseau qui traverse cet ermitage, et la bonne tenue du local , ajoutent à l'intérêt qu'il inspire , et justifient la disposition à laquelle on cède souvent d'y faire une visite.

Les productions du terroir de cette commune sont en grains, une partie est en vignes. On y recueille beaucoup de fruits, et on y trouve des carrières de pierre à plâtre.

Le village de Soisy, contigu à la route de Saint-Leu, est à un quart de lieue à l'O. de

Montmorency, et 3 lieues et demie au N. O. de Paris, par cette route. (Poste aux lettres de Montmorency.)

SOISY-SUR-ECOLE, village, département de Seine-et-Oise, arrondissement d'E-tampes, canton de Milly, ci-devant province de l'Ile de France, et diocèse de Sens. Sa population est d'environ 600 habitans, y compris plusieurs fermes, moulins, et autres habitations écartées sous diverses dénominations.

Le château, ci-devant seigneurial de *Réau*, qui était dans cette commune, a été démoli avant la révolution. Il n'y existe plus qu'une petite maison d'habitation, entourée de fossés toujours remplis d'eaux vives, qui viennent de plusieurs sources intarrissables. Le parc, une ferme et un moulin rendent toujours cette propriété fort agréable.

Le terroir de Soisy est en terres labourables et vignes. Ce village est à 1 lieue trois quarts au N. de Milly, sur la petite rivière *d'Ecole*, et distant de 11 au S. de Paris, par différens chemins, joignant la grande route de Fontainebleau. (Poste aux lettres de Milly.)

SOLERS, village, département de Seine-et-Marne, arrondissement de Melun, canton de Tournan, ci-devant province de l'Ile de France, dans la Brie, et diocèse de Sens. Sa population est d'environ 400

habitans. Plusieurs fermes et maisons isolées en font partie.

Son terroir est en terres labourables, en prairies, en vignes et en bois. Ce village est entre la grande route de Paris à Troyes et la petite rivière *d'Yerres*, à 2 lieues au S. de Tournan, et 8 au S. E. de Paris, par cette route. (Poste aux lettres de Brie-Comte-Robert.)

SONCHAMP, village, département de Seine-et-Oise, arrondissement de Rambouillet, canton de Dourdan (Sud), ci-devant province de l'Ile de France, dans le Hurepoix, et diocèse de Chartres, il forme une commune d'environ 1,000 habitans, avec les hameaux de *Greffier*, *la Vallée-de-Claire-fontaine*, *Baudicourt*, *la Guepière*, *les Hunières*, partie de celui de *Labbé*, le château de *Pinceloup*, plusieurs fermes et autres habitations à l'écart, sous diverses dénominations qui sont dans ses dépendances.

La terre de Pinceloup était autrefois seigneuriale, le château, qui appartient aujourd'hui à M. le comte de Lammerville, est situé sur une hauteur; on y remarque son ancienne et belle architecture. Il domine le village qui se trouve dans une vallée; le parc, dessiné à la française et bien planté, contient environ 60 arpens enclos de murs. La rivière de *Remarde* y prend son origine et y forme plusieurs sources, une belle nappe d'eau claire et limpide, ainsi que différens canaux qui se prolongent dans la vallée.

Le terroir de cette commune est en labour, prairies et bois, la Remarde y fait tourner deux moulins à farines. Le village de Sonchamp est à 1 lieue vers l'O. de Saint-Arnoult, et 2 et demie vers le N. O. de Dourdan ; sa distance de Paris est de 12 lieues au S. O., par Saint-Arnoult et l'ancienne route de Chartres. (Poste aux lettres de Rambouillet.)

SOUCY, château. *Voyez* FONTENAY-LES-BRIIS.

SOULLY, village, département de Seine-et-Marne, arrondissement de Meaux, canton de Claye, ci-devant province de l'Ile de France, dans la Brie, et diocèse de Meaux. Sa population est d'environ 260 habitans. Une maison de campagne, avec une ferme, dite *Gros-Bois*, en fait partie.

Les principales productions de son terroir sont en grains, une partie est en bois. Souilly est sur la petite rivière de *Beuvronne*, à un quart de lieue au N. O. de Claye, et 9 et demie au N. E. de Paris, par la grande route d'Allemagne. (Poste aux lettres de Claye.)

SOUPISEAU, maison de campagne. *V.* SAINT-SAUVEUR.

SOUPLETS (SAINT), village, département de Seine-et-Marne, arrondissement de Meaux, canton de Dammartin, ci-devant province de l'Ile de France, et diocèse de Meaux. Sa population est de 7 à 800 habitans. Une maison de campagne, dite de *Maulny*, qui était un fief, et une ferme nommée *Verrière* en font partie.

Les grains sont la principale production de son terroir, une partie est en vignes et en bois. Ce village est près la route de communication de Meaux à Dammartin, à 2 lieues un quart à l'E. de Dammartin, et 10 un quart au N. E. de Paris, par cette route joignant la grande route de Soissons. (Poste aux lettres de Dammartin.)

SOUZY-LA-BRICHE, petit village, département de Seine-et-Oise, arrondissement et canton d'Etampes, ci-devant province de l'Ile de France, dans le Hurepoix, et diocèse de Chartres, forme avec la Briche, qui est un autre petit village à la distance d'une demi-lieue, une commune d'environ 200 habitans. L'ancien château *des Emondans* en fait aussi partie, ainsi que plusieurs maisons écartées. *Voy.* LA BRICHE.

Le village de Souzy est situé dans une vallée. On y voit un château dont M. Cousinet est propriétaire ; on remarque dans la partie de son parc qui

borde ce village, un beau canal, au milieu duquel se trouve
singulièrement placée la ci-
devant église paroissiale, où
l'on ne pouvait arriver, lors
de l'exercice du culte, que
par un pont construit devant
le portail.

La majeure partie du ter-
roir de cette commune est en
bois. Le surplus est en terres
labourables, prairies et vignes.
Il y a un moulin à eau, nommé le *Moulin de Souzy*. Ce
village est à 2 lieues et demie
vers le S. d'Arpajon, et 2 trois
quarts au N. d'Etampes; sa
distance de Paris est de 10
lieues au S., par Arpajon et
la grande route d'Orléans.
(Poste aux lettres d'Arpajon.)

STAINS, village, départe-
ment de la Seine, arrondissement et canton de Saint-Denis,
ci-devant province de l'Ile de
France, et diocèse de Paris.
Sa population est d'environ
900 habitans.

Le château de Stains est l'un
des plus beaux des environs de
Paris. Il a appartenu successivement à plusieurs personnes
d'une haute considération,
M. le marquis de Livry en a
été l'un des derniers propriétaires.

Sa situation, sans être bien
élevée, lui donne des points
de vue charmans. Les jardins
y sont d'une distribution admirable, et le parc, qui est
fort étendu, renferme toutes
les espèces d'oiseaux aquati-

ques les plus rares; des cerfs
et biches à tête et à pieds
blancs, les seuls qui existent
en France, avec une grande
quantité de daims.

M. de Livry avait un superbe
troupeau de mérinos, pure
race espagnole : il a fait construire près du château les plus
belles bergeries que l'on puisse
voir, et qui peuvent contenir
plus de 3,000 bêtes de cette
espèce : c'était l'un des plus
beaux établissemens en ce
genre.

Parmi quelques maisons
de campagne qui se trouvent
à Stains, on distingue celle
de M. Doumerc, qui était ci-
devant fief, et celle de M. le
général Roselly. On remarque
sur la petite rivière de *Crou*
un moulin dont la contruction
et le mécanisme fixent l'attention des connaisseurs. Il appartient à M. Benoist, père.

Les principales productions
du terroir de cette commune
sont en grains, une partie est
en vignes. Stains est à une demi-lieue au N. E. de Saint-
Denis, joignant la route de
Gonesse, et 2 lieues et demie
au N. de Paris, par Saint-Denis. (Poste aux lettres de Saint-
Denis.)

STORS, hameau et château.
Voyez L'ILE-ADAM.

SUCY, village, départe-
ment de Seine-et-Oise, arrondissement de Corbeil, canton
de Boissy-Saint-Léger, ci-de-

vant province de l'Ile de France, et diocèse de Paris. Sa population est d'environ 1,200 habitans.

Ce village est agréablement situé sur une éminence. M. Ginoux, administrateur des domaines, maire du lieu, est propriétaire du château. Parmi les maisons de campagne, on distingue le *Grand-Val*, appartenant à M. Dubarry-de-Merval, avec un parc traversé par une petite rivière qui fait tourner un moulin et forme une belle cascade. M. Bernard est propriétaire du Petit-Val. MM. Caillat et la Chevardière possèdent aussi chacun une maison, remarquables par leurs dépendances.

Il se tient à Sucy une foire par an, le 14 septembre; il y avait autrefois un marché. Les grains sont la principale production du terroir, une partie est en vignes et prairies artificielles. Ce village est à une demi-lieue au N. de Boissy-Saint-Léger, et trois lieues et demie au S. E. de Paris, par Bonneuil et la grande route de Troyes. (Poste aux lettres de Boissy-Saint-Léger.)

SUCY. *Voyez* SUSSY.

SUINES, château et deux maisons de campagne. *Voyez* GRISY-SUINES.

SURESNES, village, département de la Seine, arrondissement de Saint-Denis, canton de Nanterre, ci - devant

province de l'Ile de France, et diocèse de Paris. Sa population est d'environ 1,400 habitans.

Ce village est remarquable, tant par sa situation agréable sur la rive gauche de la Seine, que l'on passe sur un bac au bas de la côte du *Mont-Valérien*, que par plusieurs maisons de campagne, dont la plus considérable est celle appartenante à madame la princesse de Vaudemont. Il y existe une fondation pour le couronnement d'une *Rosière*, à l'instar de celle de Salency.

La culture principale du terroir de cette commune est en vignes. Suresnes est à trois quarts de lieue au S. E. de Nanterre, et distant de Paris de 2 lieues à l'O., par le bois de Boulogne. (Poste aux lettres de Neuilly.)

SURVILLE, château. *V.* MONTEREAU-FAUT-YONNE.

SURVILLIERS, village, département de Seine-et-Oise, arrondissement de Pontoise, canton de Luzarches, ci-devant province de l'Ile de France, et diocèse de Senlis. Sa population est d'environ 500 habitans.

La terre de Survilliers était autrefois une baronie et le siége d'une haute, moyenne et basse justice. Le château est ancien.

Toutes ses productions sont en grains. Ce village est à 2 lieues à l'E. de Luzarches, et distant de 7 au N. E. de Paris,

par la grande route de Flàndre.
(Poste aux lettres de Louvres.)

SUSSY - SUR - YÈBLES,
petit village, département de
Seine-et-Marne, arrondissement de Melun, canton de
Mormant, ci-devant province
de l'Ile de France, dans la
Brie, et diocèse de Sens. Sa
population n'est que d'environ
5o habitans.

M. le comte Collin de Sussy
est propriétaire du château. Le
parc, qui est très-beau, a été
planté sur les dessins de Le
Nôtre.

Ce village est dans une plaine
près la route de Melun à Meaux.
Les principales productions
de son terroir sont en grains.
Il est à 2 lieues un quart à l'O.
de Mormant, et distant de
10 au S. E. de Paris, par différens chemins joignant la
grande route de Troyes. (Poste
aux lettres de Guignes.)

SUSSY. *Voyez* SUCY.

T.

TACOIGNERES , village,
département de Seine-et-Oise,
arrondissement de Rambouillet, canton de Montfort-l'A-
maury, ci-devant province de
l'Ile de France, et diocèse de
Chartres. Il forme une commune d'environ 200 habitans,
avec les hameaux de *la Marre-
Ronde*, *des Bignes*, *des
Briers* et autres maisons isolées.

Son terroir est en labour,

en prairies, en vignes et en
bois. Ce village est à 3 lieues
au N. O. de Montfort, et 2
au N. E. de Houdan ; sa distance de Paris est de 13 lieues
à l'O. par la grande route de
Brest. (Poste aux lettres de
Houdan.)

TANCROU, village, dépar-
tement de Seine-et-Marne, arrondissement de Meaux , canton de Lizy-sur-Ourcq , ci-
devant province de l'Ile de
France, et diocèse de Meaux.
Sa population est d'environ
400 habitans , en y comprenant les hameaux *du Rutel*,
de *Villemeneu*, *Montsoutin*,
et la ferme de *Chives*.

Ce village est dans une belle
situation sur la rive droite de
la Marne , que l'on passe sur
un bac ; on y voit deux maisons de campagne, dont l'une,
avec un beau et grand jardin
en terrasse le long de cette
rivière, appartient à MM. Va-
vasseur-Desperriers, et l'autre sur une éminence proche
l'église, à M. Candon de Sarry.

Plus loin à l'extrémité orientale est la ferme de *Vallière*
qui était l'ancienne maison
seigneuriale, avec un parc,
dont madame veuve Bernier
est actuellement propriétaire.

Les productions principales
du terroir de cette commune
sont en grains. Le village de
Tancrou est à trois quarts de
lieues vers le S. E. de Lizy, et
distant de 13 entre l'E. et le S.
E. de Paris par Trilport et la

grande route d'Allemagne. (Poste aux lettres de Lizy-sur-Ourcq.)

'TANQUEUX, château. *V.* Chamigny.

TANQUEUX, château, actuellement ferme *V.* Cerny.

TARTEREL, carrières et joli jardin. *Voyez* Reuil.

TARTRE-GAUDRAN (le), petit village, département de Seine-et-Oise, arrondissement de Mantes, canton de Houdan, ci-devant province de l'Ile de France, et diocèse de Chartres. Sa population n'est que d'environ 5o habitans. Son terroir est en labour et en bois.

Ce village est à 2 lieues et demie au S. de Houdan, et 2 vers le N. E. de Nogent-le-Roi ; sa distance de Paris est de 15 et demie entre l'O. et le S. O. par Houdan et la grande route de Brest. On peut prendre également par Rambouillet et la route de Nantes. (Poste aux lettres de Houdan.)

TAVERNY, village, département de Seine-et-Oise, arrondissement de Pontoise, canton de Montmorency, ci-devant province de l'Ile de France, et diocèse de Paris.

Ce village, qui formait une commune d'environ 400 habitans dont faisaient partie les maisons de campagne de *Beauchamp* et *Boissy*, a été

réuni à celle de Saint-Leu. *Voyez* Sainy-Leu-Taverny.

TEMPLE (le), ancienne commanderie de l'ordre de Malte. *Voyez* Etampes.

TERNES (les), hameau, château et maisons de campagne. *V.* Neuilly-sur-Seine.

TERTRE-SAINT-DENIS (le), petit village, département de Seine-et-Oise, arrondissement de Mantes, canton de Bonnières, ci-devant province de l'Ile de France, et diocèse de Chartres. Sa population n'est que d'environ 8o habitans, avec quelques maisons écartées dites *les Brossets.*

Le terroir de cette commune est en labour, petite partie en vignes et bois. Le Tertre-Saint-Denis est à deux lieues et demie au S. de Bonnières, et 2 un quart au S. O. de Mantes; sa distance de Paris est de 14 lieues un quart vers l'O. par Mantes et la grande route de Caen. (Poste aux lettres de Mantes.)

TESSANCOURT, village, département de Seine-et-Oise, arrondissement de Versailles, canton de Meulan, ci-devant province de l'Ile de France, et diocèse de Rouen. Sa population est d'environ 34o habitans, y compris le hameau de *la Marèche.*

La terre de Tessancourt appartenait autrefois à M. le

marquis de Gaillon, qui était seigneur du lieu. Il reste encore des vestiges du château, dans l'emplacement duquel est une belle ferme, dont M. le marquis de Gaillon, son fils, est propriétaire.

Ce village renferme en outre une maison de campagne ; les productions de son territoir sont en grains, partie en bois. On y trouve une belle carrière de pierre dure. Tessancourt est à une demi-lieue au N. de Meulan, et 9 lieues au N. O. de Paris, par Meulan et la grande route de Caen. (Poste aux lettres de Meulan.)

TEUVILLE, village, département de Seine-et-Oise, arrondissement de Pontoise, canton de Marines, ci-devant province de l'Ile de France, dans le Vexin, et diocèse de Rouen. Sa population est d'environ 170 habitans, avec quelques maisons écartées.

Les productions de son terroir sont en grains. Ce village est situé dans un fond, à 1 lieue et demie à l'E. de Marines, et distant de 10 au N. O. de Paris, par Pontoise et la route de Rouen. (Poste aux lettres de Pontoise.)

THEMERICOURT, village, département de Seine-et-Oise, arrondissement de Pontoise, canton de Marines, ci-devant province de l'Ile de France, dans le Vexin, et dio-

cèse de Rouen. Sa population est d'environ 250 habitans ; une ferme, dite le Boissy, en fait partie.

La terre de Themericourt était autrefois seigneuriale. On y voit un ancien château flanqué de quatre tourelles, bâti par les anglais. Madame veuve de messire les Prestre de Themericourt, chevalier de Saint-Louis, ancien officier supérieur dans les mousquetaires, en est propriétaire, ainsi que ses enfans.

Les grains sont la principale production du terroir de cette commune. Un ruisseau fait tourner deux moulins. Themericourt est à 2 lieues vers le S. O. de Marines, et 2 et demie au N. de Meulan ; sa distance de Paris est de 10 lieues et demie au N. O. par le Bordeau de Viguy et la grande route de Rouen. (Poste aux lettres de Meulan.)

THERDONNE - SAINT-OYEN, village, département de l'Oise, arrondissement de Beauvais, canton de Nivillé, ci-devant province de l'Ile de France, et diocèse de Beauvais. Sa population est d'environ 500 habitans, avec les hameaux de *Waricourt* et *Bourguilmont*.

Ce village est traversé par la route de Beauvais à Clermont sur laquelle se trouve l'église paroissiale qui est isolée.

Son terroir est en labour,

en prairie et en vignes, une petite partie est en bois. La rivière du *Thérain* fait tourner deux moulins à farines et un à tan. Therdonne est à 1 lieue à l'E. de Beauvais et distant de 15 et demie au N. de Paris par la grande route de Beauvais. (Poste aux lettres de Beauvais.)

THÉRIBUS, château et ferme. *Voyez* LE MESNIL-THÉRIBUS.

THIAIS, village, département de la Seine, arrondissement de Sceaux, canton de Villejuif, ci-devant province de l'Ile de France, et diocèse de Paris. Sa population est de 6 à 700 habitans, avec une partie du hameau de *Grignon*, et plusieurs autres habitations joignant le Bourg de Choisy-le-Roi, dans deux desquelles sont établies des pensions, l'une de jeunes gens et l'autre de jeunes demoiselles. *Voyez* CHOISY-LE-ROI.

Ce village renferme plusieurs maisons de campagne; il s'en trouve quatre à Grignon, dont la première appartient à M. Martin de Puech et la seconde à M. Lombard-Terradeau. Les deux autres dépendent de la commune d'Orly. *Voyez* ORLY.

Sur la grande route de Paris à Fontainebleau, une auberge nommée la *Belle-Épine*, à côté de laquelle est casernée

une brigade de gendarmerie, fait aussi partie de la commune de Thiais.

Les grains sont la principale production du terroir, une portion est en vignes. Thiais est près Choisy, à 1 lieue vers le S. de Villejuif, et 2 et demie au S. de Paris, par la route de Choisy ou celle de Fontainebleau. (Poste aux lettres de la banlieue.)

THIBIVILLIERS, village, département de l'Oise, arrondissement de Beauvais, canton de Chaumont-Oise, ci-devant province de l'Ile de France, dans le Vexin, et dioeèse de Rouen. Sa population est d'environ 300 habitans; on y remarque la tour du clocher, et on y distingue une maison par sa construction et ses accessoires.

Le terroir de cette commune est en labour, une petite partie est en bois et en friches. Il s'y trouve une tuilerie. Le village de Thibivilliers est à 1 lieue vers le N. de Chaumont, et 15 au N. O. de Paris par Chaumont et la chaussée joignant la route de Gisors. (Poste aux lettres de Chaumont-Oise.)

THIERS, village, département de l'Oise, arrondissement et canton de Senlis, ci-devant province de l'Ile de France, et diocèse de Senlis. Sa population est d'environ 240 habitans. On y voit un ancien château en ruines.

Les productions de son terroir sont de peu de valeur, une partie est en bois. Ce village est à 1 lieue un quart au S. de Senlis, et distant de 9 au N. de Paris par la grande route de Flandre. (Poste aux lettres de Senlis.)

THIEUX, village, département de Seine - et - Marne, arrondissement de Meaux, canton de Dammartin, ci-devant province de l'Ile de France, et diocèse de Meaux. Sa population est d'environ 480 habitans.

La terre de Thieux est une ancienne seigneurie. M. Gibert, père, ex-receveur général du département de l'Oise, est propriétaire du château. Ses principales productions sont en grains.

Ce village est à 1 lieue au S. de Dammartin près Juilly, et distant de 7 trois quarts au N. E. de Paris par une chaussée joignant au Ménil-Amelot, la grande route de Soissons. (Poste aux lettres de Dammartin.)

THILLAY (LE), village, département de Seine-et Oise, arrondissement de Pontoise, canton de Gonesse, ci-devant province de l'Ile de France, et diocèse de Paris. Sa population est d'environ 500 habitans.

La terre du Thillay était autrefois seigneuriale. Le château n'a rien de remarquable;

parmi les maisons de campagne, il en est une nommée les *Tournelles*, ancien fief. On fabrique, dans ce village, des dentelles de fil de soie.

Les principales productions de son terroir sont en grains. La petite rivière *de Crou* y prend sa source et fait tourner deux moulins à peu de distance. Le Thillay est à une demi-lieue au N. E. de Gonesse, et 4 lieues et demie au N. de Paris par Gonesse et la route de Saint-Denis, ou par le Bourget et la route de Flandre. (Poste aux lettres de Gonesse.)

THIONVILLE, village, département de Seine-et-Oise, arrondissement de Mantes, canton de Houdan, ci-devant province de l'Ile de France, et diocèse de Chartres. Sa population est d'environ 570 habitans.

Les productions de son terroir sont en grains, une petite partie est en prairies. Le ruisseau de l'*Opton* fait tourner deux moulins à farines, l'un nommé *Héricourt*, et l'autre *Vaux*.

Ce village est à un quart de lieue au S. de Houdan, et distant de 13 à l'O. de Paris par la grande route de Brest. (Poste aux lettres de Houdan.)

THIONVILLE, petit village, département de Seine-et Oise, arrondissement d'Etampes, canton de Méréville, ci-devant province de l'Ile de

France, dans le Hurepoix, et diocèse de Chartres. Sa population n'est que d'environ 90 habitans. Toutes les productions de son terroir sont en grains.

Ce village est à 2 lieues et demie au N. O. de Méréville, et 3 au S. O. d'Etampes; sa distance de Paris est de 15 lieues vers le S. par Etampes et la grande route d'Orléans. (Poste aux lettres d'Angerville.)

THIVERNY. *V.* Tiverny.

THIVERVAL, village, département de Seine-et-Oise, arrondissement de Versailles, canton de Poissy, ci-devant province de l'Ile de France, et diocèse de Chartres. Sa population est d'environ 400 habitans, y compris les hameaux de *Grignon* et des *Petits-Prés*.

On voit à Grignon dans une vallée, le château que feu M. le maréchal duc d'Istrie a possédé, et qui appartient aujourd'hui à ses successeurs. C'est l'un des plus beaux domaines des environs de Paris, tant par son étendue que par la distribution d'un grand et petit parc entrecoupés par de très-belles et anciennes allées d'arbres. De nouvelles et nombreuses plantations en ont formé d'autres également agréables.

Un ruisseau, dit *de Gally*, traverse cette superbe enceinte, dans laquelle on re-
marque des eaux vives et abondantes, des cascades, des bassins, des canaux, et un grand étang, qui produisent ensemble du poisson d'une excellente qualité. On voit en face du château une montagne ou feulonnière, dont les coquilles qui en proviennent fixent particulièrement l'attention des naturalistes qui viennent les voir.

Les principales productions du terroir de cette commune sont en grains. Le village de Thiverval est situé dans un fond sur le ruisseau de *Gally*, désigné ci-dessus, qui fait tourner deux moulins, à 3 lieues au S. O. de Poissy, et distant de 7 à l'O. de Paris par la route de Maule, qui passe à Rocquencourt. (Poste aux lettres de Neaufle-le-Château.)

THOIRY, village, département de Seine-et-Oise, arrondissement de Rambouillet, canton de Montfort-l'Amaury, ci-devant province de l'Ile de France, et diocèse de Chartres. Sa population est d'environ 400 habitans. Le hameau de *Villarceaux* en fait partie.

La terre de Thoiry était autrefois seigneuriale; on y voit un ancien château dans une belle position, d'où les points de vue sont très-étendus. Le parc contient environ 100 arpens. M. le comte de Machault d'Arnouville, pair de France, en est propriétaire.

Ses principales productions

sont en grains. Ce village est à 2 lieues un quart au N. de Montfort, sur une chaussée qui communique de Septeuil à la grande route de Brest; sa distance de Paris est de 10 lieues à l'O. par cette route. (Poste aux lettres de Montfort-l'Amaury.)

THOMERY, village, département de Seine-et-Marne, arrondissement de Fontainebleau, canton de Moret, ci-devant province de l'Ile de France, et diocèse de Sens. Sa population est d'environ 1,000 habitans avec les hameaux d'*Effondré*, *Byck*, *Chantoiseau* et *les Montsforts*.

A l'extrémité occidentale de ce village se trouve le hameau d'Effondré, avec un port sur la rive gauche de *la Seine*, et ensuite le château de *la Rivière*, dont M. Boursier est propriétaire. Un autre château existe également à Byck. La construction et les accessoires d'une maison sise à Chantoiseau, appartenant à M. Dechambre, notaire à Thomery, la font distinguer des autres habitations.

Cette commune est connue par l'industrie de ses habitans, qui se livrent particulièrement à la culture des *chasselats*, dont la qualité est excellente dans cette contrée. La manière qu'ils ont de façonner la vigne qui produit ce fruit, le commerce qu'ils en font est d'autant plus lucratif, que le port d'Effondré leur en facilite l'ex-

portation, avec d'autres fruits, qu'ils amènent à Paris.

Thomery est à 1 lieue et demie vers le N. O. de Moret, et 1 lieue et demie à l'E. de Fontainebleau; sa distance de Paris est de 15 lieue et demie entre le S. et le S. E., par Fontainebleau et la grande route de Lyon. (Poste aux lettres de Fontainebleau.)

THURY-EN-HEZ, village, département de l'Oise, arrondissement de Clermont-Oise, canton de Mouy, ci-devant province de l'Ile de France, et diocèse de Beauvais. Sa population est d'environ 250 habitans, avec le hameau de *Fillerval*.

Près ce hameau est le château de Thury, dont M. le comte de Cassiny de Thury, conseiller à la cour royale, est propriétaire, et possédé depuis plus d'un siècle par ses ancêtres. C'est là où Jacques Cassini, fils du célèbre Jean-Dominique Cassini, a établi un observatoire ou ont été faites de nombreuses observations astronomiques, rapportées dans les mémoires de l'académie royale des sciences.

Ce château était précédemment flanqué de quatre tours, comme il était d'usage dans l'ancien tems, et c'est dans l'une de ces tours qu'étaient établis les instrumens d'astronomie. En 1781, ces constructions antiques furent démolies pour faire place à un château, tel qu'il est aujourd'hui, dans le genre moderne, et qui est un des plus considérables du département.

Il est à remarquer que la fameuse méridienne de l'observatoire à Paris, tracée par MM. de Cassini, traverse cette propriété, et c'est en ce lieu que les premiers ingénieurs ont été formés pour le travail de la carte dite *de Cassini*.

Le terroir de cette commune, borné au N. par la *forêt de Hez*, est en labour, prairies et bois. Un ruisseau y fait tourner deux moulins. Le village de Thury est dans une vallée à 1 lieue au N. de Mouy, et 2 vers le S. O. de Clermont; sa distance de Paris est de 14 lieues au N. par différens chemins joignant la grande route de Beauvais. (Poste aux lettres de Clermont-Oise.)

THURY-EN-VALOIS, village, département de l'Oise, arrondiss. de Senlis, canton de Betz, ci-devant province de l'Ile de France, dans le Valois, et diocèse de Meaux. Sa population est d'environ 500 habitans. L'ancien couvent de *Collinance*, qui faisait partie de cette commune, a été démoli; il n'en reste plus qu'une ferme et un moulin à deux roues, sur un ruisseau. Ce monastère était de religieuses de l'ordre de Fontevrault.

La terre de Thury était autrefois seigneuriale. M. le vicomte Héricart-Ferrand de Thury est propriétaire du château.

Les principales productions du terroir de cette commune sont en grains. Le village de Thury est à 1 lieue et demie à l'E. de Betz, et 2 vers l'O. de la Ferté-Milon; sa distance de Paris est de 15 lieues au N. E. par Betz, Nanteuil-le-Haudouin et la grande route de Soissons. (Poste aux lettres de la Ferté-Milon, département de l'Aisne.)

TIGEAUX, village, département de Seine et-Marne, arrondissement de Coulommiers, canton de Rozay, ci-devant province de l'Ile de France, dans la Brie, et diocèse de Meaux. Sa population est d'environ 220 habitans, y compris le hameau de *Bréal*.

Le château *de Bessy*, appartenant à M. Decockborne, maire du lieu, fait aussi partie de cette commune. On y remarque de belles avenues et de beaux arbres, plantés en quinconce. Le château de *Bellevue* est plus près du village.

Le terroir est en terres labourables et bois. Tigeaux est situé dans une vallée, sur la rivière *du Grand-Morin*, qui fait tourner un moulin à 1 lieue au S. de Crécy, et 4 au N. de Rozay; sa distance de Paris est de 11 lieues et demie à l'E. par Crecy et la route de Coulommiers. (Poste aux lettres de Crecy.)

TIGERY, village, département de Seine-et-Oise, arrondissement et canton de Corbeil, ci-devant province de l'Ile de France, et diocèse de Paris. Sa population est d'environ 240 habitans. La ferme d'*Ormoy*, et plusieurs autres maisons à l'écart en font partie.

La terre de Tigery était autrefois seigneuriale. Le château, qui appartient à M. le marquis de Fraguier, maire du lieu, est entouré de fossés remplis d'eau vive. Le parc, d'environ 30 arpens, renferme un beau lac.

Les grains sont sa principale production. Tigery est près la forêt de *Senart*, à 1 lieue un quart au N. E. de Corbeil, et 6 au S. de Paris par la grande route de Lyon. (Poste aux lettres de Corbeil.)

TIGNONVILLE, village, département du Loiret, arrondissement de Pithiviers, canton de Malesherbes, ci-devant généralité d'Orléans, dans la Beauce, et diocèse de Sens. Sa population est d'environ 300 habitans. Une portion du hameau d'*Argeville* en fait partie.

Le château de Tignonville, d'une forme antique et moderne, avec un pavillon, appartient à M. de Brosse, chevalier de Saint-Louis. Le parc, enclos de murs, renferme des bois bien percés.

Les productions du terroir de cette commune sont en grains, une petite portion est en bois.

On y trouve deux tuileries. Le village de Tignonville est à 4 lieues un quart à l'O. de Malesherbes, et 3 vers l'E. d'Angerville; sa distance de Paris est de 16 lieues au S., par Etampes, et la grande route d'Orléans. (Poste aux lettres d'Angerville.)

TILLARD, village, département de l'Oise, arrondissement de Beauvais, canton de Noailles, ci-devant province de l'Ile de France, et diocèse de Beauvais, dont la population est d'environ 100 habitans; il n'a aucune dépendance territoriale. Le ruisseau du *Tillet* y fait tourner un moulin.

Ce village est à une demi-lieue vers l'O. de Noailles, et 13 et demie vers le N. de Paris par Noailles et la grande route de Beauvais. (Poste aux lettres de Noailles.)

TILLET (LE), hameau et château. *V.* CIRES-LES-MELLO.

TILLY, village, département de Seine-et-Oise, arrondissement de Mantes, canton de Houdan, ci-devant province de l'Ile de France, et diocèse de Chartres. Sa population est d'environ 500 habitans, avec les hameaux de *Millerus*, *St.-Laurent* et celui du *Moulin à Vent*. Il se trouve, à ce dernier, un moulin à vent remarquable par sa construction.

La terre de Tilly est un ancien marquisat, qui a appartenu à M. le comte de Grasse. Madame veuve Joubert est actuellement propriétaire du château et du parc, clos de murs, qui renferme une assez belle futaie.

Les grains forment la principale production du terroir. Tilly est à 1 lieue au S. O. de Dammartin-en-Pinserais, et 2 et demie au N. de Houdan; sa distance de Paris est de 14 lieues à l'O. par une chaussée qui passe à Thoiry et joint la grande route de Brest. (Poste aux lettres de Houdan.)

TIVERNY, petit village, département de l'Oise, arrondissement de Senlis, canton de Creil, ci-devant province de l'Ile de France, et diocèse de Beauvais. Sa population n'est que d'environ 90 habitans. Son terroir est en terres labourables.

Ce village est à trois quarts de lieue au S. O. de Creil, et distant de 10 lieues et demie au N. de Paris par Saint-Leu-Desserent, Chantilly et la grande route d'Amiens. (Poste aux lettres de Creil.)

TORCY, village, département de Seine-et-Marne, arrondissement de Meaux, canton de Lagny, ci-devant province de l'Ile de France, dans la Brie, et diocèse de Paris. Sa population est d'environ 700 habitans.

La terre de Torcy était un cien marquisat et le siége d'une prévôté et châtellenie. Un prieuré de religieuses de l'ordre de Saint-Benoît y existait d'ancienne fondation.

Ce village est remarquable par sa belle situation sur une côte, par un château appartenant à M. Goudin, ancien conseiller au grand-conseil du Roi, et par trois maisons de campagne.

Le terroir de cette commune est en terres labourables, vignes et prairies. Il est bordé par la *Marne*, qui fait tourner le moulin d'*Doure*. Torcy est à trois quarts de lieue au S. O. de Lagny, et distant de 6 lieues à l'E. de Paris par une route qui passe à Brie-sur-Marne et Vincennes. (Poste aux lettres de Lagny.)

TORFOU, village, département de Seine-et-Oise, arrondissement d'Etampes, canton de la Ferté-Alais, ci-devant province de l'Ile de France, dans le Hurepoix, et diocèse de Paris. Sa population est d'environ 230 habitans.

M. Pinel, membre de l'Institut royal, est propriétaire, dans ce village, d'une maison de campagne, ci-devant fief, remarquable par sa situation et par le parc qui est très-bien planté.

Le terroir est en terres labourables et partie en vignes. Torfou est à 1 lieue et demie au S. d'Arpajon, et 2 et demie au N. O. de la Ferté-Alais;

la distance de Paris est de 9 lieues au S. par la grande route d'Orléans. (Poste aux lettres d'Etrechy.)

TORIGNY. *V.* Thorigny.

TORIGNY, village, qui n'est séparé de Lagny que par la *Marne*, département de Seine-et-Marne, arrondissement de Meaux, canton de Lagny, ci-devant province de l'Ile de France, et diocèse de Paris. Sa population est d'environ 700 habitans.

Parmi les maisons de campagne, dont la situation est fort agréable, les plus apparentes sont celle qui était autrefois le château seigneurial, et celle dite le *Fief des Fontaines.*

Le terroir de cette commune est en terres labourables et en vignes. Les arbres fruitiers y sont nombreux. Torigny étant près la ville de Lagny, en est à la même distance de Paris, qui est de 6 lieues et demie par la même route. (Poste aux lettres de Lagny.)

TOUQUIN, bourg, situé dans une pleine, département de Seine-et-Marne, arrondissement de Coulommiers, canton de Rozay, ci-devant province de l'Ile de France, dans la Brie, et diocèse de Meaux. Sa population est de 8 à 900 habitans, avec les hameaux de *l'Etan*, *du Buisson*, de *Villarceaux*, *des Guigne barres*

et autres; les fermes de *la Couture, Gouvert et Grand-Fontaine*; à cette dernière se trouve une source si abondante, qu'elle y fait tourner un moulin ; plus loin est un autre moulin nommé *Berneret.*

Ce bourg était autrefois le siége d'une châtellenie, le château a été démoli en 1775. La petite rivière d'*Yerres* prend son origine dans un jardin potager qui en dépendait.

Il s'y tient une foire considérable en bestiaux et particulièrement en moutons, le 14 octobre. Il y a un marché le jeudi de chaque semaine.

Les productions principales du terroir de cette commune sont en grains. Touquin est dans une plaine à 1 lieue trois quarts vers le N. E. de Rozay et 12 trois quarts entre l'E. et le S. E. de Paris par Rozay et la route qui passe à Tournan. (Poste aux lettres de Rozay.)

TOUR (la), château, *Voyez* La Genevraie.

TOUR-DU-LAY (la), ancien prieuré de l'ordre de Malte. *Voyez* Hédouville.

TOURLY, village, département de Seine-et-Oise, arrondissement de Beauvais, canton de Chaumont - Oise, ci-devant province de l'Ile de France, dans le Vexin, et diocèse de Rouen. Sa population est d'environ 160 habitans. On y voit un ancien château.

Son terroir est en labour, une petite partie est en prairies et en aunaies. Ce village est à mi-côte proche la petite rivière de *Troesne* qui fait tourner un moulin à 1 lieue et demie au S. E. de Chaumont, et distant de 13 au N. O. de Paris, par la route de Gisors. (Poste aux lettres de Chaumont-Oise.)

TOURNAN, petite ville traversée par la route de Rosay à Paris, département de Seine-et-Marne, arrondissement de Melun, chef-lieu de canton, siége d'une justice de paix, et la résidence d'une brigade de gendarmerie, ci-devant province de l'Ile de France, dans la Brie, et diocèse de Paris. Sa population est de 16 à 1,700 habitans, y compris la partie dite *la Madeleine*, séparée par un ruisseau.

Le château de *Combreux*, celui d'*Armainvilliers*, les hameaux de *Villé*, *Moc-Souris*, plusieurs fermes et autres maisons écartées sous diverses dénominations, sont dans ses dépendances.

Le château de Combreux, qui en est à un quart de lieue, et qui appartient à M. le comte de Jaucourt, ministre d'état, pair de France, a été nouvellement reconstruit, il est simple, mais vaste, et a des aspects charmans; d'un côté il domine sur le parc qui con-

tient environ 160 arpens; et de l'autre sur un joli vallon.

Ce parc est traversé par le ruisseau qui passe à Tournan, et ce ruisseau alimente une pièce d'eau étendue, à la chute de laquelle il fait tourner un moulin, puis va se perdre dans le *gouffre* de Vilgenard, commune de Presles. *V.* PRESLES, canton de Tournan.

Un mélange heureux de parties consacrées à l'agrément, et de plusieurs autres abandonnées à la culture, donne à cette propriété un caractère tout à fait paysagiste. M. de Jaucourt s'occupe d'agriculture et élève un troupeau de mérinos, encore peu nombreux, mais qui se distingue par sa beauté. La souche en a été prise entièrement à Rambouillet et à Malmaison.

Le château d'Armainvilliers, qui faisait partie des domaines de M. le duc de Penthièvre, est à la même distance de Tournan, que celui de Combreux. C'était avant la révolution, l'une des plus belles habitations des environs de Paris, et elle le serait encore, si l'immense étendue du parc, qui renferme un très-grand étang, offrait, comme dans ce tems-là, toute la beauté et la magnificence des bosquets, des allées de charmilles, et d'une infinité de décorations variées en tout genre. Peut-être que l'époque où cette charmante propriété reprendra son ancien lustre, n'est pas éloignée.

Tournan, dans l'ancien régime, était le siége d'une prévôté royale. Il s'y tient une foire par année, le 3 novembre. Le marché est le lundi de chaque semaine.

La majeure partie du terroir de cette commune est en terres labourables et bois. Un ruisseau y fait tourner deux moulins. Cette petite ville est à 6 lieues au N. de Melun, et 7 et demie au S. E. de Paris, par la route de Rozay. (Bureau de poste aux lettres, et voitures publiques tous les jours pour Paris.)

TOURNELLE (LA), ferme, ancienne maison seigneuriale. *Voyez* CUVERGNON.

TOURNELLES (LES), château. *Voyez* HAUTE-FEUILLE.

TOUSSON, village, département de Seine - et - Marne, arrondissement de Fontainebleau, canton de la Chapelle-la-Reine, ci-devant province de l'Ile de France, dans le Gatinais, et diocèse de Sens. Sa population est d'environ 500 habitans. On y voit un ancien château.

Les productions de son terroir consistent en grains, une petite partie est en bois ; il se trouve deux fours à chaux. Ce village est à 2 lieues au N. O. de la Chapelle, et 1 et demie vers le N. de Malesherbes; sa distance de Paris est de 14 lieues et demie au S., par Milly et dif-

férens chemins joignant la grande route de Fontainebleau. (Poste aux lettres de Malesherbes.)

TOUSSU, petit village, département de Seine-et-Oise, arrondissement de Versailles, canton de Palaiseau, ci-devant province de l'Ile de France, et diocèse de Paris. Sa population n'est que d'environ 40 habitans. Les fermes, dites *le Trou-Salé* et le *Plessis-Piquet* en font partie. Tout son terroir est en terres labourables.

Ce village est joignant le grand parc de Versailles, où se trouve l'une de ses portes, à 1 lieue et demie au S. de Versailles, et 2 un quart à l'O. de Palaiseau; sa distance de Paris est de 5 lieues au S. O., par l'une des routes de Chevreuse qui passe à Châtillon. (Poste aux lettres de Chevreuse.)

TOUTEVILLE, château. *Voyez* ASNIÈRES-SUR-OISE.

TRAPPES, village traversé par la grande route de Paris à Nantes, département de Seine-et-Oise, arrondissement et canton de Versailles, ci-devant province de l'Ile de France, et diocèse de Chartres. Sa population est d'environ 600 habitans. Une ferme, nommée *la Boissière*, en fait partie. C'est la résidence d'une brigade de gendarmerie.

A l'entrée de ce village, près l'embranchement de la

route de Brest, où il existait une porte du grand parc de Versailles, attenante au pavillon, se trouve une belle pépinière remplie d'arbres, arbrisseaux et arbustes rares, tant indigènes qu'exotiques ; elle renferme aussi toute espèce d'arbres de plantation forestière, d'alignement, et arbres fruitiers.

M. Petit, pépiniériste, qui en est propriétaire, vient de former un établissement semblable à Prunay - le - Temple. *Voyez* PRUNAY-LE-TEMPLE.

Les principales productions du terroir de cette commune sont en grains, une partie est en bois. M. Pluchet, maire du lieu, et MM. Dailly y entretiennent chacun un beau troupeau de mérinos.

Le village de Trappes est situé dans une plaine près le grand parc de Versailles, à 2 lieues à l'O. de Versailles, et 6 à l'O. de Paris, par la route de Nantes sus-désignée. (Bureau de poste aux lettres.)

TREMBLAY (LE), village, divisé en deux parties qui se joignent, l'une dite le *Grand-Tremblay*, et l'autre le *Petit-Tremblay*, département de Seine-et-Oise, arrondissement de Pontoise, canton de Gonesse, ci-devant province de l'Ile de France, et diocèse de Paris. Sa population est d'environ 1,000 habitans. La ferme de *Mortières* en fait partie.

M. Turgot est propriétaire du château. On y rencontre deux maisons de campagne, dont l'une est l'ancien fief de *la Queue*, appartenant à madame de Coubert.

Les principales productions de cette commune sont en grains : une partie est en bois. Le Tremblay est à 2 lieues à l'E. de Gonesse, et 4 et demie au N. E. de Paris, par Villepinte, Aulnay et une chaussée conduisant à la route d'Allemagne. (Poste aux lettres de Livry.)

TREMBLAY (LE), village, département de Seine-et-Oise, arrondissement de Rambouillet, canton de Montfort-l'Amaury, ci-devant province de l'Ile de France, dans le Hurepoix, et diocèse de Chartres. Sa population est d'environ 500 habitans.

M. le vicomte Olivier de Verac, pair de France, est propriétaire du château et du parc qui est d'une vaste étendue, et renferme beaucoup de bois.

Le terroir de cette commune est en terres labourables et bois. Un ruisseau fait tourner deux moulins. Le Tremblay est à 1 lieue un quart à l'E. de Montfort, et distant de 8 trois quarts à l'O. de Paris, par les Bordes Pont-Chartrain, et la grande route de Brest. (Poste aux lettres de Montfort-l'Amaury.)

TREMBLAY (LE), domaine

près la route de Paris à Rosay. *Voyez* CHAMPIGNY.

TRESOR (LE), ancienne abbaye de religieuses de l'ordre de Cîteaux. *Voyez* LE BUS.

TRIE-LA-VILLE, ancienne paroisse. *V*. TRIE-LE-CHATEAU.

TRIE-LE-CHATEAU, village, département de l'Oise, arrondissement de Beauvais, canton de Chaumont – Oise, ci-devant province de l'Ile de France, dans le Vexin, et diocèse de Rouen. Sa population est de 8 à 900 habitans, en y comprenant la ci-devant paroisse de *Trie - la - Ville*, le hameau de *la Fortelle*, le château de *Bois-Joli*, l'ancienne abbaye de *Gomer-Fontaine*, la ferme de *Lioré* et autres.

Ce village, autrefois cheflieu d'une châtellenie, dans une belle situation, environné de collines et de bois, sur la petite rivière de *Troesne*, est traversé par la route de Rouen à Beauvais. On y voit les restes d'un ancien château avec une tour qui appartenait au prince de Conti. Plusieurs maisons se font remarquer par leur construction et leurs accessoires. Le jardin de celle de M. Pellevilain, maire du lieu, renferme une fontaine d'eau minérale ferrugineuse.

Le château de Bois-Joli était anciennement un couvent de religieuses sous l'invocation de *Sainte - Marguerite*, puis un couvent de Récollets, l'église ayant été démolie ainsi qu'une partie des bâtimens de ce monastère ; différens acquéreurs qui se sont succédés en ont formé une maison de campagne. M. le général baron de Morand en étant devenu propriétaire, a substitué le nom de *Bois-Joli* à celui de Sainte-Marguerite, à cause de la contiguité de cette propriété, a un bois de 130 arpens, qui en fait partie dans un beau site.

La ci-devant abbaye de Gomer-Fontaine, qui était de religieuses de l'ordre de Cîteaux a été détruite en grande partie, il n'en reste plus qu'une simple et modeste habitation, avec une ferme et un moulin, sur la petite rivière de *Troesne*.

Les principales productions du terroir de cette commune sont en grains et bois, une partie est en prairies. On y trouve une tuilerie, un four à chaux et une carrière de pierre dure. La *Troesne* y fait tourner cinq moulins à grains et un à tan. Le village de Trie-le-Château est à trois quarts de lieue à l'E. de Gisors, et 1 lieue un quart vers le N. O. de Chaumont ; sa distance de Paris est de 15 lieues un quart au N. O. par Chaumont et la chaussée joignant la route de Gisors à Paris. (Poste aux lettres de Gisors, département de l'Eure.)

TRIEL, bourg, traversé par la grande route de Paris à Caen, département de Seine-et-Oise, arrondissement de Versailles, canton de Poissy, ci-devant province de l'Ilé de France, et diocèse de Rouen. Sa population est de 18 à 1,900 habitans, y compris les hameaux de *Pise-Fontaine*, *Cheverchemont*, et plusieurs autres habitations écartées.

Ce Bourg est dans une belle situation, sur la rive droite de la *Seine*, que l'on passe sur un bac. Avant la révolution madame la princesse de Conti y était propriétaire du château qui a été démoli. Les maisons de campagne n'ont rien de bien remarquable. Il y existe un hospice civil desservi par des sœurs de la Charité.

La principale culture du terroir est en vignes. On y recueille des fruits de toutes espèces, particulièrement des abricots, et on y trouve des carrières de pierres à plâtre, pierres de grès et moellons.

Triel est à 1 lieue et demie au N. O. de Poissy, et distant de 6 trois quarts au N. O. de Paris, par la grande route de Caen, désignée ci-dessus. (Relais de poste aux chevaux. Le bureau de la poste aux lettres est à Poissy.)

TRILBARDOU, village, département de Seine-et-Marne, arrondissement de Meaux, canton de Claye, ci-devant province de l'Ile de France, dans la Brie, et diocèse de Meaux. Sa population est d'environ 450 habitans. Une ferme dite *la Conge* en fait partie.

Ce village est avantageusement situé sur la rive droite de la *Marne*, que l'on passe sur un bac. M. le comte Dupont, pair de France, est propriétaire d'un beau château que feu M. Lenoir, ancien lieutenant-général de police, a fait bâtir sur le bord de cette rivière, dans l'espace de trois années. On y voit un quai de cent dix-huit toises de longueur, garni de revêtement en pierre de taille et de bornes de distance en distance, avec des barres de fer qui se joignent l'une à l'autre dans toute son étendue.

Ce château est remarquable, tant par l'élégance de l'architecture du principal corps de bâtiment, élevé de trois étages et terminé par deux pavillons, que par les souterrains construits dans la forme de ceux de l'hôtel des Invalides à Paris.

Le parc, qui présente une prairie à l'anglaise, est couronné par un bois touffu sur la hauteur d'une colline, d'où la vue s'étend sur des plaines immenses et sur tous les côteaux qui les environnent.

La terre de Trilbardou était une des plus belles de la Brie par ses fiefs et son antiquité. Elle avait le titre de Vidamie, et le seigneur avait le droit d'assister aux couches des reines de France, pour déclarer au peuple le sexe des enfans qu'elle mettait au monde.

Tous les arbres plantés sur les chemins vicinaux et sur les routes, au nombre d'environ douze mille ormes, entretenus avec le plus grand soin, formaient l'apanage de cette terre; mais par les effets funestes de la révolution , presque tous ces arbres ont été coupés par les propriétaires riverains, qui n'en ont pas fait replanter d'autres.

Le terroir est traversé par le canal de l'*Ourcq.* Ses principales productions sont en grains : une partie est en vignes ; il y a trois moulins. M. Bocquet , propriétaire et cultivateur , possède un troupeau considérable de mérinos qui était d'abord de race indigène, mais depuis, perfectionné par l'achat de brebis de pure race , et béliers de l'établissement de Rambouillet.

Le village de Trilbardou est à 2 lieues à l'O. de Meaux , et 2 un quart à l'E. de Claye ; sa distance de Paris est de 8 lieues trois quarts à l'E. par une chaussée pavée joignant la grande route d'Allemagne. (Poste aux lettres de Meaux.)

TRILPORT , village , département de la Marne , arrondissement et canton de Meaux, ci-devant province de l'Ile de France , et diocèse de Meaux. Sa population est d'environ 700 habitans. La ferme de *Dancy* en fait partie.

Ce village , traversé par la grande route d'Allemagne à Paris , est sur la rive gauche de la *Marne* , qui y fait tourner un moulin; on y remarquait un très-beau pont , que l'on fit sauter en 1814, lors de l'invasion en France des puissances coalisées pour le renversement du trône impérial.

Les productions principales du terroir de cette commune sont en grains , une partie est en vignes. Le village de Trilport est à 1 lieue à l'E. de Meaux , et à 11 à l'E. de Paris par la grande route d'Allemagne désignée ci-dessus. (Poste aux lettres de Meaux.)

TRINITÉ (LA) , ancienne paroisse. *Voy.* CHATEAU-FORT.

TROCY , village , département de Seine-et-Oise , arrondissement de Meaux , canton de Lizy-sur-Ourcq , ci-devant province de l'Ile de France , et diocèse de Meaux. Sa population est d'environ 300 habitans.

Les principales productions de son terroir sont en grains. Ce village est à 1 lieue vers le N. O. de Lizy , et distant de 13 entre l'E. et le N. E. de Paris , par la route de la Ferté-Millon , joignant à Meaux la grand route d'Allemagne. (Poste aux lettres de Lizy sur-Ourcq.)

TROIS-FONTAINES (LES) , petit château. *Voyez* MONT-CHAUVET.

TRONCHET (LE) , château. *Voyez* CHALO-SAINT-MARS.

TROUS (LES) , village , département de Seine-et-Oise ,

arrondissement de Rambouillet, canton de Limours, ci-devant province de l'Ile de France, dans le Hurepoix, et diocèse de Paris. Sa population est d'environ 300 habitans, y compris le hameau de l'ancien fief de *Montabé*.

Madame la comtesse d'Esterhazy, et ses ancêtres ont possédé longtems le château des Trous, dont M. Blanchet de la Sablière est actuellement propriétaire.

Les productions de son terroir sont en grains et en bois. Il renferme plusieurs carrières de pierre dites de Meulière. Ce village est à 1 lieue un quart au N. de Limours, et distant de 7 au S. O. de Paris, par différens chemins joignant l'ancienne route de Chartres. (Poste aux lettres de Chevreuse.)

TROUSSE (LA), château. *Voyez* OCQUERRE.

TROUSSEAU, château. *V.* RIS.

TRUMILLY, village, département de l'Oise, arrondissement de Senlis, canton de Crépy, ci-devant province de l'Ile de France, dans le Valois, et diocèse de Senlis. Sa population est d'environ 250 habitans, avec les hameaux du *Plessier - Gondefroy*, *Drucy*, *Chavercy* et la ferme de *Beaurain*.

Les grains sont la principale

production de son terroir. Ce village est à 1 lieue et demie vers l'O. de Crêpy, et distant de 14 et demie au N. O. de Paris, par Ormoy-Villers et la chaussée joignant à Nanteuil-le-Haudouin la grande route de Soissons. (Poste aux lettres de Crêpy.)

TUILERIE (LA), château. *Voyez* DAMMARTIN.

TUILERIE (LA), maison de campagne. *Voyez* CRÉGY.

U.

ULLY-SAINT-GEORGES, village, département de l'Oise, arrondissement de Senlis, canton de Neuilly-en-Thel, ci-devant province de l'Ile de France, et diocèse de Beauvais, forme une commune d'environ 1,100 habitans avec les hameaux de *Cousnicourt*, *le Beau - Morel*, *Cavillon*, *Moulincourt*, *Jousin* et *Coupin*.

Les principales productions de son terroir sont en grains; une partie est en prairies et en bois. Deux moulins à farine sont sur un ruisseau formé par une source qui se trouve à très-peu de distance du premier.

Ully est à 2 lieues au N. de Neuilly-en-Thel, et 1 et demie vers le S. de Mouy; sa distance de Paris est de 12 lieues par différens chemins joignant la grande route de Beauvais.

(Poste aux lettres de Clermont-Oise.)

UNY-SAINT-GEORGES, village, département de l'Oise, arrondissement de Clermont, canton de Liancourt, ci-devant province de l'Ile de France, et diocèse de Beauvais. Sa population est d'environ 100 habitans. Son terroir est en labour ; une partie est en prairies.

Ce village est sur la petite rivière de *Brèche* et à côté de la grande route de Paris à Amiens, à trois quarts de lieue au N. O. de Liancourt, 1 lieue un quart au S. de Clermont, et 13 trois quarts au N. de Paris par cette route d'Amiens. (Poste aux lettres de Chaumont-Oise.)

URY-EN-BIÈRE, village, département de Seine-et-Marne, arrondissement de Fontainebleau, canton de la Chapelle-la-Reine, ci-devant province de l'Ile de France, dans le Gatinais, et diocèse de Sens. Sa population est d'environ 500 habitans. Les principales productions de son terroir sont en grains, une petite partie est en vignes et bois.

Ce village est dans une plaine, sur la route de Fontainebleau à Orléans, à 1 lieue au N. E. de la Chapelle, et 16 vers le S. de Paris par Fontainebleau et la grande route de Lyon. (Poste aux lettres de Fontainebleau.)

US, village, département de Seine-et-Oise, arrondissement de Pontoise, canton de Marines, ci-devant province de l'Ile de France, dans le Vexin, et diocèse de Rouen. Sa population est d'environ 400 habitans, y compris le hameau de *Dampont*, où il y a une maison de campagne, et la ferme dite *le Cornouillet*.

Son terroir est en terres labourables, une partie est en prairies et bois. Ce village est dans une vallée, sur la petite rivière de *Viosne*, qui fait tourner trois moulins, à 1 lieue au S. de Marines, et distant de 10 au N. O. de Paris par la grande route de Rouen. (Poste aux lettres de Pontoise.)

USSY, village, département de Seine-et-Marne, arrondissement de Meaux, canton de la Ferté-sous-Jouarre, ci-devant province de l'Ile de France, dans la Brie, et diocèse de Meaux. Sa population est d'environ 800 habitans, en y comprenant les hameaux de *Molien*, d'*Avernes*, partie de celui de *Beauval*, et les fermes de *Courtablon*, *Cuissy* et *Morintru* ; il y avait autrefois un château.

Ce village est dans une belle situation, à mi-côte, sur la rive droite de *la Marne*. On y remarque une jolie maison de campagne, que le propriétaire, M. Cleret, a fait bâtir. Les points de vue sur le côteau opposé au bas duquel passe la grande route d'Allemagne à Paris, sont très-agréables. Les jardins qui s'étendent jusqu'à la rivière, sont ornés de belles plantations, ainsi qu'une île qui fait aussi partie de cette propriété.

Le terroir de cette commune est en terres labourables, vignes et bois. Le village d'Ussy est à 1 lieue un quart à l'O. de la Ferté, et distant de 13 un quart à l'E. de Paris par la grande route d'Allemagne sus-désignée. (Poste aux lettres de la Ferté-sous-Jouarre.)

V.

VACHERESSE-LES-BAS-SES, village, département d'Eure-et-Loir, arrondissement de Dreux, canton de Nogent-le-Roi, ci-devant généralité d'Orléans, dans le pays Chartrain, et diocèse de Chartres. Sa population est d'environ 160 habitans. La ferme *des Hauts-Bourés*, près la chaussée de Nogent à Maintenon, en fait partie.

Son terroir est en labour, vignes et bois, une petite partie est en prairies. Ce village est à trois quarts de lieue au S. de Nogent, et 1 lieue un quart au N. de Maintenon; sa distance de Paris est de 15 lieues et demie entre l'O. et le S. O. par différens chemins joignant la grande route de Nantes. (Poste aux lettres de Maintenon.)

VAIRES, village, département de Seine-et-Marne, arrondissement de Meaux, canton de Lagny, ci-devant province de l'Ile de France, et diocèse de Paris. Sa population est d'environ 120 habitans. Une maison de campagne, avec une ferme dite *Belle-Ile*, en font partie.

M. Degenues de Vaires, propriétaire du château de Vaires, possède aussi le domaine de Belle-Ile. Les productions du terroir de cette commune sont principalement en grains. Ce village est situé à l'extrémité d'une plaine, sur la rive droite de *la Marne*, à 1 lieue à l'O. de Lagny, et 5 et demie à l'E. de Paris par la route de Coulommiers. (Poste aux lettres de Lagny.)

VAIRES. *V.* VAYRES.

VAL (LE), château. *Voyez* SAINT-GERMAIN-EN-LAYE.

VAL (LE), hameau et maisons de campagne. *V.* MEUDON.

VAL (LE), grande et belle maison de campagne, anciennement abbaye d'homme de l'ordre de Cîteaux. *V.* MÉRIEL. x

VAL-JOYEUX (LE), maison de campagne. *V.* VILLE-PREUX.

VAL-PROFOND (LE), maison de campagne. *V.* BIÈVRES.

x *on y transporte les archives du s[ou]d de paris. Belle église*

VALANCE, village, traversé par la grande route de Paris à Lyon, sur la pente d'une colline, département de Seine-et-Marne, arrondissement de Melun, canton du Châtelet, ci-devant province de l'Ile de France, dans la Brie, et diocèse de Sens. Sa population est d'environ 600 habitans. Le château de *Montigny*, avec plusieurs fermes et maisons écartées, en font partie.

La terre de Montigny, autrefois seigneuriale, était réunie à celle de Valence. Le château qui a de fort belles dépendances, est éloigné de ce village de trois quarts de lieue. Madame de Villiers en est propriétaire.

Il se tient, en ce lieu, deux foires par an : la première, le 18 juillet; et la seconde, le 1er octobre. Le terroir est en terres labourables, prés, vignes et bois. Il s'y trouve un four à chaux. On y remarque un gouffre où disparaissent, dans l'hiver, les eaux qui descendent en abondance des champs et des forêts voisines.

Le village de Valance est à 2 lieues un quart au S. E. du Châtelet, et 1 trois quarts vers le N. O. de Montereau-Faut-Yonne; sa distance de Paris est de 14 lieues trois quarts au S. E. par la route de Lyon. (Poste aux lettres du Châtelet.)

VALANGOUJARD, village, département de Seine-et-Oise, arrondissement de Pontoise, canton de Marines, ci-devant province de l'Ile de France, dans le Vexin, et diocèse de Rouen. Sa population est d'environ 300 habitans.

Son terroir est en labour en prairies et en bois; un ruisseau y fait tourner un moulin. Ce village est dans une vallée près la petite rivière *du Sausseron*, et sur la nouvelle route de Pontoise à Beauvais par Méru, à 2 lieues à l'O. de Marines, et distant de 9 et demie au N. O. de Paris par Pontoise et la grande route de Rouen. (Poste aux lettres de Pontoise.)

VAL-COURBON, petit village, département de l'Eure, arrondissement des Andelys, canton d'Ecos, ci-devant province de Normandie, dans le Vexin, et diocèse de Rouen. Sa population n'est que d'environ 30 habitans. L'ancien prieuré de *Bionval*, qui est une maison écartée, en fait partie.

Son terroir est en labour, bois et bruyères. Le village est à une demi-lieue au S. d'Ecos, et 2 et demie au N. E. de Vernon; sa distance de Paris est de 17 lieues et demie vers le N. O., par Magny et la grande route de Rouen. (Poste aux lettres de Vernon.)

VAL-DAMPIERRE, village, département de l'Oise, arrondissement de Beauvais, canton d'Auneuil, ci-devant province de l'Ile de France, et diocèse de Rouen. Sa population est de 5 à 600 habitans, en y comprenant les hameaux de *la Rachie, des Marettes,* et *du Val de Pouilly.*

Les productions de son terroir sont en grains, une partie est en bois; on y trouve un four à chaux. Les femmes s'occupent à la fabrication de la dentelle de soie.

Ce village est dans une vallée étroite, à 2 lieues un quart vers le S. d'Auneuil, et distant de 13 et demie entre le N. et le N. O. de Paris, par la nouvelle route de Beauvais à Pontoise, qui passe à Méru, et de Méru par Chambly et la grande route de Beauvais. (Poste aux lettres de Méru.)

VALENTON, village, département de Seine-et-Oise, arrondissement de Corbeil, canton de Boissy-Saint-Léger, ci-devant province de l'Ile de France, et diocèse de Paris. Sa population est d'environ 550 habitans. La ferme dite de *l'Hôpital,* qui est très-considérable, en fait partie.

Ce village, contigu à celui de Limeil, est dans une très-belle position entre les routes de Paris à Lyon et Troyes. On y voit plusieurs maisons de campagne, parmi lesquelles se trouve le château, construit dans le genre moderne, dont MM. Boullenois sont propriétaires. Le parc, qui contient environ 40 arpens, distribué dans le genre de Le Nôtre, renferme de superbes jets d'eau et un joli jardin paysagiste, embelli de grottes et de cascades, dont la chûte des eaux sur des rochers, forme au bas une rivière qui se décharge dans un petit lac à la suite duquel est un moulin.

Il existe à Valenton une communauté de femmes, dont il est fait mention à la description de la commune d'*Yerres;* elles y sont cloîtrées, et suivent le même régime que les religieux de la Trappe, qui sont retirés au couvent des ci-devant Camaldules. *V.* YEBRES.

Les principales productions du terroir de cette commune sont en grains. Valenton est à une demi-lieue au N. E. de Villeneuve-Saint-George, et à trois quarts de lieue à l'O. de Boissy-Saint-Léger; sa distance de Paris est de 3 lieues trois quarts au S. E., par une chaussée conduisant à la grande route de Lyon. (Poste aux lettres de Villeneuve-Saint-Georges.)

VALJOUAN, village, département de Seine-et-Marne, arrondissement de Provins, canton de Donnemarie, ci-devant province de l'Ile de France, dans la Brie, et diocèse de Sens. Sa population est d'environ 100 habitans, y compris une partie du hameau de *Rogenvilliers* et la ferme de *la Fontaine.*

Le terroir de cette commune est en terres labourables, bois et étangs. Le village de Val-jouant est sur la route de Montreau à Nangis, à 1 lieue et demie vers le N. O. de Donnemarie, et 1 et demie au S. de Nangis; sa distance de Paris est de 15 lieues et demie au S. E. par Nangis et la route de Troyes. (Poste aux lettres de Nangis.)

VALLÉES (les), hameau et maison de campagne. *Voyez* Chartrettes.

VALMONDOIS, village, département de Seine-et-Oise, arrondissement de Pontoise, canton de l'Ile-Adam, ci-devant province de l'Ile de France, dans le Vexin, et diocèse de Rouen. Sa population est d'environ 300 habitans, y compris le hameau de *la Nasse*, qui est dans ses dépendances.

Ce village est remarquable par sa situation pittoresque dans une vallée, qui ressemble à une des plus jolies de la Suisse; il vient d'être embelli par les soins de M. de Provigny, propriétaire du château d'*Orgivaux*, qui fait partie de cette commune, dont il est le maire. Les chemins et les places sont bien plantés.

Les principales productions du terroir sont en grains et en culture de chanvre; une partie est en prairie et en bois. Le village de Valmondois est sur la petite rivière *du Sausseron*, qui fait tourner plusieurs moulins, près la rive droite de l'*Oise*, à trois quarts de lieue au S. O. de l'Ile Adam, et distant de 7 lieues et demie au N. de Paris, par Méry, Saint Leu-Taverny, et la route qui passe à Saint-Denis. (Poste aux lettres de Pontoise.)

VALPUISEAUX, village, département de Seine et-Oise, arrondissem. d'Etampes, canton de Milly, ci-devant province de l'Ile de France, frontières du Gatinais et de la Beauce, diocèse de Sens. Sa population est d'environ 370 habitans.

La terre de Valpuiseaux est composée d'anciens fiefs, dont le principal est *Beauvais*, où il y avait haute, moyenne et basse justice. Toutes ses productions sont en grains, une partie est en bois.

Ce village est dans une vallée sèche, à 3 lieues à l'O. de Milly, et 3 à l'E. d'Etampes; sa distance de Paris est de 13 lieues au S. par la Ferté-Alais, Arpajon, et la grande route d'Orléans. (Poste aux lettres d'Etampes.)

VAL-SAINT-GERMAIN (le) ou Sainte-Julienne-le-Désert, village, département de Seine-et-Oise, arrondissement de Rambouillet, canton de Dourdan (Nord), ci-devant province de l'Ile de France, dans le Hurepoix, et diocèse de Chartres. Il forme une commune d'environ 700 habitans, avec le château *du Marais*, les hameaux *du Marais*, *des Touranis*, *des Bienfaits*, plusieurs fermes et autres habitations écartées. *V.* LE MARAIS.

Il existe au Val Saint-Germain un établissement de charité pour les pauvres malades et l'éducation des pauvres jeunes filles du lieu. Madame de la Briche, propriétaire du château du Marais, en est la fondatrice ; deux sœurs hospitalières en ont la direction.

Ce village est dans une vallée, sur la petite rivière de *Remarde*. Une belle source d'eau vive, dite *la Fontaine Moreau*, dans cette vallée, se communique dans les jardins du château du Marais.

Le terroir du Val-Saint-Germain est en labour, en vignes, en prairies et en bois. Les fruits y sont abondans. Ce village est à 1 lieue un quart au N. de Dourdan, et distant de 9 trois quarts au S. O. de Paris, par la route de Dourdan, joignant l'ancienne route de Chartres. (Poste aux lettres de Dourdan.)

VALVIN, hameau, port sur la Seine. *Voyez* SAMOIS.

VANDREST, village, département de Seine-et-Marne, arrondissement de Meaux, canton de Lizy-sur-Ourcq, ci-devant province de l'Ile de France, et diocèse de Meaux. Sa population est d'environ 1000

habitans, en y comprenant les hameaux de *Chatton*, *Troussevache*, *les Plâtrières des Brulis*, et la ferme de *la Presle*.

Le terroir de cette commune est en terres labourables, une partie est en vignes et bois. On y rencontre différentes sources, dont les eaux se communiquent par de belles fontaines dans le village et dans le hameau de Chatton.

Le village de Vaudrest est à 1 lieue et demie vers le N. E. de Lizy, et 14 et demie entre l'E. et le S. E. de Paris, par Lizy et la route de la Ferté-Milon, joignant à Meaux la grande route d'Allemagne. (Poste aux lettres de Lizy-sur-Ourcq.)

VANVILLÉ, village, département de Seine-et-Marne, arrondissement de Provins, canton de Nangis, ci - devant province de l'Ile de France, dans la Brie, et diocèse de Sens. Sa population est d'environ 130 habitans, avec plusieurs fermes et autres maisons isolées.

Les principales productions de son terroir sont en grains ; ce village est à 1 lieue et demie à l'E. de Nangis, près la grande route de Paris à Troyes, et 16 un quart au S. E. de Paris, par cette route. (Poste aux lettres de Nangis.)

VANVRES, village, département de la Seine, arrondissement et canton de Sceaux, ci-devant province de l'Ile de

France, et diocèse de Paris. Sa population est de 16 à 1700 habitans.

Ce village, situé dans un fond, est remarquable par les eaux de sources abondantes qui, dans son centre, forme un beau lavoir pour le blanchissage du linge, dont la majeure partie des habitans s'occupe. On y voit plusieurs maisons de campagne. Le château, bâti à l'une de ses extrémités, sur une éminence, faisait autrefois partie des domaines de M. le prince de Condé, avec un parc fort étendu. C'est aujourd'hui la maison de récréation du collège royal de Louis-le-Grand.

Le terroir de cette commune est en terres labourables et vignes. Vanvres est à 1 lieue un quart au N. de Sceaux, et trois quarts de lieue au S. O. des barrières de Paris. (Poste aux lettres de la banlieue.)

VARENNES, village, sur la rivière d'*Yerres*, département de Seine-et-Oise, arrondissement de Corbeil, canton de Boissy-Saint-Léger, ci-devant province de l'Ile de France, et diocèse de Paris. Sa population est d'environ 200 habitans.

Le domaine *de Jaroy*, qui remplace une abbaye de religieuses de l'ordre de Saint-Benoît, est dans les dépendances de cette commune; il consiste en une maison d'habitation, jardins et parc, clos de murs en grande partie, et bordé par

la rivière d'Yerres. M. Bosquillon, maire du lieu, qui en est propriétaire, y a fait de nombreuses plantations. Un peu plus loin est aussi une maison de campagne de même nom.

Les principales productions du terroir de Varennes sont en grains, une partie est en vignes. Ce village est à 2 lieues au S. E. de Boissy-Saint-Léger, et distant de 6 au S. E. de Paris, par Mandres, Villecresne et la grande route de Troyes. (Poste aux lettres de Brie-sur-Yerres, département de Seine-et-Marne.)

VARENNE (LA). *V.* SAINT-MAUR-LES-FOSSÉS.

VARENVAL, ancien fief. *Voyez* SAULX.

VARREDDES, grand village sur la route de Meaux à la Ferté-Milon, dans une vallée, département de Seine-et-Marne, arrondissement et canton de Meaux, ci-devant province de l'Ile de France, et diocèse de Meaux. Sa population est de 12 à 1,300 habitans.

Il est entouré en grande partie par le *canal de l'Ourcq*, et peu éloigné de la rive droite de *la Marne*, qui y fait tourner un moulin.

Le terroir de cette commune est en terres labourables, une partie est en vignes. La plupart des habitans s'occupe de la culture du chanvre. Varreddes est à 1 lieue et demie vers le N. de Meaux, et 11 et demie entre l'E. et le S. E. de Paris, par Meaux et la grande route d'Allemagne. (Poste aux lettres de Meaux.)

VAUBOYEN, maison de campagne. *Voyez* BIÈVRES.

VAUCIENNES, village, département de l'Oise, arrondissement de Senlis, canton de Crépy, ci-devant province de l'Ile de France, dans le Valois, et diocèse de Soissons. Sa population est d'environ 400 habitans, en y comprenant *Chavres*, qui était une annexe de cette paroisse, le hameau *du Plessis-aux-Bois*, où il y avait un château qui n'est plus qu'une ferme, et les maisons isolées de *Cuvret*.

Les principales productions du terroir de cette commune sont en grains; trois tuileries se trouvent à Chavres et une à Cuvret. Le village de Vauciennes est joignant la grande route de Paris à Soissons, dans un fond, à 1 lieue un quart vers l'O. de Villers-Cotterets, et 2 et demie à l'E. de Crépy; sa distance de Paris et de 16 lieues trois quarts au N. E., par cette route de Soissons. (Poste aux lettres de Villers-Cotterets.)

VAUCOULEURS, maison de campagne. *Voyez* MORIGNY.

VAUCOURTOIS, village,

département de Seine-et-Marne, arrondissement de Meaux, canton de Crecy, ci-devant province de l'Ile de France, dans la Brie, et diocèse de Meaux. Sa population est d'environ 200 habitans. Les principales productions de son terroir sont en grains.

Ce village est à 1 lieue un quart au N. E. de Crecy, et distant de 10 trois quarts à l'E. de Paris, par Couilly et la route de Coulommiers. (Poste aux lettres de Crecy.)

VAUCRESSON, village, département de Seine-et-Oise, arrondissement de Versailles, canton de Sèvres, ci-devant province de l'Ile de France, et diocèse de Paris. Sa population est d'environ 350 habitans, avec les maisons de campagne *du Clos-Toutin*, de *la Marche*, et l'ancien prieuré de *Jardy*.

M. le marquis Balby de Piovera est propriétaire du château de Vaucresson. Le parc, qui contient 40 arpens, a été dessiné par Le Nôtre.

Jardy se compose d'une belle habitation appartenant à M. Johannot, et d'une ferme formant une propriété séparée, à M. Mazeleyre, maire du lieu, dans laquelle il entretient un beau troupeau de mérinos de pure race.

Ce village est entouré de bois très-bien percés. Les productions principales de son terroir sont en grains. Il

est à 1 lieue un quart au N.
O. de Sèvres, 1 lieue au N.
de Versailles, et 3 à l'O. de
Paris, par Saint-Cloud. (Poste
aux lettres de Versailles.)

VAUDANCOURT, village,
département de l'Oise, arrondissement de Beauvais, canton
de Chaumont-Oise, ci-devant
province de l'Ile de .France,
dans le Vexin, et diocèse de
Beauvais. Sa population est
d'environ 260 habitans.

La terre de Vaudancourt
était autrefois seigneuriale,
avec haute, moyenne et basse
justice. Le château, appartenant à M. Aubourg de Boury,
fils, est situé à mi - côte, les
jardins y sont distribués en
terrasses; le parc, qui contient
36 arpens, renferme une belle
pièce d'eau.

Le terroir de cette com-
mune est en labour, en prairies et en bois. Vaudancourt
est à 1 lieue et demie au S. de
Gisors, et 2 trois quarts vers
le S. O. de Chaumont; sa distance de Paris est de 15 lieues
au N. O. par la route de Gisors. (Poste aux lettres de Gisors, département de l'Eure.)

VAUDERLANT, village,
département de Seine-et-Oise,
arrondissement de Pontoise,
canton de Gonesse, ci-devant
province de l'Ile de France,
et diocèse de Paris. Sa population est d'environ 130 habitans. Il n'a aucune dépendance
territoriale.

Ce village, situé dans une
vallée, est traversé par la
grande route de Paris en Flandre, et n'est composé en grande
partie que d'auberges. Il est à
trois quarts de lieue au N. E.
de Gonesse, et 4 lieues et demie au N. E. de Paris, par
cette route. (Poste aux lettres
de Louvres.)

VAUDOIRE (LA), maison
de campagne. Voyez SAr-
TROUVILLE.

VAUDOUÉ (LE), village,
département de Seine - et-
Marne, arrondissement de
Fontainebleau, canton de la
Chapelle-la-Reine, ci-devant
province de l'Ile de France,
dans le Gatinais, et diocèse
de Sens. Sa population est d'environ 320 habitans. Il est dans
une vallée bordée de rochers
où est la source de la petite
rivière d'*Ecole.*

Les productions de son terroir sont en grains et chanvre,
une partie est en prairies et en
bois. On y voit les vestiges de
l'ancien ermitage de *Fourcheu.*
Ce village est à 1 lieue et demie vers le N. O. de la Chapelle, et 1 et demie au S. E.
de Milly. Sa distance de Paris
est de 13 lieues et demie au
S., par Milly et différens chemins joignant la grande route
de Fontainebleau. (Poste aux
lettres de Milly ou Fontainebleau.)

VAUDOY, village, département de Seine-et-Marne, arrondissement de Coulommiers, canton de Rozay, ci-devant province de l'Ile de France, dans la Brie, et diocèse de Meaux. Il forme une commune d'environ 800 habitans, avec plusieurs hameaux, dont les principaux sont : *Jariel*, *Gloise*, où il y a un château, et le *Taillis*, quatre autres châteaux qui sont : *Courtavenel*, *Champotran*, *les Prés*, *la Grange-Menant*, plusieurs fermes et autres habitations isolées en font aussi partie.

Le château de Courtavenel, appartenant à M. Quatre-Solz-de-Marolles, est situé sur une petite éminence, avec une ferme attenante : on voit hors du parc une belle fontaine d'eau vive qui sert de lavoir, toutes les avenues qui aboutissent au château sont plantées d'arbres à cidre.

Le terroir de cette commune se divise en terres à grains, en prairies et en bois.

Vaudoy est sur la petite rivière d'*Yerres*, à 2 lieues et demie à l'E. de Rozay, et 3 et demie au S. de Coulommiers; sa distance de Paris est de 13 lieues et demie vers le S. E., par Rozay et la route qui passe à Tournan. (Poste aux lettres de Rozay.)

VAUGIEN, château démoli en grande partie. *V*. Saint-Remy-les-Chevreuse.

VAUGIRARD, grand, village, département de la Seine, arrondissement et canton de Sceaux, ci-devant province de l'Ile de France, et diocèse de Paris. Sa population est d'environ 3,500 habitans. Les barrières de Paris y sont contigues.

Ce village est l'un des plus fréquentés des alentours ; un grand nombre de guinguettes y attire beaucoup de monde les dimanches et les fêtes, particulièrement dans la classe appelée le *petit peuple*.

Des manufactures d'acides vitrioliques, d'alun, de sel ammoniac et autres produits chimiques se trouvent à Vaugirard. Il en est une à *Javel*, sur le bord de la *Seine*, dont M. Payen est propriétaire; et près de là, une autre d'acides minéraux, mais qui fait partie de la commune d'Issy. *Voyez* Issy.

Il existe aussi en ce lieu deux filatures de coton, dont l'une comprend le fil retord, à coudre et à dentelles. La majeure partie des habitans s'occupe du jardinage et de l'entretien des vaches laitières, dont le produit se divise dans les différens quartiers de la capitale. Le terroir est presque tout en labour et en prairies artificielles.

Le centre de Vaugirard est à 1 lieue trois quarts au N. de Sceaux, chef-lieu de canton. (Poste aux lettres de la banlieue de Paris.)

VAUGRIGNEUSE, village, départ. de Seine-et-Oise, arrondissement de Rambouillet, canton de Limours, ci-devant province de l'Ile de France, dans le Hurepoix, et diocèse de Paris, forme une commune d'environ 400 habitans, avec les hameaux de *Machery*, *la Fontaine-aux-Cossons*, *Launay*, *Chateigner* et *l'Orme*.

Le château de Vaugrineuse appartient à M. Boulliette, maire du lieu, et M. le lieutenant-général comte d'Hédouville, pair de France, est propriétaire d'une jolie maison de campagne à la Fontaine.

Le terroir est en labour, prairies et bois. Ce village est à 1 lieue et demie au S. E. de Limours, et 8 au S. O. de Paris, par différens chemins joignant l'ancienne route de Chartres. (Poste aux lettres de Limours ou Arpajon.)

VAUHALLANT, village, département de Seine-et-Oise, arrondissement de Versailles, canton de Palaiseau, ci-devant province de l'Ile de France, et diocèse de Paris. Sa population est d'environ 500 habitans, en y comprenant le hameau de *Limou*, où il y a une maison de campagne appartenant à madame Lagrenée, *Richeville*, autre maison de campagne isolée, et la ferme d'*Arpenti*, qui était un fief. Autrefois il y avait une foire par an, et un marché par semaine.

Les productions de son terroir sont en grains, chanvre et fruits, une partie est en prairies et en bois. On remarque auprès de Richeville une source abondante, formant un ruisseau qui se réunit, à 1 lieue de là, à la petite rivière de *Bièvre*.

Vauhallant est sur la pente d'une colline, à trois quarts de lieue au N. O. de Palaiseau, et 4 au S. O. de Paris, par Bièvre et l'une des routes de Chevreuse, qui passe à Chatillon. (Poste aux lettres de Palaiseau.)

VAUJOURS, village, situé dans une vallée, près la grande route de Paris en Allemagne, département de Seine-et-Oise, arrondissement de Pontoise, canton de Gonesse, ci-devant province de l'Ile de France, et diocèse de Paris. Sa population est d'environ 600 habitans, y compris les hameaux du *Vergalant*, traversé par cette route et celui de *Montauban* en partie.

La terre de Vaujours a été érigée en baronie en faveur de la maison *de Maistre*. Elle appartient aujourd'hui à l'un de ses descendans, chevalier de Saint-Louis, et ci-devant officier au régiment des gardes-françaises. Le château, construit dans le genre moderne, est remarquable par sa position charmante sur la pente d'une colline qui borde la route, et par la distribution du parc.

Louis Dumas, licencié en droit, inventeur de la méthode du bureau typographique, y mourut le 19 juillet 1744.

On voit près de ce château un gouffre connu de toute antiquité sous le nom de *Four de la Vallée joyeuse*, appelée par corruption *Fourgoyeuse*, où s'absorbent en un instant les eaux de toute la vallée, qui s'y rendent en abondance.

Les principales productions du terroir de cette commune sont en grains : une grande partie est en bois, joignant la forêt de Bondy, et on y recueille beaucoup de fruits.

Le village de Vaujours est à 2 lieues et demie au S. E. de Gonesse, et distant de 4 au N. E. de Paris, par la route d'Allemagne, désignée ci-dessus. (Poste aux lettres de Livry.)

VAULERENT, ferme considérable et remarquable. *V.* Villeron.

VAUMOISE, village, département de l'Oise, arrondissement de Senlis, canton de Crépy, ci-devant province de l'Ile de France, dans le Valois, et diocèse de Soissons. Sa population est d'environ 130 habitans, avec le hameau de *la Rue Saint-Pierre de Russy*, et deux maisons dites *la Croix Blanche*.

Une fontaine dans ce village forme un ruisseau qui fait tourner trois moulins. Les principales productions de son terroir sont en grains, une partie est en marais et en bois. Vaumoise est proche la grande route de Paris à Soissons, et l'embranchement de celle de Villers-Cotterets à Crépy, à 1 lieue et demie à l'E. de Crépy, et distant de 15 au N. E. de Paris, par la route de Soissons. (Poste aux lettres de Crépy.)

VAUMURIER, hameau et vestiges d'un ancien château. *V.* Saint-Lambert des Bois.

VAUPEREUX, maison de campagne et tuilerie. *Voyez* Verrières.

VAURÉAL, village, département de Seine-et-Oise, arrondissement et canton de Pontoise, ci-devant province de l'Ile de France, et diocèse de Rouen. Sa population est d'environ 600 habitans.

Le château, divisé en deux parties, dont l'une est nommée le *grand château* et l'autre le *petit château*, faisait jadis partie des domaines de M. le prince de Conti. Le petit château, habité par le propriétaire actuel, M. Léopold Chevalier, est d'une belle architecture moderne. Sa situation lui donne la jouissance d'une vue très-agréable et variée. Le parc, clos de murs, et fermé par la rivière d'*Oise*, contient environ 60 arpens. Il est planté d'une quantité prodigieuse d'arbres fruitiers d'une belle espèce, et les fruits qui en proviennent sont d'une excellente qualité. Ce parc renferme en outre un canal de 250 toises de longueur sur 10 de largeur, rempli d'eau vive et bien empoissonné, qui est à une hauteur de 16 pieds au dessus de la rivière.

Le terroir de cette commune est partie en terres labourables, et partie en vignes. Le vin y est assez estimé.

Le village de Vauréal est sur la rive droite de l'Oise, à 1 lieue un quart à l'O. de Pontoise, et 8 un quart au N. O. de Paris, par Pontoise, et la route de Rouen. (Poste aux lettres de Pontoise.)

VAURINFROY, village, département de l'Oise, arrondissement de Senlis, canton de Betz, ci-devant province de l'Ile de France, et diocèse de Meaux. Sa population est d'environ 120 habitans. Son terroir est en labour et prairies. On y cultive le chanvre; une des roues du moulin de Crouy, que fait tourner la rivière d'*Ourcq*, se trouve sur cette commune.

Le village de Vaurinfroy est à côté de la route de la Ferté-Milon à Meaux, à une demi-lieue au N. E. de Crouy-sur-Ourcq, et 2 lieues et demie vers le S. E de Betz; sa distance de Paris est de 15 lieues vers le N. E. par Meaux et la grande route d'Allemagne. (Poste aux lettres de Mayen-Mulcien.)

VAUVERT, maison de campagne. *Voyez* ORMOY-LA-RIVIÈRE.

VAUX, village, département de Seine-et-Oise, arrondissement de Versailles, canton de Meulan, ci-devant province de l'Ile de France, et diocèse de Rouen. Sa population est d'environ 1,000 habitans, y compris le hameau de *Fervaches*, où il y a une maison de campagne dite de *Beauregard*.

Ce village est dans une superbe situation au pied des montagnes qui bordent la rive droite de *la Seine*. Il est traversé dans toute sa longueur par la grande route de Paris à Caen. On y voit un château dont M. le chevalier Réant est propriétaire, et plusieurs maisons de campagne.

Ce château est remarquable par son antiquité, et parmi les maisons de campagne on distingue particulièrement celle de M. Pillot, tant par sa construction moderne que par son jardin distribué à l'anglaise, à travers duquel circule un ruisseau qui a sa source sortant d'un très-beau rocher. Cette habitation est d'autant plus charmante, qu'elle se trouve entre la Seine et la grande route.

La maison de *Beauregard*, qui appartient à madame Aubin de Blanpré, est aussi dans une très-belle position.

à mi-côte, c'était autrefois un fief.

Le terroir de cette commune est en terres labourables, vignes et bois. Les petits-pois y sont très-précoces ainsi que les fruits rouges, qui se transportent dans leur primeur à Paris. Ce terroir dont le sol, dans divers endroits, n'est pas des meilleurs, doit sa fertilité à l'industrie et au travail du cultivateur. On y trouve trois carrières à plâtre qui excitent la curiosité par la manière dont elles sont creusées et par leur étendue. Une partie des pierres qui en proviennent sont embarquées sur la Seine et transportées dans différens départemens du royaume.

Le village de Vaux est à trois quarts de lieue à l'E. de Meulan, et 7 lieues trois quarts au N. O. de Paris par la route de Caen désignée ci-dessus. (Poste aux lettres de Meulan.)

VAUX, ancien château. *V.* GISORS.

VAUX-DE-CERNAY, ci-devant abbaye d'hommes de l'ordre de Cîteaux. *V.* CERNAY-LA-VILLE.

VAUX - LE - PENIL, village, département de Seine-et-Marne, arrondissement et canton de Melun (Nord), ci-devant province de l'Ile de France, dans le Hurepoix, et diocèse de Sens. Sa population est de 6 à 700 habitans. La

terre de Vaux est une ancienne seigneurie. M. le baron Freteau de Penil est propriétaire du château, dont la situation est superbe, sur une éminence que borde la rive droite de *la Seine.* Le parc clos de murs contient environ 80 arpens.

Les principales productions du terroir de cette commune sont en grains, une partie est en vignes. Vaux-le-Penil est à un quart de lieue au N. de Melun, et 10 lieues un quart au S. E. de Paris par Melun et la grande route de Lyon. (Poste aux lettres de Melun.)

VAUX - SOUS - COULOMBS, village, département de Seine-et-Marne, arrondissement de Meaux, canton de Lizy-sur-Ourcq, ci-devant province de l'Ile de France, et diocèse de Meaux. Sa population est d'environ 200 habitans, avec les hameaux d'*Hervilliers* et *Brémoiselle.*

Son terroir est en terres labourables, en bois et marais. Le ru de *Clignon* y fait tourner un moulin dit le *Moulin Vasset.* Ce village est à 3 lieues au N. E. de Lizy, et 16 entre l'E. et le N. E. de Paris par May-en-Mulcien et la route de la Ferté - Milon, joignant à Meaux la grande route d'Allemagne. (Poste aux lettres de May-en-Mulcien.)

VAUXMAIN (LE), village, département de l'Oise, arrondissement de Beauvais, canton

du Coudray-Saint-Germer, ci-
devant province de l'Ile de
France, dans le Vexin, et diocèse de Rouen. Sa population
est d'environ 600 habitans,
avec les hameaux de *la Fonderie* et *des Maisonnettes*.

La terre du Vauxmain est
un ancien marquisat. Ce village est dans une vallée. On
voit sur la hauteur, vers son
extrémité septentrionale, un ancien château flanqué de tours,
que Louis XII a donné à MM. de
Fontette, en reconnaissance de
services militaires. Il appartient aujourd'hui à M. du Pille,
maire du lieu, neveu du dernier qui l'a possédé.

Le terroir de cette commune
est en labour et en prairies, une
partie est en bois et étangs; le
ruisseau de *la Dunette* fait tourner deux moulins. On y rencontre une tuilerie. Le Vauxmain, où les femmes s'occupent à la fabrication de fort
belles dentelles de soie, est
à 2 lieues au S. du Coudray-
Saint-Germer, 2 au N. de
Chaumont-Oise, et 2 un quart
au N. E. de Gisors; sa distance
de Paris est de 16 lieues vers
le N. O. par Chaumont et la
chaussée joignant la route de
Gisors. (Poste aux lettres de
Chaumont-Oise.)

VAYRES, village, dépar-
tement de Seine-et-Oise, arrondissement d'Etampes, canton de la Ferté-Alais, ci-devant
province de l'Ile de France,
dans le Hurepoix, et diocèse

de Sens. Sa population est
d'environ 250 habitans.

La terre de Vayres est une
ancienne seigneurie, qui, sous
le règne de Louis XIV, fut
érigée en marquisat-pairie, en
faveur de MM. de Bussy-Ra-
butin, mais les lettres d'érection ne furent point entérinées
au parlement. Elle conserva le
titre de marquisat et le privilége, avec tous les droits de justice de ne relever que du roi. Le
château, dont madame Blanchet
de la Sablière est propriétaire,
était anciennement fortifié. Le
parc renferme de belles eaux
et une cascade formée par des
sources abondantes. Il est bordé par la rivière d'*Essonnes*.

Le terroir de cette commune
est en labour, prairies, bois
et rochers; la rivière d'Essonnes y fait tourner un moulin à grains. Le village de
Vayres est dans une vallée
sur cette rivière, à 1 lieue un
quart au S. de la Ferté-Alais,
et 2 un quart vers le N. O. de
Milly; sa distance de Paris est
de 11 lieues trois quarts au S.
par la Ferté-Alais, Arpajon
et la grande route d'Orléans.
(Poste aux lettres de la Ferté-
Alais.)

VELANNE, petite com-
mune, composée de deux hameaux, l'un nommé *Velanne-
la-Ville*, et l'autre *Velanne-
le-Bois*, dans le canton de Magny, arrondissement de Mantes, département de Seine-et-
Oise, ci-devant province de

l'Ile de France, dans le Vexin, et diocèse de Rouen. Sa population n'est que d'environ 90 habitans. Ces deux hameaux étaient autrefois dans les dépendances de *Magny*.

Les productions du terroir de cette commune sont en grains, une petite partie est en bois. Velanne-la-Ville n'est qu'à une demi-lieue au N. O. de Magny, et Velanne-le-Bois un peu plus loin; leur distance de Paris est de 14 lieues au N. par la grande route de Rouen. (Poste aux lettres de Magny.)

VELIZY, village, département de Seine-et-Oise, arrondissement et canton de Versailles, ci-devant province de l'Ile de France, et diocèse de Paris. Sa population est d'environ 160 habitans, y compris les fermes de *Villacoublay*.

Les principales productions de son terroir sont en grains et bois. Ce village est à 1 lieue un quart au S. E. de Versailles, et distant de 3 un quart au S. O. de Paris par une route qui passe à Châtillon. (Poste aux lettres de Versailles.)

VÉMARS, village, département de Seine-et-Oise, arrondissement de Pontoise, canton de Luzarches, ci - devant province de l'Ile de France, et diocèse de Paris. Sa population est d'environ 500 habitans; une ferme dite *Choisy-aux-Bœufs* en fait partie.

Ce village se remarque par un château autrefois seigneurial, avec un beau parc, dont M. Bouchard est propriétaire, et par une maison considérable appartenant à M. Bouchard des-Carnaux.

Les principales productions de son terroir sont en grains. Vémars est à 2 lieues et demie au S. E. de Luzarches, et distant de 6 trois quarts au N. E. de Paris par un chemin de traverse qui conduit à Louvres, ou par une route pavée joignant la chaussée de Morfontaine et la route de Flandre. (Poste aux lettres de Louvres.)

VENETTE, village, département de l'Oise, arrondissement et canton de Compiègne, ci-devant province de l'Ile de France, et diocèse de Beauvais. Sa population est de 8 à 900 habitans. La ferme de *Corbeaulieu* en fait partie.

Ce village est près la ville de Compiègne et la rive droite de *l'Oise*; le clocher de l'église est d'une belle architecture. On y voit un château autrefois seigneurial, dont M. de Seroux, maire du lieu, est propriétaire. Il communique à la route de Clermont par une avenue de quatre rangs d'arbres.

Le terroir de cette commune est en labour et vignes, une petite partie est en bois. Le village de Venette étant près Compiègne en est à la même distance de Paris qui est de 18 lieues au N. E. par la même route. (Poste aux lettres de Compiègne.)

VENEUX-NADON, commune composée d'un certain nombre de maisons isolées, sous diverses dénominations, dont le hameau *des Sablons* fait partie, département de Seine-et-Marne, arrondissement de Fontainebleau, canton de Moret, ci-devant province de l'Ile de France, dans le Gatinais, et diocèse de Sens. Sa population est d'environ 800 habitans. Son terroir, bordé par la *Seine*, la rivière de *Loing* et la forêt de Fontainebleau, est en vignes, une partie est en prairies et en terres labourables.

Cette commune est sur la grande route de Paris à Lyon par la Bourgogne, à une demi-lieue au N. O. de Moret, et ı lieue et demie au S. E. de Fontainebleau; sa distance de Paris est de ı5 lieues et demie entre le S. et le S. E. par cette route. (Poste aux lettres de Moret.)

VENTEUIL, château. *V.* JOUARRE.

VER, village, département de l'Oise, arrondissement de Senlis, canton de Nanteuil-le-Haudouin, ci-devant province de l'Ile de France, et diocèse de Senlis. Sa population est de 6 à 700 habitans.

Les principales productions de son terroir sont en grains. Ce village est environné de marais, dans un vallon, à 2 lieues au S. O. de Nanteuil, et distant de 9 et demie au N. E. de Paris, par Dammartin et la grande route de Soissons. (Poste aux lettres de Dammartin, département de Seine-et-Marne.)

VER. *Voyez* VAIRES.

VER-LE-GRAND ou VAL-LE-GRAND, village, département de Seine-et-Oise, arrondissement de Corbeil, canton d'Arpajon, ci-devant province de l'Ile de France, et diocèse de Paris. Sa population est de 7 à 800 habitans, en y comprenant quelques petits hameaux ou habitations écartées.

Le château de *la Saussaye*, dont madame de Trimond est propriétaire, et deux maisons de campagne font aussi partie de cette commune.

Les grains sont la principale production du terroir, une partie est en vignes. Ce village est à 2 lieues un quart à l'E. d'Arpajon, et distant de 7 et demie au S. de Paris par Fleury-Mérogis et une chaussée qui joint la grande route de Fontainebleau. (Poste aux lettres d'Arpajon.)

VER-LE-PETIT ou VAL-LE-PETIT, village, département de Seine-et-Oise, arrondissement de Corbeil, canton d'Arpajon, ci-devant province de l'Ile de France, et diocèse de Paris. Sa population est d'environ 45o habitans.

Le beau château *du Bou-*

chet, qui était dans les dépendances de cette paroisse, a été démoli, on n'y voit plus qu'une simple maison de campagne, près de laquelle est une usine dite *le Gommier*, pour la fabrication des canons de la manufacture de Versailles.

Le terroir de cette commune est en terres labourables, prairies, vignes et bois. Ver-le-Petit est à 2 lieues et demie à l'E. d'Arpajon, et distant de 8 au S. de Paris, par Fleury-Mérogis, et une chaussée qui joint la grande route de Fontainebleau. (Poste aux lettres d'Arpajon.)

VER-SAINT-DENIS, village, département de Seine-et-Marne, arrondissement et canton de Melun, ci-devant province de l'Ile de France, dans la Brie, et diocèse de Sens. Sa population est d'environ 600 habitans, y compris les hameaux de *Pouilly-le-Fort*, le *Petit-Jard*, et l'auberge de *la Fontaine-Ronde*.

Le domaine de *Breviande*, autrefois seigneurial, fait aussi partie de cette commune. L'habitation nouvelle, construite sur les ruines de l'ancien château, est aujourd'hui une maison de campagne, dont madame de Riveray, épouse de M. le chevalier Taillepied de la Garenne, maire du lieu, est propriétaire. Le parc, clos de murs, contient environ 80 arpens.

Le terroir de cette commune est en terres labourables, bois

et friches. Le village de Ver est à 1 lieue au N. de Melun, et 9 au S. E. de Paris, par la grande route de Lyon. (Poste aux lettres de Melun.)

VERBERIE, bourg, anciennement petite ville traversée par la grande route de Paris à Compiègne, département de l'Oise, arrondissement de Senlis, canton de Pont-Sainte-Maxence, ci-devant province de l'Ile de France, dans le duché de Valois, et diocèse de Soissons. Sa population est d'environ 1,200 habitans. Le hameau de *Saint-Germain*, qui formait une paroisse dans l'ancien régime, celui de *la Mabonnerie*, les fermes *du Murgé* et *du Marais* en font partie. Les Rois de France de la seconde race, ont habité le château qui ne subsiste plus.

Cette ville est dans l'une des plus agréables situations du département, sur la rive gauche de l'Oise que l'on passe sur un bac, à l'extrémité d'une plaine au bas d'une montagne. C'était, dans l'ancien régime, le siége d'une prévôté royale. Les Trinitaires y avaient un couvent, près l'emplacement duquel est une fontaine publique qui sert d'abreuvoir. Une brigade de gendarmerie y est en résidence.

Le ci-devant fief d'*Aramont*, situé à l'extrémité occidentale de Verberie, dont M. le comte de Pierrecourt était propriétaire, appartient aujourd'hui à M. le Caruyer-de-Saint-Germain. La position en est remarquable ainsi que celle d'un beau jardin longeant la rivière d'*Oise*.

Un peu plus loin est la maison dite de *Sainte-Corneille*, où il y a une fontaine d'eau minérale ferrugineuse, et une manufacture d'alun et de couperose.

Le terroir de cette commune est eu terres labourables, prairies, vignes et bois. On y cultive beaucoup de chanvre et d'oignons, qui font le principal commerce du pays. On y trouve deux fabriques de tuiles, briques et carreaux, trois moulins à grains et un à huile sur là petite rivière d'*Autonne*.

Verberie est à 2 lieues et demie à l'E. de Pont-Sainte-Maxence, 4 au S. de Compiègne, et 3 au N. de Crêpy; sa distance de Paris et de 14 lieues vers le N. E., par la route de Compiègne. (Bureau de poste aux lettres.)

VERDERONNE, village, département de l'Oise, arrondissement de Clermont-Oise, canton de Liancourt, ci-devant province de l'Ile de France, et diocèse de Beauvais. Sa population est d'environ 230 habitans. Le château, autrefois seigneurial, flanqué de quatre tours et entouré de fossés, avec un parc, appartient à M. le comte d'Andleaw.

Les principales productions du terroir de cette commune sont en grains. Le village de Verderonne est à trois quarts de lieue à l'E. de Liancourt, et 2 lieues au S. E. de Clermont; sa distance de Paris est de 13 lieues au N., par la grande route d'Amiens. (Poste aux lettres de Liancourt.)

VERINES, petit village, département de l'Oise, arrondissement de Senlis, canton de Crêpy, ci-devant province de l'Ile de France, dans le Valois, et diocèse de Soissons. Sa population n'est que d'environ 80 habitans. Toutes ses productions sont en grains.

Ce village est à 2 lieues au N. O. de Crêpy, et 1 et demie vers le S. E. de Verberie; sa distance de Paris est de 14 lieues vers le N. E., par Senlis et la route de Flandre. (Poste aux lettres de Verberie.)

VERNELLE, maison de *primre bini* campagne. *Voyez* MAY-EN-MULCIEN. *erce chapele*

VERNEUIL, village, département de Seine-et-Oise, arrondissement de Versailles, canton de Poissy, ci-devant province de l'Ile de France, et diocèse de Chartres. Sa population est d'environ 600 habitans. Une ferme dite le *Rouillard* en fait partie.

M. le comte de Tocqueville, préfet du département de la Côte-d'Or, est propriétaire du château dont la position est charmante sur l'une des collines qui bordent la rive gauche de la *Seine.* Il est environné de superbes avenues et de fort beaux bois.

On rencontre dans ce village deux maisons de campagne, dont l'une est l'ancien fief *du petit Bazinval*, qui appartient à M. Stanislas Crespin.

La majeure partie du terroir de cette commune est en labour, une partie est en vignes, Verneuil est à 1 lieue un quart au S. E. de Meulan, et 2 lieues au N. O. de Poissy; sa distance de Paris est de 7 lieues et demie, par Triel et la grande route de Caen. (Poste aux lettres de Meulan.)

VERNEUIL-EN-BRIE, village, département de Seine-et-Marne, arrondissement de Melun, canton de Mormant, ci-devant province de l'Ile de France, dans la Brie, et diocèse de Sens. Sa population est d'environ 200 habitans. On y voit un château appartenant à M. Clément.

A peu de distance de ce village, près la grande route de Paris à Troyes, se trouve le château de *Vernouillet*, qui est considérable, avec un parc d'une vaste étendue. C'était dans l'ancien régime le chef-lieu d'une seigneurie et le siége d'une haute, moyenne et basse justice. M. le comte de Chabrol-Crousol, préfet du département du Rhône, en est propriétaire.

Les principales productions du terroir de cette commune sont en grains. On y trouve une fabrique de tuiles, briques et carreaux. Verneuil est à 1 lieue et demie au N. O. de Mormant, et 10 et demie au S. E. de Paris, par la route de Troyes. (Poste aux lettres de Guignes.)

VERNEUIL-sur-Oise, village, département de l'Oise, arrondissement de Senlis, canton de Pont Sainte-Maxence, ci-devant province de l'Ile de France, et diocèse de Beauvais. Sa population est d'environ 1,100 habitans, avec les hameaux de *Mont-la-Ville*, de *la Rue-aux-Bois*, *des Sablons*, et autres habitations écartées. Il y a un bac sur l'*Oise*, et un pont pour l'exportation des bois de la forêt d'*Hallate* et celles environnantes.

La terre de Verneuil fut érigée en marquisat en faveur d'Henriette de Balzac, pour laquelle Henri IV avait fait bâtir le château de Mont-la-Ville. Ce château ayant été démoli par les ordres du prince de Condé, il n'en reste plus que le parc d'environ 90 arpens.

Ce village est situé dans un fond, entre la forêt d'Hallate et la rivière d'Oise. Il se trouve à son extrémité orientale le ci-devant fief de *Saint Quentin*, qui était une maison de campagne avec un jardin clos de murs renfermant une assez belle pièce d'eau, dont M. Moline est propriétaire.

Le terroir de cette commune est en labour, prairies et bois. Un ruisseau fait tourner deux moulins, l'un nommé le *Moulin d'en Haut*, et l'autre le *Moulin d'en Bas*. Il existe à ce premier une fontaine d'eau minérale; on y rencontre deux carrières de pierre à bâtir.

Verneuil est à 1 lieue au N. E. de Creil, et 2 au S. O. de Pont-Sainte-Maxence; sa distance de Paris est de 11 lieues trois quarts au N. de Paris, par Creil et la grande route d'Amiens. (Poste aux lettres de Creil.)

VERNON, ville traversée par l'une des grandes routes de Paris à Rouen, département de l'Eure, arrondissement d'Evreux, chef-lieu de canton, siége d'une justice de paix, et la résidence d'une brigade de gendarmerie, ci-devant province de Normandie, et diocèse d'Evreux. Sa population est d'environ 5,000 habitans, y compris la paroisse de *Vernonnet*, l'un de ses faubourgs, séparé par la *Seine*, sur laquelle est un grand pont de 22 arches, avec cinq moulins. Le château de *Bizy* et plusieurs hameaux en font aussi partie.

Avant la révolution, il y avait une collégiale, trois paroisses desquelles il ne reste que celle de *Notre-Dame*, dont l'église est remarquable par sa construction antique, et plusieurs couvens, savoir: un de Cordeliers, un de Capucins, un de religieuses de la Congrégation, et un d'Ursulines; un couvent de Pénitens du tiers-ordre de Saint-François se trouvait aussi à Vernonnet, l'Hôtel-Dieu qui a été fondé par Saint-Louis, connu aujourd'hui sous le nom d'hospice, subsiste, avec un établissement dans le même genre pour les pauvres.

Cette ville était le siége d'un bailliage seigneurial, et anciennement royal, d'une élection d'un grenier à sel et d'une subdélégation de l'intendance de Rouen.

Il s'y tient trois foires par année, la première, la veille du dimanche des Rameaux, la seconde le 25 juillet, et la troisième le 8 septembre. Le marché est le samedi de chaque semaine.

Cette ville possède un collége fondé par Henri IV, que M. le duc de Penthièvre a fait rebâtir en 1773. M. Molmy-Lacarnoy en est le principal.

La terre de Vernon est une ancienne vicomté, le château de Bizy, à l'extrémité méridionale du faubourg de ce nom, a appartenu à M. le duc de Penthièvre, les bâtimens qui le composaient ayant été démolis, on n'y trouve plus aujourd'hui qu'une maison ordinaire de campagne. Le parc, très-étendu et enclos de murs, renferme encore de belles cascades. On remarque, à partir de cette maison, une belle avenue de quatre rangs de tilleuls qui se termine à la grande route de Rouen.

L'extérieur de la ville offre de très-jolies promenades, elle était anciennement fermée de murs flanqués de tours; il en reste encore une fort élevée, où sont les archives publiques.

Outre les cinq moulins sur le pont, il en existe encore deux, l'un sur un bras de la Seine, et l'autre sur un ruisseau qui traverse la ville, ce dernier sert au sciage de la pierre. Le ci-devant couvent des Capucins renferme un parc de construction d'équipages pour l'artillerie royale.

Deux filatures de coton et deux tanneries font aussi partie des établissemens d'industrie et de commerce.

A l'extrémité du pont, en entrant à Vernonnet, on voit deux bâtimens très-vastes, dont l'un fait partie d'une *tour* que Jules-César a fait bâtir. Ces bâtimens ont servi récemment de magasins de grains et farines pour l'approvisionnement de Paris.

On trouve à Vernon et à Vernonnet plusieurs fours à chaux et à plâtre ainsi qu'une tuilerie; et au pied des côtes de *Saint-Michel* et *du Gibet*, les carrières y sont renommées par la qualité de la pierre que l'on en tire. C'est au dessus de ces côtes que la forêt de Vernon commence.

La ville de Vernon est à 3 lieues vers le N. E. de Pacy-sur-Eure, et 7 vers l'E. d'Évreux; sa distance de Paris est de 17 lieues et demie entre l'O. et le N. O. par la route de Rouen désignée ci-dessus. On compte 21 lieues de poste. (Bureau de poste aux lettres et relais de poste aux chevaux.)

VERNOU, village, département de Seine-et-Marne, arrondissement de Fontaine-bleau, canton de Moret, ci-devant province de l'Ile de France, dans la Brie, et diocèse de Sens. Sa population est de 6 à 700 habitans, en y comprenant les hameaux *du Chesnoy*, *du Montois*, *de Marangis*, et plusieurs autres habitations isolées.

Le château d'*Argeville*, dont M. Bonnissant, notaire et maire à Moret, est propriétaire, et la maison de campagne de *Beaurepaire*, appartenant à M. de Richemont, font également partie de cette commune. Beaurepaire est enclavé dans la forêt de Valence.

Le terroir de Vernou, consiste en terres labourables, en vignes, en prairies et beaucoup de bois. Ce village est sur la rive droite de la *Seine*, à trois quarts de lieue au N. E. de Moret, et distant de 16 lieues un quart entre le S. et le S. E. de Paris, par différens chemins joignant la grande route de Lyon. (Poste aux lettres de Moret.)

VERNOUILLET, village, département de Seine-et-Oise, arrondissement de Versailles, canton de Poissy, ci-devant province de l'Ile de France, et diocèse de Chartres. Sa population est de 8 à 900 habitans, avec le hameau de *Marsixval* et partie de celui de *Bressolle*. Ce village, situé sur l'une des collines qui bordent la *Seine*, est remarquable par une maison de campagne dont mesdemoiselles Duplain sont propriétaires; la distribution des jardins et du parc, de belles eaux formant une rivière dans leur enceinte, et leur proximité de la Seine, que l'on passe sur un bac à Triel, en font un séjour très-agréable.

La culture principale du terroir de cette commune est en vignes. Les fruits y sont abondans. Vernouillet est à 1 lieue et demie au S. E. de Meulan et 1 lieue trois quarts au N. O. de Poissy; sa distance de Paris est de 7 lieues un quart par Triel et la grande route de Caen. (Poste aux lettres de Meulan.)

VERNOUILLET, château près la grande route de Paris à Troyes. *Voyez* VERNEUIL-EN-HALATTE.

VERRIÈRE (LA), petit village, département de Seine-et-Oise, arrondissement de Rambouillet, canton de Chevreuse, ci-devant province de l'Ile de France, dans le Hurepoix, et diocèse de Paris. Sa population n'est que d'environ 70 habitans, y compris les maisons isolées, ou hameau de *Lagiot*, sur la grande route de Paris à Nantes.

Le comte de la Valette, ex-directeur général des postes, a été propriétaire du château de Verrière. Une ferme y est attenante; le parc est fort étendu.

Les grains sont la principale production du terroir de cette commune, une partie est en prairies. La Verrière est dans une pleine, près la route de Nantes, à 1 lieue trois quarts au N. O. de Chevreuse, et 7 à l'O. de Paris par cette route. (Poste aux lettres de Trappes.)

VERRIÈRES, village, département de Seine-et-Oise, arrondissement de Versailles, canton de Palaiseau, ci-devant province de l'Ile de France, et diocèse de Paris. Sa population est de 11 à 1,200 habitans, y compris le château et le moulin de *Migneaux*, le hameau d'*Amblainvilliers*, la maison de campagne de *Vaupereux*, et les maisons isolées de *Grais*.

Le château de Migneaux, ancienne seigneurie, et le moulin de même nom, ci-devant fief, appartiennent à M. Dupré, maire de Verrières. Ce château est remarquable par sa position, qui lui donne une vue aussi étendue que variée. Il est entouré de fossés de 60 pieds de largeur, au milieu desquels coulent des eaux provenant des sauts de loup qui ferment la première cour. On y arrive par trois avenues de noyers. Le parc, de 80 arpens, est clos de murs sur les côtés, et fermé par la rivière de *Bièvres*, à l'une de ses extrémités.

Parmi les maisons de campagne qui se trouvent à Verrières, on distingue celles de MM. Tiolier, Mun, Villemorin et Michot; celle nommée *la Pouline* appartient à M. Vaillant, ex-maire de la commune.

A Amblainvilliers, sont aussi deux maisons de campagne, l'une à M. Pommery, et l'autre à madame Lemercier.

La maison de Vaupereux, dont M. Levacher de la Feutrie, docteur en médecine, est propriétaire, a un parc de 40 arpens, qui renferme des sources d'eaux ferrugineuses. Une tuilerie à côté, et une autre parmi les maisons isolées de Grais, sont renommées par la qualité des tuiles, briques et carreaux qui s'y fabriquent.

Le terroir de Verrières est en labour, une partie est en bois, percé de belles routes. Les légumes et les fruits y sont abondans. Ce village est à 1 lieue au N. de Palaiseau sur la rivière de Bièvres, qui fait tourner trois moulins à 3 lieues au S. O. de Paris, par une chaussée joignant la grande route d'Orléans. (Poste aux lettres d'Antony, département de la Seine.)

VERSAILLES, grande et superbe ville, chef-lieu du département de Seine-et-Oise, d'un arrondissement et de trois cantons, ci-devant province de l'Ile de France, et diocèse de Paris. Sa population est d'environ 28,000 habitans; on en comptait 90 à 100,000 avant la révolution. La paroisse de *Montreuil*, plusieurs maisons de campagne et autres habitations isolées en font également partie.

La ville de Versailles n'était autrefois qu'un village où Louis XIV a fait bâtir un palais immense, dont la description est ici inutile d'après toutes celles qui ont été données jusqu'à présent.

Il suffit de dire seulement que peu de villes en Europe peuvent lui être comparées, tant par le nombre des édifices qui la décorent, que par la régularité de sa construction, ses rues larges et alignées, et la quantité de fontaines qui y sont placées. Elle est traversée par trois belles avenues plantées d'arbres, qui aboutissent à une grande place dite la *Place-d'Armes*, et entourée de promenades charmantes.

Le palais, quoiqu'ayant été dévasté et dégradé dès le commencement de la révolution, n'en est pas moins le plus majestueux et le plus imposant que l'on connaisse. Les talens de *Jules-Hardoin Mansard* pour l'architecture, ceux d'*André Le Nôtre* pour la distribution et la décoration des jardins, et ceux de *Charles Lé-brun* pour la peinture et le dessin, ayant été employés, le succès que l'on pouvait attendre de leur génie sublime dans ces différens genres s'étant réalisé, on peut se faire une idée juste de la magnificence de cet édifice et de tout ce qui l'environne.

On peut ajouter qu'avant la dégradation qu'il a soufferte, on pouvait le regarder comme le séjour le plus enchanteur et le plus séduisant qu'il y ait au monde.

La destruction de ce palais avait été projetée, mais l'exécution ne s'en est pas suivie. Louis XVIII, à son retour à Paris, en 1814, ayant formé le dessein de le rendre à sa première destination, Sa Majesté l'habiterait dès à-présent, si les funestes évènemens arrivés en 1815 n'avaient pas fait cesser en grande partie les travaux de réparations commencés avec la plus grande activité.

La ville de Versailles est le siége de l'évêché et de la préfecture du département, d'une cour d'assises, d'une cour prévôtale, d'un tribunal de première instance, d'un tribunal de commerce, et de trois justices de paix, divisées en trois sections.

La direction du domaine, celle des contributions, une conservation forestière, y sont aussi établis, et c'est la résidence d'un colonel, d'un chef d'escadron, d'un capitaine, de deux lieutenans et d'une brigade de gendarmerie.

Les deux paroisses qu'elles renfermait dans l'ancien régime, l'une sous l'invocation de *Saint-Louis*, et l'autre sous celle de *Notre-Dame*, ont été conservées; l'église de Saint-Louis est actuellement la cathédrale. Le couvent des Récollets et celui des Chanoinesses régulières de l'ordre de Saint-Augustin ont été supprimés, l'hôpital subsiste.

Le collége royal de Versailles, qui n'est pas d'ancienne fondation, fixe l'attention du public par les beaux bâtimens qu'il occupe, par une chapelle dont la richesse, l'élégance de son architecture et ses décorations intérieures sont dignes d'attirer les regards des amateurs. On y voit un superbe cabinet de physique et d'histoire naturelle. M. La Croix en est le proviseur, et M. Liénard censeur des études. Près le château est la bibliothèque publique.

Parmi les pensions de jeunes gens, l'une des mieux tenues est celle de M. Fauh, chef d'institution de l'académie de Paris, bachelier ès-science et ès-lettres. Deux pensions de jeunes demoiselles sont dirigées l'une par madame Rousseau et ses associées, et l'autre par les dames religieuses du ci-devant couvent de la Reine.

La manufacture royale d'armes à Versailles, appartenant à MM. Boutet père et fils, est l'une des plus considérables du royaume. Plusieurs filatures de coton, et deux manufactures de bougies, font une partie des établissemens d'industrie et de commerce en cette ville.

Il s'y tient trois foires par année; la première, le 1er mai; la seconde, le 25 août; et la troisième, le 9 octobre; elles durent chacune cinq jours. Les marchés sont les mardi et vendredi de chaque semaine.

Deux superbes troupeaux de mérinos, de pure race, se trouvent l'un à l'ancienne ménagerie, dont M. Francastel est propriétaire · et l'autre dans la ferme exploitée par M. Fessart, qui est à côté.

La ville de Versailles est sur la route de Paris à Nantes, Brest et Caen, à 4 lieues au S. O. de Paris. On compte 4 lieues et demié de poste. (Bureau de poste aux lettres, relais de poste aux chevaux, et voitures publiques à chaque instant pour Paris.)

VERSIGNY, village, département de l'Oise, arrondissement de Senlis, canton de Nanteuil-le-Haudouin, ci-devant province de l'Ile de France, et diocèse de Senlis. Sa population est d'environ 200 habitans.

La terre de Versigny était autrefois seigneuriale. Le village est situé dans une vallée, où se trouve le château appartenant à M. l'Hoste de Versigny. Le parc, distribué en par-

tie dans le genre anglais, est traversé par la petite rivière de *Nonette*, qui alimente deux pièces d'eau d'une grande dimension.

Les grains sont sa principale production. Versigny est sur la Nonette, qui fait tourner un moulin à 1 lieue au N. E. de Nanteuil, et distant de 11 au N. E. de Paris par différens chemins joignant la grande route de Soissons. (Poste aux lettres de Nanteuil-le-Haudoin.)

VERSINE (LA), château démoli. *V.* SAINT-MAXIMIN.

VERT, village, département de Seine-et-Oise, arrondissement et canton de Mantes, ci-devant province de l'Ile de France, et diocèse de Chartres. Sa population est d'environ 430 habitans. Son terroir est en labour, en vignes et en bois. Le ru de *Vauconleurs* y fait tourner un moulin à farines.

Ce village est sur la chaussée de Mantes à Houdan, à 1 lieue et demie au S. de cette première ville, et 3 entre l'O. et le S. O. de Maule; sa distance de Paris est de 11 lieues et demie entre l'O. et le S. O. par la petite route de Mantes qui passe à Saint-Germain-en-Laye. (Poste aux lettres de Mantes.)

VETHEUIL, beau village, département de Seine-et-Oise, arrondissement de Mantes, canton de Magny, ci-devant province de l'Ile de France, dans le Vexin, et diocèse de Rouen. Sa population est de 700 habitans et plus. Il dépendait de cette paroisse, avant la la révolution, les hameaux de *Vienne*, *des Millonets* et de .Chaudry qui forment actuellement une commune particulière. *V*. VIENNE-EN-ARTHIES.

Ce village est dans une charmante situation sur la rive droite de *la Seine*, c'était anciennement un bourg avec un marché qui n'existe plus. Les ruines d'un château fort sont encore apparentes. L'église est remarquable par sa position élevée et par des morceaux d'architecture antique; le portail est gravé dans un recueil des monumens de ce genre.

Le terroir de cette commune est en labour, vignes et prairies. On y trouve une carrière de pierre dure d'une très-bonne qualité, un four à chaux et deux moulins sur un ruisseau. Vetheuil est à 1 lieue et demie vers l'E. de la Roche-Guyon, 2 trois quarts vers le S. de Magny, et 2 vers le N. de Mantes; sa distance de Paris est de 14 lieues vers le S. O. par Limay et la grande route de Caen. (Poste aux lettres de Bonnières.)

VEZ, village, département de l'Oise, arrondissement de Senlis, canton de Crêpy, ci-devant province de l'Ile de France, dans le Valois, et diocèse de Soissons. Sa population est d'environ 270 habitans, en y comprenant plusieurs fermes et moulins isolés. La commune d'*Emeville* était autrefois une annexe de cette paroisse.

Ce village est sur une éminence, proche la petite rivière d'*Autonne*. On prétend qu'il était jadis la ville capitale du Valois, et que ce titre ne passa à *Crêpy* que sous les premiers rois de la troisième race. On y remarque la grosse tour d'un ancien château qui servit de boulevart pendant les troubles du quatorzième siècle et des deux suivans.

Le terroir de cette commune est en labour, une partie est en marais. Vez est à 2 lieues et demie vers l'E. de Crêpy, et 1 trois quarts à l'O. de Villers-Cotterets; sa distance de Paris est de 16 lieues et demie au N. E. par la grande route de Soissons. (Poste aux lettres de Villers-Cotterets.)

VIARMES, village, département de Seine-et-Oise, arrondissement de Pontoise, canton de Luzarches, ci-devant province de l'Ile de France, et diocèse de Beauvais. Sa population est d'environ 1,200 habitans.

On y remarque un beau château bâti dans le genre moderne, avec de superbes dépendances, dont M. le lieutenant général comte de Lagrange est propriétaire.

Parmi plusieurs maisons de campagne, on distingue celle

de mademoiselle Bertau, et l'ancien fief de *la Lampe*, appartenant à M. Schleyer. M. Floury y dirige une pension de jeunes gens.

Le terroir de cette commune est en terres labourables, en vignes et en bois. Les fruits y sont assez abondans. Il renferme des carrières de pierre de taille et autres.

Viarmes est à 1 lieue au N. O. de Luzarches, et distant de 7 et demie au N. de Paris par une chaussée joignant auprès de Moisselles la grande route de Beauvais. (Poste aux lettres de Luzarches, et voitures publiques tous les jours pour Paris.)

VICQ, petit village, département de Seine-et-Oise, arrondissement de Rambouillet, canton de Montfort-l'Amaury, ci-devant province de l'Ile de France, et diocèse de Chartres, forme une commune d'environ 200 habitans, avec le hameau de *Bardel*, où se trouve un château habité par M. le Pippre, chevalier de Saint-Louis, maire du lieu, et le hameau *du Mesnil-Piquet*.

Le principal produit du terroir est en grains. Les fruits y sont abondans; un ruisseau y fait tourner deux moulins. Ce village est à 1 lieue un quart au N. de Montfort et distant de 9 à l'O. de Paris par la grande route de Brest. (Poste aux lettres de Montfort-l'Amaury.)

VICTOIRE (LA), ci-devant abbaye de chanoines réguliers de l'ordre de Saint-Augustin. *Voyez* MONT L'EVÊQUE.

VIDELLES, village, département de Seine-et-Oise, arrondissement d'Etampes, canton de la Ferté-Alais, ci-devant province de l'Ile de France, et diocèse de Sens, forme une commune d'environ 450 habitans, avec les hameaux *des Roches*, *Artolu*, *les Baudoins*, *Amerbois*, *Chêne-Becquart*, et autres habitations isolées.

Son terroir est en terres labourables, vignes et bois. Ce village est à 2 lieues à l'O. de la Ferté-Alais, et distant de 11 au S. de Paris, par différens chemins joignant la grande route de Fontainebleau. (Poste aux lettres de la Ferté-Alais.)

VIEILLE ÉGLISE, village, département de Seine-et-Oise, arrondissement et canton de Rambouillet, ci-devant province de l'Ile de France, dans le Hurepoix, et diocèse de Chartres. Sa population est d'environ 300 habitans. La ferme des *Brulins* et quelques autres habitations écartées en font partie. Ce village était, dans l'ancien régime, une annexe de la paroisse *du Perray*.

Les principales productions de son terroir sont en grains et en bois. Il s'y trouve un fort bel étang, dit l'*Etang de la*

Tour, près la tête duquel sont deux pavillons richement décorés, servant de rendez-vous de chasse. Vieille-Eglise est à 1 lieue à l'E. de Rambouillet, et distant de 10 au S. O. de Paris par le Perray et la grande route de Chartres. (Poste aux lettres de Rambouillet.)

VIENNE-EN-ARTHIES, hameau formant une commune dont font partie ceux *des Millonets* et *de Chaudry*, département de Seine-et-Oise, arrondissement de Mantes, canton de Magny, cidevant province de l'Ile de France, dans le Vexin, et diocèse de Rouen. Sa population est d'environ 350 habitans. Ces hameaux étaient, avant la révolution, de la paroisse de Vetheuil. *Voyez* VETHEUIL.

Son terroir est en labour et en vignes; sept moulins se trouvent sur deux ruisseaux, cinq sur l'un et deux sur l'autre. Vienne est dans une vallée, à 2 lieues et demie au S. de Magny, et 2 au N. de Mantes; sa distance de Paris est de 13 lieues vers le S. O. par différens chemins joignant la grande route de Rouen. (Poste aux lettres de Mantes.)

VIEUX - MOULIN, village. *V.* COMPIÈGNE.

VIERVILLE, village, département d'Eure-et-Loir, arrondissement de Chartres, canton d'Auneau, ci-devant généralité d'Orléans, dans la Beauce, et diocèse de Chartres. Sa population est d'environ 170 habitans. Les productions de son terroir sont en grains, une petite partie est en bois.

Ce village est à 2 lieues et demie vers le N. d'Angerville, et 3 et demie vers le S. E. d'Auneau; sa distance de Paris est de 15 lieues et demie vers le S. O., par Dourdan et une chaussée joignant l'ancienne route de Chartres. (Poste aux lettres d'Angerville.)

VIGNAY, château. *Voyez* CHAMP-MOTTEUX.

VIGNEAUX, ancien château. *Voyez* JOUY-LE-CHATEL.

VIGNELY, village, département de Seine-et-Marne, arrondissement de Meaux, canton de Claye, ci-devant province de l'Ile de France, dans la Brie, et diocèse de Meaux. Sa population est d'environ 100 habitans. M. le comte Dupont, pair de France, est propriétaire d'une maison qui était autrefois seigneuriale.

Les productions du terroir de cette commune sont en grains, une partie est en prairies artificielles. M. Bocquet, maire du lieu, et son fils, y possèdent chacun un beau troupeau de mérinos de pure race. Vignely est sur la rive droite de la *Marne*, à 2 lieues un quart à l'O. de Claye, et 8 trois quarts à l'E. de Paris, par la grande route d'Allemagne. (Poste aux lettres de Meaux.)

VIGNEUX, petite commune, composée de diverses maisons dispersées, dans le département de Seine-et-Oise, arrondissement de Corbeil, canton de Boissy-Saint-Léger, ci-devant province de l'Ile de France, et diocèse de Paris. Sa population n'est que d'environ 90 habitans. L'église paroissiale a été démolie à l'époque de la révolution. Le parc de l'ancien château renferme d'assez belles pièces d'eau. Le château *Fraguier*, ancien fief, les fermes de *Noisy*, de *Rouvres*, et une maison dite la *Maison Blanche*, font partie de cette commune, dont les productions du terroir sont de peu de valeur.

Le centre de Vigneux est proche la rive droite de la Seine, à 2 lieues un quart au S. O. de Boissy-Saint-Léger, et distant de 5 au S. de Paris, par Villeneuve-Saint-Georges et la grande route de Lyon. (Poste aux lettres de Villeneuve-Saint-Georges.)

VIGNOLLES, château. *V.* GRETZ.

VIGNY, village, département de Seine-et-Oise, canton de Marines, ci-devant province de l'Ile de France, dans le Vexin, et diocèse de Rouen. Sa population est d'environ

450 habitans, avec le hameau *du Bordeau de Vigny*, sur la grande route de Paris à Rouen, où est un relais de la poste aux chevaux.

Le château de Vigny, entouré de fossés remplis d'eau vive, que le cardinal d'Amboise a fait bâtir, est remarquable par son antiquité. Madame la princesse de Rohan-Rochefort en est propriétaire. La terre avait le titre de comté.

Une maison pour deux sœurs de Charité a été fondée en ce lieu en 1735 par madame la duchesse de Ventadour.

Les grains forment la principale production du terroir, où l'on rencontre des carrières de pierre de rocher. Viguy est dans une vallée sur un ruisseau qui fait tourner un moulin à 2 lieues au S. de Marines, et 1 lieue trois quarts au N. de Meulan; sa distance de Paris est de 10 lieues au N. O., par la grande route de Rouen. (Poste aux lettres de Meulan.)

VILBERT, village, département de Seine-et-Marne, arrondissement de Coulommiers, canton de Rozay, ci-devant province de l'Ile de France, dans la Brie, et diocèse de Meaux. Sa population est d'environ 270 habitans.

Les productions de son terroir sont en grains, une partie est en bois. Ce village est à trois quarts de lieues à l'O.

de Rozay, et distant de 10 et demie vers le S. E. de Paris, par la route de Rozay. (Poste aux lettres de Rozay.)

VILLABÉ, village, département de Seine-et-Oise, arrondissement et canton de Corbeil, ci-devant province de l'Ile de France, et diocèse de Paris. Sa population est d'environ 400 habitans, y compris le hameau de *Ville-Oison* et partie de celui du *Moulin-Galant*, dans ce dernier est établie une filature de laine.

Le terroir de cette commune est en labour, prairies et vignes. Villabé est à trois quarts de lieue au S. de Corbeil, et distant de 7 lieues et demie au S. de Paris, par la route de Fontainebleau. (Poste aux lettres de Corbeil.)

VILLAINES, *Voyez* VILLENNES-SOUS-POISSY.

VILLAINES, hameau et maison de campagne. *V.* MASSY.

VILLAINES-EN-FRANCE, village, département de Seine-et-Oise, arrondissement de Pontoise, canton d'Ecouen, ci-devant province de l'Ile de France, et diocèse de Paris, dont la population est d'environ 150 habitans. Tout son terroir est en terres labourables.

Ce village est dans une plaine, à 1 lieue et demie au N. d'Ecouen, et distant de 6

au N. de Paris, par la chaussée de Viarmes, joignant auprès de Moisselles la grande route de Beauvais. (Poste aux lettres de Luzarches.)

VILLARCEAU, château. *Voyez* LÉSIGNY.

VILLARCEAU, hameau, château, et ancien prieuré de religieuses de l'ordre de Saint-Benoît. *Voyez* CHAUSSY.

VILLEBON, village, département de Seine-et-Oise, arrondissement de Versailles, canton de Palaiseau, ci-devant province de l'Ile de France, et diocèse de Paris, forme une commune de 6 à 700 habitans, avec les hameaux de *la Roche*, *des Casseaux*, *des Jelles* et de *Villiers*.

La terre de Villebon est une ancienne seigneurie et siége d'une haute, moyenne et basse justice. Le château, appartenant à madame la marquise de Pracontal, est situé à mi-côte; le parc, qui contient environ 150 arpens, est clos de murs et fermée en partie par la petite rivière d'*Yvette*.

Deux maisons de campagne se trouvent aux Casseaux, l'une à M. Joubert, et l'autre à M. Farmain de Sainte-Reine, une troisième est à la Roche.

Le terroir de cette commune est en terres labourables, en prairies et en vignes; on y recueille beaucoup de fruits. Il renferme des carrières de pierre de grès. Villebon est à une demi-lieue vers le S. E. de Palaiseau, près la rivière d'Yvette; sa distance de Paris est de 4 lieues et demie au S., par une chaussée joignant la grande route d'Orléans. (Poste aux lettres de Longjumeau.)

VILLEBOUZIN, hameau, et château. *V.* Longpont.

VILLECONIN, village, département de Seine-et-Oise, arrondissement et canton d'Etampes, ci-devant province de l'Ile de France, dans le Hurepoix, et diocèse de Chartres, forme une commune de 5 à 600 habitans, avec les hameaux et château de *Saudreville*, le hameau de *Fourchainville*, celui de *Montflix* en partie, le château et la ferme *du Fresne*, et autres habitations écartées sous diverses dénominations.

M. de Rotrou, maire de Villeconin, est propriétaire du château de Saudreville, et M. de Barville, chevalier de Saint-Louis, ancien officier aux gardes-françaises, de celui du Fresne, avec une ferme attenante et un parc jadis clos de murs.

Le vieux château de *la Grange* est aussi dans les dépendances de cette commune dont les productions principales du terroir sont en grains, une partie est en vignes et eu bois. On y trouve une tuilerie et deux fours à chaux.

Villeconin est situé dans une vallée à 2 lieues vers le N. d'Etampes, et 2 à l'E. de Dourdan; sa distance de Paris est de 10 lieues et demie au S., par différens chemins joignant la grande route d'Orléans. (Poste aux lettres d'Etrechy.)

VILLECRESNE, village, département de Seine-et-Oise, arrondissement de Corbeil, canton de Boisy-Saint-Léger, ci-devant province de l'Ile de France, et diocèse de Paris. Sa population est d'environ 600 habitans, en y comprenant les hameaux de *Cerçay*, *Bel-Air* dit *la Folie*, de *Montzard* et *du Bois-d'Autel*.

On rencontre à Villecresne plusieurs maisons de campagne, et on voit à Cerçay, autrefois annexe de cette paroisse, un château avec de superbes jardins dont MM. Bellart et Danguy sont propriétaires.

Le terroir de cette commune est en labour, en vignes et en bois. On y recueille beaucoup de fruits et on y trouve une tuilerie. Villecresne est à trois quarts de lieue au S. E. de Boissy-Saint-Léger, et 4 lieues trois quarts au S. E. de Paris, par Gros-Bois et la grande route de Troyes. (Poste aux lettres de Boissy-Saint-Léger.)

VILLE-D'AVRAY, village, département de Seine-et-Oise, arrondissement de Versailles, canton de Sèvres, ci-devant province de l'Ile de France, et diocèse de Paris. Sa population est d'environ 400 habitans.

La terre de Ville-d'Avray était autrefois seigneuriale, et fut érigée en baronie en faveur de M. Thierry de Ville-d'Avray, premier valet-de-chambre de Louis XVI, et intendant général du garde-meuble de la couronne; il se plut à embellir le chef-lieu de cette seigneurie, située dans la position la plus agreste, au milieu d'une vallée charmante : il y fit élever un vaste château élégamment construit et de nombreuses dépendances; il les entoura d'un beau parc, de parterres et de potagers magnifiques. Il fit tracer sur des dessins pittoresques une prairie animée par de belles eaux; elle se prolonge en suivant la vallée, et s'étend presque jusqu'à Sèvres; de très-jolies fabriques, une jolie ferme, une grange, dont la construction hardie rappelle l'ancienne halle au blé de la ville de Paris, furent aussi les fruits de ses loisirs.

Il est à remarquer que les diverses parties de cette propriété se communiquent par quatre ou cinq routes souterraines, qui dissimulent ainsi les routes environnantes qui les traversent; ce château est actuellement possédé par M. Boulard.

M. Thierry, fit bâtir l'église de Ville-d'Avray, qui est d'une architecture simple et noble, le village est environné de bois; on y trouve plusieurs maisons de campagne fort agréables, et une belle pépinière créée par M. Godefroy.

Les étangs de Ville-d'Avray, à la suite du village, sur la route de Versailles, sont les réservoirs qui alimentent les superbes eaux du parc de Saint-Cloud.

Celles de la fontaine nommée *la Fontaine du Roi*, et qui sortent de l'une des terrasses du château, sont d'une limpidité et d'une pureté si remarquables, qu'elles furent consacrées à l'usage habituel des anciens monarques, et servent encore aujourd'hui à celui de S. M. Louis XVIII.

Les productions principales du terroir de cette commune sont en bois, une partie est en vignes et en prairies. Le centre du village est à une demi-lieue au N. O. de Sèvres, et 2 lieues et demie à l'O. de Paris par Sèvres et la grande route de Versailles. (Poste aux lettres de Sèvres.)

VILLE-DEDON, hameau et maison de campagne. *Voyez* LE PERRAY-SAINT-PIERRE.

VILLE-DUBOIS (LA), village, département de Seine-et-Oise, arrondissement de Versailles, canton de Palaiseau, ci-devant province de l'Ile de France. et diocèse de Paris. Sa population est d'environ 800 habitans. Une partie du hameau de *la Grange aux Cercles*, sur la grande route de Paris à Orléans, est dans ses dépéndances.

On y distingue deux maisons par leur construction et leurs accessoires. M. Macé de Bagneux, maire du lieu, est propriétaire de celle dite la *Grande maison*, ci-devant fief.

La culture principale du terroir de cette commune est en vignes, une partie est en bois, et on y recueille beaucoup de fruits. La Ville-Dubois est à r lieue et demie au S. de Palaiseau, et distante de 5 et demie au S. de Paris, par la grande route d'Orléans. (Poste aux lettres de Linas.)

VILLE-EVRARD, château, ancien fief. *Voyez* NEUILLY-SUR-MARNE.

VILLEGAGNON, village, département de Seine-et-Marne, arrondissement de Provins, canton de Nangis, ci-devant province de l'Ile de France, dans la Brie, et diocèse de Meaux. Sa population est d'environ 150 habitans. Le hameau et la ferme de *Marchelong* en dépendent; on y voit les restes d'un ancien château, qui a été détruit.

Les productions de son terroir sont en grains, une petite partie est en bois. Le village de Villegagnon est à 5 lieues vers le N. E. de Nangis, et 4 vers le N. O. de Provins; sa distance de Paris est de 15 lieues entre l'E. et le S. E., par Rozay et la route qui passe à Tournan. (Poste aux lettres de Provins.)

VILLEGENIS, ferme, château démoli. *V.* MASSY.

VILLEJUIF, bourg, traversé par la grande route de Paris à Fontainebleau, département de la Seine, arrondissement de Sceaux, chef-lieu de canton, siége d'une justice de paix, et la résidence d'une brigade de gendarmerie; ci-devant province de l'Ile de France, et diocèse de Paris. Sa population est d'environ 1,400 habitans. La maison de campagne de *Gournay*, celle de *Mons-Ivry*, ancien fief, et deux auberges isolées, nommées le *Petit-Villejuif*, sur la route, en font partie.

Ce bourg est dans une belle situation, sur une éminence qui domine la plaine. La terre de Villejuif, autrefois seigneuriale, était le siége d'une haute, moyenne et basse justice, et d'un bailliage, qui ressortissait nuement au parlement de Paris. M. le comte de Saint-Romain, pair de France, est propriétaire du château, avec un parc dessiné par Le Nôtre.

Plusieurs maisons se font remarquer tant par leur site que par leurs accessoires, particulièrement celle de Gournay, entre les routes de Fontainebleau et Choisy. Une ferme est attenante. Les principales productions du terroir de cette commune sont en grains, une petite partie est en vignes. MM. Godefroy et Fleury possèdent deux carrières et fours à plâtre, d'une excellente qualité. Villejuif est à 1 lieue au N. E. de Sceaux et 1 et demie au S. de Paris. On compte 2 lieues de Poste. (Poste aux lettres de la banlieue, et relais de poste aux chevaux.)

VILLEJUST, village, département de Seine-et-Oise, arrondissement de Versailles, canton de Palaiseau, ci-devant province de l'Ile de France, et diocèse de Paris. Sa population est d'environ 400 habitans, y compris les hameaux de *la Poitevine*, *Fretay*, et deux maisons isolées.

La terre de Villejust était autrefois seigneuriale, et siége d'une haute, moyenne et basse justice. On y voit une maison de campagne composée de trois pavillons, dont l'un se trouve dans une très-belle position pour la vue. M. Pauquet, maire du lieu, en est propriétaire.

Ses principales productions sont en grains, une partie est en vignes. On y trouve des carrières de pierres de grès. Villejust est à 1 lieue au S. de Palaiseau, et distant de 5 au S. de Paris, par différens chemins joignant la grande route d'Orléans. (Poste aux lettres de Longjumeau.)

VILLE - L'ÉVÊQUE (LA), village, département d'Eure-et-Loir, arrondissement de Dreux, canton d'Anet, ci-devant province de l'Ile de France, dans le pays Chartrain, et diocèse de Chartres. Sa population est d'environ 100 habitans. La ferme, la tuilerie, avec un four à chaux de *la Fosse-Louvière*, en font partie.

Le château qui a été démoli est aujourd'hui remplacé par une petite maison de campagne que le propriétaire a fait bâtir. Le terroir de cette commune est en labour et en bois, une partie est en vigne. La Ville-l'Evêque est à 2 lieues à l'E. d'Anet, et 2 vers le N. de Houdan. Sa distance de Paris est de 15 lieues à l'O. par Houdan et la grande route de Brest. (Poste aux lettres de Houdan.)

VILLEMAIN, château. *V.* GRISY-SUINES.

VILLEMAREUIL, village, département de Seine-et-Marne, arrondissement de Meaux, canton de Crecy, ci-devant province de l'Ile de France, dans la Brie, et diocèse de Meaux. Sa population est d'environ 220 habitans, y compris le hameau de *Mimeanx*, et trois fermes écartées. L'ancien château a appartenu à madame la comtesse de Marsan, gouvernante des enfans de France.

Le ci-devant fief de *Brinches*, avec une chapelle sur une éminence, forme une maison de campagne appartenant à M. Brussel de Brulard, maire du lieu.

Les principales productions du terroir de cette commune sont en grains. Il existe près du hameau de Mimeaux une fontaine dite de *Saint-Fiacre*, dont les eaux, selon l'opinion publique, guérissent de la fièvre.

Le village de Villemareuil est à 2 lieues au S. E. de Meaux, et 12 à l'E. de Paris par Meaux et la grande route d'Allemagne. (Poste aux lettres de Meaux.)

VILLELOUVETTE, maison de campagne. *V.* EGLY.

VILLEMENON, château. *Voyez* SERVON.

VILLEMÉTRIE, hameau et maison de campagne. *Voyez* SENLIS.

VILLEMOISSON, village, département de Seine-et-Oise, arrondissement de Corbeil, canton de Longjumeau, ci-devant province de l'Ile de France, et diocèse de Paris. Sa population est d'environ 250 habitans.

La terre de Villemoisson était autrefois seigneuriale. M. le marquis de Bassompierre est propriétaire du château et du parc situés dans une vallée. Les jardins, arrosés par des eaux de sources du dehors, qui s'y communiquent, le sont

aussi par la rivière d'*Orge*, qui les bordent.

Ce village renferme quelques maisons que l'on distingue des autres par leur construction et leurs accessoires. Son terroir est partie en labour et partie en prairies. Il est à 1 lieue au S. E. de Longjumeau, et 5 et demie au S. de Paris, par la grande route d'Orléans. (Poste aux lettres de Longjumeau.)

VILLEMOMBLE, village, département de la Seine, arrondissement de Sceaux, canton de Vincennes, ci-devant province de l'Ile de France, et diocèse de Paris. Sa population est d'environ 450 habitans.

Ce village, situé près la forêt de Bondy, est remarquable par deux châteaux, dont l'un, qui appartient à M. Haller (de Berne), était le chef-lieu de la seigneurie, l'autre à M. Roy, membre de la Chambre des Députés, est nommé le château de *la Garenne*. Le parc de ce dernier contient 200 arpens clos de murs.

On y voit quelques maisons de campagne, du nombre desquelles se trouve l'ancien fief de *Launay*, possédé par M. de Girardot, chevalier de Saint-Louis, maire de Villemomble.

Les ermites du couvent de l'*Ermitage*, commune de *Draveil*, s'étant retirés à Villemomble au nombre de quatorze après la destruction de leur monastère, leur habitation, à l'époque de l'entrée des troupes alliées, en 1814, ayant été respectée, a servi de refuge à tous les habitans sans distinction, et ces religieux se sont fait un devoir de leur procurer tous les secours possibles, en sacrifiant tout ce qu'ils possédaient à leur soulagement. Le zèle de M. Caffin, leur supérieur, a été porté au point qu'il a succombé à ses fatigues dans cette malheureuse circonstance.

Le terroir de cette commune est en terres labourables, vignes, et bois. Villemomble est à 1 lieue à l'E. de Vincennes, et 2 et demie à l'E. de Paris, par une chaussée qui passe à Rosny et Montreuil. (Poste aux lettres de Bondy.)

VILLENAVOTTE, ancien fief. *V.* Bernay.

VILLENEUVE-EN-CHEVRIE (la), village, département de Seine-et-Oise, arrondissement de Mantes, canton de Bonnières, ci-devant province de l'Ile de France, et diocèse de Chartres. C'était un marquisat. Il forme, avec les hameaux et plusieurs maisons écartées, une commune d'environ 500 habitans.

Les principaux de ces hameaux sont *l'Aventure*, *la Marre des Plards*, *Cholet*, *les Grandes et Petites Tasses* et *le Vivier*.

Le château de *la Gastine*, dont M. le chevalier Absolut de la Gastine est propriétaire, se trouve à l'extrémité d'une plaine; il n'a rien de remarquable, si ce n'est une futaie, y adjacente, échappée à la dévastation révolutionnaire. Au bout du jardin est un petit bois bien percé en tout sens, dépendant de cette propriété, contigu au bois de Rosny.

Le terroir de cette commune est en labour et en bois; le village de la Villeneuve est à 1 lieue un quart au S. O. de Bonnières, 2 et demie à l'E. de Pacy-sur-Eure, et 3 et demie à l'O. de Mantes; sa distance de Paris est de 15 lieues et demie entre l'O. et le N. O., par la grande route de Caen. (Poste aux lettres de Bonnières.)

VIILLENEUVE-LA-GARENNE, hameau et deux maisons de campagne. *V.* Gennevilliers.

VILLENEUVE-LA-HURÉE, village, département de Seine-et-Marne, arrondissement de Coulommiers, canton de Rozay, ci-devant province de l'Ile de France, dans la Brie, et diocèse de Meaux. Sa population est d'environ 100 habitans. Les productions de son terroir sont en grains.

Ce village est à 1 lieue au N. E. de Rozay, et 12 entre l'E. et le S. E. de Paris par Rozay et la route qui passe à Tournan. (Poste aux lettres de Rozay.)

VILLENEUVE-LE-COM-TE, village, département de Seine-et-Marne, arrondissement de Coulommiers, canton de Rozay, ci-devant province de l'Ile de France, dans la Brie, et diocèse de Meaux. Sa population est d'environ 700 habitans. Le château de *la Pointe* en fait partie.

Il se tient, en ce lieu, une foire tous les ans, le 14 septembre. Les principales productions de son terroir sont en grains et en bois qui font partie de la forêt de Crecy. Villeneuve-le-Comte est à 1 lieue trois quarts au S. O. de Crecy, et 4 lieues au N. O. de Rozay; sa distance de Paris est de 8 lieues un quart à l'E. par Croissy-Beaubourg et une chaussée qui passe au pont de Saint-Maur. (Poste aux lettres de Crecy.)

VILLENEUVE-LE-ROI, village, département de Seine-et-Oise, arrondissement de Corbeil, canton de Longjumeau, ci-devant province de l'Ile de France, et diocèse de Paris. Sa population est d'environ 450 habitans.

Ce village est dans une belle situation, sur une hauteur peu éloignée de *la Seine*, où les eaux de sources sont très-abondantes. Le beau château dont dépendait un parc de 350 arpens a été démoli, à l'exception d'un pavillon remarquable par sa construction et ses superbes points de vue.

Parmi quelques maisons de campagne, on distingue celle de M. Raguet-l'Épine. Les productions du terroir de cette commune sont en grains, une partie est en vignes. Villeneuve-le-Roi est à une demi-lieue à l'O. de Villeneuve-St.-Georges, et 2 lieues un quart au N. E. de Longjumeau; sa distance de Paris est de 3 lieues un quart au S. par une route qui passe à Choisy-le-Roi. (Poste aux lettres de la banlieue.)

VILLENEUVE-LE-ROI (LA), village, département de l'Oise, arrondissement de Beauvais, canton de Méru, ci-devant province de l'Ile de France, et diocèse de Beauvais. Sa population est d'environ 400 habitans. Les principales productions de son terroir sont en grains, une partie est en prairies artificielles et en bois.

Ce village est à 1 lieue à l'O. de Méru, et 12 et demie entre le N. et le N. O. de Paris par Hénonville et l'ancienne route de Beauvais à Pontoise, et de Pontoise par la grande route de Rouen. (Poste aux lettres de Méru.)

VILLENEUVE-SAINT-DENIS, village, département de Seine-et-Marne, arrondissement de Coulommiers, canton de Rozay, ci-devant province de l'Ile de France, dans la Brie, et diocèse de Paris.

Sa population est d'environ 320 habitans. Le château de *la Guette* et plusieurs fermes isolées en font partie.

Son terroir est en terres labourables, une grande partie est en bois. Ce village est à 2 lieues et demie au S. O. de Crecy, et 4 et demie au N. O. de Rozay; sa distance de Paris est de 7 lieues et demie à l'E. par Croissy-Beaubourg et une chaussée qui passe au Pont de Saint-Maur. (Poste aux lettres de Crecy.)

VILLENEUVE - SAINT - GEORGES, bourg, département de Seine-et-Oise, arrondissement de Corbeil, canton de Boissy - Saint - Léger, ci-devant province de l'Ile de France, et diocèse de Paris. Sa population est de 900 à 1,000 habitans.

Ce bourg, dans une belle situation, sur la rive droite de *la Seine*, où la petite rivière d'*Yerres* se joint, est traversé par la grande route de Paris à Lyon. On y voit plusieurs maisons de campagne, parmi lesquelles on distingue celle dite le *Château de Beauregard*, dont M. Chesnel-Larossière, maire du lieu, est propriétaire. M. le comte Vernier de Montorient, pair de France, qui l'a habité, en a fait une description dont voici l'extrait :

« Ce château, placé sur une montagne, aux deux tiers de sa hauteur, domine le vaste bassin de la Seine, embellit de tout ce que l'art et la nature ont de plus séduisant.

» Au dessous et au midi de cette habitation, ce fleuve forme un cercle convexe, qui, par des détours multipliés, se prolonge de droite et de gauche à plus de deux lieues de distance, sans rien dérober à l'œil de ses sinuosités.

» Plus loin, au delà du fleuve, est une immense et fertile plaine, terminée par des coteaux qui forment un demi-cercle concave très - allongé. Ces coteaux, couronnés par des vignes, des forêts, des parcs, des jardins, des allées symétriques, des châteaux, des moulins et des villages sans nombre, fixent et terminent agréablement la vue.

» De cette habitation on découvre les dômes, les tours et autres grands édifices de la capitale, les montagnes de Montmartre, du Calvaire, et, du côté opposé, l'antique fanal de Mont-Lhéry.

» Quoique très - élevé, ce château jouit de l'avantage inappréciable d'avoir, même dans les sécheresses, des eaux abondantes, limpides, salubres et toujours fraîches. Elles alimentent non seulement le château, mais encore la ferme et ses dépendances, font jouer deux jets d'eau, et retombent ensuite par cascades dans une rivière anglaise.

» Le parc, d'une assez grande étendue, communique au jardin et fait le principal ornement de l'habitation : il est planté, par intervalles, d'arbustes qui forment des berceaux, d'arbres fruitiers, de vignes, et couvert d'un bois percé par de grandes allées et de nombreux sentiers en forme de labyrinthe. »

La maison de madame veuve Jolly - Delatour , n'est pas moins remarquable par ses jardins, cultivés à la manière de Montreuil, et enrichis des plus beaux fruits. Une terrasse élevée à grands frais sur les eaux, et qui forme un angle à la jonction de la petite rivière d'Yerres à la Seine, se fait admirer tant par les arbres à haute tige dont elle est couverte, que par la vue d'un paysage d'une immense étendue.

Sur le bord de la Seine, existent plusieurs ports et gares, où arrivent les bateaux chargés de vins, eaux-de-vie, bois et autres marchandises pour l'approvisionnement de Paris.

A l'extrémité septentrionale de Villeneuve-Saint-Georges, est un établissement considérable de raffinerie de sucre, appartenant à M. Cottreau. Les productions du terroir de cette commune sont en grains, une partie est en vignes et prairies. La rivière d'Yerres fait tourner un moulin. Une tuilerie se trouve dans les dépendances du château. Ce bourg est à 1 lieue un quart au S. O. de

Boissy-Saint-Léger, et 1 vers le S. de Choisy-le-Roi ; sa distance de Paris est de 4 lieues vers le S. E. par la route de Lyon. On compte 4 lieues et demie de poste. (Bureau de poste aux lettres et relais de poste aux chevaux. On y trouve des voitures publiques tous les jours pour Paris.)

VILLENEUVE - SAINT-MARTIN (LA), village, traversé par la grande route de Paris à Rouen , département de Seine-et-Oise , arrondissement de Pontoise, canton de Marines , ci-devant province de l'Ile de France, dans le Vexin, et diocèse de Rouen. Sa population est d'environ 150 habitans.

Tout son terroir est en terres labourables. Ce village est dans une plaine, à 2 lieues au S. de Marines, 2 vers l'O. de Pontoise ; sa distance de Paris est de 9 lieues au N. O. par la route de Rouen. (Poste aux lettres de Pontoise.)

VILLENEUVE - SOUS - DAMMARTIN, village, traversé par la grande route de Paris à Soissons, département de Seine-et-Marne, arrondissement de Meaux, canton de Dammartin, ci - devant province de l'Ile de France, et diocèse de Meaux. Sa population est d'environ 400 habitans. La ferme de *Stains* en fait partie.

M. le duc de Brissac, pair

de France, est propriétaire du château. Le parc, bien distribué, est traversé par la petite rivière de *Beuvronne*, qui prend sa source un peu plus haut. Ce n'est encore à Villeneuve qu'un simple ruisseau, mais une source très-abondante, renfermée dans le parc, y forme une jolie rivière, qui, après l'avoir arrosé entièrement, se réunit à la Beuvronne.

Presque tout le terroir de cette commune est en terres labourables, une petite partie est en prairies. Villeneuve est à trois quarts de lieue au S. O. de Dammartin, et distant de 7 lieues un quart au N. E. de Paris par la route de Soissons. (Poste aux lettres de Dammartin.)

VILLENEUVE - SOUS-THURY, village, département de l'Oise, arrondissement de Senlis, canton de Betz, ci-devant province de l'Ile de France, et diocèse de Meaux. Sa population est d'environ 120 habitans. Les principales productions de son terroir sont en grains.

Ce village est à 1 lieue et demie vers l'O. de la Ferté-Milon, et 2 lieues à l'E. de Betz; sa distance de Paris est de 15 lieues et demie au N. E., par Betz, Nanteuil-le-Haudouin et la grande route de Soissons. (Poste aux lettres de la Ferté-Milon.)

VILLENEUVE-SUR-AU-VERS, village, département de Seine-et-Oise, arrondissement d'Etampes, canton de la Ferté-Alais, c-idevant province de l'Ile de France, et diocèse de Sens. Sa population est d'environ 280 habitans, avec une portion du hameau du *Mesnil-Racoin*.

Son terroir est en terres labourables, une partie est en vignes. Ce village est à 2 lieues à l'O. de la Ferté-Alais, 2 au N. E. d'Etampes, et 10 trois quarts au S. de Paris, par la grande route d'Orléans. (Poste aux lettres d'Etrechy.)

VILLENEUVE-SUR-VER-BERIE, village traversé par la grande route de Paris à Compiègne, département de l'Oise, arrondissement de Senlis, canton de Pont-Sainte-Maxence, ci-devant province de l'Ile de France, et diocèse de Beauvais. Sa population est d'environ 220 habitans. C'était autrefois un comté.

Il est à remarquer que dans ce village, ni aux alentours, il n'existe aucun puits, et que l'eau nécessaire à l'usage des habitans, ne provient que d'une fontaine dite de *Saint-Barthemy*, à l'entrée de la forêt d'*Hallate*, dans une contrée dite *le Bergamin*, et d'une autre fontaine découverte nouvellement par M. Delaunay, maire du lieu.

Les principales productions de son terroir sont en grains.

On y tire de la glaise. Le village de Villeneuve est à 1 lieue un quart au S. de Verberie, et 1 trois quarts au S. E. de Pont-Sainte-Maxence; sa distance de Paris est de 12 lieues trois quarts vers le N. E., par la route de Compiègne. On compte 14 lieues de poste. (Relais de poste aux chevaux. Le bureau de la poste aux lettres est à Verberie.)

VILLENNES-SOUS-POISSY, village, département de Seine-et-Oise, arrondissement de Versailles, canton de Poissy, ci-devant province de l'Ile de France, et diocèse de Chartres. Sa population est d'environ 450 habitans, avec le hameau de *la Clémenterie*, et partie de celui de *Breteuil*, l'ancien fief de *Migneaux*, et une maison de campagne nommée *Hacqueville*.

La terre de Villennes était l'une des plus belles des environs de Paris, celles *d'Orgeval* et de *Medan* étaient dans ses dépendances; mais M. le président Gilbert de Voisins, devenu victime des fureurs révolutionnaires, elle fut divisée et vendue. Alors M. le vicomte d'Osmond, son gendre, dont la fortune ne lui permettait plus d'entretenir la masse énorme des bâtimens qui formaient le château, s'est retiré dans ceux de la basse-cour où il a fait construire une jolie maison et distribué les jardins sur les dessins les plus

agréables dans un parc qui borde la *Seine*.

Le ci-devant fief de Migneaux, appartenant à M. Labat, est également un château remarquable par sa construction, sa position et ses points de vue charmans et pittoresques le long de la Seine. On y découvre toute la ville de Poissy et les villages des alentours. Le parc, qui contient environ 100 arpens est bien planté et entrecoupé de ruisseaux qui forment plusieurs bassins, dont les eaux se réunissant à peu de distance de là, font tourner un moulin.

Le terroir de cette commune est presque tout en vignes; une petite partie est en prairies et en terres labourables. On y recueille beaucoup de fruits. Villennes est sur la rive gauche de la Seine, à 1 lieue à l'O. de Poissy, et distant de 6 à l'O. de Paris, par une chaussée joignant la petite route de Mantes qui passe à Saint-Germain-en-Laye. (Poste aux lettres de Poissy.)

VILLENOY, village, département de Seine-et-Marne, arrondissement et canton de Meaux, ci-devant province de l'Ile de France, dans la Brie, et diocèse de Meaux. Sa population est d'environ 400 habitans. Le domaine de *Rutel*, ancien fief, en fait partie.

Ce village n'a rien de remarquable, si ce n'est deux

maisons de campagne ; mais le domaine de Rutel est intéressant à connaître sous divers rapports. On y voit les restes du château *des Dormans*, où Henri IV tenait son quartier - général lorsque ce prince reçut les hommages de la ville de Meaux, dont la députation lui fut ensuite présentée à Dammartin.

Ce séjour simple réunit à l'intérêt de ce grand souvenir, celui qu'inspire naturellement un site embelli par les eaux vives qui l'arrosent en tous sens, et les masses d'ombre antique dont il se couronne.

Il est sur-tout important par l'excellence de ses pâturages, qui ont assuré à ses divers propriétaires la réputation des fromages de Brie, et procurent encore au propriétaire actuel la jouissance d'un troupeau de moutons indigènes, amélioré sous les auspices du célèbre d'Aubenton, le plus ancien troupeau en ce genre, et l'unique peut-être qui soit parvenu au point de rivaliser, en branche comme en finesse, les plus belles races étrangères. Ce domaine appartient à M. Petit de la Motte.

· Les productions du terroir de cette commune sont en grains, une partie est en vignes. Villenoy est sur la rive droite de la *Marne*, à trois quarts de lieue au S. O. de Meaux, et 9 lieues et demie à l'E. de Paris, par Trilbardou

et la grande route d'Allemagne. (Poste aux lettres de Meaux.)

· VILLEPARISIS, village, département de Seine-et-Marne, arrondissement de Meaux, canton de Claye, ci - devant province de l'Ile de France, et diocèse de Paris. Sa population est d'environ 550 habitans.

Il est traversé par la grande route de Paris en Allemagne. On y voit un château, dont M. le marquis d'Orvilliers, pair de France, est propriétaire, et plusieurs maisons de campagne, parmi lesquelles on distingue celle de madame Michaut de Saint-Pierre.

Une autre maison de campagne dite *Morfondé*, fait aussi partie de cette commune ; le château de *Monsaigle* a été démoli.

Les principales productions du terroir sont en grains, une partie est en prairies et bois. Le canal de l'*Ourcq* en fait la limite à son extrémité septentrionale. Villeparisis est à 1 lieue et demie à l'O. de Claye, et 5 au N. E. de Paris, par la route d'Allemagne désignée ci-dessus. (Poste aux lettres de Livry.)

VILLEPATOUR, château. *Voyez* PRESLES-LES-TOURNAN.

VILLEPESQUE, ferme, ancien château. *V.* LIEUSAINT.

VILLEPINTE, village, département de Seine-et-Oise, arrondissement de Pontoise, canton de Gonesse, ci-devant province de l'Ile de France, et diocèse de Paris. Sa population est d'environ 300 habitans. On y voit un château et quelques maisons de campagne.

Les principales productions de son terroir sont en grains. Ce village est à 1 lieue et demie à l'E. de Gonesse, et distant de 4 au N. E. de Paris, par une chaussée joignant la grande route d'Allemagne près Pantin. (Poste aux lettres de Livry.)

VILLEPREUX, bourg, département de Seine-et-Oise, arrondissement de Versailles, canton de Marly-le-Roi, ci-devant province de l'Ile de France, et diocèse de Paris. Sa population est d'environ 800 habitans, la maison de campagne du *Valjoyeux*, et quelques autres habitations écartées en font partie.

Ce bourg, situé dans une vallée, était autrefois une ville murée, avec quatre portes. La terre avait le titre de comté, et était le siége d'une prévôté. Le château, qui a été possédé par les comtes de Villepreux, n'est plus qu'une maison de campagne appartenant à M. le chevalier Merlin, agent de change.

La maison du Valjoyeux se fait remarquer par les eaux renfermées dans un beau parc et par de belles avenues. MM. Collas frères, qui en sont propriétaires, le sont aussi d'une autre maison à Villepreux dans laquelle il vient d'être établi une filature de laine et fabrique de mérinos.

Parmi les habitations isolées, se trouve une papéterie ; le ruisseau de *Gally* fait tourner deux moulins. Les grains sont la principale production du terroir. Villepreux est à 2 lieues vers l'O. de Versailles, 1 trois quarts au S. O. de Marly-le-Roi, et distant de 5 et demie à l'O. de Paris, par la route de Maule qui passe à Rocquencourt. (Poste aux lettres de Versailles.)

VILLERAY, ancien fief. *Voy.* SAINT-PIERRE-DU-PERRAY.

VILLERON, village, département de Seine-et-Oise, arrondissement de Pontoise, canton de Luzarches, ci-devant province de l'Ile de France, et diocèse de Paris. Sa population est d'environ 250 habitans. La ferme de *Vaulerent* en fait partie.

A l'une des extrémités de ce village, est un vieux château situé en belle vue. Le parc qui en dépend est assez considérable et bien planté, le dessin en est grand et bien exécuté, il présente des sites rians et pittoresques, une partie est à l'anglaise et l'autre à la française, ces deux parties, dont l'ensemble est naturellement et parfaitement . lié, produisent d'heureuses oppositions et de beaux effets.

On remarque une belle pelouse devant le château, une vaste prairie formée dans un joli vallon bordé de bois, des massifs placés avec art, et composés d'arbres verds et exotiques des plus belles espèces. Le propriétaire, M. le baron Roger, maire de la commune, ami des arts et de la belle nature, se plaît à imprimer dans toutes les parties de ces lieux un caractère analogue à cet heureux goût.

La ferme de Vaulerent est très - considérable, la grange a été formée d'un ancien temple de l'ordre des Templiers, la tour qui servait de clocher, ainsi que l'édifice, sont assez bien conservés.

On fabrique à Villeron des dentelles noires et blanches. Les principales productions du terroir sont en grains.

M. Ducrocq, fermier de la ferme du château, entretient un troupeau de moutons de pure race d'Espagne. Ce village est à trois quarts de lieue au N. E. de Louvres, et 2 et demie au S. de Luzarches; sa distance de Paris est de 6 lieues un quart au N. E., par Louvres et la grande route de Flandre. (Poste aux lettres de Louvres.)

VILLEROY, village, département de Seine-et-Marne, arrondissement de Meaux, canton de Claye, ci-devant province de l'Île de France, dans la Brie, et diocèse de Meaux. Sa population est d'environ 400 habitans. Madame la baronne de Baulny est propriétaire du château, ci-devant fief d'*Héronville*. Le principal domaine de Villeroy, autrefois seigneurial, appartient à M. le chevalier Prousteau de Mont - Louis, ancien lieutenant-général de l'amirauté de France.

Les productions du terroir de cette commune sont en grains. Le village de Villeroy est à 2 lieues au N. E. de Claye, et 8 et demie à l'E. de Paris, par Charny et la grande route d'Allemagne. (Poste aux lettres de Meaux.)

VILLERS, hameau et jolie maison de campagne. *Voyez* AULNOY.

VILLERS, ancienne annexe. *Voyez* ORMOY-VILLERS.

VILLERS - COTTERETS, petite ville, département de l'Aisne, arrondissement de Soissons, chef - lieu de canton, siége d'une justice de paix et la résidence d'une brigade de gendarmerie, ci-devant province de l'Ile de France, dans le Valois, et diocèse de Soissons. Sa population est d'environ 2,400 habitans. La ci-devant abbaye de *Saint-Remy*, qui était de religieuses de l'ordre de Saint-Benoît est dans ses dépendances.

Cette ville renfermait aussi une abbaye d'hommes de l'ordre de Prémontré, dont l'abbé et les religieux desservaient la paroisse. Elle est traversée par la grande route de Paris à Soissons, et entourée en grande partie par la forêt de *Rets*, d'où dérive le nom de *Villers-Cotterets*. On y voit un ancien château bâti sous le règne de François Ier, avec un parc clos de murs, qui fait partie des domaines de M. le duc d'Orléans.

Ce château qui, avant la révolution, ne représentait au dedans et au dehors que le faste et la grandeur du prince qui l'habitait trois mois de l'année, sert aujourd'hui d'asile à la pauvreté et à la misère par l'établissement d'un dépôt de mendicité du département de la Seine.

Villers-Cotterets, dans l'ancien régime, était le siége d'un bailliage royal, d'une maîtrise particulière des eaux et forêts et d'une capitainerie des chasses. L'hôpital subsiste sous le nom d'hospice civil.

Sur la place du marché est une belle fontaine dont la source se trouve dans la partie de la forêt vers Compiègne. Il s'y tient quatre foires par année, la première le Jeudi Saint; la deuxième l'avant-veille de l'Ascension; la troisième le 20 septembre, et la quatrième le 7 décembre. Le marché est le jeudi de chaque semaine. Le commerce de bois est très-considérable, principalement pour l'approvisionnement de Paris. Les productions du terroir sont en grains.

Cette ville est à 2 lieues au N. de la Ferté-Milon, 6 au S. E. de Compiègne, et 6 au S. O. de Soissons; sa distance de Paris est de 17 lieues au N. E., par la route de Soissons. On compte 19 lieues de poste. (Bureau de poste aux lettres, relais de poste aux chevaux, et voitures publiques tous les jours pour Paris.

VILLERS–EN–ARTHIS, village, département de Seine-et-Oise, arrondissement de Mantes, canton de Magny, ci-devant province de l'Ile de France, dans le Vexin, et diocèse de Rouen. Sa population est d'environ 500 habitans, en y comprenant les hameaux qui y sont adjacens; ceux de *la Goulée*, *la Villeneuve*, *du Tremblay*, *de Chaudray* et autres habitations écartées.

M. Roger-de-Villers, ancien président de la Cour des aides de Paris, est propriétaire du château qui est assez considérable, avec un beau parc; une ancienne tour dite de la *Reine-Blanche*, en fait partie.

Le terroir de cette commune est en labour, bois, friches et bruyères. On y trouve une tuilerie. Villers est à 2 lieues vers le S. O. de Magny, et 2 un quart au N. de Mantes; sa distance de Paris est de 14 lieues et demie vers le S. O., par la grande route de Rouen. (Poste aux lettres de Bonnières.)

VILLERS-LES-RIGAUX, ancienne paroisse. *V*. CONGIS.

VILLERS-SAINT-FRAM-BOURG, village, département de l'Oise, arrondissement et canton de Senlis, cidevant province de l'Ile de France, et diocèse de Senlis. Sa population est d'environ 500 habitans. Les productions de son terroir, entouré en partie par la forêt d'*Hallate*, sont en grains.

Ce village est dans un fond, à 1 lieue trois quarts vers le N. de Senlis, et 10 trois quarts entre le N. et le N. E. de Paris, par la route de Compiègne et ensuite celle de Flandre qui passe à Senlis. (Poste aux lettres de Senlis.)

VILLERS - SAINT - GE-NEST, village, département de l'Oise, arrondissement de Senlis, canton de Betz, ci-devant province de l'Ile de France, et diocèse de Meaux. Sa population est d'environ 250 habitans. Les principales productions de son terroir sont en grains.

Ce village est à 1 lieue vers l'O. de Betz, et 2 à l'E. de Nanteuil-le-Haudouin; sa distance de Paris est de 13 lieues

au N. E., par Nanteuil - le-Haudouin et la grande route de Soissons. (Poste aux lettres de Nanteuil-le-Haudouin.

VILLERS-SAINT-PAUL, village, département de l'Oise, arrondissement de Senlis, canton de Creil, ci-devant province de l'Ile de France, et diocèse de Beauvais. Sa population est d'environ 400 habitans.

La terre de Villers - Saint-Paul était autrefois seigneuriale. Le château, dont M. le vicomte Alexandre de Ségur est propriétaire, a été habité par M. de Sartine, et reconstruit par les ordres de M. Randon de la Tour, ancien trésorier de la maison du Roi. Il est situé dans une île que forme la rivière de *Brèche*. On y voit de belles plantations d'arbres choisis.

Les principales productions du terroir de cette commune sont en grains, une partie est en prairies. Il renferme plusieurs carrières de pierre à bâtir; la Brèche y fait tourner trois moulins.

Villers-Saint-Paul est à trois quarts de lieue vers le N. de Creil, et 11 lieues et demie au N. de Paris, par Creil et la grande route d'Amiens. (Poste aux lettres de Creil.)

VILLERS-SAINT-SÉ-PULCRE, village, département de l'Oise, arrondissement de Beauvais, canton de Noailles, ci-devant province de l'Ile de France, et diocèse de Beauvais. Sa population est d'environ 450 habitans, avec les hameaux de *Fresnoy*, *Hez*, *Mansilly*, et *du Planquier*. On y distingue une maison qui était jadis un prieuré commendataire de l'ordre de Saint-Benoît; l'église a été démolie.

Le terroir de cette commune est en labour, prés et marais, une petite partie est en vignes et en bois. La rivière du *Thérain* fait tourner un moulin.

Le village de Villers est à 1 lieue vers le N. de Noailles, et 2 trois quarts au S. E. de Beauvais; sa distance de Paris est de 14 lieues vers le N., par Noailles et la grande route de Beauvais. (Poste aux lettres de Noailles.)

VILLERS - SOUS - SAINT-LEU, village, département de l'Oise, arrondissement de Senlis, canton de Creil, cidevant province de l'Ile de France, et diocèse de Beauvais. Sa population est d'environ 300 habitans.

La terre de Villers est une ancienne seigneurie. Madame de Mascrany-de-Château-Chinon, ex-chanoinesse, est propriétaire du château, d'une belle construction, et le parc, qui contient 50 arpens, renferme une belle source d'eau vive.

Ses productions principales sont en grains, une partie est en vignes et en bois. On y trouve de très-belles carrières. M. Legrain, maire du lieu, y possède un beau troupeau de mérinos de pure race.

Ce village est près la rive droite de l'*Oise*, à 1 lieue trois quarts au S. O. de Creil, et distant de 10 au N. de Paris, par Precy, Viarmes, et une chaussée joignant près Moisselles la grande route de Beauvais. (Poste aux lettres de Creil.)

VILLERS-SUR-TRIE, village, département de l'Oise, arrondissement de Beauvais, canton de Chaumont-Oise, cidevant province de l'Ile de France, dans le Vexin, et diocèse de Rouen. Sa population est d'environ 260 habitans; il n'a d'autre dépendance qu'une maison isolée, dite de *Saint-Sulpice*.

Son terroir est en labour, une partie est en bois. Ce village est à 1 lieue au N. E. de Gisors, et 1 lieue trois quarts vers le N. O. de Chaumont; sa distance de Paris est de 16 lieues et demie au N. O. par Gisors. (Poste aux lettres de Gisors, département de l'Eure.)

VILLETANEUSE, village, département de la Seine, arrondissement et canton de Saint-Denis, ci-devant province de l'Ile de France, et diocèse de Paris. Sa population est d'environ 300 habitans. Les maisons isolées dites du *Vergalant*, et partie de celles nommées *le Tems-Perdu*, en font partie.

Ce village, situé à l'extrémité de la plaine de Saint Denis, est divisé en deux parties inégales, dans l'une desquelles, qui est la plus petite, se trouvent l'église paroissiale, et un château autrefois seigneurial, appartenant à madame Lesage.

Ce château est divisé en deux parties, l'une nommée le grand château et l'autre le petit château, entourés de larges fossés remplis d'eau vive. Le parc qui en dépend est orné de belles charmilles couvertes, séparées par une grande pièce d'eau.

La culture principale du terroir est en vignes et légumes de toute espèce; il renferme plusieurs carrières et fours à plâtre. Villetaneuse est à trois quarts de lieue au N. de Saint-Denis, et 2 lieues trois quarts au N. de Paris, par une chaussée joignant la grande route de Rouen, qui passe à Saint-Denis. (Poste aux lettres de Saint-Denis.)

VILLETERTRE (LA), village, département de l'Oise, arrondissement de Beauvais, canton de Chaumont-Oise, ci-devant province de l'île de France, dans le Vexin, et diocèse de Rouen. Sa population est d'environ 350 habitans, avec les hameaux de *Bas-Chaumont* et *Romesnil*.

La terre de la Villetertre, autrefois seigneuriale, était le siége d'une haute, moyenne et basse justice. Le château, appartenant à madame Descourtils-de-Balleu, est dans un site très-agréable. Le parc renferme des vestiges d'une ancienne forteresse.

Les principales productions du terroir de cette commune sont en grains, une partie est en bois. La Villetertre est à 2 lieues vers le S. de Chaumont, et distant de 12 au N. O. de Paris par Chars et la route de Gisors. (Poste aux lettres de Chaumont-Oise.)

VILLETTE, village, département de Seine-et-Oise, arrondissement et canton de Mantes, ci-devant province de l'Ile de France, et diocèse de Chartres. Sa population est d'environ 500 habitans, avec les hameaux de *Garé*, *Leuze*, et les habitations écartées dites de *Chavanne* et *Château-Gaillard*.

Le terroir est en labour, en prairies, en vignes, et en bois. Le ru de *Vaucouleurs* fait tourner trois moulins à farines et un à tan. Ce village est près la chaussée de Mantes à Houdan, à 2 lieues au S. de Mantes, et 3 vers l'O. de Maule; sa distance de Paris est de 12 lieues vers l'O. par Maule et la route qui passe à Rocquencourt. (Poste aux lettres de Mantes.)

VILLETTE, château. *V.* CONDÉCOURT.

VILLETTE, château. *V.* LE PLESSIS-VILLETTE.

VILLETTE (LA), village, département de la Seine, arrondissement de Saint-Denis, canton de Pantin, ci-devant province de l'Ile de France, et diocèse de Paris. Sa population est d'environ 1,700 habitans. Les religieuses de l'Ordre de Saint-Augustin y avaient un couvent.

Ce village est traversé par la grande route de Paris en Flandre. Le hameau de la *petite Villette*, qui en fait partie, est aussi traversé par celle d'Allemagne, et c'est entre ces deux routes que l'on voit le superbe bassin qui reçoit les eaux du canal de l'*Ourcq*, pour se communiquer dans l'intérieur de Paris, alimenter de nouvelles fontaines et un certain nombre de réservoirs destinés au nettoiement des rues, des égoûts, et en général à fournir de nouveaux moyens d'embellir cette capitale, et d'en rendre le séjour plus salubre.

Ce bassin est non seulement remarquable par son étendue, qui a 350 toises de long sur 56 de large, mais encore par les belles plantations qu'on y a faites des deux côtés ; ce qui forme l'une des plus jolies promenades des alentours de Paris. Les guinguettes anciennes et nouvelles y sont très-fréquentées les dimanches et fêtes.

Il se fait à la Villette, comme à Bercy, un commerce important en vins, eaux-de-vie et vinaigres.

On trouve à la petite Villette une fabrique d'apprêts de boyaux de bœuf à l'usage des charcutiers : elle est la seule qui existe en ce genre dans les environs de Paris. Les principales productions du terroir de cette commune sont en grains. La Villette est à l'extrémité septentrionale de Paris, joignant les barrières. (Poste aux lettres de la banlieue.)

VILLEVAUDÉ, village, département de Seine-et-Marne, arrondissement de Meaux, canton de Claye, ci-devant province de l'Ile de France, dans la Brie, et diocèse de Meaux. Sa population est d'environ 700 habitans, y compris les hameaux de *Montjay* et de *Bordeaux*.

L'église de cette paroisse et le presbytère sont isolés. On y voit deux châteaux dans une fort belle situation sur une éminence ; l'un appartient à M. de Conantre, maire du lieu, et l'autre à M. le président Merault.

Le hameau de Montjay, plus élevé, est remarquable par la fameuse et ancienne *tour* de ce nom, d'où relevaient un grand nombre de fiefs, et par une maison de campagne à M. Dupré.

Plus bas est le hameau de Bordeaux, où il existe aussi une maison de campagne qui représente une solitude charmante, tant par sa position que par les côteaux en amphithéâtre qui l'environnent. M. le baron Percy, qui en est propriétaire, y entretient un troupeau de mouton qu'il a fait venir d'Espagne.

Le terroir de cette commune est varié en terres labourables, vignes et bois ; beaucoup d'arbres fruitiers, plusieurs carrières et fours à plâtre.

Le village de Villevaudé est à 1 lieue au S. O. de Claye, et distant de 6 à l'E. de Paris, par la route de Coulommiers. (Poste aux lettres de Claye.)

VILLIERS, château et ancienne abbaye de religieuses de l'ordre de Cîteaux V. CERNY.

VILLIERS, château. Voyez MANTES-LA-VILLE.

VILLIERS, ancien fief. V. POISSY.

VILLIERS-ADAM, village, département de Seine-et-Oise, arrondissement de Pontoise, canton de l'Ile-Adam, ci-devant province de l'Ile de France, et diocèse de Paris. Sa population est d'environ 400 habitans. Les principales productions de son terroir sont en grains. Il renferme deux carrières de pierre à plâtre.

Ce village est près la forêt de l'Ile-Adam, à 1 lieue et demie au S. de l'Ile-Adam, et distant de 6 au N. de Paris par la route de Saint-Leu-Taverny. (Poste aux lettres de Pontoise.)

VILLIERS-EN-BIÈRE, petit village, département de Seine-et-Marne, arrondissement et canton de Melun, cidevant province de l'Ile de France, et diocèse de Sens. Sa population n'est que d'environ 80 habitans.

Le château du Bréau, entouré de fossés de trois côtés remplis d'eau vive, dont M. de Chatauvillard est propriétaire, fait partie de cette commune, ainsi que celui de Fortoiseau, qui a appartenu à M. Georges Whitelocke. Ces deux domaines, contigus l'un à l'autre et entourés de bois, sont situés entre la route de Paris à Fontainebleau et celle de Corbeil à Melun.

Les grains sont la principale production du terroir. Ce village, peu éloigné de la route de Fontainebleau, est à 1 lieue et demie au S. O. de Melun, et distant de 11 au S. E. de Paris par cette route. (Poste aux lettres de Ponthierry.)

VILLIERS-EN-DESSOEUVRES, bourg, département de l'Eure, arrondissement d'Evreux, canton de Pacy-sur-Eure, ci-devant province de Normandie, et diocèse d'Evreux. Sa population est d'environ 450 habitans.

Le château de Hallot, qui est dans ses dépendances, appartient à M. Desmé. Le parc contenant environ 20 arpens enclos de murs, est planté en bois taillis et traversé en tout sens par de belles avenues ombragées.

Il se tient en ce lieu une foire par année le lundi de la Pentecôte, qui consiste principalement en bestiaux. Le marché est le mardi de chaque semaine.

Le terroir de cette commune est en labour, une partie est en bois. Le bourg de Villiers est à 2 lieues et demie vers le S. E. de Pacy, et 4 vers l'O. de Mantes ; sa distance de Paris est de 16 lieues vers l'O. par Mantes et la grande route de Caen. (Poste aux lettres de Pacy-sur-Eure.)

VILLIERS-LA GARENNE, ancienne paroisse dépendante de celle formée à Neuilly. *V.* NEUILLY-SUR-SEINE.

VILLIERS - LE - BACLE , village, département de Seine-et - Oise, arrondissement de Versailles, canton de Palaiseau, ci - devant province de l'Ile de France, et diocèse de Paris. Sa population est d'environ 250 habitans, y compris les hameaux de *Voisin - le - Cuit, la Barerie* et partie de *la Trinité.*

La terre de Villiers-le-Bacle est une ancienne seigneurie. Madame la comtesse des Monstiers est propriétaire du château. Une maison à Voisin-le-Cuit, qui était aussi seigneuriale, appartient à M. Perrin aîné.

Les principales productions du terroir de cette commune sont en grains. On y trouve une fontaine d'eau minérale. Villiers-le-Bacle est à 2 lieues à l'O. de Palaiseau, et 5 au S. O. de Paris, par la route de Chevreuse, qui passe à Bièvres. (Poste aux lettres de Chevreuse.)

VILLIERS-LE-BEL , beau et grand village, département de Seine - et - Oise , arrondissement de Pontoise , canton d'Ecouen, ci-devant province de l'Ile de France, et diocèse de Paris. Sa population est de 13 à 1,400 habitans.

Il est situé au pied de la montagne d'*Ecouen* , près la grande route de Paris à Amiens, et n'est composé en grande partie que de maisons de campagne.

Ce village est connu par les dentelles qui s'y font de toutes les sortes. Il s'y tient un marché le vendredi de chaque semaine. Des pensions de jeunes gens et de jeunes demoiselles y sont établies.

Le terroir de cette commune est en terres labourables et vignes ; les fruits y sont assez abondans. Villiers-le-Bel est à un quart de lieue au S. E. d'Ecouen, et 4 lieues au N. de Paris, par la route d'Amiens, désignée ci-dessus. (Poste aux lettres d'Ecouen, et voitures publiques tous les jours pour Paris.

VILLIERS-LE-MAYEU,

village, département de Seine-
et - Oise, arrondissement de
Rambouillet, canton de Montfort-l'Amaury, ci-devant province de l'Ile de France, et
diocèse de Chartres. Sa population est d'environ 300 habitans, en y comprenant les hameaux de *Boulincourt*, de *la
Coquerie*, et plusieurs maisons écartées.

M. de Bouillon, surinten-
dant des finances, y fit bâtir
un château flanqué de douze
tours, et entouré de larges et
profonds fossés remplis d'eau
vive. Il n'est plus remarquable aujourd'hui que par son
antiquité. M. Delahaye en est
propriétaire.

Le terroir consiste en terres
de labour, partie en vignes
et partie en bois ; les fruits y
sont assez abondans. Un ruisseau fait tourner un moulin à
la Coquerie.

Le village de Villiers-le-
Mayeu est à 2 lieues un quart
au N. de Montfort, et distant
de 10 et demie à l'O. de Paris
par une route qui passe à Thoiry, et joint la grande route de
Brest. (Poste aux lettres de
Montfort-l'Amaury.)

VILLIERS - LE - MOR -
HIERS, village, département
d'Eure- et - Loir, arrondissement de Dreux, canton de Nogent-le-Roi, ci-devant généralité d'Orléans, dans le pays
Chartrain, et diocèse de Chartres. Sa population est d'environ 600 habitans, avec le ha-

meau de *la Malmaison*, partie de celui de *Chandelles*, et
autres habitations écartées.

Le terroir de cette commune
est en labour, vignes, bois et
pâturages. On y cultive beaucoup de pois, haricots et lentilles. La rivière d'*Eure* fait
tourner le moulin dit le *Bas-
Bouré*, à deux roues, à côté
de la chaussée de Nogent à
Maintenon. Il en est un autre
sur le ruisseau de l'*Onie*.

Villiers est à 1 lieue au S.
de Nogent, et 1 au N. de Maintenon ; sa distance de Paris est
est de 15 lieues entre l'O. et
le S. O. par différens chemins
joignant la grande route de
Nantes. (Poste aux lettres de
Maintenon.)

VILLIERS-LE SEC, vil-
lage, département de Seine-
et - Oise, arrondissement de
Pontoise, canton d'Écouen,
ci-devant province de l'Ile de
France, et diocèse de Paris.
Sa population est d'environ
180 habitans. On y voit encore les vestiges d'un vieux
château. Toutes les productions de son terroir sont en
grains.

Ce village est dans une
plaine, à 1 lieue et demie au
N. d'Ecouen, et 5 trois quarts
au N. de Paris par la grande
route d'Amiens. (Poste aux
lettres de Luzarches.)

VILLERS-S -FRÉDÉRIC,
village, département de Seine-
et-Oise, arrondissement de

Rambouillet, canton de Mont-fort-l'Amaury, ci-devant province de l'Ile de France, et diocèse de Chartres, forme une commune d'environ 600 habitans, avec un certain nombre de maisons écartées, parmi lesquelles se trouvent celles dites *le Pontel*, sur la route de Paris à Brest.

Son terroir est en labour, en vignes et en bois. On y recueille beaucoup de fruits. Ce village est près Neaufle-le-château, à 2 lieues un quart au N. E. de Montfort, et 8 à l'O. de Paris, par la route de Brest. (Poste aux lettres de Neaufle-le-Château.)

VILLIERS-SOUS-GREZ, village, département de Seine-et-Marne, arrondissement de Fontainebleau, canton de la Chapelle-la-Reine, ci-devant province de l'Ile de France, dans le Gatinais, et diocèse de Sens. Sa population est de 7 à 800 habitans avec le hameau de *Busseau*.

Les principales productions de son terroir sont en grains, une partie est en vignes et en bois. Ce village est à 1 lieue et demie à l'E. de la Chapelle, et distant de 16 un quart vers le S. de Paris, par Fontainebleau et la grande route de Lyon. (Poste aux lettres de Nemours.)

VILLIERS-SUR-MARNE, village, département de Seine-et-Oise, arrondissement de Corbeil, canton de Boissy-Saint-Léger, ci-devant province de l'Ile de France, et diocèse de Paris. Sa population est de 7 à 800 habitans.

Le château du Plessis-la-Lande, dont M. le maréchal duc de Trévise est propriétaire, n'est remarquable que par ses dépendances territoriales qui forment un parc d'environ 1,200 arpens clos de murs, au milieu duquel est une ferme.

A l'extrémité orientale de ce village est une jolie maison appartenante à M. Delamarre. On en distingue d'autres dans le village par leur construction et leurs accessoires.

Le terroir de cette commune est en labour et en vignes. Villiers est situé sur un côteau peu éloigné de la *Marne*, à 2 lieues au N. de Boissy-Saint-Léger, et 3 à l'O. de Lagny; sa distance de Paris est de 5 lieues et demie, par une chaussée joignant la route de Rozay. (Poste aux lettres de la banlieue.)

VILLIERS-SUR-MORIN, village, département de Seine-et-Marne, arrondissement de Meaux, canton de Crecy, ci-devant province de l'Ile de France, dans la Brie, et diocèse de Meaux. Sa population est de 8 à 900 habitans, y compris le hameau de *Montaigu* et celui de *Dainville*.

Son terroir est en terres labourables, vignes et prairies. Ce village est sur la rivière du *Grand-Morin* qui fait tourner deux moulins, à un quart de lieue à l'O. de Crecy ; sa distance de Paris est de 10 lieues un quart à l'E., par Saint-Germain-les-Couilly et la route de Coulommiers. (Poste aux lettres de Crecy.)

VILLIERS-SUR-ORGE, village, département de Seine-et-Oise, arrondissement de Corbeil, canton de Longjumeau, ci-devant province de l'Ile de France, et diocèse de Paris. Sa population est d'environ 150 habitans. C'était autrefois une dépendance de la paroisse de Longpont, comme elle l'est encore pour le spirituel.

M. Grimod de la Reynière est propriétaire du château. Plusieurs maisons se font remarquer par leur construction et leurs dépendances, celle nommée *la Maison-Rouge*, qui a appartenu à madame Dubarry, était l'une des plus belles de cette contrée. Elle a été démolie en 1808.

Le terroir de cette commune est en labour et en vignes. les fruits y sont abondans. Villiers est près la rivière d'*Orge*, à 1 lieue au S. de Longjumeau, et 5 et demie au S. de Paris, par la grande route d'Orléans. (Poste aux lettres de Linas.)

VILOTRAN, village, département de l'Oise, arrondissement de Beauvais, canton d'Auneuil, ci-devant province de l'Ile de France, et diocèse de Beauvais. Sa population est d'environ 230 habitans, avec le hameau *des Vallées*, et partie de celui de *Chantoiseau*.

La terre de Vilotran était autrefois seigneuriale. Le château, appartenant à M. Titon de Vilotran, conseiller à la cour royale de Paris, est dans le village sur le plateau de hautes montagnes. Quantité de bois bien percés l'entourent et forment des promenades aussi agréables que variées. Le parc, très-bien dessiné, offre l'aspect de grandes et belles allées garnies d'anciens arbres, avec des prairies mélangées et environnées de bosquets charmans et de toutes les diverses espèces d'arbres verds qui y croissent d'une manière étonnante.

M. Titon est aussi propriétaire du domaine de *la Neuville-Garnier*, qui en est à proximité ; il tient ces deux terres de MM. Titon ses ancêtres, conseillers au parlement de Paris. Le château de la Neuville a été démoli depuis peu.

Le terroir de Vilotran est en labour et en prairies artificielles, les arbres à cidre y sont nombreux. Il y a une briqueterie et un four à chaux. Ce village est à trois quarts de lieue au S. d'Auneuil, et 2 et demie vers le S. de Beauvais ; sa distance de Paris est de 15 lieues entre le N. et le N. O., par différens chemins joignant la nouvelle route de Beauvais à Pontoise qui passe à Méru, et de Méru par Chambly et la

44

grande route de Beauvais.
(Poste aux lettres de Beauvais.)

VINANTES, village, dé-
partement de Seine-et-Marne,
arrondissement de Meaux,
canton de Dammartin, ci-
devant province de l'Ile de
France, et diocèse de Meaux.
Sa population est d'environ
200 habitans. Les principales
productions de son terroir
sont en grains. On y voit de
belles sources d'eau.

Ce village est à 1 lieue et
demie au S. de Dammartin,
et distant de 8 au N. E. de
Paris, par Juilly et une chaussée qui joint la grande route
de Soissons. (Poste aux lettres
de Dammartin.)

VINCENNES, grand vil-
lage, et ancien château royal,
département de la Seine, arrondissement de Sceaux, chef-
lieu de canton, siége d'une
justice de paix, et la résidence
d'une brigade de gendarmerie,
ci-devant province de l'Ile de
France, et diocèse de Paris. Sa
population est d'environ 1,900
habitans. C'était jadis une dépendance de la paroisse de
Montreuil, connue sous le
nom de la Pissotte.

Le château, qui a toujours
porté le nom de château
royal de Vincennes, est de
la plus haute antiquité. Son
enceinte est très-vaste, et entourée de larges fossés, on y
voit plusieurs tours carrées;

celle nommée le Donjon, est
la plus élevée. C'est une prison
d'état.

La première cour par où
l'on entre, est nommée la Cour
royale. Dans une seconde se
trouve la Sainte-Chapelle qui,
avant la révolution, était desservie par des chanoines.

Mgr. le duc d'Enghien, arrêté à Etteinheim, dans l'élec-
torat de Bade, le 15 mars 1804,
fut conduit à ce château où il
arriva le 20 à 5 heures de soir.
Une commission militaire n'y
fut pas plutôt rendue, que, dans
la nuit suivante, il fut con-
damné à mort et fusillé le len-
demain à la même heure dans
les fossés. Il était âgé de 31
ans 7 mois et 18 jours.

Vincennes est contigu à un
bois qui porte le même nom,
et dont l'étendue est d'environ
2,000 arpens clos de murs. Ce
bois est l'une des promenades,
qui, comme ceux de Boulogne
et Romainville, font les délices des habitans de Paris.
On voit dans l'intérieur une
jolie maison de campagne,
dite des Minimes, qui fait
partie de la commune de Fontenay-sur-Bois. Voyez Fontenay-sur-Bois.

Il se tient dans ce village
une foire les 25 et 26 juin qui
consiste particulièrement en
mérinos, chevaux et autres
bestiaux. La fête, qui a lieu le
dimanche après le 15 août, qui
dure trois jours, attire une foule
considérable de monde, de tous

côtés, et particulièrement de Paris. On y voit plusieurs maisons de campagne, dans deux desquelles se trouvent des pensions de jeunes gens.

Le château et le village de Vincennes sont contigus à la route de Paris à Coulommiers, à 3 lieues au N. E. de Sceaux, et distant de trois quarts de lieue des barrières de Paris. (Poste aux lettres de la banlieue.)

VINCY - MANOEUVRE, village, département de Seine-et-Marne, arrondissement de Meaux, canton de Lizy - sur-Ourcq, ci-devant province de l'Ile de France, et diocèse de Meaux. Sa population avec *Manœuvre* qui était autrefois une paroisse, est d'environ 220 habitans.

Les principales productions du terroir sont en grains. Ce village est à 2 lieues vers le N. O. de Lizy, et distant de 13 et demie vers le N. E. de Paris, par Saint-Souplets et la route de Meaux à Dammartin, et de Dammartin par la grande route de Soissons. (Poste aux lettres de May-en-Mulcien.)

VINEUIL, hameau et maison de campagne. *V.* SAINT-FIRMIN.

VIROFLAY, village contigu de la route de Paris à Versailles, département de Seine-et-Oise, arrondissement et canton de Versailles, ci-

devant province de l'Ile de France, et diocèse de Paris. Sa population est de 8 à 900 habitans ; y compris le hameau dit le *Petit Viroflay*, situé sur cette route. Ce village est environné de collines couvertes de bois et bocages, proche la grande route de Paris à Versailles. Un *ruisseau* qui traverse son terroir, arrose les jardins et dépendances des maisons de campagne qui y sont adjacentes : il contribue beaucoup à leur embellissement et à la salubrité de l'air. La plus remarquable de ces maisons est celle dont M. Duvernay est propriétaire. Le parc est traversé par le ruisseau, et une source y forme une belle pièce d'eau.

Au petit Viroflay est une autre maison d'une belle construction appartenant à madame veuve Babier, de laquelle dépend une cave construite dans le roc, à l'instar de celles de Sèvres ; qui peut contenir 5 à 6,000 pièces de vin ; elle est divisée en huit rues et plusieurs petits caveaux. Deux sources alimentent un réservoir à son entrée.

Viroflay est à 1 lieue à l'E. de Versailles, et 3 au S. O. de Paris, par la route désignée ci-dessus. (Poste aux lettres de Versailles.)

VIRY-CHATILLON, village, département de Seine-et - Oise, arrondissement de Corbeil, canton de Longjumeau, ci-devant province de l'Ile de France, et diocèse de Paris. Sa population est d'environ 400 habitans, avec les hameaux des *Grand* et *Petit Chatillon*.

Ce village, avantageusement situé, sur la pente d'une montagne bordée par la rivière d'*Orge*, près la grande route de Paris à Fontainebleau et *la Seine*, est embelli par plusieurs maisons de campagne. On y remarque celle dont madame la duchesse de Raguse est propriétaire, qui, depuis quelques années, a non seulement agrandi les jardins et le parc, mais encore y a réuni tous les genres d'agrémens dont leur belle position les rendaient susceptibles.

M. le maréchal duc d'Auerstaedt prince d'Eckmühl, est aussi propriétaire d'une maison actuellement habitée par M. le lieutenant-général comte de Beaumont, pair de France. De spacieux rochers dans les jardins fixent particulièrement les regards des naturalistes; les eaux qui en sortent en cascades formant une petite rivière, environnée de beaucoup d'arbustes étrangers, produisent un effet admirable dans cette propriété.

Deux autres maisons plus haut, se font également remarquer par leurs sites, leurs jardins et les superbes points de vue qui s'étendent au loin sur les rives de la Seine. L'une appartient à madame la marquise de Montmorin, et l'autre à madame la marquise de Saint-Gilles.

Les sources d'eau très-abondantes en ce lieu, se communiquent par des fontaines jusques dans l'intérieur de la plupart des maisons. On y fait des fromages à la crème très-renommés.

Le terroir est en labour et en vignes. La rivière d'*Orge* fait tourner un moulin. On y trouve deux fours à plâtre. Viry est à 1 lieue et demie au S. E. de Longjumeau, et distant de 5 au S. de Paris par la route de Fontainebleau. (Poste aux lettres de Fromenteau.)

VISSOUS. *V*. Wissous.

VITRY-SUR-SEINE, bourg, département de la Seine, arrondissement de Sceaux, canton de Villejuif, ci - devant province de l'Ile de France, et diocèse de Paris. Sa population est d'environ 2,000 habitans, y compris le hameau du *Port-à-l'Anglais*, sur la rive gauche de *la Seine*. L'une des deux paroisses qu'il y avait dans l'ancien régime a été supprimée.

Ce bourg est dans l'une des plus agréables situations des environs de Paris; il est traversé par une route très - fréquentée, qui conduit de cette capitale à Choisy-le-Roi. On y voit un beau château ci-devant seigneurial, dont M. le comte Dubois est propriétaire. Le parc qui en dépend est orné de belles fontaines et renferme de superbes plantations.

Dans le nombre des maisons de campagne que l'on y voit, il en est plusieurs qui se font remarquer par leur construction et les jardins qui en dépendent. Les eaux y sont avantageusement distribuées.

La majeure partie du terroir de cette commune est en culture de pépinières, qui font la principale richesse des habitans. Les carrières que l'on y rencontre produisent de la pierre à plâtre d'une excellente qualité, et de la pierre à bâtir.

Le bourg de Vitry est à une demi-lieue à l'E. de Villejuif, et 1 lieue trois quarts au S. de Paris, par la route de Choisy, désignée ci-dessus. (Poste aux lettres de la banlieue de Paris.)

VIVIER (le), château. *V.* CHARTRETTES.

VIVIER (le), maison de campagne. *Voyez* FONTENAY-TREZIGNY.

VIVIERS (les), ferme, ancien prieuré. *Voyez* MOUY.

VOINSLES, village, département de Seine-et-Marne, arrondissement de Rozay, canton de Coulommiers, ci-devant province de l'Ile de France, dans la Brie, et diocèse de Meaux. Sa population est d'environ 300 habitans, en y comprenant le château, la ferme du Breuil, et plusieurs autres fermes, sous diverses dénominations.

Il existe dans ce village un vieux château avec un parc appartenant à M. Bourgeois de Vrignel, et parmi les fermes il en est une dite de *Vrignel*, au même propriétaire, remarquable par sa situation et sa construction régulière; le fermier, qui est maire du lieu, y entretient un superbe troupeau de mérinos.

Le château du Breuil communique à la route de Rozay à Nangis par une belle avenue plantée de quatre rangs d'ormes. Le parc, entouré de fossés et de haies vives, est très-bien distribué. M. Le Febvre de Saint-Maur en est propriétaire.

Le terroir de cette commune est en terres labourables, prairies et bois. Voinsles est à trois quarts de lieue à l'E. de Rozay, et 11 lieues trois quarts vers le S. E. de Paris, par Rozay et la route qui passe à Tournan. (Poste aux lettres de Rozay.)

VOISENON, village, département de Seine-et-Marne, arrondissement et canton de Melun, ci-devant province de l'Ile de France, et diocèse de Sens. Sa population est d'environ 360 habitans. La ci-devant abbaye *du Jard* en fait partie. *V.* LE JARD.

La terre de Voisenon est un ancien comté. Le château, qui a appartenu à M. Champion de Cicé est dans un état de délabrement.

Le terroir de cette commune est en labour et en vignes. Ce village est à 1 lieue au N. de Melun, et distant de 9 trois quarts au S. E. de Paris, par la grande route de Lyon. (Poste aux lettres de Melun.)

VOISINLIEU, hameau et beau lavoir de laines. *V.* AL-LONNE.

VOISINS, château. *Voyez* SAINT-HILARION.

VOISINS - LE - BRÉTON-NEUX, village, département de Seine-et-Oise, arrondissement de Rambouillet, canton de Chevreuse, ci-devant province de l'Ile de France, dans le Hurepoix, et diocèse de Paris. Sa population est d'environ 320 habitans. On y voit une maison de campagne appartenant à M. Mongé.

Les grains sont la principale production du terroir; ce village est dans une plaine joignant le grand parc de Versailles, où se trouve l'une de ses portes à 1 lieue trois quarts au N. O. de Chevreuse, et distant de 5 trois quarts au S. O. de Paris, par Versailles. (Poste aux lettres de Trappes.)

VOISINS - LE - CUIT, hameau et maison de campagne. *V.* VILLIERS-LE-BACLE.

VOSSEAUX (LES), château. *V.* CHAMBLY.

VOULANGIS. *V.* SAINT-MARTIN-SUR-CRECY.

VOVES (LES). hameaux et maisons de campagne. *Voyez* DAMEMARIE-LES-LYS.

VRIGNEL, belle ferme. *V.* VOINSLES.

VULAINES, village, département de Seine-et-Marne, arrondissement et canton de Fontainebleau, ci devant province de l'Ile de France, et diocèse de Sens. Sa population est d'environ 160 habitans: on y trouve deux maisons de campagne.

Son terroir est en terres labourables et vignes. Le village de Vulaines est peu éloigné de la rive droite de la Seine, à 1 lieue un quart vers l'E. de Fontainebleau, et 14 entre le S. et le S. E. de Paris, par Melun et la grande route de Lyon. (Poste aux lettres de Fontainebleau.)

W.

WARÉVILLE, ancien prieuré de religieuses de l'ordre de Fontevrault. *V.* LITZ.

WARLUIS, village, département de l'Oise, arrondissement de Beauvais, canton de Noailles, ci-devant province de l'Ile de France, et diocèse de Beauvais. Sa population est d'environ 500 habitans, en y comprenant *Merlemont*, qui était autrefois annexe de cette paroisse, le hameau de l'*Epine*, et quelques autres habitations écartées.

M. Descourtils de Merle-mont est propriétaire du châ-teau de Merlemont, situé sur une éminence. A l'Epine, se trouve un autre château, qui appartient aux héritiers de M. Gaudechard.

Le terroir de cette commune est en labour, en prairies et en bois. On y rencontre une tuile-rie. Warluis est joignant la grande route de Beauvais à Pa-ris, à 1 lieue un quart au S. E. de Beauvais, et 1 trois quarts vers le N. O. de Noailles. Sa distance de Paris est de 14 lieues trois quarts vers le N. par cette route. (Poste aux let-tres de Beauvais.)

WIDEVILLE, château. *V.* CRÉPIÈRES.

WISSOUS ou VISSOUS, village, département de Seine-et-Oise, arrondissement de Corbeil, canton de Longju-meau, ci-devant province de l'Ile de France, et diocèse de Paris. Sa population est de 7 à 800 habitans. Les maisons de campagne isolées dites de *Mont-Jean*, et celle de *Ville-milan*, en font partie.

M. le marquis de Clermont-Gallerande, pair de France, est propriétaire de l'une des maisons de Mont-Jean, qui se fait remarquer par sa belle si-tuation sur une éminence, et par la beauté de ses jardins et du parc. L'autre, dans la même position, appartient à M. le Lieutenant-général comte Chas-

seloup-Laubat, aussi pair de France.

On voit dans le village quel-ques autres maisons de cam-pagne ; celle de Villemilan, possédée par M. Germain, y est contigue.

Presque tout le terroir est en terres labourables. Wissous est à 1 lieue un quart au N. de Longjumeau et distant de 3 et demie au S. de Paris par la grande route d'Orléans. (Poste aux lettres d'Antony, départe-ment de la Seine.)

WY, ou LE JOLI-VILLAGE, village, département de Seine-et-Oise, arrondissement de Mantes, canton de Magny, ci-devant province de l'Ile de France, dans le Vexin, et dio-cèse de Rouen. Sa population est d'environ 450 habitans, avec le hameau d'*Enfer*, et une maison de campagne dite le château d'*Hazeville*.

Le terroir de cette commune est en labour et partie en bois ; une autre petite partie est en prairies. On y trouve une car-rière, et un moulin sur un ruisseau. Le village de Wy est à 2 lieues vers le S. E. de Ma-gny, et distant de 12 au N. O. de Paris, par la grande route de Rouen. (Poste aux lettres de Magny.)

Y.

YÈBLES, village, dépar-tement de Seine-et-Marne, arrondissement de Melun, canton de Mormant, ci-devant province de l'Ile de France, dans la Brie, et diocèse de Sens. Sa population est d'environ 400 habitans, avec les hameau et moulin du *Petit-Nogent*, la maison dite *du Pont des Seigneurs*, sur la grande route de Paris à Troyes, et le moulin de *la Pierre Blanche*.

Les productions du terroir de cette commune sont en grains, une partie est en bois. Le village de Yèbles est dans une plaine, à 2 lieues et demie à l'O. de Mormant, et distant de 9 et demie au S. E. de Paris par la route de Troyes. (Poste aux lettres de Guignes.)

YERMENONVILLE, village, département d'Eure-et-Loir, arrondissement de Chartres, canton de Maintenon, ci-devant généralité d'Orléans, et diocèse de Chartres. Sa population est d'environ 400 habitans. Le hameau de *Boigneville*, où il y a un ancien château qui ne représente plus qu'une ferme, est dans ses dépendances.

Son terroir est en labour, prairies, vignes et aunaies. Ce village est à 1 lieue vers le S. E. de Maintenon, et 3 et demie au N. E. de Chartres; sa distance de Paris est de 15 lieues vers le S. O. par Epernon et la grande route de Nantes. (Poste aux lettres de Maintenon.)

YERRES, village, département de Seine-et-Oise, arrondissement de Corbeil, canton de Boissy-Saint-Léger, ci-devant province de l'Ile de France, dans la Brie, et diocèse de Paris. Sa population est d'environ 1,000 habitans. Le château de *la Grange du Milieu*, et l'ancien couvent dit *des Camaidules*, sont dans ses dépendances.

Avant la révolution, il y avait une abbaye de religieuses de l'ordre de Saint-Benoît, qui n'a point été démolie. Les bâtimens immenses qui s'y trouvent, sont destinés à une filature ou à tout autre établissement qui exige un grand emplacement. L'enclos est traversé par la rivière d'*Yerres*, qui arrose une belle prairie: les sources y sont abondantes.

Le village d'Yerres est dans une vallée sur cette rivière. Plusieurs maisons de campagne y sont remarquables. L'une, qui appartient à madame Deurbroureq, est particulièrement par une fontaine dite *la Fontaine Budée*, qui, en sortant du roc où elle a sa source, forme un volume d'eau considérable, et d'une limpidité admirable.

On lit sur cette fontaine les vers suivans, qui sont de Voltaire :

Toujours vive, abondante et pure.
Un doux penchant règle mon cours.
Heureux l'ami de la nature,
Qui voit ainsi couler ses jours!

Dans les jardins d'une autre

maison, dont feu M. Morel-Chefdeville, maire du lieu, a été propriétaire, on admire toutes les plantes exotiques qui s'y cultivent, et dont la collection est une des plus complètes en ce genre.

Le château de la Grange du Milieu, situé au centre d'une masse de bois qui couronne les hauteurs d'Yerres, est d'une belle et solide construction. Les avant-cours sont fort étendues, et entourées d'une double circonvallation de fossés. On y voit de très-belles avenues. Le parc, de 120 arpens, est planté sur les desseins de Le Nôtre. La vue du château, du côté des cours, représente une architecture ancienne en briques, et du côté du parc, une architecture moderne. Les potagers sont dans le plus bel état de plantation. Une source d'eau-vive, appelée la *Sylvie*, dans le parc, est d'une salubrité et d'une légèreté extraordinaire.

Ce domaine a appartenu anciennement à madame la veuve du duc de Guise le Balafré, et plus récemment au maréchal de Saxe, héros dont la mémoire est chère à la France. Il existe au rez-de-chaussée du château, une immense galerie en stuc, ornée de trophées d'armes parfaitement conservées, où se trouvent plusieurs bustes, entr'autres celui du maréchal de Saxe.

M. Boscary de Villeplaine, propriétaire actuel de ce château, se fait un devoir de conserver précieusement tout ce qui rapelle la mémoire de ce grand homme.

Dans les environs de cette jolie habitation, et dans ses dépendances, il existe une petite montagne nommée le *Mont-Griffon*, de laquelle on découvre Paris et les alentours. Cette montagne fournit toutes les sources qui embellissent le coteau, sur la pente duquel le village d'Yerres est placé. Sa vue, du côté du midi, est infiniment pittoresque.

Le couvent des Camaldules fut institué au commencement du onzième siècle par saint Romuald : il était composé de religieux ermites, qui y avaient chacun une cellule, et y menaient une vie assez conforme à celle des Chartreux. Différentes personnes de la plus haute distinction, animées par l'esprit de retraite, s'y sont réfugiées et y ont fini leurs jours.

Cette maison, qui est entourée de bois, est actuellement occupée par des religieux qui suivaient l'étroite observance de Cîteaux à la ci-devant abbaye de la Trappe, où la prière, le jeûne et le travail étaient leurs seules occupations.

Des femmes, suivant la même règle, s'étaient établies dans un local attenant cette habitation. Elles se sont retirées à Valenton, village peu éloigné de là, où elles vivent en communauté.

45

Le terroir de la commune d'Yerres est en terres labourable, vignes, prairies et bois. La rivière désignée ci-dessus y fait tourner deux moulins. Ce village est à 1 lieue au S. de Boissy-Saint-Léger, 1 à l'E. de Villeneuve-Saint-Georges, et 2 à l'O. de Brie Comte-Robert; sa distance de Paris est de 5 lieues au S. E. par Villeneuve-St.-George et la grande route de Lyon. (Poste aux lettres de Villeneuve - Saint - Georges.)

YMERAY, village, département d'Eure-et-Loir, arrondissement de Chartres, canton de Maintenon, ci-devant généralité d'Orléans, dans la Beauce, et diocèse de Chartres. Sa population est d'environ 600 habitans, avec le hameau de *Talevoisin*, partie de celui de *Gue de Longroy*, les maisons isolées *des Boutères* et autres.

Le terroir de cette commune est en labour, prairies et vignes; un ruisseau y fait tourner un moulin. Ymeray est à une demi - lieue vers le S. de Gallardon, et 3 lieues au S. E. de Maintenon; sa distance de Paris est de 15 lieues au S. O. par le Gué de Longroy et l'ancienne route de Chartres. (Poste aux lettres de Gallardon.)

YVERNAUX, ferme, ci-devant abbaye d'hommes de l'ordre de Saint-Augustin. *V.* LÉSIGNY.

YVERNY. *Voyez* IVERNY.

YVETTE, hameau et ancien prieuré d'hommes de l'ordre de Saint-Benoit. *Voyez* SAINT-NOM-DE-LÉVY.

YVILLERS, village, département de l'Oise, arrondissement de Senlis, canton de Pont-Sainte-Maxence, ci-devant province de l'Ile de France, et diocèse de Beauvais. Sa population est d'environ 140 habitans. La ferme dite *la Vieille Poste*, sur la route de Paris à Compiègne, et une tuilerie, sont dans ses dépendances.

Son terroir est en labour, une partie est en friches. Ce village est à côté de la route de Compiègne, sus-désignée, à 1 lieue et demie vers le S. de Verberie, et 1 et demie au S. O. de Pont-Sainte-Maxence; sa distance de Paris est de 12 lieues un quart vers le N. E. par cette route. (Poste aux lettres de Senlis.)

YVORS. *Voyez* IVORS.

FIN.

OBSERVATION.

n du DEPARTEMENT DE

...E n'étant point désigné

OUEST CLERM...tte Carte, la Demarcation fi-

...l'entour de PARIS, renferm...

...Lia...dissemens de St Denis et

...E ...ux qui en dependent.

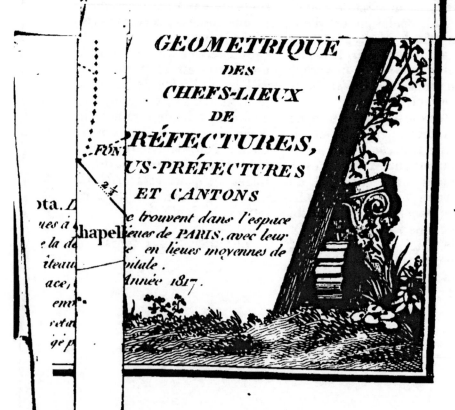

GÉOMÉTRIQUE

DES

CHEFS-LIEUX

DE

...RÉFECTURES,

...US-PRÉFECTURES

ET CANTONS

...ota. ...e trouvent dans l'espace
...es à ...hapel...ues de PARIS, avec leur
...e la de... ...e en lieues moyennes de
...iteau... ...itale.
...ace, ... Année 1817.
...em...
...eta...
...ge p...